Aron Gurwitsch

Leibniz

Aron Gurwitsch

Leibniz

Philosophie des Panlogismus

Walter de Gruyter · Berlin · New York
1974

ISBN 3 11 004358 0

Library of Congress Catalog Card Number: 73–88298

FÜR ALEXANDRE MÉTRAUX

La réalité est entièrement pénétrable à la raison,
parce qu'elle est pénétrée de raison.

L. Couturat, La logique de Leibniz p. XI.

VORBEMERKUNGEN

Von zwei Ausnahmen abgesehen, werden die Leibnizischen Schriften nach den im Abkürzungsverzeichnis vermerkten Standard-Ausgaben zitiert, vornehmlich nach den von C. J. Gerhardt besorgten. Die eine Ausnahme bildet der Briefwechsel zwischen Leibniz und Antoine Arnauld und dem Landgrafen Ernst von Hessen-Rheinfels, der nach der Ausgabe von G. Le Roy zitiert wird. Le Roy hat sich nicht nur an die in der Bibliothek zu Hannover aufbewahrten und Gerhardt allein bekannten Abschriften der Leibnizischen Briefe gehalten, sondern auch die im National-Archiv im Haag inzwischen aufgefundenen und von G. Lewis veröffentlichten Abschriften der Leibnizischen Briefe in der Form, in der Arnauld sie tatsächlich erhalten hat, berücksichtigt. (*Lettres de Leibniz à Arnauld, d'après un manuscrit inédit, avec une introduction historique et des notes critiques,* par Geneviève Lewis, Paris 1952.) Es erschien dann nicht unangebracht, auch den *Discours de Métaphysique* nach der von Le Roy besorgten Ausgabe zu zitieren.

Um dem Leser die Benutzung anderer als der Standard-Ausgaben, z. B. auch von Übersetzungen, zu erleichtern, ist bei den Briefen sowohl der Adressat wie das Datum (wenn die Briefe datiert sind) angegeben, bei anderen Schriften die von Leibniz gewählten Titel (wenn solche vorliegen) in abgekürzter Form. Soweit diese Abkürzungen nicht allgemein gebräuchlich sind oder sich nicht von selbst verstehen, sind sie im Verzeichnis der Abkürzungen verzeichnet. Ferner enthält dieses Verzeichnis die Abkürzungen von Titeln einiger weniger Schriften über Leibniz, die oft angeführt werden und deren Titellänge eine Abkürzung als erwünscht erscheinen läßt.

Le Roys Beispiel folgend haben wir die zitierten französischen Texte durchwegs in heutiger Schreibweise wiedergegeben, dagegen haben wir die wenigen deutschen Texte in ihrer ursprünglichen Form belassen, da deren Modernisierung weit mehr als eine Angelegenheit der Orthographie wäre. Manche Wörter, die Leibniz sowohl in lateinischen wie französischen Texten mit großen Anfangsbuchstaben geschrieben hat, sind hier, gemäß der üblichen lateinischen und französischen Orthographie, mit kleinen Anfangsbuchstaben wiedergegeben. Wir haben niemals *DEUS* geschrieben, wie Leibniz es tut, sondern *Deus.* Schließlich haben wir nicht sämtliche von Leibniz stammenden Sperrungen respektiert. Hingegen sind Stellen, die wir in Sperrdruck gesetzt haben, selbstverständlich immer als solche bezeichnet. Da die vorgelegte Studie nicht philologischer Natur ist, sondern philosophische Absichten verfolgt, haben wir geglaubt, uns diese der Vereinfachung dienenden Freiheiten gestatten zu dürfen.

Die Van Pelt Library der University of Pennsylvania (Philadelphia) hat dem Vf. freundlichst gestattet, in die in ihrem Besitz befindlichen Mikrofilme der Leibnizischen Manuskripte Einblick zu nehmen.

Der Vf. fühlt sich Herrn Professor Dr. J. J. Greenbaum, Dekan der Graduate Faculty of Political and Social Science, New School for Social Research (New York) verbunden für die finanzielle Ermöglichung der Benutzung der Butler Library der Columbia University (New York), und dieser Bibliothek für die freundliche Einräumung des Benutzungsrechts; ohne dieses Entgegenkommen hätte das vorliegende Buch nicht geschrieben werden können. Der Vf. ist seinen Kollegen vom Faculty Research and Travel Committee verpflichtet für die ihm gewährte finanzielle Beihilfe zur technischen Fertigstellung des Manuskripts.

Frau Dr. Bethia Currie hat dem Vf. in uneigennützigster Weise zur Seite gestanden. Sie hat die überaus mühselige und zeitraubende Arbeit auf sich genommen, sämtliche Zitate zu überprüfen. Es ist dem Vf. eine angenehme Pflicht und eine Freude, seiner früheren Schülerin an dieser Stelle öffentlich seinen herzlichen Dank auszusprechen.

New York, den 12. März 1972   Aron Gurwitsch

Es war lange vor seinem Tod die Absicht meines Mannes, dieses Buch seinem Freund Alexandre Métraux zu widmen. Mir ist es ein Bedürfnis, diesem Wunsche zu entsprechen.

Mein Mann war noch in der Lage, den ersten Teil der Korrekturen zu lesen. Die übrigen Korrekturen sowie die Anfertigung der Register übernahm freundlicherweise A. Métraux, dem ich hiermit meinen herzlichen Dank ausspreche. Zugleich geht mein verbindlicher Dank an die Mitarbeiter des Verlages, insbesondere an Frau E. Eickhoff und Herrn H. Wenzel, für die Betreuung der Drucklegung des Buches.

August 1974   Alice R. Gurwitsch

INHALT

VORBEMERKUNGEN VII

ABKÜRZUNGSVERZEICHNIS XV

EINLEITUNG 1

KAPITEL I: SINN UND VORAUSSETZUNGEN DES PANLOGISMUS   10

§ 1 Logico-ontologische Äquivalenz 10
 a. Denken und Wirklichkeit 10
 b. Die Logizität des Universums 14
§ 2 Innerer Zusammenhang 18
§ 3 Fundamentalprobleme der Erkenntnis 23
 a. Orientierung des Erkenntnisbegriffs an der göttlichen Erkenntnis 23
 b. Der Status der ewigen Wahrheiten 27
 c. Prinzip der Vorentschiedenheit aller Wahrheiten 31
§ 4 Repräsentation und Expression 34
 a. Verschiedene Bedeutungen des Begriffes von Repräsentation . 34
 b. Repräsentation als Zuordnung 36
 c. Zentralisierte Repräsentation und Repräsentation im psychologisch-
 erkenntnismäßigen Sinne 40
 d. Zuordnung und zuordnendes Bewußtsein 43

KAPITEL II: PRINZIPIEN DER LOGIK 46

§ 1 Wahrheit, Urteil und Begriff 46
 a. Der Gegensatz zu Hobbes 46
 b. Die analytische Theorie des Urteils 47
 c. Das Beweisverfahren 51
 d. Die kombinatorische Auffassung des Begriffs 53
 e. Die Begriffstheorie als Grundlage der Urteilstheorie . . . 56
§ 2 Die Lehre von der Realdefinition 57
 a. Wortbedeutung und Idee 57
 b. Erforderlichkeit von Realdefinitionen 61
 c. Realdefinition durch vollständige Analyse 64
 d. Die generative Definition 65
§ 3 Das Verhältnis der Subjekt-Prädikat-Logik und der Logik der generativen Definition 74
 a. Leibnizens Bevorzugung der Subjekt-Prädikat-Logik . . . 74

    b. Unzulänglichkeiten der Subjekt-Prädikat-Logik   75

    c. Beispiele der Leibnizischen wissenschaftlichen Praxis . . .   79

    d. Relatives Recht der Subjekt-Prädikat-Logik   82

§ 4 Principium reddendae rationis   87

§ 5 Kontingenz   93

    a. Notwendigkeit und Kontingenz   93

    b. Die Kontingenz jeder möglichen Welt und die hypothetische Not-
    wendigkeit   97

    c. Zwei Begriffe von Kontingenz   102

§ 6 Problem der Demonstration kontingenter Wahrheiten . . .   104

    a. Der Beweis kontingenter Wahrheiten als unendlicher Prozeß .   105

    b. Irreduzierbarkeit des Unterschiedes zwischen notwendigen und
    kontingenten Wahrheiten   109

    c. Das principium reddendae rationis als Grundgesetz kontingenter
    Wahrheiten   112

    d. Approximatives Vorgehen in der Erkenntnis des Kontingenten .   114

KAPITEL III: THEORIE DES MENSCHLICHEN GEISTES . . .   118

§ 1 Probleme des Zugangs zur Substanz   118

    a. Der Substanzbegriff in Analogie zum Seelenbegriff . . .   118

    b. Problem der Möglichkeit monadologischer Erkenntnis . . .   121

§ 2 Tierische Seelen und menschliche Geister   122

    a. Perzeption und Apperzeption   122

    b. Die Lehre vom empirischen Wissen und ihre historische Aus-
    wirkung   127

§ 3 Eingeborene Ideen   130

    a. Erschließung der eingeborenen Ideen durch reflektives Selbstbe-
    wußtsein   130

    b. Descartes' Lehre von den eingeborenen Ideen   133

§ 4 Reichweite des menschlichen Geistes   137

    a. Ontologische Bedeutsamkeit der eingeborenen Ideen . . .   137

    b. Charakterisierung der monadologischen Erkenntnis   139

    c. Affinität des menschlichen und göttlichen Geistes   142

§ 5 Prinzipielle Grenzen der menschlichen Erkenntnis . . .   144

    a. Indistinktheit   144

    b. Beschränktheit der menschlichen Erkenntnis auf das Allgemeine
    und Abstrakte   148

    c. Die Beschränktheit des Wissens des menschlichen Geistes um sich
    selbst und die menschliche Freiheit   152

    d. Malebranche und Leibniz   154

KAPITEL IV: ALLGEMEINE FORMALE BESTIMMUNGEN DER
SUBSTANZ 156

§ 1 Substantialität und Einheit 156
    a. Einheit und Vielheit 156
    b. Die Substanz als unum per se und der Aggregatcharakter der
        Körper 159
    c. Einfachheit der Substanz 162
    d. Das Problem der inneren Struktur der Substanz als intelligibles
        Gebilde 164

§ 2 Das Problem der räumlichen Lokalisation der Substanz . . . 166
    a. Leibnizens frühe Lehre von der Lokalisation des Geistes in einem
        Punkt 166
    b. Die Deutung von Russell und Brunschvicg 168
    c. Die Bezogenheit der Substanz auf Körperliches 171

§ 3 Das Sein der Substanz als Sein im eigentlichen Sinne 174

§ 4 Die Substanz als Requisit und Prinzip des Körperlichen . . . 178

§ 5 Substantialität und Aktivität 181
    a. Vorläufige Charakterisierung der Tätigkeit der Substanz . . 182
    b. Aktivität konstitutiv für Substantialität 184
    c. Aktivität und Einheit 187

§ 6 Die Substanz als »principium vitale« 190
    a. Abweisung der panpsychistischen Interpretation 190
    b. Organizistische Deutung 192
    c. Dominierende und untergeordnete Monaden 196

§ 7 Unvergänglichkeit der Substanzen und Organismen 198
    a. Die Theorie der Präformation und Transformation 198
    b. Der Zyklus des Werdens und Vergehens 201

KAPITEL V: DAS SYSTEM DER SUBSTANZEN 205

§ 1 Problem der Methode 205

§ 2 Systematische Einheit des Universums 207
    a. Das göttliche Gesamtdekret 208
    b. Der Fundamentalbegriff jedes Universums 213
    c. Prinzip der Compossibilität 216
    d. Das Universum als Kosmos im panlogistischen Sinne . . . 219
    e. Compossibilität und innerer Zusammenhang 223

§ 3 Die Monade als Repräsentation des Universums 226
    a. Repräsentation als einseitig-parteiliche Darstellung 226
    b. Das räumlich-körperliche Pendant zur einseitigen Parteilichkeit
        der Repräsentation 231
    c. Die Monade als »univers en raccourci« 235

§ 4 Prinzip der universellen Harmonie   240
   a. *Theoretische Möglichkeiten des Perspektivismus*   240
   b. *Das Geometral und seine Abwandlungen*   243
   c. *Durchgehende gegenseitige Entsprechung der Zustände aller Sub-*
      stanzen   246
   d. *Das Prinzip der universellen Harmonie als Grundgesetz der Ver-*
      fassung des Systems der Substanzen   249
   e. *Die prästabilierte Harmonie zwischen Leib und Seele als Spezial-*
      fall der universellen Harmonie   253

§ 5 Begründetheit der Erkenntnis durch das Prinzip der universellen
   Harmonie   255
   a. *Intersubjektive Allgemeingültigkeit*   255
   b. *Fundiertheit der monadologischen Erkenntnis*   257

§ 6 Stufenordnung der Monaden   261
   a. *Der Umfang des monadischen Bereichs*   261
   b. *Kontinuität und Diskontinuität*   265

§ 7 Voraussetzungen und Grundlagen der analogisierenden Methode .   270
   a. *Der allgemeine Substanzbegriff und seine Spezifikationen* . .   270
   b. *Stufenkonformität*   273
   c. *Proportionalität der Stufen*   275
   d. *Analogie als methodisches Prinzip*   277

KAPITEL VI: DIE EINZELSUBSTANZ   281

§ 1 Neue Fragestellungen   281

§ 2 Die Lehre vom vollständigen Begriff der individuellen Substanz .   282
   a. *Vollständige und unvollständige Begriffe*   282
   b. *Die individuelle Substanz als ontologisches Äquivalent ihres voll-*
      ständigen Begriffs   287

§ 3 Couturats logizistische Interpretation   289

§ 4 Substantialität als Prinzip der Identität   296
   a. *Russells Diskussion des Substanzbegriffs*   296
   b. *Das Problem des Verhältnisses der identischen Substanz zu ihren*
      wechselnden Accidentien   298

§ 5 Die Substanz als erzeugendes Prinzip ihrer Accidentien . . .   302
   a. *Der Substanzbegriff im Lichte der Theorie der generativen Defi-*
      nition   302
   b. *Selbstrealisierung der Substanz*   306
   c. *Die Identität der Substanz als Identität des Gesetzes ihrer Ent-*
      faltung   310
   d. *Motivation des Panorganizismus*   313
   e. *Das Zusammenfungieren der Substanzen in universeller Harmonie*   315

§ 6 Die Substanz als System ihrer Accidentien 317
    a. Zwei mögliche Gesichtspunkte der Betrachtung. 317
    b. Grund der Einheit der Accidentien 321
    c. Innerer Zusammenhang zwischen den Accidentien. . . . 325
    d. Strukturgleichheit der Substanz und des Accidens 329
§ 7 Die Stellung des Leibnizianismus in der Philosophie des 17. Jahrhunderts 335
    a. Occasionalismus und Panlogismus 335
    b. Der Spinozistische und der Leibnizische Panlogismus . . . 343
    c. Kontrastierung des Leibnizischen Substanzbegriffs mit denen von Descartes, Spinoza und Malebranche 350

KAPITEL VII: DER BEREICH DES PHÄNOMENALEN 352
§ 1 Mechanistische Erklärung der Natur 353
    a. Das Recht der mechanistischen Naturwissenschaften und ihre Autonomie 353
    b. Prinzipien der mechanischen Naturerklärung 357
    c. Sinn der Autonomie der mechanischen Naturerklärung . . . 361
§ 2 Bestimmung des Phänomenalen 363
§ 3 Grundprinzipien der Dynamik 368
    a. Entsubstantialisierung der Räumlichkeit 369
    b. Unzulänglichkeit der rein phoronomischen Auffassung der Bewegung. 372
    c. Inertie 374
    d. Die Frage nach dem wahren Kraftmaß 377
§ 4 Bestimmung der Materie 381
    a. Materia prima und materia vestita 381
    b. Intelligibilität der Materie 382
    c. Zwei Begriffe von Metaphysik 386
§ 5 »Vis derivativa« 390
    a. Die »vis derivativa« als Modifikation der »vis primitiva« . . 390
    b. Theoretische Leistung der »vis derivativa«. 395
    c. Prinzip der Äquivalenz von »causa plena« und »effectus integer« 397
§ 6 Entsprechung des Phänomenalen und Substantiellen 399
    a. Allgemeiner Sinn dieser Entsprechung. 399
    b. Elastische Kraft als phänomenales Gegenstück zur Aktivität der Substanz 401
    c. Universelle Harmonie und durchgehende Wechselwirkung aller Körper aufeinander 405
    d. Die krummlinige Bewegung 409
§ 7 Phänomenale Realität 411
    a. Phänomenalistischer Immanentismus 411

b. Rationalität des Phänomenalen 413

c. Fundiertheit des Phänomenalen im Substantiellen 417

d. Die universelle Harmonie als Vermittlung zwischen der Lehre von der Fundiertheit der phänomenalen Welt und dem phänomenalistischen Immanentismus 420

§ 8 Sinneserfahrung und technisches Können 424

   a. Analyse der Sinnesempfindungen 424

   b. Logizität der Praxis 428

KAPITEL VIII: LEIBNIZISCHE TRANSZENDENTALPHILOSOPHIE 430

§ 1 Fundiertheit der reinen Möglichkeiten und Relationen . . . 430

   a. Der göttliche Intellekt als Grund der reinen Möglichkeiten und ewigen Wahrheiten 431

   b. Ontologischer Status der Relationen und transzendental-philosophischer Ansatz 434

   c. Die Kritik von Russell und Cassirer 437

   d. Problem der Intentionalität 439

§ 1 Der erweiterte »mundus intelligibilis« 441

   a. Existenzfähige Möglichkeiten und ihre Fundiertheit . . . 441

   b. Möglichkeit im Sinne von Existenzfähigkeit und Compossibilität 445

§ 3 Der göttliche Intellekt als transzendentales Subjekt der möglichen Welten 450

§ 4 Probleme der Schöpfung 454

   a. Schöpfung als Zulassung zur Existenz 454

   b. Sinn der Ausgezeichnetheit der wirklichen Welt als beste aller möglichen Welten 458

   c. Grenze der Rationalität 463

§ 5 Existenz als Prädikat 467

§ 6 Die Lehre von der »creatio continuata« 472

   a. Die Autarkie des Universums bei gleichzeitiger Abhängigkeit von Gott 472

   b. Transzendentalphilosophischer Sinn der Leibnizischen Auffassung von der »creatio continuata« 478

SCHLUSS 485

Namenregister 491

Sachregister 493

ABKÜRZUNGSVERZEICHNIS

A. Ausgaben

A. T. = Oeuvres de Descartes, hrsg. von Ch. Adam und P. Tannery, Paris 1897—1913.

Erdmann = God. Guil. Leibnitii Opera Philosophica quae exstant latina gallica germanica omnia, hrsg. von J. E. Erdmann, Berlin 1840.

M = Gottfried Wilhelm Leibniz, Mathematische Schriften, hrsg. von C. I. Gerhardt, London - Berlin - Halle 1850—1863.

Foucher de Careil, N. L. O. = Nouvelles Lettres et Opuscules inédits de Leibniz, hrsg. von Foucher de Careil, Paris 1857.

P. = Die philosophischen Schriften von Gottfried Wilhelm Leibniz, hrsg. von C. I. Gerhardt, Berlin 1875—1890.

Mollat = Mitteilungen aus Leibnizens ungedruckten Schriften, hrsg. von G. Mollat, Leipzig 1893.

Bodemann, L. H. = Die Leibniz-Handschriften der kgl. öffentlichen Bibliothek zu Hannover, beschrieben von Dr. E. Bodemann, Hannover - Leipzig 1895.

Briefwechsel = Der Briefwechsel von Gottfried Wilhelm Leibniz mit Mathematikern, hrsg. von C. I. Gerhardt, Berlin 1899.

Couturat, O. F. = Opuscules et Fragments inédits de Leibniz, hrsg. von L. Couturat, Paris 1903.

Gerland = Leibnizens nachgelassene Schriften physikalischen, mechanischen und technischen Inhalts, hrsg. von E. Gerland (Abhandlungen zur Geschichte der mathematischen Wissenschaften, XXI), Leipzig 1906.

Jagodinsky = Leibnitiana Elementa Philosophiae arcanae de summa rerum, hrsg. von I. Jagodinsky, Kazan 1913.

Ak. = Gottfried Wilhelm Leibniz, Sämtliche Schriften und Briefe, hrsg. von der Preussischen Akademie der Wissenschaften, Darmstadt 1923.

Cassirer, Hauptschriften = G. W. Leibniz, Hauptschriften zur Grundlegung der Philosophie, hrsg. von A. Buchenau und E. Cassirer, Leipzig 1924.

Grua = G. W. Leibniz, Textes inédits, hrsg. von G. Grua, Paris 1948.

Le Roy = Leibniz, Discours de Métaphysique et Correpondance avec Arnauld, hrsg. von G. Le Roy, Paris 1957.

B. Leibnizische Schriften

Addition = Addition à l'explication du système nouveau touchant l'union de l'âme et du corps, envoyée à Paris à l'occasion d'un livre intitulé Connaissance de Soi-même.

Animad. = Animadversiones in partem generalem Pricipiorum Cartesianorum.

Dis. = Discours de Métaphysique.

Éclaircissement = Éclaircissement des difficultés que M. Bayle a trouvées dans le système nouveau de l'union de l'âme et du corps.

Extrait = Extrait du Dictionnaire de M. Bayle article Rorarius p. 2599 sq. de l'édition de l'an 1702 avec mes remarques.

Gen. Inqu. = Generales Inquisitiones de analysi notionum et veritatum.
Med. = Meditationes de cognitione, veritate et ideis.
Monad. = Monadologie
Princ. = Principes de la Nature et de la Grâce, fondés en raison.
Réponse = Réponse aux objections contre le système de l'harmonie préétablie qui se trouvent dans le livre de la Connaissance de Soi-même.
Rorarius = Réponse aux réflexions contenues dans la seconde édition du Dictionnaire Critique de M. Bayle, article Rorarius, sur le système de l'harmonie préétablie.
Spec. dyn. = Specimen dynamicum pro admirandis naturae legibus circa corporum vires et mutuas actiones detegendis et ad suas causas revocandis.
Spec. inv. = Specimen inventorum de admirandis naturae generalis arcanis.
Syst. = Système nouveau de la nature et de la communication des substances.

C. Schriften über Leibniz

Cassirer, Leibniz' System = E. Cassirer, Leibniz' System in seinen wissenschaftlichen Grundlagen, Marburg 1902.
Cassirer, Erkenntnisproblem = E. Cassirer, Das Erkenntnisproblem in der Philosophie und Wissenschaft der neueren Zeit, Bd. II, Berlin 1911.
Mahnke, Leibnizens Synthese = D. Mahnke, Leibnizens Synthese von Universalmathematik und Individualmetaphysik, Jahrbuch für Philosophie und phänomenologische Forschung Bd. VII und separat, Halle 1925.
Rolland, Le déterminisme monadique = E. Rolland, Le déterminisme monadique et le problème de Dieu dans la philosophie de Leibniz, Paris 1935.

EINLEITUNG

Seit etwa der Jahrhundertwende hat die Leibnizinterpretation bemerkenswerte Umwandlungen erfahren. In den aus dem 19. Jahrhundert stammenden Darstellungen wird die als Monadenmetaphysik gedeutete Philosophie von Leibniz ganz auf sich gestellt und rein für sich betrachtet. Fast völlig außerachtgelassen wurden dabei Leibnizens Leistungen und Errungenschaften oder zum mindesten Interessen auf spezialwissenschaftlichen Gebieten, wie denen der Logik, Mathematik, Physik, Biologie, um nur die im strengeren Sinne als theoretisch anzusprechenden Gebiete zu nennen und abzusehen von seinen theologischen Interessen, seinen historischen, juristischen, sprachwissenschaftlichen Studien sowie denen, die mit seiner vielfachen Tätigkeit als Politiker, Diplomat, Verwalter, Organisator usw. zusammenhängen. In den neueren Darstellungen der Leibnizischen Philosophie finden die erwähnten spezialwissenschaftlichen Gebiete nicht nur Berücksichtigung, sondern darüber hinaus werden wiederholt Versuche unternommen, ein solches Spezialgebiet (das allerdings von Interpret zu Interpret wechselt) als zentral anzusetzen und die gesamte Leibnizische Philosophie aus der Problematik dieses Gebiets, aus den für es geltenden Prinzpien und den in ihm gewonnenen Erkenntnissen her zu deuten.

Dillmann unternahm es, die Leibnizische Monadenlehre ihrem ganzen Umfange nach auf seine Dynamik, allgemeiner auf seine Auffassung vom Körper zurückzuführen, zu stützen und von ihr aus zu begründen[1]. Hingegen bestreitet Couturat, daß die Mechanik irgendeine Bedeutung für den Substanzbegriff von Leibniz und allgemein für seine Metaphysik habe. Vielmehr ist nach Couturat die Leibnizische Mechanik auf seiner Metaphysik begründet, die ihrerseits völlig aus den Prinzipien der Leibnizischen Logik hervorgeht und daher von Couturat als *Panlogismus* bezeichnet wird. Leibnizens Monadenlehre erscheint in dieser Darstellung als eine Übertragung der Logik auf das Gebiet der Metaphysik[2]. Verwandt mit Couturats Interpretation ist die von Russell, der es unternimmt, die gesamte Leibnizische Philosophie aus fünf Sätzen, von denen drei rein logischer Natur sind, abzuleiten und dabei eine Reihe von Unverträglichkeiten und Widersprüchen im Leibnizischen System zu entdecken glaubt[3]. Nach Brunschvicg wiederum ist die

---

[1] E. Dillmann, *Eine neue Darstellung der Leibnizischen Monadenlehre*, Leipzig 1891.
[2] L. Couturat, »Sur la métaphysique de Leibniz«, *Revue de Métaphysique et de Morale* X, 1902; vgl. auch *La Logique de Leibniz* (Paris 1901) Préface.
[3] B. Russell, *A critical exposition of the philosophy of Leibniz* (London 1900); wir werden nach der dritten Auflage (London 1949) zitieren.

Leibnizische Philosophie nicht als Panlogismus, wie bei Couturat, aufzufassen,
sondern vielmehr als *Panmathematismus,* nämlich als das Ergebnis der Ausweitung und Verallgemeinerung mathematischer Prinzipien, besonders derjenigen, die der Infinitesimalrechnung zu Grunde liegen [4]. Schließlich sei noch die
Studie von Gueroult erwähnt, der die Frage der Beziehung zwischen der Leibnizischen Dynamik und seiner Metaphysik wieder aufgenommen hat, nachdem eine
Reihe von Autoren das Bestehen einer solchen Beziehung überhaupt geleugnet
hatten, nämlich es bestritten hatten, daß die Leibnizische Dynamik, besonders
der für diese fundamentale Begriff der Kraft in der Metaphysik seinen Ursprung
noch für sie irgendwelche Konsequenzen habe [5]. Allerdings hat Gueroult nicht
den Versuch gemacht, die Metaphysik aus der Dynamik oder die letztere aus der
ersteren abzuleiten, und er ist weit mehr als Dillmann auf die Einzelheiten der
Leibnizischen Dynamik eingegangen und hat ferner die Prinzipien der Leibnizischen Infinitesimalrechnung berücksichtigt, die Dillmann überhaupt nicht erwähnt.

Zweifellos hat jede dieser Interpretationen, die nicht nur voneinander abwei-
chen, sondern auch gegeneinander polemisieren, gewisse Aspekte des Leibnizianismus erschlossen oder wenigstens in scharfes Licht gerückt; in unserer Darstellung werden wir wichtige Resultate dieser Auslegungen uns zu Nutze machen.
Allen diesen Interpretationen, mit Ausnahme der von Gueroult, ist gemeinsam,
daß sie der Leibnizischen Philosophie eine nachgeordnete Stellung zuweisen, indem sie die Philosophie im eigentlichen Sinne aus einem einzelwissenschaftlichen
Sachgebiet (welches immer dies sei) abzuleiten versuchen. In diesem Vorgehen
kommt die Einstellung der Zeit zur Philosophie in ihrem Verhältnis zu den Einzelwissenschaften zum Ausdruck. Versteht man die Ableitungsversuche nicht in
einem genetischen, biographischen, auf die persönliche Entwicklung von Leibniz
bezogenen, sondern in einem ideen-logischen, die sachlich-logische Struktur des
Leibnizianismus angehenden Sinne, so stellt sich im Hinblick gerade auf die Verschiedenheit dieser Versuche die methodologische Frage nach dem Recht, ein bestimmtes spezialwissenschaftliches Gebiet als zentral anzusetzen und von ihm
aus die Leibnizische Philosophie als ganze zu verstehen [6]. Diese Frage wird um so
dringender, je erfolgreicher sich die Ableitungsversuche erweisen, d. h. je besser
eine mehr oder weniger vollständige und befriedigende Rekonstruktion der Leibnizischen Philosophie gelingt. Wenn in der Tat — was aber eine gewisse Idealisierung der Sachlage besagt — die Monadenmetaphysik von verschiedenen Sachgebieten her erreicht werden kann, so erscheint die Bevorzugung eines bestimmten
Sachgebietes vor anderen als unbegründet und in diesem Sinne einigermaßen willkürlich. Weiterhin kann geltend gemacht werden, daß, wenn es möglich ist, die
Leibnizische Monadenlehre aus einem bestimmtem Spezialgebiet, z. B. der Logik,

---

[4] L. Brunschvicg, *Les étapes de la philosophie mathématique* (Paris 1912) Kap. X f.;
wir werden nach der dritten Auflage von 1947 zitieren.

[5] M. Gueroult, *Dynamique et métaphysique leibniziennes* (Paris 1934).

[6] Vgl. I. Pape, *Leibniz* (Stuttgart 1949) S. 10 ff., allerdings unter anderer Begründung.

abzuleiten, dann auch der umgekehrte Weg gangbar sein muß, nämlich die Herleitung der Prinzipien der Leibnizischen Logik aus seiner Monadenmetaphysik. Nichts anderes steht dem letzteren Vorgehen im Wege als die zu Anfang dieses Jahrhunderts vorherrschenden Ansichten über das Verhältnis der Philosophie zu den positiven Einzelwissenschaften.

Der Einwand einer einseitigen Bevorzugung einer Spezialwissenschaft vor anderen läßt sich nicht gegenüber der Darstellung von Cassirer erheben, der die Leibnizischen Begriffe als Methodengrundlagen aller Einzelwissenschaften interpretiert und in systematischer Ordnung entwickelt: von der Mathematik über die Dynamik zur Biologie und den Geisteswissenschaften [7]. Indem der Philosophie die Aufgabe der Grundlegung der Einzelwissenschaften zugeschrieben wird, zerfällt sie in Cassirers Darstellung in eine Reihe von auf die genannten Spezialwissenschaften bezogenen philosophischen Methodenuntersuchungen und Methodenlehren. Mit anderen Worten, das Zentrum der Leibnizischen Philosophie, dem sie ihre Einheit verdankt, tritt nicht klar und scharf hervor. Taliaferro hat bemerkt, daß zwar jede wichtige These der Leibnizischen Metaphysik auf ein entsprechendes Gesetz der Mechanik zurückbezogen werden kann, daß aber andererseits in der Leibnizischen Logik, Mathematik, Mechanik und Metaphysik eine Idee wirksam ist, die von keiner dieser Disziplinen vollständig und adäquat zum Ausdruck gebracht wird [8]. Um diese zentrale Idee und damit um die Einheit der Leibnizischen Philosophie handelt es sich uns hier. Unser Unternehmen stellt sich damit in Gegensatz zur Auffassung zweier Interpreten, die der Leibnizischen Philosophie Einheit und Einheitlichkeit absprechen und in ihr unaufhebbare Unverträglichkeiten und unversöhnlichen Zwiespalt finden [9].

Als zentrale, Einheit stiftende Idee gilt uns, was wir als Panlogismus bezeichnen wollen. Wir verstehen jedoch diesen Ausdruck in einem anderen Sinne als Couturat, der ihn geprägt hat. Wie erwähnt, meint Couturat damit die Abkünftigkeit der Leibnizischen Metaphysik von seiner Logik, die Deutung der Metaphysik als erweiterte und verallgemeinerte Übertragung der Logik auf das Gebiet der Ontologie. Ferner hat Couturat lediglich die Subjekt-Prädikat Logik in Betracht gezogen, die allerdings für Leibniz von ausnehmender Bedeutung ist, neben der aber die von Cassirer ebenfalls mit übertriebener Ausschließlichkeit betonte Logik der generativen Definition zu ihrem Rechte kommen muß. Vor allem besteht unsere Differenz zu Couturat darin, daß wir Panlogismus nicht im Sinne einer Antwort auf die Frage nach Herkunfts- und Abhängigkeitsbeziehungen zwischen zwei theoretischen Disziplinen verstehen. Vielmehr bedeutet uns *Panlogismus die Lehre, dass im Universum als ganzem sowohl wie in allen seinen Teilen, d. h. in allem,*

---

[7] E. Cassirer, *Leibniz' System* (Marburg 1902).

[8] R. C. Taliaferro, *The concept of matter in Descartes and Leibniz* (*Notre Dame Mathematical Lectures* 9, Notre Dame 1964) S. 24.

[9] H. Heimsoeth, *Die Methode der Erkenntnis bei Descartes und Leibniz, Philosophische Arbeiten* (hrsg. von H. Cohen und P. Natorp) VI 2 (Giessen 1914) und noch stärker H. Schmalenbach, *Leibniz* (München 1921).

was in ihm existiert und geschieht, eine Logik niedergeschlagen und realisiert ist. Das Universum ist durch und durch als Inkarnation von Logik verstanden. Gemäß dem Prinzip der logico-ontologischen Äquivalenz läßt sich jede logische Struktur ins Ontologische und umgekehrt jede ontologische ins Logische übersetzen. Unter Panlogismus verstehen wir also Leibnizens Auffassung des Universums und nicht, wie Couturat, eine Auslegung der Leibnizischen Philosophie.

In dem als panlogistisch verstandenen Universum hängt alles und jedes miteinander zusammen. Das führt zunächst auf den für Leibniz überaus wichtigen Begriff der *Repräsentation* oder *Expression,* der primär einen mathematischen Sinn hat, nämlich den einer Zuordnung und Entsprechung der Elemente zweier oder mehrerer Mannigfaltigkeiten. Alle anderen Bedeutungen von Repräsentation bauen sich auf dieser primären auf, enthalten sie als Kernbestand und gehen durch hinzutretende weitere Bestimmungen aus ihr hervor. Ferner ist der im Universum bestehende Zusammenhang ein *innerer Zusammenhang* im Unterschied zu einem Zusammenhang der Covarianz, wie ihn jedes physikalisches Gesetz illustriert, das eine funktionale Abhängigkeit verschiedener Aspekte eines oder mehrerer Dinge oder Phänomene formuliert. In diesem Falle liegen die Aspekte der in Rede stehenden Dinge oder Phänomene in fertiger Ausprägung vor, und die Frage betrifft die Veränderung der einen in funktioneller Abhängigkeit von den Veränderungen der anderen. Höchstens kann es sich noch um die Bedingtheit des faktischen Auftretens eines Phänomens durch das eines anderen handeln. Dagegen sind die Glieder eines inneren Zusammenhangs für ihre Ausprägung auf ihn angewiesen; sie haben ihre Ausgeprägtheit nur in diesem Zusammenhang und kraft seiner. Anders ausgedrückt, alle Glieder eines inneren Zusammenhangs bestimmen und qualifizieren sich gegenseitig; sie machen einander zu dem, was ein jedes von ihnen ist. Während der Begriff der Covarianz der *Aufgabe der Logisierung* des Universums entspricht, bringt der Begriff des inneren Zusammenhangs die panlogistische These zum Ausdruck, nach der die Logik dem Universum immanent, in ihm verkörpert ist. Aus dem Begriff des inneren Zusammenhangs ergibt sich die Deutung des Leibnizischen *Prinzips der universellen Harmonie* als Grundgesetz der Verfassung des Universums, d. h. des Gesamtsystems der Substanzen und Monaden, und nicht als theoretischen Hilfsmittels, vermöge dessen zwischen den an und für sich gegeneinander isolierten Substanzen nachträglich ein Zusammenhang gestiftet wird, und erst recht nicht als eine ad hoc Hypothese zur Lösung des Leib-Seele Problems. Die auf das letztere Problem bezogene *prästabilierte Harmonie* wird sich als ein Spezialfall der universellen Harmonie erweisen.

Die Auffassung des Universums als Inkarnation von Logik erfordert ein Subjekt der Logik, einen Geist und geistige Operationen, deren Korrelat das Universum bildet. Einer Anregung von Martin [10] folgend, werden wir den Versuch unternehmen, *die Leibnizische Philosophie als eine besondere Variante von Trans-*

---

[10] G. Martin, *Immanuel Kant* (Köln 1958) Einleitung und § 18.

zendentalphilosophie zu deuten, deren Eigenart darin besteht, daß sie auf den unendlichen Geist Gottes als ihr Subjekt bezogen ist. Zunächst auf den göttlichen Intellekt als Sitz der Gesamtheit der möglichen Welten rein als möglicher, von denen jede unter einem ihr spezifisch eigenen *Fundamentalbegriff* steht, dem sie ihre *systematische Einheit als Welt,* als mögliche Welt verdankt. Auf Grund eines göttlichen Kalküls oder — wie Leibniz ebenfalls sagt — eines »metaphysischen Mechanismus« stellt sich unter den möglichen Welten eine als durch ihre Eigenbeschaffenheit vor den anderen ausgezeichnete heraus, und diese wird um ihrer Ausgezeichnetheit willen zur Existenz zugelassen. Schöpfung bedeutet für Leibniz Zulassung zur Existenz, d. h. nichts anderes als die Überführung der in Rede stehenden Welt aus dem Stande der Möglichkeit in den der Aktualität, ohne daß die so bevorzugte Welt irgendeine Veränderung des inhaltlichen Bestandes erfährt, den sie im Stande der Möglichkeit besitzt. Mit dem Bezug auf den göttlichen Willen tritt das einzige außerlogische Motiv des Leibnizianismus in Erscheinung. Jedoch betrifft dieses außerlogische Motiv lediglich den göttlichen Willen, überhaupt eine Welt zur Existenz zuzulassen, während die Auswahl der zur Existenz zuzulassenden Welt eine Angelegenheit des göttlichen Intellekts, nämlich des göttlichen Kalküls verbleibt. Zugleich zeigt sich, daß der *Begriff der Kontingenz* bei Leibniz *zwei Bedeutungen* hat: neben der bisher allein gesehenen Bedeutung der Existentialkontingenz eine andere, die sich daraus ergibt, daß die faktisch existierende Welt eine unter vielen, unendlich vielen, möglichen Welten ist. Aus diesem Grunde ist jede mögliche Welt eben als eine unter vielen, mit Kontingenz in der letzteren Bedeutung behaftet. Die Deutung der Philosophie Leibnizens als Transzendentalphilosophie erhält eine — wie uns scheinen möchte — endgültige Bestätigung durch die von ihm vertretene Version der Lehre von der »creatio continuata«. In dieser Version besagt die »creatio continuata« die Überzeitlichkeit oder Unzeitlichkeit der bei der Zulassung zur Existenz beteiligten Operationen des göttlichen Geistes, sowohl des Intellekts wie des Willens. In die Sprache der Zeitlichkeit übersetzt oder in diesem Medium gebrochen, erhält Unzeitlichkeit oder Überzeitlichkeit den Sinn ewiger Permanenz. Mit anderen Worten, das faktisch existierende Universum ist das permanente und permanent bestätigte Korrelat des göttlichen Intellekts und Willens und bleibt permanent auf diese Operationen des göttlichen Geistes bezogen.

Zu dem Motiv des Panlogismus, sich aufs engste mit ihm verbindend, tritt die Idee einer *hierarchischen Stufenfolge* hinzu. Zwei solche Stufen bilden der monadische Bereich und der ihm untergeordnete Bereich des Phänomenalen. Innerhalb des ersteren Bereiches besteht eine hierarchische Abstufung der Monaden oder Substanzen gemäß dem auch in diesem Bereich herrschenden Prinzip der Kontinuität, das allerdings an der Stelle des Auftretens des menschlichen Geistes eine Ausnahme erfährt, weil der menschliche Geist vor allem unterhalb seiner rangierenden Substanzen durch die Fähigkeit zum reflektiven Selbstbewußtsein ausgezeichnet ist, und weil es zwischen Nicht-Besitz und Besitz dieser Fähigkeit keine kontinuierlichen Übergänge noch Vermittlungen geben kann. Die Verbin-

dung zwischen der Idee der hierarchischen Stufenfolge und dem Panlogismus tritt
darin zu Tage, daß 1. die zu einer gegebenen Stufe gehörigen kategorialen Strukturen einander entsprechen und konform sind (*Prinzip der Stufenkonformität*),
und daß 2. zwischen den homologen Strukturen verschiedener Stufen das Verhältnis der Analogie, d. h. Proportionalität besteht. *Analogie ist für Leibniz nicht
nur eine Angelegenheit der Methode, sondern in erster Linie der Ausdruck für
ein weiteres Grundgesetz der Verfassung des Universums neben dem Prinzip der
universellen Harmonie.* Weil Analogie die letztere Bedeutsamkeit hat, kann sie
als methodisches Prinzip fungieren. Aus diesem Grunde versteht es sich, daß in
verschiedenen Disziplinen wie Logik, Mathematik, Physik, Biologie, Metaphysik
usw. die gleichen Grundgedanken in jeweilig verschiedener Ausprägung auftreten. Die Metaphysik kann als »positive« Disziplin neben den anderen aufgeführ-
ten genannt werden, sofern mit ihr nicht die allgemeine Frage nach dem Wesen
und der Natur der Dinge überhaupt gemeint ist, sondern ein Inbegriff bestimmter Lehrsätze, nämlich der spezifische Lehrgehalt der Leibnizischen Monadentheorie. Auf allen Sachgebieten, denen die erwähnten Disziplinen zugeordnet sind,
ist dieselbe Logik realisiert, jedoch in von Stufe zu Stufe wechselnder, der jeweiligen Stufe konformer Ausprägung. Ihre reinste und prägnanteste Ausprägung
liegt auf der höchsten Stue, der der Monadenmetaphysik, vor, von der alle anderen
Ausprägungen abkünftig und deriviert sind, indem sie aus ihr durch Abwandlung
im Sinne zunehmender Verengung hervorgehen. Für das Verständnis des Universums ist nach Leibniz der Abstieg von »oben« nach »unten« erforderlich.

Die hier vorgelegte Studie beschäftigt sich wesentlich mit der Leibnizischen
Theorie der Substanz. Die Einzelsubstanz hält die Mitte zwischen dem phänomenalen Bereich und dem Gesamtsystem der Substanzen. In letzterer Hinsicht erwächst ein Problem der Methode. Gewöhnlich hat die Interpretation bei der
Einzelmonade angesetzt, und man hat von ihr aus den Übergang zum intermonadischen Zusammenhang, zum System der Substanzen, die das Universum bilden,
zu finden gesucht. Bei diesem Vorgehen tauchten Schwierigkeiten auf, die unüber-
windlich erschienen und es nahe legten, in der Leibnizischen Philosophie unaus-
gleichbare Unverträglichkeiten zu sehen. In dieser Studie werden wir die umgekehrte Richtung einschlagen. *Wir gehen von dem System der Substanzen aus und
suchen von ihm aus den Weg zur Einzelsubstanz und weiter zum phänomenalen
Bereich.* Bei der hier eingeschlagenen Richtung des methodischen Vorgehens lösen
sich die erwähnten Schwierigkeiten auf oder, richtiger gesagt, sie treten gar nicht
erst auf. Dieses Vorgehen entspricht der Orientierung des Leibnizischen Denkens
von »oben« nach »unten«[11] und es findet seine Bewährung durch die Ermöglichung einer verhältnismäßigen Einheitlichkeit der Interpretation des Leibnizianismus. Die hier befolgte Methode erlaubt es, der Bedeutung des Prinzips der
universellen Harmonie vollauf Genüge zu tun, nämlich dieses Prinzip nicht nur als

---

[11] A. Rivaud, »Textes inédits de Leibniz«, *Revue de Métaphysique et de Morale* XXII
(1914) S. 96 f.

ein Grundgesetz der Verfassung des Systems der Substanzen zu deuten, sondern auch darüber hinaus als ein konstitutives Gesetz der Struktur der Einzelsubstanz, geradezu als ein dieser Struktur immanentes Moment.

Auf diese Weise wird es möglich, eine Frage zu beantworten, die an die Leibnizische Philosophie gerichtet werden muß, die aber weder von Leibniz selbst behandelt noch — soweit wir sehen — von einem Interpreten aufgeworfen worden ist. Die Frage betrifft nichts weniger als die Möglichkeit der Konzeption der Monadenlehre. Genauer gesagt, handelt es sich darum, daß der inhaltliche Gehalt der Monadenlehre, die für sie zentrale These, der Formulierung dieser Lehre im Wege zu stehen scheint. Bekanntlich hat Leibniz die Monade als »fensterlos«, d. h. in sich geschlossen und in diesem Sinne selbstgenügsam gefaßt; die Monade lebt ausschließlich in ihren eigenen Zuständen und ist völlig auf diese beschränkt. Das gilt wie für alle Monaden überhaupt, so auch für die menschlichen Geister. Wie kommt unter diesen Umständen eine Einzelmonade, die des Philosophen, dazu, die allgemeine Lehre von den Monaden zu konzipieren? Wie kann eine Einzelmonade wissen, daß es außer ihr überhaupt noch andere Monaden gibt, daß die Zustände aller Monaden einander zugeordnet sind und entsprechen, daß schließlich alle Monaden in der durchgehenden gegenseitigen Entsprechung ihrer Zustände dasselbe Universum spiegeln oder repräsentieren, und zwar so, daß jede Monade es in der ihr eigenen Weise tut? Diese Schwierigkeit kann nicht durch die Berufung auf die universelle Harmonie beseitigt werden, wofern diese als rein »objektiv« und an und für sich bestehend verstanden wird, als nur von einem »Standpunkt« oberhalb oder außerhalb aller Einzelmonaden, d. h. vom »Standpunkt« der göttlichen Erkenntnis konstatierbar. Wird hingegen (was die von uns vorgeschlagene Methode des Ausgangs vom System der Monaden möglich macht) das Prinzip der universellen Harmonie als die Struktur der Einzelmonade konstitutiv bestimmend gedeutet, was besagt, daß die Bezogenheit auf andere Monaden in der Struktur einer jeden als dieser Struktur immanent eingezeichnet ist, wird ferner die den menschlichen Geist auszeichnende Fähigkeit zur Reflexion auf sich selbst in Betracht gezogen, so löst sich — wie wir bereits anderen Ortes zu zeigen versucht haben [12] — die anscheinende Paradoxie einer Unverträglichkeit zwischen dem Lehrgehalt der Monadenphilosophie und der Tatsache ihrer Konzeption auf.

Gemäß der hier befolgten Methode ist die Interpretation der Leibnizischen Philosophie als Panlogismus auf vier Linien der Betrachtung durchzuführen. *Erstens* hinsichtlich des Systems der Substanzen oder Monaden, des intermonadischen Zusammenhangs, von dem wir unseren Ausgang nehmen (Kap. V). Die *zweite* Linie der Betrachtung betrifft die Einzelsubstanz, die sich sowohl als das erzeugende Prinzip ihrer Accidentien wie auch als deren systematischer Inbe-

---

[12] A. Gurwitsch, »An apparent paradox in Leibnizianism«, *Social Research* XXXIII (1966; vorher in hebräischer Übersetzung in *Iyyun* XIV/XV, 1963/64 zu Ehren von S. H. Bergmanns achtzigstem Geburtstag).

griff, als deren System herausstellen wird, was *drittens* auf den Zusammenhang der Accidentien einer gegebenen Substanz untereinander führt (Kap. VI). Die *vierte* Linie der Betrachtung bezieht sich auf den phänomenalen Bereich, in dem die Gesetze des monadischen Bereichs wiederkehren, allerdings in Verengung und Vereinzelung als der spezifischen Bedingung der Phänomenalität (Kap. VII). Vorangeschickt ist eine Darlegung der allgemeinen und formalen Bestimmungen der Substantialität, von denen die späteren Ausführungen Gebrauch machen (Kap. IV). In Kap. VIII wird die Deutung der Leibnizischen Philosophie als Transzendentalphilosophie besonderer Art entwickelt werden. Kap. I und II stellen die für die panlogistische Interpretation erforderlichen theoretischen Instrumente bereit, während Kap. III der Leibnizischen Auffassung vom menschlichen Geiste gewidmet ist, besonders der Bestimmung der Tragweite und Begrenztheit der menschlichen Erkenntnis.

Weil die vorgelegte Studie interpretative Zwecke verfolgt und nicht entwicklungsgeschichtlich orientiert ist, darf sie sich auf das Leibnizische System in seiner reifen Form beschränken, in der es seit 1684 vorliegt, dem Erscheinungsjahr der *Meditationes de cognitione, veritate et ideis.* Nur gelegentlich, wenn es um der Substantiierung unserer Interpretation willen oder aus anderen sachlichen Gründen angezeigt erscheint, die Kontinuität des Leibnizischen Denkens hervorzuheben oder umgekehrt auf Wandlungen seiner Position hinzuweisen, werden wir auf Schriften und briefliche Äußerungen aus der Periode seiner Jugend zurückgreifen [13]. Wegen unseres rein ideenlogischen Interesses sehen wir davon ab, auf Darstellungen einzugehen und uns mit ihnen auseinanderzusetzen, in denen der Leibnizianismus in der Perspektive der Gesamtgeschichte der Philosophie oder in der noch weiteren der allgemeinen Geistesgeschichte gesehen ist [14]. So wichtige Aufschlüsse diese Studien für das Verständnis der historischen Stellung der Leibnizischen Gedankenwelt vermitteln mögen, handelt es sich dabei um Anliegen, die außerhalb des Problembereichs fallen, auf den wir uns hier zu konzentrieren und zu beschränken haben. Hingegen werden wir auf die Philosophie und Wissenschaft des 17. Jahrhunderts Bezug nehmen, um einerseits spezifische Lehren von Leibniz in ihrem Zusammenhang mit der theoretischen Problematik seiner Zeit und als aus dieser herauswachsend zu verstehen, und um andererseits die Leibnizische Position gegenüber dem zeitgenössischer Denker, besonders Des-

---

[13] Zur Entwicklung von Leibniz siehe G. G. Guhrauer, *Gottfried Wilhelm Freiherr von Leibniz* (Breslau 1846); K. Fischer, *Geschichte der neueren Philosophie* (5te Aufl. Heidelberg 1923) III Buch I; Y. Belaval, *Leibniz* (Paris 1962) Teil I. Die Jugendphilosophie von Leibniz (vor dem Pariser Aufenthalt 1672—1676) ist dargestellt von A. Hannequin, *La première philosophie de Leibniz, Etudes d'histoire des sciences et d'histoire de la philosophie* (Paris 1908) II; W. Kabitz, *Die Philosophie des jungen Leibniz* (Halle 1909); P. Köhler, *Der Begriff der Repräsentation bei Leibniz, Neue Berner Abhandlungen zur Philosophie und ihrer Geschichte* (Bern 1913) Teil II; J. Moreau, *L'univers leibnizien* (Paris & Lyon 1956) Teil I.

[14] Über einige dieser Darstellungen hat D. Mahnke, *Leibnizens Synthese* §§ 10 und 13 kritisch berichtet.

cartes, Malebranche und Spinoza genau abzugrenzen [15]. Es erübrigt sich zu betonen, daß eine ideenlogische Interpretation sich nicht auf außersachliche Motive wie z. B. soziale und politische Konstellationen, Kräfte und Tendenzen einlassen kann, da sie es mit der inneren Logik des Werks, nicht mit seiner Rezeption, zu tun hat; ganz zu schweigen von dem zuweilen auch in philosophischen Darstellungen zu beobachtendem Unfug, das Werk aus der Persönlichkeit des Autors mit Mitteln sog. »Tiefenpsychologie« zu »erklären«.

Ein interpretatorischer Versuch von der Art des hier vorgelegten vermag ohne *Deutungshypothesen* nicht auszukommen. Darunter verstehen wir Deutungen, die nicht aus Leibnizischen Texten herausgelesen als vielmehr an sie herangetragen sind. Solche hypothetischen Deutungen unterstehen nicht nur der selbstverständlichen Bedingung der Verträglichkeit mit Leibnizischen Texten, sondern sie müssen sich dem Gesamtzusammenhang der Leibnizischen Gedankenwelt organisch einfügen, d. h. sie müssen von anderen ausdrücklich formulierten Theorien logisch motiviert sein oder zum wenigsten eine Analogie zu diesen aufweisen. Das Maß der Bewährung hypothetischer Deutungen hängt davon ab, wie weit sie eine einheitliche Interpretation des Leibnizianismus möglich machen oder zu ihr beitragen. Weil wir von Deutungshypothesen Gebrauch zu machen haben, erschien es uns angezeigt, Leibnizische Texte in weitestem Umfang in extenso zu zitieren.

Der Verfasser ist sich der Kühnheit, fast möchte er sagen: der Vermessenheit seines Wagnisses bewußt, eine einheitliche Interpretation der Leibnizischen Philosophie vorzulegen. Er gibt sich keinen Illusionen bezüglich der Endgültigkeit seines Unternehmens hin. Nur den Wunsch und die Hoffnung möchte er äußern, daß sein Versuch Korrekturen sowohl in Einzelheiten als auch hinsichtlich prinzipieller Ansätze erfahren möge, denn dieses wäre ein Anzeichen dafür, daß seine Arbeit nicht nur als verbesserungsbedürftig, sondern auch als der Verbesserung würdig befunden wird. Mehr ist bei einem wissenschaftlichen Unternehmen nicht zu erwarten.

Abschließend sei noch bemerkt, daß der Verfasser zwar den größten Teil seiner Lebensarbeit der Husserlschen Phänomenologie gewidmet hat und gedenkt, ihr auch die ihm noch verbleibenden Jahre seines Lebens zu widmen, daß aber die hier vorgelegte Studie keine phänomenologische Arbeit ist. Nichts liegt uns ferner als aus Leibniz einen Vorläufer der Husserlschen Phänomenologie oder gar einen Krypto-Phänomenologen zu machen. Wir werden am Schluß Gelegenheit nehmen, die Differenz der Orientierung des Leibnizischen und des Husserlschen Denkens wenigstens kurz zu bezeichnen. Allerdings ist es wahr, daß seine Beschäftigung mit der Phänomenologie Husserls, vor allem mit Problemen noematischer Organisation dem Verfasser die Augen für wesentliche Aspekte der Leibnizischen Problematik geöffnet hat.

---

[15] Die tiefgreifenden Differenzen zwischen Leibniz und Descartes hat Y. Belaval, *Leibniz critique de Descartes* (Paris 1960) in umfassender Weise dargestellt; Leibnizens Verhältnis zu Spinoza ist von L. Stein, *Leibniz und Spinoza* (Berlin 1890) und G. Friedmann, *Leibniz et Spinoza* (Paris 1946) behandelt worden.

KAPITEL I: SINN UND VORAUSSETZUNGEN DES PANLOGISMUS

§ 1 Logico-ontologische Äquivalenz

a. Denken und Wirklichkeit

Als erstes stellt sich die Aufgabe, den Leibnizischen Rationalismus als Panlogismus zu charakterisieren. Zu diesem Zweck werfen wir die Frage auf nach der Beziehung zwischen Denken, genauer erkennendem Denken und der Wirklichkeit oder dem Sein. Anders gefaßt, handelt es sich um das Verhältnis zwischen der Logik, deren Sinn im folgenden Kap. eine genauere Bestimmung erfahren soll, und der Metaphysik oder Ontologie als der allgemeinen Lehre von den Strukturen der Wirklichkeit oder des Seins. Unter Wirklichkeit ist in erster Linie das Reich der Monaden oder Substanzen zu verstehen; jedoch nicht ausschließlich. Auch der Bereich des Phänomenalen ist in Betracht zu ziehen, der in einer vorerst noch nicht zu erörternden Weise mit dem des Substantiellen und Monadischen zusammenhängt.

Schon verhältnismäßig früh, in der *Vorrede zur Ausgabe des Nizolius*, weist Leibniz es ab, in der Logik ein blosses »Instrument« zu sehen. Vielmehr beschließt sie in sich die Prinzipien des echten oder wahren Philosophierens, weil sie von den allgemeinen Regeln handelt, nach denen sich der Unterschied des Wahren und Falschen bestimmt derart, daß unter ihrer Leitung sich alle Schlüsse aus bloßen Definitionen und Erfahrungen beweiskräftig ableiten lassen [1]. Statt eines bloßen Werkzeugs, das von außen auf eine ihm fremde Materie angewendet wird, gilt die Logik als die Lehre von den Prinzipien der Erkenntnis des Wirklichen und vermag den Zugang zu dessen Strukturen zu eröffnen. Noch deutlicher tritt das in einer späteren Äußerung hervor, nach der kaum ein Unterschied besteht zwischen der wahren Metaphysik und der wahren Logik als »art d'inventer en général«.[2] Es fragt sich, in welchem Sinne die enge Beziehung zwischen Metaphysik und Logik, die fast miteinander identifiziert werden, zu verstehen ist.

Zwischen zwei Sachgebieten, Inbegriffen oder Gebilden kann eine Beziehung gegenseitiger Zuordnung und Entsprechung bestehen, wobei die beiden Gebilde voneinander nicht nur unterscheidbar, sondern auch getrennt bleiben, wie z. B. im Falle der Karte einer Stadt und der Stadt selbst. Die Voraussetzung einer Getrenntheit von Logik und Wirklichkeit liegt der Darstellung von Parkinson über

---

[1] P. IV 137.

[2] *An Prinzessin Elisabeth*, 1678 (P. IV 292). Zur Datierung und Attribution dieses Schreibens vgl. K. Fischer, *Geschichte der neueren Philosophie* III 121 Fußnote 2.

die Rolle von Logik und Wirklichkeit in der Leibnizischen Metaphysik zu Grunde. Er beginnt seine Darlegungen mit der Einführung des Unterschiedes zwischen dem *Subjekt* einer Aussage als dem, worüber die Aussage gemacht wird, z. B. eine Person, und dem *Begriffe* des *Subjekts,* dem Begriff der betr. Person[3]. Der gleiche Unterschied muß gemacht werden zwischen dem *Prädikat* als dem, was in der Aussage dem Subjekt zugeschrieben wird, z. B. einem Ereignis, von dem behauptet wird, es sei der betr. Person widerfahren, und dem *Begriff des Prädikats.* Leibniz hat diese Unterscheidungen nicht getroffen; er ist in einer Zweideutigkeit verblieben, die er von der Scholastik übernommen hat, und die in gewisser Weise auf Aristoteles zurückgeht. Auf Grund dieser Unterscheidungen kann eine Paradoxie vermieden werden, die sich ergibt, wenn man von dem vollständigen Begriff einer individuellen Substanz[4], z. B. der Unteilbarkeit dieses Begriffes auf die Substanz selbst schließt, um deren Begriff es sich handelt. Im vollständigen Begriff von Lord Nelson ist beschlossen, daß er seinen Arm in einer Schlacht verliert. Man kann aber, führt Parkinson[5] aus, aus der Unzerteilbarkeit des Begriffes von Lord Nelson nicht auf die von Lord Nelson selbst schließen, weil folgen würde, daß er seinen Arm nicht verloren hat. Was wahrheitsgemäß von einem Subjekt ausgesagt werden kann, gilt nicht notwendiger Weise von dem Begriffe dieses Subjekts.

Hier gehen wir noch nicht darauf ein, daß Parkinsons Beispiel nicht glücklich gewählt ist, weil der Körper oder Leib, an dem der Verlust des Armes stattfindet, im Leibnizischen Sinne gar nicht als Substanz anzusprechen ist[6]. Es handelt sich auch nicht darum, ob Parkinsons Unterscheidung aus sachlichen Gründen berechtigt ist, die die Trennung der Sphäre des Denkens von dem Bereich der Wirklichkeit motivieren und vielleicht notwendig machen. Hier geht es nur um die Frage, ob Parkinson den Intentionen von Leibniz gerecht geworden ist. Ist Leibniz, indem er die in Rede stehende Unterscheidung zu treffen unterlassen hat, lediglich einer Tradition gefolgt, oder hat diese Unterlassung in der Logik seines Systems ihre Begründung?

Auf diese Frage hat Couturat die Antwort dahin gegeben, daß Leibniz keine Scheidung und Trennung zwischen objektivem Sein und subjektiven Denken zuläßt[7]. Was die individuelle Substanz angeht, ist sie nicht nur das unmittelbare Objekt des vollständigen Begriffes von ihr, sondern geradezu nicht anderes und nichts weiteres als das realisierte logische Subjekt: »la monade, c'est le sujet

---

3 G. H. R. Parkinson, *Logic and reality in Leibniz's metaphysics* (Oxford 1965) S. 6 ff; siehe auch G. Bergmann, »Russell's examination of Leibniz examined«, *Philosophy of Science* XXIII (1956) S. 178 und 185.

4 Leibnizens Lehre von dem vollständigen Begriff einer individuellen Substanz wird in Kap. VI § 2 dargelegt werden.

5 Parkinson, *a.a.O.* S. 158.

6 Siehe hierzu Kap. IV § 1 b.

7 L. Couturat, »Sur les rapports de la logique et de la métaphysique de Leibniz«, *Bulletin de la Société Française de Philosophie* II (1902) S. 81.

logique érigé en substance.«[8] Diese Auffassung der individuellen Substanz bestätigt sich in einer Diskussion zwischen de Volder und Leibniz. De Volder erhebt den Einwand, das Subjekt der Veränderungen sei doch bloß eine »logica notio«, die nichts erklärt[9]. Darauf erwidert Leibniz: »poteras dicere metaphysicam.«[10] In der Auffassung der individuellen Substanz als realisiertem vollständigem Begriff tritt die von Couturat behauptete Identität von Metaphysik und Logik zu Tage[11]. Couturat hat die Leibnizische Philosophie als *Panlogismus* charakterisiert[12]. Er sieht in dieser Philosophie den vollständigsten und systematischsten Ausdruck des intellektualistischen Rationalismus. Zwischen dem Denken und den Dingen, der Natur und dem Geist besteht völliger Einklang: »la réalité est entièrement pénétrable à la raison, parce qu'elle est pénétrée de raison.«[13] Alles in der Welt muß begreifbar und aus bloßen Begriffen beweisbar sein. Daher ist die Deduktion die einzige Methode echter Wissenschaften[14]. Bis in das empirische Wissen erstreckt sich der Leibnizische Panlogismus[15]. Auch die in der empirischen Erfahrung gegebene phänomenale Natur ist von Logik durchsetzt und durchdrungen; sie ist geradezu eine »logique vivante«. Wenn zwischen Erfahrung und Vernunft völliger Einklang und durchgehende Übereinstimmung herrscht, so deshalb weil die Erfahrung selbst Vernunft ist, wenngleich eine latente und konfuse Vernunft. Sie ist eine den empirischen Tatsachen immanente Logik.

Gegenwärtig kommt es uns nur auf die allgemeine Tendenz der Interpretation von Couturat an, darauf, daß er die Trennung von Denken und Sein zurückweist und in der Wirklichkeit, wie Leibniz sie sieht, die Logik realisiert findet, und zwar auf allen Stufen der Wirklichkeit. Aus diesem Grunde brauchen wir hier noch nicht auf den Versuch Couturats einzugehen, die gesamte Leibnizische Philosophie, besonders seine Theorie von der individuellen Substanz aus der Lehre

---

[8] Couturat, »Sur la métaphysique de Leibniz«, *Revue de Métaphysique et de Morale* X (1902) S. 9; siehe auch B. Jasinowski, *Die analytische Urteilslehre Leibnizens in ihrem Verhältnis zu seiner Metaphysik* (Wien 1918) S. 97 ff, dessen Orientierung der von Couturat diametral entgegengesetzt ist, insofern als er nicht die Monadentheorie aus der analytischen Urteilslehre, sondern umgekehrt die letztere aus der ersteren abzuleiten sucht.

[9] *De Volder an Leibniz*, 13/V 1699 (P. II 178).

[10] *An de Volder*, 23/VI 1699 (P. II 186); vgl. *Remarques sur la lettre de M. Arnauld:* »Or qu'est-ce que de dire que le prédicat est dans le même sujet, sinon que la notion du prédicat se trouve en quelque façon enfermée dans la notion du sujet?« (*Le Roy* S. 109).

[11] Couturat, »Sur les rapports de la logique et de la métaphysique de Leibniz«, a.a.O. II 81. In *La logique de Leibniz* S. 279 spricht Couturat etwas zurückhaltender von »l'analogie et presque l'identité parfaite de sa Métaphysique et de sa Logique réelle«.

[12] Couturat, *La logique de Leibniz* S. XI.

[13] Siehe auch J. Ortega y Gasset, *The idea of principle in Leibniz and the evolution of deductive theory* (übersetzt von M. Adams, New York 1971) S. 352.

[14] Couturat, *La logique de Leibniz* S. 152.

[15] Id. a.a.O. S. 256 f.

vom vollständigen Begriff unter ausschließlicher Zugrundelegung des Prinzips »praedicatum inest subjecto« abzuleiten. Mit diesem Ableitungsversuch werden wir uns später [16] auseinandersetzen. Ferner hat Couturat von der Leibnizischen Logik insofern eine verkürzte Darstellung gegeben, als er sie völlig auf die Subjekt-Prädikat Beziehung beschränkt ohne Berücksichtigung der spezifischen Logik, die der neueren Mathematik zu Grunde liegt, besonders der von Leibniz begründeten Infinitesimalrechnung. Da Couturat den Begriff der Logik an der traditionellen Logik orientiert, hat Brunschvicg [17] die Charakterisierung der Leibnizischen Philosophie als Panlogismus in dem entsprechenden engeren Sinne abgewiesen.

Brunschvicg verweist in diesem Zusammenhang auf Cassirer, der die hier erforderlichen Korrekturen und Ergänzungen vorgenommen hat, indem er wohl als erster die Bedeutung der Leibnizischen Theorie von der kausalen oder genetischen — am besten wohl: generativen — Definition erkannt und in den Vordergrund gestellt hat. Auf diese Theorie werden wir später [18] eingehend zu sprechen kommen. Fürs erste halten wir uns wieder an die allgemeine Tendenz der Darstellung von Cassirer. Er deutet den Leibnizischen Rationalismus im Sinne der durchgehenden Durchsichtigkeit, Erkennbarkeit und Intelligibilität des Seienden bis in seine letzten Einzelheiten. Das Wirkliche ist »nach dem Vorbild des Gedankens geordnet«; es stellt das »Analogon eines reinen Vernunftzusammenhangs« dar. Daher eröffnet die Analogie der Grundbegriffe der im erweiterten Sinne verstandenen Logik vor allem des fundamentalen Begriffes der Wahrheit den Einblick in die Struktur der Wirklichkeit [19]. Gemäß seiner neu-kantischen Orientierung versteht Cassirer in seiner Darstellung der Leibnizischen Philosophie unter der Wirklichkeit das phänomenale Universum, wie es sich in der wissenschaftlichen Erkenntnis, vor allem in der mathematischen Naturwissenschaft fortschreitend konstituiert. An diesem Aufbau sind die Begriffe der Logik entscheidend beteiligt; sie machen das Wirkliche intelligibel, indem sie seine Mathematisierung ermöglichen [20]. In seiner ersten umfassenden Darstellung, *Leibniz' System in seinen wissenschaftlichen Grundlagen,* ist Cassirer dem Anteil der logischen Begriffe an der Ausbildung der verschiedenen Wissenschaften nachgegangen. Die durchgängige Konformität zwischen Logik und Wirklichkeit beruht darauf und ist dadurch gewährleistet, daß die Wirklichkeit sich erst in und durch eine progressive Logifizierung als solche konstituiert [21]. Folglich genügt die Wirklichkeit durchwegs den Postulaten der Vernunft, zunächst dem »allgemeinen Postulat

---

[16] Kap. VI § 3.
[17] L. Brunschvicg, *Les étapes de la philosophie mathématique* S. 204 f.
[18] Kap. II § 2 d.
[19] E. Cassirer, *Freiheit und Form* (Berlin 1918) S. 40 ff und *Hauptschriften* II 89 ff.
[20] Id., *Erkenntnisproblem* II 162.
[21] Über die »neue Definition der Wirklichkeit«, die Cassirer bei Leibniz findet, siehe *Hauptschriften* II 108 f.

der durchgängigen Verständlichkeit« [22], wie auch speziellen Postulaten, z. B. dem der Kontinuität, das in erster Linie die Beziehung zwischen Begriffen betrifft, dann aber, vermittelst der Begriffe, auch auf alle Tatsachen der Wirklichkeit Anwendung finden muß [23]. Nun hat Leibniz — wie Cassirer durchaus zugesteht — das Universum auf den göttlichen Geist, den unendlichen göttlichen Intellekt, die vollendete göttliche Erkenntnis bezogen. Was in kantischer oder neu-kantischer Perspektive als Postulat, als zu erfüllende Forderung erscheint, gilt vom Standpunkt der göttlichen Erkenntnis als erfüllt [24]. Während die *Bestimmung* des Universums bis in alle seine Einzelheiten für die menschliche Erkenntnis eine Aufgabe darstellt, der nicht anders als in asymptotischer Annäherung genügt werden kann, wird kraft seiner Bezogenheit auf den göttlichen Geist die *Bestimmtheit* des Universums »zu einer Gegebenheit umgedeutet und hypostasiert.« [25] So faßt Leibniz, wie v. Aster [26] bemerkt, die Einfachheit der Naturgesetze nicht als ein heuristisches Prinzip, als eine Maxime der Erkenntnis auf, sondern sieht in ihr eine objektive Eigenschaft der Dinge, die in deren Natur begründet ist. An die Stelle der *progressiven Logifizierung* tritt überall die als *vollendet gedachte Logizität*.

b. Die Logizität des Universums

Im Anschluß an die skizzierten Deutungen von Couturat und Cassirer gehen wir nunmehr daran, unsere Auffassung des Panlogismus zu formulieren, deren Gültigkeit sich in der Durchführung der Interpretation der Leibnizischen Philosophie zu bewähren hat. Was wir versuchen, stellt nicht eine Synthese der genannten Deutungen dar, so wichtig die Anregungen sind, die wir von ihnen für die Entwicklung unserer Auffassung erhalten haben. In mancher Hinsicht steht unsere Auffassung der von Couturat nahe, die allerdings — wie bemerkt — gewisser Modifikationen und Ergänzungen bedarf, von denen einige Cassirer zu verdanken sind. Jedoch können wir Cassirer in seiner Darstellung der Leibnizischen Philosophie in neukantischer Perspektive nicht folgen. Um es etwas übertrieben auszudrücken, die Leibnizische Philosophie gilt uns nicht als auf dem Wege zum Kantianismus begriffen, in dem sie ihre Vollendung, ihre reine und eigentliche Form finden würde. Aus diesem Grunde werden wir der Metaphysik der Sub-

---

[22] Id., *ibid.* II 93.

[23] Id., *Erkenntnisproblem* II 158 ff.

[24] Id., *Leibniz' System* S. 399: ». . . bei Leibniz wird als allgemeines Gesetz der Dinge behauptet, was bei Kant als Maxime und Regulativ der Erkenntnis gilt«; ebenso E. v. Aster, *Geschichte der neueren Erkenntnistheorie* (Berlin und Leipzig 1921) S. 318.

[25] Cassirer, *Leibniz' System* S. 390 ff. Hinsichtlich der völligen Bestimmtheit des Ich als individueller Substanz, allerdings ohne Bezugnahme auf die unendlich vollendete göttliche Erkenntnis, siehe A. Philonenko, »La loi de continuité et le principe des indiscernables«, *Revue de Métaphysique et de Morale* LXXII (1967), S. 280 f.

[26] v. Aster, *Geschichte der neueren Erkenntnistheorie* S. 302.

stanzen und Monaden eine andere Stellung geben als Cassirer ihr zuweist. Vor allem sehen wir in der vollendeten Bestimmtheit des Universums nicht eine abschließende Hypostasierung, ein gewissermaßen unnötiges Beiwerk, dessen Abstreifung die Leibnizische Lehre nicht wesentlich tangieren würde. Die zur progressiven Logifizierung in Gegensatz gestellte vollendete Logizität nehmen wir zum Ausgangspunkt und zur Grundlage unserer Auffassung des Leibnizischen Panlogismus. Hingegen folgen wir Cassirer in seiner Charakterisierung der Leibnizischen Philosophie als idealistisch, weil sie die als vollendet angesetzte Bestimmtheit des Universums auf den unendlichen Geist Gottes bezieht, so daß der Begriff des Geistes oder Bewußtseins eine zentrale und dominierende Stellung einnimmt [27]. In Kap. VIII wird diese Bezogenheit ausführlich dargestellt werden, wobei wir, über Cassirer hinausgehend, den Leibnizianismus als eine Transzendentalphilosophie bestimmen werden, deren Subjekt der göttliche Geist ist.

Wir definieren den Leibnizischen Panlogismus als die These von der durchgehenden Vernunftgemäßheit und logischen Gesetzmäßigkeit des Universums, die darauf beruht, daß — wie Kabitz es ausdrückt —»die logische Notwendigkeit im Zusammenhang des Denkens … in den Zusammenhang der Welt der Dinge« verlegt ist [28]. *Im Universum ist Logik niedergeschlagen und verkörpert; sie ist in dessen Struktur und Gesamtverfassung als ihr inhärent eingezeichnet. Das Universum ist realisierte und inkarnierte Logik.* Die Konformität zwischen Denken und Sein beruht darauf, daß das Sein nicht nur durch das Denken (das Denken Gottes) konstituiert ist, sondern geradezu — wie paradox es auch klingen mag — realisiertes und inkarniertes Denken ist. Das gilt für das Universum als ganzes wie für alle seine Teile, für was immer es enthalten mag [29]. Es gilt für das Gesamtsystem der Substanzen, jede Einzelsubstanz und schließlich für den phänomenalen Bereich. *Alle ontologischen Verhältnisse, welcher Art und Stufe auch immer, tragen logische Sachverhalte in sich als in ihnen verkörpert, als ihnen immanente und sie bestimmende Momente.* Daher lassen sich alle Beziehungen zwischen Wirklichkeiten, phänomenalen wie metaphysischen, in logischer Form ausdrücken; alle haben ein logisches Pendant. Rationale Erkenntnis gibt in adäquater Weise die objektive Rationalität der Dinge selbst wieder [30], weil sie sie nach dem faßt, was die Dinge an sich sind, was ihr Sein begründet, und was sie zu denen macht,

---

[27] Cassirer, *Leibniz' System* S. 394.

[28] W. Kabitz, *Die Philosophie des jungen Leibniz* S. 128 f. Für die Entstehung dieser Konzeption des Universums als »harmonisches, mathematisch-logisch gegliedertes Ganzes« verweist Kabitz (S. 11 f) auf den Einfluß von Erhard Weigel während Leibnizens Studienzeit in Jena.

[29] J. Jalabert, *La théorie leibnizienne de la substance* (Paris 1947) S. 77 sieht den Leibnizischen Panlogismus in der Identifikation der Bedingungen des Seins mit den Bedingungen des logischen Denkens. Wir nehmen es für unsere Interpretation in Anspruch, die Basis für diese Identifikation herauszustellen.

[30] H. Pichler, »Zur Entwicklung des Rationalismus von Descartes bis Kant«, *Kant-Studien* XVIII (1913) S. 415.

die sie sind. Wir verstehen den Ausdruck »Logik« in einem sehr allgemeinen und umfassenden Sinne, dessen Aufklärung nur schrittweise im Laufe unserer Darstellung und Interpretation erfolgen kann.

In Parkinsons Unterscheidung zwischen Subjekt bzw. Substanz und dem vollständigen Begriff der betr. Substanz[31] scheint uns der Sinn des Leibnizischen Panlogismus verfehlt. Lord Nelson als Person oder Substanz ist nichts anderes als der realisierte vollständige Begriff von Lord Nelson; darum muß, was immer vom vollständigen Begriffe gilt, in der betr. Substanz seine Entsprechung haben[32]. Ganz allgemein: Dinge sind realisierte Vernunftbegriffe[33]. Es reicht nicht hin darauf zu bestehen, daß der logische und der ontologische Gesichtspunkt niemals völlig voneinander geschieden sind, oder daß es keine Trennung, keinen Abgrund zwischen Vernunft und Wirklichkeit gibt[34]. Am ehesten scheint man der Sachlage gerecht werden zu können, wenn man von einer Identität, besser: einer *Äquivalenz von Logischem und Ontologischem* spricht[35].

Damit wird die Frage nach der Priorität von Logik und Metaphysik gegenstandslos, d. h. die Frage, ob die Leibnizische Metaphysik sich auf die Logik gründet, oder ob sie umgekehrt auf die Ausbildung der Logik Einfluß geübt hat. Die Frage entfällt, wenn man sie auf das Leibnizische System in seiner ausgebildeten und fertigen Form bezieht und sie nicht genetisch meint, nämlich in Bezug auf die Entstehung des Systems in Leibnizens persönlicher Entwicklung. Im letzteren Fallen ist die Frage von lediglich biographischem Interesse, ist aber nicht für die philosophische Interpretation relevant. Couturats Versuch, die Leibnizische Metaphysik aus der Subjekt-Prädikat-Theorie des Urteils abzuleiten, hat als Reaktion die Tendenz hervorgerufen, der Metaphysik Präponderanz einzuräumen und ihr sogar eine bestimmende Rolle für die Ausbildung der Logik zuzuschreiben[36]. Vom Standpunkt der hier vertretenen Auffassung, die lediglich

---

[31] S. 10 f.

[32] Siehe Kap. VI § 2 b.

[33] D. Mahnke, *Leibnizens Synthese* S. 71.

[34] A. Rivaud, »Textes inédits« S. 119; Cassirer, »Newton and Leibniz«, *The Philosophical Review* LII (1943) S. 379.

[35] G. Martin, *Leibniz* (Köln 1960) S. 16 f weist darauf hin, daß Leibniz den Satz des Widerspruchs mit dem der Identität gleichsetzt. Martin deutet diese Gleichstellung dahin, daß der Satz des Widerspruchs ein Prinzip der Erkenntnis, der Satz der Identität ein Seinsprinzip zum Ausdruck bringt. Von unserem Standpunkt würden wir sagen, daß der Satz des Widerspruchs das logische Äquivalent des Satzes der Identität darstellt und umgekehrt der letztere Satz das ontologische Äquivalent des ersteren. Martin gründet (S. 19 f) die doppelte (logische und ontologische) Bedeutung des Satzes vom Widerspruch auf seine Verbindlichkeit für Gott. Auf die Verbindlichkeit der logischen Prinzipien und der ewigen Wahrheiten überhaupt für das göttliche und das menschliche Denken kommen wir weiter unten (S. 28 f.) zurück.

[36] Kabitz, *loc. cit.* S. 2, 38, 129; Jasinowski, *Die analytische Urteilstheorie Leibnizens in ihrem Verhältnis zu seiner Metaphysik*, Teil II, Absch. B, Kap. 1; E. Rolland, *Le déterminisme monadique* S. 38 f. Pape, *Leibniz* S. 27 f. betrachtet zwar die Frage nach der Priorität von Logischem und Ontologischem als müssig, soweit es sich um

die systematische Interpretation der Leibnizischen Philosophie sich zum Ziel setzt und keinerlei biographische Interessen verfolgt, stellt sich die Aufgabe, für jeden ontologischen Sachverhalt das logische Äquivalent aufzuweisen. Die Lösung dieser Aufgabe erfordert, wie erwähnt, eine Erweiterung des Begriffes der Logik.

In Leibnizens Panlogismus ist der Panmathematismus von Galilei weitergeführt. Nach Koyré [37] ist für Galilei in der Natur Mathematik realisiert. »Le réel incarne le mathématique.« Die mathematische Theorie wird nicht den Phänomenen »von außen her« im Sinne des σώζειν τὰ φαινόμενα gerecht, sondern drückt vielmehr deren eigentliches und innerstes Wesen aus [38]. Es ist nicht so, daß die Lehrsätze der Geometrie nur approximative Geltung für die wirklichen Körper hätten, weil die letzteren nur unvollkommene Abbilder von geometrischen Körpern und Annäherungen an sie wären [39]. Galilei, der durch und durch Platoniker ist, gibt jedoch keinerlei Heterogeneität zwischen dem Geometrischen und dem Wirklichen zu. Geometrische Figuren können in der Materie realisiert sein und sind es jederzeit, denn jeder noch so unregelmäßige wirkliche Körper, z. B. ein Stein, besitzt eine geometrische Form von gleicher Exaktheit und Präzision wie eine Kugel oder ein sonstiger regulärer Körper, nur ist im Fall des physischen Körpers die geometrische Form von unvergleichlich größerer Kompliziertheit. Dem läßt sich die Leibnizische Äußerung an die Seite stellen, nach der jede Gesichtskontur Teil einer geometrischen Linie bildet und auf einen Zug in gesetzlich geregelter Bewegung gezeichnet werden kann. Wird eine Linie gezeichnet, die teilweise geradlinig, teilweise kreisförmig, teilweise wieder anders verläuft, so läßt sich ein Begriff, eine Regel oder eine Gleichung angeben, die allen Punkten dieser Linie genügt, und aus der sich alle Richtungsänderungen ergeben. Selbst wenn eine Anzahl von Punkten völlig willkürlich auf das Papier gesetzt wird, läßt sich eine eindeutig-gesetzlich bestimmte geometrische Linie finden, die durch alle diese Punkte geht, und zwar in genau der Reihenfolge, in der sie hingesetzt wurden [40]. Unordnung besteht immer nur scheinbar und löst sich bei näherer Untersuchung in vollkommene und bewundernswerte Ordnung auf [41]. Überall bis zu den letzten und trivialsten Einzelheiten findet sich realisierte Vernunft. Es erübrigt sich zu

das fertig ausgeprägte System handelt und spricht in dieser Hinsicht von einer Korrelation zwischen »Logik und Seinsaussage« und davon, daß »Denken und Sein die wesentlich gleiche Struktur haben«. Andererseits wird aber der Metaphysik eine fundierende Rolle zuerkannt, und zwar in Bezug auf das Prinzip »praedicatum inest subjecto«. Wir werden in Kap. II § 1 b dieses Prinzip in rein logischer Fassung darstellen.

[37] A. Koyré, *Études Galiléennes* (Paris 1939) S. 148.
[38] Vgl. auch id., *ibid.* S. 276.
[39] Id., *ibid.* S. 271 ff.
[40] *Disc.* 6 (*Le Roy* S. 41) und *Spec. inv.* (*P.* VII 312). Dagegen allerdings heißt es in einem *Brief an Foucher,* o. D.: »... je tiens pour démonstrable qu'il n'y a nulle figure exacte dans les corps« (*P.* I 392).
[41] *Essai sur un nouveau plan d'une science certaine, sur lequel on demande les avis des plus intelligents* (*Couturat, O. F.* S. 334).

bemerken, daß Leibniz sich für diese Idee auf eine weit mehr entwickelte Mathematik stützte als sie Galilei zur Verfügung stand. Der Übergang vom Panmathematismus Galileis zum Panlogismus Leibnizens ist dadurch ermöglicht und nahe gelegt, daß Leibniz die Mathematik als »scientia rerum imaginabilium« der Logik als »scientia generalis« [42] einordnet oder vielmehr unterordnet.

§ 2   Innerer Zusammenhang

Als panlogistisch bezeichnen wir die Lehre, nach der das Universum realisierte und inkarnierte Logik darstellt. Dem gemäß herrscht im Universum als ganzem wie in allen seinen Teilen Ordnung und Verknüpftheit. Zwischen allen Einzelheiten, die das Universum enthält, von welcher Art diese Einzelheiten auch sein mögen, bestehen Zusammenhänge, besteht vielleicht ein einziger durchgehender Zusammenhang, der sich in mannigfacher Weise besondert und spezifiziert.

Ein erstes Erfordernis ist die Klarstellung des Begriffs des Zusammenhangs. Wir gehen daran, das in Rede stehende begriffliche Prinzip systematisch-sachlich in rein formaler Weise darzulegen, ohne zunächst Leibnizische Lehren heranzuziehen. Diese systematische begriffsanalytische Darstellung hat den Zweck, die theoretischen Mittel bereit zu stellen, mit deren Hilfe die Interpretation der Leibnizischen Philosophie als Panlogismus erreicht werden kann. Eine solche sachlich-systematische Begriffsanalyse ist schon darum geboten, weil wir es auf einen Zusammenhang bestimmter Art, nämlich einen *inneren Zusammenhang* abgesehen haben.

Gehen wir kontrastierend vor. Wir bezeichnen als *außerwesentlich* oder *äußerlich* einen Zusammenhang, wenn er zwischen Gliedern oder Elementen gestiftet wird, die an und für sich gegeneinander selbständig und voneinander unabhängig sind. Selbständigkeit und Unabhängigkeit der Glieder besagt, daß ein jedes von ihnen an und für sich die ihm eigentümlichen Bestimmtheiten, Eigenschaften und Beschaffenheiten besitzt, die es zu dem machen, als das es vorliegt. Jedem Gliede kommen die es charakterisierenden und qualifizierenden Bestimmungen als solchem zu, d. h. sie kommen ihm zu ohne Rücksicht und ohne Bezug auf andere Glieder, mit denen e in Zusammenhang gesetzt wird. Seinem inhaltlichen Gehalt nach bleibt ein solches Glied genau das, als was es in sich und an sich bestimmt ist, welche Veränderungen immer in anderen Gliedern vorgehen. Es hat die es ausprägenden Bestimmtheiten vorgängig vor dem Zusammenhang mit anderen Gliedern, unabhängig von dem Bestehen eines bestimmten und überhaupt irgendeines Zusammenhangs. Dieser ist den Gliedern gegenüber *nachträglich*. Die Nachträglichkeit hat einen doppelten Sinn. Erstens ist das Vorliegen fest ausgeprägter und in sich bestimmter Glieder vorausgesetzt, zu deren Qualifikation und Bestimmung der zwischen ihnen bestehende Zusammenhang keinerlei Beitrag

---

[42] *Couturat, O. F. S. 556.*

leistet. Ferner besondert sich der äußere Zusammenhang je nach den Gliedern, zwischen denen er gestiftet wird. Es hängt von der Beschaffenheit der Glieder ab, von welcher Art der zwischen ihnen bestehende Zusammenhang ist. Im Sinne dieser Abhängigkeit erweist sich der äußere Zusammenhang als relativ zu den »absoluten« Bestimmungen der zu Grunde liegenden Glieder. Das Gleiche gilt von den Relationen, die auf dem Grunde eines äußeren Zusammenhangs bestehen. Stellt man zwischen drei voneinander unabhängigen Gegenständen A, B, C Zusammenhänge her, indem man einmal A mit B vergleicht und sie gleich findet, das andere Mal A mit C und Verschiedenheit feststellt, so hängt die jeweils resultierende Beziehung von den Vergleichsgliedern ab; diese jedoch, z. B. der Gegenstand A bleiben nach ihren für sie eigentümlichen Beschaffenheiten unverändert die, als die sie an und für sich bestimmt sind, in welche Zusammenhänge und Beziehungen zu anderen Gegenständen sie auch eintreten mögen. Aus diesem Grunde hat Meinong [43] die Relationen als »fundierte Gegenstände« bezeichnet und sie als »superiora« oder »Gegenstände höherer Ordnung« den Relationsgliedern als »inferiora« gegenübergestellt.

Relationen dieser Art sind in der Tradition »denominationes extrinsicae« genannt worden. Nun ist es nach Leibniz ein Prinzip von größter Bedeutung für die gesamte Philosophie und sogar Theologie, »nullas esse denominationes pure extrinsicas ob rerum connexionem inter se«[44]. Folglich kann es nicht der soeben dargelegte Begriff von Zusammenhang sein, der zur Interpretation der Leibnizischen Lehren herangezogen werden kann. Die »connexio rerum inter se« weist auf einen anderen Sinn von Zusammenhang hin.

Für den äußeren Zusammenhang ist es charakteristisch, daß die in ihn eintretenden Glieder, was die ihnen eigenen Bestimmtheiten angeht, in keiner Weise aufeinander angewiesen sind. Gerade eine solche Angewiesenheit aber macht das Wesentliche des Zusammenhangs aus, den wir als einen *inneren Zusammenhang* bezeichnen. Glied eines solchen Zusammenhangs sein heißt, an einer bestimmten Stelle eines organisierten Ganzen stehen und an dieser Stelle eine spezifische Rolle spielen, eine spezifische Funktion erfüllen. Rolle und Funktion sind von dem Zusammenhang als ganzem bestimmt. Das aber heißt: sie sind es im Hinblick auf die anderen Glieder des Zusammenhangs, die alle miteinander einen organisierten systematischen Verband bilden, und von denen ein jedes an einer bestimmten Stelle innerhalb dieses Verbandes steht und eine dieser Stelle entsprechende Rolle und Funktion hat. Alle diese Rollen und Funktionen der Zusammenhangsglieder sind aufeinander eingestellt und abgestimmt; sie sind nur in dieser ihrer gegenseitigen Bezogenheit und Orientierung aufeinander sinnvoll und möglich. Ein be-

---

[43] A. Meinong, »Über Gegenstände höherer Ordnung und deren Verhältnis zur inneren Wahrnehmung« §§ 3, 7, *Zeitschrift für Psychologie und Physiologie der Sinnesorgane* XXI, 1899; vgl. auch J. N. Findlay, *Meinong's theory of objects and values* (Oxford 1963) V, V.

[44] *Couturat, O. F. S. 8; Nouv. Ess. II, XXV § 5 (P. V 211).*

stimmtes Zusammenhangsglied ist an seinem Platz in seiner Rolle und Funktion dadurch gefordert, daß die anderen Glieder an ihren Stellen in ihren jeweiligen Rollen und Funktionen figurieren. Andererseits leistet das in Betracht gezogene Glied, indem es an der Stelle, an der es sich befindet, seine spezifische Rolle spielt, seinen Beitrag zur Ausprägung und Konstitution des Zusammenhangs, erfordert die anderen Glieder und schreibt ihnen ihre Rollen und Funktionen vor, die alle aufeinander eingespielt sind. Diese *Gegenseitigkeit, mit der die Glieder einander ihre Rollen und Funktionen zuerteilen, ist für den inneren Zusammenhang so charakteristisch und wesentlich, daß sie geradezu zu seiner Definition dienen kann.*

Die Rollen und Funktionen, die die Glieder eines inneren Zusammenhangs einander gegenseitig verdanken, sind nicht im Sinne von Charakterisierungen und Bestimmungen zu verstehen, die nachträglich zu Eigenschaften und Beschaffenheiten hinzutreten, die ein solches Glied schon von sich aus hat, unabhängig vom Zusammenhang, unabhängig von anderen Gliedern. Vielmehr ist es *seine Rolle und Funktion, die das Glied qualifiziert und zu dem macht, was es ist. Es existiert nur in seiner Funktion und als Träger seiner Rolle*; darin hat es sein ganzes Sein, und darin erschöpft sich sein Bestand. Im Gegensatz zu den Gliedern eines äußeren Zusammenhangs, die in fertiger Ausgeprägtheit und Bestimmtheit vorliegen, und denen der nachträglich zwischen ihnen gestiftete Zusammenhang, was die ihnen eigenen Charaktere angeht, außerwesentlich ist, haben die Glieder eines inneren Zusammenhangs ihre Qualitäten nur innerhalb dieses organisierten Verbandes, sie sind die, zu denen sie in ihrer Ausgerichtetheit aufeinander, in der Bezogenheit der ein jedes qualifizierenden Funktion auf die Funktionen der anderen bestimmt werden. Ausgerichtetheit und Bezogenheit sind als der inneren Struktur und Qualifikation eines Zusammenhangsglieds immanente und inhärente Momente zu verstehen. Während das Glied eines äußeren Zusammenhangs, eben weil es ihm an und für sich zukommende und es als das, was es in sich ist, bestimmende Eigenschaften und Beschaffenheiten hat, auch außerhalb des Zusammenhangs als identisch dasselbe bestehen kann, hat das Glied eines inneren Zusammenhangs nur innerhalb dieses und damit im strengsten Sinne nur als *Zusammenhangsglied* möglichen Bestand. Wird ein solches Glied aus seinem Zusammenhang herausgelöst, so geht es damit seiner Bezogenheiten auf andere Glieder verlustig. Da aber diese Bezogenheiten zu seiner es bestimmenden inneren Qualifikation gehören, könnte das in Betracht gezogene Glied nach seiner Herauslösung nicht mehr das sein, was es innerhalb des Zusammenhangs war.

Wird jedes Glied eines inneren Zusammenhangs durch seine ihm eigene Rolle und Funktion zu dem bestimmt, das es ist, und kann es seine Rolle nur spielen, wenn und weil die anderen Glieder desselben Zusammenhangs die ihnen eigenen und sie qualifizierenden Funktionen erfüllen, so läßt sich in einem guten Sinne sagen, daß jedes einzelne Glied eines Zusammenhangs vom hier in Betracht gezogenen Typus alle anderen Glieder in sich enthält. Die Rede von »enthalten«

darf selbstverständlich nicht wörtlich genommen und vornehmlich muß jede Vorstellung von einem räumlichen Behälter fern gehalten werden. Nichts anderes ist mit dem »Enthaltensein« gemeint als eben die Qualifikation und innere Bestimmung eines jeden einzelnen Gliedes durch seine Bezogenheit auf die Gesamtheit der anderen. Solche Bezogenheiten sind in der Struktur des jeweils in Rede stehenden Gliedes als dieser Struktur immanente und ihre Ausprägung wesentlich bestimmende Züge eingezeichnet. Folglich kann die Beschreibung und Charakterisierung eines jeden einzelnen Gliedes nur unter Berücksichtigung der anderen Glieder des Zusammenhangs und im Hinblick auf diesen erfolgen. An jedem seiner Glieder meldet sich der Gesamtzusammenhang; in jedem stellt er sich dar. Man kann geradezu von jedem Gliede sagen, daß es der Zusammenhang selbst ist, allerdings auf das betr. Glied zentriert und s. z. s. vom Standpunkt dieses Gliedes sich darbietend.

Im Lichte des soeben skizzierten Begriffes von Zusammenhang versuchen wir, die Leibnizische Philosophie zu interpretieren. Es wird sich herausstellen, daß die Leibnizischen Formulierungen, wenn man sie ihres häufig metaphorischen Charakters entkleidet und auf eine begriffliche Form bringt, sich natürlich und zwanglos im Sinne des herausgestellten Begriffes verstehen lassen. Wir werden den in Rede stehenden Begriff vornehmlich der Interpretation der Leibnizischen Lehre von der Substanz zu Grunde legen, und zwar in Bezug sowohl auf das System der Substanzen (Kap. V) wie auf die innere Struktur des Einzelsubstanz (Kap. VI). Der Begriff findet, allerdings in abgewandelter Form, auch auf den phänomenalen Bereich Anwendung (Kap. VII). Der Sinn dieser Abwandlung ist durch das Verhältnis bestimmt, das nach Leibniz zwischen dem Bereich des Substantiellen oder Monadischen und dem Phänomenalen besteht.

Historisch gesehen, gehört die Leibnizische Philosophie in die Reihe der Lehren, nach welchen die Einheit des Universums und der Zusammenhang aller Dinge miteinander darauf beruhen, daß die letzteren einander involvieren und enthalten, daß das Universum in jedem seiner Glieder und Teile als ganzes präsent ist. Hier können nur einige spärliche Hinweise auf diese historischen Zusammenhänge gegeben werden. Rodier hat auf Plotins Lehre von der intelligiblen Welt als eine der Quellen der Leibnizischen Philosophie hingewiesen [45]. Er findet zwischen den Formulierungen Plotins und denen von Leibniz eine derartige Ähnlichkeit und Übereinstimmung, daß die letzteren sich fast wie Übersetzungen aus den *Enneaden* anmuten [46]. Ferner ist die Philosophie des Nicolaus von Cusa zu erwähnen, besonders seine Lehre von der »contractio« und das Prinzip »quodlibet in quo-

---

[45] G. Rodier, »Sur une des origines de la philosophie de Leibniz«, *Études de philosophie grecque* (Paris 1957); vgl. auch B. Jasinowski, *Die analytische Urteilslehre Leibnizens in ihrem Verhältnis zu seiner Metaphysik* S. 50 ff.

[46] E. Bréhier, *Histoire de la philosophie* (Paris 1947) II 248 ff, 257 f, 263 hat ebenfalls auf Übereinstimmungen, aber auch Differenzen zwischen neo-platonischen Lehren und denen von Leibniz aufmerksam gemacht.

libet«.[47] »... universum non est in sole nec in luna, sed in ipsis est id quod sunt, contracte. Et quia ... quidditas contracta solis est alia a quidditate contracta lunae ... patet quod, cum universum sit quidditas contracta, quae aliter est in sole contracta et aliter in luna, hinc identitas universi est in diversitate sicut unitas in pluralitate.«[48] Ähnlichen Formulierungen werden wir des öfteren bei Leibniz begegnen, vornehmlich in seiner Auffassung der Monade als Repräsentation des Universums [49]. Mahnke [50] hat auf viele inhaltliche Übereinstimmungen zwischen Nicolaus von Cusa und Leibniz aufmerksam gemacht, läßt es aber offen, ob Leibniz eine unmittelbare Kenntnis der Philosophie des Nicolaus von Cusa hatte.

In der zeitgenössischen Diskussion ist das in Rede stehende Problem vornehmlich in Bezug auf Phänomene des Bewußtseins gestellt und als *formales* Organisationsproblem behandelt worden. Formal besagt hier, daß unter Absehen von aller Bestimmtheit und Besonderheit der Materialien lediglich nach der Organisationsform gefragt wird, in welche die Materialien eingehen. Bergson [51] hat wohl als erster das Problem so gesehen und es in seinem Begriff der »multiplicité qualitative« formuliert. In einer »multiplicité qualitative«, wie sie in jeder Melodie oder musikalischen Phrase vorliegt, und deren hervorragendstes Beispiel die »durée concrète« darstellt, werden die Teile *ineinander,* nicht nebeneinander wahrgenommen (»nous apercevons les unes dans les autres« im Gegensatz zu »les unes à côté des autres«); die Teile stehen nicht in klarer Abgehobenheit nebeneinander (»se juxtaposent«), sondern sie sind ineinander verschmolzen (»fondues pour ainsi dire ensemble«). Immer wieder spricht Bergson von einer »pénétration mutuelle«, einer »solidarité«, einer »organisation intime d'éléments», von denen ein jedes das Ganze darstellt.

Merleau-Ponty [52] hat das Organisationsproblem zunächst in Bezug auf das Leibschema (»schème corporel«) gestellt. Bei jeder körperlichen Leistung sind eine Reihe von Organen beteiligt, von denen einige bestimmte Bewegungen ausführen, während andere bestimmte Haltungen einnehmen. Dieses Zusammenwirken darf nicht im Sinne einer Koordination gedeutet werden, die von Glied zu Glied (»de proche en proche«) fortschreitend allmählich sie alle in die Einheit einer Leistung einbezieht, als ob an und für sich ein jedes Organ die ihm eigene Funktion und Funktionsweise besäße und erst nachträglich mit den anderen in Einklang und Übereinstimmung gebracht würde. Vielmehr sind die verschiedenen bei einer zu vollbringenden Leistung beteiligten Leiborgane so in ihrem Zusammenspiel miteinander organisiert, daß die Bewegung, Haltung, usw. eines Organs die entsprechenden der anderen erfordern, daß sie alle sich in- und durcheinander aus-

---

47 K. H. Volkmann-Schluck, *Nicolaus Cusanus* (Frankfurt/Main 1957) Teil II, Kap. III.
48 Zitiert nach Volkmann-Schluck, *a.a.O.* S. 53 Anm. 13.
49 Kap. V § 3 c.
50 Mahnke, *Leibnizens Synthese* S. 125, 137, 140, 216; ferner Anm. 1, 84, 215.
51 H. Bergson, *Essai sur les données immédiates de la conscience* Kap. II.
52 M. Merleau-Ponty, *Phénoménologie de la perception* (Paris 1945) Teil I, III und IV.

drücken oder, wie es Merleau-Ponty ebenfalls formuliert: ».. . ses parties [scl. des Leibes] ... ne sont pas déployées les unes à côte des autres, mais enveloppées les unes dans les autres«[53]. Das gleiche Organisationsprinzip beherrscht die äußere Wahrnehmung und ihre Gegenstände, deren Erscheinungsweisen, Aspekte und Perspektiven (gleichgültig, ob sie demselben oder verschiedenen Sinnesgebieten angehören) einander implizieren (»s'impliquent«), so daß man sie ineinander lesen kann (»se lisent l'une dans l'autre«), und daß sie in diesem Sinne einander bedeuten (»se signifient«), sich gegenseitig symbolisieren, modalisieren, usw [54]. In allen diesen Fällen handelt es sich um Vielheiten, richtiger gesagt, um Systeme von Momenten (welcher Natur auch immer), die in ihrem Zusammensein einander wesentlich bestimmen, und von denen sich in diesem Sinne sagen läßt, daß sie ineinander ›enthalten‹ sind. Was das rein Formale der Bestimmung angeht, werden wir bei Leibniz Formulierungen von der Art der erwähnten finden.

Auf den Begriff des inneren Zusammenhangs sind wir auf dem Wege systematischer Untersuchungen geführt worden, als wir uns bemühten, Prinzipien der Gestalttheorie für die Problematik der Husserlschen Phänomenologie fruchtbar zu machen. Diese Herkunft erklärt es, daß wir Ausdrücke wie »Gestaltkohärenz« und »funktionale Bedeutsamkeit» geprägt haben [55]. Die genannten Begriffe haben uns einerseits eine begriffliche Interpretation der Bergsonschen »multiplicités qualitatives« ermöglicht, anstatt es bei Metaphern bewenden zu lassen, andererseits haben wir mit ihrer Hilfe die phänomenologische Theorie der Wahrnehmung zu fördern gesucht [56]. Wir unternehmen es, hier einen Begriff, der in systematischen Untersuchungen begrenzter Spezialprobleme erwachsen ist, für die Interpretation eines Gedankengebäudes von der umfassenden universalen Weite und Tiefe wie das Leibnizische nutzbar zu machen, s. z. s. diesen Begriff in kosmischem Maßstabe zu bewähren. Es steht zu hoffen, daß, wenn die hier unternommene Leibnizinterpretation gelingt, sie ihrerseits wiederum befruchtend auf die systematische Arbeit an speziellen Phänomenen zurückwirken wird.

§ 3 Fundamentalprobleme der Erkenntnis

a. Orientierung des Erkenntnisbegriffs an der göttlichen Erkenntnis
Indem das Universum als ein innerer Zusammenhang aufgefaßt wird, dergestalt, daß jede seiner Einzelheiten durch jede andere qualifiziert und bestimmt wird

[53] Id. *a.a.O.* S. 114.
[54] Id. *a.a.O.* Teil II, I und III.
[55] A. Gurwitsch, *The field of consciousness* (Pittsburgh 1964, auch frz. *Théorie du champ de la conscience,* Bruges 1957), Teil II 6 c und 8.
[56] Id., *ibid.* Teil II 9 und Teil IV Kap. I 5, Kap. II 7; vgl. auch unseren Artikel »Beitrag zur phänomenologischen Theorie der Wahrnehmung«, *Zeitschrift für philosophische Forschung* XIII, 1959, S. 429 ff.

und das Ganze in jedem seiner Teile »enthalten« und anwesend ist, stellt das Universum sich als ein *Kosmos* heraus, in dem Logik und Vernunft niedergeschlagen und inkarniert sind. In diesem Sinne verstehen wir den Leibnizischen Rationalismus als Panlogismus. Nach einer tiefen Bemerkung von Husserl [57] setzt »rationales Sein ... rationale Theorie und eine sie leistende Subjektivität voraus«. Sie mag menschliche oder göttliche Subjektivität sein.

Für Leibniz hat die im Universum verkörperte Rationalität in der göttlichen »Subjektivität«, im göttlichen Intellekt ihre Quelle. Andererseits ist die menschliche rationale Erkenntnis ihrer Möglichkeit nach auf den göttlichen Intellekt, die göttliche Erkenntnis bezogen. Daß wir Ideen von den Dingen haben, beruht darauf, daß Gott, der Urheber der Dinge sowohl wie des Geistes, »eam menti facultatem cogitandi impressisse, ut ex suis operationibus ea ducere possit, quae perfecte respondeant his quae sequuntur ex rebus«[58]. Bei der späteren Darlegung der Möglichkeit und Begründung der monadologischen Erkenntnis [59] wird sich herausstellen, daß es sich hier in keiner Weise um eine nachträgliche oder in irgendeinem Sinne äußere Anpassung des Geistes an die Dinge handelt.

Während Arnauld die menschliche Erkenntnis rein in sich genommen betrachtet wissen will [60], bezieht Leibniz sie auf das unendlich vollkommene und vollendete Wissen Gottes, das den Maßstab und die Norm für die menschliche Erkenntnis liefert [61]. Zocher bezeichnet die göttliche Erkenntnis als den »transzendenten Maßstab« für das menschliche Erkennen [62] und sieht in Leibnizens Gottesbegriff ein vielleicht aus theologischen Gründen nicht zur Entfaltung gelangtes Motiv für die Vorbereitung des Ansatzes eines »Erkenntissubjekts ideeller Prägung«, etwa die »Idealsubjektivität des Neukantianismus«[63]. In seiner Diskussion der Differenzen zwischen Couturat und Brunschvicg hat Jalabert den Standpunkt der menschlichen Erkenntnis von dem der göttlichen unterschieden [64]. Wenn nach der panlogistischen These, wie Jalabet sie formuliert, das Wirkliche rational ist und die Bedingungen des Denkens zugleich die Bedingungen des Seins sind, so kann es sich nicht um die Bedingungen der menschlichen, bloß

---

[57] Husserl, *Die Krisis der europäischen Wissenschaften und die transzendentale Phänomenologie (Husserliana VI, Haag 1954)* S. 62.

[58] *Quid sit idea (P.* VII 264).

[59] Kap. V § 5 b.

[60] *Arnauld an Leibniz,* 13/V 1686: »... j'ai de la peine à croire que ce soit bien philosopher, que de chercher dans la manière dont Dieu connaît les choses ce que nous devons penser ... de leurs notions ...« und »... ce n'est point en Dieu, ... que nous devons aller chercher les vraies notions ... des choses que nous connaissons, mais ... c'est dans les idées que nous en trouvons en nous« (*Le Roy* S. 98 und 99).

[61] Pape, *Leibniz* S. 60 f. und 94.

[62] R. Zocher, *Leibniz' Erkenntnislehre* (Berlin 1952) S. 21.

[63] Id. *ibid.* S. 23; siehe auch Husserls *(a.a.O.* S. 67) allerdings auf die gesamte frühe Neuzeit bezogene Charakterisierung Gottes als »unendlich ferner Mensch«, d. h. die mathematische Idealisierung Gottes.

»relativen« Logik handeln, sondern nur um die Gesetze der göttlichen Logik, um die Bedingungen der absoluten Wahrheit. Es sind die Kategorien der göttlichen Logik, die sich in den Kategorien des Seins ausdrücken, weil sie sich im Sein verkörpern. Belaval [65] sieht im Leibnizianismus einen »christianisierten Aristotelismus«, indem Gott nicht bloß νοήσεως νόησις ist, sondern zum Denken der Welt geworden ist. Im Sinne unserer Interpretation des Leibnizischen Panlogismus ist hinzuzufügen, daß auch umgekehrt die Welt die Realisierung des göttlichen Denkens ist. In Kap. VIII soll die Leibnizische Auffassung der Welt als realisiertes Korrelat des göttlichen Geistes eine ausführlichere Darstellung erfahren.

Nach Leibniz ist die göttiche Erkenntnis eine »infallibilis visio«, eine »cognitio a priori (per veritatum rationes)«[66]. Mit einem Blick und s. z. s. auf einen Schlag übersieht die »visio infallibilis« Unendlichkeiten aller Art [67]. Unter diesen Unendlichkeiten sind für Leibniz diejenigen von besonderem Interesse, welche in kontingenten Wahrheiten involviert sind und individuelle Substanzen betreffen. Es ist in der Tat meistens in diesem Zusammenhang, daß Leibniz Ausdrücke wie »infinitum uno intuito complecti« und ähnliche verwendet. Da wir es hier zunächst auf die allgemeinen Prinzipien abgesehen haben, verweisen wir auf unsere späteren [68] Darlegungen der Art und Weise, wie nach Leibniz der »visio infallibilis« die in jeder individuellen Substanz involvierten Unendlichkeiten bekannt sind; bei jener Gelegenheit sollen auch die bezüglichen Belegstellen beigebracht werden. Was das allgemeine Prinzip angeht, so stellen sich dem göttlichen Geiste alle »raisonnements« dar und sind ihm auf einen Schlag präsent; »ils gardent un ordre entre eux dans son entendement, aussi bien que dans le nôtre: mais chez lui ce n'est qu'un ordre et une *priorité de nature,* au lieu que chez nous il y a une *priorité de temps*«[69]. Eine Erkenntnis dieser Art, die sich nicht diskursiv, Schritt für Schritt in der Zeit entwickelt, sondern ein Ganzes mit einem Blick umgreift, nennt Leibniz eine intuitive Erkenntnis [70]. Allerdings bildet eine durchgehend

[64] Jalabert, *La théorie leibnizienne de la substance* S. 81 ff.

[65] Belaval, *Leibniz Critique de Descartes* S. 532.

[66] *De libertate (Foucher de Careil, N. L. O.* S. 184); *Scientia media:* »Non ... in quadam visione consistit Dei scientia, quae imperfecta est a posteriori; sed in cognitione causae, et a priori« *(Couturat O. F.* S. 26).

[67] *Couturat, O. F.* S. 17: »... omnem scientiam propositionum quae in Deo est, sive illa sit simplicis intelligentiae, circa rerum essentias, sive visionis circa rerum existentias, sive media circa existentias conditionatas, statim resultare ex perfecta intellectione cujusque termini, qui ullius propositionis subjectum aut praedicatum esse potest ...« Zur Frage der göttlichen Erkenntnis siehe J. Jalabert, *Le Dieu de Leibniz* (Paris 1960) Teil III Kap. X B.

[68] S. 109.

[69] *Théod.* II 192, III 389, App. II 12 (P. VI 230 f., 346, 399).

[70] *Disc.* 24: »... quand mon esprit comprend à la fois et distinctement tous les ingrédients primitifs d'une notion, il en a une connaissance intuitive ...« (*Le Roy* S. 62); vgl. auch *Méd.* (P. IV 423).

intuitive, Unendlichkeiten mit einem Schlage umfassende Erkenntnis das ausschließliche Privileg Gottes [71].

An der »visio Dei infallibilis« als dem Maßstab und der Norm der Erkenntnis gemessen, stellt sich die menschliche Erkenntnis als defizient heraus. Ihre Defiziens besteht nicht nur in ihrer Diskursivität. Wie später [72] zu zeigen sein wird, ist die menschliche Erkenntnis, besonders soweit sie sich auf die wirkliche Welt und auf individuelle Substanzen bezieht, notwendigerweise mit einem Ausmaß von Indistinktheit behaftet. Überhaupt ist sie auf das Allgemeine und Abstrakte im Sinne des Unbestimmten oder, besser, nicht voll oder durchgängig Bestimmten beschränkt, während das Konkrete mit allen in ihm beschlossenen Unendlichkeiten sich auf einen Schlag dem göttlichen Geist darbietet. Im Vorgriff auf spätere Ausführungen [73] läßt sich sagen, daß zwischen der göttlichen und der menschlichen Erkenntnis ein ähnliches Verhältnis besteht wie zwischen dem monadischen und dem phänomenalen Bereich.

Gerade in ihrer Defizienz verweist die menschliche Erkenntnis auf die göttliche, wie dieses ganz allgemein von jedem modus deficiens in Bezug auf den zugehörigen »modus perfectus« gilt. Von einer anderen Seite her gesehen; es gibt eine menschliche Erkenntnis, deren wesentliches Instrument nach Leibniz die »scientia generalis« und die mit ihr eng verbundene »characteristica universalis« bildet. Diesen von Menschen konzipierten, erfundenen und weiter auszubildenden Kalkül legt Leibniz Gott bei. Dieser Kalkül kann zur Erklärung des Universums dienen, weil er seiner Schöpfung zu Grunde liegt [74]. Wenn hier, wie öfter im Folgenden, das Wort »Schöpfung« der Bequemlichkeit halber benutzt wird, ist im Auge zu behalten, daß Schöpfung für Leibniz nicht eine einmalige »creatio ex nihilo« bedeutet, sondern vielmehr Zulassung zur Existenz einer Welt, die in ihrer Logizität unabhängig von ihrer Zulassung zur Existenz sich als Möglichkeit dem göttlichen Geiste darstellt oder in ihm enthalten ist [75]. Wir werden diese Leibnizische Lehre von der Schöpfung als eine Bestätigung unserer panlogistischen und transzendentalen Interpretation seiner Philosophie in Anspruch nehmen. Für den Augenblick handelt es sich darum, daß es für die menschliche Erkenntnis einen Zugang zur Logizität des Universums gibt. Dieselben Ausdrücke können verwendet werden sowohl zur Beschreibung des »metaphysischen Mechanismus« des göttlichen Intellekts, der in der Ordnung des Universums verwirklicht und im Universum niedergeschlagen ist, wie zur Beschreibung des »logischen Mechanismus« des menschlichen Verstandes, der in gewisser Weise den göttlichen Intellekt »nachahmt« und in gewissen Grenzen die Ordnung des Universums

---

[71] *Nouv. Ess.* IV, XVII § 16: »Dieu seul a l'avantage de n'avoir que des connaissances intuitives« (P. V 472).
[72] Kap. III § 5 a und b.
[73] Kap. VII § 2.
[74] Couturat, *La logique de Leibniz* S. 239.
[75] Kap. VIII § 2 a und b; die Leibnizische Auffassung der »creatio continuata« wird in Kap. VIII § 6 b dargestellt werden.

wiedergibt[76]. Bei allem Abstand zwischen Gott und Mensch gibt es eine *Kommensurabilität zwischen der menschlichen und der göttlichen Erkenntnis*. Es stellt sich die Frage nach dem Grunde dieser Kommensurabilität.

b. Der Status der ewigen Wahrheiten

Auf diese Frage hat Belaval geantwortet mit seiner wiederholten Betonung der Leibnizischen These von der »logique incréée«, d. h. einer Logik, die für Gott Verbindlichkeit besitzt, weil sie nicht von Gott dekretiert ist[77]. Ihren Ausdruck findet diese These in Leibnizens Stellung zum Problem des Status der ewigen Wahrheiten. Dieses Problem bezeichnet einen der wesentlichsten Differenzpunkte zwischen ihm und Descartes.

Nach Descartes hängen die ewigen Wahrheiten vom göttlichen Willen, sogar von der göttlichen Willkür ab, weil sie von Gott geschaffen sind. Sie sind von Gott gestiftete Satzungen, denen auf Grund des göttlichen Willens, aber auch nur aus diesem Grunde, eine für den Menschen, aber nicht für Gott, absolute Verbindlichkeit zukommt[78]. Auf die Frage: »Qui fieri possit ut veritates geometriae aut metaphysicae ... sint immutabiles et aeternae, nec tamen independentes a Deo«[79], antwortet Descartes, daß es für Gott als »summus legislator« ein Leichtes ist, »quaedam ita instituere, ut a nobis hominibus non intelligatur ipsa posse aliter se habere quam se habent«[80]. Die Geltung der ewigen Wahrheiten beruht auf einer göttlichen Willensentscheidung, die auch anders hätte ausfallen können[81]. Nachdem aber Gott seine Entschlüsse getroffen hat, stehen die ewigen Wahrheiten ein für alle Mal fest[82], und zwar aufgrund der Unveränderlichkeit Gottes und seiner Beschlüsse[83]. Dabei sei noch vermerkt, daß nach Descartes »en Dieu ce n'est qu'un de vouloir et de connaître; de sorte que *ex hoc ipso quod aliquid velit, ideo cognoscit, et ideo tantum talis res est vera*«[84]. Folglich sind die ewigen Wahr-

---

[76] Belaval, *Leibniz Critique de Descartes* S. 53.

[77] Id., *ibid.* S. 76.

[78] *Descartes an Mesland*, 2/V 1644 (A. T. IV 118 f.).

[79] *Objectiones Sextae* (A. T. VII 417 f.).

[80] *Sextae Responsiones* 8 (A. T. VII 436). Zu dieser Antwort siehe Leibnizens Bemerkungen im *Brief an Philippi*, Januar 1680 (P. IV 284 f.).

[81] *Sextae Responsiones* 6: »... nec voluit (scl. Deus) tres angulos trianguli aequales esse duobus rectis, quia cognovit aliter fieri non posse ... Sed contra ... quia voluit tres trianguli necessario aequales esse duobus rectis, idcirco jam hoc verum est, et fieri aliter non potest ...« (A. T. VII 432).

[82] *Quintae Responsiones*, De iis quae in Quintam Meditationem objecta sunt: »... ego non puto essentias rerum, mathematicasque illas veritates quae de ipsis cognosci possunt, esse independentes a Deo, sed puto nihilominus, quia Deus sic voluit, quia sic disposuit, ipsas esse immutabiles et aeternas« (A. T. VII 380).

[83] *An Mersenne*, 15/IV 1630 (A. T. I 145 f.).

[84] *An Mersenne*, 6/V 1630 (A. T. I 149). Ebenso im Brief *an Mersenne*, 27/V 1630: »Je dis que *ex hoc ipso quod illas ab aeterno esse voluerit et intellexerit, illas creavit* ou bien ... *illas disposuit et fecit*. Car c'est en Dieu une même chose de vouloir, d'entendre, et de créer, sans que l'un précède l'autre, *re quidem ratione*« (A. T. I

heiten bei all ihrer Endgültigkeit doch mit der Kontingenz des Faktischen behaftet; ihre Geltung steht unwiderruflich fest, aber sie haben nur »une valeur de fait, jamais de droit«[85].

Der Lehre von der Erschaffenheit der ewigen Wahrheiten liegt ein Voluntarismus zu Grunde, der Gott s. z. s. über die Vernunft stellt. Gegen diese Konsequenz hat auch Malebranche Einspruch erhoben[86]. Leibniz erblickt in der Lehre von der Erschaffung der ewigen Wahrheiten, sowohl derjenigen, die sich auf die Mathematik und Logik beziehen, als auch derjenigen, die das Naturrecht und die Moral betreffen, eine große Verirrung[87]. »Valde ... erroneum est, veritates aeternas rerumque bonitatem a divina voluntate pendere, cum omnis voluntas judicium intellectus de bonitate supponat ...«[88] Die ewigen Wahrheiten vom göttlichen Willen und einer grundlosen göttlichen Willkür abhängig machen, heißt in Gott einen launischen Despoten und Tyrannen und nicht den unendlich weisen Herrscher sehen[89]. Im Grunde wird in der in Rede stehenden Lehre Gott sowohl seines Intellekts wie seines Willens beraubt, denn »comment peut il avoir une volonté qui n' a pas l'idée du bien pour objet, mais pour son effet?«[90] Nach der Ordnung der Dinge liegt es so, daß »voluntas ... intellectum aliquem requirit, neque enim velle quisquam potest, nisi sub ratione boni. Intellectus autem requirit aliquid intelligibile, aliquam scilicet naturam.«[91] Folglich sind die Ideen nicht vom Willen abhängig, sondern der göttliche Wille wird vom unendlich weisen Intellekt Gottes bestimmt und gelenkt[92].

Es ist absurd zu behaupten, daß die nach dem Satz des Widerspruchs beweisbaren ewigen Wahrheiten den Grund ihrer Geltung anderswo haben könnten als in der Natur der Sachen oder der Ideen. Eine solche Behauptung käme darauf

---

152 f). Siehe auch im Brief *an Mesland*, 2/V 1644, die Wendung, unter Berufung auf Augustin: »... en Dieu *videre et velle* ne sont qu'une même chose« (*A. T.* IV 119).

[85] Belaval, *Leibniz Critique de Descartes*, S. 65; S. 77 spricht Belaval von der »contingence de vérités éternelles créées pour nous«. Siehe ferner Cassirer, *Erkenntnisproblem* I 496 f und F. Alquié, *La découverte métaphysique de l'homme chez Descartes* (Paris 1950), S. 88 und 94.

[86] Malebranche, *Recherche de la vérité* Écl. VIII und X (*Oeuvres de Malebranche* III 85 f, 132 f, 136); vgl. auch *Entretiens sur la métaphysique et sur la religion* IX, XIII (*Oeuvres* XII 220 f).

[87] Die in dieser Frage bestehende Differenz zwischen Descartes und Leibniz ist unter Hinweis auf die naturrechtlichen Ideen des Hugo Grotius dargelegt worden von E. Calorni, »Le verità eterne in Descartes e in Leibniz«, *Travaux du IXième Congrès International de Philosophie* I (1937).

[88] *Spec. inv.* (P. VII 311); *Monad.* 46 (P. VI 614) und bereits *an Wedderkopf*, Mai(?) 1671: »... absolutam aliquam voluntatem non a rerum bonitate dependentem esse monstrosam« (*Ak.* II, I 117).

[89] *Disc.* 2 (*Le Roy* S. 37 f).

[90] P. IV 344.

[91] *An Fabri*, o. D. (P. IV 259).

[92] *Théod.* App. III 21 (P. VI 423).

hinaus, daß es für Gott und die Engel eine andere Arithmetik gäbe als für die Menschen. Nur für die Menschen, nicht aber für Gott würde gelten, daß die Differenzen zwischen aufeinander folgenden Quadratzahlen gleich sind den aufeinander folgenden ungraden Zahlen: $(n + 1)^2 - n^2 = 2n+1$[93]. Das Gleiche gilt für die Begriffe der Moral, z. B. den Begriff der Gerechtigkeit [94]. Wenn Descartes es in Betracht zieht und sogar behauptet »Deum quidvis posse, etiam quod fieri non posse demonstratur, exempli causa ut alia sit trianguli natura quam ab Euclide demonstratur, ut circulus non sit capacissima figurarum ejusdem ambitus ...«, so zeigt das »intimam veritatis atque certitudinis rationem ei non intellectam. Quare ratio est etiam, ... cur ad veram analysin non pervenerit«[95]. In einem anderen Text gleichen Inhalts und z. T. gleichen Wortlauts deckt Leibniz den Grund auf, warum Descartes, indem er die genannte Eigenschaft des Kreises wie ein Privileg behandelt, das Gott ebensowohl dem Quadrat hätte verleihen können, nicht »in veritatis intimas rationes ... penetrasse«[96]. Dieser Grund ist das Cartesianische Wahrheitskriterium der *clara et distincta perceptio.* »Itaque quod verum est, circulum esse capacissimam figurarum ejusdem ambitus, non aliunde agnosci potest, quam quod hanc ejus esse proprietatem clare distincteque percipimus. Quod si jam Deus ita finxisset naturam nostram, ut contrarium a nobis clare distincteque perciperetur, contrarium fuisset verum.« Texte von Descartes, die wir später [97] in einem anderen, wenn auch verwandten Zusammenhang anführen werden, lassen die Korrektheit der Leibnizischen Interpretation und die Berechtigung seiner Kritik noch unter einem weiteren Gesichtspunkt hervortreten.

Leibnizens Auffassung von der Beziehung der ewigen Wahrheiten zum göttlichen Intellekt als »région des vérités éternelles« wird in systematischer Form später [98] darzustellen sein. Für den Augenblick kommt es besonders darauf an, Konsequenzen herauszustellen, die sich aus der Abweisung der Lehre von der Erschaffenheit der ewigen Wahrheiten und der aus dieser Abweisung folgenden, mit ihr geradezu gleichbedeutenden These von der »logique incréée« ergeben. Wie

---

[93] *Méditation sur la notion commune de la justice (Mollat* S. 46 f).

[94] *An Philippi,* Jan. 1680 (*P.* IV 284); *Disc.* 2 (*Le Roy* S. 37 f); *Théod.* Disc. prél. 35 ff, App. II 12 (*P.* VI 70 f, 398 f). Die für Gott und Mensch in gleicher Weise bestehende, weil auf der Natur der Sache begründete Verbindlichkeit der Regel der Gerechtigkeit ist ausdrücklich in Parallele gesetzt zu der gleichfalls für Gott und Mensch in gleicher Weise geltenden Wahrheit der Mathematik: *an Joh. Bernoulli,* 21/II 1699: Puto ..., ut geometria nostra et arithmetica etiam apud Deum obtinent, ita generales boni justique leges, mathematicae certitudinis et apud Deum quoque validas esse« (*M* III 574). Vgl. auch den in Anm. 93 zitierten Text und *Spec. inv.* (*P.* VII 311); *Grua* S. 379; *Théod.* App. III 21 (*P.* VI 423 f).

[95] *An Fabri,* o. D. (*P.* IV 258).

[96] *P.* IV 274; nach *Gerhardt* (*P.* IV 267 Anm.) handelt es sich um ein undatiertes Schreiben an Molanus.

[97] S. 136, Anm. 108.

[98] Kap. VIII § 1 a.

Alquié in seiner allerdings allzu psychologisierenden und existentialisierenden Darstellung gezeigt hat, hebt Descartes jede Gemeinschaft und Gemeinsamkeit zwischen dem menschlichen und dem göttlichen Bewußtsein auf [99]. Leibniz stellt diese Gemeinschaft wieder her [100]. Bei allem Abstand zwischen der göttlichen und der menschlichen Vernunft, die von der ersteren nur einen Teil bildet, ist dieser Teil dem Ganzen doch verwandt (»conforme«) und unterscheidet sich von ihm wie ein Wassertropfen vom Ozean oder vielmehr wie das Endliche vom Unendlichen [101]. Gewiß ist auch nach Leibniz Gott für uns unbegreiflich, und ebenso gewiß ist es, daß die Begriffe und Ideen der Menschen nicht die Begriffe und Ideen Gottes sind. Dennoch aber gilt in Belavals [102] Formulierung: »nous convenons avec Dieu dans les mêmes rapports«, dergestalt daß was immer für die menschliche Erkenntnis sich als unmöglich, weil widerspruchsvoll herausstellt, wie z. B. die größte Zahl oder die schnellste Bewegung [103], auch an und für sich, d. h. auch vom Standpunkt der göttlichen Erkenntnis, unmöglich ist. Daraus bestimmt sich der Sinn der Kommensurabilität zwischen der menschlichen und der göttlichen Erkenntnis.

Es ist von Interesse, auf einen ähnlichen Gedankengang, wenngleich unter Beschränkung auf die Mathematik, d. i. die Geometrie und Arithmetik, bei Galilei hinzuweisen. Auch Galilei kontrastiert die menschliche Erkenntnis, die diskursiv von Schlußfolgerung zu Schlußfolgerung fortschreitet, mit der göttlichen Erkenntnis, die die einer »einfachen Intuition« (»di un semplice intuito«) ist. Auf einen Schlag übersieht der göttliche Intellekt die Gesamtheit der mathematschen Wahrheiten, während der menschliche Intellekt nur einige wenige kennt. Was aber die mathematischen Wahrheiten angeht, die der menschliche Intellekt kennt, »la cognizione agguagli la divina nella certezza obiettiva, poichè arriva a comprenderne la necessità, sopra la quale non par che possa esser sicurezza maggiore

---

[99] Alquié, *La découverte métaphysique de l'homme chez Descartes* S. 107 ff.

[100] *Dialogus inter Theologum et Misosophum*: »... dari principia communia rebus divinis et humanis ... principia logica et metaphysica sunt communia divinis et humanis, quia agunt de veritate et de Ente in genere, quod est commune Deo et creaturis« (*Grua*, S. 20). Vgl. hiermit Malebranche, *Réponse au livre des vraies et des fausses idées* Kap. XIII, VI: »... Dieu voit que toutes les lignes tirées dans une sphère, et qui passent par le centre, sont toutes égales ... ce qui est vrai à mon égard, l'est à l'égard de Dieu même, et de tous les esprits, parce que je vois toutes ces choses dans une nature immuable, nécessaire, éternelle, commune à toutes les intelligences« (*Oeuvres VI* 99) und *Réponse à la troisième lettre de Monsieur Arnauld*: »... l'idée que j'ai de l'étendue en longueur, largeur et profondeur ... est éternelle, immuable, nécessaire, commune à Dieu et à toutes les intelligences ...« (*Oeuvres IX* 925 f).

[101] *An Arnauld,* 9/X 1687 (*Le Roy* S. 192 und die kommentierende Bemerkung S. 270); *Théod.* Préf. und Disc. prél. 61 (*P VI* 27 und 84).

[102] Belaval, *Leibniz Critique de Descartes* S. 489 und 276 f.

[103] Über Leibnizens Methode, diese Begriffe als widerspruchsvoll nachzuweisen siehe S. 80 ff.

... quanto alla verità di che ci danno cognizione le dimostrazioni matematiche, elle è l'istessa che conosce la sapienza divina ...«[104]

Aus der von Leibniz behaupteten Verbindlichkeit der ewigen Wahrheiten für Gott wie für den Menschen ergeben sich einige Konsequenzen[105]. Zunächst folgt, daß die göttliche Vernunft eine Struktur oder eine Konstitution besitzt. Die Prinzipien der Logik, der Satz des Widerspruchs und des zureichenden Grundes haben absolute Verbindlichkeit und absolut gültigen normativen Charakter. Sie besitzen absolute Priorität und sind Prinzipien des Seins wie des Denkens. Daß in der Welt die absolut verbindliche Logik inkarniert ist, macht sie zu einem Kosmos, zu dessen Logizität die menschliche Erkenntnis in gewissem Maße und in gewissen Grenzen Zugang hat. Zwischen dem göttlichen Intellekt, dem menschlichen Verstand und der existierenden »erschaffenen Welt« besteht das Verhältnis gegenseitiger Entsprechung: »trois structures qui s'entr'expriment«[106]. Wegen der Kommensurabilität zwischen göttlicher und menschlicher Erkenntnis kann die letztere auf die erstere als ihren Maßstab und ihre Norm bezogen werden. Aus dieser Normierung bestimmt sich sowohl die Fundiertheit der menschlichen Erkenntnis als auch ihre Begrenzung[107]. Wir werden später[108] darlegen, daß die ewigen Wahrheiten — wie alle Wahrheiten — ihren Bestand darin haben, daß sie im göttlichen Intellekt als der »région des vérités éternelles« existieren. »C'est là où je trouve l'original des idées et des vérités qui sont gravées dans nos âmes ...«[109] Die menschliche Erkenntnis beruht ihrer Möglichkeit und Gültigkeit nach auf der absoluten Verbindlichkeit des Logischen; es bedarf für ihre Fundierung nicht wie bei Descartes einer gewissermaßen von außen hinzutretenden Garantie durch die »divina veracitas«.

c. Prinzip der Vorentschiedenheit aller Wahrheiten

Wie immer die Allwissenheit Gottes aufgefaßt und interpretiert wird, sie besagt, daß der göttlichen Erkenntnis jede Wahrheit als Wahrheit und jede Falschheit als Falschheit bekannt ist. Anders ausgedrückt, von jeder Aussage steht es für die göttliche Erkenntnis fest, ob sie wahr oder falsch ist. Das gilt für alle Aussagen, ob sie auf das Rationale gehen oder Faktisches betreffen.

Da die göttliche Erkenntnis Norm und Maßstab aller Erkenntnis bildet und die menschliche Erkenntnis an der göttlichen ihren sie fundierenden Halt hat, läßt sich

---

104 Galilei, *Dialogo sopra i due massimi sisteme del mondo* Giornata prima (*Le opere di Galileo Galilei* Edizione nazionale, 1897, VII 129). Dieses Galileische Motiv hat L. Olschki, »Galileo's philosophy of science«, *The Philosophical Review* LII (1943) 360 ff nachdrücklich herausgestellt.

105 Für das Folgende schließen wir uns der Darstellung von Belaval, *Leibniz Critique de Descartes* S. 69 ff an, die sich mühelos in unsere panlogistische Interpretation einfügt.

106 Siehe auch Martin, *Leibniz* S. 110.

107 Kap. III § 5 b.

108 Kap. VIII § 1 a.

109 *Nouv. Ess.* IV, XI § 14 (*P.* V 429).

dieses Prinzip rein logisch dahin fassen, daß *jede Aussage entweder wahr oder falsch ist,* und daß ihre *Wahrheit bzw. Falschheit vorentschieden ist,* d. h. feststeht vorgängig vor ihrem aktuellen Beweis, in welcher Weise auch immer der Beweis geführt sein mag, was auch die Verifikation durch Tatsachen der Erfahrung einschließt. Wir möchten vermuten, daß das in unseren Tagen in Zweifel gezogene Prinzip der klassischen Logik, nach dem eine jede sinnvolle Aussage an sich entweder wahr oder falsch ist, auf der nicht immer ausdrücklich gemachten und erst recht nicht immer ausdrücklich formulierten Voraussetzung der göttlichen Allwissenheit beruht. Für Leibniz stellt das in Rede stehende Prinzip eine Selbstverständlichkeit dar, die kaum einer Begründung zu bedürfen scheint. Es ist in der allgemeinen Natur der Wahrheit begründet »omnem propositionem aut veram aut falsam esse«.[110] Da die Wahrheit oder Falschheit jeder Aussage an sich feststeht und vorentschieden ist, es also keine Aussage gibt noch geben kann, die weder wahr noch falsch ist, läßt sich für jede Aussage ihre Wahrheit oder Falschheit nachweisen, wenngleich zuweilen nur »resolutione in ifinitum«.[111] Um nachzuweisen, daß eine Aussage falsch ist, gibt es mehrere Wege. Man kann zeigen, daß sie einer wahren Aussage entgegensteht (»sit oppositum veri ... vel ... contineat oppositum veri«) oder daß sie einen inneren Widerspruch (»B et non B«) enthält. Schließlich ist etwas als falsch erwiesen, »si demonstretur, utcunque continuata resolutione non posse demonstrari quod sit verum«.[112] Gerade an der These, daß eine Aussage für falsch zu gelten hat, wenn sich nachweisen läßt, daß ihre Wahrheit nicht erwiesen werden kann, tritt das Prinzip der Vorentschiedenheit aller Wahrheiten klar zu Tage, nämlich als Voraussetzung jener These.

In *Nouveaux Essais sur l'Entendement* leitet Leibniz aus dem Prinzip »qu'une proposition est ou vraie ou fausse« — das er als allgemeine Fassung des »principe de contradiction« bezeichnet, und das wir das Prinzip der Vorentschiedenheit nennen — zwei Sätze als in diesem Prinzip beschlossen ab. Nach dem einen Satz: »une proposition ne saurait être vraie et fausse à la fois«; das ist der Satz vom Widerspruch in der allgemein üblichen Form. Nach dem anderen Satz: »il ne se peut pas qu'une proposition soit ni vraie ni fausse«[13], d. h. der Satz vom ausgeschlossenen Dritten. Parkinson [114] macht darauf aufmerksam, daß Leibniz hier wie an anderen Stellen das als Prinzip des Widerspruchs bezeichnet, was üblicher Weise als das Prinzip des ausgeschlossenen Dritten gilt [115], das seinerseits nach

---

[110] *Couturat, O. F.* S. 401;*P.* VII 299: »Ante omnia assumo enuntiationem omnem (hoc est affirmationem aut negationem) aut veram aut falsam esse ...«; vgl. auch *Gen. Inqu.* § 4 (*Couturat, O. F.* S. 365).

[111] *Gen. Inqu.* § 66 (*Couturat, O. F.* S. 374). Über die »resolutio in infinitum« siehe Kap. II § 6 a.

[112] *Gen. Inqu.* § 57 (*Couturat, O. F.* S. 371).

[113] *Nouv. Ess.* IV, II § 1 (*P.* V 343).

[114] Parkinson, *Logic and reality in Leibniz's metaphysics* S. 60.

[115] So z. B. *Théod.* I 44 und App. III 14 (*P.* VI 127 und 413), während im *Brief an Arnauld,* 4 (14)/VII 1686 (*Le Roy* S. 128) und im *zweiten Schreiben an Clarke* (*P.* VII 355) der Satz vom Widerspruch in der üblichen Weise formuliert ist.

Parkinson mit dem Prinzip der Bivalenz (Vorentschiedenheit) äquivalent ist. Parkinson hält das Vorgehen von Leibniz darum für gerechtfertigt, weil der Satz vom Widerspruch aus dem Prinzip der Bivalenz abgeleitet werden kann. Das darf aber nicht dahin verstanden werden, daß dem Bivalenzprinzip ein logischer Vorzug vor dem Satz des Widerspruchs zukommt, da das Bivalenzprinzip seinerseits aus dem Satz vom Widerspruch abgeleitet werden kann. Bivalenzprinzip und Widerspruchssatz stellen sich somit als einander äquivalent heraus. Dem gegenüber verweisen wir auf den angeführten Text der *Nouveaux Essais,* in dem Leibniz drei Prinzipien voneinander unterscheidet, von denen das eine — das der Vorentschiedenheit — die beiden anderen in sich befaßt (»renferme«). Folglich scheint er dem fraglichen Prinzip eine privilegierte Stellung gegenüber den beiden anderen zu geben. Obwohl das in dem fraglichen Text nicht ausdrücklich gesagt ist, läßt sich die Auszeichnung des Prinzips der Vorentschiedenheit oder der Bivalenz vielleicht so interpretieren, daß es ganz allgemein für Aussagen jeder Art gilt, während die beiden anderen Prinzipien sich aus ihm durch Spezialisierung ergeben, nämlich durch seine Anwendung auf zwei Aussagen, von denen die eine die Negation der anderen bildet. Bei der Ableitung des Satzes vom Widerspruch aus dem Prinzip der Bivalenz macht Parkinson u. a. vom Gesetz der doppelten Negation Gebrauch [116]. Dieses Gesetz, das Leibniz selbst formuliert [117], setzt seinerseits das Prinzip der Vorentschiedenheit aller Wahrheiten und Falschheiten voraus [118].

Da das Prinzip der Vorentschiedenheit im Wesen der Wahrheit gründet, muß es auch für kontingente Aussagen gelten, auch für solche, die sich auf zukünftige Ereignisse beziehen [119]. Auch im Bereich des Kontingenten wäre es absurd, Aussagen zuzulassen, die nicht an und für sich wahr oder falsch sind, d. h. deren Wahrheit bzw. Falschheit nicht ein für alle Mal vorentschieden ist und feststeht [120], sondern die erst in der Zukunft durch das Eintreten bzw. Nicht-Eintreten der betr. Ereignisse wahr oder falsch gemacht würden. Eine solche Annahme wäre auch mit der Allwissenheit Gottes unverträglich. Wäre die Wahrheit kontingenter Aussagen, die sich auf künftige Ereignisse beziehen, nicht vorentschieden, würden die »futurs contingents« nicht in einem gewissen Sinne ›existieren‹, so könnte Gott kein Vorwissen von ihnen haben [121]. Gerade am Problem auf zu-

---

[116] Parkinson, *a.a.O.* S. 74 Anm. 5.

[117] *Gen. Inqu.* § 1: »Coincidunt: L est vera et: L esse falsam est falsa« (*Couturat, O. F.* S. 363).

[118] Siehe auch unten S. 79 f.

[119] *Théod.* I 36 f: »Les philosophes conviennent aujourd'hui, que la vérité des futurs contingents est déterminée ... il est aussi sûr que le futur sera, qu'il est sûr que le passé a été. Il était déjà vrai il y a cent ans, que j'écrirais aujourd'hui, comme il sera vrai après cent ans, que j'ai écrit ... Cette détermination vient de la nature même de la vérité ...« (*P.* VI 123).

[120] *De modo distinguendi* (*P.* VII 321) und *Théod.* II 169 (*P.* VI 211).

[121] *Remarques sur la lettre de M. Arnauld* (*Le Roy* S. 110 f).

künftige Ereignisse bezogener kontingenter Aussagen tritt der Zusammenhang zwischen dem Prinzip der Vorentschiedenheit der Wahrheit bzw. Falschheit aller Aussagen und der göttlichen Allwissenheit zu Tage. Die Vorentschiedenheit *aller,* nicht nur zukünftige Ereignisse betreffender kontingenter Aussagen besagt aber nicht, daß solche Aussagen, wenn sie wahr sind, es *notwendigerweise* sind. Es muß späteren [122] Erörterungen vorbehalten bleiben, dem Sinn und Grund der Unterscheidung nachzugehen, die Leibniz zwischen dem macht, was notwendig ist, und dem, was sicher, gewiß, sogar unfehlbar gewiß ist, ohne aber notwendig zu sein.

Das ontologische Äquivalent der Vorentschiedenheit der Wahrheit kontingenter Aussagen bildet die Vorbestimmtheit der betr. Ereignisse, die alle von Gott vorausgesehen sind. »Omne futurum non minus certo ac necessario futurum est, quam praeteritum necessario praeteritum est ... Quicquid futurum est, utique *verum* est fore, quicquid *verum* est (scienti) certo verum est. Ergo quicquid futurum est, certum esse fore ... Quicquid certum est, inevitabile est ... Quicquid est futurum, id Deus praescit; quod Deus praescit, id Deus infallibiliter praescit; quod Deus infallibiliter praescit, infallibiliter est.« [123] Auch hier bedeutet unfehlbare Sicherheit und Gewißheit nicht Notwendigkeit [124].

Es erübrigt sich fast darauf hinzuweisen, daß die Vorentschiedenheit der Wahrheit oder Falschheit jeder Aussage nicht besagt, daß wir in Bezug auf jede Aussage wissen, ob sie wahr oder falsch ist [125]. Unsere Ungewißheit ändert aber nichts an der Vorbestimmtheit »dans la vérité des choses« [126]. An diesem Punkte begegnen wir in konkreter Form der Beschränktheit der menschlichen Erkenntnis auf das Allgemeine, insofern wir zwar wissen, daß im Prinzip die Wahrheit oder Falschheit jeder Aussage vorentschieden ist, nicht aber wie diese Vorentscheidung im Falle vieler, sogar der überwältigenden Mehrheit von kontingenten Aussagen lautet.

§ 4 Repräsentation und Expression

a. Verschiedene Bedeutungen des Begriffes von Repräsentation
Für eine panlogistische Interpretation des Universums muß es als ein Minimalerfordernis gelten, daß die ihm angehörigen Wesen, wie immer sie begriffen werden, nicht unverbunden nebeneinander existieren. Vielmehr müssen zwischen ihnen Zusammenhänge solcher Art bestehen, daß Vorgänge in einem Wesen Vorgänge in anderen Wesen betreffen oder zu ihnen in einer gewissen Beziehung

---

[122] Kap. II § 5 b.
[123] *Grua* S. 274.
[124] *Théod.* I 37: »... ce qui est prévu ne peut pas manquer d'exister ... mais il ne s'ensuit pas qu'il soit nécessaire ...« (P. VI 123).
[125] *Théod.* Préf. (P. VI 30).
[126] *Nouv. Ess.* II, XIII § 7 (P. V 136).

stehen. Dabei ist einstweilen von dem spezifischen Sinn des vorhin [127] eingeführten Begriffes von »innerem Zusammenhang« noch abgesehen. Um nichts anderes handelt es sich als um ein Verhältnis der Zuordnung zwischen mannigfaltigen Vorgängen in einem Wesen und der Mannigfaltigkeit von Vorgängen in einem anderen Wesen, bzw. einer Mannigfaltigkeit solcher Wesen. Um es noch allgemeiner und rein formal auszudrücken, es handelt sich um das Verhältnis der Zuordnung, besonders der ein-eindeutigen Zuordnung zwischen den Elementen zweier (oder mehrerer) Inbegriffe oder Mannigfaltigkeiten, von welcher spezifischen Art die Inbegriffe und ihre Elemente auch sein mögen, also um das, was in heutiger Terminologie eine isomorphe Beziehung heißt.

Zur Bezeichnung der in Rede stehenden Zuordnungsbeziehung verwendet Leibniz die ihm als gleichbedeutend geltenden Termini »Repräsentation« und »Expression«. Der Begriff der Repräsentation ist von zentraler Bedeutung für Leibniz und spielt eine wichtige Rolle auf verschiedenen Gebieten [128]. Bei der Darlegung dieses Begriffes müssen wir vorerst die bekannte Leibnizische Lehre außer Acht lassen, nach der jede Monade oder Substanz das gesamte Universum repräsentiert. Diese Lehre kann nur im Zusammenhang mit der Substanzentheorie als ganzer und als aus ihr erwachsen entwickelt werden [129]. Ihr Verständnis erfordert eine vorgängige Klärung des Begriffes der Repräsentation.

Windelband hat auf die von Leibniz in glücklicher Weise benutzte Doppeldeutigkeit des Ausdrucks ›Repräsentation‹ aufmerksam gemacht [130]. Auf der eien Seite hat er den psychologischen Sinn von ›Vorstellung‹, auf der anderen den von ›Vertretung‹, wie z. B. der Anwalt seinen Klienten, der Gesandte die Regierung seines Staates repräsentiert. Zweifellos hat ›Repräsentation‹ bei Leibniz auch den psychologischen Sinn von ›Vorstellung‹, und zwar nicht nur den rein psychologischen Sinn von ›bloßer Vorstellung‹, sondern auch den psychologisch-erkenntnismäßigen von gegenstandsbezogener Vorstellung. Dabei hat die als psychologisches Vorkommnis verstandene Vorstellung die Funktion der Vertretung des Gegenstandes, auf den sie bezogen ist. Jedoch ist der psychologisch-erkenntnismäßige Sinn für den Begriff der Repräsentation nicht wesentlich und macht daher auch nicht die ursprüngliche Bedeutung dieses Begriffes aus [131]. Primär besagt Repräsentation nichts anderes als die gegenseitige Zuordnung der Elemente von Mannigfaltigkeiten. Dabei braucht zunächst wenigstens weder von Psychologischem noch von Erkenntnismäßigem die Rede zu sein. Erst auf Grund weiterer hinzutretender Bestimmungen wächst dem ursprünglichen Begriff von

---

[127] Dieses Kap. § 2.
[128] Köhler, *Der Begriff der Repräsentation bei Leibniz* hat diesem Begriff eine eingehende Studie gewidmet, die Mahnke, *Leibnizens Synthese* § 21 kritisch referiert hat.
[129] Kap. V § 3 a und c.
[130] W. Windelband, *Lehrbuch der Geschichte der Philosophie* (hrsg. von H. Heimsoeth, Tübingen 1935) S. 355 Anm. 6.
[131] So auch A. T. Tymieniecka, *Leibniz' cosmological synthesis* (Assen 1964) S. 99.

Repräsentation die psychologisch-erkenntnismäßige Bedeutung zu. Die letztere stellt einen Spezialfall der allgemeinen und in diesem Sinne ursprünglichen Bedeutung des Begriffes der Repräsentation dar. Was den Sinn ›Vertretung‹ angeht, so steht er zwar der primären Bedeutung von ›Repräsentation‹ näher als der psychologische Sinn ›Vorstellung‹, fällt aber doch nicht mit der primären Bedeutung zusammen. Es stellt sich die Frage, worauf die Funktion der Vertretung oder Stellvertretung beruht, eine Frage, zu deren Beantwortung wieder auf das Verhältnis der Zuordnung zurückgegangen werden muß.

Wenig geeignet zur Aufklärung des Leibnizischen Begriffes der Repräsentation scheinen uns die von Fischer gewählten Beispiele des Torso, in dem der Kunstkenner die ganze Statue, des Blattes, in dem der Botaniker die ganze Pflanze, des Knochens, in dem der Anatom das ganze Tier, usw. erkennt [132]. In allen diesen Beispielen erscheint ein gegebener Gegenstand als Teil eines Ganzen und als in dieses eingeordnet, s. z. s. im Lichte dieses Ganzen. Gewiß kann man hier von Vorstellig-machen und Erkennbar-machen sprechen und in diesem Sinne von Repräsentieren. Jedoch wird Fischer mit seinen Beispielen dem Leibnizischen Begriff von Expression oder Repräsentation nicht gerecht und trifft genau genommen diesen Begriff gar nicht. Erstens stellt er das psychologisch-erkenntnismäßige Moment nicht nur bevorzugt, sondern sogar ausschließlich heraus. Ferner ist in keinem dieser Beispiele noch auch in Fischers Erläuterungen von der Zuordnung der Elemente von Mannigfaltigkeiten die Rede [133]. Wie wir zu zeigen versuchen werden, bestimmt gerade diese Zuordnung die fundamentale und daher primäre Bedeutung des Leibnizischen Begriffes der Repräsentation, auf der sich die weiteren Bedeutungen dank hinzukommender Bestimmungen aufbauen. Folglich muß die primäre Bedeutung sich in allen Spezialisierungen durchhalten, d. h. in ihnen allen in Erscheinung treten.

b. Repräsentation als Zuordnung

Expression ist von Leibniz folgendermaßen definiert: »Une chose *exprime* une autre (dans mon langage) lorsqu'il y a un rapport constant et réglé entre ce qui se peut dire de l'une et de l'autre. C'est ainsi qu'une projection de perspective exprime son géométral.«[134] Wie das hier nur beiläufig erwähnte Beispiel zeigt, ist ein erster typischer Fall von Expression oder Repräsentation gegeben mit der Beziehung zwischen einer Figur, z. B. einem Kreis und den durch perspektivische Projektion erzeugten Figuren, etwa einer Ellipse oder Hyperbel. Am Beispiel der Hyperbel, die im Gegensatz zum Kreis nicht in sich geschlossen ist, wird deutlich, daß es nicht auf eine »Ähnlichkeit« der in Rede stehenden Figuren ankommt. Nichts anderes ist erforderlich, aber auch hinreichend, als daß »constans

---

132 Fischer, *Geschichte der neueren Philosophie* III 408.
133 Siehe auch die Kritik von Dillmann, *Eine neue Darstellung der Leibnizischen Monadenlehre* S. 308 an Fischers Darstellung.
134 *An Arnauld,* 9/X 1687 (*Le Roy* S. 180 f).

quaedam sit lex relationum, qua singula in uno ad singula respondentia in alio referri possint«. Zwischen Kreis und Hyperbel besteht die Beziehung der Expression, weil »cuilibet puncto hyperbolae respondens eadem constante lege punctum circuli hyperbolam projicientis assignari potest.«[135] Bei dem zunächst in Betracht gezogenen Typus von Expression handelt es sich also um eine ein-eindeutige Zuordnung von zwei Punktmengen, d. h. von Punkten, die verschiedenen geometrischen Figuren angehören, wobei die Ein-eindeutigkeit der Zuordnung durch das konstante Beziehungsgesetz verbürgt ist. Mit anderen Worten, Repräsentation im Sinne der ein-eindeutigen Zuordnung von Punktmengen führt unmittelbar auf den Begriff der mathematischen Funktion[136]. Auf Grund des konstanten Zuordnungsgesetzes wird es möglich, Aussagen, die sich auf die eine Punktmannigfaltigkeit beziehen, solchen Aussagen entsprechen zu lassen, die für die andere Punktmannigfaltigkeit gelten.

Weitere Beispiele gibt Leibniz in einem anderen Text[137]. Zunächst ist die formelle Definition von Repräsentation wesentlich die gleiche wie in der eingangs angeführten Stelle: »Repraesentationem intelligo [so gelesen statt »intellego«] omnem expressionem rei per aliam, ita ut, quidquid assignari potest in uno, ei aliquid respondeat in altero.« Als illustrierende Beispiele folgen dann die Darstellung der Zahlen durch Ziffern (»characteres«), der Linien durch Buchstaben, solider Körper durch ebene Figuren, der Dinge durch Wörter[138]. Wiederum zeigt sich an der Beziehung zwischen Wörtern und den durch sie bezeichneten Dingen, wie wenig es auf inhaltliche Ähnlichkeit ankommt. Zwischen dem Wort »lux« und dem damit bezeichneten Licht besteht ebenso wenig Ähnlichkeit wie zwischen dem Verbum »ferre« und der so benannten Tätigkeit. Jedoch hat die Zusammensetzung »lucifer« eine Beziehung »ad lucis et ferrendi vocabula ... et respondentem quam habet res lucifero significata ad rem vocabulis lucis et ferrendi significatam«[139]. Nichts anderes ist von Belang, als daß zwischen den Wörtern eine bestimmte »relatio sive ordo« besteht, und daß diese ihrerseits den Beziehungen zwischen den bezeichneten Dingen oder Sachen entspricht.

Wie die erwähnten Beispiele zeigen, erweitert sich der Sinn von Repräsentation dahin, daß dieser Begriff auch die Beziehung zwischen Zeichen oder, wie Leibniz gewöhnlich sagt, Charakteren und dem durch sie Bezeichnetem, Ideen sowohl als Sachen, befaßt. Zunächst ist zu bemerken, daß auch geometrische Figuren für Leibniz als Charaktere gelten. Der auf dem Papier gezeichnete Kreis ist nicht der wahre Kreis, noch ist das erforderlich; es genügt »eum a nobis pro circulo haberi«[140]. Daher kann der blind Geborene dank seines Tatsinnes Geo-

---

135 *Couturat, O. F.* S. 15; vgl. auch *Nouv. Ess.* II, VIII § 13 (P. V 118).
136 Belaval, *Leibniz Critique de Descartes* S. 343; nach Belaval (S. 148 Anm. 3) besteht Leibnizens Originalität in der Mathematisierung des Begriffs der Expression.
137 *Initium institutionum juris perpetui (Mollat* S. 4).
138 Für weitere Beispiele siehe *P.* VII 204.
139 *Dialogus* (P. VII 192).
140 *Dialogus* (P. VII 191).

metrie erlernen, während der Gelähmte hierfür auf den Gesichtssinn angewiesen ist. Obwohl der Blinde und der Lahme ganz verschiedene Bilder (»images«) haben, begegnen sich ihre Geometrien, stimmen miteinander überein und »même reviennent aux mêmes idées«[141]. Es besteht ein Unterschied zwischen den exakten Ideen, die in Definitionen bestehen, und den Bildern, die als Charaktere oder Zeichen der Ideen fungieren.

Für die Beziehung zwischen Zeichen und Bezeichnetem ist Eindeutigkeit der Zuordnung wesentlich. *Auf Grund der eindeutigen Zuordnung gewinnt das Zeichen den Sinn des Stellvertreters für die bezeichnete Sache.* Es repräsentiert die letztere, indem es an deren Stelle und anstatt ihrer gesetzt wird. »Characteres sunt res quaedam, quibus aliarum rerum inter se relationes exprimuntur, et quarum facilior est quam illarum tractatio.«[142] Jeder Operation, die an den Charakteren ausgeführt wird, entspricht dann eine auf die Sachen bezügliche Aussage, und die Erwägung der Sachen kann aufgeschoben werden »usque ad exitum tractationis«. Wird das Gesuchte in den Charakteren gefunden, so läßt es sich leicht in den Sachen entdecken, und zwar auf Grund der anfänglich gesetzten Zuordnung (»consensus«) zwischen Charakteren und Sachen [143]. Damit ist das symbolische Denken, d.h. das Denken in Zeichen und Charakteren, eingeführt und begründet. Statt den Sachen oder Ideen nachzugehen, hält man sich an deren Charaktere oder Zeichen und operiert an diesen [144]. »Omnis ratiocinatio nostra nihil aliud est quam characterum connexio et substitutio ...«, wobei die »substitutio nascitur ex aequipollentia quadam«[145]. Offenkundig ist hier keine Rede von einem psychologischen noch erkenntnismäßigen Moment auf Seiten der repräsentierenden Mannigfaltigkeit, von welcher Art sie auch sein mag. Zweifellos ist bei der Stiftung der Zuordnung zwischen Repräsentierendem und Repräsentierten eine geistige Tätigkeit wesentlich beteiligt und sogar ein Erfordernis oder eine Voraussetzung für die Stiftung der Zuordnung, wie dies sogleich [146] dargelegt werden soll. Diese zuordnende geistige Tätigkeit erfolgt von einem Standpunkt außerhalb der einander zuzuordnenden Mannigfaltigkeiten. Jedenfalls ergibt sich der Sinn von Repräsentation als Stellvertretung unmittelbar aus dem Begriff der eindeutigen Zuordnung. Er ist dem psychologischen Sinn von Repräsentation als Vorstellung gegenüber primär und liegt ihm zu Grunde, insofern als — wie sogleich [147] gezeigt werden wird — der psychologische Sinn aus dem ersteren durch Spezialisierung erwächst.

---

[141] *Nouv. Ess.* II, IX § 8 (*P.* V 124).
[142] *Characteristica geometrica* (*M.* V 141).
[143] *Quid sit idea:* ». . . ex sola contemplatione habitudinum exprimentis possumus venire in cognitionem proprietatum respondentium rei exprimendae« (*P.* VII 264).
[144] *P.* VII 204: »Non tantum . . . res ipsae, sed et rerum ideae semper animo distincte observari neque possunt neque debent, et itaque compendii causa signa pro ipsis adhibentur«.
[145] *P.* VII 31.
[146] Dieser § d.   [147] Dieser § c.

Angesichts der Bedeutsamkeit, die Zeichen und Charaktere für das Denken und Erkennen haben, stellt sich die Aufgabe, die Leibniz unter den Titeln *Characteristica universalis* oder *Ars characteristica* formuliert hat. Sie besteht darin, für einen bestimmten Bereich von Gegenständen, Begriffen oder Gedanken (»cogitationes«) ein angemessenes System von stellvertretenden Zeichen zu erfinden. »Ars characteristica est ars ita formandi atque ordinandi characteres, ut referant cogitationes, seu ut eam inter se habeant relationem, quam cogitationes inter se habent ... Lex expressionum haec est: ut ex quarum rerum ideis componitur rei exprimendae idea, exillarum rerum characteribus componatur rei expressio.«[148] Obwohl ihre Erfindung frei erfolgt, unterscheiden sich mögliche Systeme von Charakteren durch ihre größere oder geringere Angemessenheit. Ihre Angemessenheit bemißt sich zunächst an der Leichtigkeit und Bequemlichkeit ihrer operativen Handhabung. Vor allem aber muß ein System von Charakteren für umso angemessener und zweckdienlicher gelten, je mehr Beziehungen zwischen den repräsentierten Sachen sich durch die Operationen des Systems darstellen lassen[149]. Im Idealfall, wenn alle Relationen zwischen den Sachen sich durch die gewählten Charaktere darstellen lassen, »nihil erit in re, quod non per characteres deprehendi possit«[150]. Aus diesen Gründen eignen sich, wie er im gleichen Zusammenhang bemerkt, die arabischen oder indischen Ziffern für die Zwecke der Rechnung besser als die Notierung der Zahlen bei den Griechen oder Römern. Gründe gleicher Art scheinen ihm der von ihm erfundenen Symbolik für die Differentialrechnung einen Vorzug gegenüber der Newtonschen zu gewähren[151].

Weil die Wahl und Konstruktion eines Zeichensystems frei und willkürlich geschieht, läßt sich derselbe Sachverhalt, lassen sich dieselben Begriffe in verschiedenen Systemen ausdrücken. Das prägnanteste Beispiel dafür ist die Möglichkeit der Darstellung der Zahlen sowohl im üblichen dekadischen wie im dyadischen System, das übrigens in mancher Hinsicht Vorteile bietet[152]. Alle solche Darstellungen müssen als Darstellungen desselben Sachverhalts miteinander übereintimmen oder sich gegenseitig entsprechen, wie das vorhin hinsichtlich der Geometrie des Blinden und der des Lahmen erwähnt wurde; es muß zwischen diesen verschiedenen Darstellungen, wie Leibniz es nennt, eine »Äquivalenz« oder »Pro-

---

148 *Bodemann, L. H.* S. 80 f. Dort auch die beiden Definitionen: »Characterem voco notam visibilem cogitationes repraesentantem« und »Expressio est aggregatum characterum rem quae exprimitur repraesentantium«. Eine ausführliche systematische Darstellung der Leibnizischen Bemühungen um die *Characteristica universalis* hat Couturat, *La logique de Leibniz* Kap. IV gegeben; siehe auch P. Schrecker, »Leibniz and the art of inventing algorisms«, *Journal of the History of Ideas* VIII, 1947.

149 *G. G. Leibnitii responsio ad Dn. Nic. Fatii Duillerii imputationes:* »Nam cum mens nostra saepissime pro rebus cogitandis notas adhibere debeat, et *Characteristica* sit maximum meditandi subsidium, consequens est, tanto utiliores esse notas, quando magis exprimunt rerum relationes« (M. V 349).

150 *Characteristica geometrica* (M. V 141 f).

151 *An Huyghens,* 3 (13)/X 1690 (M. II 49 f).

152 *Explication de l'arithmétique binaire* (M. VII 223 ff) und *Couturat, O. F.* S. 284 f.

portion« bestehen [153]. Auf Grund der Proportionalität zwischen dem Sachverhalt und jedem System von Charakteren besteht eine Proportionalität auch zwischen allen Charakterensystemen, in denen derselbe Sachverhalt zum Ausdruck gebracht wird. In diesem Sinne kann man von verschiedenen Systemen von Charakteren sagen, daß auch sie einander ausdrücken und repräsentieren, daß sie stellvertretend für einander eintreten können. Anders gewendet, die Erfindung eines Systems von Charakteren besagt die Darstellung eines bestimmten Sachverhalts in der Sprache des betr. Systems. Auf Grund der ihnen allen gemeinsamen Bezogenheit auf denselben Sachverhalt lassen sich dessen verschiedene Darstellungen ineinander übersetzen.

c. Zentralisierte Repräsentation und Repräsentation im psychologisch-erkenntnismäßigen Sinne

Die Repräsentation nimmt eine besondere Form an, wenn die repräsentierende Mannigfaltigkeit zentralisiert ist, d. h. wenn die Repräsentation in einem Medium stattfindet, das von sich aus Einheit besitzt. Dieser Umstand liegt z. B. nicht beim Spiegel vor, der ebenso wenig wie ausgedehnte Körper überhaupt wahre Einheit besitzt, sondern vielmehr ein Aggregat oder ein *unum per accidens* bildet [154]. In diesem Falle gibt es nichts anderes als die ein-eindeutige Zuordnung zwischen den Bildern im Spiegel und den gespiegelten Gegenständen. Nur den Substanzen und Monaden kommt Einheit im wahren Sinne des Wortes zu; eine jede von ihnen ist ein *unum per se*; sie und sie allein besitzen ein Einheitsprinzip, auf das ihre wechselnden Zustände, Accidentien und Modifikationen in einer später [155] noch darzulegenden Weise bezogen sind. Diese Zustände und Modifikationen haben eine repräsentative Funktion im speziellen und auszeichnenden Sinne der zentralisierten Repräsentation.

Zentralisiertheit der Repräsentation besagt, daß »ce qui est divisible et matériel, et se trouve dispersé en plusieurs êtres, (est) exprimé ou représenté dans un seul être indivisible, ou dans la substance qui est douée d'une véritable unité«[156]. Für zentralisierte Repräsentation benutzt Leibniz den Ausdruck *Perzeption*. Darunter ist nach ihm zu verstehen »la représentation de la multitude dans le simple«[157]; »... corresponsus interni et externi seu repraesentatio externi

---

[153] *Dialogus* (P. VII 192).
[154] Siehe Kap. IV § 1 b.
[155] Kap. VI § 5 b und c, § 6 b.
[156] *An Arnauld*, 9/X 1687 (*Le Roy* S. 181); als Beispiel einer derartigen »représentation de plusieurs choses dans une seule« führt Leibniz in einem in dem abgesandten Brief nicht enthaltenen Satz »notre âme« an (*Le Roy* S. 308 Anm. 5). Ebenso später im selben Brief: »... on peut concevoir que les phénomènes divisibles ou répandus en plusieurs êtres peuvent être exprimés ou représentés dans un seul être indivisible, et cela suffit pour concevoir une forme substantielle ...« (*Le Roy* S. 188).
[157] *An Bourguet*, Dez. 1714 (P. III 574 f); *Entwurf eines Schreibens an Remond* (P. III 622).

in interno, compositi in simplice, multitudinis in unitate, revera perceptionem constituit».[158] Im Gegensatz zu Janke [159], der Repräsentation und Perzeption ohne weiteres mit »auffassendem Darstellen« und »Vorstelligmachen«, sogar selbstbewußtem Vorstelligmachen gleichsetzt, ist geltend zu machen, daß Perzeption an und für sich keine spezifisch psychologische Bedeutung zu haben braucht, weshalb wir auch diesen Terminus nicht durch ›Wahrnehmung‹ wiedergeben. Seinem ursprünglichen und allgemeinsten Sinne nach ist mit Perzeption nichts anderes gemeint als was hier als zentralisierte Repräsentation bezeichnet wird [160].

Damit Perzeption den psychologischen Sinn von Wahrnehmung oder Vorstellung erhält, ist eine gewisse Distinktheit erforderlich. »Quodsi perceptio sit distinctior, sensum facit.«[161] Distinktheit läßt Abstufungen zu [162]. Eine besondere Stufe liegt auf dem Niveau des menschlichen Geistes vor, für den nach Leibniz die Fähigkeit zum Selbstbewußtsein und die Möglichkeit der Reflexion auf sich selbst und seine Zustände wesentlich charakteristisch ist [163]. Auf den höheren Stufen, vor allem auf der des menschlichen Geistes, hat *Perzeption* nicht nur den *psychologischen Sinn von wahrnehmender Vorstellung,* sondern auch die *kognitive Bedeutung von erkennender Vorstellung.* Auf allen Stufen und durch alle Abwandlungen der zentralisierten Repräsentation hindurch erhält sich die fundamentale Bestimmung des allgemeinen Repräsentationsbegriffs, nämlich als Zuordnung der Elemente einer (zentralisierten) Mannigfaltigkeit zu den Elementen einer anderen Mannigfaltigkeit. Die Erkenntnis erweist sich als ein Spezialfall von Repräsentation [164]. Mit dem Begriff der Repräsentation oder Expression ist eine Gattung (»genre«) bezeichnet, von der die »perception naturelle«, »le sentiment animal« und die »connaissance intellectuelle« des Menschen Arten (»espèces«) darstellen [165]. Die logische »Proportionalität« oder »Analogie« zwischen Zeichen und Ideen setzt sich fort in der metaphysischen Analogie zwischen Ideen und Sachen [166]. Allerdings ist im letzteren Falle, dem der erkenntnismäßigen Repräsen-

---

[158] *An Rud. Christ. Wagner,* 4/VI 1710 (*P.* VII 529); *Princ.* 2 (*P.* VI 598).

[159] W. Janke, *Leibniz* (Frankfurt a/Main 1963) S. 84 ff und 158 f.

[160] *An Bourguet,* 5/VIII 1715: »... il suffit qu'il y ait une variété dans l'unité, pour qu'il y ait une perception ...« (*P.* III 581).

[161] *Spec. inv.* (*P.* VII 317); siehe auch *Princ.* 4 die Wendung »du relief et du distingué dans les impressions« (*P.* VI 599). Über den Sinn von Distinktheit als einer gewissen Artikulation und innerer Gliederung vgl. *Med.* (*P.* IV 422 f), ebenso *Disc.* 24 (*Le Roy* S. 62) und *Nouv. Ess.* II, XXIX § 4 (*P.* V 237).

[162] Siehe weiter unten S. 267 f.

[163] Kap. III § 2 a.

[164] L. E. Loemker, »Leibniz's doctrine of ideas«, *The philosophical Review* LV (1946) S. 243.

[165] *An Arnauld,* 9/X 1687 (*Le Roy* S. 181); siehe auch *an des Maizeaux,* 8/VII 1711, daß »perception« nicht notwendiger Weise mit »sensation« gleichbedeutend ist (*P.* VII 535). Über den Zusammenhang beider siehe unten S. 123.

[166] Couturat, *La logique de Leibniz* S. 105 Anm. 2. Mit Recht verweist Couturat hier auf die Lehre von der universellen Harmonie; siehe hierzu Kap. V § 4 c.

tation der Sachen noch ein besonderer Umstand in Betracht zu ziehen, auf den wir sogleich zu sprechen kommen.

Zocher [167] versucht zwischen den von Leibniz gleichsinnig benutzten Ausdrücken ›Repräsentation‹ und ›Expression‹ eine Unterscheidung zu treffen. Er faßt ›Repräsentation‹ im erkenntnismäßigen Sinne von Vorstellung, wie etwas eine Idee ihren Gegenstand, ein Urteil den wahren Sachverhalt vorstellig macht. ›Expression‹ hat hingegen nach Zocher einen dynamischen Sinn, er führt als Beispiel die Zuordnungsbeziehung zwischen den Punkten des Geometrals und denen der Projektion an. Das Gleiche gilt hinsichtlich der »untergeistigen Monaden«, d. h. der Monaden unterhalb der Stufe des menschlichen Geistes, die der Erkenntnis im strengen Sinne nicht fähig sind. Es ist aber schwer zu sehen, wie man im Falle der Zuordnung der Punkte zweier Punktmannigfaltigkeiten oder ganz allgemein der Zuordnung irgendwelcher Charaktere zu den durch sie bezeichneten Ideen von Dynamik sprechen kann. Zweifellos erkennt Leibniz den Substanzen und Monaden eine Dynamik zu. Diese aber betrifft die Monaden nicht insoweit sie Perzeptionen haben, sondern insofern als sie — wie später [168] darzulegen sein wird — wesentlich durch Aktivität charakterisiert sind.

Der Leibnizische Begriff von Erkenntnis stellte sich als eine Spezialisation seines allgemeinen Repräsentationsbegriffes heraus, weil bei der Repräsentation, welche Formen immer sie annehmen mag, eine gegenseitige Zuordnung der Elemente mindestens zweier Mannigfaltigkeiten im Spiele ist. Es besteht aber ein bezeichnender Unterschied zwischen der Repräsentation im Sinne der bloßen Zuordnung und im psychologischen und erkenntnismäßigen Sinne. Im ersteren Fall sind die Elemente beider in Rede stehender Mannigfaltigkeiten, die Kreispunkte und die Punkte auf der Ellipse, die Ideen und die für sie gewählten Charaktere usw. gegeben, und es kann eine Zuordnung zwischen diesen Elementen gestiftet werden. Anders liegt es hinsichtlich der Ideen und sonstigen Zustände einer Monade und dem, was dadurch repräsentiert wird. Bekanntlich sind nach Leibniz die Monaden und Substanzen »fensterlos« und in sich abgeschlossen, was besagt, daß jede Monade völlig auf ihre eigenen Zustände beschränkt ist, ganz und ausschließlich in diesen ihren Zuständen lebt. Die Beziehung der Zuordnung erfordert Glieder *zweier* Klassen. Hier aber sind die Glieder nur einer Klasse gegeben, nur die repräsentierenden, nicht aber die repräsentierten Elemente. Nicht nur zeigt sich hier der enge Zusammenhang zwischen den Begriffen von Repräsentation als Zuordnung und als Stellvertretung, sondern was noch wichtiger ist, *das Repräsentierte ist einzig und allein durch seinen stellvertretenden Repräsentanten erreichbar, nur in seinem Stellvertreter zugänglich.* Einige Fragen von erheblicher Tragweite erheben sich hier. Die einen gehen auf die allgemeine Auffassung der Erkenntnis als Repräsentation; die anderen sind mehr spezieller Natur und betreffen die monadologische Erkenntnis und sogar die Möglichkeit der Konzeption

---

[167] Zocher, *Leibniz' Erkenntnislehre* S. 26 f.
[168] Kap. IV § 5 b und Kap. VI § 5 b.

der monadologischen Philosophie. Während die ersteren Probleme hier bei Seite gelassen werden müssen, weil ihre Erörterung ihres systematischen Charakters wegen den Rahmen einer Interpretation der Leibnizischen Philosophie bei weitem übersteigt, werden die auf die Möglichkeit der Konzeption der Monadologie bezüglichen Fragen später [169] ausdrücklich formuliert werden. Im Verlauf unserer weiteren Darlegungen werden wir den Versuch machen, eine Antwort auf sie zu finden.

d. Zuordnung und zuordnendes Bewußtsein

Für das Bestehen einer Zuordnung zwischen den Elementen zweier Mannigfaltigkeiten ist ein Wissen seitens der repräsentierenden Elemente um ihre repräsentative Funktion und stellvertretende Rolle nicht erforderlich, weil nicht wesentlich. Wohl aber *erfordert* die *Stiftung der Zuordnung* eine spezifische *geistige Tätigkeit*. Damit ein Inbegriff von Elementen, z. B. die Punkte eines Kreises durch einen anderen Inbegriff von Elementen, z. B. die Punkte einer Ellipse als perspektivischer Projektion des Kreises repräsentiert werden, genügt das bloße Vorhandensein der beiderseitigen Elemente nicht. Die Elemente des einen Inbegriffs müssen denen des anderen zugeordnet werden. Der fragliche Inbegriff kann nur dann als Repräsentant figurieren, wenn er als solcher aufgefaßt und verstanden wird. Mit anderen Worten, er muß den Sinn eines Repräsentanten erhalten, einen Sinn, den er aber nicht von sich aus hat, sondern der ihm durch das sinngebende Bewußtsein des Mathematikers zuerteilt wird, der die beiden Inbegriffe aufeinander bezieht, den einen als Vertreter oder Abbildung des anderen auffaßt, die ein-eindeutige Zuordnung der Elemente des einen zu denen des anderen vornimmt, usw. Das Gleiche gilt für die Beziehungen zwischen Zeichen und Bezeichnetem, Charakteren aller Art und den durch sie symbolisierten Ideen. Immer ist eine geistige Tätigkeit, ein beziehendes und sinngebendes Bewußtsein vorausgesetzt, durch das den Zeichen und Charakteren ihre Bedeutung verliehen wird.

Es liegt im Wesentlichen nicht anders bei der zentralisierten Repräsentation, jedenfalls soweit es sich um die »perception naturelle« und das »sentiment animal« handelt. So wenig wie die Punkte der Ellipse um ihre gesetzliche Zuordnung zu den Kreispunkten wissen, so wenig weiß die hier in Rede stehende Substanz um die repräsentative Funktion ihrer Zustände. Wie es dort des mathematischen Denkens bedarf, das von einem Standpunkt oberhalb oder außerhalb der fraglichen Inbegriffe von Elementen die Zuordnung zwischen diesen Elementen vollzieht, so bedarf es hier, wie es Köhler formuliert, der die »Duplizität der Bedeutung« des Leibnizischen Repräsentationsbegriffs nachdrücklich betont, »eines zuschauenden Dritten, der schlechthin objektiv den harmonischen Zusammenhang unter allen Einzeldingen konstatiert . . .« [170] Dieser Dritte kann, gemäß der Logik des Leibnizischen Systems, nur Gott sein, der die durchgehende Korrespondenz

---

[169] Kap. III § 1 b.
[170] Köhler, *Der Begriff der Repräsentation bei Leibniz*, S. 97.

der Zustände aller Substanzen darum »konstatiert«, weil die vollständigen Begriffe der Substanzen in ihrer gegenseitigen Entsprechung im göttlichen Intellekt bestehen und ein bestimmtes System solcher Substanzen aufgrund des göttlichen Willens zur Existenz zugelassen ist [171].

Wie immer das Problem der Möglichkeit des Wissens des menschlichen Geistes um die repräsentative Funktion seiner Vorstellungen gelöst werden mag, es bleibt dabei, daß der menschliche Geist wie alle Substanzen und Monaden ausschließlich in seinen Zuständen lebt, ein Umstand, dem in der Lösung des genannten Problems Rechnung getragen werden muß. Wenngleich der Mensch um die repräsentative Funktion seiner Vorstellungen weiß, ist ihm doch das Repräsentierte nur in den Stellvertretern und nur durch sie zugänglich, kommt ihm niemals direkt und unmittelbar zu Gesicht. Dagegen stehen vor dem göttlichen Geiste alle Substanzen mit ihren Zuständen sowie alle Begebenheiten des Universums in voller Entfaltung da. Gott sieht auf die hier bestehenden Korrespondenzen hin, vergleichbar — soweit eine solche Analogie gestattet ist — dem Mathematiker, der ebenfalls die von ihm betrachteten Mannigfaltigkeiten und Inbegriffe »von außen her« übersieht und zwischen ihren Elementen die entsprechenden Zuordnungsbeziehungen herstellt. Während der Mensch um die repräsentative Funktion seiner Vorstellungen nur *weiß, kennt* Gott alle Entsprechungen, Korrespondenzen und Zuordnungsbeziehungen zwischen sämtlichen Substanzen und ihren Zuständen [172]. Das hat seinen Grund darin, daß Gott sich »außerhalb« aller Substanzen befindet und einen »Standpunkt oberhalb« ihrer aller einnimmt [173]. Er sieht »von außen« auf alle Substanzen, die sich ihm alle in gleicher Unmittelbarkeit und Direktheit darbieten. Der Mensch dagegen ist eine Monade unter anderen, und diese seine Vereinzelung besagt seine *Gebundenheit an einen Standpunkt*. Auf das Leben in den eigenen Vorstellungen und Zuständen beschränkt zu sein ist nur ein anderer Ausdruck für die Standpunktgebundenheit. Aus dieser ergibt sich ferner — wie wir sehen werden [174] — die Einseitigkeit der Repräsentation des Universums von seiten jeder Einzelmonade. Standpunktgebundenheit bestimmt den Sinn der Begrenztheit und Endlichkeit jeder Kreatur, somit auch des Menschen.

Das menschliche Wissen um die repräsentative Funktion der Vorstellungen erweist sich als defizient, wenn und indem es an der vollkommenen göttlichen Erkenntnis gemessen wird. Hier liegt eine erste Exemplifikation und Substantiierung der vorhin [175] formulierten These vor, nach der Leibniz seinen Begriff der

---

[171] Vgl. Kap. VIII § 4 a.

[172] Die Unterscheidung zwischen »Wissen um« und »Kennen« entspricht dem Unterschied, den Leibniz zwischen »scire« und »comprehendere« macht, *Animad.* I 26 (P. 360); vgl. die entsprechende Gegenüberstellung von »savoir« und »comprendre« in *Disc.* 30 (*Le Roy* S. 68).

[173] Zur Extramundanität Gottes siehe unten S. 453.

[174] Kap. V § 3 a.

[175] Dieses Kap. § 3 a.

Erkenntnis an der göttlichen Allwissenheit orientiert. Zugleich erweist sich, daß der defiziente Modus an dem vollkommenen den Maßstab nicht nur seiner Beschränktheit, sondern auch seiner relativen Berechtigung findet. An dem vollkommenen Modus hat der defiziente Halt und Stütze. Weil Gott alle hier in Rede stehenden Zuordnungen und Entsprechungen »auf einen Schlag« übersieht und vollkommen kennt, kann der menschliche Geist um die repräsentative Funktion seiner eigenen Vorstellungen wissen. Unter der Bedingung der standpunktgebundenen Endlichkeit wandelt die göttliche Allerkenntnis auf dem Niveau des menschlichen Geistes sich zum bloßen ›Wissen um‹ ab.

Wir werden hier auf ein Ergebnis geführt, zu dem wir im Verlauf unserer Untersuchungen noch auf einem anderen Wege gelangen werden. *Das Leibnizische System wird sich als eine Transzendentalphilosophie herausstellen, deren Subjekt der göttliche Geist ist.* Die Abhängigkeit der Welt von Gott besagt, daß *die Welt und alle in ihr enthaltenen Substanzen realisierte Korrelate des göttlichen Geistes bilden, deren Existenz darin besteht, daß sie von Gott gedacht und gewollt werden* [176]. Es hat einen guten Grund, daß dieses Resultat sich im Zusammenhang mit dem Begriff der Repräsentation ergibt oder wenigstens vorbereitet. Unter dem Titel »universelle Harmonie« figuriert die durchgehende Repräsentation als Grundgesetz der Verfassung des Universums [177]. Rein formal gesehen, erscheint Repräsentation im Sinne des »rapport constant et réglé« als Ausdruck der allgemeinsten Idee von Zusammenhang überhaupt, als das oberste Prinzip aller Relationszusammenhänge, deren Besonderungen eben so viele Spezifikationen dieses höchsten Prinzips darstellen. Relationen aber haben ihre Geltung oder, wie Leibniz sagt, ihre Realität darin, daß sie von Gott gedacht werden [178]. Wenn die Welt für Leibniz durch und durch einsehbar und rational ist, so darum weil sie das oberste Prinzip des göttlichen Denkens zum Grundgesetz ihrer Verfassung hat, indem dieses Prinzip in ihr inkarniert ist.

---

[176] Das wird sich in Kap. VIII § 6 b bei der Interpretation der Leibnizischen Lehre von der »creatio continuata« ergeben.
[177] Kap. V § 4 d.
[178] Kap. VIII § 1 b.

KAPITEL II: PRINZIPIEN DER LOGIK

Nach der allgemeinen Bestimmung des Sinnes des Leibnizischen Panlogismus und der Übersicht über seine Voraussetzungen wenden wir uns den theoretischen Mitteln zu, die die Durchführung der panlogistischen Auffassung des Universums ermöglichen. Es handelt sich um die logischen Äquivalente der ontologischen Bestimmungen, denen wir in den späteren Kapiteln begegnen werden. Die zunächst vorzutragenden Darlegungen betreffen die Theorie der Wahrheit, des Urteils, des Begriffen von Kontingenz operiert, schließlich der Verfahrensweisen des Demon-Kontingenz, wobei sich herausstellen wird, daß Leibniz mit zwei verschiedenen Begriffen von Kontingenz operiert, schließlich die Verfahrensweisen des Demonstrierens und Beweisens.

§ 1 Wahrheit, Urteil und Begriff

a. Der Gegensatz zu Hobbes

Leibniz legt eine radikal nominalistische und konventionalistische Theorie der Wahrheit vor, die auch von Hobbes vertreten wird. Alles Denken und Urteilen bewegt sich nach dieser Theorie im Medium der Sprache und macht von Wörtern und deren Bedeutungen Gebrauch. Da Worte ihre Bedeutungen nur auf Grund konventioneller Setzungen haben, ergibt sich daraus der konventionelle Charakter der Wahreit selbst. Es gilt nicht nur, daß »veritas ... in dicto, non in re consistit«, sondern auch, daß »... veritates omnium primas, ortas esse ab arbitrio eorum qui nomina rebus primi imposuerunt, vel ab aliis posita accepterunt«[1]. Hobbes Theorie läßt sich in Parallele setzen mit der vorhin[2] erwähnten Descartesschen Lehre von der Erschaffung der ewigen Wahrheiten. Man kann in ihr eine »säkularisierte Version« der Lehre von Descartes sehen, insofern als bei Hobbes an die Stelle der göttlichen Willensentscheidung die nicht minder willkürliche Satzung derer tritt, die den Sprachgebrauch instituiert und damit, wenigstens mittelbar, über die Geltung der Wahrheit vorentschieden haben.

---

[1] Hobbes, *De corpore* I, 3, 7—8; siehe ferner I, 3, 9 über die »propositiones primae«: »Sunt ... nihil aliud praeter definitiones, vel definitionis partes, et hae solae principia demonstrationis sunt, nimirum veritates arbitrio loquentium audientiumque factae ...« (*Thomae Hobbes Malmesburiensis Opera Philosophica* I 31 ff).
[2] S. 27.

In der aus dem Jahr 1670 stammenden *Vorrede zur Nizolius Ausgabe* tritt
Leibniz dieser, wie er sie nennt, »übernominalistischen« (»plus quam nominalis«,
»qua nihil potest esse nominalius«) Auffassung von Hobbes entgegen [3]. Wie in
der Arithmetik, so bleiben auch in anderen Disziplinen die Wahrheiten dieselben,
»etsi notae mutentur, nec refert decadica an duodenaria progressio adhibeatur«.
In dem 1677 verfaßten *Dialogus* wird die Frage noch eingehender und systematischer behandelt, wenn auch der Name von Hobbes nicht erwähnt ist. Dem relativen Recht der konventionalistischen Position ist damit Genüge geleistet, daß —
wie oben [4] erwähnt — derselbe Ideenverhalt sich in verschiedenen Systemen von
Charakteren darstellen läßt. Jedoch erweist sich das Recht der konventionalistischen Position eben darum als *relativ*, weil es *derselbe Ideenverhalt* ist, der verschiedene Darstellungen erfahren kann. Wenngleich die Charaktere willkürlich
gewählt sind, »eorum tamen usus et connexio habet quiddam quod non est arbitrarium, scilicet proportionem quandam inter characteres et res ... Et haec proportio ... est fundamentum veritatis. Efficit enim, ut sive hos sive alios characteres
adhibeamus, idem semper sive aequivalens seu proportione respondens prodeat.«[5] Nicht in den Zeichen selbst oder in deren Kombination, die beide durch
konventionelle Festlegung geregelt sind, noch in den Sachen selbst liegt die Wahrheit. Sie liegt vielmehr in der Entsprechung zwischen konventionell geregelten
Kombinationen willkürlich gewählter Zeichen und den »Sachen«.
Die »Sachen«, um die es sich in der Logik handelt, sind Begriffe. Fürs erste
sehen wir hier von dem Problem der »Realität« der Begriffe ab und verschieben
dessen Diskussion auf den folgenden §. Zunächst ziehen wir die Begriffe nur insofern in Betracht, als sie in Urteile eintreten und in diesen fungieren, z. B. als
Subjekts- und Prädikatsbegriff.

b. Die analytische Theorie des Urteils
Damit ein Urteil wahr ist, muß zwischen seinen Termen, dem Subjektsterm und
dem Prädikatsterm, eine Verknüpfung »a parte rei« bestehen, d. h. die Verknüpfung der Terme muß ein Fundament in den zugehörigen Begriffen, dem Subjektsbegriff und dem Prädikatsbegriff, haben [6]. Im Falle der bejahenden Urteile,
um die es allein hier geht, kann die in Rede stehende Beziehung zwischen den
Begriffen, ihre »liaison«, »connexio«, »nexus« nach Leibniz nur darin bestehen,
daß der Prädikatsbegriff im Subjektsbegriff enthalten ist [7]. Damit ergibt sich die

---

[3] P IV 158.
[4] S. 39 f.
[5] P. VII 192; *an Mariotte*, Juli 1676: »... les caractères bien choisis ont cela de
merveilleux, qu'ils laissent ... les marques des pensées sur le papier (*Ak.* II, I
271).
[6] *An Arnauld*, 4 (14)/VII 1686 (*Le Roy* S. 121 f).
[7] *Primae veritates*: »Semper ... praedicatum seu consequens inest subjecto seu ante-
cedenti, et in hoc ipso consistit natura veritatis in universum seu connexio inter
terminos enuntiationis ...« (*Couturat, O. F.* S. 518 f); *Elementa calculi (Couturat,*

analytische Theorie des Urteils, nach der das Prinzip der Wahrheit dahin zu formulieren ist, daß »toujours, dans toute proposition affirmative, véritable, nécessaire ou contingente, universelle ou singulière, la noion du prédicat est comprise en quelque façon dans celle du sujet; *praedicatum inest subjecto*; ou bien je ne sais ce que c'est que la vérité«[8].

Offenbar gibt die analytische Urteilstheorie dem prädikativen Urteil von der Form S ist p eine Vorzugstellung und betrachtet diese Form als kanonisch, denn nur in Bezug auf Urteile dieser Form läßt sich die Frage nach dem Enthaltensein des Prädikats im Subjekt überhaupt sinnvoll stellen. Auf diese kanonische Form müssen sich alle Urteile, z. B. die Relationsurteile bringen lassen. Couturat, der in der Vorzugstellung des prädikativen Urteils eine Beschränktheit der Leibnizischen Logik sieht[9], hat Leibnizens nicht gelungene Versuche dargestellt, die Relationsurteile auf prädikative Urteile oder Komplexe von solchen zurückzuführen[10]. Von besonderem Interesse sind seine Nachweise, wie weit Leibniz bereits die Idee einer formalen Theorie der Relationen erfaßt hat[11]. Russell hat geltend gemacht, daß Relationsurteile sowie solche Urteile, in denen mathematische Ideen, z. B. Zahlbegriffe figurieren (»There are three men«) sich nicht auf die von Leibniz als kanonisch betrachtete Form zurückführen lassen[12], und Martin[13] hat sich im Großen und Ganzen der Kritik von Russell angeschlossen. Neuerdings hat Parkinson die Frage wieder aufgerollt und die Position von Leibniz in gewissem Maße verteidigt[14]. An Hand Leibnizischer Texte[15] hat er nachzuweisen gesucht, daß Leibnizens Interpretation eines Urteils von der Art des von Russell angeführten Beispiels sich im Wesentlichen kaum von der in der

---

O. F. S. 51); »Affirmatio est cogitatio de duobus ... quatenus conceptus unius cenceptum alterius continet« (*Couturat, O. F.* S. 324); *Grua* S. 305 und 537.

[8] *An Arnauld*, 4 (14)/VII 1686 (*Le Roy* S. 121); »... in omni propositione vera affirmativa, necessaria vel contingente, universali vel singulari, notio praedicati aliquo modo continetur in notione subjecti; ita ut qui perfecte intelligeret notionem utramque quemadmodum eam intelligit Deus, is eo ipso perspiceret praedicatum subjecto inesse« (*Couturat, O. F.* S. 16 f); *De libertate:* »... commune esse omni propositioni verae affirmativae universali et singulari, necessariae vel contingenti, ut praedicatum insit subjecto (so gelesen statt subjecti), seu ut praedicati notio in notione subjecti aliqua ratione involvatur; idque esse principium infallibilitatis in omni veritatum genere, apud eum qui omnia a priori cognoscit ...« (*Foucher de Careil, N. L. O.* S. 179). An den zitierten Stellen zeigt sich, daß es nicht angeht, den analytischen Charakter der Urteile, wie J. M. Bocheński, *Formale Logik* (Freiburg & München 1956) S. 322 es tut, auf die notwendigen Wahrheiten zu beschränken, wenngleich die kontingenten Wahrheiten nicht in allen Leibnizischen Texten miterwähnt werden.

[9] Couturat, *La logique de Leibniz* S. 432 f.

[10] Id. *ibid.* Kap. III §§ 11 und 14.

[11] Id. *ibid.* Kap. VII §§ 8 ff.

[12] B. Russell, *A critical exposition of the philosophy of Leibniz* S. 12 f.

[13] Martin, *Leibniz* S. 50; ausführlicher und eingehender in »Existenz und Widerspruchsfreiheit in der Logik von Leibniz«, *Kant-Studien* XLVIII (1956/7) S. 204 ff.

[14] Parkinson, *Logic and reality in Leibniz's metaphysics* Kap. II 1 und 2.

heutigen symbolischen Logik üblichen unterscheidet. Das in Rede stehende Urteil läßt sich auf eine Reihe von Urteilen von der Form S ist p zurückführen, richtiger gesagt, als mit dieser Reihe äquivalent erweisen. In Bezug auf die Relationsurteile führt Parkinson zunächst eine Unterscheidung zwischen zwei Bedeutungen des Terminus ›Prädikat‹ ein. Im engeren Sinne verstanden, bezeichnet ›Prädikat‹ eine Eigenschaft, Beschaffenheit, ein Attribut und dgl. und steht im Gegensatz zu Relation. Prädikat kann aber auch in einem weiteren Sinne genommen werden und bezeichnet dann was immer rechtmäßiger Weise von einem Subjekt ausgesagt werden kann. In diesem Falle gehören auch Relationen zu den Prädikaten. Nach Parkinson besteht kein Grund zur Annahme, daß Leibniz nicht diesen weiteren Sinn von Prädikat im Auge gehabt hat. Wichtiger noch ist sein Hinweis auf Leibnizens Lehre, daß es keine *reine* »denominatio extrinsica« gibt, was besagt, daß jede »denominatio extrinsica« in einer »denominatio intrinsica« ihr Fundament hat. Folglich stellt sich jede Aussage über eine »denominatio extrinsica«, d. h. jedes Relationsurteil, als mit einer Aussage über eine »denominatio intrinsica«, nämlich einem Urteil von der Form S ist p, äquivalent heraus. Über Parkinson hinausgehend ist noch zu bemerken, daß p hier ein Prädikat im engeren Sinne bedeutet. Parkinsons Interpretation findet eine Stütze an der später [16] vorzutragenden Leibnizischen Lehre von dem durchgehenden Zusammenhang aller Substanzen, der ein innerer Zusammenhang im oben [17] auseinandergesetzten Sinne ist. Aus dem durchgehenden inneren Zusammenhang aller Substanzen ergibt sich die Bestreitung der »denominationes pure extrinsicae« als unmittelbare Konsequenz.

Es ist hier nicht unser Anliegen, Leibnizens analytische Urteilslehre unter dem Gesichtspunkt der systematischen Problematik der Logik zu diskutieren [18]. Sie interessiert uns vorwiegend im Hinblick auf ihre grundlegende Bedeutung für die Leibnizische Lehre von der Substanz [19]. Allerdings geht es nicht an — wie wir jetzt schon bemerken, um es später [20] genauer zu begründen — den Leibnizischen Substanzbegriff aus der in Rede stehenden logischen Theorie abzuleiten.

Gemäß der analytischen Urteilstheorie gehören alle bejahenden Urteile einer von drei Klassen an. Die erste Klasse ist exemplifiziert durch Urteile von der Form »a est a« (»animal est animal«); die zweite Klasse durch Urteile von der Form »ab est a« (»animal rationale est animal«); die dritte Klasse schließlich wird dargestellt durch die Form »a est b« (»homo est animal«) [21]. Im Falle der ersten Klasse liegt eine Identität von Prädikats- und Subjektbegriff vor; in dem

---

[15] *Specimen calculi universalis (Couturat, O. F. S.* 239 f) und *Ad specimen calculi universalis addenda* (P. VII 225).

[16] Kap. V § 2 d und e.

[17] Kap. I § 2.

[18] Auf einige Schwierigkeiten, denen die Leibnizische Theorie begegnet, kommen wir in § 3 b dieses Kap. zu sprechen.

[19] Kap. VI § 2 b.

[20] Kap. VI § 3.

[21] *Specimen calculi universalis* (P. VII 218 und 224).

der zweiten Klasse ist der Prädikatsbegriff offenkundig, ausdrücklich und explizit im Subjektsbegriff enthalten, insofern er eine Teilkomponente des letzteren darstellt. Urteile dieser beiden Klassen sind immer wahr und haben ihre Geltung auf Grund des Satzes der Identität, bzw. des Widerspruchs [22]. Als »per se verae« sind sie eines Beweises weder fähig noch bedürftig [23]. An dem Prinzip »Identica sunt vera, et contradictionem implicantia sunt falsa« zu zweifeln ist sinnvollerweise nicht möglich, weil bei Aufhebung dieses Prinzips es weder Wahrheit noch Erkenntnis geben könnte. Als Bedingung der Möglichkeit der Wahrheit gehört es zu den an sich selbst evidenten Prinzipien, d. h. zu jenen »quibus sublatis ... sublata est veritas«[24].

Was die Urteile von der Form »a est b« angeht, die z. B. durch einen Satz wie »Alexander der Große war Sieger über Darius« exemplifiziert werden können, so liegt hier dem Anschein nach kein Enthaltensein des Prädikats im Subjekte vor. Die Wahrheit solcher Urteile bedarf also einer Rechtfertigung, weil sie, im Unterschied von den Urteilen der ersten beiden Klassen, sich nicht durch sich selbst rechtfertigen. Es muß einen Grund dafür geben, daß das ›b‹ dem ›a‹ rechtmäßigerweise zugesprochen wird, daß in Wahrheit von Alexander behauptet werden kann, er habe Darius besiegt oder werde ihn besiegen [25]. Gemäß der analytischen Theorie der Wahrheit kann die Rechtfertigung eines solchen Urteils nur in dem Nachweis bestehen, daß das Prädikat doch im Subjekt enthalten ist, obwohl es zunächst nicht diesen Anschein hatte. Zwar muß in jedem wahren, bejahenden Urteil das Prädikat im Subjekt enthalten sein, jedoch kann es in ihm bloß »implizit« [26] oder »versteckterweise (»tecte«[27]) enthalten sein. Jedes wahre Urteil hat ein Fundament in den Beziehungen zwischen den in Rede stehenden Begriffen. Ist ein Satz nicht identisch, d. h., ist das Prädikat nicht ausdrücklich im Subjekt enthalten, so muß es virtuell in ihm enthalten sein, »et c'est ce que les philosophes appellent *in-esse,* en disant que le prédicat est dans le sujet«[28]. Dieses virtuelle Enthaltensein des Prädikats im Subjekt muß ausdrücklich gemacht werden. Um die Wahrheit eines Urteil von der Form A ist B zu begründen, muß es

---

[22] *Spec. inv.:* »Principium ... contradictionis, quod ... omnis propositio identica vera et contradicttoria ejus falsa est (*P.* VII 309).

[23] *P.* VII 300; *Monad.* 35 (*P.* VI 612).

[24] *De principiis (Couturat, O. F.* S. 183). Auf das zweite Prinzip, das der »experientiae; *quod varia a me percipiantur*«, das Leibniz an dieser Stelle neben dem »rationis« erwähnt, brauchen wir an dieser Stelle nicht einzugehen. Vgl. auch *Sur l'essai de l'entendement de Monsieur Locke (P.* V 14 f).

[25] Auf das Principium reddendae rationis, das hier ins Spiel tritt, gehen wir in § 4 dieses Kap. näher ein.

[26] *P.* VII 199 f; *Primae veritates (Couturat O. F.* S. 519); *Spec. inv.;* (*P.* VII 309).

[27] *Couturat O. F.* S. 11. Die letztere Formulierung erinnert an Kants Bestimmung der »analytischen Urteile« (*Kritik der reinen Vernunft* A 6 f. = B 10). Auf den Zusammenhang dieser Kantischen Bestimmung mit Leibnizischen Lehren kann hier nur im Vorbeigehen aufmerksam gemacht werden.

[28] *Disc.* 8 (*Le Roy* S. 43); *Couturat O. F.* S. 401 f.

auf die Formel AB ist B gebracht werden, eine Formel, in der Leibniz den Prototyp des wahren Urteils sieht [29]. Mit anderen Worten, es stellt sich die Aufgabe,
das in Rede stehende Urteil zu beweisen.

c. Das Beweisverfahren

Zu diesem Zweck müssen die in das betr. Urteil eingehenden Begriffe oder Termini definiert werden. Die in den Definitionen auftretenden Termini müssen
ihrerseits ebenfalls definiert werden, und dieses Verfahren ist so lange fortzusetzen bis die Verbindung (»connexio«) zwischen Subjekt und Prädikat des zu
beweisenden Satzes »per analysin terminorum« sichtbar wird [30]. Alle nicht offenkundig identischen Sätze sind diesem Beweisverfahren zu unterwerfen; das gilt
auch für die Sätze, die gemeinhin als unbeweisbare Axiome der Mathematik angesehen wurden [31].

Das Definieren von Begriffen bezeichnet Leibniz als deren Auflösung, »resolutio« oder »analysis«[32]. Allen Beweisen liegt eine solche Auflösung zu Grunde [33].
Das Beweisverfahren selbst besteht darin, daß für das Definiendum die Definition, für den aufzulösenden Begriff seine Auflösung substituiert wird [34]. Diejenigen Termini oder Begriffe werden füreinander eingesetzt, die sich auf Grund der
Definitionen als sei es total, sei es partiell äquivalent erweisen [35]. Daran zeigt
sich, welche wichtige Rolle den Definitionen im Beweisverfahren zukommt, so
daß Leibniz in der Korrespondenz mit Conring des öfteren die Demonstration als
»catena definitionum« bezeichnet [36]. Zusammenfassend läßt sich das Beweisen

[29] *Gen. Inqu.* § 40: »vera propositio est quae coincidet cum hac AB est B, seu quae ad
hanc primo veram reduci potest« (*Couturat, O. F. S.* 369).
[30] *Grua,* S. 303.
[31] *An Conring,* 3/I 1678 und 19/III 1678 (P. I 188 und 194); *P.* VII 165; *Nouv. Ess.*
II, XXI § 3 und IV, VII § 1 (*P.* V 158 und 387 f); *an Burnett,* o. D. (*P.* III 258 f).
Den Beweis für das Axiom »der Teil ist kleiner als das Ganze« hat Leibniz mehrfach formuliert, siehe z. B. *P.* VII 300.
[32] *An Conring,* 19/III 1678: »Definitio ... ideae alicujus compositae in partes suas
resolutio est ...« (*P.* I 194) und 3/I 1678: »Analysis ... nihil aliud est quam resolutio definiti in definitionem ...« (*P.* 185).
[33] *Gen. Inqu.* § 132: »Omnis propositio vera probari potest, cum enim praedicatum
insit subjecto ... seu notio praedicati in notione subjecti perfecte intellecta involvatur, utique resolutione terminorum in suos valores seu eos terminos quos continent,
oportet veritatem posse ostendi« (*Couturat, O. F. S.* 388). *Ibid.* S. 519 heißt es von
der »analysis notionum«, daß in ihr »demonstratio a priori sita est«.
[34] *An Conring,* o. D.: »Nihil ... aliud est analysis quam substituere simplicia in locum
compositorum, sive principia in locum derivatorum, id est theoremata resolvere in
definitiones et axiomata, et si opus esset, axiomata ipsa denique in definitiones«
(*P.* I 205); *Spec. inv.* (*P.* VII 309); *Couturat, O. F. S.* 258.
[35] *Praecognita ad Encyclopaediam sive scientiam universalem:* »Demonstrare propositionem est, resolutione terminorum in aequipollentes manifestum facere, quod praedicatum aut consequens in antecedente aut subjecto contineatur«. Daraus bestimmt
sich der Sinn der vorangehenden Stelle: »Propositio vera est quae per se nota est aut
ex per se notis demonstrari potest« (*P.* VII 44); *Couturat,* O. F. S. 496: »Inferre est

dahin bestimmen, daß es nichts anderes ist als »resolvendo terminos propositionis et pro definito definitionem aut ejus partem substituendo, ostendere aequationem quandam seu coincidentiam praedicati cum subjecto in propositione reciproca; in aliis vero saltem inclusionem, ita ut quod in propositione latebat, et virtute quadam continebatur, per demonstrationem evidens et expressum reddatur«[37]. Die Beweisführung hat ihr Ziel erreicht, wenn sie den zu beweisenden Satz mit Hilfe von Analysen und Substitutionen in einen identischen verwandelt, so daß sich zeigt, daß die Verneinung des zu beweisenden Satzes auf einen Widerspruch führt[38], oder wenn sie wenigstens nachweist, daß der betr. Satz selbst keinen Widerspruch enthält[39]. Zu diesem Zweck bedarf es nicht einer *erschöpfenden* Analyse der Begriffe bis in ihre letzten nicht mehr auflösbaren Komponenten; nur so weit muß die Analyse gehen, als es für die Explikation des Subjektbegriffs und die »Entdeckung« des Prädikatsbegriffs als in ihm enthalten erforderlich ist[40]. Das gilt auch für den Beweis der Axiome[41]. In diesem Zusammenhang sei die Unterscheidung erwähnt, die Leibniz gelegentlich zwischen den »termes« oder »notions« macht, die absolut genommen primitiv sind, und solchen, die es nur für uns (»à notre égard«, »secundum nos«) sind[42]. Diese Unterscheidung hat auch Interesse hinsichtlich der später[43] zu erwähnenden Schwierigkeit einer vollständigen Analyse von Begriffen bis in ihre letzten, in einem absoluten Sinne primitiven Komponenten.

Couturat[44] betont, daß die Leibnizische Beweistheorie nicht bloß Definitionen und Substitutionen der Definitionen für die Definienda in Anspruch nimmt, sondern auch den identischen Sätzen eine grundlegende Wichtigkeit beimißt[45]. Über

propositionem ex alia facere per substitutionem terminorum aequivalentium«. Vgl. dazu Couturat, *La logique de Leibniz* Kap. VI § 16.

[36] *An Conring*, o. D.; 19/III 1678; o. D. (*P.* I 174, 194, 205).

[37] *De libertate* (Foucher de Careil, *N. L. O.* S. 181). Bereits in der *Nicolius-Vorrede* hatte Leibniz geschrieben: »... in perfecta demonstratione nihil fit aliud, quam ... in ultima et notissima resolutio, subjecti nimirum et praedicati in definitiones, et terminorum definitionem ingredientium, rursus in definitiones ...« (*P.* IV 142).

[38] *De synthesi et analysi universali* (*P.* VII 295) und *P.* VII 300: »Manifestum ... est omnes propositiones necessarias sive aeternae veritatis esse virtualiter identicas, quippe quae ex solis ideis sive definitionibus (hoc est terminorum resolutione) demonstrari seu ad primas veritates revocari possunt, ita ut appareat, oppositum implicare contradictionem, et cum identica aliqua sive prima veritate pugnare«.

[39] *Gen. Inqu.* § 56 (*Couturat, O. F.* S. 370 f).

[40] *Initia et specimina scientiae novae generalis* (*P.* VII 83 f); siehe auch weiter unten S. 55, Anm. 61.

[41] *Couturat, O. F.* S. 539; siehe hierzu R. Kauppi, *Über die Leibnizsche Logik, Acta Philosophica Fennica* XII (Helsinki 1960) S. 126 f.

[42] *Projet et Essais* (*Couturat, O. F.* S. 176) und *Couturat, O. F.* S. 220 f.

[43] S. 55 ff.

[44] Couturat, *La logique de Leibniz* Kap. VI § 6.

[45] *Initia rerum mathematicarum metaphysica*: »... demonstrationes ultimum resolvi in duo indemonstrabilia: Definitiones seu ideas, et propositiones primitivas, nempe

den Wert identischer Sätze äußert sich Leibniz dahin, daß auch sie ihre Verwendung haben, daß keine noch so unscheinbare Wahrheit völlig steril sei, ja sogar, daß in den identischen Sätzen die Fundamente aller anderen Wahrheiten liegen [46]. Definitionen wie »axiomata identica« bilden die Prinzipien der Wissenschaft von den notwendigen Wahrheiten [47]. Zuweilen betrachtet Leibniz die Definitionen mehr als Hilfsmittel, so wenn er schreibt: »Omnes ... reliquae [nämlich nicht identische] veritates reducuntur ad primas *ope* definitionum, seu per resolutionem notionum, in qua consistit *probatio* a priori ...«[48], oder wenn er gelegentlich das »Verum« bestimmt als das »quod ex identico demonstrabile est per definitiones«[49]. Wenn den identischen Urteilen eine solche Bedeutung beigelegt wird, so deshalb, weil der Satz der Identität, den sie alle exemplifizieren, oder von dem sie alle Abwandlungen darstellen, für Leibniz ein oberstes Prinzip der Wahrheit, die Bedingung ihrer Möglichkeit ist. Aus diesem Grunde muß, wenigstens in den abstrakten und demonstrierbaren Wissenschaften, das höchste und sogar einzige Kriterium der Wahrheit darin gesehen werden, daß sie »sit vel identica vel ad identicas revocabilis«[50]. Dank seiner grundlegenden Bedeutung stellt der Satz der Identität den Zusammenhang zwischen der analytischen Theorie der Wahrheit und der Beweistheorie her, indem er die letztere als eine Konsequenz aus der ersteren hervorgehen läßt.

d. Die kombinatorische Auffassung des Begriffs

Der analytischen Theorie des Urteils liegt eine kombinatorische Auffassung des Begriffs zugrunde, was sich schon an der ständig wiederkehrenden Wendung »resolutio terminorum« zeigt. Von der überwiegenden Mehrheit der Begriffe, praktisch von fast allen gilt, daß sie sich aus Teilbegriffen aufbauen und als Kombinationen dieser darstellen lassen, so z. B., wenn »homo« als »animal rationale« bestimmt wird. Die Teilbegriffe ihrerseits lassen sich weiter in Elemente zerlegen usw., bis man zu den letzten, nicht weiter zerlegbaren Begriffen gelangt, die folglich keine ihnen gemeinsamen Bestandteile haben [51]. Die Gesamtheit dieser Elementarbegriffe, die »per se concipiuntur«, macht das »Alphabet der menschlichen Gedanken« aus [52].

In *De Organo sive Arte Magna Cogitandi* hält Leibniz es für möglich, daß es nur wenige solche letzten Elementarbegriffe gibt, weil »per paucorum combina-

---

identicas, qualis ... B est B, unumquodque sibi ipsi aequale est, aliaeque hujusmodi infinitae« (*M*. VII 20).
[46] *P*. VII 300; *Nouv. Ess*. IV, II § 1 (*P*. V 344 ff).
[47] *An Burnett*, o. D. (*P*. III 258 f).
[48] *Couturat, O. F*. S. 518 (die erste Unterstreichung ist von uns); *P*. VII 300.
[49] *P*. VII 194 Anm.
[50] *De synthesi et analysi universali* (*P*. VII 296).
[51] R. Dalbiez, »L'idée fondamentale de la combinatoire leibnizienne«, *Travaux du XIᵉ Congrès International de Philosophie* VI (Paris 1937) hat gerade diese Voraussetzung der Leibnizischen Philosophie, den »logischen Atomismus« in Frage gestellt.

tionem infinita componi possunt«, so wie sich alle Zahlen mit Hilfe von 10 Ziffern darstellen lassen [53]. Mindestens muß es zwei solche Elementarbegriffe geben. In Analogie mit dem dyadischen System, in dem alle Zahlen durch nur zwei Ziffern, 1 und 0, sich ausdrücken lassen, und in Analogie mit der Möglichkeit, alle geometrischen Figuren durch die gerade Linie und den Kreis zu erzeugen, erwägt Leibniz den Gedanken, alle Dinge aus der Kombination des »Ens purum«, Gott, und des »Nihilum« oder der »privatio« hervorgehen zu lassen. Allerdings ist es uns Menschen nicht gegeben, »perfecte a priori demonstrare rerum possibilitatem, id est resolvere eas usque in Deum et nihilum ...«. In Meditationes de Cognitione, Veritate et Ideis wird ein Elementarbegriff als »indefinibilis« bezeichnet: »[notio] est primitiva sive nota sui ipsius, ... cum est irresolubilis ac non nisi per se intelligitur, atque adeo caret requisitis.«[54] Die »prima possibilia« werden gleichgesetzt mit den Attributen Gottes, »nempe causas primas atque ultimam rerum rationem«[55].

Zwei Aufgaben stellen sich in bezug auf Begriffe. Die eine hat Leibniz schon sehr früh formuliert: »Datus quicunque Terminus resolvatur in partes formales, seu ponatur ejus definitio; partes autem hae iterum in partes, seu terminorum definitionis definitio, usque ad partes simplices seu terminos indefinibiles. Nam οὐ δεῖ παντὸς ὅρον ζητεῖν; et ultimi illi termini non jam amplius definitione, sed analogia intelliguntur.«[56] Gelingt eine solche Analyse bis zu den »prima possibilia«, so ist die so resultierende Erkenntnis »adäquat«[57]. Leibniz verhehlt sich keineswegs die hier bestehenden Schwierigkeiten. An dieser Stelle wie in anderen Texten spricht er seine Zweifel darüber aus, ob, von den Zahlen vielleicht abgesehen, eine in diesem Sinne adäquate, bis auf die »prima possibilia« zurückgehende Erkenntnis für den Menschen überhaupt erreichbar sei [58]. Trotz der Schwierigkeiten und vielleicht sogar der Unmöglichkeit ihrer Lösung bleibt die Aufgabe selbst als ideales Ziel bestehen. Für die göttliche Allwissenheit ist diese

---

52 De Organo sive Arte Magna cogitandi: »Alphabetum cogitationum humanarum est catalogus eorum quae per se concipiuntur, et quorum combinatione caeterae ideae nostrae exurgunt« (Couturat, O. F. S. 430). Bekanntlich hat Leibniz die Idee eines Alphabets der menschlichen Gedanken schon sehr früh konzipiert, siehe an Herzog Johann Friedrich, o. D. (P. I 57 f). In späteren Schriften hat er zuweilen auf seine ersten Anfänge Bezug genommen, so z. B. P. VII 185 f.

53 In der wohl späteren Schrift De synthesi et analysi universali zieht er es in Betracht, daß es unendlich viele »summa genera« geben kann, entsprechend den unendlich vielen Primzahlen (P. VII 292).

54 P. IV 423.

55 P. IV 425.

56 Dissertatio de Arte Combinatoria (P. IV 65).

57 Med. (P. IV 423). Dem entspricht die Bestimmung des »Alphabetum cogitationum humanarum« als »catalogus notionum primitivarum, seu earum quas nullis definitionibus clariores reddere possumus« (Couturat, O. F. S. 435).

58 Med. (P. IV 423 und 425); An de Volder, 6/VII 1701: »Latent primitivae notiones in derivatis, sed aegre distinguuntur« (P. II 227); siehe auch an Vagetius, 2 (12)/XII 1679 (Ak. II, I 497).

Aufgabe immer schon gelöst. Aus diesem Grunde kann ihre Lösung ein für die menschliche Erkenntnis zwar vielleicht unerreichbares, aber doch sinnvolles Ziel darstellen [59]. Wiederum tritt hier die oben [60] herausgestellte Orientierung der menschlichen Erkenntnis an der göttlichen sowie die Abkünftigkeit (im Sinne von Fundiertheit) der ersteren von der letzteren zu Tage. Im übrigen ist für die Erkenntnis von Wahrheiten, d. h. den Beweis von Sätzen, die Lösung dieser Aufgabe gar nicht unumgänglich [61].

Die zweite Aufgabe ist zur ersten symmetrisch. Es handelt sich darum, aus vorgegebenen Begriffen, die keine »prima possibilia« zu sein brauchen, durch Zusammensetzung neue Begriffe zu bilden. Hier erwächst das im folgenden § in Angriff zu nehmende Problem des Nachweises der Möglichkeit so gebildeter Begriffe, ganz allgemein das Problem der »Realität« von Begriffen überhaupt und von Definitionen.

Als Modell der kombinatorischen Zusammensetzung von Begriffen aus Elementarbegriffen und entsprechend ihrer Analyse dient Leibniz in einer gewissen Periode die Zerlegung der Zahlen in Faktoren, vor allem in Primzahlen. Diese Idee, die bis auf die *Dissertatio de Arte Combinatoria* zurückgeht, liegt den Entwürfen zu einem logischen Kalkül aus dem Jahre 1679 zugrunde. Begriffen werden »charakteristische Zahlen« (»numeri characteristici«) zugeordnet; z. B. animal = 2, rationale = 3, so daß homo = animal rationale = 2 · 3 = 6 resultiert. In dieser Darstellung besagt die Wahrheit eines Satzes von der Form »Alle S sind P«, daß die charakteristische Zahl für S durch die für P ohne Rest teilbar ist. In anderen Dokumenten derselben Periode ordnet er einem Begriff zwei charakteristische Zahlen (eine positive und eine negative) zu, woraus sich entsprechende Komplikationen ergeben [62]. Seine wohl prägnanteste Formulierung hat das Prinzip der kombinatorischen Auffassung des Begriffs in *De analysi et synthesi universali* gefunden, wobei Leibniz an seine frühen Anfänge erinnert [63]. Wiederum geht er von der Darstellung der Zahlen aus. Man kann die Primzahlen als oberste Gattungen auffassen, z. B. alle geraden Zahlen als »binarii«, alle durch drei teilbaren Zahlen als »ternarii«, usw. Folglich »numerus derivativus exprimi potest

---

[59] *Introductio ad Encyclopaediam arcanam*: »Nullos ... conceptus derivativos possumus habere, nisi ope conceptus primitivi, ita ut revera ... nihil cogitetur in mente nisi per Dei ideam, etsi ... neque quomodo rerum ideae ex idea Dei profluant satis distincte agnoscamus, in quo consisteret analysis ultima seu adaequata cognitio omnium rerum per suam causam«. Im unmittelbar vorangehenden Satz wird als einziger »conceptus primitivus« der Begriff »Substantiae summae hoc est Dei« bezeichnet (*Couturat, O. F.* S. 513).

[60] Kap. I § 3 a.

[61] Siehe oben S. 52, Anm. 40. *An Foucher*, o. D. (*P.* I 392); *Couturat, O. F.* S. 220; *Introductio ad Encyclopaediam arcanam* (*Couturat, O. F.* S. 514).

[62] Für alles Nähere verweisen wir auf Couturat, *La logique de Leibniz* Kap. VIII § 2 ff und Kauppi, *Über die Leibnizsche Logik* III 2.

[63] *P.* VII 292 f. Couturat (*La logique de Leibniz* S. 189 Anm. 1) setzt für diese Schrift die Zeit um 1684 an.

per primitivos tanquam genera; ita senarius omnis est binarius ternarius«. Nimmt man an, daß es unendlich viele oberste Gattungsbegriffe gibt (»summa genera vel pro summis assumta«), so läßt sich im Gebiete der Begriffe eine Ordnung herstellen, die der im Bereiche der Zahlen völlig entspricht. Jeder Artbegriff geht aus der multiplikativen Kombination von zwei oder mehr Gattungsbegriffen hervor: »omnes Notiones derivatae oriuntur ex combinatione primitivarum, et decompositae ex combinatione compositarum.« Von Interesse ist, daß für Leibniz das kommutative Gesetz für die »Multiplikation« von Begriffen gilt: für »animal rationale« kann auch gesetzt werden »rational animale« [64].

Nach den vorstehenden Ausführungen scheint kein Zweifel daran bestehen zu können, daß die Kombination von gegebenen Begriffen zu neuen Begriffen für Leibniz von *multiplikativer* Art ist, was auch Rivaud [65] gesehen hat. Martin hingegen meint, daß die einzige Form von Begriffsverbindung, die Leibniz zuläßt, die logische *Addition* ist [66]. Mit dieser Interpretation wird die Leibnizsche Lehre der von Hobbes angenähert, der Denken (»ratiocinatio«) als Rechnen (»computatio«) bestimmt, unter Rechnen aber nur Addition und Subtraktion begreift. Multiplikation und Division sind insoweit zugelassen, als die erstere sich auf die wiederholte Addition von Gleichem zurückführt, die letztere auf wiederholte Subtraktion von Gleichem, wofern diese Operation in einem gegebenen Fall ausgeführt werden kann [67]. In *De arte combinatoria* hat Leibniz sich auf diesen Text von Hobbes berufen [68]. Jedoch bezeichnen — worauf Couturat [69] aufmerksam macht — die Symbole + und — bei Leibniz lediglich die Qualität der Copula, sie bringen nur Bejahung (»revera«) bzw. Verneinung (»non«) zum Ausdruck, besagen aber nichts über die Art der Verbindung der Termini bzw. der Begriffe. In der Tat behandelt Leibniz in den auf die angeführte Stelle folgenden Ausführungen das Verhältnis der Begriffe durchweg im Sinne ihrer multiplikativen Kombination. Wenn der Unterschied zwischen Genus und Species mit dem zwischen Teil und Ganzem verglichen wird [70], so ist das im Sinne einer multiplikativen, nicht additiven Kombination zu verstehen.

e. Die Begriffstheorie als Grundlage der Urteilstheorie

Nur aus Gründen der Darstellung sind wir von der analytischen Theorie des Urteils ausgegangen und haben auf dem Wege über das Beweisverfahren die kombinatorische Theorie des Begriffs erreicht. Gemäß der Ordnung der Sachen, d. h. der

---

[64] Siehe auch *An G. Wagner,* 1696 (*P.* VII 525) und *Nouv. Ess.* III, III § 10 (*P.* V 270 f).

[65] A. Rivaud, *Histoire de la philosophie* (Paris 1950) III 480 f.

[66] Martin, *Leibniz* S. 44; so auch v. Aster, *Geschichte der neueren Erkenntnistheorie* S. 290.

[67] Hobbes, *De corpore* I, I 2 (*Opera Philosophica* I 3).

[68] *P.* IV 64.

[69] Couturat, *La logique de Leibniz* App. II § 2 f.

[70] *Elementa calculi* 11 (*Couturat, O. F.* S. 52 f).

inneren Logik der Leibnizischen Lehre geht aber — wie einige Autoren [71] betont haben — die Begriffstheorie der Urteilstheorie voran und liegt ihr zugrunde. Wird der Artbegriff als eine Kombination von Gattungsbegriffen gefaßt, so lassen sich, wenn irgendein Artbegriff vorgegeben ist, alle für ihn beweisbaren Sätze oder, was auf dasselbe herauskommt, alle seine Prädikate ordnungsgemäß aufzählen. Ein jeder Begriff, z. B. der logische Subjektsbegriff eines Urteils, stellt sich als ein im Sinne der multiplikativen Kombination zu verstehender Komplex seiner Prädikate, und zwar sämtlicher heraus. Damit erweist sich die *kombinatorische Auffassung des Begriffs als eine sowohl hinreichende wie notwendige Voraussetzung der analytischen Theorie des Urteils.* Notwendig darum weil diese Theorie davon ausgeht, daß Begriffe ineinander enthalten sein können, ein Ansatz, der eine kombinatorische Struktur der Begriffe erfordert. Ist umgekehrt diese Struktur zugestanden, so ergibt sich die analytische Theorie des Urteils ohne weiteres, denn ein wahres Urteil kann unter dieser Voraussetzung nichts anderes sein als die Formulierung des Resultats einer, wenn auch nicht notwendiger Weise vollständigen, Analyse des Subjektsbegriffs.

§ 2 Die Lehre von der Realdefinition

a. Wortbedeutung und Idee
Nach der nominalistischen Theorie von Hobbes werden Begriffe durch Definition frei und willkürlich gebildet. Aus gegebenen Begriffen, deren Bedeutung bereits feststeht und bekannt ist, lassen sich durch beliebige Zusammensetzung neue Begriffe bilden. Alle Definitionen sind demnach Nominaldefinitionen, die lediglich die Bedeutung von Wörtern festlegen. Leibniz bestimmt die Nominaldefinition als eine Aufzählung von Merkmalen, durch die sich das Definierte von anderem unterscheidet [72]. Für die Zwecke strenger Wissenschaftlichkeit (»ad perfectam scientiam«) reichen aber Nominaldefinitionen nicht aus, wofern die Möglichkeit des Definierten nicht schon anderweitig feststeht. Der Bildung von Begriffen durch Definition legt Leibniz die Bedingung auf, daß das Definierte möglich sei, und daß seine Möglichkeit nachgewiesen werde. Sein Einwand gegen Hobbes geht dahin, daß er dieser Bedingung nicht Rechnung getragen hat, nicht gesehen hat, daß die bloße Zusammenstellung von an sich möglichen Begriffen nicht ohne weiteres einen neuen ebenfalls möglichen Begriff ergibt, daß nicht alle Begriffe sich beliebig miteinander verbinden lassen [73]. Trotzdem braucht das so Zusammengestellte

---

[71] L. Loemker, »Leibniz's judgments of facts«, *Journal of the History of Ideas* VII (1946) S. 399; Zocher, *Leibniz' Erkenntnislehre* S. 3 f; Martin, *Leibniz,* S. 48.
[72] *Med.* (P. IV 423).
[73] *Med.* (P IV 424 f); *De synthesi et analysi universali* (P. VII 294 f); vgl. auch *Jagodindsky* S. 4 und 6: ».. . non (possumus) facile judicare de rei possibilitate ex cogitabilitate ejus requisitorum, quando singula eius requisita cogitavimus atque in unum conjunximus«.

nicht eine bloße Wortverbindung darzustellen, die jedes Sinnes und jeder Bedeutung entbehrt. Vielmehr stellt sich die Frage, ob für das Verstehen von sprachlichen Ausdrücken Begriffe oder Ideen erforderlich sind, ob die Verständlichkeit
irgendeines sprachlichen Ausducks besagt, daß ihm eine Idee entspricht. Auf
dieses Problem ist Leibniz in einer Auseinandersetzung mit Descartes geführt
worden .

In einer seiner Einwendungen gegen die zweite *Meditation* von Descartes wirft
Hobbes in Bezug auf den Unterschied zwischen »imaginari« und »mente concipere hoc est ratiocinando colligere rem aliquam esse, vel rem aliquam existere«
die Frage auf, ob »ratiocinatio« vielleicht auf nichts anderes hinauslaufe als auf
eine »copulatio et concatenatio nominum sive appellationum, per verbum hoc
est« [74]. Das heißt, daß wir »ratione« gar nichts über die Dinge und deren Natur
ausmachen, sondern lediglich »de earum appellationibus, nimirum utrum copulemus rerum nomina secundum pacta (quae arbitrio nostro fecimus circa ipsarum
significationes) vel non«. In seiner Erwiederung knüpft Descartes daran an, daß
Hobbes selbst von den konventionellen Festsetzungen »circa verborum significationes« spricht. In den »ratiocinationes« handelt es sich »de hoc aliquid quod
significatur, potius quam de solis verbis«. Die »copulatio« ist also nicht eine
solche »nominum, sed rerum nominibus significatarum«. In dieser Diskussion benutzt Descartes den Terminus ›Idee‹ nicht, vielleicht deshalb nicht, weil Hobbes
»imaginari« ohne weiteres mit »ideam aliquam habere« gleichgesetzt hatte. Der
Terminus wird aber bald darauf in der Entgegnung auf einen Einwand von
Hobbes, der die dritte *Meditation* betrifft, eingeführt und folgendermaßen bestimmt: »... me nomen ideae sumere pro omni eo quod immediate a mente
percipitur, adeo ut, cum volo et timeo, quia simul percipio me velle et timere,
ipsa volitio et timor inter ideas a me numerentur« [75]. So weit gefaßt, erscheint
»idea« mit »cogitatio« gleichbedeutend [76]. In einem anderen Zusammenhang gibt
Descartes eine präzisierende Differenzierung. Ideen können »formaliter« verstanden werden »quoties considerantur quatenus aliquid repraesentant«, und sie
können »materialiter« genommen werden und werden so genommen, »si ...
spectarentur, non prout hoc vel illud repraesentant, sed tantummodo prout sunt
operationes intellectus ...« [77]. Es ist im Sinne der ersteren ›formalen‹ Bedeutung
zu verstehen, wenn Descartes aus der Gesamtheit der »cogitationes« diejenigen
aussondert, die »tanquam rerum imagines sunt, quibus solis proprie convenit
ideae nomen: ut cum hominem, vel chimaeram, vel coelum, vel angelum, vel
Deum cogito« [78]. Ideen sind also einerseits subjektive oder mentale Vorkomm-

---

[74] *Objectiones tertiae cum responsionibus autoris* (A. T. VII 178 f).
[75] *Objectiones tertiae cum responsionibus autoris* (A. T. VII 181).
[76] *An Mersenne*, 14/VII 1641: »... par le mot *Idea,* j'entends tout ce qui peut être
　　en notre pensée ...« (A. T. III 383).
[77] *Responsio ad quartas objectiones* (A. T. VII 232).
[78] *Meditationes de prima philosophia* III (A. T. VII 37). Gleich anschließend werden
　　den Ideen die »voluntates sive affectus« sowohl wie die »judicia« gegenübergestellt.

nisse (»operationes intellectus«) und haben andererseits eine repräsentierende oder, wie man in heutiger Sprechweise sagen kann, vorstelligmachende Funktion. Damit ist der Zusammenhang zwischen dem Verständnis sinnvoller sprachlicher Ausdrücke und Ideen hergestellt, ein Zusammenhang, den Descartes selbst ausdrücklich formuliert [79]. Zunächst weist er es ab, den Terminus ›Ideen‹ zu beschränken auf »les images qui sont dépeintes en la fantaisie«. Vielmehr bezeichnet ›Idee‹ ganz allgemein »tout ce qui est dans notre esprit, lorsque nous concevons une chose, de quelque manière que nous la concevions«. Folglich sind Ideen beim Verständnis sprachlicher Ausdrücke beteiligt; deren Verstehen erfordert Ideen: »... nous ne saurions rien exprimer par nos paroles, lorsque nous entendons ce que nous disons, que de cela même il ne soit certain que nous avons en nous l'idée de la chose qui est signifiée par nos paroles.« Wortbedeutungen sind damit als Ideen bestimmt, genauer gesagt, als *eine* Klasse von Ideen.

Leibniz macht dem gegenüber geltend, daß wir von der schnellsten Bewegung, der größten Zahl, dem regulären Dekaeder, dem »centre de grandeur« (im Unterschied zum Schwerpunkt) eines Halbkreises, von einer ihre Basis erreichenden, und nicht nur sich dieser asymptotisch annähernden Conchoïde sprechen können [80]. Jedoch läßt sich die Unmöglichkeit dessen nachweisen, was mit diesen Wörtern bezeichnet ist [81]. Folglich können diesen Wörtern keine Ideen oder Begriffe entsprechen, wie Leibniz diese Termini versteht. Trotzdem können wir von diesen Unmöglichkeiten sprechen und an sie denken. Wenn wir von ihnen sprechen, tun wir es bei vollem Verständnis dessen, was wir sagen wollen, und plappern nicht wie Papageien [82]. Die These von Descartes und den Cartesianern, nach der das Verstehen von sprachlichen Ausdrücken Ideen erfordert und das Vorliegen eines von uns verstandenen Ausdrucks die Anwesenheit einer Idee bezeugt, wird von Leibniz zurückgewiesen. In *Meditationes de cognitione, veritate et ideis* bezeichnet er es als irrig, jedenfalls als zweideutig, zu sagen »non posse nos de re aliqua dicere, intelligendo quod dicimus, quin ejus habeamus ideam«. Im Laufe der weiteren Darlegungen heißt es dann mit Bezug auf die »schnellste Bewegung«: »intelligimus enim utique quid dicamus, et tamen nullam utique habemus ideam

---

[79] *An Mersenne*, Juli 1641 (*A. T.* III 392 ff).

[80] *Disc.* 23 (*Le Roy* S. 61); *Nouv. Ess.* III, VI § 28 (*P.* V 301).

[81] Auf einige dieser Unmöglichkeitsbeweise gehen wir später (S. 79 ff.) ein. In den meisten der in diesem Zusammenhang herangezogenen Texte ist von der Problematik des ontologischen Gottesbeweises die Rede, auf die wir sogleich (S. 61) zurückkommen.

[82] *An Eckhard*, o. D.: »... qui dicunt *Maximam velocitatem,* non loquuntur ut psittaci, etsi aliquid dicant, cui nulla subest notio possibilis ...« (*P.* I 268); entsprechend *an Prinzessin Elisabeth*, 1678 (*P.* IV 293 f). Man kann also nicht mit Martin, *Leibniz* S. 43 und 101 sagen, daß die in Rede stehenden Ausdrücke nach Leibniz bloße Wortzusammenstellungen ohne Sinn und Bedeutung sind. Trotzdem bleibt es richtig, daß — wie Martin behauptet — hier keine Nominaldefinitionen vorliegen. In der Tat, wenn ein Gegenstand unmöglich ist, lassen sich keine Merkmale angeben, durch die er identifiziert und von anderen Gegenständen unterschieden werden könnte.

rerum impossibilium« [83]. Zwischen Wortbedeutung einerseits und Begriff oder Idee andererseits muß also ein Unterschied getroffen werden. Deshalb kann man die Leibnizische Auffassung vom Begriff nicht an der Bedeutung verständlicher sprachlicher Ausdrücke orientieren, wie Parkinson [84] es tut. Vielmehr muß ein verständlicher sprachlicher Ausdruck darauf hin untersucht werden, ob seiner Bedeutung ein Begriff im Leibnizischen Sinne entspricht, d.h. ob der durch ihn bedeutete Gegenstand überhaupt möglich ist [85]. Nur beiläufig sei bemerkt, daß Fragen ähnlicher, wenn auch nicht derselben Art sich auch für Husserl [86] gestellt haben, allerdings im Rahmen einer anders gerichteten Problematik.

Descartes bestimmt als »perceptio distincta« eine solche, »quae cum clara sit, ab omnibus aliis ita sejuncta est et praecisa, ut nihil plane aliud, quam quod clarum est, in se contineat« [87]. Dagegen wendet Leibniz ein, daß für einen »distinctum conceptum« die Klarheit aller seiner Teile, jeder für sich genommen, allein nicht hinreicht, wofern es nicht ebenfalls klar ist, daß diese Teile miteinander verträglich sind und miteinander verbunden werden können [88]. Wird dieser letzteren Bedingung nicht genügt, so können sich in die fraglichen Begriffszusammensetzungen Widersprüche einschleichen. Aus »Begriffen«, die mit Unverträglichkeiten behaftet sind, lassen sich einander entgegengesetzte Schlußfolgerungen ziehen [89]. Es stellt sich die Frage, wie nach Leibniz Sätze zu beur-

---

[83] Med. (P. IV 424); ferner an Molanus, o. D. die Bestreitung des Prinzips, «quod eorum omnium de quibus cogitamus atque ratiocinamur, necessario in nobis sit idea« (P. IV 275); Animad. I 18 (P. IV 360); an Huyghens, 3 (13)/X 1690 (M II 52).

[84] Parkinson, Logic and reality in Leibniz's metaphysics S. 11 f.

[85] In Introductio ad Encyclopaediam arcanam unterscheidet Leibniz zwischen »cogitabile« und bloß »nominabile«, d. h. einem »nomen sine notione«, was er durch ein von den Scholastikern benutztes Beispiel eines sinnlosen Wortes (»Blitiri«) illustriert (Couturat, O. F. S. 512). Gewiß hat Parkinson (a. a. O. S. 11) Recht, daß einem sinnlosen Wort kein Begriff entspricht. Jedoch ist damit eine bloß notwendige, nicht aber auch hinreichende Bedingung angegeben. Ebenso muß — wie uns scheint — der Text aus Specimen calculi universalis: »Per terminum non intelligo nomen sed conceptum seu id quod nomine significatur, possis et dicere notionem, ideam« (Couturat, O. F. S. 243) im Lichte der dargelegten Unterscheidung zwischen Wissen, was man sagt, und einen Begriff haben, interpretiert werden. Unter Berufung auf den zuletzt zitierten Text und eine Stelle in der Studie zum Brief an des Bosses, 12/XII 1712 (P. II 470) betont Kauppi, Über die Leibnizsche Logik S. 39 f und 262 f, daß Leibniz unter »Terminus« nicht ein sprachliches Zeichen oder einen sprachlichen Ausdruck versteht, sondern dessen Bedeutung, einen Begriff oder eine Idee. Jedoch dürfen, Leibniz folgend, Bedeutung eines sprachlichen Ausdrucks und Begriff nicht ohne weiteres gleichgesetzt werden; vielmehr ist zu fragen, was für einen Begriff im spezifisch Leibnizischen Sinne noch weiter erforderlich ist.

[86] Husserl, Logische Untersuchungen II, I § 15, IV §§ 10, 12, 14; Formale und transzendentale Logik §§ 13 a, 89 a, 90.

[87] Descartes, Principia philosophiae I 45 (A. T. VIII 22).

[88] An Eckhard, o. D.: ». . . qui dicit maximam velocitatem, intelligit, quid sit velocitas, quid maximum, nec tamen intelligere potest maximam velocitatem, ea enim implicat . . .« (P. I 268).

[89] Med. (P. IV 424).

teilen sind, die Termini von der beschriebenen Art enthalten. Zuweilen betrachtet er solche Sätze als weder wahr noch falsch, da sich sowohl ein Satz dieser Art wie sein kontradiktorisches Gegenteil beweisen lassen; zuweilen neigt er dazu, solche Sätze auf Grund des Prinzips des Widerspruchs glattweg für falsch zu erklären [90]. Im Hinblick daruf, daß — wie oben [91] dargelegt — von jedem Satz feststeht und vorentschieden ist, ob er wahr oder falsch ist, was besagt, daß, wenn der betr. Satz falsch, sein kontradiktorisches Gegenteil wahr ist, erscheint es konsequenter, die hier in Betracht gezogenen Sätze als für weder wahr noch falsch anzusehen.

b. Erforderlichkeit von Realdefinitionen

Im Unterschied zu Descartes nimmt Leibniz die Idee nicht für ein subjektives Vorkommnis (»operatio intellectus«), das eine repräsentative Funktion hat und irgendetwas vorstellig macht, sei es z. B. eine Chimäre. Unter Bezugnahme auf die Kontroverse zwischen Malebranche und Arnauld hinsichtlich der »vraies et fausses idées« erklärt Leibniz es für das Kennzeichen einer »idée véritable«, daß sich ihre Möglichkeit nachweisen läßt, »soit a priori en concevant sa cause ou raison, soit a posteriori, lorsque l'expérience fait connaître qu'elle se trouve effectivement dans la nature« [92]. Nur wenn der durch einen sprachlichen Ausdruck bezeichnete Gegenstand möglich ist, entspricht diesem Ausdruck eine Idee [93]. In dieser Auffassung der Idee kann man mit Loemker einen Ausdruck des Leibnizischen Platonismus sehen. Bedenken wird man allerdings haben, ihm darin zuzustimmen, daß Leibniz dem »repräsentativen Realismus« von Arnauld näher steht als Malebranches »platonisiertem Cartesianismus« [94]. Der Cartesianischen Lehre vom »conceptus distinctus« stellt Leibniz die vom »conceptus distinctus adaequatus« gegenüber. Der letztere wird bestimmt als »definitio realis, seu definitio talis ex qua statim patet rem de qua agitur esse possibilem, seu qui constat omnibus rei requisitis, seu natura prioribus sufficientibus« [95]. Für die

[90] Kauppi, *Über die Leibnizsche Logik* S. 82 f.

[91] Kap. I § 3 c.

[92] *An Arnauld*, 4(14)/VII 1686 (*Le Roy* S. 128); *Théod.* App. III 5: »Quant aux idées ou notions, j'appelle réelles toutes celles dont la possibilité est certaine ... (*P.* VI 405).

[93] Siehe im *Brief an Oldenburg*, 28/XII 1675 die Gleichstellung von »tale ens esse possibile« mit »aliquam esse ideam respondentem his vocabulis« (*M.* I 85).

[94] L. Loemker, »Leibniz's doctrine of ideas« II, *The Philosophical Review* LV (1946). Über Malebranches Auffassung von ›Idee‹ im Gegensatz zu der von Descartes und den Cartesianern einschließlich Arnauld vgl. Bréhier, *Histoire de la philosophie* II 1 Kap. VII, V.

[95] *Couturat, O. F.* S. 220; *Spec. inv.*: »Definitio realis est ex qua constat, definitum esse possibile nec implicare contradictionem« (*P.* VII 310). Vgl. Spinoza, *Tractatus de intellectus emendatione* über die Requisiten der »definitio perfecta« »rei increatae«. Unter diesen Requisiten lautet das zweite: »Ut data ejus rei definitione nullus maneat locus quaestioni, An sit?« (*Benedicti de Spinoza Opera quotquot reperta sunt*, hrsg. von J. van Vloten und J. P. Land, I 30.).

[96] *Med.* (*P.* IV 424); *An Huyghens*, 3 (13)/X 1690 (*M.* II 51); *Spec. inv.* (*P.* VII 310).

Grundlegung und den Aufbau der rationalen Wissenschaften sind Realdefinitionen erforderlich, durch die, im Unterschied zu den Nominaldefinitionen, das Definierte nicht nur beschrieben und von anderem unterschieden, sondern auch dessen Möglichkeit gewährleistet wird.

Gemäß wiederholten Äußerungen ist Leibniz durch den von Anselmus v. Canterbury stammenden und von Descartes erneuerten ontologischen Beweis für die Existenz Gottes auf den Unterschied zwischen Nominaldefinition und Realdefinition und zur Einsicht in das Wesen der letzteren geführt worden [96]. In diesem Beweis wird Gott als »Ens perfectissimum« definiert und daraus, daß die Existenz zu den »perfectiones« gehört, wird die Existenz Gottes als notwendig erschlossen. Leibnizens Bedenken gehen dahin, »dubitari posse, an Ens, de cujus essentia sit existentia, non implicet contradictionem: fateri enim me, si semel concedatur, tale Ens esse possibile, seu esse talem conceptum vel ideam, sequi quod existat« [97]. Der ontologische Beweis für die Existenz Gottes ist also nicht falsch, sondern nur unvollständig und ergänzungsbedürftig, insofern als die Möglichkeit, d. h., Widerspruchsfreiheit der Definition Gottes als »Ens perfectissimum« nachgewiesen werden muß [98]. Wird dieser Möglichkeitsnachweis geleistet, so gilt der ontologische Beweis in aller Strenge [99]. Man kann das so ausdrücken, daß nach Leibniz der ontologische Beweis der Existenz Gottes einen logischen Existenzialbeweis des Gottesbegriffs voraussetzt und durch diesen seine Gültigkeit und Stringenz erhält [100]. Auf der gleichen Linie liegt Leibnizens Einwand gegen Spinozas Definition Gottes: »Per Deum intelligo ens absolute infinitum, hoc est substantiam constantem infinitis attributis, quorum unumquodque aeternam et infinitam essentiam exprimit« [101]. Gegen diese Definition macht Leibniz u. a. geltend, daß sie unvollkommen ist, wie denn »omnis definitio imperfecta est (tametsi vera et clara esse possit) qua intellecta dubitari potest an res definita sit possibilis. Talis autem ista est, dubitari enim adhuc potest an Ens infinita habens attributa non implicet« [102]. Was den ontologischen Beweis angeht, erörtert Leibniz wiederholt die Frage, ob man mit dem Ens perfectissimum nicht in die gleiche Lage gerät wie mit der »größten Geschwindigkeit«, dem »größten Kreis«, der »größten Zahl«, d. h. der Zahl aller möglichen Einheiten [103]. Wie diese Beispiele zeigen, ist es

---

97 *Colloquium cum Dno. Eccardo Professore Rintelensi Cartesiano, praesente Dni. Abbatis Molani fratre* (P. I 213). Der Briefwechsel mit Eckhard (P I 215 ff) dreht sich in erheblichem Umfang um den ontologischen Beweis.

98 *Jagodinsky* S. 112; *An Berthet*, 1677 (*Ak.* II, I 383); *An Placcius*, 10/V 1687 (*Dutens* VI, I 44) .

99 P. IV 401 ff, 405 f; *An Jacquelot*, 20/XI 1702 (P. III 442 ff).

100 *De synthesi et analysi universali*: »... si rigorosa debet esse haec demonstratio, praedemonstranda est possibilitas« (P. VII 294).

101 Spinoza, *Ethica* Pars I Definitio VI (Opera I 37).

102 *Ad Ethicam B. de Sp.* (P. I 140).

103 Siehe außer vielen S. 59 angeführten Texten noch den *Entwurf eines Briefes an Malebranche* (P. I 337 ff).

nicht immer erlaubt »d'aller au superlatif«[104]. Folglich muß für das Ens perfectissimum die Legitimität des Übergangs zum Superlatif ausdrücklich nachgewiesen werden. Leibniz versucht in einer kleinen Schrift zu zeigen, daß alle »perfectiones« (»perfectionem voco omnem qualitatem simplicem quae positiva est et absoluta, seu quae quicquid exprimit, sine ullis limitibus exprimit«) miteinander verträglich sind oder, was dasselbe besagt, »in eodem esse posse subjecto«[105]. Damit ist die für den ontologischen Beweis der Existenz Gottes erforderliche Prädemonstration geliefert.

Wenngleich das Problem der Realdefinition nach Leibnizens Eingeständnis ihm am ontologischen Beweis erwachsen ist, beschränkt sich die Bedeutsamkeit dieses Problems keineswegs auf den Bereich der Metaphysik. Auch in der Mathematik sind Realdefinitionen unerläßlich. Man kann den Kreis durch die Konstanz des Peripheriewinkels definieren, welcher Punkt der Peripherie auch immer als Scheitel des Winkels gewählt wird[106]. Die Schraube ohne Ende kann als eine solche Raumkurve definiert werden, deren Teile einander kongruent sind[107]. Man kann die Parabel als eine Figur der Art definieren, daß alle in einer gewissen Richtung einfallenden Strahlen sich durch Reflexion in einem bestimmten Punkt, dem Brennpunkt, vereinigen, oder auch als eine Figur, bei der für alle ihre Punkte die Subnormale dem Abstand zwischen Scheitel und Brennpunkt gleich ist[108]. Alle diese Definitionen stellen aber lediglich Nominaldefinitionen dar, insofern als sie das jeweilige geometrische Gebilde durch eine Eigenschaft definieren, die Leibniz »reziprok« nennt, d. h., die ausschließlich dem betreffenden Gebilde zukommt und daher dazu dienen kann, es von allen anderen Gebilden zu unterscheiden. Keine dieser Definitionen versichert uns aber der — im mathematischen Sinne verstandenen — Existenz des definierten Gebildes. Wie das Beispiel der Parabel zeigt, kann es eine Mehrheit von Nominaldefinitionen für ein bestimmtes Gebilde geben. Selbst wenn die in den Nominaldefinitionen auftretenden reziproken Eigenschaften sich alle auseinander ableiten lassen, bleiben diese Definitionen mit einer wesentlichen Unvollkommenheit behaftet, insofern als sich ihnen gegenüber die Frage erhebt, auf die sie keine Antwort geben, ob das durch sie definierte Gebilde möglich ist. Als das Kennzeichen einer vollkommenen und adäquaten Definition gilt für Leibniz, daß »percepta semel definitione dubitari amplius non potest, utrum res, ea definitione comprehensa, sit possibilis vel non«[109]. Sind reziproke Eigenschaften, d. h. irgendwelche Definitionen gegeben, so stellt

---

[104] *Auszug des Briefes an Foucher*, 1686 (P. 385).
[105] *Quod Ens perfectissimum existit* (P. VII 261 f); *An Prinzessin Elisabeth*, o. D. (P. IV 296). Eine ausführliche Darstellung und Kritik findet sich bei Parkinson, *Logic and reality in Leibniz's metaphysics* Kap. IV 2.
[106] *Auszug des Briefes an Foucher*, 1686 (P. 385); *De synthesi et analysi universali* (P. VII 294).
[107] *Disc.* 24 (Le Roy S. 62).
[108] *Nouv. Ess.* III, X, § 19 (P. 327).
[109] *An Tschirnhaus*, Mai 1678 (M. IV 462).

sich die Aufgabe, die »definitiones optimi generis« zu finden, worunter diejenigen zu verstehen sind, »ex quibus constat rem definitam esse possibilem« [110]. Die Methode Euklids, die Möglichkeit der Ausgangsgebilde, gerade Linie und Kreis, ausdrücklich zu postulieren [111], bezeugt die Anerkennung der Erforderlichkeit von Realdefinitionen im Gebiete der Geometrie.

Um die Realität einer Definition, d. h. die Möglichkeit des Definierten, zu erweisen, bieten sich verschiedene Wege. Nur kurz erwähnt sei der Nachweis a posteriori, wie z. B. im Fall des Quecksilbers, wo die Erfahrung das Vorhandensein und folglich die Möglichkeit des Definierten lehrt [112]. Die Definition ist dann zwar real, aber nichts weiter. Für einen Beweis a priori gibt es zwei Methoden: die durch *vollständige Analyse des Begriffs,* um den es sich handelt, und die Methode der *generativen,* oder, wie Leibniz sie nennt, *kausalen Definition.*

c. Realdefinition durch vollständige Analyse

Die Methode der vollständigen Analyse besteht darin, einen gegebenen Begriff in seine Ingredientien oder Requisite zu zerlegen, dann die Requisite dieser Requisite herauszustellen und mit dieser Zerlegung so lange fortzufahren, bis man auf die letzten Requisite, die selber keine Requisite mehr haben, auf die »prima possibilia«, die »notions primitives« stößt [113]. Auf dieses Verfahren sind wir schon früher [114] zu sprechen gekommen und haben die Zweifel erwähnt, die Leibniz selbst hinsichtlich seiner praktischen Durchführbarkeit für den menschlichen Geist hegt.

Hier kommt es nicht auf die Frage der praktischen Durchführbarkeit dieser Methode, sondern auf ihren prinzipiellen Sinn an, auf das, was sie im Idealfall ihrer Durchführung zu leisten berufen ist. Wie Pape [115] bemerkt, stellt die Zerlegung eines Begriffs in seine letzten Requisite bloß einen ersten Schritt dar; der zweite notwendige Schritt besteht darin, die Verträglichkeit dieser letzten Requisite nachzuweisen und zu zeigen, daß sie miteinander kombiniert und verbunden werden können [116]. Bei der Bedeutung, die Leibniz dem Satz der Identität, bzw.,

---

[110] *An Tschirnhaus,* o. D. (*M.* IV 481).

[111] *P.* IV 401 und *An Jacquelot,* 20/XI 1702 (*P.* III 443). Leibnizens Anspielung bezieht sich auf Euklid, *Elemente* Buch I Αἰτήματα 1—3 (*Euclidis Opera omnia,* hersg. von I. L. Heiberg und H. Menge, I 8).

[112] *Disc.* 24 (*Le Roy* S. 62 f).

[113] *Initia et specimina scientiae novae generalis* (*P.* VII 83); *De synthesi et analysi universali* (*P.* VII 295); *Disc.* 24 (*Le Roy* S. 63).

[114] S. 54 f.

[115] Pape, *Leibniz* S. 78 f.

[116] *Gen. Inqu.* 68: »... si dico A = EFG, non tantum scire debeo E, F, G singula esse possibilia sed etiam inter se compatibilia ...« *Couturat, O. F.* S. 374); *De synthesi et analysi universali*: »Id vero in definitionibus realibus condendis diligenter observandum est, ut constet esse possibiles seu notiones ex quibus constant inter se conjungi posse« (*P.* VII 293).

des Widerspruchs als Bedingung der Möglichkeit der Wahrheit zuerkennt [117], kann diese Verträglichkeit nichts anderes besagen, als daß weder die Requisite, einzeln betrachtet, in einem Widerspruch stehen, sich also nicht wie X zu nonX verhalten, noch daß ein solcher Widerspruch bei ihrer Zusammensetzung resultiert. Damit ein Begriff soll möglich sein können, muß bewiesen werden können, daß bei seiner Zerlegung sich nirgendwo ein Widerspruch ergibt [118]. Wird andererseits die Analyse bis zu Ende durchgeführt und zeigt sich keinerlei Widerspruch, so ist das mit der Möglichkeit des Begriffs gleichbedeutend [119]. Wir werden weiter unten [120] einige Probleme, die in bezug auf die Methode der vollständigen Analyse erwachsen, herausstellen. Hier sei nur auf den vorhin [121] erwähnten Nachweis der Möglichkeit des Begriffs des Ens perfectissimum hingewiesen als ein Beispiel der Verwendung dieser Methode, der einzige Fall — soweit wir sehen — in dem Leibniz von dieser Methode in positivem Sinn, d. h. zum Nachweise der Möglichkeit konkreten Gebrauch gemacht hat.

d. Die generative Definition

Bei der soeben skizzierten Methode handelt es sich darum, durch Auflösung eines Begriffes in seine Komponenten die mögliche, im Falle des »Ens perfectissimum« sogar notwendige, Existenz des zu Definierenden zu erweisen. Wie gerade das Beispiel des »Ens perfectissimum« zeigt, ist das zu Definierende seinem Sosein wie seinem Dasein nach dem definierenden Denken, wie allem Denken überhaupt als von ihm unabhängig vorgegeben. In Gegensatz dazu tritt die generative Definition, bei der ein Begriff nicht durch Zusammensetzung elementarerer Begriffe gebildet wird, so daß die Legitimität der Zusammensetzung nachträglich gerechtfertigt werden muß. Vielmehr enthält die generative oder, in Leibnizischer Terminologie, kausale Definition das Prinzip der Bildung und Erzeugung, der »génération possible de la chose« [122]. Genauer gesagt, die kausale Definition ist nichts anderes als die Formulierung eines solchen Prinzips oder Gesetzes der Erzeugung. Cassirer ist wohl der erste gewesen, der die Bedeutung, die der kausalen Definition bei Leibniz zukommt, gesehen und in den Mittelpunkt gestellt hat, so sehr daß die Lehre von der kausalen Definition ihm (wenigstens in seinen ersten Behandlungen des Leibnizianismus) den Hauptgesichtspunkt für die Darstellung der gesamten Leibnizischen Philosophie abgegeben hat [123]. Nur wenige Autoren

---

[117] S. 50.
[118] *Gen. Inqu.* 61: »Possibiles sunt de quibus demonstrari potest nunquam in resolutione ⟨occursuram contradictionem«⟩ (*Couturat, O. F. S.* 371 f).
[119] *Med.* (P. IV 423).
[120] S. 76 ff.
[121] S. 61 ff.
[122] *Disc.* 24 (*Le Roy S.* 63) und *Nouv. Ess.* III, III § 15 (P. V 272 f).
[123] Cassirer, *Leibniz' System* Teil I Kap. I. Cassirer ist den verschiedenen Ausprägungen nachgegangen, die die Lehre von der kausalen oder — wie er sie nennt — genetischen Definition im XVIIten Jahrhundert erfahren hat: *Erkenntnisproblem* II 48 ff

wie z. B. Brunschvicg [124] und Belaval [125] haben die von Cassirer entdeckte Bedeutung der Lehre von der generativen Definition für das Leibnizische Denken erkannt und voll gewürdigt. Häufig ist diese Lehre, wie z. B. bei Russell, mit Stillschweigen übergangen worden, oder sie wurde als ein Spezialfall der allgemeinen Theorie der Realdefinition beiläufig erwähnt [126], oder schließlich hat sie — wie zu bemerken wir Gelegenheit nehmen werden — Mißdeutungen verschiedener Art erfahren [127].

Einen Gegenstand kausal definieren, heißt, ein Erzeugungsprinzip oder eine Verfahrensregel angeben, auf Grund derer man den Gegenstand entstehen, sich Schritt für Schritt aufbauen lassen kann. Definieren wird zum Konstruieren [128]. Die Möglichkeit des Gegenstandes ergibt sich aus seiner Konstruierbarkeit und ist im Grunde nichts anderes als diese. Möglicherweise existieren können und konstruierbar sein bedeutet das Gleiche: »... demonstrari talium rerum [es handelt sich um geometrische Gebilde] possibilitatem, quoties ostenditur modus eas generandi vel producendi« [129]. Die als Konstruierbarkeit verstandene mögliche Existenz des definierten Gegenstandes besagt ipso facto die Realität — im Leibnizschen Sinne — des Begriffs, bzw. der Definition eben als Prinzip der Erzeugung. Ferner müssen alle Eigenschaften des Gegenstandes aus der generativen Definition als der Regel oder dem Gesetz seiner Konstruktion sich ableiten lassen [130]. Denkt man die Lehre von der generativen Definition konsequent zu Ende, so folgt, daß, wo immer diese Methode Platz hat — wie Cassirer [131] schreibt — »das Denken sich als Ursache des Denkinhalts erweist« [132]. Diese Deutung Cas-

---

(Hobbes), 85 ff und 98 ff (Spinoza), 191 ff (Tschirnhaus); *Die Philosophie der Aufklärung* (Tübingen 1932) S. 339 ff.

[124] Brunschvicg, *Les étapes de la philosophie mathématique* S. 91 Anm. 3.

[125] Belaval, *Leibniz Critique de Descartes* S. 162 f.

[126] Couturat, *La logique de Leibniz* S. 190, Zocher, *Leibniz' Erkenntnislehre* S. 9; Burgelin, *Commentaire du Discours de Metaphysique de Leibniz* (Paris 1959) S. 241 f.

[127] Ortega y Gasset, *The Idea of Principle in Leibniz and the Evolution of Deductive Theory* S. 73 hat sie völlig verkannt.

[128] Belaval, *Leibniz* S. 126: »n'est *réellement* défini que ce qui est construit, en même façon que le cercle, un nombre, une série, etc. n'est réllement défini que par son procédé de construction«.

[129] *Colloquium cum Dno. Eccardo Professore Rintelesi Cartesiano, praesente Dni. Abbatis Molani fratre* (P. I 213); *De synthesi et analysi universali:* »... modum producendi explicare, nihil aliud est quam demonstrare rei possibilitatem« (P. VII 295).

[130] *An Huyghens,* o. D., im Zusammenhang mit seiner Idee der analysis situs: »... lorsqu'on peut exprimer parfaitement la définition de quelque chose, on peut aussi trouver toutes ses propriétés (M. II 30); *Nouv. Ess.* II, XXIX § 13: »... un Mathématicien peut connaître exactement la nature d'un enneagone et d'un decagone parce qu'il a le moyen de les fabriquer ...« (P. V 243).

[131] Cassirer, *Leibniz' System* S. 113.

[132] Es scheint uns abwegig, wenn Pape, *Leibniz* S. 2 verlangt, daß die auf Grund einer generativen Definition resultierende Figur auf ihre Entsprechung mit den »Wesensmomenten« der »Natur der Ellipse« hin untersucht werden muß. Für Leibniz sind

sirers hat den Widerspruch von Kabitz [133] herausgefordert, der in der Lehre von der Realdefinition »ein Stück Metaphysik«, sogar traditioneller Metaphysik, sieht und überhaupt die Unterscheidung von Nominaldefinition und Realdefinition der Metaphysik und nicht der Logik zuweist. Auf Grund der hier vertetenen These von der Äquivalenz zwischen Logik und Metaphysik verliert dieser Einwand sein Ziel. Wir werden im weiteren Verlauf unserer Darlegungen [134] in einem Aspekt der Substanz das metaphysische Äquivalent des im Sinne der Theorie von der generativen Definition verstandenen Begriffs antreffen. Was den öfters [135] erhobenen Einwand angeht, Cassirer habe Leibniz in einer Kantschen Perspektive dargestellt und ihm einen radikalen Idealismus der Vernunft zugeschrieben, werden wir später [136] zu zeigen versuchen, daß Leibnizens Philosophie in der Tat einen Transzendentalismus darstellt, allerdings nicht einen solchen Kantischen oder kantianisierenden Stils, insofern als das Subjekt der Leibnizschen Transzendentalphilosophie der unendliche Geist, d. h., der Geist Gottes ist.

Als das wohl einfachste Beispiel der Anwendung der Theorie der generativen Definition kann Leibnizens Definition der natürlichen Zahlen gelten. »Deux est un et un, Trois est deux et un, Quatre est trois et un, et ainsi de suite« [137]. Damit werden die Zahlen durch ein sie erzeugendes Verfahren definiert, indem von jeder bereits erreichten Zahl aus die nächste sich durch Hinzufügung von »Eins« ergibt. Die prinzipielle Ausführbarkeit dieses Verfahrens, d. h. die prinzipielle Möglichkeit seiner Wiederholbarkeit, besagt dessen unbegrenzte Fortsetzbarkeit und garantiert aus diesem Grunde die Möglichkeit der durch es erzeugten Zahlen, so daß die Ideen der Zahlen sich als im Leibnizischen Sinne echte Ideen herausstellen.

Prinzipiell das gleiche Verfahren liegt der Bildung unendlicher Reihen und Folgen zu Grunde. Das Gesetz oder allgemeine Glied, das für jede solche Folge oder Reihe charakteristisch ist (z. B. $u_n = 1/n^2$), darf nicht bloß als eine bequeme Abkürzung angesehen werden, gewissermaßen als ein Stellvertreter für die unendlich vielen Glieder der Folge. Vielmehr muß das allgemeine Glied als das erzeugende Prinzip der Folge gelten, das bei geeigneter Substitution für n die Glieder der Folge, genauer: beliebig viele ihrer Glieder, in geordneter Progression hervorgehen läßt. Expandiert man die Folge, so erhält man, wie weit man auch in der Expansion geht, den Beginn einer Darstellung in entwickelter und entfalteter

geometrische und allgemein mathematische Gebilde Abstraktionen oder Idealitäten, die nicht von außen her dem mathematischen Denken vorgegeben sind. Sie haben keine »Wesensnatur«, an die dieses Denken sich anzupassen hätte, sondern sie sind das — genau und nur das — als was sie aus dem gesetzlich geregelten Verfahren ihrer Erzeugung hervorgehen.

[133] Kabitz, *Die Philosophie des jungen Leibniz* S. 32 f.

[134] Kap. VI § 5 a.

[135] Z. B. Mahnke, *Leibnizens Synthese* S. 60 ff, 71 f, 93 f: Pape, *Leibniz* S. 84.

[136] Kap. VIII § 1 b, § 3, § 6 b.

[137] *Nouv. Ess.* IV, II § 1 (P. V 347).

Form von dem, was in dem allgemeinen Glied der Folge als ihrem generativen
Prinzip eingewickelt und unentfaltet beschlossen ist. Das ist in distributivem,
nicht kollektivem Sinne zu verstehen. Das Gesetz einer Folge oder Reihe und die
letztere selbst enthält ihre Einzelglieder nicht wie ein Ganzes seine Teile, sondern vielmehr gemäß dem Prinzip der *logischen* Beziehung zwischen »continens«
und »contentum«[138]. Belaval [139] hat die Leibnizische Auffassung der Folge treffend
charakterisiert, indem er sie mit Descartes' Behandlung der kontinuierlichen
Progression vergleicht. Während es Descartes darauf ankommt, die Glieder der
Progression zu berechnen, diese Glieder Schritt für Schritt, jedes für sich, zu Gesicht zu bekommen, gilt das Interesse von Leibniz nicht so sehr den Gliedern als
vielmehr dem Bildungsgesetz ihrer Folge, der »spontanéité réglée de l'idée«. Wiewohl alle voneinander verschieden, sind die Folgeglieder einander ähnlich, dank
des ihnen allen gemeinsamen Gesetzes ihrer Erzeugung. Auf diesem Grunde —
wie man weiter sagen kann — erwächst der Zusammenhang zwischen allen Folgegliedern und bestimmt sich die Stellung eines jeden Gliedes in Bezug auf jedes
andere. Aller Nachdruck liegt bei Leibniz auf der Kontinuität der Operation
(»continuité opératoire«), die die Glieder erzeugt. Wieder ist es das Gesetz der
Erzeugung, das die Möglichkeit der Folge, d. h., ihre unbegrenzte Fortsetzbarkeit
wie die Möglichkeit der in dieser Fortsetzung entspringenden Glieder verbürgt.

Einen der Höhepunkte in der Anwendung des Prinzips der generativen Definition stellt die Infinitesimalrechnung dar [140]. Um nur ein einziges Beispiel kurz
zu erwähnen: beim »umgekehrten Tangentenproblem« ist die Aufgabe gestellt,
eine Kurve zu ermitteln, von der das Gesetz ihrer Richtungsänderung bekannt ist,
d. h., ihre erste Ableitung (der Einfachheit halber sehen wir von dem Falle ab,
daß eine Ableitung höherer Ordnung gegeben ist, wie das in der Dynamik im
allgemeinen die Regel ist). Hier spielt die Ableitung, das Differential der Kurve,
die Rolle ihres erzeugenden Prinzips [141]. Die Kurve in ihrer fertigen Gestalt ist
als ein Endprodukt zu nehmen, das auf seinen »modus producendi«, auf das Prinzip und Gesetz seiner Erzeugung zurückbezogen bleibt und als aus diesem seinem
Erzeugungsprinzip hervorgegangen, als dieses Prinzip verwirklichend verstanden
werden muß.

---

138 Belaval, *Leibniz Critique de Descartes* S. 323.

139 Id., *ibid.* S. 55.

140 Da es uns nicht auf die mathematischen Einzelheiten im technischen Sinne ankommt,
verweisen wir auf die Darstellungen der Historiker der Mathematik, sowie auf die
philosophisch orientierten von Cassirer, *Leibniz' System* Kap. IV 1; *Erkenntnisproblem* II 153 ff; *Freiheit und Form* S. 50 ff; siehe auch unten S. 304 ff.

141 Daß das Differential, weil es die Kurve erzeugen soll, nicht selbst als ein (unendlich kleines) Stück Kurve angesehen werden darf, hat Cassirer, *Leibniz' System*
Kap. IV 2 geltend gemacht; vgl. zur Frage der »Realität« der Infinitesimalien Belaval, *Leibniz Critique de Descartes* Kap. V 8 und 9. Siehe auch unsere späteren
(Kap. IV § 4) Ausführungen über die Substanz als Fundament und Requisit, nicht
aber Element oder Bestandteil des Körpers.

Vorhin führten wir aus, daß die Definition eines geometrischen Gebildes, z. B. eines Kreises, durch eine reziproke Eigenschaft dem Einwand ausgesetzt ist, daß die Frage der Möglichkeit des so definierten Gebildes offen bleibt [142]. Diese Möglichkeit ist verbürgt durch die generative Definition des Kreises als der Figur, die entsteht, wenn eine gerade Linie, deren einer Endpunkt festgehalten wird, sich in der Ebene bewegt [143]. Von Interesse ist ein Vergleich der Leibnizischen Theorie mit der von Spinoza [144]. Für Spinoza ist die Definition des Kreises durch die Gleichheit aller Radien darum keine »definitio perfecta«, weil sie »minime« (explicat) essentiam circuli, sed tantum ejus aliquam proprietatem«. Der Definition durch eine *Eigenschaft* stellt Spinoza entgegen die Definition des Kreises »secundum hanc legem ... eum esse figuram, quae describitur a linea quacunque, cujus alia extremitas est fixa, alia mobilis; quae definitio clare comprehendit causam proximam«. »Causa proxima« bezeichnet das gesetzlich geregelte, konstruktive oder operative Verfahren, durch das der Kreis erzeugt wird.

Die Idee, geometrische Figuren durch Bewegungen zu definieren, d. h., aus diesen hervorgehen zu lassen, findet sich schon sehr früh bei Leibniz [145], und man begegnet ihr wieder in einer seiner spätesten Schriften [146]. Im Hinblick auf die Kritik, die Kabitz an Cassirers Interpretation der kausalen Definition geübt hat, ist es von Interesse zu sehen, worin nach Hannequin (dem wir die gründlichste Darstellung von Leibnizens Jugendperiode — vor dem Aufenthalt in Paris —

---

[142] S. 63 ff.

[143] *De analysi et synthesi universali:* »... notio circuli ... quod sit figura descripta motu rectae in plano circa extremum immotum, definitionem praebet realem, patet enim talem figuram esse possibilem. Hinc utile est habere definitiones involventes rei generationem ...« (*P.* VII 294); entsprechend heißt es in dem *Auszug eines Briefes an Foucher*, 1686, in Bezug auf die in Rede stehende Definition des Kreises, daß durch sie »on connaît la cause ou réalité du cercle« (*P.* I 385). Vgl. auch *In Euclidis* Πρῶτα (*M.* V 206) und *De Organo sive Arte magna cogitandi* über die Erzeugung aller Figuren aus der geradlinigen und kreisförmigen Bewegung, über die des Kreises »posito spatio, ⟨corpore⟩, linea recta et motu continuo ... Imo et linea recta demonstrari potest posito spatio et corpore et motu continuo« (*Couturat,* O. F. S. 431). Martin, »Existenz und Widerspruchsfreiheit in der Logik von Leibniz«, *Kant-Studien* XLVIII (1956/7) S. 212 ff betont die Bedeutung der Konstruktion für die Methode der generativen Definition, verkennt aber den Sinn dieser Methode, indem er die Konstruktion zur Feststellung faktischer Existenz in Beziehung setzt. Demnach könnte die Existenz mathematischer und logischer Gebilde nur a posteriori bewiesen werden. Noch weiter in dieser Richtung geht Martin in seinem Buch *Leibniz* S. 104, wo er die Möglichkeit und Widerspruchslosigkeit der natürlichen Zahlen z. B. der Zwei, auf der »inneren Erfahrung« von zwei Wünschen, zwei Gedanken und dgl. gegründet sein lassen will.

[144] Spinoza, *Tractatus de intellectus emendatione* (*Opera* 1 29).

[145] *An Thomasius,* 20 (30)/IV 1669: »Constructiones ... figurarum sunt motus« (*P.* I 21).

[146] *Initia rerum mathematicarum metaphysica:* »Linea est via puncti. Superficies est via Lineae. Amplum vel Spatium ... est via superficiei«. »Via« ist bestimmt als »locus continuus successivus rei mobilis« (*M.* VII 20 f).

verdanken, derselben Periode, mit der sich auch Kabitz beschäftigt) für Leibniz wenigstens in seiner Frühzeit der Vorzug der Geometrie besteht. Unter allen Wissenschaften ist die Geometrie die einzige, die »la même certitude« besitzt, »que si l'esprit eût créé à la fois et l'objet de la science, c'est à dire l'espace, et les combinaisons des figures dans l'espace« [147].

Generative Definitionen eines anderen Typus, aber doch generative Definitionen, liegen vor, wenn geometrische Gebilde wie die Gerade, die Ebene und der Raum bestimmt werden als »locus omnium punctorum sui situs unicorum« in bezug auf eine gemäß dem jeweilig zu konstruierenden Gebilde wechselnde Anzahl von einer bestimmten Bedingung unterworfenen gegebenen Punkten [148]. Bezeichnend erscheint der hier ständig auftretende Ausdruck »prosultare«, den Leibniz folgendermaßen erklärt: »Prosultandi vocabulo utor ad ideam indicandam novam, dum ex quibusdam positis aliquid aliud determinatur eo ipso quod suae ad ipsa relationis unicum est. Relatio autem hic intelligitur situs.« Das Recht, »prosultare« im Sinne der generativen Definition zu verstehen, ergibt sich aus Leibnizens Auffassung des Raumes als der Ordnung der Koexistenz, d. h. eines Systems von Beziehungen, — eine Auffassung, die zu Beginn der *Initia rerum mathematicarum metaphysica* ausdrücklich formuliert ist [149]. Beziehungen aber — wie wir später [150] sehen werden — setzen, wie alle Möglichkeiten und alle Idealitäten, einen sie begreifenden Geist voraus. Ferner erwähnen wir Leibnizens Beweis der Existenz des Durchmessers eines Kreises, d. h., den mit Hilfe einer Konstruktion (beliebige Verlängerbarkeit einer Geraden) unter Berufung auf das Kontinuitätsprinzip geführten Nachweis, daß eine durch das Zentrum eines Kreises gezogene Gerade mit der Peripherie des letzteren genau zwei Punkte gemeinsam hat [151]. Schließlich sei noch darauf hingewiesen, daß Euklids Definition von parallelen Geraden [152] im Sinne von Leibniz eine bloße Nominaldefinition darstellt, insofern als aus dieser Definition die Möglichkeit paralleler Geraden nicht hervorgeht. Daher versuch Leibniz auf dem Wege der Konstruktion die Existenz von Parallelen zu beweisen [153]. Konstruktionen aller Art stellen Spezialfälle der generativen Definition dar.

Sämtliche bisher angeführten Beispiele sind dem Gebiet der Mathematik entnommen, in der, besonders in der seit dem 17. Jahrh. sich entwickelnden neueren

[147] A. Hannequin, »La première philosophie de Leibniz«, *Etudes d'histoire des sciences et d'histoire de la philosophie* II 137.
[148] *Initia rerum mathematicarum metaphysica* (M. VII 21 f). Eine Darstellung der Analysis situs findet man bei Cassirer, *Leibniz' System* Kap. III, Erkenntnisproblem II 146 ff und noch eingehender bei Couturat, *La logique de Leibniz* Kap. IX.
[149] »Spatium est ordo coexistendi seu ordo existendi inter ea quae sunt simul«. Eine Erklärung von »simul« geht voran (M. VII 18). Für eine etwas ausführlichere Darstellung von Leibnizens Auffassung des Raumes siehe S. 370 ff.
[150] Kap. VIII § 1 b.
[151] *In Euclidis* Πρῶτα (M. V 195 f).
[152] Euklid, *Elemente* Buch I ˮΟροι 23 (*Euclidis opera omnia* I 8).
[153] *In Euclidis* Πρῶτα (M. V 200 ff); *Nouv. Ess.* III, III § 18 (P. V 274).

Mathematik, die Methode der generativen Definition die Stelle ihres Ursprungs hat. Dieser Umstand macht es unmöglich, der Interpretation v. Asters zu folgen, der die Theorie der kausalen Definition in den Dienst der logisch-apriorischen Begründung von Existentialurteilen stellt [154], wobei Existenz nicht im idealen, logisch-mathematischen Sinne, sondern als faktische Realität verstanden ist. Einen Gegenstand kausal definieren, heißt also seine faktische Erzeugung oder Bewirkung durch eine Ursache angeben, wobei die Realität der Ursache vorausgesetzt werden muß. Folglich beruhen nach v. Aster alle Kausaldefinitionen auf der durch den ontologischen oder einen anderen Beweis gesicherten Existenz Gottes als letzter Ursache aller Dinge [155]. Ebenso einseitig, wenngleich s. z. s. in umgekehrter Richtung, ist die Auffassung von Pape [156], nach der die kausale Definition auf die reine und allenfalls noch die angewandte Mathematik zu beschränken ist.

Leibniz selbst weiß von solchen Beschränkungen nichts. Er verwendet die Methode der generativen Definition sowohl innerhalb als außerhalb der Mathematik, und sogar in solchen Fällen, in denen Nominaldefinitionen nicht gegeben werden können. Begriffe wie warm, kalt, gelb, grün, usw. bleiben für uns konfus; sie lassen sich nicht weiter analysieren, weil wir nicht in der Lage sind, sie in die elementaren Wahrnehmungen (»perceptions élémentaires«) aufzulösen, aus denen sie zusammengesetzt sind. Obwohl bei solchen Begriffen keine Aufzählung der unterscheidenden Merkmale möglich ist, gibt es doch von ihnen eine »définition réelle, qui en expliquerait la cause: c'est ainsi que la définition réelle du vert est d'être composé de bleu et de jaune bien mêlés«[157]. Wiederum handelt es sich um die Angabe eines Verfahrens der Erzeugung. Leibniz spricht sich über den Unterschied zwischen einem Beispiel dieser Art und mathematischen Anwendungen klar aus [158]. Daß die Summe zweier ungerader Zahlen eine gerade Zahl ergibt, daß ein Quadrat entsteht, wenn zwei in derselben Ebene liegende gleichschenklige, rechtwinklige Dreiecke so aneinander gelegt werden, daß sie eine gemeinsame Hypothenuse besitzen, das verstehen wir (»intellegimus«), auch ohne es zu erfahren (»etsi non experimur«). Dagegen erfahren wir es bloß, verstehen es aber nicht, daß Grün aus der Mischung von Gelb und Blau resultiert, hätten es also auch nicht voraussehen können. Es muß also zwischen »resolutio quae solo sensu fit« und »resolutio intellectualis« unterschieden werden. »Nam in resolutione intellectuali vel definitione si ingredientia descriptionis intelligantur, intelli-

[154] v. Aster, *Geschichte der neueren Erkenntnistheorie* S. 304 f.
[155] Als Realdefinitionen im Leibnizischen Sinne, d. h., die Möglichkeit von Gegenständen betreffend, läßt v. Aster, *a.a.O.* S. 297 lediglich die Methode der vollständigen Analyse von Begriffen gelten.
[156] Pape, *Leibniz* S. 83.
[157] *Nouv. Ess.* III, IV §§ 4—7 (P. V 275); *An Wolf*, 21/II 1705 (*Briefwechsel zwischen Leibniz und Christian Wolff*, hrsg. von C. I. Gerhardt, Halle 1860, S. 18).
[158] *Leibniz-Handschriften* XXXVII, III, 1—10, Deutsche Übersetzung von W. v. Engelhardt, *Gottfried Wilhelm Leibniz, Schöpferische Vernunft* (Marburg 1951) S. 322 f; Englische Übersetzung von L. E. Loemker, *Gottfried Wilhelm Leibniz, Philosophical Papers and Letters* (Chicago 1956) S. 443.

gitur quod descriptum est.« Das gilt nicht für die »resolutio« »quae solo sensu fit;
et quae hoc modo resolvuntur, non cessant esse confusa«.

Als ein weiteres Beispiel des außermathematischen Gebrauchs der generativen
Definition verweisen wir auf eine Diskussion des Begriffs oder Wesens (»Essence«) des Goldes. Von diesem Begriff gibt es eine Nominaldefinition, die aber
in diesem Falle, wie auch sonst, »ne fait point connaître a priori la possibilité ou
la génération des corps«. Nur die Erfahrung versichert uns der Existenz des
Goldes, d. h. eines Körpers, in dem sich bestimmte sinnliche Eigenschaften vereinigt vorfinden. Wir hätten vom Golde eine »définition réelle et causale, si
nous pouvions expliquer cette contexture ou constitution intérieure«. Diese »constitution intérieure« erklärt die sinnlichen Eigenschaften des Goldes und begründet deren Verträglichkeit [159]. Mit anderen Worten, die kausale Definition
fungiert im Falle des Goldes und in vergleichbaren Fällen als Prinzip der Erzeugung der sinnlichen Eigenschaften der Körper. Leibniz fügt dieser Erörterung
hinzu, daß es verhältnismäßig schwierig ist, Realdefinitionen von Körpern als
»Etres substantiels« zu finden, »parce que leur contexture est moins sensible« [160].
Daß es abwegig ist, die Methode der generativen Definition auf das Gebiet des
Mathematischen zu beschränken, zeigt sich an folgendem Text der Protogaea, einer
geologischen Fragen gewidmeten Schrift: ». . . magnum est ad res noscendas vel
unam producendi rationem obtinuisse: quemadmodum geometrae ex uno modo
describendi figuram omnes ejus proprietates derivant« [161]. Bei aller Verschiedenheit seiner Anwendung im mathematischen und außermathematischen Bereich ist
das Verfahren seinem Sinne nach einheitlich dasselbe. Allerdings entspringt es in
der Mathematik, wird dann verallgemeinert und unter sinngemäßer Abwandlung
auf außermathematische Bereiche übertragen.

Es gibt Fälle, in denen für dasselbe Gebilde eine Mehrzahl von generativen
Definitionen zur Verfügung stehen. Die Ellipse kann definiert werden als Kegelschnitt, als Schnitt eines Zylinders oder, in der Ebene, durch die Bewegung eines
Fadens in bezug auf zwei Brennpunkte [162]. Ist mit einem derartigen »modus generandi« eine Realdefinition gegeben, so lassen sich aus ihr weitere ableiten [163]. Es
stellt sich — wie man darüber hinausgehend sagen kann — die Aufgabe, die
Konvergenz der verschiedenen generativen Definitionen zu beweisen, d. i. zu
zeigen, daß sie alle dasselbe Gebilde definieren, was der Natur der Sache nach nur

---

159 *Nouv. Ess.* III, III § 18 (*P.* V 273 f); vgl. auch IV, VI § 7 (*P.* V 383).
160 Vgl. dazu *De Organo sive arte magna cogitandi* (*Couturat, O. F.* S. 432).
161 *Protogaea* (hrsg. von Chr. L. Scheidius, Göttingen 1749) S. 18.
162 Diese »Fadenkonstruktion« entspricht der Definition der Ellipse in der elementaren
analytischen Geometrie als einem geometrischen Ort eines Punktes, der sich in der
Ebene so bewegt, daß die Summe seiner Abstände von zwei festen Punkten konstant
bleibt.
163 *De synthesi et analysi universali* (*P.* VII 295). Dort auch über das Prinzip der Auswahl unter einer Mehrheit von Realdefinitionen, wenn es sich um den modus handelt,
»quo res actu producta est«, sowie über diejenigen Realdefinitionen, die als »perfectissimae« zu gelten haben.

entweder ihre gegenseitige Ableitung auseinander oder die Ableitbarkeit aller anderen aus einer von ihnen besagen kann [164]. Nun aber besteht die Möglichkeit einer Mehrheit von generativen Definitionen nur für mathematische Begriffe, die Abstraktionen, oder — wie Leibniz es nennt — »res incompletae« darstellen: »in rebus autem completis hoc fieri non posse, et unam adeo substantiam alteri non esse perfecte similem, nec pluribus modis eandam posse generari« [165]. Damit ist eine Berechtigung gegeben, die generative Definition auch außerhalb der Mathematik zu verwenden, und wir werden denn auch später [166] von ihr für die Charakterisierung der individuellen Substanz Gebrauch machen. Was die abstrakten und »unvollständigen« Begriffe der Mathematik angeht, so kommt es — wie es im gleichen Text heißt — nicht auf einen bestimmten» modus generandi« an, sondern darauf, daß überhaupt ein solcher angegeben werden kann: »etsi ad concipiendam ellipseos essentiam non sit opus concipere determinatum modum generandi, non posse tamen perfecte concipi essentiam ellipseos aut alterius rei, quin possit ejus possibilitas demonstrari a priori per causam formalem cuivis speciali modo generandi inexistentem ...« Das ist völlig im Einklang mit der logischen Funktion der generativen Definition, die Realität des Begriffs durch den Nachweis der Möglichkeit des zu definierenden Gegenstandes sicher zu stellen, wofür die Angabe *irgendeines* erzeugenden oder konstruierenden Verfahrens hinreicht. Die generative Definition geht auf das Wesen, die »essence«, die im Grunde nichts anderes ist als »la possibilité de ce qu'on propose« [167]. Hier unterscheidet Leibniz die »essence de la chose«, die nur *eine* ist, von den vielfachen Definitionen, »qui expriment une même essence, comme la même structure ou la même ville peut être représentée par différentes scénographies, suivant les différents côtés dont on la regarde«. Wir interpretieren diese vielfachen Definitionen als Nominaldefinitionen durch reziproke Eigenschaften. In analogisierender Auffassung kann man diese Nominaldefinitionen als verschiedene Aspekte oder Perspektiven ansehen, unter denen sich ein identischer Begriff darstellt.

---

[164] Im Sinne der zweiten Eventualität läßt sich das eine der Kriterien deuten, das Leibniz in dem in der vorangehenden Anm. zitierten Text für die »perfectissima« der Realdefinitionen anführt, nämlich, daß sie »omnibus hypothesibus seu generandi modis communes sunt causamque proximam involvunt«.

[165] *An de Volder,* 6/VII 1701 (*P.* II 225). Über den Unterschied zwischen »vollständigen« und »unvollständigen« Begriffen siehe Kap. VI § 2 a.

[166] Kap. VI § 5 a.

[167] *Nouv. Ess.* III, III § 15 (*P.* V 272 f).

§ 3   Das Verhältnis der Subjekt-Prädikat-Logik
und der Logik der generativen Definition

a. Leibnizens Bevorzugung der Subjekt-Prädikat-Logik
Zwei Auffassungen des Begriffs und der Realdefinition stehen sich bei Leibniz
gegenüber. Man kann von einem Unterschied, sogar geradezu einem Gegensatz
zwischen zwei Logiken sprechen: der Subjekt-Prädikat-Logik und der Logik der
generativen Definition. In der ersteren, die in der analytischen Theorie des Urteils
ihren prägnantesten Ausdruck findet, erscheint der Begriff als multiplikative Kombination seiner Prädikate oder Komponenten [168], und die Realdefinition besteht in
der Zerlegung des Begriffs bis in seine letzten Komponenten, sowie in dem Nachweis der Verträglichkeit dieser im Sinne der Widerspruchslosigkeit. Gemäß der
Logik der generativen Definition gilt der Begriff als Verfahren der Erzeugung des
zu definierenden Gegenstandes (dessen Möglichkeit damit ipso facto verbürgt
ist), folglich auch als Erzeugungsprinzip der Eigenschaften des Gegenstandes und,
was damit gleichbedeutend ist, seiner Prädikate. Die logische Rangordnung zwischen dem Subjektbegriff und seinen Prädikaten erfährt eine Umkehrung gegenüber der an erster Stelle genannten Auffassung, nach der den Prädikaten logische
Priorität zukommt, da der Subjektbegriff als ihre multiplikative Kombination, als
ihr Produkt, die eben dieses Produkt bildenden Faktoren voraussetzt.

Die Frage nach dem Verhältnis der beiden logischen Theorien gliedert sich in
eine Reihe von speziellen Fragen. Als erste die nach einer eventuellen Vorzugstellung der einen oder der anderen Theorie. Auf diese Frage wird die Antwort
verschieden ausfallen, je nach dem, ob man sich an die ausdrücklichen Äußerungen von Leibniz zu dieser Sache hält, oder sich an dem Geist und der Tendenz
des Leibnizischen Systems orientiert und auf das sieht, was Leibniz in der Behandlung konkreter Probleme getan hat. Es wird sich herausstellen, daß die
Subjekt-Prädikat-Logik mit Unzulänglichkeiten und Lückenhaftigkeiten behaftet
ist, so daß die ihr entsprechende Theorie vom Begriff und der Realdefinition durch
die Lehre von der generativen Definition ergänzt werden muß. Bei dieser Sachlage stellt sich die Frage anch dem Recht, mit dem die beiden logischen Theorien
überhaupt als gleichgeordnet einander gegenübergestellt werden können.

Obwohl wir, Cassirer folgend, unter Berufung auf die innere Tendenz des
Systems der Logik, der generativen Definition einen Vorrang zuerkennen werden,
muß zunächst betont werden, daß Leibnizens eigene Äußerungen nicht in diese
Richtung weisen. Bei der Erörterung der Auflösung von Begriffen in ihre Requisite, »seu in alias notiones cognitae possibilitatis« unter Feststellung ihrer
Verträglichkeit miteinander, fügt Leibniz hinzu: »idque fit *inter alia,* cum intelligimus modum, quo res possit produci, unde *prae caeteris* utiles sunt definitiones

---

[168] Dieses Kap. § 1 d.

causales.«[169] Dementsprechend faßt Couturat die Kausaldefinition — wie vorhin [170] erwähnt — als einen bloßen Spezialfall der im Sinne der vollständigen Analyse und festgestellten Widerspruchslosigkeit verstandenen Realdefinition im Allgemeinen. Zuweilen erscheint der Spezialfall als ein solcher untergeordneten Ranges. Zwar kann es den Anschein des Gegenteils haben, wenn es heißt: ».. . utile est habere definitiones involventes rei generationem vel saltem, si ea caret, constitutionem, hoc est modum quo vel producibilem vel saltem possibilem esse apparet.«[171] Jedoch schließt diese Erörterung mit der Darlegung der Kriterien der »perfectissimae« unter den Realdefinitionen ab, deren letzteres lautet: »cum res resolvitur in meras notiones primitivas per se intellectas, qualem cognitionem soleo appellare adaequatam seu intuitivam.«[172] Vielleicht noch prägnanter ist die Formulierung: »... la définition est ... réelle et causale, comme lorsqu'elle contient la génération possible de la chose; et quand elle pousse l'analyse à bout jusqu'aux notions primitives, sans rien supposer qui ait besoin de preuve a priori de sa possibilité, la définition est parfaite ou essentielle.«[173] In seinen Glossen zu Schullers Mitteilungen über die Philosophie des Spinoza kontrastiert Leibniz: »Per se vero intelligi non nisi id cujus omnia requisita concipimus, sine alterius rei conceptu, sive id quod sibi ipsi existendi ratio est« mit: »Intelligere enim nos vulgo res dicimus, cum earum generationem concipimus, sive modum quo producuntur.« Daran schließt sich der Ausdruck des Zweifels, »an Ens necessarium a nobis intelligatur, imo an possit intelligi, etsi possit sciri sive cognosci«[174]. Auf Grund aller solcher Äußerungen kann es als ausgemacht gelten, daß Leibniz selbst der Realdefinition auf Grund vollständiger Analyse den Vorrang zuerkennt.

b. Unzulänglichkeiten der Subjekt-Prädikat-Logik

Indem wir zur Betrachtung unseres Problems in systematischer Perspektive übergehen, beginnen wir mit der Feststellung, daß ihrer Natur nach jede Realdefinition, weil sie die Möglichkeit des zu definierenden Gegenstandes ersichtlich macht, ein Existentialtheorem (im mathematischen Sinne) in sich schließt [175]. Die Definition der natürlichen Zahlen (zwei = 1 + 1; drei = 2 + 1, usw.) enthalten eine »énonciation cachée ... savoir que ces idées sont possibles« [176]. Diese Möglichkeit wird intuitiv erkannt. Ganz allgemein gilt, daß »une connaissance intuitive est comprise dans les définitions lorsque leur possibilité paraît d'abord«. Wir

---

[169] *Med.* (P. IV 425); von uns unterstrichen; ebenso *Spec. inv.*: ».. . definitiones causales, quae generationem rei continent, reales quoque sunt«. (P. VII 310).
[170] S. 66, Anm. 126.
[171] *De synthesi et analysi universali* (P. VII 294).
[172] *De synthesi et analysi universali* (P. VII 295).
[173] *Disc.* 24 (Le Roy S. 63).
[174] *Communicata ex literis D. Schulleri* (P. I 131 Anm. 1).
[175] *De synthesi et analysi universali*: «. . . omnem realem definitionem continere affirmationem aliquam saltem possibilitatis« (P. VII 295); entsprechend *Auszug des Briefes an Foucher*, 1686: ».. . nos idées enferment un jugement« (P. I 385).
[176] *Nouv. Ess.* IV, II § 1; vgl. auch IV, VII § 6 (P. V 347 und 390).

können die Ideen der Sachen (»rerum«) nicht denken (»cogitare«), »nisi quatenus earum possibilitatem intuemur« [177].

Es besteht ein bemerkenswerter Unterschied zwischen den beiden Arten von Realdefinition. Da die generative Definition ein Verfahren der Erzeugung des zu definierenden Gegenstandes angibt und im Grunde nichts anderes darstellt als die Formulierung eines solchen Verfahrens, ist sie ipso facto der Beweis des Existentialtheorems, nämlich der Möglichkeit des betr. Gegenstandes. Bei der Realdefinition auf Grund vollständiger Analyse hingegen muß in einer ersten Reihe von Schritten der vorgelegte Begriff in seine letzten Komponenten zerlegt werden, und sodann muß in einem weiteren Schritt die Verträglichkeit dieser Komponenten festgestellt werden. Mit anderen Worten, der Beweis des Existentialtheorems ist nicht mit der vollständigen Analyse selbst gegeben, sondern muß zusätzlich erbracht werden. Das Existentialtheorem tritt nachträglich zur Definition hinzu, die erst auf Grund dieses Hinzutretens den Charakter und die Geltung einer Realdefinition erhält, wie das oben [178] für den Begriff des »Ens perfectissimum« kurz erwähnt wurde.

Der dargelegte Umstand betrifft lediglich die theoretische Einfachheit und Eleganz. Schwerer fällt das Folgende ins Gewicht. Angenommen, ein vorgegebener Begriff sei in seine letzten Komponenten aufgelöst. Auf dem Boden der Subjekt-Prädikat-Logik kann von einer solchen letzten Komponente oder einem Elementarbegriff weder Möglichkeit, noch Einfachheit, noch irgendetwas sonst ausgesagt werden, selbst wenn man Möglichkeit und Einfachheit als Prädikate im üblichen Sinne gelten läßt [179]. Gemäß der Subjekt-Prädikat-Logik bedeutet die wahrheitsgemäße Aussage solcher Prädikate deren Enthaltensein als Teilbegriffe in dem in Rede stehenden Elementarbegriff, was aber mit dem Ansatz des letzteren als nicht weiter zerlegbar im Widerspruch steht. Ebenso wenig läßt sich die zwischen den letzten Komponenten, in die ein vorgegebener Begriff aufgelöst ist, festgestellte Verträglichkeit im Sinne der Widerspruchslosigkeit mit den Mitteln der Subjekt-Prädikat-Logik formulieren. Das Urteil: ›die Komponenten a, b, c usw. des Begriffes N stehen in keinem Widerspruch zueinander‹ ist kein Urteil von der als kanonisch angesehenen Form S ist p. Das Gleiche gilt für den Fall der Konstatierung von Widerstreit. Russell hat betont, daß Verträglichkeit und Unverträglichkeit synthetische Relationen sind, die allen Urteilen von der Form S ist p

---

[177] *Spec. inv.* (P. VII 310). Nach Couturat, »Le système de Leibniz d'après M. Cassirer«, *Revue de Métaphysique et de Morale* XI (1903) S. 96 handelt es sich um eine rein logische Intuition, die darin besteht, zu sehen, daß ein vollständig analysierter Begriff keinen Widerspruch enthält. Im Falle der generativen Definition, die Couturat allerdings nur als Spezialfall oder gar als Ersatz für die Realdefinition auf Grund vollständiger Analyse gelten läßt, muß sich die Intuition auf die Ausführbarkeit des erzeugenden Verfahrens beschränken, das in der betr. generativen Definition angegeben ist.

[178] S. 62.

[179] Martin, *Leibniz* S. 45.

(im Sinne der Subjekt-Prädikat Logik als Enthaltenseins des Prädikats p im Subjekt S verstanden) zu Grunde liegen und von ihnen vorausgesetzt werden, folglich selber nicht in dieser Form ausdrückbar sind, und daß der Satz vom Widerspruch allein keinen einzigen inhaltlich bestimmten Satz aus sich hergibt [180]. Von einer anderen Seite her gesehen: *die gegenseitige Verträglichkeit der Komponenten oder Prädikate eines analysierten Begriffs ist nicht ein weiteres Prädikat neben den ersteren und von derselben Art wie diese und kann folglich nicht als ein zusätzlicher Bestandteil in den zusammengesetzten Begriff eingehen* [181]. Darüber hinausgehend muß in Orientierung an Leibnizens Betrachtung der Größer- bzw. Kleiner-Relation zwischen zwei Geraden L und M als »raison entre L et M« [182] die folgende Frage gestellt werden: Gesetzt man läßt Verträglichkeit als Prädikat gelten, welcher von den miteinander verträglichen Komponenten a, b, c, usw. kommt dieses Prädikat dann zu? Während das Größer- und Kleinersein als Accident, d. h. Prädikat der Geraden L bzw. M gedeutet werden kann und von Leibniz in dem angeführten Text diese Deutungsmöglichkeit in Erwägung gezogen worden ist, versagt diese Auskunft völlig im Falle der Verträglichkeit. Diese Schwierigkeit tritt zu dem vorhin erwähnten Einwand hinzu, daß auf dem Boden der Subjekt-Prädikat-Logik einem letzten nicht weiter zerlegbaren Elementarbegriff überhaupt kein Prädikat beigelegt werden kann, folglich auch nicht Verträglichkeit mit anderen Elementarbegriffen [183].

Bei der Zerlegung eines Begriffs in seine Komponenten bewegt man sich s. z. s. unter diesen und hält sich an sie, indem man sie, eine nach der anderen, für sich heraushebt, während für die Feststellung der Verträglichkeit und Widerspruchslosigkeit unter den Komponenten ein Standort oberhalb ihrer erforderlich ist, von dem aus sie in ihren gegenseitigen Beziehungen übersehen werden können. Aus diesem Grunde führt die Formulierung der Verträglichkeit, bzw. Unverträglichkeit, über die Subjekt-Prädikat-Logik hinaus [184]. Wir werden später [185] den Begriff der Verträglichkeit mit dem der Existenz, nicht als mathematische, sondern als aktuelle Existenz von Substanzen verstanden, konfrontieren, wenn wir zu zeigen haben, daß Existenz im Unterschied zu Verträglichkeit unter den Voraussetzungen des Leibnizischen Systems als ein Prädikat im Sinne der Subjekt-Prädikat-Logik zu gelten hat.

---

[180] Russell, *A critical exposition of the philosophy of Leibniz* Kap. II § 11. Mahnke, *Leibnizens Synthese* S. 41 f hat sich die Einwände Russells zu eigen gemacht. Er rechnet es Russell an (S. 25), bei Leibniz die Vorbereitung der Lehre von den synthetischen Sätzen a priori herausgestellt zu haben. Russells spätere Standpunktsänderung, was den synthetischen Charakter der Sätze der reinen Mathematik angeht (Vorrede zur zweiten Auflage von 1937, S. VIII), sei hier nur vermerkt.

[181] G. Funke, *Der Möglichkeitsbegriff in Leibnizens System* (Bonn 1938) S. 62.

[182] *An Clarke* V 47 (*P.* VII 401).

[183] Kauppi, *Über die Leibnizsche Logik* S. 110 weist auf den fragwürdigen Charakter der Leibnizischen Voraussetzung hin, daß die Denkbarkeit eines Begriffs in diesem auf dieselbe Weise enthalten sei wie das Prädikat im Subjekt.

[184] Siehe S. 76 und, in bezug auf Relationen im Allgemeinen S. 435 f.

Bei allem Bestehen auf dem Feststellen und Beweisen der Widerspruchslosigkeit und Verträglichkeit zwischen den Komponenten eines zu analysierenden Begriffs [186] hat Leibniz dieses Feststellen selbst und seine Formulierung nicht ausdrücklich zum Thema gemacht und so nicht die Probleme und Schwierigkeiten herausgestellt, die sich für die Subjekt-Prädikat-Logik ergeben. Pape [187] vermutet, daß er den Verträglichkeitsnachweis der Komponenten eines zu analysierenden Begriffs mit der Analyse des letzteren einfach zusammenfallen läßt. Man kann die Charakterisierung der Erkenntnis der Möglichkeit des Gegenstandes einer Realdefinition (was den Verträglichkeitsnachweis der Komponenten des betr. Begriffs natürlich einschließt) als intuitive Erkenntnis auch dahin deuten, daß Leibniz das in Rede stehende Probleme zwar gesehen hat, ihm aber durch diese Charakterisierung ausgewichen ist, indem er es aus dem Bereich der Logik verwies.

Ist ein vorgegebener Begriff in seine letzten, ihrerseits nicht weiter auflösbaren Komponenten zerlegt, und ist deren Verträglichkeit im Sinne der Widerspruchslosigkeit festgestellt, so stellt sich die umgekehrte Aufgabe, den vorgegebenen Begriff aus seinen Elementen wieder zu rekonstruieren. In sinngemäßer Erweiterung und Verallgemeinerung verstanden, bezeichnet diese Aufgabe nichts anderes als das Hauptanliegen der Leibnizischen Kombinatorik im weiten Sinne der Ars inveniendi, nämlich aus dem »Alphabet der menschlichen Gedanken«, den »prima possibilia« alle möglichen Begriffe durch »Kombination« zusammenzusetzen. »Ayant le catalogue des pensées simples on sera en état de recommencer a priori et d'expliquer l'origine des choses, prise de leur source d'un ordre parfait et d'une combinaison ou synthèse absolument achevée.«[188] Nicht um die praktische Durchführbarkeit dieses Programms handelt es sich hier, sondern um seinen prinzipiellen Sinn. In dieser Beziehung wäre es nicht hinreichend, die elementaren Bestandteile zu kennen und sich ihrer gegenseitigen Verträglichkeit zu versichern, sondern es müßten noch Formen und Prinzipien, *synthetische Prinzipien* oder *Prinzipien der Synthese* eingesetzt werden, denen gemäß die elementaren Komponenten miteinander zu verbinden sind. Selbst wenn bei der Auffassung des Begriffs als multiplikativer Kombination seine Komponenten nebeneinander stehen, wie die Zahlfaktoren im arithmetischen Produkt, so ist auch damit eine bestimmte, wie immer primitive, Form der Kombination und Synthese gegeben. Daß Prinzipien der Synthese (selbstverständlich von weniger primitiver Art) die von Leibniz ausgeführten Teile der Ars inveniendi, nämlich die von ihm begründeten mathematischen Disziplinen durchherrschen, ist von Russell und Cassirer, allerdings unter sehr verschiedenen, den Differenzen ihrer philosophischen Gesamtorientierung entsprechenden Gesichtspunkten, dargelegt worden. Prinzipien aber, nach denen Elemente kombiniert werden, sind nicht selber ihrerseits Elemente der-

185 Kap. VIII § 5.
186 Siehe die S. 65, Anm. 118 zitierte Stelle.
187 Pape, *Leibniz* S. 78 f.
188 *Initia et specimina scientiae novae generalis* (P. VII 84).

selben Art und rangieren nicht neben ihnen. Vom konstituierten komplexen Begriff her gesehen, können folglich die seinen Aufbau bestimmenden Prinzipien der Kombination seiner Prädikate nicht selber als Prädikate im gleichen Sinne gelten. Wiederum stellt sich die Subjekt-Prädikat-Logik als unzulänglich heraus. Die in Rede stehenden Prinzipien geben Verfahrensregeln an, nach denen bei der Kombination der elementaren Komponenten zu verfahren ist. Die allgemeine Aufgabe der Kombinatorik, um deren prinzipiellen Sinn es hier geht, erweist sich somit als eine *Konstruktionsaufgabe*: es sind von vorgegebenen Elementen aus, gemäß bestimmten Konstruktionsprinzipien, neue mögliche Gebilde zu erzeugen. Indem die Konstruktionsprinzipien als Gesetze der Erzeugung der neuen Gebilde fungieren, tritt die generative Definition in ihre Rechte, in der Cassirer den »einzig-zulänglichen Ausdruck für jede echte und wahrhafte ›Realdefinition‹« sieht [189]. Jedenfalls bedarf die Realdefinition durch vollständige Analyse und vor allem die Subjekt-Prädikat-Logik, auf deren Boden sie erwächst, der Ergänzung durch eine Logik anderen Stils, in deren Zentrum die Theorie der generativen Definition steht.

c. Beispiele der Leibnizischen wissenschaftlichen Praxis

Um die These von der Unzulänglichkeit der Subjekt-Prädikat-Logik weiter zu substantiieren, werfen wir einen Blick auf einige wenige Beispiele der wissenschaftlichen Praxis von Leibniz.

Die Relation der Gleichheit irgendwelcher Termini wird als ihre wechselseitige Substituierbarkeit »salva veritate« definiert, dergestalt, daß Gleichheit und Substituierbarkeit als äquivalent gelten [190]. Martin hat u. a. darauf aufmerksam gemacht, daß diese Definition gar nicht auf ihre Möglichkeit, d. h. Widerspruchslosigkeit untersucht wird, und daß sie ferner nicht die kanonische Form $N = ab$ (z. B. homo = animal rationale) aufweist [191]. Weder der Begriff der Gleichheit noch der der Substitution werden in ihre Teilbegriffe zerlegt, deren Verträglichkeit miteinander festgestellt wird. Anders ausgedrückt, die in Rede stehende Definition beschreibt nicht den Begriff der Gleichheit durch Aufzählung seiner Merkmale. Vielmehr gibt sie ein operatives, wenn auch nicht konstruktives, Verfahren an, dem die in der Gleichheitsbeziehung stehenden Termini unterworfen werden können. Mit Hilfe dieses operativen Verfahrens beweist Leibniz einige Sätze, z. B. die Transitivität der Gleichheitsrelation [192], die gemeinhin als Axiome galten.

Beiläufig bemerken wir, daß Parkinson die Leibnizische Formulierung des Satzes der doppelten Negation als eine »implizite Definition« des Wortes oder

---

[189] Cassirer, *Die Philosophie der Aufklärung* S. 459 f; siehe auch *Erkenntnisproblem* II 127 f.

[190] P. VII 228: »Si sint A et B et A ingrediatur aliquam propositionem veram, et ibi in aliquo loco ipsius A pro ipso substituendo B fiat nova propositio eaque itidem vera, idque semper succedat in quacunque tali propositione, A et B dicuntur esse Eadem; et contra si Eadem sint A et B, procedet substitutio quam dixi«.

[191] Martin, *Leibniz* S. 94.   [192] P. VII 230 f.

Zeichens »non« interpretiert, d. h. als eine Definition dieses Wortes durch die Axiome, in denen es figuriert [193]. Demgegenüber sei daran erinnert, daß das Gesetz der doppelten Negation, nämlich die Äquivalenz von A und non-non-A oder von p und $\sim\ \sim$ p aus den miteinander kombinierten Sätzen des Widerspruchs und des ausgeschlossenen Dritten folgt, die sich ihrerseits — wie oben [194] erwähnt — aus dem Prinzip der Vorentschiedenheit der Wahrheit oder Falschheit jedes Satzes durch Spezialisierung ergeben.

Von größerem Interesse im gegenwärtigen Zusammenhang ist Leibnizens Methode des Nachweises der Unmöglichkeit gewisser Begriffe wie derjenigen der größten Zahl oder der schnellsten Bewegung. Die größte Zahl wird bestimmt als Zahl aller Zahlen (»numerus omnium numerorum«) oder als die Zahl aller Einheiten (»numerus omnium unitatum«), da aus jeder vorgegebenen Zahl durch Hinzufügung einer Einheit eine neue Zahl hervorgeht [195]. Um den Begriff der größten Zahl zu bilden, müssen alle Zahlen zu einer ›Menge‹ oder einer Gesamtheit (»unum totum«) [196] zusammengefaßt werden, und dieser Gesamtheit aller Zahlen entspricht die größte Zahl; sie ist die Anzahl der zu dieser Gesamtheit vereinigten Elemente. Die Gesamtheit aller Zahlen enthält als Teilinbegriffe (Teilmengen in der Sprechweise der heutigen Mengenlehre) den Inbegriff aller Quadratzahlen, aller kubischen Zahlen, aller geraden Zahlen, aller Vielfachen von drei usw. Jeder Zahl entspricht aber eine und nur eine Quadratzahl, kubische Zahl, gerade Zahl und so fort. »Ergo tot sunt numeri quadrati, item cubi, etc., quot radices, seu numeri simpliciter ... Eodem modo colligitur tot esse numeros simpliciter, quot pares seu binarios, et quot ternarios, seu numerorum simpliciter triplos, et quot quaternarios etc. ...«[197]. In der Terminologie der modernen Mengenlehre ausgedrückt: Teilmengen der Menge der natürlichen Zahlen erweisen sich als von gleicher Mächtigkeit wie die letztere Menge selbst. Diese Konsequenz ist für Leibniz unannehmbar, denn der Satz »partem esse minorem toto« ist ein Axiom, das mit Hilfe identischer Sätze und der Definition von ›kleiner‹ streng demonstriert werden kann [198]. Er gilt innerhalb des Unendlichen ebenso wie innerhalb des End-

[193] Parkinson, *Logic and reality in Leibniz's metaphysics* S. 74 f unter Bezug auf *Principia calculi rationalis*: »Non geminatus semet tollit: Non non A est A. Est potius definitio seu usus signi *non*« (*Couturat, O. F.* S. 230) und *Couturat, O. F.* S. 259: »non non A ∞ A. Hic est usus τοῦ *non*«. In *de affectibus* wird das Gesetz der doppelten Negation in der Form »non-possibile est quod esse aliquid et non-non esse aliquid non est idem« aus der Definition »possibile est quod esse aliquid et non-non esse aliquid est idem« abgeleitet, wobei Möglichkeit wiederum als Widerspruchslosigkeit verstanden ist (*Grua* S. 536 f).

[194] S. 33.

[195] *Entwurf eines Briefes an Malebranche* (*P.* I 338).

[196] *An Joh. Bernoulli*, o. D. (*M.* III 535).

[197] *An Jean Gallois*, 1672 (*Ak.* II,I 226); *Pacidius Philalethi*: »... aequalis erit numerus numerorum omnium (quadratorum et non-quadratorum) et numerus omnium quadratorum ...« (*Couturat, O. F.* S. 611 ff).

[198] Den Beweis hat Leibniz mehrfach formuliert, so z. B. *P.* VII 300; für Näheres siehe Couturat, *La logique de Leibniz* S. 204.

lichen: »partem toto minorem esse in infinito non minus quam in finito arbitror verum.«[199] Folglich läßt sich die Gesamtheit der Zahlen nicht als ein »unum totum« fassen, und damit stellt sich der Begriff der größten Zahl, weil er das in Rede stehende »unum totum« voraussetzt, als unmöglich heraus[200]. Leibnizens Methode besteht nicht darin, den Begriff der größten Zahl in Teilbegriffe zu zerlegen und zwischen diesen eine Unverträglichkeit zu entdecken. Vielmehr stellt er eine Voraussetzung des Begriffes der größten Zahl heraus, zieht aus dieser Voraussetzungen Konsequenzen und weist deren Unverträglichkeit mit dem Axiom ›Das Ganze ist größer als jeder seiner Teile‹ nach. *Es handelt sich gar nicht um einen inneren Widerspruch, der den Begriff der größten Zahl betrifft, sondern der Widerspruch besteht zwischen Konsequenzen, die sich aus dem Ansatz dieses Begriffes ergeben, und einem unabhängig von dieser Betrachtung bewiesenen allgemeinen Axiom.* Weil auf Grund seines Beweises die Gültigkeit des Axioms feststeht, muß der in Rede stehende Begriff als unmöglich fallen gelassen werden.

Was das Prinzipielle seiner Methode angeht, verfährt Leibniz nicht anders beim Nachweis der Unmöglichkeit des Begriffes der schnellsten Bewegung. Es sei ein Rad gegeben, das sich so dreht, daß ein in seine Peripherie eingeschlagener Nagel die schnellste Bewegung in tangentieller Richtung vollführt. Die Speiche des Rades läßt sich über die Peripherie hinaus beliebig verlängern, alsdann bewegt sich der Endpunkt der Verlängerung der Speiche in tangentieller Richtung schneller als der Nagel in der Peripherie, womit der Widerspruch zur ursprünglichen Annahme gegeben ist[201]. Der Widerspruch besteht nicht zwischen Komponenten, in die der Begriff der schnellsten Bewegung zerlegt wird, und unter denen solche angetroffen werden, die sich wie X und non-X verhalten. Vielmehr wird ein Verfahren angegeben, durch das ein Gegenfall konstruiert wird, und die Unverträglichkeit besteht zwischen diesem Gegenfall und der ursprünglichen Annahme. Da auf Grund des Konstruktionsverfahrens die Möglichkeit des Gegenfalls verbürgt ist, muß die ihm widersprechende ursprüngliche Annahme als unmöglich ausscheiden. *Bei dem aktuellen Unmöglichkeitsnachweis in konkreten Fällen hält sich Leibniz gar nicht an das Programm der Methode der vollständigen Analyse, sondern zieht eine bewiesenes Axiom heran oder führt eine Konstruktion aus und weist dann die Unverträglichkeit des in Rede stehenden Begriffs mit dem Axiom*

---

[199] *Pacidius Philalethi (Couturat, O. F. S. 612).*

[200] *An Joh. Bernoulli,* o. D.: »... numerum seu multitudinem omnium numerorum contradictionem implicare, si ut unum totum sumatur« (*M. III* 535). In dem Schreiben *an Gallois* von 1672 legt Leibniz dar, daß konsequenter Weise der »numerus infinitus« mit der Null gleichgesetzt werden müßte, denn nur für die Null gilt, daß alle ihre Vielfachen und Potenzen ihr gleich sind. »Ergo numerus infinitus est impossibilis, non unum, non totum, sed Nihil« (*Ak.* II,I 226).

[201] *Med.* (P. IV 424) und *Initia rerum mathematicarum metaphysica*: »... quovis motu posse assumi celeriorem et tardiorem in data ratione: radio enim rigido circa centrum acto motus punctorum sunt ut distantiae eorum a centro, itaque celeritates variari possunt ut rectae« (*M.* VII 22).

bzw. dem Resultat der Konstruktion nach. In keinem der betrachteten Beispiele wird ein innerer Widerspruch aufgewiesen.

d. Relatives Recht der Subjekt-Prädikat-Logik

Im Verlauf der vorstehenden Darlegungen hat sich die Unzulänglichkeit der Subjekt-Prädikat-Logik erwiesen, und zwar sowohl durch die systematische Kritik einiger Leibnizischer Lehren, als auch im Hinblick auf das methodische Verfahren Leibnizens in der Behandlung konkreter Probleme. Auf der anderen Seite stehen die eingangs [202] vermerkten Äußerungen, in denen Leibniz auf dem Recht, vielleicht sogar Vorrecht der Realdefinition durch vollständige Analyse besteht, und nach denen jedenfalls keine Rede davon sein kann, diese Art der Realdefinition zu Gunsten der generativen Definition auszuschalten. Während Russell in der Leibnizischen Philosophie tiefe Widersprüche findet, verweist Cassirer [203] auf die historische Situation des Leibnizischen Denkens, das sich in einer Spannung zwischen zwei widerstreitenden Motiven hält. Das durch die Theorie der generativen Definition repräsentierte Motiv wird von Leibniz nicht einfach zur traditionellen Subjekt-Prädikat-Logik in Gegensatz gestellt, sondern entwickelt sich in Anknüpfung an die Tradition und in historischer Kontinuität mit ihr. Nach Cassirer [204] mag zwar die Subjekt-Prädikat-Logik für die metaphysische Lehre von den Monaden eine besondere Bedeutsamkeit haben, jedoch ist die gesamte Leibnizische Wissenschaftslehre von der durch die Theorie der generativen Definition repräsentierten Logik beherrscht. In dieser sieht Cassirer die neue fruchtbare und zukunftsträchtige Tendenz des Leibnizischen Denkens, der gegenüber die Subjekt-Prädikat-Logik als ein zu überwindender historischer Restbestand erscheint.

Im Folgenden soll der Versuch gemacht werden, dem von Leibniz geltend gemachten Recht der Subjekt-Prädikat-Logik Genüge zu tun, zugleich aber dieses Recht im Hinblick auf die zutage getretene Prävalenz der generativen Definition als *relativ* zu erweisen [205]. Wir sind uns des hypothetischen Charakters der vorzutragenden Deutung bewußt, die nur durch den Nachweis ihrer Einstimmigkeit mit weiteren Leibnizischen Lehren und durch ihre Bewährung innerhalb einer Gesamtinterpretation des Leibnizischen Systems ihre Berechtigung erhalten kann.

Gegenüber den »Dingen« (im denkbar weitesten Sinne des Wortes verstanden) sind prinzipiell zwei Standpunkte möglich. Unter dem einen, den wir den der *natura naturanda* [206] nennen wollen, kommen die Dinge nicht als fertige Gebilde,

---

[202] Vgl. oben, S. 74 ff.

[203] Cassirer, *Leibniz' System* S. 539.

[204] Id. *ibid.* S. 535.

[205] In geistesgeschichtlicher Orientierung spricht J. O. Fleckenstein, *Gottfried Wilhelm Leibniz* (München 1958) S. 146 f von einer Synthese »des funktionellen und des prädikativen Denkens«, während wir es auf eine innersystematische Interpretation abgesehen haben.

[206] Man wird uns diese terminologische Neuschöpfung nachsehen, denn der Ausdruck

sondern im Hinblick auf ihre Genese, Bildung, Erzeugung in Betracht. Geometrische Begriffe beziehen sich dann nicht auf Figuren als mit allen ihren Eigenschaften fertig vorliegend, sondern als zu erzeugend, somit auf die Gesetze und Prinzipien, nach denen die Figuren zu konstruieren, und aus denen ihre Eigenschaften abzuleiten sind. Im Vorgriff auf spätere Ausführungen sei erwähnt, daß in einer wesentlichen Hinsicht Leibniz die Substanz als das erzeugende Prinzip ihrer Accidentien charakterisiert [207]. So gesehen, erscheint die Substanz nicht als Träger ihrer Attribute, Accidentien und Eigenschaften im Sinne ihrer Bestimmtheit durch diese. Das würde in der Tat besagen, daß die Attribute und Accidentien zunächst in fertiger Ausprägung vorliegen und dann in ihrer Gesamtheit die Substanz konstituieren und bestimmen, während gemäß der in Rede stehenden Auffassung der Substanz die Attribute eben nicht als fertig vorliegend, sondern als zu erzeugend gelten. Nicht von ihren Attributen, Accidentien und Eigenschaften her wird die Substanz erreicht, sondern umgekehrt die letzteren werden von der Substanz als ihrer Quelle und dem Prinzip ihrer gesetzmäßigen Erzeugung aus zugänglich. Das Verhältnis zwischen der Substanz und ihren Accidentien ist das gleiche wie jenes, in dem — wie vorher [208] bemerkt — nach der Theorie der generativen Definition der Subjektbegriff zu seinen Prädikaten steht. Später [209] werden wir darlegen, daß nach Leibniz jedem möglichen Universum ein Fundamentalbegriff zu Grunde liegt, von dem aus es sich bestimmt, welche Wesen und Substanzen diesem Universum angehören; genauer gesagt, von dem aus die ihm angehörigen Substanzen an ihren Stellen erfordert und sämtliche Geschehnisse und Vorkommnisse bis in alle Einzelheiten festgelegt sind. Wird ein mögliches Universum als »natura naturanda« betrachtet, d. h. auf seinen Fundamentalbegriff als aus diesem sich ergebend bezogen, so figurieren die Substanzen dieses Universums nicht nach dem, was eine jede von ihnen an sich selbst ist (nämlich als erzeugende Prinzipien ihrer jeweiligen Accidentien), sondern hinsichtlich der ihnen allen gemeinsamen Abkünftigkeit von dem Fundamentalbegriff des in Rede stehenden Universums, folglich auch im Hinblick auf die Relationen der Kompossibilität, die unter diesem Fundamentalbegriff zwischen ihnen bestehen. Die Verwirklichung eines Universums besagt nach Leibniz, daß eine mögliche Welt auf Grund ihrer Ausgezeichnetheit vor allen anderen möglichen Welten zur Existenz zugelassen ist [210]. Die Feststellung dieser Ausgezeichnetheit erfordert Vergleich und In-Beziehung-setzung aller möglichen Welten und ihrer Fundamentalbegriffe [211]. Jede mögliche Welt und ihr Fundamentalbegriff kommt jetzt nicht mehr als solche und nach dem, was sie in sich selbst ist, in Betracht, sondern vielmehr gemäß ihrer Stellung in der Gesamtheit möglicher Welten und möglicher Fundamentalbegriffe.

---

natura naturans würde hier nicht passen und muß ferner für das Verhältnis der Substanz zu ihren Accidentien und Zuständen (S. 308) reserviert bleiben.

[207] Kap. VI § 5 a und b.
[208] S. 74.
[210] Kap. VIII § 4 a.

[209] Kap. V § 2 b und d.
[211] S. 455.

Eine so gerichtete Betrachtung hat es nicht mit fertigen Produkten und erzeugten Gebilden zu tun, denn diese liegen gar nicht für sie vor. Folglich muß sie ihren Standpunkt außerhalb oder oberhalb der »Dinge« als fertige Gebilde suchen. Im Vordergrunde stehen hier Prinzipien der Erzeugung, Möglichkeiten und Relationen. Diese aber sind wesentlich auf einen sie denkenden Geist bezogen, wie wir das früher [212] hinsichtlich des Begriffs der Repräsentation herausgestellt haben. Nach Leibniz haben Möglichkeiten und Relationen im Geiste Gottes ihren Sitz; ihre »Realität« besteht darin, daß sie von Gott gedacht werden [213]. Damit bahnt sich die später [214] systematisch zu entwickelnde Interpretation der Leibnizischen Philosophie als eine spezielle Form von Transzendentalphilosophie an, der gemäß jedes Universum, wirkliches wie mögliches, ein Korrelat des göttlichen Geistes ist, der das Subjekt dieser speziellen Form von Transzendentalphilosophie bildet. *Die zur natura naturanda gehörige Logik ist in einem eminenten Sinne die Logik der Erzeugung, der Konstitution,* mit einem Worte, *die Logik der Transzendentalphilosophie.* Von Leibniz aus gesehen, besagt es, daß sie die Logik des göttlichen Intellektes ist.

Auf Grund seiner Vorzugsstellung, die ihn zu einem »petit Dieu« unter dem »Grand Dieu« macht [215], hat auch der menschliche Geist in gewissem Umfang und innerhalb gewisser Grenzen an dieser Logik Teil. Der »monde intellectuel« als Inbegriff dieser Logik »est en Dieu, et en quelque façon en nous aussi« [216]. Die Vorzugsstellung des menschlichen Geistes wird sich später [217] als in der Fähigkeit zum reflektiven Selbstbewußtsein begründet erweisen, eine Fähigkeit, dank derer die Erschließung der Vernunftideen und der auf sie gegründeten ewigen und notwendigen Wahrheiten möglich ist. Da wir uns im Besitz der Vernunftideen befinden, sind wir nicht darauf beschränkt, die Abfolge der Geschehnisse einfach zur Kenntnis zu nehmen, sondern sind in der Lage, diese Geschehnisse zu objektivieren, d. h. unter der Leitung der Vernunftideen und -wahrheiten miteinander zu organisieren und in rational durchsichtige Zusammenhänge zu stellen [218]. Damit ist das Vorgehen der spezifisch modernen Wissenschaft gekennzeichnet, die im Gegensatz zur Wissenschaft Aristotelischen Stils die Wirklichkeit nicht einfach als gegeben hinnimmt, sich nicht damit begnügt, sie zu explizieren, sondern sie gemäß den Vernunftideen, besonders den mathematischen, konstruiert und aus erzeugenden Prinzipien hervorgehen läßt. So erklärt sich die hervorragende Rolle, welche die generative Definition in dem wissenschaftlichen Werke Leibniz' spielt, vor allem in seiner Mathematik.

---

[212] Kap. I § 4 d.
[213] Kap. VIII § 1 a und b.
[214] Kap. VIII §§ 3 und 6 b.
[215] S. 144.
[216] *Rorarius* (P. IV 571).
[217] Kap. III § 3 a.
[218] S. 413.

Bei seiner Neu-Kantischen Orientierung ist es nur konsequent, daß Cassirer die Leibnizische Lehre von der generativen Definition nicht nur entdeckt, sondern auch so sehr in den Vordergrund gestellt hat, daß ihm die traditionelle Subjekt-Prädikat-Logik als ein historischer Restbestand gilt. Demgegenüber muß das Recht dieser traditionellen Logik zur Geltung gebracht werden, und das nicht nur im Hinblick auf die zu Anfang dieses § erwähnten ausdrücklichen Erklärungen von Leibniz selbst, sondern auch aus Gründen der inneren Konsequenz des Systems. Wie legitim und sogar erforderlich es ist, das Universum samt allem, was es enthält, als zu konstituierend zu sehen und auf die Prinzipien seiner Bildung und Erzeugung zu beziehen, so berechtigt ist es andererseits, das Universum wenigstens in einem gewissen Umfang als bereits konstituiert zu betrachten, die aus Prinzipien der Erzeugung hervorgegangenen ›Dinge‹ (im allerweitesten Sinne des Wortes) als Resultate der sie aufbauenden Prozesse, als Endprodukte ihres Gewordenseins, kurz als in ihren Eigenschaften fertig vorliegende Gebilde zu nehmen und sie als solche zu explizieren. Diese Explikation erfolgt in Form der Subjekt-Prädikat-Logik, die damit in ihre Rechte tritt, weil neben dem soeben herausgestellten *Standpunkt der natura naturanda* auch der *Standpunkt der natura naturata* seine Berechtigung hat. Gemäß der hier vertretenen Interpretation der Leibnizischen Philosophie als Panlogismus stellt das Universum eine Verwirklichung von Logik dar. Das gilt vom Standpunkt der natura naturanda, insofern als dem zu konstituierenden Universum die durch die Theorie der generativen Definition repräsentierte Logik der Erzeugung zu Grunde liegt. Vom Standpunkt der natura naturata besagt es, daß in dem als konstituiert genommenen Universum die Subjekt-Prädikat-Logik als Logik des fertig Erzeugten niedergeschlagen ist. Auf der Basis der panlogistischen Interpretation erscheint es im Hinblick auf die beiden unterschiedenen Standpunkte begreiflich und sogar konsequent, daß Leibniz mit einer *doppelten* Logik operiert.

Die Berechtigung der beiden Standpunkte zeigt sich deutlich an Leibniz' Auffassung der Zahl, die Belaval [219] dahin formuliert, daß »le nombre est à la fois le nom ou ›charactère‹ qui désigne un ensemble, et l'opération constructive de cet ensemble«. Immerhin ist das »ensemble«, auch wenn man es als fertiges Gebilde nimmt, hervorgegangen aus einer »opération qui l'engendre«. So wird es fraglich, ob man mit Belaval von einer »parfaite équivalence« zwischen der Operation und ihrem Resultat, dem »aggrégat pensé«, sprechen kann, wenngleich jede der beiden Betrachtungsweisen ihre Berechtigung hat. Um es ganz allgemein auszudrücken: können die ›Dinge‹ als fertige Gebilde genommen werden, so müssen sie doch als Resultate und Produkte der sie bildenden Prozesse gelten, die in ihnen als erzeugten und produzierten niedergeschlagen sind. Das Erzeugte hat sein Recht der Eigenständigkeit, aber eben als Erzeugnis seines Erzeugtwordenseins. Der Standpunkt der natura naturata ordnet sich dem der natura naturanda unter; die Subjekt-Prädikat-Logik erweist sich als auf die Logik der Erzeugung wesentlich

219 Belaval, *Leibniz Critique de Descartes* S. 251.

zurückbezogen, eine Rückbeziehung, die den Sinn der Relativität des Rechts der
Subjekt-Prädikat-Logik bestimmt. Vielleicht erklärt diese Rückbeziehung die vorhin aufgewiesenen Lücken und Unzulänglichkeiten, die der Subjekt-Prädikat-Logik
anhaften, wenn sie auf sich selbst gestellt, d. h., nicht auf die Logik der Erzeugung
zurückbezogen wird.

Aus der relativen Berechtigung der Subjekt-Prädikat-Logik bei ihrer Unterordnung unter die Logik der Erzeugung ergibt sich eine Konsequenz für die Auffassung des Begriffs. Betrachten wir den Kreis, dessen Möglichkeit durch die generative Definition sicher gestellt ist, als konstruiert und fertig vorliegend, und
nehmen wir an, daß seine Eigenschaften durch geometrische Demonstration abgeleitet sind. Dann hat es einen guten Sinn zu sagen, daß diese Eigenschaften im
Begriff des Kreises enthalten sind, daß er sich in seine Eigenschaften entfaltet
und daß diese in ihrer Gesamtheit ihn zum vollständigen Ausdruck bringen. Allerdings stehen die Eigenschaften oder Prädikate im Begriff des Kreises nicht so
nebeneinander wie die Zahlfaktoren in einem arithmetischen Produkt. Vielmehr
besteht zwischen ihnen eine gewisse Ordnung, die sich aus der Art und Weise ergibt, in der die Eigenschaften bei der Demonstration hervorgehen, daraus z. B.,
daß für die Ableitung einer bestimmten Eigenschaft von einer anderen, bereits
vorgängig bewiesenen Eigenschaft Gebrauch gemacht werden muß, usw. Nach
Mahnke muß »die Nebeneinanderstellung von Elementarbegriffen« »in eine wirkliche Verkettung umgewandelt« werden [220]. *Nicht als Komplex,* sondern als *System
seiner Prädikate* ist der im Sinne der Subjekt-Prädikat-Logik verstandene Subjektbegriff aufzufassen. Der Ausdruck ›System‹ ist an die Stelle der multiplikativen Kombination zu setzen. Ein weiteres und weiter führendes Beispiel liefert
eine Folge oder Reihe, die wir für den gegenwärtigen Zweck als endlich ansetzen
wollen. Auch eine endliche Folge hat ein allgemeines Glied, das als ihr erzeugendes Prinzip fungiert. Denken wir uns diese Folge oder Reihe expandiert und in
alle ihre Einzelglieder entwickelt, so daß sie als fertig gewordene vorliegt. Wieder
kann man sagen, daß alle Einzelglieder im allgemeinen Glied enthalten sind und
es vollständig erschöpfen, aber das allgemeine Glied stellt offenkundig nicht eine
Ansammlung aller Einzelglieder dar. Ferner haben die letzteren aufgrund ihrer
gemeinsamen Abkünftigkeit von dem erzeugenden Prinzip systematische Bezogenheit aufeinander: einem jeden kommt unter dem allgemeinen Glied eine bestimmte Stelle und ein gewisser Ort im systematischen Verband aller Einzelglieder zu, und damit eine bestimmte Rolle (z. B., die des unmittelbaren Vorgängers)
in Bezug auf jedes andere.

Die der natura naturanda entsprechende Logik der Erzeugung haben wir in
einem eminenten Sinne auf den göttlichen Geist bezogen. Die göttliche Allwissenheit besagt vollständige Erkenntnis aller bei der Konstitution des Universums
beteiligten Relationen, Fundamentalbegriffe und erzeugenden Prinzipien. Sie be-

---

[220] Mahnke, *Leibnizens Synthese* S. 41 f; Funke, *Der Möglichkeitsbegriff in Leibnizens
System* I 18.

sagt ebenfalls vollständige Erkenntnis aller in den Fundamentalbegriffen beschlossenen und aus ihnen folgenden Konsequenzen und aller aus Prinzipien der Erzeugung resultierenden Produkte. Man kann daher nicht mit Rivaud sagen, daß die Reihe »verschwindet« und nur ihr »ewiges Gesetz« verbleibt [221]. Vor der göttlichen Erkenntnis bestehen vielmehr sowohl das Gesetz der Reihe wie ihre Glieder. Für diese Erkenntnis fallen der Standpunkt der natura naturanda und der natura naturata zusammen. Weil Leibniz den Begriff der Erkenntnis an der göttlichen Erkenntnis orientiert, insofern als die menschliche Erkenntnis an der göttlichen ihren Halt und ihren Maßstab hat, kann er mit zwei Logiken operieren, die für den göttlichen Geist zusammenfallen, sich daher nicht ausschließen noch miteinander in Konflikt stehen, sondern sich in einem gewissen Sinne einander erfordern.

§ 4 Principium reddendae rationis

Neben den Satz des Widerspruchs bzw. der Identität stellt Leibniz bekanntlich als zweites logisches Fundamentalprinzip den Satz vom Grunde, oft als Satz vom zureichenden oder bestimmenden Grunde bezeichnet. Zuweilen nennt Leibniz diesen Satz das »principium reddendae rationis«, eine Bezeichnung, die sich bald als die prägnanteste herausstellen wird.

Einige Formulierungen erwecken den Anschein, als ob es sich bei dem in Rede stehenden Satz um eine Art von »Kausalprinzip« handelt, dem gemäß nichts existiert und kein Ereignis eintritt, ohne daß es dafür eine »Ursache« oder einen Grund gäbe. »... nihil esse ⟨aut⟩ fieri, quin ratio reddi possit, saltem ab omniscio, cur sit potius quam non sit, aut cur sic potius quam aliter, paucis *Omnium rationem reddi posse.*«[222] Jedoch bringen diese Formulierungen nicht den eigentlichen und ursprünglichen Sinn des Satzes vom zureichenden Grunde zum Ausdruck. In der Tat bezeichnet Leibniz eine Fassung des in Rede stehenden Satzes, die dahin geht, »que rien n'arrive sans raison, qu'on peut toujours rendre, pourquoi la chose est plutôt allée ainsi qu'autrement« als ein »axiome vulgaire«, das ein »corrollaire« eines anderen und tiefer liegenden Prinzips bildet[223]. Somit stellt sich die Aufgabe, dieses tiefer liegende Prinzip herauszustellen, das sich als ein *logisches* erweisen wird.

Zu diesem Zweck muß zunächst betont werden, daß für Leibniz jeder wahre Satz bewiesen werden kann. Beweisbarkeit ist nicht nur das Kriterium der Wahr-

---

[221] Rivaud, *Histoire de la philosophie* III 504.
[222] *Couturat, O. F.* S. 25; *Théod.* I 44: »... principe ... de la raison déterminante: ... jamais rien n'arrive, sans qu'il y ait une cause ou du moins une raison déterminante, c'est à dire quelque chose qui puisse servir à rendre raison a priori, pourquoi cela est existant plutôt que non existant, et pourquoi cela est ainsi plutôt que de toute autre façon« (*P.* VI 127); *Princ.* 7 (*P.* VI 602); *Monad.* 32 (*P* VI 612).
[223] *An Arnauld,* 4 (14)/VII 1686 (*Le Roy* S. 122).

heit eines Satzes, sondern geradezu deren Definition. »Vera ... propositio est quae probari potest.«[224] Unter Beweis versteht Leibniz immer einen Beweis a priori, d. h. einen solchen, der sich auf die in dem betr. Satz figurierenden Begriffe gründet [225]. Beweisbarkeit in diesem Sinne gilt für alle wahren Sätze, auch für noch so kontingente. »Constat ... omnes veritates etiam maxime contingentes probationem a priori seu rationem aliquam cur sint potius quam non sint habere.«[226] *Als erster und fundamentaler Sinn des Satzes vom zureichenden Grunde ergibt sich das Prinzip der Beweisbarkeit aller wahren Sätze,* worauf von einigen Autoren bereits hingewiesen wurde [227]. In vorläufiger Form läßt sich der zureichende Grund eines wahren Satzes, genauer der Wahrheit eines vorgegebenen Satzes als dessen Beweisbarkeit bestimmen. Diese Bestimmung ist deshalb vorläufig, weil der Sinn der Beweisbarkeit noch einer näheren sogleich zu liefernden Präzision bedarf. Man kann den Satz vom zureichenden Grunde auch als allgemeines methodentheoretisches Postulat, als Postulat wissenschaftlicher Methodik auffassen: jeder Satz, der auf Wahrheit soll Anspruch machen können, unterliegt der Beweispflicht, d. h. er muß bewiesen werden können [228]. So rechtfertigt sich unsere Bevorzugung des Ausdrucks »principium reddendae rationis« als prägnanteste Bezeichnung dieses Satzes. In der Tat, das »principium reddendae rationis« besagt, »quod ... omnis propositio vera, quae per se nota non est, probationem recipit a priori, sive quod omnis veritatis reddi ratio potest, vel ut vulgo ajunt, quod nihil fit sine causa« [229]. Der logische Charakter des Prinzips darf damit als festgestellt gelten.

Nach der vorangehenden Darlegung [230] besteht der Beweis eines Satzes darin, daß die in ihn eintretenden Begriffe definiert, d. h. in ihre Teilbegriffe zerlegt,

---

224 *Gen. Inqu.* § 130 (*Couturat, O. F.* S. 387); *Grua* S. 303: »Commune omni veritati mea sententia est ut semper propositionis ⟨non identicae⟩ reddi possit ratio ...«
225 *An Arnauld,* 4 (14)/VII 1686: »... toute vérité a sa preuve a priori, tirée de la notion des termes ...« (*Le Roy* S. 128).
226 *P.* VII 301.
227 C. D. Broad, »Leibniz's predicate-in-notion principle and some of its alleged consequences«, *Theoria* XV (1949) S. 55; Kauppi, *Über die Leibnizsche Logik* S. 88 f; Janke, *Leibniz* S. 218. Parkinson, *Logic and reality in Leibniz's metaphysics* S. 64; v. Aster, *Geschichte der neueren Erkenntnistheorie* S. 278 ff hat gezeigt, wie sich im Laufe der Entwicklung des Leibnizischen Denkens das Prinzip der Beweisbarkeit, d. h. der apriorischen Begründung von den veritates aeternae auf alle Wahrheiten verallgemeinert hat.
228 Nach Hannequin, *La première philosophie de Leibniz, Études d'histoire des sciences et d'historie de la philosophie* II 139 stammt der Satz vom zureichenden Grunde ursprünglich aus der »philosophie civile et morale«. Damit ist der Wahrheits- oder Geltungsanspruch eines theoretischen Satzes als von ähnlicher Art aufgefaßt wie der Rechtsanspruch einer Forderung.
229 *Spec. inv.* (*P.* VII 309); *Théod.* App. III 14: »... (le principe) de la raison suffisante ... porte qu'il n'y a point d'énonciation véritable dont celui qui aurait toute la connaissance nécessaire pour l'entendre parfaitement, ne pourrait voir la raison« (*P.* VI 413 f).
230 Dieses Kap. § 1 c.

ferner die Definitionen für das Definiendum substituiert werden, mit dem Ziel, den vorgelegten Satz in einen identischen zu verwandeln, das Enthaltensein des Prädikatsbegriff im Subjektsbegriff dadurch zu erweisen, daß sich der erstere als ein Teilbegriff des letzteren herausstellt. Wenn jeder auf Wahrheit Anspruch erhebende Satz dem Beweispostulat unterliegt, so bedeutet das, daß er sich auf einen identischen Satz muß zurückführen lassen. Damit ist der Zusammenhang zwischen dem principium reddendae rationis und der analytischen Theorie des Urteils hergestellt[231]. »Quotiescunque ... praedicatum vere affirmatur de subjecto, utique censetur aliqua esse connexio realis inter praedicatum et subjectum, ita ut in propositione quacunque: A est B (seu B vere praedicatur de A), utique B insit ipsi A, seu notio ejus in notione ipsius A aliquo modo contineatur«, und zwar in Bezug auf die ewigen sowohl als auch die kontingenten Wahrheiten[232]. Was speziell die letzteren angeht, »eoque casu ratio quidem reddi potest semper ⟨ex natura rei, seu notione terminorum (saltem ab eo qui omnia novit)⟩, cur id quod factum est potius factum quam non factum sit«[233]. Die vorläufige Deutung des Satzes vom zureichenden Grunde als Prinzip der Beweisbarkeit läßt sich nunmehr dahin präzisieren, daß der zureichende Grund für die Wahrheit eines Satzes darin liegt, daß das Prädikat im Subjekt enthalten ist[234]. »Ratio ... veritatis consistit in nexu praedicati cum subjecto, seu ut praedicatum subjecto insit, vel manifeste, ut in identicis, ... vel tecte, sed ita tamen ut per resolutionem notionum ostendi nexus possit ...«[235].

Damit bestätigt sich Couturats Interpretation des »principe de raison« oder principium reddendae rationis als Umkehrung (»réciproque logique«) und in diesem Sinne Vervollständigung des Prinzips der Identität oder des Widerspruchs[236]. Während nach dem letzteren jeder identische Satz wahr ist, besagt das erstere, daß jeder wahre Satz identisch ist, bzw. sich als identisch muß nachweisen lassen. Nach Couturat stellt das principium reddendae rationis ein Corrolarium der Leibnizischen analytischen Theorie der Wahrheit dar, insofern als jeder Satz, der auf Wahrheit Anspruch erhebt, sich muß beweisen, d. h. auf einen identischen Satz zurückführen lassen[237]. Gerade diesen Sinn von »Beweisen« hat Parkinson

---

[231] *De synthesi et analysi universali*: »... cujuscunque veritatis reddi potest ratio, connexio enim praedicati cum subjecto aut per se patet, ut in identicis, aut explicanda est, quod fit resolutione terminorum« (*P.* VII 295 f).

[232] *P.* VII 300.

[233] *Couturat, O. F. S.* 402. Zur »connexio praedicati cum subjecto« als Grundlage und Vorbedingung des apriorischen Beweisens siehe außer den beiden soeben zitierten Texten noch *Grua* S. 287 und *Disc.* 13 (*Le Roy* S. 49).

[234] v. Aster, *Geschichte der neueren Erkenntnistheorie* S. 278 und Kauppi, *Über die Leibnizsche Logik* S. 89.

[235] *Couturat, O. F. S.* 11; *P.* VII 199: »... omnis veritatis (quae immediata sive identica non est) reddi posse rationem, hoc est notionem praedicati semper notioni sui subjecti vel expresse vel implicite inesse ...«

[236] Couturat, *La logique de Leibniz* Kap. VI § 19.

[237] B. Jasinowski, *Die analytische Urteilslehre Leibnizens in ihrem Verhältnis zu seiner*

in seiner Kritik an Couturats Interpretation verfehlt [238]. Nach Parkinson besagt das Prinzip vom zureichenden Grunde, daß jeder wahre Satz bewiesen werden kann. Dieses Prinzip kann aus der Leibnizischen Definition der Wahrheit abgeleitet werden unter Benutzung der Prämisse, daß »every true proposition is a proposition which is or is reducible to an identical proposition«. Diese Prämisse ist aber nach Couturat nichts anderes als das Prinzip des zureichenden Grundes. Gegenüber Parkinson bestehen wir auf der Äquivalenz der beiden Behauptungen: 1. daß für jede nicht unmittelbare, d. h. identische Wahrheit ein Grund angegeben werden kann; 2. daß immer der Prädikatsbegriff im Subjektsbegriff, sei es ausdrücklich, sei es implizit, enthalten ist; denn den Grund für die Wahrheit eines Satzes bildet für Leibniz ausschließlich das Enthaltensein des Prädikatsbegriffs im Subjektsbegriff. Erwähnt sei noch, daß Pichler [239] die Interpretation von Couturat annimmt und aus ihr den Schluß zieht, daß nach Leibniz alles, was ist, mit logischer Notwendigkeit ist, weil sein Nichtsein auf einen inneren Widerspruch führen würde. Wie wir später [240] sehen werden, bedarf diese These einer gewissen modifizierenden Einschränkung und kann nur unter der Bedingung dieser aufrecht erhalten werden.

Weil das principium reddendae rationis die logische Umkehrung des Identitätsprinzips darstellt, läßt es sich nicht — wie Zocher unter Berufung auf Couturat es will [241] — von dem letzteren Prinzip ableiten oder auf es zurückführen. Was aus dem Identitätsprinzip in der Fassung ›Wenn ein Satz identisch ist, d. h. wenn das Subjekt das Prädikat enthält, so ist der Satz wahr‹ sich legitimerweise ableiten läßt, ist: ›Wenn ein Satz nicht wahr ist, so ist er nicht identisch, bzw. das Prädikat ist nicht im Subjekt enthalten, und zwar gemäß der aus der Logistik bekannten Äquivalenz von p ⊃ q und ~ q ⊃ ~ p. Das principium reddendae rationis behauptet aber etwas anderes, nämlich daß jeder wahre Satz identisch ist oder, äquivalent damit, daß ein nicht identischer Satz, bzw. ein Satz, bei dem das Prä-

---

Metaphysik S. 34 ff bezeichnet den Satz vom Grunde in seiner logischen Funktion als »Anweisung auf Identität«, eine Bezeichnung, der unsere Deutung des Satzes als Postulat der Beweisbarkeit nahe kommt. Während wir in dieser Hinsicht Couturat folgen, stellt sich Jasinowski in ausgesprochenen Gegensatz zu dessen Interpretation der Leibnizischen Philosophie von der Logik, besonders der analytischen Urteilstheorie her. Dem entsprechend betont er, daß der Satz vom Grunde sich nicht in seiner logischen Funktion erschöpft, sondern auch, und vor allem, außerlogische, d. i. metaphysische Bedeutung besitzt (S. 77 ff). Vom Standpunkt der hier vertretenen logico-ontologischen Äquivalenz wird die Kontroverse gegenstandslos, da logische Bedeutung ipso facto ontologische Bedeutung besagt, und die letztere nicht zur ersteren hinzutritt.

238 Parkinson, *Logic and reality in Leibniz's metaphysics* S. 67 f.
239 H. Pichler, »Zur Entwicklung des Rationalismus von Decartes bis Kant«, *Kant-Studien* XVIII (1913) S. 402 f.
240 S. 98 ff.
241 R. Zocher, »Zum Satz vom zureichenden Grunde bei Leibniz«, *Beiträge zur Leibniz Forschung* (hrsg. von G. Schischkoff, Reutlingen 1947) S. 74 ff und *Leibniz' Erkenntnislehre* S. 14 f.

dikat nicht im Subjekt enthalten ist, nicht wahr ist. Beide Prinzipien, das der Identität und das des zureichenden Grundes sind also logisch unabhängig voneinander. Vereinigt stellen sie einen vollständig erschöpfenden Ausdruck der *analytischen Theorie der Wahrheit* dar, die sich dahin formulieren läßt, daß *ein Satz dann, und nur dann, wahr ist, wenn er identisch ist oder auf einen identischen zurückgeführt werden kann*. Ursprünglich hat auch Russell den Satz vom zureichenden Grunde, genauer eines der beiden Prinzipien, in die sich nach ihm dieser Satz zerlegt, als eine bloße Konsequenz des Satzes vom Widerspruch gedeutet [242]. Couturats Buch hat ihn zur Aufgabe seiner ursprünglichen Interpretation veranlaßt [243]. Aus der gegenseitigen Unabhängigkeit des Satzes vom Widerspruch und des principium reddendae rationis folgert Russell, daß sich das letztere selbst widerlegt, insofern als es sich herausstellt, daß es zum mindesten eine Wahrheit gibt, die nicht aus dem Satz vom Widerspruch abgeleitet werden kann [244]. Russell hat damit auf eine weitere Unzulänglichkeit in den Prinzipien der Leibnizischen Logik hingewiesen, die übrigens ebenso wenig wie die vorher erwähnten [245] durch die Lehre von der generativen Definition zu beheben ist. Die generative Definition kommt lediglich für die ›Realität‹ von Begriffen, d. h. die Möglichkeit von Gegenständen auf, während die Ableitung der Eigenschaften von Gegenständen, deren Möglichkeit sichergestellt ist, auf dem Boden der Subjekt-Prädikat-Logik mittels des Satzes vom Widerspruch zu erfolgen hat.

Der logische Sinn des principium reddendae rationis zeigt sich daran, daß Leibniz zwischen Erkenntnisgrund und Seinsgrund keine Unterscheidung trifft. Das Prinzip, daß die Existenz eines jeden Dinges und das Eintreten jedes Ereignisses einen Grund hat, wird entweder einfach in demselben Satz neben dem Prinzip erwähnt, daß jede Wahrheit ihre Begründung hat [246], oder beide Prinzipien werden ausdrücklich als gleichbedeutend erklärt [247], wobei zuweilen — wie in vorhin [248] angeführten Texten — das eine Prinzip als vulgäre Fassung des anderen gilt. Nach Couturat hat der Begriff der Ursache bei Leibniz (wie übrigens auch bei den Cartesianern) einen logischen Sinn, derart daß im Grunde die Beziehung zwischen Ursache und Wirkung mit der logischen Beziehung zwischen Prinzip und Konsequenz zusammenfällt [249]. Folglich bedeutet die Erklärung einer Tatsache nichts anderes als die Auffindung des Grundes für die Wahrheit des Satzes,

[242] Russell, *A critical exposition of the philosophy of Leibniz* S. 36. Auf die zwei Prinzipien, die nach Russell in dem Satz vom zureichenden Grunde befaßt sind, kommen wir später (S. 95 f.) zu sprechen.

[243] Russell, »Recent work on the philosophy of Leibniz«, *Mind* XII (1903) S. 178.

[244] Id. *ibid.* S. 184.

[245] Dieses Kap. § 3 b.

[246] *An Clarke* V 125 (*P.* VII 419).

[247] *P.* VII 195: »... nihil debere asseri sine ratione, imo nihil fieri sine ratione«; *De libertate:* »... nihil fit sine ratione, seu quod semper praedicatum aliqua ratione subjecto inest ...« (*Foucher de Careil, N. L. O.* S. 182); *Couturat, O. F.* S. 513.

[248] S. 87 ff; ebenso *P.* VII 301.

der die betr. Tatsache formuliert, in einem anderen Satz, aus dem sich der erstere logisch ergibt. Wir sehen darin eine Bestätigung der panlogistischen Interpretation des Leibnizianismus. Da das Universum eine Verkörperung der Logik darstellt, die in ihm niedergeschlagen und verwirklicht ist, muß die Ursache einer Tatsache, ihr Seinsgrund identisch oder wenigstens äquivalent sein mit einem Erkenntnisgrund, nämlich dem Grund für die Wahrheit des diese Tatsache behauptenden Satzes [250]. Kausalbeziehungen müssen sich durchweg als logische Beziehungen darstellen lassen. Zur Illustration verweisen wir darauf, daß Leibniz sich auf das Archimedische Prinzip des Gleichgewichts einer Waage beruft als Spezialfall des »axioma maximi usus ... Nihil evenire cujus ratio reddi non possit, cur sic potius quam aliter contigerit«, und zwar in unmittelbarem Anschluß an die These, daß auch von kontingenten Wahrheiten »ratio ... reddi potest semper ⟨ex natura rei, seu notione terminorum ...⟩«[251]. Ihre vielleicht prägnanteste Formulierung hat die Identität oder, wenn man will, Äquivalenz von Seinsgrund und Erkenntnisgrund in der Begründung des »axioma receptum nihil esse sine ratione, seu nullum effectum esse absque causa« erhalten. »Alioqui veritas daretur, quae non posset probari a priori, seu quae non resolveretur in identicas, quod est contra naturam veritatis, quae ⟨semper⟩ vel expresse vel implicite identica est.«[252] In diesem Beweis des Kausalprinzips, in seiner Zurückführung auf das im Sinne von Couturats Interpretation verstandene principium reddendae rationis bekundet sich der Leibnizische Panlogismus unter einem seiner Aspekte.

Aus den vorstehenden Ausführungen folgt, daß das Prinzip des Widerspruchs sowohl wie das des zureichenden Grundes auf alle Wahrheiten, daher in allen Wissenschaften Anwendung finden. Das wird in der Tat in einigen Texten behauptet [253]. Diesen Äußerungen stehen jedoch andere gegenüber, nach denen die Geltung der rationalen oder abstrakten Wahrheiten, wie die der logischen, arithmetischen, geometrischen und weiteren, lediglich auf dem Satz des Widerspruchs beruht, so daß es hier des principium reddendae rationis nicht bedarf, das aber für die kontingenten Wahrheiten, z. B. der Physik und Mechanik erforderlich ist [254]. Versteht man das principium reddendae rationis als allgemeines Beweispostulat, so ist klar, daß es sich auf alle Sätze beziehen muß, die einen Wahrheitsanspruch erheben. Nun kann im Falle der Sätze der abstrakten Wissen-

---

249 Couturat, La logique de Leibniz S. 222; ebenfalls Jalabert, Le Dieu de Leibniz S. 110.

250 Nouv. Ess. IV, XVII § 1: »... la cause dans les choses répond à la raison dans les vérités. C'est pourquoi la cause même est souvent appelée raison, et particulièrement la cause finale« (P. V 457).

251 Couturat, O. F. S. 402. Die Berufung auf das Prinzip des Archimedes findet sich im gleichen Zusammenhang auch in P. VII 301 und in an Clarke II (P. VII 356), wo allerdings der hier von uns betonte Zusammenhang weniger durchsichtig ist.

252 Couturat, O. F. S. 519; auch hier schließt sich sogleich das Archimedische Prinzip an.

253 P. VII 200; Introductio ad Encyclopaediam arcanam (Couturat, O. F. S. 514), wo als Illustrationen ein Axiom des Euclid und das Gleichgewichtsprinzip des Archimedes herangezogen sind; Théod. App. III 14 (P. VI 414); Monad. 36 (P. VI 612).

254 Grua S. 287; Spec. inv. (P. VII 309); an Clarke II (P. VII 355 f).

Zahl von Schritten bewerkstelligt werden, und zwar deshalb, weil die in diesen schaften der Beweis, d. h. die Zurückführung auf Identitäten in einer endlichen Sätzen auftretenden Begriffe »unvollständig« sind [255]. Hier fungiert das principium reddendae rationis lediglich als Beweispostulat; es dient nur dazu, das Beweisverfahren in Gang zu setzen; aber es kommt ihm innerhalb des Beweisverfahrens, für die Erfüllung des Beweispostulats keinerlei Bedeutung zu, denn das Beweisverfahren selbst steht ausschließlich unter dem Satz des Widerspruchs oder der Identität. Anders liegt es bei den kontingenten Sätzen. Wie später [256] gezeigt werden wird, kann der Beweis einer kontingenten Wahrheit nicht in einer endlichen Zahl von Schritten erfolgen, sondern führt in einen unendlichen Prozeß hinein. Im Falle kontingenter Wahrheiten kann also dem Beweispostulat niemals völlig Genüge getan werden. Nicht nur bleibt der Satz vom zureichenden Grunde als ein nie restlos zu erfüllendes Postulat bestehen, sondern, insofern als der erwähnte unendliche Prozeß unter einem vereinheitlichenden Prinzip steht, kommt dem Satz vom zureichenden Grunde hier eine spezifische Funktion zu, die er im Falle der Wahrheiten der rationalen Wissenschaften nicht hat [257]. Je nach dem es sich um rationale oder kontingente Wahrheiten handelt, tritt eine andere Logik ins Spiel. Im Hinblick auf diese Verschiedenheit der Logik weist Belaval [258] die Formulierung von Couturat, daß man das principium reddendae rationis für die rationalen Wahrheiten nicht braucht (»on n'a pas besoin«) als ungenügend, weil ausweichend ab und ersetzt sie durch die Behauptung, daß es hier für das in Rede stehende Prinzip keinen Platz gibt (»ne comporte pas«)! Obwohl Belaval bis zu einem gewissen Grad im Recht ist, erscheint uns angesichts der vorliegenden Leibnizischen Texte seine Formulierung als zu schroff.

§ 5 Kontingenz

a. Notwendigkeit und Kontingenz

Bekanntlich unterscheidet Leibniz zwischen kontingenten Wahrheiten, oft Tatsachenwahrheiten genannt, und Vernunftwahrheiten oder ewigen Wahrheiten. Die Geltung der letzteren beruht auf dem Prinzip des Widerspruchs, insofern als sie

---

[255] Über den Unterschied zwischen »vollständigen« und »unvollständigen« Begriffen siehe Kap. VI § 2 a.

[256] Dieses Kap. § 6 a.

[257] Unsere Deutung stimmt sehr weitgehend mit den Darstellungen von Couturat, *La logique de Leibniz* Kap. VI § 20, Kauppi, *Über die Leibnizsche Logik* S. 91 ff und Martin, *Leibniz* S. 29 f überein. Gegen Funke, *Der Möglichkeitsbegriff in Leibnizens System* S. 73 ist geltend zu machen, daß, wenn im Falle der rationalen Wahrheiten dem als Beweispostulat verstandenen principium reddendae rationis auf Grund des Satzes vom Widerspruch Genüge getan werden kann, dies keinerlei Zurückführung des Satzes vom Grunde auf den Satz vom Widerspruch noch ein Zusammenfallen beider Sätze bedeutet.

[258] Belaval, *Leibniz Critique de Descartes* S. 387 f.

durch eine in einer endlichen Zahl von Schritten durchzuführende Analyse der in
sie eintretenden Begriffe auf identische Sätze reduziert werden können bzw. —
was dasselbe besagt — es sich demonstrativ dartun läßt, daß die Annahme ihre
Nichtgeltung, d. h. der Geltung ihres Gegenteils, auf einen Widerspruch führt [259].
Darum heißen diese Wahrheiten notwendig, wobei die auf dem Prinzip des
Widerspruchs beruhende Notwendigkeit von Leibniz als metaphysische, geometrische oder auch absolute Notwendigkeit bezeichnet wird.

Um den Sinn der Notwendigkeit der Vernunftwahrheiten und ihren Gegensatz
zu den kontingenten Wahrheiten aufzuklären, erscheint es angebracht, an Leibnizens Lehre von der Vielheit möglicher Welten, von denen nur eine zur aktuellen Existenz zugelassen ist, zu erinnern.

Wegen ihrer absoluten Notwendigkeit sind die ewigen Wahrheiten in allen
möglichen Welten gültig: »... aeternae veritates, nec tantum obtinebunt, dum
stabit mundus, sed etiam obtinuissent, si Deus alia ratione mundum creasset.«[260]
Da es eine Vielheit möglicher Welten gibt, muß es Wahrheiten geben, die nicht
in allen möglichen Welten gültig sind, denn sonst wären alle möglichen Welten
einander gleich, voneinander nicht unterscheidbar und, auf Grund des principium
identitatis indiscernibilium miteinander identisch. Damit wäre der Ansatz einer
Vielheit von möglichen Welten aufgehoben. Im Hinblick auf die Leibnizische
Lehre von der Vielheit möglicher Welten interpretieren wir die häufig auftretende
Formulierung, daß kontingente Wahrheiten nicht in dem Sinne notwendig sind,
daß ihr Gegenteil auf einen nachweisbaren Widerspruch führt, sondern vielmehr
denkbar und möglich ist [261]. Man kann das auch folgendermaßen ausdrücken: obwohl eine bestimmte kontingente Wahrheit in einer gewissen möglichen Welt,
z. B. der wirklichen, gilt, kann das Gegenteil dieser Wahrheit in einer anderen
ebenfalls möglichen Welt Geltung haben. Andererseits stehen wahre kontingente
Sätze, wie alle Sätze, die auf Wahrheit Anspruch erheben, unter dem als Beweispostulat verstandenen principium reddendae rationis [262]. Auch ihre Wahrheit und
Geltung muß auf einem Grunde beruhen. Kontingenz hat für Leibniz nicht den
Sinn von Grundlosigkeit, Zufälligkeit, Willkürlichkeit. Nun kann ein kontingenter Satz weder durch den in einer endlichen Zahl von Schritten zu liefernden Nachweis des Enthaltenseins des Prädikats im Subjekt bewiesen werden noch durch
den Aufweis, daß sein Gegenteil auf einen inneren Widerspruch führt, indem
zwei einander widersprechende Prädikate demselben Subjekt zugeschrieben wer-

---

[259] Siehe z. B. das in *Couturat, O. F.* S. 17 angeführte Beispiel; vgl. auch *Couturat, O. F.*
S. 402; *Spec. inv.* (P. VII 309); *Monad.* 33 (P. VI 612).
[260] *Couturat, O. F.* S. 18 (wir lesen *veritates* statt *veritatis*). Wie Kauppi, *Über die
Leibnizsche Logik* S. 247 bemerkt, hat Leibniz aber nicht das Umgekehrte behauptet,
nämlich daß eine Wahrheit schon deshalb notwendig ist, weil sie in jeder möglichen
Welt gilt. Mit anderen Worten, für die Definition der notwendigen Wahrheiten ist
die Berufung auf die Lehre von der Vielheit möglicher Welten nicht erforderlich.
[261] Vgl. z. B. *an Arnauld*, 4 (14)/VII 1686 (*Le Roy* S. 117).
[262] S. 87 f.

den, denn damit wäre der Unterschied zwischen notwendigen und kontingenten Wahrheiten aufgehoben. Wir werden später [263] sehen, wie der Nachweis des Enthaltenseins des Prädikats im Subjekt bei kontingenten Wahrheiten zu verstehen ist. Hier erwägen wir nur eine mögliche indirekte Beweismethode dieser Wahrheiten durch die Widerlegung ihres Gegenteils. Eine solche Widerlegung kann nicht im Nachweis eines inneren Widerspruchs bestehen, sondern nur in dem einer *Unverträglichkeit des Gegenteils einer kontingenten Wahrheit mit den fundamentalen und konstitutiven Bedingungen der möglichen Welt,* innerhalb derer die betr. kontingente Wahrheit gilt. Es kann dahingestellt bleiben, ob ein direkter oder indirekter, aber jedenfalls apriorischer Beweis irgendeiner kontingenten Wahrheit im Rahmen der menschlichen Erkenntnisfähigkeiten und innerhalb ihrer Grenzen überhaupt gegeben werden kann. Auf nichts anderes kommt es an als lediglich auf die Präzisierung der These, daß ein Satz zwar wahr sein kann, aber es nicht notwendigerweise zu sein braucht. Negativ gefaßt besagt diese These, daß das Gegenteil des betr. Satzes mit den Grundbedingungen einer möglichen Welt unverträglich ist, wohl aber verträglich mit den Grundbedingungen einer anderen möglichen Welt.

Russell erkennt das Leibnizische Kriterium (Möglichkeit bzw. Unmöglichkeit des Gegenteils) der Unterscheidung zwischen kontingenten und notwendigen Wahrheiten nicht an, weil es nach ihm keinen Sinn macht, von einem wahren Satz zu sagen, er könnte auch falsch sein [264]. An die Stelle des Leibnizischen Kriteriums setzt Russell die Einteilung aller Sätze in solche, die eine Existentialaussage enthalten, und solche, bei denen das nicht der Fall ist. Diese Einteilung, die nach Russell den wichtigsten Unterschied zwischen Sätzen trifft, führt trotz der Verschiedenheit des Kriteriums zum selben Resultat wie die Leibnizische und liegt nach Russells Meinung der letzteren zu Grunde. Als kontingent läßt Russell nur solche Sätze gelten, die aktuelle Existenz aussagen und daher auf bestimmte Zeitmomente, evt. auf alle Momente der Zeit Bezug haben. So schließt die Behauptung der Existenz einer individuellen Substanz nach Russell so viele kontingente Existentialsätze ein, als es Zeitmomente gibt, während derer die Substanz beharrt. Dagegen können Aussagen über Kontingenz als solche, über das, was zum Wesen der kontingenten Existenz gehört, nicht selber kontingent sein, denn sie sagen keine aktuelle Existenz aus, sondern bringen etwas zum Ausdruck, das für alles gilt, was möglicherweise aktuell existieren kann. In einem Worte: sie sind Aussagen über Notwendigkeiten von möglichem Kontingenten, nicht aber über dessen aktuelle Existenz [265]. Während die Aussage über ein zu einer gewissen Zeit stattfindendes Ereignis kontingent ist, ist dagegen eine solche über die Eigenschaften der Zeit nicht kontingent, sondern metaphysisch notwen-

---

263 Dieses Kap. § 6 a.
264 Russell, *A critical exposition of the philosophy of Leibniz* Kap. II 12 und besonders Kap. III 13.
265 Vgl. auch Id., *ibid.* S. 61 f.

dig und gilt in allen möglichen Welten, wo hingegen die *Existenz* der Zeit wiederum kontingent ist, da sie von Gottes freiem Entschluß, eine Welt zu schaffen, abhängt.

Mit dieser Unterscheidung zwischen kontingenten Sätzen und Aussagen über Kontingenz selbst und als solche steht Russells Interpretation des Prinzips vom zureichenden Grunde im Einklang. Er unterscheidet zwei Teile in diesem Prinzip und meint, daß Leibniz, ohne sich darüber klar gewesen zu sein, unter demselben Namen zwei Prinzipien befaßt habe [266]. Nach dem einen Prinzip liegt jeder möglichen Welt ein Plan oder eine Absicht zu Grunde. Da dieses Prinzip für *alle* Welten, die aktuelle wie andere mögliche gilt, ist es nicht kontingent, sondern metaphysisch notwendig. Das andere Prinzip besagt, daß der wirklich existierenden Welt die Absicht auf das Best-Mögliche zu Grunde liegt; und dieses Prinzip ist kontingent. Das aber nicht nur deshalb, weil — wie Russell schreibt — Gott auch eine andere Absicht hätte haben können, sondern auch — wie in Konsequenz der Russellschen Interpretation von Kontingenz zu sagen ist — deshalb, weil die Aussage, daß die aktuell existierende Welt die best-mögliche ist, sich auf die aktuell existierende Welt bezieht und damit deren Existenz impliziert oder wenigstens voraussetzt. Von einer anderen Seite aus gesehen; das metaphysisch notwendige Prinzip behauptet, daß in jeder möglichen Welt Kausalbeziehungen irgendwelcher Art bestehen müssen. Kontingent hingegen ist die in der wirklichen Welt bestehende Kausalbeziehung, die in den Gesetzen der Dynamik ihren Ausdruck findet [267].

Obwohl Russell — wie erwähnt [268] — unter dem Einfluß von Couturat diese seine Auslegung des Satzes vom zureichenden Grunde aufgegeben hat, verdient sie doch Beachtung, weil sie als Ausgangspunkt weiterer Interpretationen dienen kann, durch die ein tieferes Verständnis nicht nur des Satzes vom Grunde, sondern auch, und vor allem, des Unterschieds zwischen Notwendigkeit und Kontingenz angebahnt wird. Zunächst werden wir daran erinnert, daß nach Leibniz alles Kontingente unter Bedingungen der Notwendigkeit steht. Die Geltung der notwendigen Wahrheiten in allen möglichen Welten, die von mehreren Autoren hervorgehoben wird [269], deutet Cassirer dahin, daß in diesen Wahrheiten sich die »schlechthin allgemeine Form der Vernunft selbst« darstellt und ausdrückt [270]. Auf Grund des Prinzips der logisch-ontologischen Äquivalenz läßt sich das dahin formulieren, daß es Bedingungen gibt, denen jede mögliche Welt genügen muß, um überhaupt eine Welt sein zu können. Mit diesen notwendigen Bedingungen

---

[266] Id., *ibid.* S. 30 und 36 f.

[267] Id., *ibid.* S. 66: »All possible worlds have general laws, analogous to the laws of motion; what these laws are, is contingent, but that there are such laws is necessary«. Vgl. *Couturat, O. F.* S. 22: ». . . ne illud metaphysicae necessitatis (sit), ut corpus nullo alio corpore impediente in motu perseveret«.

[268] S. 91.

[269] Siehe z. B. Kauppi, *Über die Leibnizsche Logik* S. 34 und 101 und Martin, *Leibniz* S. 33.

ist ein fester formaler Rahmen abgesteckt, innerhalb dessen sich alles Kontingente halten muß. Wegen seiner formalen Natur kann dieser Rahmen in verschiedener Weise ausgefüllt werden, wobei die wechselnde Ausfüllung daran gebunden ist, daß sie den formalen Rahmen respektiert. Zu diesen notwendigen Bedingungen einer möglichen Welt überhaupt gehört das von Russell hervorgehobene Bestehen irgendwelcher allgemeiner Gesetze sowie der Plan oder die Absicht, die nach ihm jeder möglichen Welt zu Grunde liegen [271]. Um notwendige Bedingungen jeder möglichen Welt handelt es sich darum, weil — wie später [272] gezeigt werden wird — eine Welt oder ein Universum für Leibniz nicht eine bloße Ansammlung von dieser Welt angehörigen Wesen oder in ihr vorgehenden Ereignissen darstellt, sondern Einheit und Zusammenhang aufweist, wobei Einheit und Zusammenhang sich von einer möglichen Welt zur anderen in verschiedener Weise spezifizieren. Nicht hierher gehören die später [273] zu erwähnenden spezifischen »architektonischen Prinzipien«, die der wissenschaftlichen, d. h. mechanischen Erklärung der Phänomene der wirklichen Welt zu Grunde gelegt werden müssen, wohl aber dagegen das Kontinuitätsprinzip, das nach Belaval [274] als »principe de l'ordre général« allen Welten gemeinsam ist, aber in jeder möglichen Welt eine besondere, der betr. Welt entsprechende Spezifikation erfährt. Beiläufig sei bemerkt, daß die Unterscheidung zwischen Gesetzen verschiedener Stufe, nämlich Gesetzen im gewöhnlichen Sinne (empirischen Gesetzen) und höheren Gesetzen als deren Normen oder — anders ausgedrückt — zwischen Gesetz und Gesetzmäßigkeit auch von Kant vollzogen ist [275]. Jedoch ist die Kantische Unterscheidung in einem völlig verschiedenen Zusammenhang erwachsen und hat infolgedessen einen anderen Sinn.

b. Die Kontingenz jeder möglichen Welt und die hypothetische Notwendigkeit
Gegen Russells Interpretation des Prinzips vom zureichenden Grunde wendet Lovejoy ein, daß sie das teleologische Moment übermäßig betont, während Leibniz es vor allem auf logische Begründung und logisches Begründetsein abgesehen hat [276]. Auch wir haben den logischen Sinn des principium reddendae rationis

[270] Cassirer, *Die Philosophie der Aufklärung* S. 258.
[271] Wir werden diese Russellschen Termini bald durch einen anderen Begriff ersetzen.
[272] Kap. V § 2.
[273] S. 357 ff.
[274] Belaval, *Leibniz Critique de Descartes* S. 404 f.
[275] Kant, *Kritik der reinen Vernunft* A 127 f und B 793 f.
[276] A. O. Lovejoy, *The great chain of Being* (Cambridge, Mass. 1936) S. 146. Auch Dillmann, *Eine neue Darstellung der Leibnizischen Monadenlehre* S. 505 ff interpretiert übrigens die nach Leibniz den Naturgesetzen zu Grunde liegenden »Axiome« oder architektonischen Prinzipien als teleologisch begründet. Nach Couturat, *La logique de Leibniz* S. 221 erwirbt das Prinzip vom zureichenden Grunde, das ursprünglich eine rein logische Bedeutung hat, erst nachträglich einen metaphysischen und theologischen Charakter. Auf die Beziehung von Logischem und Mathematischem zur Teleologie werden wir später (S. 461 ff) eingehen.

hervorgehoben [277]. Aus diesem Grunde ziehen wir es vor, statt mit Russell von einem Plan oder einer Absicht zu sprechen, obwohl Wendungen dieses Sinnes von Leibniz verwendet werden, uns auf die später [278] zu entwickelnde Lehre von Leibniz zu berufen, nach der jeder möglichen Welt ein spezifischer Fundamentalbegriff zu Grunde liegt, in jeder bestimmte Grundgesetze bestehen, aus denen untergeordnete Gesetze folgen, derart, daß hierdurch jedes Individuum einer möglichen Welt und jedes Ereignis in ihr an seiner Stelle bestimmt und gefordert ist oder — wie Leibniz es ausdrückt — die Gesetze dieser seiner Welt in sich trägt [279]. Jede mögliche Welt mit der sie definierenden Grundgesetzlichkeit ist kontingent, eben weil sie nur *eine* unter möglichen anderen ist, und weil andere Grundgesetzlichkeiten in anderen möglichen Welten bestehen. »*Series rerum non est necessaria necessitate absoluta,* sunt enim plures aliae series poissibiles, id est intelligibiles, etsi actu non sequatur earum executio.*«*[280] *Damit ergibt sich ein Begriff von Kontingenz, der in der Vielheit möglicher Welten seine Wurzel hat, und dem zufolge jede mögliche Welt rein als solche mit dem Charakter der Kontingenz behaftet ist* [281]. Von der Kontingenz in diesem Sinne unterscheidet sich die Existentialkontingenz, die aktuelle Faktizität betrifft [282].

Wird aber eine gewisse mögliche Welt angesetzt (nicht einmal als aktualisiert, sondern lediglich als in Betracht gezogen), so folgt aus den mit ihr angesetzten Grundgesetzen alles, was in ihr ist und geschieht. Zwischen den Ereignissen in einer jeden möglichen Welt, daher auch in der wirklichen Welt, die eine zur Existenz zugelassene mögliche Welt ist, bestehen Verbindungen einer Art, die Leibniz als »nécessaire(s) ... ex *hypothesi* et pour ainsi dire par accident« [283] oder als »intrinsèque(s), mais ... pas nécessaire(s)« [284] bezeichnet. Verbindungen solcher Art bestehen zwar notwendigerweise, aber ihre Notwendigkeit auf einer Hypothese begründet, die insofern kontingent ist, als sie zwar angesetzt

---

[277] Dieses Kap. § 4.

[278] Kap. V § 2 b.

[279] Siehe die S. 223 zitierten Formulierungen.

[280] *Conversatio cum domine Stenonio de libertate* (*Grua* S. 271); *Théod.* I 7: ... ce monde qui existe, étant contingent, et une infinité d'autres mondes étant également possibles et également prétendants à l'existence, pour ainsi dire, aussi bien que lui ...« (*P.* VI 106).

[281] Siehe auch Belaval, *Leibniz* S. 162. Jalabert, *Le Dieu de Leibniz* S. 107 ff kontrastiert den wesentlich logischen Kontingenzbegriff von Leibniz mit dem von Thomas von Aquin.

[282] Nach Funke, *Der Möglichkeitsbegriff in Leibnizens System* S. 130 und 147 hat Kontingenz nur den Sinn von Existentialkontingenz, indem der Charakter der »Zufälligkeit« (wie er es nennt) der Verwirklichung der Welt als ganzer, der verwirklichten Setzung ihrer »Grundkonstellation« zukommt, während nach unserer Auslegung diese »Grundkonstellation« selbst als kontingent zu gelten hat, freilich in einem anderen Sinne. Entsprechend deutet Funke die »Zufälligkeit« der Tatsachenwahrheiten.

[283] *Disc.* 13 (*Le Roy* S. 48).

[284] *An Arnauld*, 4 (14)/VII 1686 (*Le Roy* S. 116).

ist, aber als eine unter vielen nicht angesetzt zu werden braucht. »*Necessitas hypothetica* est cum res quidem *aliter* esse intelligi potest per se, sed per accidens ob alias res extra ipsam jam praesuppositas, talis necessario est ...« [285] Im Gegensatz zur absoluten Notwendigkeit, die Unmöglichkeit des Anders-seins besagt, kann die hypothetische oder wie Leibniz sie zuweilen nennt — physische Notwendigkeit als relativ bezeichnet werden. Zwar handelt es sich ebenfalls um Notwendigkeit, jedoch nicht um Notwendigkeit schlechthin, sondern nur um Notwendigkeit innerhalb einer möglichen Welt, aber nicht innerhalb anderer gleichfalls möglicher Welten, und das heißt relativ auf die in Rede stehende mögliche Welt und ihren Fundamentalbegriff.

Russell legt die hypothetische Notwendigkeit dahin aus, daß aus einer kontingenten Prämisse eine Konsequenz mit metaphysischer Notwendigkeit folgt [286]. Als Beispiel zieht er die Bewegungen der Materie heran, die insofern hypothetische Notwendigkeit besitzen, als sie mit Notwendigkeit aus den Bewegungsgesetzen folgen, die ihrerseits kontingent sind. Wir übernehmen diese Formulierung Russells, ohne uns seiner vorhin [287] erwähnten Deutung der Kontingenz und des Satzes vom zureichenden Grunde anzuschließen. Unter Berufung auf Leibnizens eigene Bestimmungen deuten wir auch die hypothetische Notwendigkeit als Unmöglichkeit des Anders-seins. Mit anderen Worten, auch bei der hypothetischen Notwendigkeit tritt der Satz des Widerspruchs in seine Rechte. Hier besteht der Widerspruch zwischen der Falschheit einer in einer bestimmten möglichen Welt gültigen Aussage und dem Fundamentalbegriff dieser Welt. In diesem Sinne bedarf die oben [288] erwähnte These von Pichler einer korrigierenden Modifikation.

Wird eine bestimmte mögliche Welt zur Existenz zugelassen, so ist auf Grund ihres Fundamentalbegriffs, was immer zu ihr gehört und in ihr vorgeht, festgelegt und bestimmt [289]. Diese Bestimmung (»determinatio«) tritt ein, »cum res in eum statum venit, ut quid sit factura physica necessitate consequatur, nam metaphysica necessitas in mutabilibus nunquam est ... Ita ut ⟨proinde⟩ tum demum aliquid contingens metaphysica necessitate determinatum sit, cum reapse actu existit. Sufficit ergo determinatio qua actus aliquis fit physice necessarius.«[290] Wenn es in

---

[285] *Conversatio cum domino Stenonio de libertate* (*Grua* S. 271); vgl. auch *Grua* S. 273 über die necessitas »non per se, seu in terminis, sed per accidens, seu in externis circumstantiis posita«; ferner *Théod.* App. II 3: »... ce qui arrive par une nécessité hypothétique arrive en suite de la supposition que ceci ou cela a été prévu ou résolu, ou fait par avance ...« (*P.* VI 390). Von Interesse in diesem Zusammenhang ist die Erörterung der Frage, ob Engel sündigen können in *Ad Ethicam B.d.Sp.* (Spinoza) Prop. 33: »... possent si vellent; sed non volent. Possent velle absolute loquendo, sed hoc rerum statu existente amplius non possunt velle« (*P.* I 149).

[286] Russell, *A critical exposition of the philosophy of Leibniz* S. 69.

[287] S. 49.   [288] S. 89.

[289] *De rerum originatione radicali*: »Mundus enim praesens physice seu hypothetice, non vero absolute seu metaphysice est necessarius. Nempe posito quod semel talis sit, consequens est, talia porro nasci« (*P.* VII 303).

[290] *Couturat, O. F.* S. 22.

Bezug auf die wirkliche Welt Wahrheiten von universaler Geltung (»universalissime verae«) gibt, so nicht deshalb, »quod violari non possint a Deo, sed quod ipse cum hanc seriem rerum eligeret, ⟨eo ipso⟩ eas observare decrevit (tanquam specificas hujus ipsius electae seriei proprietates)«[291]. In einer paradox anmutenden, aber die Sachlage genau treffenden Wendung spricht Belaval von einer »contingence hypothético-déductive« in Bezug auf die Naturgesetze[292]. Leibniz bemerkt in einem von uns des öfteren herangezogenen, weil für die einschlägigen Probleme überaus aufschlußreichen Text, man dürfe keinen Anstoß daran nehmen, daß er die Gesetze »seriei rerum« sowohl als »essentiales« wie als »contingentes atque existentiales« bezeichnet[293]. Insofern als die Existenz der betr. Serie kontingent ist und von einem Dekret Gottes abhängt, sind die Gesetze absolut gesprochen kontingent; mit Setzung der Serie (»posita serie«) werden sie aber »hypothetice tamen necessariae atque tantum essentiales . . .«. Denn »per has ⟨semel positas ex vi decreti divini⟩ reddi potest ratio aliarum propositionum universalium vel ⟨etiam⟩ plerumque contingentium quae in hoc universo notari possunt«.

Die Bestimmtheit aller Ereignisse in der wirklichen Welt als einer ausgezeichneten möglichen Welt durch den Fundamentalbegriff dieser Welt besagt, logisch gesehen, daß die Wahrheit der »futurs contingents«, d. h., aller Sätze über zukünftige Ereignisse, feststeht, auch bevor diese Ereignisse eintreten, wenngleich uns Menschen die Wahrheit solcher Sätze in weitestem Maße unbekannt ist. Wir werden damit auf die oben[294] betonte Vorentschiedenheit aller Wahrheiten zurückgeführt, auch auf die der in der wirklichen Welt geltenden kontingenten Wahrheiten. Deren Vorentschiedenheit ist in dem Fundamentalbegriff der wirklichen Welt begründet, aus dem sie sich als Folgen ergeben. Da Gott die Fundamentalbegriffe aller möglichen Welten kennt, kennt er alle Konsequenzen, die aus dem Fundamentalbegriff der wirklichen Welt fließen. Von einer anderen Seite her zeigt sich die bereits früher im Zusammenhang mit der Lehre von der Repräsentation hervorgehobene Gegründetheit[295] aller Wahrheiten in ihrer Bezogenheit auf einen Geist, in erster Linie den göttlichen Geist. Insofern es sich bei der Wahrheit der »contingents futurs«, obwohl sie s. z. s. von Ewigkeit zu Ewigkeit feststeht, um hypothetische oder relative, aber nicht absolute Notwen-

---

[291] *Couturat, O. F. S.* 19.

[292] Belaval, *Leibniz Critique de Descartes* S. 454; M. Gueroult, *Dynamique et métaphysique leibniziennes* S. 48 f: »Que le mouvement uniformément accéléré entraîne la proportionnalité de l'espace au carré du temps, c'est là une relation à coup sûr nécessaire, mais qu'un tel mouvement uniformément accéléré existe, c'est un fait étranger à toute nécessité inconditionnée«; vgl. auch S. 160. Siehe ferner P. Schrecker, »Leibniz and the art of inventing algorisms«, *Journal of the History of Ideas* VIII (1947) S. 113.

[293] *Couturat, O. F. S.* 19 f; für den Zusammenhang dieser Stelle siehe das auf S. 150, Anm. 181 angeführte Zitat.

[294] S. 33.

[295] Kap. I § 4 d.

digkeit handelt, muß zwischen dem unterschieden werden, was in dem Sinne notwendig ist, daß es unter keinen Umständen anders sein kann, und dem, was sicher, gewiß, sogar unfehlbar wahr ist, ohne im ersteren Sinne notwendig zu sein [296]. Einen psychologischen Ausdruck findet diese Unterscheidung in Leibnizens häufiger Wendung von den »rationes« »inclinant«, aber nicht »necessitant« [297].

Diese Unterscheidung wird von Lovejoy nicht ernst genommen, der sie auf einen Mangel an intellektuellem Mut und Redlichkeit (»candor«) zurückführt, durch den Leibniz verhindert wurde, die Konsequenzen seiner Lehre im Sinne eines Spinozistischen Determinismus zu ziehen [298]. Folgerichtig hätte Leibniz die Anschauung vertreten müssen, daß das Da-sein sowohl wie das So-sein von allem, was existiert, durch eine notwendige Wahrheit oder ein System solcher Wahrheiten bestimmt ist, daß mithin das Universum eine Rationalität vom Typus eines geometrischen Systems aufweist, wie ein solches im 17. Jahrhundert verstanden wurde. Im Hinblick auf die Lehre von der Vielheit möglicher Welten — eine Lehre, die ohne Zweifel ernst genommen werden muß — ist der Vergleich mit der Geometrie des 17. Jahrhunderts und mit Leibnizens Auffassung von ihr eigentlich wenig passend. Geometrische Wahrheiten gehören für Leibniz zu den notwendigen und ewigen Wahrheiten und haben in allen möglichen Welten Geltung [299]. Angebrachter wäre ein Vergleich mit der Geometrie, wie sie sich im 19. Jahrhundert entwickelt hat. So wie hier eine Reihe möglicher Geometrien resultiert, von denen jede in sich logisch geschlossen ist, so gibt es für Leibniz eine Vielheit möglicher Welten, von denen jede auf dem ihr spezifisch eigenen Fundamentalbegriff beruht und eine entsprechende Logizität aufweist. Das gilt auch für die wirkliche als eine durch die Zulassung zur Existenz bevorzugte mögliche Welt, in der kraft ihrer Zulassung zur Existenz die ihr eigene Logizität verwirklicht ist, oder die diese ihre Logizität in sich verkörpert.

Aus der Unterscheidung zwischen absoluter und hypothetischer Notwendigkeit ergibt sich Leibnizens Auffassung der Naturgesetze, die sich aus den Grundge-

[296] Über den Unterschied von »nécessaire« und »certain«, »assuré«, »certitude objective«, »infaillible« und dgl. siehe *Grua* S. 274; *Disc.* 13, an Arnauld, 4 (14)/VII 1686 (*Le Roy* S. 47 f und 117); *P.* VII 301; *Théod.* I 36,44 II 234, III 310 (*P.* VI 123, 127, 256, 300) u. ö.

[297] *Grua* S. 300; an Arnauld, 4 (14)/VII 1686 (*Le Roy* S. 122); *Couturat, O. F.* S. 402, 405; *De rerum originatione radicali* (*P.* VII 302).

[298] Lovejoy, *The great chain of Being* S. 173 f. Lovejoy meint, daß die in Rede stehende Unterscheidung sich in Leibnizens populären Schriften findet. Nun gehören die in den beiden vorangehenden Anmerkungen zitierten Stellen mit Ausnahme der der *Théod.* entnommenen, durchweg Texten an, die keineswegs als populär in Anspruch genommen werden können.

[299] *An des Bosses,* 31/VII 1709: »... spatium, perinde ac tempus, ordo est quidam, nempe (pro spatio) coexistendi, qui non actualia tantum, sed et possibilia complectitur« (*P.* II 379).

setzen der wirklichen Welt als untergeordnete Gesetze herleiten [300]. Sie betreffen
— was hier nur nebenbei bemerkt sei — die wirkliche Welt unter ihrem phänomenalen Aspekt [301]. Ihre Geltung hat demnach hypothetische Notwendigkeit.
Weder sind sie im absoluten Sinne notwendig, noch völlig willkürlich [302]. Vielmehr halten sie die Mitte zwischen den absolut notwendigen Wahrheiten der
Geometrie und willkürlichen Satzungen oder Dekreten [303]. Belaval [304] hat Leibnizens Auffassung mit der von Descartes kontrastiert, nach dem die Naturgesetze
auf der Allmacht und völlig freien Willkür Gottes beruhen. Wie später [305] erwähnt werden wird, teilt Malebranche in dieser Hinsicht die Auffassung von
Descartes.

c. Zwei Begriffe von Kontingenz

Die vorstehenden Ausführungen führen auf die Unterscheidung zweier Kontingenzbegriffe bei Leibniz, je nachdem man sich an der Möglichkeit des Anders-sein
orientiert oder aktuelles Dasein in Betracht zieht. Kontingent im ersteren Sinne
ist jede mögliche Welt als eine unter anderen gleichfalls möglichen Welten. Der
andere Begriff bezieht sich auf die kontingente Zulassung zur Existenz und die
Aktualität einer möglichen, d. h. im ersteren Sinne kontingenten Welt.

Leibnizens Lehre von der Vielheit möglicher Welten zieht diese Unterscheidung
logisch nach sich, die allerdings von Leibniz selbst kaum ausdrücklich gemacht
wird. Das liegt wohl daran, daß er bei der Erörterung von Problemen der Kontingenz in erster Linie die wirklich existierende Welt im Sinn hat. Trotzdem er
gelegentlich auf die Logizität der möglichen Welten, rein als möglicher, verweist [306] und in den Schlußausführungen der *Théodicée* in gewissem Umfang auf
die Struktur des Gesamtsystems der möglichen Welten eingeht [307], dienen ihm die
möglichen Welten im Allgemeinen lediglich als Folien. Es geht ihm vor allem
darum, die wirkliche Welt des Notwendigkeitscharakters zu entkleiden. Das erreicht er durch die Lehre, daß die wirkliche Welt nicht nur eine unter vielen möglichen ist ,sondern auch daß die letzteren dadurch, daß sie nicht zur Existenz zugelassen sind, nicht zu Nichts werden; viemehr haben sie als Möglichkeiten einen
Bestand, einen ewigen oder, richtiger, zeitlosen Bestand im göttlichen Geiste [308].
Werden die Probleme der Kontingenz vorwiegend an der wirklich existierenden
Welt erörtert, so kann der von uns herausgestellte Unterschied zwischen den bei-

---

[300] *Couturat, O. F.* S. 19; die Stelle ist S. 213—214 zitiert.
[301] Der Bereich des Phänomenalen und seine Beziehung zu dem des Substantiellen oder
    Monadischen wird in Kap. VII zur Erörterung kommen.
[302] *Théod.* III 349 (*P.* VI 321).
[303] *Théod.* Préf. (*P.* VI 37).
[304] Belaval, *Leibniz Critique de Descartes* S. 453 ff.
[305] S. 209 f.
[306] Siehe die S. 214 zitierten Texte.
[307] *Théod.* III 414 ff (*P.* VI 362 ff).
[308] Kap. VIII § 2 a.

den Kontingenzbegriffen verblaßen und unmerklich werden, weil auf die wirklich existierende Welt beide Kontingenzbegriffe Anwendung finden. Es gibt einen Leibnizischen Text, der zur Bestätigung der hier vorgeschlagenen Unterscheidung herangezogen werden kann. Unter Bezug auf die wirklich existierende Welt und im Hinblick auf den Übergang möglicher göttlicher Dekrete oder Gesetze aus dem Stand der Möglichkeit in den der Aktualität unterscheidet Leibniz in diesem Text zwei Dekrete: »... aliud esse decretum possibile in seriei ac rerum seriem ingredientium notione involutum, quod decernit reddere actuale; aliud esse decretum quo ⟨decretum illud possibile⟩ decernit reddere actuale.«[309] Während das zweite Dekret die Existentialkontingenz der wirklichen Welt betrifft, deuten wir das an erster Stelle genannte, das ausdrücklich als »decretum possibile« bezeichnet ist, im Sinne unserer Unterscheidung und beziehen es auf die Kontingenz der wirklichen Welt als einer möglichen Welt unter anderen möglichen Welten. Von der hypothetischen Notwendigkeit, die nur in analogischer Weise den Namen der Notwendigkeit trägt, bemerkt Leibniz, daß sie nicht durch das bloße Wesen (»essence«) der Dinge effektiv wird, sondern durch das, was außerhalb oder oberhalb der Dinge liegt, nämlich durch den Willen Gottes[310]. Um effektiv werden zu können, muß aber die hypothetische Notwendigkeit vorgängig vor ihrem Effektiv-werden bereits bestehen[311]. Eben um diese Unterscheidung zwischen Bestehen und Effektiv-werden geht es hier. Ein Text, in dem Leibniz versucht, alle Urteile als Existentialurteile darzustellen, kann ebenfalls zur Bestätigung unserer Deutung herangezogen werden, obwohl es zunächst den Anschein des Gegenteils haben mag. Der Satz »omnis homo peccat« wird in der Form eines Existentialsatzes zu »homo non peccans est non existens« oder »homo existens non peccans est non Ens sive impossibile« und schließlich »homo existens peccans est Ens necessarium«[312]. Wie sogleich hinzugefügt wird, ist diese Notwendigkeit zu verstehen »necessitate consequentis, scilicet posita semel hac rerum serie, et hoc semper notat existens adjectum, facit enim propositionem existentialem, quae involvit rerum statum«. Daß die Menschen *faktisch* sündigen, folgt aus der faktischen Existenz des status rerum; ihre Sündigkeit als solche ist aber nicht in der *Existenz* des status rerum begründet, sondern darin, daß er ein *solcher* und kein anderer *status rerum* ist. Mit anderen Worten, sie ergibt sich aus

---

309 *Couturat, O. F.* S. 24. Unmittelbar vorangehend sind die beiden Dekrete folgendermaßen unterschieden: »... aliud esse decretum quod Deus in decernendo respicit, aliud esse decretum quo Deus decernit illud reddere actuale, nempe id quo hanc rerum seriem ... ad existentiam et in ea illud decretum eligit«.

310 *Théod.* App. I (*P. VI* 386).

311 *An Arnauld,* 4 (14)/VII 1686: »... les décrets libres de Dieu, pris comme possibles, entrent dans la notion de l'Adam possible, ces mêmes décrets devenus actuels étant cause de l'Adam actuel ... les possibles sont possibles avant les décrets de Dieu actuels, mais non sans supposer quelquefois les mêmes décrets pris comme possibles« (*Le Roy* S. 116).

312 *Couturat, O. F.* S. 271.

der Natur und dem Wesen der series rerum, aus ihrem Fundamentalbegriff als Prinzip und Quelle hypothetischer Notwendigkeit.

Die Unterscheidung zweier Begriffe von Kontingenz wird durch den Leibnizischen Ansatz einer Vielheit möglicher Welten erforderlich gemacht. Diese Unterscheidung sowohl als auch die aus ihr sich ergebende Interpretation der hypothetischen Notwendigkeit befindet sich im Einklang mit der systematischen Einheit jeder möglichen, daher auch der wirklichen Welt, auf Grund des für die betr. Welt spezifischen Fundamentalbegriffs [313] sowie mit Leibnizens Auffassung der Schöpfung als Zulassung zur Existenz einer vor allen möglichen Welten bevorzugten Welt, die aber ihre Bevorzugung nicht erst der Zulassung zur Existenz verdankt [314]. Vorhin [315] haben wir die Vielheit möglicher Welten bei Leibniz mit der im 19. Jahrhundert zur Anerkennung gelangten Mehrheit von Geometrien verglichen, um die innere Logizität jeder möglichen Welt unter ihrem Fundamentalbegriff herauszustellen und den durchaus logischen Charakter des Begriffs von Kontingenz zu erweisen, der von der Existentialkontingenz zu unterscheiden ist. Erst später [316] werden wir auf die Frage eingehen, ob bei der letzteren, d. h. der Zulassung zur Existenz ein außerlogisches oder alogisches Moment ins Spiel tritt.

§ 6 Problem der Demonstration kontingenter Wahrheiten

Um die im Zusammenhang mit der apriorischen Demonstration kontingenter Wahrheiten auftauchenden Probleme herauszustellen, ist es erforderlich, einige Konsequenzen des Leibnizischen Ansatzes des einer jeden möglichen Welt zu Grunde liegenden Fundamentalbegriffs vorwegzunehmen und in allgemeinen Zügen zu skizzieren. Ihre ausführliche Darstellung werden die betr. Lehren in Kap. V und teilweise in Kap. VI erfahren.

Unter dem Fundamentalbegriff eines bestimmten Universums bilden die ihm angehörigen Substanzen einen systematischen Verband. Daß aus dem Fundamentalbegriff folgt, welche Substanzen sich in dem betr. Universum vorfinden, ist nicht in s. z. s. distributivem Sinne zu verstehen; es betrifft nicht die einzelnen Substanzen, jedwede für sich genommen. Vielmehr beruht die Einheit des Universums darauf, daß auf Grund seines Fundamentalbegriffs jede Einzelsubstanz im Hinblick und mit Rücksicht auf alle anderen Einzelsubstanzen bestimmt ist. Mit anderen Worten, der systematische Verband, in dem die Substanzen eines Universums stehen, ist ein innerer Zusammenhang im oben [317] dargelegten Sinne. Jede einzelne

---

313 Kap. V § 2 b.
314 Kap. VIII § 4 a.
315 S. 101.
316 Kap. VIII § 4 c.
317 Kap. I § 2.

Substanz ist an ihrer Stelle von der Gesamtheit aller anderen erfordert; sie hat an dieser ihrer Stelle die ihr eigenen Bestimmungen kraft dessen, und nur kraft dessen, daß alle anderen Substanzen an ihren jeweiligen Stellen ihre Bestimmungen besitzen. Als Sinn des Prinzips der universellen Harmonie wird sich die Ausgerichtetheit und Abgestimmtheit aller Substanzen aufeinander herausstellen. In durchgehender Gegenseitigkeit qualifizieren und bestimmen die Substanzen einander und machen einander zu der, die eine jede ist. Vorwegnehmend muß ferner die hiermit zusammenhängende Leibnizische Lehre vom »vollständigen Begriff« erwähnt werden, der zu jeder individuellen Substanz gehört, oder, wie gemäß der panlogistischen Interpretation zu sagen wäre, der in jeder individuellen Substanz verwirklicht und niedergeschlagen ist. Aus dem »vollständigen Begriff einer individuellen Substanz folgen alle ihre Prädikate und Accidentien, alles, was dieser Substanz zustößt, je zugestoßen ist und zustoßen wird. Auch die »vollständigen Begriffe« der individuellen Substanzen dürfen nicht in Isoliertheit voneinander genommen werden. Es entspricht der systematischen Einheit des Verbandes der Substanzen oder, richtiger gesagt, es ist nur ein anderer Ausdruck für diese systematische Einheit, daß der »vollständige Begriff« jeder Einzelsubstanz auf die »vollständigen Begriffe« aller anderen Substanzen hin orientiert und in diesem Sinne durch sie bestimmt ist.

Was soeben in groben Zügen angedeutet wurde, gilt für alle möglichen Welten als systematische Verbände der ihnen angehörigen Substanzen. Im folgenden werden wir uns auf die wirklich existierende Welt beschränken, die allerdings nicht hinsichtlich ihrer faktischen Existenz in Betracht kommt, sondern lediglich im Hinblick auf die Form ihrer Organisation.

a. Der Beweis kontingenter Wahrheiten als unendlicher Prozeß

Gemäß der Leibnizischen Auffassung des Beweisverfahrens [318] muß bei der apriorischen Demonstration auch kontingenter Wahrheiten das Prädikat als im Subjekt enthalten nachgewiesen werden. Auch hier ist also eine Analyse des Subjektsbegriffs erforderlich. Nun sind aber die Subjektsbegriffe, um die es sich hier handelt, »vollständige Begriffe«, deren Analyse die Berücksichtigung des gesamten Universums erfordert. Mit anderen Worten, *die Demonstration kontingenter Wahrheiten stellt sich als ein unendlicher Prozeß heraus.* »Omnes propositiones existentiales ... non possunt demonstrari, nisi infinitis adhibitis, seu resolutione usque ad infinita facta, scilicet non nisi ex completa notione individui, quae infinita existentia involvit« [319]. Zur Exemplifikation führt Leibniz die Verleugnung des Petrus an, die zu einer gewissen Zeit stattfand, »utique praesupponitur etiam illius temporis natura, quae utique involvit et omnia in illo tempore existentia«. Mit der Behauptung von der wenigstens im Prinzip bestehenden Beweisbarkeit kontingenter Wahrheiten hat Leibniz, wie Philonenko [320] bemerkt,

---

[318] Dieses Kap. § 1 c.
[319] *Gen. Inqu.* 74 *(Couturat, O. F. S.* 376).

mit dem Aristotelischen Wissenschaftsideal gebrochen. Zum ersten Mal wird nicht das Allgemeine, sondern gerade das Individuum und individuelles Geschehen überhaupt zum Ziel und Gegenstand der Erkenntnis, die sich allerdings als ein unendlicher Prozeß, genauer als eine unendliche Aufgabe herausstellt.

Sowohl bei notwendigen wie bei kontingenten Sätzen beruht die Wahrheit auf dem Enthaltenseins des Prädikats im Subjekt. Was die wahren kontingenten Sätze charakterisiert, ist der Umstand, daß »etsi praedicatum revera insit subjecto, tamen resolutione utriusque licet termini indefinite continuata, nunquam tamen pervenitur ad demonstrationem seu identitatem . . .«[321] Dieser Umstand kann zur Definition der Kontingenz dienen. Wenn eine Wahrheit nicht durch eine in einer endlichen Zahl von Schritten sich vollziehende Analyse der betr. Begriffe bewiesen werden kann, so ist sie nicht notwendig. Dahin gehören alle »veritates facti. Atque haec est radix contingentiae«[322]. Die in diesem Sinne zu verstehende Undemonstrierbarkeit kontingenter Wahrheiten in einer endlichen Zahl von Schritten ist aber selber eine notwendige Wahrheit[323]. Sie ist zu den Aussagen über Kontingenz als solche zu rechnen, die Russell — wie oben[324] erwähnt — von kontingenten Aussagen unterscheidet.

Der Vollzug einer Analyse, die in einen unendlichen Prozeß hineinführt, übersteigt die Fähigkeiten des menschlichen Geistes wie jeder Kreatur überhaupt. ». . . singularia a mente creata perfecte explicari aut capi non possunt, quia infinitum involvunt.«[325] Es bleibt dabei, daß auch kontingente Wahrheiten der Beweispflicht unterliegen und im Prinzip beweisbar sind. Für Gott ist diese prinzipielle Beweisbarkeit immer erfüllt. Die zwischen Prädikat und Subjekt bestehende »connexio realis« hängt bei kontingenten Wahrheiten von einem zu Grunde liegenden Dekret »substantiae liberae« ab, »quod decretum nunquam omnimode arbitrarium et fundamenti expers est, sed semper aliqua ejus ratio . . . reddi potest, quae ipsa ex notionum analysi (si ea semper in humana potestate esset) deduci posset, et substantiam certe omnisciam omniaque a priori ex ipsis

---

320 A. Philonenko, »La loi de continuité et le principe des indiscernables«, *Revue de Métaphysique et de Morale* LXXII (1967) S. 273.
321 *Couturat, O. F.* S. 17; ebenso S. 272. Im Falle des Notwendigen wie des Kontingenten »utrumque vi terminorum verum est seu praedicatum utrobique inest subjecto . . .« Jedoch gilt für einen kontingenten Satz, daß die »ratio« seiner Wahrheit »pendet ex infinita quadam analysi«, denn »nulla resolutione pervenitur ut alterum in alterum abeat, seu ut quaedam quasi commensurabilitas obtineatur«.
322 *P.* VII 200.
323 Parkinson, *Logic and reality in Leibniz's metaphysics* S. 72.
324 S. 95 f.
325 *An des Bosses,* 14/II 1706 (*P.* II 300); *an denselben,* 7/XI 1710: ». . . nullam esse partem naturae, quae a nobis perfecte comprehendi possit, idque ipsa rerum περιχώρησις probat. Nulla creatura quantumvis nobilis, infinita simul distincte percipere seu comprehendere potest; quin imo qui vel unam partem materiae comprehenderet, idem comprehenderet totum universum ob eandam περιχώρησιν quam dixi« (*P.* II 412).

ideis suisque decretis videntem non fugit«[326]. Dagegen ist es der menschlichen
Erkenntnis niemals möglich, dem Beweispostulat für die kontingenten Wahrheiten Genüge zu leisten. Daher bleibt die Erkenntnis des Menschen in Sachen
des Kontingenten auf Erfahrung angewiesen[327]. Mit anderen Worten, wir können die auf das wirkliche Universum bezogenen kontingenten Tatsachenwahrheiten lediglich konstatieren und zur Kenntnis nehmen, aber wir sind nicht in
der Lage, sie zu beweisen und eine letztliche Begründung von ihnen zu geben.
Nicht nur hinsichtlich der Mysterien der Religion, sondern auch in Bezug auf jedes
Faktum und jede faktische Wahrheit stellt sich die Frage, »si un esprit créé est
capable de connaître le comment de ce fait, ou *la raison a priori* de cette vérité;
de sorte qu'on peut dire que ce qui est *au dessus de la raison* peut bien être
appris, mais il ne peut pas être *compris* par les voies et les forces de la raison
créée, quelque grande et relevée qu'elle soit«[328].

Auf die Erkenntnis des Kontingenten als unendlichen Prozeß wird man auch
geführt, wenn man kausale Zusammenhänge statt der Analyse von Begriffen in
Betracht zieht. Wie oben[329] erwähnt, besteht nach Leibniz Identität, zum mindesten Äquivalenz zwischen kausaler Ursache und logischem Grund. Wie später[330]
darzulegen sein wird, faßt Leibniz die Substanz als erzeugendes Prinzip aller
ihrer Accidentien, und zwar so, daß jedes Accidens sich als natürliche Folge der
vorangegangenen Accidentien ergibt. Das Gleiche gilt auch für den phänomenalen
Bereich hinsichtlich der aufeinander folgenden Zustände. Von irgendeinem Zustand ausgehend, kann man den ihm vorangehenden als seinen Grund in Anspruch nehmen. In Bezug auf diesen vorangehenden Zustand ist wiederum die
Frage nach dessen Grund zu stellen, usw., so daß sich die Aussicht auf eine unendliche Reihe von Gründen eröffnet. Zur Erklärung jeder Tatsache oder, was
dasselbe besagt, für den Beweis jeder kontingenten Tatsachenwahrheit muß die
unendliche Reihe der Gründe in ihrer Gesamtheit herangezogen werden[331]. Leibniz erörtert das ein mal am Beispiel des Umstandes, daß zu einer bestimmten Zeit
in unserer Hemisphäre die Sonne scheint, wobei er sich der Sprache der Alltagser-
fahrung bedient und sich nicht auf die Wissenschaft der Astronomie bezieht. Der
zu erklärende Umstand folgt mit Sicherheit (»certo«) aus der bisherigen Bewegung der Sonne. Daß die Sonne sich bisher in einer bestimmten Weise bewegt

---

[326] *P.* VII 300 f; *De libertate (Foucher de Careil N.L.O.* S. 182).
[327] *Praecognita ad Encyclopaediam sive scientiam universalem:* »Quanquam autem et
quae facti sunt, rationes suas habeant adeoque sua natura resolvi possint, non tamen
a nobis a priori per suas causas sciri possent nisi cognita tota serie rerum, quod
humani ingenii vim superat, itaque a posteriori discuntur experimentis« (*P.* VII 44).
[328] *Nouv. Ess.* IV, XVII § 23 (*P.* V 476).
[329] S. 91.
[330] 3. Kap. VI § 5 b und § 6 c.
[331] *De libertate:* ». . . neque ulla est veritas facti seu rerum individualium, quin ab infinitarum rationum serie dependeat . . .« (*Foucher de Careil, N. L. O.* S. 180 f); *Monad.*
36 (*P.* VI 612 f).

hat, ist wiederum eine »veritas contingens, cujus iterum quaerenda esset ratio, nec reddi ⟨plene⟩ posset nisi ex perfecta cognitione omnum partium universi, quae tamen omnes vires creatas superat ...« [332]. Unter diesem Aspekt ergibt sich das gleiche Resultat wie unter dem der Begriffsanalyse: »... omnes propositiones quas ingreditur existentia et tempus, eas ingreditur eo ipso tota series rerum, neque enim τὸ nunc vel hinc nisi relatione ad caetera intelligi potest. Unde tales propositiones demonstrationem sive resolutionem ⟨terminabilem⟩ qua appareat earum veritas non patiuntur. Idemque est de omnibus accidentibus substantiarum singularium creatarum.«[333] Selbst die Kenntnis der gesamten Reihe der Ereignisse des wirklichen Universums würde, wie Leibniz hier hinzufügt, nicht ausreichen, denn es erwächst dann die Aufgabe, diese wirklich aktualisierte Reihe mit allen möglichen Reihen zu vergleichen, eine Aufgabe, die auf das später [334] zu erörternde Problem der Auswahl einer möglichen Reihe und deren Zulassung zur Existenz führt.

Noch von einer weiteren Seite her läßt sich das Problem der Erkenntnis des Kontingenten als unendlicher Prozeß faßen. Gesetzt den Fall, es wäre möglich, zwecks Erklärung eines bestimmten Geschehens die gesamte Reihe der Ereignisse in der Welt abzuschreiten. Dann würde sich die Frage nach dem stellen, was dieser Reihe Einheit und Zusammenhang verleiht. Mit anderen Worten, es erhebt sich die Frage nach dem zureichenden Grund für die Reihe als ganze, die Frage, warum überhaupt eine Welt existiert, und warum gerade diese und keine andere: »... non tantum in nullo singulorum, sed nec in toto aggregato serieque rerum inveniri potest sufficiens ratio existendi ... utcunque regressus fueris in status anteriores, nunquam in statibus rationem plenam repereris, cur scilicet aliquis sit potius mundus, et cur talis.«[335] Das besagt: *der zureichende Grund für die Welt, ihre Existenz und für alle innerweltlichen Geschehnisse kann nicht in der Welt selbst, sondern muß außerhalb ihrer liegen.* »... ratio enim reddenda est cur contingentia potius existant quam non existant ... Et licet in rationibus contingentium reddendis iretur in infinitum, oportet tamen extra ipsorum seriem (in qua sufficiens ratio non est) reperiri rationem totius seriei.«[336] *Dieser zureichende Grund der Welt kann kein anderer sein als ihr Fundamentalbegriff im göttlichen Geiste,* wozu noch das Schöpfungs- oder Auswahldekret hinzutritt, durch das diese mögliche Welt zur Existenz zugelassen ist. Uns Menschen aber sind

---

332 *Couturat, O. F. S.* 18; *Éclaircissement:* »... l'état présent de chaque substance est une suite naturelle de son état précédant, mais il n'y a qu'une intelligence infinie qui puisse voir cette suite, car elle enveloppe l'univers, dans les âmes bien que dans chaque portion de la matière« (*P.* IV 521).

333 *Couturat, O. F. S.* 19.

334 S. 455 f.

335 *De rerum originatione radicali* (*P.* VII 302).

336 *Spec. inv.* (*P.* VII 310); entsprechend *De rerum originatione radicali* (*P.* VII 303); *Princ.* 8 (*P.* VI 602); *Monad.* 37 (*P.* VI 613); siehe auch die vom Standpunkt der Entwicklungsgeschichte von Leibniz interessante Glosse No. 23 zu *Communicata ex literis D. Schulleri* (*P.* I 138).

der Fundamentalbegriff des Universums und die in ihm beschlossenen »leges universalissimae« unbekannt. Wir vermögen es daher nicht, »ad singularium perfectas rationes analysi ulla« vorzudringen [337]. Selbst die vollständige Erklärung des Falles eines Steins als konkretes Ereignis (es handelt sich nicht um das allgemeine Fallgesetz) ist Gott allein vorbehalten: »neque enim alii intelligunt universalissimas leges, nec infinitam analysin pertransire possunt, qua opus est ad notionem hujus lapidis cum notione totius universi seu legibus universalissimis connectendam.«

b. Irreduzierbarkeit des Unterschiedes zwischen notwendigen und kontingenten Wahrheiten

Was der menschlichen Erkenntnis versagt ist, ist für die göttliche Erkenntnis immer erfüllt. Wie oben [338] angedeutet, besteht die »visio infallibilis« darin, daß Unendlichkeiten auf einen Schlag übersehen werden. Gott übersieht die Gesamtheit möglicher Welten und kennt die zu ihnen gehörigen Fundamentalbegriffe, darunter den der wirklichen Welt samt allem, was in diesem Fundamentalbegriff beschlossen ist, d. h. die vollständigen Begriffe aller dieser Welt angehörigen individuellen Substanzen [339]. »Deus ... habet in suo intellectu notionem vel ideam Petri possibilis perfectissimam omnes veritates circa Petrum continentem, quarum realitas objectiva tatem Petri naturam sive essentiam constituit ...«[340] Gerade in diesem Text betont Leibniz die wesentliche Bezogenheit jedes möglichen Individuums auf die mögliche Welt, die »series rerum possibilis«, der das betr. Individuum angehört und in die es eingeordnet ist. So wie für den göttlichen Geist aus der Kenntnis des Fundamentalbegriffs einer möglichen Welt her sich die Gesamtheit der vollständigen Begriffe der individuellen Substanzen dieser Welt auf einen Schlag entfaltet, so ist für die göttliche Erkenntnis in dem vollständigen Begriff einer individuellen Substanz die Gesamtheit der Accidentien, die diese individuelle Substanz betreffen, in eins beschlossen und enthalten; sie ist s. z. s. auf einen Punkt zusammengezogen. Gott, und Gott allein, besitzt eine Erkenntnis a priori vom Kontingenten. »In Deo solo (so gelesen statt sola) resolutio propriorum requiritur conceptuum, quae tota fit simul apud ipsum. Unde ille novit etiam contingentium veritates, quarum perfecta demonstratio omnem finitum intellectum transcendit.«[341] Die im strengen und eigentlichen Sinne verstandene Demonstration kontingenter Wahrheiten ist Gott allein vorbehalten.

---

[337] *Couturat, O. F. S.* 19 f.

[338] S. 25.

[339] *An Arnauld,* 4 (14)/VII 1686: »... les notions pleines et compréhensives sont représentées dans l'entendement divin comme elles sont en elles-mêmes« (*Le Roy* S. 115).

[340] *Grua* S. 311 f.

[341] *Gen. Inqu.* § 131, auch § 134 (*Couturat, O. F.* S. 388); *ibid.* S 17: »... solius ... Dei est infinitum semel comprehendentis perspicere quomodo unum alteri insit, perfectamque a priori intelligere contingentiae rationem quod in creaturis suppletur

Auf Grund der intuitiven Natur der »visio infallibilis« ist die göttliche Erkenntnis des Kontingenten auf den schrittweisen Fortgang von Einzelheit zu Einzelheit nicht angewiesen. »Deus ... ⟨non indiget⟩ illo transitu ab uno contingente ad alius contingens prius aut simplicius ... sed in qualibet singulari substantia ex ipsa ejus notione omnium ejus accidentium veritatem perspicit, ⟨nullis extrinsecis advocatis, quia⟩ una quaeque alias omnes totumque universum suo modo involvit.«[342] Gott sieht in dem Fundamentalbegriff jedes möglichen Universums alle vollständigen Begriffe der diesem Universum angehörigen Substanzen und in jedem vollständigen Begriff sämtliche Accidentien der betr. Substanz, analog der Weise — wenn ein solcher Vergleich gewagt werden darf — in der für einen menschlichen Mathematiker in und mit dem Gesetz einer Folge alle ihre Glieder gegeben sind, ohne daß es des schrittweisen Durchlaufens dieser Glieder und ihrer vollständigen Aufzählung bedürfte.

Es liegt an der Natur der Sache, daß die unendliche Analyse, auf die die Demonstration kontingenter Wahrheiten hinführt, nicht zu einem Abschluß gebracht werden kann. Weil diese Unmöglichkeit in der Natur der Sache gründet, besteht sie auch für Gott. Unter Bezug auf die vollkommene göttliche Erkenntnis schreibt Leibniz von dem Übergang »ab uno contingente ad aliud contingens prius aut simplicius«, daß er »... exitum habere non potest ...«[343], und daß es für die Analyse der Begriffe bei kontingenten Wahrheiten auch für die göttliche Erkenntnis kein Ende gibt[344]. Dem entsprechend bedürfen die Aufstellungen von Couturat[345] und Parkinson[346] einer gewissen Korrektur. Allerdings gibt es einen Text, in dem Leibniz von der hier in Rede stehenden Analyse sagt, daß Gott, aber auch nur Gott, sie vollziehen (»transire«) kann[347].

experimento a posteriori«; *Spec. inv.*: ... certudo et perfecta ratio veritatum contingentium soli Deo nota est, qui infinitum uno intuitu complectitur« (*P.* VII 309).

[342] *Couturat, O. F.* S. 19; *Théod.* III 360: »... Dieu voit tout d'un coup toute la suite de cet univers ... il n'a pas besoin de la liaison des effets avec les causes, pour prévoir ces effets ... il ne peut manquer de voir une partie de la suite dans l'autre« (*P.* VI 329); *Grua* S. 303: »... ratio ... veritatis ... a solo Deo perfecte intelligatur, qui unus seriem infinitam uno mentis ictu pervadit«; *Couturat, O. F.* S. 272 und *Origo veritatum contingentium ex processu in infinitum ad exemplum proportionum inter quantitates incommensurabiles,* wo es von der »series infinita« heißt, daß sie »a Deo perfecte cognoscitur«, und wo ferner die Rede ist von »rationes certas uni Deo infinitum comprehendenti perspectas« (*Couturat. O. F.* S. 2).

[343] *Couturat, O. F.* S. 19.

[344] *De libertate.* Seiner Prägnanz wegen sei der Text in extenso zitiert. »... in veritatibus contingentibus, etsi praedicatum insit subjecto, nunquam tamen de eo potest demonstrari, neque unquam ad aequationem seu identitatem revocari potest propositio, sed resolutio procedit in infinitum, Deo solo vidente non quidem finem resolutionis qui nullus est, sed tamen connexionem [terminorum] seu (so gelesen statt »sic«) involutionem praedicati in subjecto, quia ipse videt quidquid seriei inest« (*Foucher de Careil, N. L. O.* S. 182, siehe auch S. 184).

[345] Couturat, *La logique de Leibniz* S. 211.

[346] Parkinson, *Logic and reality in Leibniz's metaphysics* S. 73.

[347] *P.* VII 200.

Daß für die vollkommene göttliche Erkenntnis die kontingenten Wahrheiten a priori demonstrierbar, genauer immer schon a priori bewiesen sind, während diese Demonstration die Möglichkeiten des menschlichen Geistes überschreitet, besagt jedoch nicht, daß der Unterschied zwischen notwendigen und kontingenten Wahrheiten kein solcher prinzipieller Natur ist, daß er nicht für Gott besteht, sondern lediglich auf die endliche menschliche Erkenntnis bezogen und auf diese relativ ist. Von einigen Darstellern ist diese Deutung vertreten worden[348]. Die Wendung »omnia intelliguntur a Deo a priori et per modum aeternae veritatis, quia ipsi experimento non indiget, et quidem ab illo omnia adaequate ... cognoscuntur«[349] ist nicht dahin zu verstehen, daß für Gott die kontingenten Wahrheiten zu ewigen und notwendigen werden. Vielmehr besagt sie, daß für Gott die Erkenntnis auch des Kontingenten apriorischen Charakter hat, worauf gerade die Worte hindeuten, daß Gott der Erfahrung nicht bedarf. Ausdrücklich betont Leibniz, daß der in Rede stehende Unterschied in der Natur der Sache und nicht in der des menschlichen Geistes begründet ist. »Multumque interesse censeo ea in re inter geometricam et physicam veritatem, non tantum quoad nos, qui causas ignoramus, sed etiam in rebus ipsis.«[350] Während notwendige Wahrheiten, d. h. die der mathematischen und sonstigen abstrakten Wissenschaften, in denen es sich um unvollständige Begriffe handelt, bei welchen von zahllosen konkreten Umständen abgesehen wird[351], in einer endlichen Zahl von Schritten als Identitäten aufgewiesen werden können, und zwar durch eine in einer ebenfalls endlichen Zahl von Schritten zu vollziehende Auflösung der in diese Wahrheiten eintretenden Begriffe in letzte Elementarbegriffe oder »notions primitives«, gilt das nicht im Falle kontingenter Wahrheiten[352]. Der Unterschied zwischen kon-

---

[348] Pichler, »Zur Entwicklung des Rationalismus von Descartes bis Kant«, *Kant-Studien* XVIII 405; Lovejoy, *The great chain of Being* S. 174 f; Funke, *Der Möglichkeitsbegriff in Leibnizens System* S. 175; Rivaud, *Histoire de la philosophie* III 450 f und 536. Dagegen betont Russell, *A critical exposition of the philosophy of Leibniz* S. 61 f, daß der Unterschied zwischen notwendigen und kontingenten Wahrheiten irreduzierbar ist und keinen wesentlichen Bezug auf die Beschränktheit der menschlichen Erkenntnis hat; allerdings erkennt Russell — wie S. 95 f. — erwähnt — die Leibnizische Basis der Unterscheidung von Notwendigkeit und Kontingenz nicht an und läßt nur Existentialsätze als kontingent gelten. Belaval, *Leibniz* S. 161 f bringt die Unaufhebbarkeit des in Rede stehenden Unterschieds mit dem principium identitatis indiscernibilium in Verbindung. Auch Moreau, *L'Univers leibnizien* S. 205 ff besteht in seiner knppen, überaus klaren Darlegung der hier in Rede stehenden Problematik auf der Irreduzierbarkeit des genannten Unterschieds und seiner Geltung für die göttliche sowohl wie die menschliche Erkenntnis.

[349] *De synthesi et analysi universali* (P. VII 296).

[350] *An Jak. Bernoulli*, 2/XII 1695 (M. III 27).

[351] Über den Unterschied zwischen vollständigen und unvollständigen Begriffen siehe Kap. VI § 2 a.

[352] *An Bourguet*, 5/VIII 1715: »... l'analyse des nécessaires, qui est celle des essences, allant *a natura posterioribus ad natura priora,* se termine dans les nations primitives ... Mais dans les contingents ou existences cette analyse *a natura posterioribus ad*

tingenten und notwendigen Wahrheiten wird — wie sogleich [353] — zu erwähnen ist — von Leibniz in Parallele gesetzt zu dem zwischen kommensurabeln (rationalen) und inkommensurabeln (irrationalen) Zahlen. Es handelt sich also um einen Unterschied durchaus logischer Natur, dessen Formulierung eine notwendige oder ewige Wahrheit darstellt [354]. Erinnert sei an die von Leibniz im Gegensatz zu Descartes vertretene Lehre von der »logique incréée«, die gerade als »incréée« für Gott und Mensch gleiche Verbindlichkeit besitzt [355]. Folglich behält jeder von der menschlichen Erkenntnis entdeckte logische Unterschied, insofern er in den Sachen selbst gegründet ist, auch für die göttliche Erkenntnis Sinn und Geltung.

c. Das principium reddendae rationis als Grundsatz kontingenter Wahrheiten

Das principium reddendae rationis haben wir als ein logisches oder, wenn man will, methodologisches Prinzip gedeutet, nämlich als allgemeines Beweispostulat, das als solches für alle auf Wahrheit Anspruch erhebenden Sätze besteht [356]. Im Falle notwendiger Wahrheiten kann diesem Postulat in einer endlichen Zahl von Schritten Genüge getan werden, in denen diese Wahrheiten als identische Sätze nachgewiesen werden. Daher beruht die Geltung der abstrakten, z. B. der mathematischen Wahrheiten insgesamt ausschließlich auf dem Prinzip der Identität oder des Widerspruchs. Hingegen führt die Demonstration kontingenter Wahrheiten auf einen unendlichen Prozeß, dessen Einheit auf dem vollständigen Begriff einer individuellen Substanz beruht, genauer gesagt auf dem Fundamentalbegriff des Universums, dem die betr. Substanz angehört, denn — wie später [357] gezeigt werden wird — ergeben die vollständigen Begriffe der individuellen Substanzen eines bestimmten Universums sich aus dem Fundamentalbegriff des letzteren durch eine Abwandlung gewisser Art. Negativ gefaßt: das Gegenteil einer notwendigen Wahrheit enthält nachweislich einen Widerspruch. Daher stellt dieses Gegenteil eine absolute, unbedingte und für alle möglichen Welten geltende Unmöglichkeit dar. Auch die Annahme des Gegenteils eines wahren kontingenten Satzes führt auf einen Widerstreit oder eine Unverträglichkeit. Jedoch besteht hier der Widerstreit nicht schlechthin und unbedingt, sondern nur in Bezug auf *einen* bestimmten Fundamentalbegriff neben möglichen anderen. Daher ist die den kontingenten Wahrheiten zukommende Notwendigkeit eine solche ex hypothesi; sie besteht nur unter der Bedingung des Ansatzes eines bestimmten Fundamentalbegriffs und für die bestimmte Welt, um deren Fundamentalbegriff es sich handelt [358].

---

natura priora va à l'infini, sans qu'on puisse jamais la réduire à des éléments primitifs« (P. III 582).

[353] S. 114 f.
[354] S. 106.
[355] Kap. I § 3 b.
[356] Dieses Kap. § 4.
[357] Kap. V § 4 b.
[358] Dieses Kap. § 5 b.

Auf Grund dieser Darlegungen läßt sich die spezielle Bedeutung angeben, die das principium reddendae rationis im Gebiete kontingenter Wahrheiten über seine allgemeine Bedeutung als Beweispostulat hinaus besitzt. *Kraft des principium reddendae rationis wird jede in einer bestimmten Welt gültige kontingente Wahrheit auf den Fundamentalbegriff dieser Welt bezogen.* Darin ist beschlossen, weil diese Bezogenheit fundierend, daß jeder möglichen Welt ein Fundamentalbegriff zu Grunde liegt. Im Prinzip, d. h. im Idealfall, der allerdings nur für die göttliche Erkenntnis verwirklicht ist, erfolgt der apriorische Beweis einer in einer möglichen Welt geltenden kontingenten Wahrheit aus ihrem Fundamentalbegriff her, der für alle in der betr. Welt bestehenden Beziehungen der Verträglichkeit und Unverträglichkeit als Bezugszentrum fungiert. Das besagt nichts anderes, als daß der *Fundamentalbegriff einer bestimmten Welt den letzten zureichenden Grund für alles darstellt, was in dieser Welt existiert und geschieht. Wegen der hypothetischen Natur des Ansatzes des Fundamentalbegriffs erhält das principium reddendae rationis einen besonderen Bezug auf Kontingenz und erweist sich als oberster Grundsatz aller kontingenten Wahrheiten.*

Zocher [359] bezeichnet das in Rede stehende Prinzip als »Axiom der Wirklichkeit« gegenüber dem Prinzip des Widerspruchs als »Grundsatz der Möglichkeit«. Nun kommt es aber nicht, jedenfalls nicht ausschließlich und hier nicht einmal in erster Linie, auf die aktuelle Wirklichkeit der zur Existenz zugelassenen Welt an, sondern gemäß der vorhin getroffenen Unterscheidung zweier Begriffe von Kontingenz [360] auf ihre *Existenzfähigkeit.* Aus diesem Grunde ziehen wir es vor, das principium reddendae rationis in seinem hier betrachteten Bezug auf Kontingenz das Axiom möglicher Existenz zu nennen. Zocher [361] hat weiterhin der reinen Logik die »abstrakte Formalontologie« gegenübergestellt. Wir greifen diese Unterscheidung auf und verstehen sie dahin, daß die auf dem Prinzip der Identität beruhende reine Logik einschließlich der Mathematik es mit dem Möglichen im Sinne des Widerspruchsfreien zu tun hat, während die Formalontologie als formale sich mit den Bedingungen der Existenzfähigkeit beschäftigt, d. h. mit den Bedingungen, unter denen eine »Welt« — zunächst verstanden als bloße Ansammlung von in sich widerspruchsfreien Substanzen — für die Zulassung zur Existenz überhaupt in Betracht kommt, also in einem prägnanten Sinne eine Welt darstellt, unabhängig davon, ob sie de facto zur Existenz zugelassen ist. So scheiden sich — wie später [362] genauer darzulegen ist — die Möglichkeit als Widerspruchslosigkeit von der Möglichkeit als Existenzfähigkeit. Zu den Bedingungen der Existenzfähigkeit einer Welt gehört vor allem ihre auf ihrem Fundamentalbegriff beruhende und durch ihn begründete Einheit, für die die

---

[359] Zocher, »Der Satz vom zureichenden Grunde bei Leibniz«, *Beiträge zur Leibniz-Forschung* S. 72.
[360] Dieses Kap. § 5 c.
[361] Zocher, a.a.O. S. 77 f und *Leibniz' Erkenntnislehre* S. 15 ff.
[362] Kap. V § 2 c und d; Kap. VIII § 2 a und b.

»Kompossibilität« alles dessen, was dieser Welt angehört, nur ein anderer Ausdruck ist.

Für den endlichen menschlichen Verstand, der den Fundamentalbegriff keines Universums, auch nicht den der wirklichen Welt kennt, und daher keine kontingente Wahrheit a priori zu beweisen, d. h. aus eben dem Fundamentalbegriff abzuleiten vermag, hat das principium reddendae rationis die methodologische Bedeutung des allgemeinen Beweispostulats, dem allerdings im Falle kontingenter Wahrheiten niemals vollständig, sondern — wie wir sogleich sehen werden — nur approximativ Genüge geleistet werden kann. Couturat hat das dahin formuliert, daß für uns Menschen das principium reddendae rationis den Ersatz (»succédané«) für die unendliche Analyse bildet, die Gott allein vollziehen (»accomplir«) kann [363]. Für die göttliche Erkenntnis hat das principium reddendae rationis selbstverständlich nicht den Sinn eines Beweispostulats, da für die visio infallibilis jedes logische Postulat immer ipso facto erfüllt ist. Da aber — wie soeben [364] dargelegt — der Unterschied zwischen notwendigen und kontingenten Wahrheiten unaufhebbar ist und daher auch für Gott besteht, gilt auch für ihn das principium reddendae rationis als Grundsatz der Kontingenz oder der Kompossibilität [365]. Es gilt im Hinblick auf den Fundamentalbegriff des Universums, das eines unter anderen (im Sinne der Existenzfähigkeit) möglichen ist, deren jedes den ihm eigenen und seine Einheit begründenden Fundamentalbegriff hat.

d. Approximatives Vorgehen in der Erkenntnis des Kontingenten

Der kombinatorischen Auffassung des Begriffs in Analogie zur Zusammensetzung der Zahlen aus Primfaktoren [366] entspricht es, den Unterschied zwischen notwendigen und kontingenten Wahrheiten, bzw. zwischen den Begriffen, die in die beiderseitigen Wahrheiten eintreten, durch den Unterschied zwischen rationalen (kommensurabeln) und irrationalen (inkommensurabeln) Zahlen zu erläutern. »... ut enim in numeris commensurabilibus resolutio fieri potest in communem mensuram, ita in veritatibus necessariis demonstratio sive reductio ad veritates identicas locum habet. At quemadmodum in surdis rationibus resolutio procedit in infinitum, et acceditur quidem utcunque ad communem mensuram, ac series quaedam obtinetur, sed interminata, ita eodem pariter processu veritates contingentes infinita analysi indigent ...« [367] Ausdrücklich hat es Leibniz ausge-

---

363 Couturat, *La logique de Leibniz* S. 215; siehe jedoch dazu die obige (S. 110) Bemerkung.

364 S. 110 f.

365 Zocher, »Der Satz vom zureichenden Grunde bei Leibniz«, *a a.O.* S. 86.

366 S. 55 f.

367 P. VII 200; *Grua* S. 303 f; *Spec. inv.* (P. VII 309); *De libertate* (*Foucher de Careil, N.L.O.* S. 183 f); *Couturat, O. F.* S. 272. Siehe die parallelisierende Gegenüberstellung der Grundverhältnisse bei »veritas« und »proportio« in *Origo veritatum contingentium ad exemplum proportionum inter quantitates incommensurabiles* (*Couturat, O. F.* S. 1 f). In *Gen. Inqu.* 135 wird auch noch der Unterschied der »linearum occurentium et asymptotarum« herangezogen (*Couturat, O. F.* S. 388).

sprochen, daß ihm von der Mathematik des Unendlichen her die Einsicht in das Wesen der kontingenten Wahrheiten erwachsen ist [368]. Die Darstellung einer Irrationalzahl durch einen unendlichen Dezimalbruch führt auf einen unendlichen Prozeß der Art, daß der bei Abbrechen des Prozesses entstehende Fehler beliebig klein gehalten werden kann, wozu es nur erforderlich ist, den Prozeß hinreichend weit fortzuführen.

Ein Verfahren dieser oder ähnlicher Art scheint nach einigen Äußerungen von Leibniz auch bei der Analyse von Begriffen in Anwendung kommen zu können. Handelt es sich z. B. um die Verleugnung Petri als solche selbst, ohne Rücksicht auf die Zeit, d. h. ohne Rücksicht darauf, ob die Verleugnung der Vergangenheit oder der Zukunft angehört, »tunc nihilominus saltem ex Petri notione res demonstranda est, at Petri notio est completa, adeoque infinita involvit, ideo nunquam perveniri potest ad perfectam demonstrationem, attamen semper magis magisque acceditur, ut differentia sit minor quavis data« [369]. Kann ein wahrer kontingenter Satz auch nicht restlos auf Identitäten zurückgeführt werden, so wird er doch bewiesen oder bewahrheitet (»probatur«), wenn sich zeigen läßt, »continuata magis magisque resolutione, accedi quidem perpetuo ad identicas, nunquam tamen ad eas perveniri« [370]. Mit dem Einbeziehen der Logik der Infinitesimalrechnung erweitert sich die Auffassung der Wahrheit über die Bestimmungen hinaus, die aus der analytischen Wahrheitstheorie fließen [371]. Die Wahrheit eines Satzes besteht nach wie vor definitionsgemäß darin, daß im Vollzug aller Substitutionen »nunquam occurat B et non B ⟨seu contradictionem⟩. Hinc sequitur, ut certi simus veritatis, vel continuandam esse resolutionem usque ad primo vera … vel demonstrandum esse ex ipsa progressione resolutionis, seu ex relatione quadam generali inter **resolutiones praecedentes** et sequentem, nunquam tale quid occursurum, utcunque resolutio continuetur.«[372] Gemäß einer späteren Stelle der *Generales Inquisitiones de analysi notionum et veritatum* besagt der aus der Fortsetzung der Auflösung entspringende und auf der Regel dieser Fortsetzung begründete Nachweis, daß sich niemals ein Widerspruch ergeben wird, lediglich die Möglichkeit des betr. Satzes (»propositio est possibilis«). Dagegen hat die Wahrheit eines Satzes als erwiesen (»demonstratum«) zu gelten, »quodsi appareat ex regula progressionis in resolvendo eo rem reduci, ut differentia inter ea quae coincidere debent, sit minus qualibet data« [373]. Selbstverständlich besteht daneben das engere und ursprüngliche Kriterium der effektiven »coincidentia«, nämlich

---

[368] *De libertate (Foucher de Careil, N. L. O.* S. 179) und *Couturat, O. F.* S. 18.

[369] *Gen. inqu.* § 74 (*Couturat, o. F.* S. 376 f); der vorangehende Satz ist auf S. 105 zitiert.

[370] *Ibid.* § 134 (*loc. cit.* S. 388).

[371] Dieses Kap. § 1 b.

[372] *Gen. inqu.* 56 (*Couturat, O. F.* S. 370 f).

[373] *Ibid.* § 66 (*loc. cit.* S. 374). Zum Leibnizischen Begriff von mathematischer Exaktheit siehe Belaval, *Leibniz critique de Descartes* S. 322 ff.

der auf Grund zureichender Analyse von Subjekt- und Prädikatbegriff resultierende
Nachweis des Enthaltenseins des Prädikats im Subjekt.

Gegen die Übertragung der Methoden der Infinitesimalrechnung auf das Beweisen kontingenter Wahrheiten hat Pape [374] berechtigte Einwendungen erhoben.
Zunächst stellt die Identität (Koinzidenz) von Subjekt und Prädikat eine Rela-
tion dar, die als solche mit beliebig weit geführter Annäherung an einen mathe-
matischen Grenzwert nicht vergleichbar ist. Ferner ist bei der Darstellung einer
Irrationalzahl durch einen unendlichen Dezimalbruch eine exakte Abschätzung der
Genauigkeit der Annäherung möglich, indem die jeweilige Dezimalstelle, bis zu
der die Darstellung geführt wird, eine Schwelle angibt, unterhalb derer der bei
Abbruch weiterer Entwicklung begangene Fehler liegt [375]. Von einer derartigen
Abschätzung der Genauigkeit der Annäherung kann im Falle der Analyse von
Begriffen natürlich nicht die Rede sein. Leibniz ist das Problematische dieser
Parallelisierung und Analogisierung nicht entgangen. Nur um eine »similitudo«,
nicht aber um eine »convenientia« handelt es sich [376]. In anderen Texten drückt
er sich noch zurückhaltender und fast skeptisch aus. Nachdem er das Beweisen
kontingenter Wahrheiten mit der Darstellung von Irrationalzahlen in Parallele
gesetzt hat, fährt er fort: »Hoc solum interest, quod in rationibus surdis nihilominus demonstrationes instituere possumus, ostendendo errorem esse minorem
quovis assignabili; at in veritatibus contingentibus ne hoc quidem concessum est
menti creatae.« [377]

Wie weit die aus der Infinitesimalrechnung stammende Idee eines unendlichen
Fortschritts und vor allem einer beliebig genauen Annäherung auf das Beweisen
kontingenter Wahrheiten anwendbar sein mag, und welche Grenzen immer dieser
Analogisierung gezogen sein mögen, jedenfalls bleibt der menschliche Geist in
Sachen des Kontingenten auf die Erfahrung angewiesen und bewegt sich am Leit-
faden des principium reddendae rationis diskursiv, d. h., von Etappe zu Etappe,
von Einzelheit zu Einzelheit, ohne jemals das Ganze des Universums von dessen
Fundamentalbegriff her überschauen zu können. Diese diskursive Bewegung verläuft aber nicht ziellos, verliert sich nicht ins Uferlose, sondern konvergiert in
asymptotischer Approximation gegen ein, allerdings niemals zu erreichendes Resultat [378]. Daß dem so ist, liegt — worauf einige Autoren [379] aufmerksam gemacht haben — an der vollkommenen göttlichen Erkenntnis und ist durch diese

---

[374] Pape, *Leibniz* S. 62 f.

[375] Von der Unkorrektheit des Papeschen Ausdrucks »wahrer Wert« einer Irrationalzahl sehen wir hier ab.

[376] *Gen. Inqu.* 136: »Et posse esse respectus, qui utcunque continuata resolutione,
nunquam se, quantum ad certitudinem satis est, detegant, et non nisi ab eo perfecte
perspiciantur, cujus intellectus est infinitus« (*Couturat, O. F.* S. 388 f).

[377] *Couturat, O. F.* S. 18, *ibid.* S. 272 f: »In seriebus infinitis mathematicis fieri possunt
demonstrationes etiam serie non percursa. Sed hoc in serie contingentium, circa
veritates contingentes, fieri non potest, adeoque solius est Dei«.

[378] Cassirer, »Newton and Leibniz«, *The Philosophical Review* LII (1943) S. 376 f.

verbürgt. Weil die göttliche Erkenntnis der unendlichen Analyse enthoben ist, indem für sie der Zusammenhang jeder kontingenten Wahrheit mit dem Fundamentalbegriff des Universums auf einen Schlag durchsichtig ist, ist auf der Ebene der menschlichen Erkenntnis die Möglichkeit, Legitimität und Zielgerichtetheit des unendlichen Fortschritts garantiert, zu dem das principium reddendae rationis eine Aufforderung enthält. Die Verbürgtheit der menschlichen Erkenntnis durch Gott hat aber bei Leibniz eine andere Bedeutung als bei Descartes, der sich auf die »veracitas Dei« zur Garantie der Geltung der ewigen Wahrheiten beruft, die ihrerseits durch ein willkürliches göttliches Willensdekret gesetzt sind[380]. Während bei Descartes die göttliche Verbürgung der menschlichen Erkenntnis von außen zu dieser hinzutritt, besteht nach Leibniz diese Verbürgtheit auf der Gemeinschaft und Gemeinsamkeit zwischen göttlicher und menschlicher Vernunft, eine Gemeinschaft, die in der Konzeption der für Gott und Mensch gleichermaßen verbindlichen »logique incréée« zum Ausdruck kommt. Der von dem principium reddendae rationis gelenkte Fortschritt der menschlichen Erkenntnis konvergiert gegen ein (dieser selbst nicht bekanntes) Ziel, weil — wenn man es so ausdrücken darf — für die göttliche Erkenntnis dieses Ziel immer erreicht ist. Wir können uns der Leitung des genannten Prinzips überlassen, weil es eine »ratio« gibt, und weil wir, obzwar nur im Allgemeinen und Abstrakten, wissen, daß es sie gibt. Die Kenntnis dieser »ratio« im Konkreten und Einzelnen ist allein dem unendlichen göttlichen Intellekt vorbehalten.

Wir haben oben[381] dargelegt, daß Leibniz seinen Begriff der Erkenntnis an der göttlichen Erkenntnis orientiert, die für die menschliche die Norm und den Maßstab abgibt. Die Theorie der Demonstration kontingenter Wahrheiten liefert eine konkretisierende Spezifikation dieser Auffassung. Was für die göttliche Erkenntnis auf einen Schlag übersehbar und durchsichtig ist, das muß die menschliche Erkenntnis sich in schrittweisem Vorgehen erarbeiten, wobei ihr Fortschritt niemals endgültig zu seinem Ziel gelangt, sondern höchstens im idealen Fall sich diesem nur asymptotisch annähert. Die menschliche Erkenntnis stellt sich somit als ein defizienter Modus heraus. Als solcher bleibt sie aber nicht nur hinter dem modus plenus zurück, sondern hat auch an ihm Halt und Stütze.

---

[379] Brunschvicg, *Les étapes de la philosophie mathématique* S. 203 f; Bréhier, *Histoire de la philosophie* II 247 f; Jalabert, *La théorie leibnizienne de la substance* S. 81 f.
[380] Kap. I § 3 b.
[381] Kap. I § 3 a.

KAPITEL III: THEORIE DES MENSCHLICHEN GEISTES

§ 1 Probleme des Zugangs zur Substanz

a. Der Substanzbegriff in Analogie zum Seelenbegriff

Im Mittelpunkt der Leibnizischen Philosophie steht bekanntlich der Begriff der Substanz, der das theoretische Instrument für die Durchführung des Panlogismus bildet. In bezug auf diesen Begriff stellen sich einige Vorfragen. Hat dieser Begriff eine eindeutig-einheitliche, sich immer gleichbleibende Bedeutung, oder differenziert sich diese je nach seinen Anwendungsgebieten, d. h. entsprechend den verschiedenen Seinsbereichen? Im letzteren Falle wäre weiter zu fragen, worauf die Einheitlichkeit dieses Begriffs gegenüber seinen Differenzierungen beruht und von welcher Art seine Einheit ist. Da Leibniz eine nicht nur numerische, sondern vor allem auch artmäßige Vielheit von Substanzen anerkennt, erhebt sich die Frage nach den Arten, in die sich der allgemeine Begriff besondert, sowie danach, was das Wesen der Gattung — die Substantialität, wenn man so sagen darf, der Substanz — ausmacht. Diese Fragen führen auf ein Zugangsproblem im eigentlichen Sinne. Wenn es eine Vielheit spezifisch, d. h. artmäßig voneinander verschiedener Substanzen gibt, so fragt sich in der Tat, ob sie alle unserer Erkenntnis in gleicher Weise zugänglich sind, d. h. in gleicher Unmittelbarkeit und Direktheit, oder ob eine bestimmte Art von Substanzen wenigstens vom Standpunkt der menschlichen Erkenntnis dadurch ausgezeichnet ist, daß wir zu ihr einen direkten und unmittelbaren Zugang besitzen, während unser Zugang zu Substanzen anderer Art abgeleitet und in irgendeinem Sinne vermittelt ist.

Die Berechtigung und sogar Notwendigkeit, die genannten Fragen aufzuwerfen, ergibt sich daraus, daß Leibniz seinen Substanzbegriff als einen durch Analogie gebildeten Begriff einführt. Im *Système nouveau* (der ersten von ihm selbst veröffentlichten Darstellung seiner Metaphysik) besteht Leibniz auf der Rehabilitierung der »substantiellen Formen« (»formes substantielles«), die ihm erforderlich erscheint, um echte Einheiten (»unités véritables«, »unités réelles«) zu gewinnen. Diese Formen sind als Kräfte aufzufassen, das besagt, als »quelque chose d'analogique au sentiment et à l'appétit«; ganz allgemein: »il fallait les concevoir à l'imitation de la notion que vous avons des *âmes*« [1]. Schon früher hat Leibniz im *Discours de Métaphysique* gegen die Cartesische Gleichsetzung von Körperlichkeit und Ausdehnung geltend gemacht, daß den Körpern außer Größe, Figur

---

[1] *Syst.* 3 (P. IV 478 f). Vgl. auch das derselben Zeit angehörige *Spec. dyn.* (M. VI 236).

und Bewegung noch etwas zuerkannt werden muß »qui ait du rapport aux âmes, et qu'on appelle communément forme substantielle ...« [2]. So notwendig die substantiellen Formen für die Aufstellung allgemeiner Prinzipien sind, so dürfen sie doch nicht — wie später [3] genauer darzulegen sein wird — zur Erklärung spezieller Naturphänomene herangezogen werden.

Sind die substantiellen Formen in Analogie zur menschlichen Seele, richtiger: zum menschlichen Geiste verstanden und angesetzt, so folgt, daß dieser oder das Ich nicht nur eine Substanz oder substantielle Form unter anderen ist, sondern — wenigstens vom Standpunkt unserer Erkenntnis — der Prototyp von Substanz. Dementsprechend eröffnet die Erfahrung, die wir von unserem Geist und unserem Ich haben, uns nicht nur den Zugang zu dem, was πρὸς ἡμᾶς in einem besonders ausgezeichneten Sinne Substanz ist, sondern diese Erfahrung bildet geradezu die Rechtsgrundlage für den Ansatz des Substanzbegriffs, für die Behauptung der Existenz von Substanzen. Auf die innere Erfahrung von uns selbst, von unserem Wahrnehmen, Denken, Wollen und Handeln beruft sich Leibniz für seinen Pluralismus der Substanzen und für die Realität einer jeden individuellen Substanz [4], sowohl wie für die Abweisung der occasionalistischen These, nach der den Kreaturen jede Fähigkeit zu echter Handlung und Wirkung abzusprechen ist [5]. Wir erfahren uns als tätig und spontan, indem wir unsere Gedanken und Willensakte erzeugen. Was wir in uns vorfinden, dürfen wir anderen Wesen nicht völlig versagen [6]. Vielmehr müssen wir es ihnen in einer, wenn auch durch Abwandlung modifizierten Form zuerkennen. Zwischen dem menschlichen Geiste und anderen Entelechien besteht kein Unterschied der Gattung (»genere«) nach [7]. Wegen der Gleichförmigkeit der Natur der Dinge kann der Abstand zwischen der Art von Substanz, die ein jeder von uns Menschen ist, und anderen einfachen Substanzen nicht unendlich groß sein [8]. Damit ist aber keineswegs die völlige Artgleichheit aller Substanzen behauptet. Was einer Substanz oder einer bestimmten Art von Substanzen zukommt, kann nicht ohne weiteres auf alle Substanzen verallgemeinert werden, so wenig wie das, was vom Quadrat gilt, sich auf den allgemeinen Begriff des Parallelogramms übertragen läßt [9]. Die Verallgemeinerung des Substanzbegriffs erfolgt durch analogisierende Abwandlung.

2 *Disc.* 12 (*Le Roy* S. 46); siehe auch *An Arnauld,* 4 (14)/VII 1686 (*Le Roy* S. 123).
3 Kap. VII § 1 a.
4 *Esprit Universel Unique* (*P.* VI 236 f).
5 Wie Kap. IV § 5 b dargelegt werden wird, ist nach Leibniz Handeln und Tätigkeit für die Substanz konstitutiv. Zur Auseinandersetzung mit dem Occasionalismus siehe Kap. VI § 7 a.
6 *De ipsa natura* 10 (*P.* IV 510).
7 *An de Volder,* o. D. (*P.* II 194).
8 *An de Volder,* 30/VI 1704 (*P.* II 270).
9 *An de Volder,* 27/XII 1701 (*P.* II 232 f); *an denselben,* 20/VI 1703: »Substantiam ipsam potentia activa et passiva primitivis praeditam, veluti τὸ Ego *vel simile,* pro indivisibili seu perfecta monade habeo ...« (*P.* II 251; von uns unterstrichen). Der Ausdruck »Monade«, den Leibniz erst seit 1696 benutzt, ist ihm — wie L. Stein,

Immerhin erwächst dieser Begriff aus der Erfahrung vom eigenen Ich[10]. Wohl am prägnantesten ist der Zusammenhang von Ichlichkeit und Substantialität in für die Königin Sophie Charlotte von Preußen bestimmten Schriften zum Ausdruck gekommen: »... puisque je conçois que d'autres êtres ont aussi le droit de dire *Moi,* ou qu'on le peut dire pour eux, c'est par la que je conçois ce qu'on appelle la substance en général«[11]. Substantialität erscheint hier geradezu mit Ichhaftigkeit gleichgesetzt. Daher ist es verständlich, daß einige Interpreten die Leibnizische Philosophie aus der Perspektive der inneren Erfahrung gesehen und dargestellt haben[12]. Selbst wenn psychologistische und empiristische Mißdeutungen vermieden werden[13], kann eine so orientierte Interpretation nicht als endgültig und abschließend gelten, obgleich ihr ein gewisses relatives Recht insofern zuzuerkennen ist, als für uns der Weg zur Substanz über die innere Erfahrung führt.

Schon diese ersten Aufstellungen geben zu einigen Fragen Anlaß. Zunächst erhebt sich die Frage nach dem Recht analogisierender Verallgemeinerung und überhaupt nach dem Recht analogisierenden Denkens und analogisierender Begriffsbildung. Es wird sich herausstellen, daß die Methode des Analogisierens auf der Leibnizischen Konzeption einer »Proportionalität« zwischen allen Substanzen besteht und durch diese Konzeption gerechtfertigt wird[14]. Eine weitere Frage betrifft die Reichweite des analogisierenden Denkens in Bezug auf das in Rede stehende Problem: hat Leibniz eine Art von Panpsychismus vertreten? Auf diese Frage werden wir später[15] eine negative Antwort zu geben haben. Wird sich auch herausstellen, daß nicht alle Substanzen Seelen sind, so gilt doch das Umgekehrte, nämlich daß alle Seelen und Geister Substanzen sind. Folglich ist hinsichtlich dieser besonderen Klasse von Substanzen zu fragen, ob nach Leibniz alles Seelische von derselben Art ist, oder ob er zwischen Seelen und Geistern eine Unterscheidung trifft.

Leibniz und Spinoza S. 210 ff festgestellt hat — von Franc. Mercurius van Helmont nahegelegt worden.

[10] Vgl. *Rorarius (P.* IV 559 f); *Initium institutionem juris perpetui:* »... ne quidem ideam unius substantiae habituri essemus, nisi tale quid in nobis experiremur« *(Mollat* S. 5).

[11] *Lettre sur ce qui passe les sens et la matière (P.* VI 493); fast wörtlich ebenso in *Sur ce qui passe les sens et la matière* und *Lettre touchant ce qui est indépendant des sens et de la matière (P.* VI 488 und 502).

[12] Siehe den Bericht bei Mahnke, *Leibnizens Synthese* § 12; ferner Maine de Biran, *Exposition de la doctrine philosophique de Leibniz (Oeuvres de Maine de Biran* XI, 1939, S. 458 f); Ch. Hartshorne, »Leibniz's greatest discovery«, *Journal of the History of Ideas* VII (1946) S. 415; Martin, »Der Begriff der Realität bei Leibniz«, *Kant-Studien* XLIX (1957/8) S. 82 f und *Leibniz* S. 163 f; A. T. Tymeniecka, *Leibniz' cosmological synthesis* S. 38 und 64 f; A. Philonenko, »La loi de continuité et le principe des indiscernables«, *Revue de Métaphysique et de Morale* LXXII 279 ff.

[13] Siehe unten S. 130 und 132 ff.

[14] Kap. V § 7 c.

[15] Kap. IV § 6 a.

b. Problem der Möglichkeit monadologischer Erkenntnis

Ein anderes Zugangsproblem betrifft die Möglichkeit der Konzeption der Monadologie, worunter selbstverständlich nicht die unter diesem Titel gehende Spätschrift verstanden ist, sondern Leibnizens gesamte Lehre von den Monaden oder Substanzen.

Bekanntlich sind die Monaden »fensterlos«. Jede ist eine in sich geschlossene Welt, in die nichts von außen hereindringen kann. Ebenso wenig vermag eine Monade aus sich, d. h. aus der geschlossenen Welt, die sie ist, herauszutreten. Vielmehr lebt sie ausschließlich in ihren eigenen Zuständen, Modifikationen, Accidentien und ist völlig auf diese beschränkt. Zwischen diesen gegeneinander abgeschlossenen Monaden besteht aber ein Zusammenhang, insofern als jede Monade das gesamte Universum und damit alle anderen Monaden repräsentiert. Repräsentation ist hier in dem oben [16] als ursprünglich und fundamental herausgestellten Sinne der ein-eindeutigen Zuordnung zu verstehen. Das besagt, daß jeder jeweilige Zustand einer gegebenen Monade Komponenten enthält, die in einem Verhältnis der Entsprechung und Zuordnung zu den Zuständen aller anderen Monaden stehen.

Soweit dieser Zusammenhang an sich besteht, ist er, da — wie oben [17] ausgeführt — Zuordnung ein zuordnendes Bewußtsein voraussetzt und erfordert, auf den göttlichen Geist bezogen, der alle Entsprechungen und Zuordnungen auf einen Schlag vollständig übersieht. Nun muß aber auch dem menschlichen Geist die Fähigkeit zukommen, um diesen Zusammenhang in gewissem Maße und in gewisser Weise zu wissen, wengleich selbstverständlich nicht in derselben Weise, in der Gott ihn kennt, der ihn völlig überschaut. Daß der menschliche Geist diese Fähigkeit besitzt, ergibt sich aus der bloßen Tatsache der Konzeption der Monadenlehre, die von einer menschlichen Monade mit dem Anspruch entwickelt wird, von anderen menschlichen Monaden verstanden und als gültig befunden zu werden.

Hier erwächst ein überaus ernstes und bedrohliches Problem. Auch der die Monadenlehre konzipierende oder im Nachverstehen sie sich aneignende Philosoph steht unter der allgemeinen Bedingung der Abgeschlossenheit und Fensterlosigkeit, die für alle Monaden gilt. Wie kann unter diesen Umständen eine einzelne Monade von der Existenz, auch nur der bloßen Möglichkeit anderer Monaden wissen? Woher erwächst ihr der bloße Begriff anderer möglicher Monaden und Substanzen, die ihr ähnlich oder analog, und doch von ihr verschieden sind? Oben [18] haben wir ausgeführt, daß Leibniz eine Repräsentationstheorie der Erkenntnis vertritt. Repräsentation hat hier den psychologischen und kognitiven Sinn von Vorstellung, jedoch als Spezialisierung der allgemeinen und fundamentalen Bedeutung. Wiederum handelt es sich um die Zuordnung zweier Inbegriffe

---

[16] Kap. I § 4 b.
[17] Kap. I § 4 d.
[18] Kap. I § 4 c.

oder Mannigfaltigkeiten, von denen der eine Inbegriff die Vorstellungen einer gegebenen Monade befaßt, die auf Grund der bestehenden Entsprechung als Repräsentanten und Stellvertreter fungieren. Wegen ihrer Fensterlosigkeit lebt die betr.
Monade völlig und ausschließlich in ihren Vorstellungen und erhält das Repräsentierte nur in und durch diese ihre Vorstellung als dessen Stellvertreter zu Gesicht. Damit erhebt sich die Frage, wie die betr. Monade, d. h. ein jeder von uns
Menschen, wissen kann, daß es überhaupt repraesentata oder repraesentanda gibt,
daß die in Rede stehende Zuordnung und Entsprechung besteht, daß unsere
Vorstellungen repräsentative und stellvertretende Funktion haben [19].

Die aufgeworfenen Fragen spitzen sich zu einer Paradoxie zu. *Wenn der Lehr-*
gehalt der Monadologie richtig ist, wird ihre Konzeption unverständlich. Aus
ihrem Lehrgehalt folgt, daß sie von einem Menschen nicht aufgestellt werden kann.
Der bedrohliche Charakter dieser Fragen liegt darin, daß sie an die Möglichkeit der
Leibnizischen Philosophie rühren, indem sie diese einem der schwersten Einwände aussetzen, der überhaupt gegenüber einem philosophischen System erhoben
werden kann, dem Einwand nämlich, von seiner eigenen Möglichkeit nicht
Rechenschaft geben zu können.

Zur Aufklärung dieser Paradoxie muß auf Leibnizens Theorie des menschlichen
Geistes zurückgegangen werden. Allerdings ist die von dieser Theorie gelieferte
Antwort [20] insofern noch nicht voll befriedigend und ausreichend, als sie einer
weiteren Begründung und Fundierung bedarf. Ihre definitive Auflösung findet
die in Rede stehende Paradoxie erst im Lichte der Leibnizischen Auffassung des
Systems der Substanzen und Monaden und vor allem des Prinzips der universellen Harmonie als Grundgesetz der Verfassung dieses Systems [21]. Gerade an der
Behandlung dieser Paradoxie zeigt sich die Berechtigung, weil Fruchtbarkeit,
unseres methodischen Vorgehens. Statt, wie dies fast durchgehend geschehen ist,
bei der Einzelmonade einzusetzen und von ihr aus den Weg zum Verband der
Monaden zu suchen, gehen wir umgekehrt von dem System der Monaden aus und
versuchen, von da aus die Einzelmonade zu verstehen.

§ 2 Tierische Seelen und menschliche Geister

a. Perzeption und Apperzeption
Im Gegensatz zu Descartes und den Cartesianern hat Leibniz bekanntlich den
Tieren seelisches Leben zuerkannt. Zum Seelischen gehört auf der einen Seite die
als Repräsentation einer Mannigfaltigkeit in einem Einfachen verstandene Perzeption, auf der anderen Seite »appetit«, der als »tendance d'une perception à

---

[19] Diese Frage hat Maine de Biran, *Exposition de la doctrine philosophique de Leibniz*
(*Oeuvres* XI 452 f) gestellt, wenngleich nicht in voller Allgemeinheit.
[20] Dieses Kap. § 4 b.
[21] Kap. V § 4 d und § 5 b.

une autre« definiert ist [22]. Was die zentralisierte Repräsentation angeht, so bedarf es — wie oben [23] erwähnt — eines gewissen Grades von Distinktheit, damit Perzeption die psychologische Bedeutung von Wahrnehmung gewinnt und zum »sentiment« wird. Ferner ist dazu Aufmerksamkeit und vor allem Gedächtnis (»mémoire«) erforderlich, so daß ein Zustand nicht einfach von einem folgenden Zustand abgelöst wird, sondern ein Echo hinterläßt, das eine gewisse Zeit andauert und sich bei Gelegenheit wieder bemerkbar macht. »Sentiment« wird von Leibniz geradezu als »perception accompagnée de mémoire« definiert [24]. Ein Wesen, dem dies zukommt, heißt ein Tier (»animal«) und die ihm entsprechende Monade eine Seele (»âme«) [25]. Was aber den Tieren abzusprechen ist und die Vorzugsstellung des Menschen begründet, ist das Selbstbewußtsein, die Fähigkeit zur Reflexion, die Möglichkeit, Wahrnehmungen und Vorstellungen nicht nur zu haben, sondern auch sich ihrer ausdrücklich inne zu werden und zu versichern [26]. So ergibt sich der grundlegende Unterschied zwischen der »*Perception* qui est l'état intérieur de la Monade représentant les choses externes« und der »*Apperception* qui est la *conscience,* ou la connaissance réflexive de cet état intérieur, laquelle n'est point donnée à toutes les âmes, ni toujours à la même âme«[27]. Wesen, die der Apperzeption fähig sind, werden »Animaux Raisonnables« genannt, und ihre Seelen heißen Geister (»Esprits«) [28].

Damit ist eine neue Interpretation der traditionellen Bestimmung des Menschen als »animal rationale« gegeben, weil das Wesen der Ratio in die Möglichkeit der

22 *An Bourguet,* Dez. 1714 (*P.* III 575) und *Entwurf eines Schreibens an Remond,* Juli 1714 (*P.* III 622).

23 S. 40 f.

24 *Princ.* 4 (*P.* VI 599); *P.* VII 330: »Sensio . . . est perceptio, quae aliquid distincti involvit, et cum attentione et memoria conjuncta est«; siehe auch *an Rud. Christ. Wagner,* 4/VI 1710; wo die »nuda facultas percipiendi« kontrastiert wird mit der facultas »sentiendi, quando nempe perceptioni adjungitur attentio et memoria« (*P.* VII 529).

25 *Monad.* 19: ». . . comme le sentiment est quelque chose de plus qu'une simple perception, je consens, que le nom général de Monades et d'Entelechies suffise aux substances simples, qui n'auront que cela, et qu'on appele âmes seulement celles, dont la perception est plus distincte et accompagnée de mémoire« (*P.* VI 610). *Ibid.* 15 ist »perception« bestimmt als »l'état passager qui enveloppe et représente une multitude dans l'unité ou dans la substance simple . . .« (*P.* VI 608).

26 *Principes de vie:* ». . . les bêtes autant qu'on en peut juger, manquent de cette réflexion, qui nous fait penser à nous-mêmes« (*P.* VI 542); vgl. auch *Entwurf des Briefes an Arnauld,* 28/XI (8/XII) 1686: ». . . il paraît probable que les bêtes ont des âmes quiqu'elles manquent de conscience« (*Le Roy* S. 142) und *Théod.* III 250 (*P.* VI 265 f). Leibnizens Ansatz von Seelischem, das des Selbstbewußtseins ermangelt, darf aber nicht — wie W. Janke, »Leibniz als Metaphysiker«, *Leibniz* (Hannover) S. 378 es tut — dahin ausgelegt werden, daß auch Seelisches dieser Art »im vorstellenden Rückbezug seiner auf sich selbst (lebt), ohne deshalb schon seine Reflexion zu erfassen«.

27 *Princ.* 4 (*P.* VI 600).

28 *Princ.* 5 (*P.* VI 601).

Reflexion und des Selbstbewußtseins verlegt wird [29]. Auf Konsequenzen dieser Interpretation der Ratio werden wir in § 3 a dieses Kapitels einzugehen haben.

Mit der Unterscheidung der Apperzeption von der Perzeption und der Charakterisierung des menschlichen Geistes durch die erstere tritt, wie Belaval und Burgelin bemerken, eine Diskontinuität in das Leibnizische System ein [30]. Was die innere Artikulation und Distinktion der Perzeptionen angeht, so sind graduelle Differenzen und kontinuierliche Übergänge denkbar, und ebenso kann im Falle des Gedächtnisses das Echo, das ein Zustand hinterläßt, längere oder kürzere Zeit nachhallen. Dagegen liegt die Möglichkeit der Reflexion entweder vor, oder sie liegt nicht vor [31]. Es mag Differenzen geben hinsichtlich des Umfangs, in dem die Möglichkeit der Reflexion aktualisiert wird. Solche Differenzen, die schon darum bestehen müssen, weil wir nicht ständig reflektieren, mögen kontinuierlich abgestuft sein. Durch diese Kontinuität, die die Aktualisierung der Möglichkeit der Reflexion betrifft, wird aber jene Diskontinuität nicht beseitigt, die das Vorliegen oder Nicht-Vorliegen dieser Möglichkeit selbst und also solcher angeht [32].

Es ist jetzt möglich, den Sinn des Gegensatzes zu präzisieren, der zwischen Leibniz und der Cartesischen Schule hinsichtlich der Frage der Tierseele besteht. Leibniz wendet gegen die Cartesianer ein, daß sie dem Unterschied zwischen Perzeption und Apperzeption nicht gerecht geworden sind und infolgedessen jene perception est accompagnée de conscience«, ist von den Cartesianern nicht gegeben Erfahrung kennen wir das Seelische nur in der spezifischen Form, in der es beim Menschen auftritt, nämlich als mit Selbstbewußtsein verbunden. Daraus darf aber nicht geschlossen werden, daß es immer und überall nur in dieser Form existieren kann, und daß andere Formen nicht möglich sind [34]. Ein Beweis dafür, daß »toute perception est accompagnée de conscience« ist von den Cartesianern nicht gegeben worden und ist auch schlechthin nicht zu führen [35]. Der Unterschied zwischen Leibniz und der Cartesischen Schule betrifft also die Bestimmung des Seelischen selbst. Descartes besteht vorzugsweise, wenn nicht ausschließlich, auf der intellectio und conceptio [36]. Leibniz hingegen setzt, wie erwähnt, das Seelische beim Ge-

---

[29] *Disc.* 34: »... l'âme intelligente connaissant ce qu'elle est et pouvant dire ce *moi*, qui dit beaucoup ...« (Le Roy S. 72).

[30] Belaval, *Leibniz* S. 205 f, und *Leibniz Critique de Descartes* S. 413 und 430; Burgelin, *Commentaire du Discours de Métaphysique de Leibniz* S. 296 ff.

[31] *Nouv. Ess.* IV,IV § 16: »Si nous distinguons l'homme de la bête par la faculté de raisonner, il n'y a point de milieu, il faut que l'animal dont il s'agit, l'ait ou ne l'ait pas« (P. V 376); etwas abgeschwächt *ibid.* IV,XVI § 12 (P. V 455).

[32] Die in Rede stehende Diskontinuität war von J. E. Erdmann, *Grundriss der Geschichte der Philosophie* II 155 f bestritten worden; ähnlich G. Friedmann, *Leibniz et Spinoza* S. 147 und Janke, »Leibniz als Metaphysiker« Kap. III 9, *a.a.O.*

[33] *Princ.* 4; *Monad.* 14 (P. VI 600 und 608 f).

[34] *An Arnauld,* 9/X 1687 (Le Roy S. 188).

[35] *Principes de vie* (P. VI 543).

[36] Bezeichnend ist die Stelle bei Descartes, *Meditationes de Prima Philosophia* VI: »... considero istam vim imaginandi quae in me est, prout differt a vi intelligendi, ad mei ipsius, hoc est ad mentis meae essentiam non requiri; nam quamvis illa a

dächtnis an. In diesem Zusammenhang darf daran erinnert werden, daß Leibniz in seiner Jugend den Körper als »mens momentanea, seu carens recordatione« bezeichnet hatte [37]. Aus diesen Texten geht nicht nur hervor, wie früh bereits Leibniz dem Gedächtnis eine zentrale Bedeutung für das Seelische einräumte, sondern sie bezeugen vor allem, besonders durch den Zusammenhang, in dem sie auftreten, Leibnizens Bemühen, bei aller Anerkennung der Differenz von Körper und Geist [38], zwischen beiden Bereichen mit Hilfe des Begriffs des *conatus* eine Vermittlung zu finden [39].

Was die — wie man sie nennen kann — ›höheren‹ geistigen Funktionen betrifft, besteht Leibniz ebenso nachdrücklich wie Descartes, wenn nicht noch nachdrücklicher, auf ihrem Bezug zum Selbstbewußtsein [40]. In dem mehrfach herangezogenen *Brief an Arnauld* vom 9/X 1687 definiert Leibniz »pensée« geradezu als »représentation . . . accompagnée de conscience« [41]. »Conscience« aber bedeutet für Leibniz wie für Descartes Selbstbewußtsein [42]. Geistern, die reflektiver Akte, d. h. des Selbstbewußtseins fähig sind, aber auch nur diesen Geistern, sind die notwendigen und ewigen Wahrheiten sowie die diesen Wahrheiten zu Grunde liegenden »eingeborenen« Ideen zugänglich [43]. Auf den Zusammenhang, der nach Leibniz zwischen dem Erfassen der »eingeborenen« Ideen und der Fähigkeit zum

me abesset, procul dubio manerem nihilominus ille idem qui nunc sum . . .« (A. T. VII 73).

[37] *Theoria motus abstracti*, Fundamenta praedemonstrabilia 17 (*P* IV 230); ebenso *An Oldenburg*, 11/III 1671 und 29/IV 1671 (*Briefwechsel* S. 53 und 56) und *An Arnauld*, Nov. 1671 (*P*. I 73). Ein Nachklang davon findet sich in *Rorarius* (*P*. IV 558).

[38] *Theoria motus abstracti*, Fundamenta praedemonstrabilia 17: »hic aperitur porta prosecuturo ad veram corporis mentisque discriminationem, hactenus a nemine explicatam« (*P*. IV 230).

[39] *An Oldenburg*, 11/III 1671: »Si vero in uno corpore possent ultra momentum perseverare duo contrarii conatus simul, omne corpus foret mens vera« (*Briefwechsel* S. 53). Siehe im übrigen zu dieser Frage, auf die wir hier nicht weiter eingehen können, die ausgezeichnete Darstellung von J. Moreau, *L'Univers leibnizien* S. 54 ff.

[40] *Descartes an Mersenne*, Juli 1641: ». . . il est impossible que nous puissions jamais penser à aucune chose, que nous n'ayons en même temps l'idée de notre âme, comme d'une chose capable de penser à tout ce que nous pensons« (*A. T.* III 394).

[41] *Le Roy* S. 181; *ibid*. S. 188 die Gleichsetzung von »pensée« und »réflexion à cette représentation«, wobei, wie der Zusammenhang zeigt, es sich um zentralisierte Repräsentation handelt. Siehe auch *Nouv. Ess.* II, IX § 1 (*P*. V 121), II, XXI § 5: ». . . l'entendement répond à ce qui chez les Latins est appelé *intellectus*, et l'exercice de cette faculté s'appelle *intellection*, qui est une perception distincte jointe à la faculté de réfléchir, qui n'est pas dans les bêtes« (*P*. V 159) und II, XXI § 72 die Unterscheidung von »perception« und »pensée«, »en n'attributant la pensée qu'aux esprits, au lieu que la perception appartient à toutes les entéléchies« (*P*. V 195).

[42] Vgl. hierzu besonders in Bezug auf Leibnizens Jugendperiode W. Kabitz, *Die Philosophie des jungen Leibniz* S. 89; siehe auch den Ausdruck »consciencosité« im Sinne von »sentiment de moi« in *Nouv. Ess.* II, XXVII § 9 (*P*. V 218).

[43] *Princ*. 5 (*P*. VI 601); *Monad*. 29 f (*P*. VI 611 f); *Disc*. 34 (*Le Roy* S. 72); *An Arnauld*, 23/III 1690 (*Le Roy* S. 199); u. ö.

reflektiven Selbstbewußtsein besteht, werden wir in § 3 a dieses Kapitels zu sprechen kommen. Zunächst begnügen wir uns hier mit der Hervorhebung der Leibnizischen Gleichsetzung von Ratio, Cogitatio (»pensée«) und reflektivem Selbstbewußtsein, deren die Tiere entbehren [44].

Mit der Einführung des Begriffs der Apperzeption vollzieht sich eine Scheidung der Substanzen in zwei Gruppen. Die eine Gruppe umfaßt diejenigen, die nicht nur Substanzen sind, sondern auch wissen, daß sie es sind [45]; die andere Gruppe jene, die bloß Substanzen sind, ohne aber darum zu wissen [46]. Offenbar sind es die Substanzen der letzteren Gruppe, auf die Leibnizens Bemerkung von jenen Wesen geht, »für die« man »Ich« sagen kann [47]. Unter dem gegenwärtigen Gesichtspunkt kommt es weniger darauf an, daß die fraglichen Wesen nicht selber »Ich« sagen können, als vielmehr darauf, daß es einen Rechtsitel gibt, aufgrund dessen »man« es für sie sagen kann. Mit anderen Worten, *für Substantialität ist das Wissen um Substantialität nicht konstitutiv.*

Wir sind davon ausgegangen, daß der Substanzbegriff für Leibniz ein Analogiebegriff ist, weil wir auf keine andere Weise das Wesen von Substanz überhaupt und als solcher uns zugänglich machen können als im Ausgang von der speziellen Substanz, die die menschliche Seele oder — wie jetzt genauer gesagt werden muß — der seiner selbst bewußte menschliche Geist ist. Schon jetzt hat sich gezeigt, daß die Rede von Analogie sehr ernst genommen werden muß. Es kann davon nicht die Rede sein, daß das, was wir am menschlichen Geiste und als menschlichen Geist erfahren, sich überall, bei allen Substanzen genau so antreffen läßt. Vielmehr stellt sich die Aufgabe, gewisse strukturelle Züge und Momente, die sich im Falle des menschlichen Geistes in charakteristischer Weise spezifizieren, in Allgemeinheit zu fassen und, wenn möglich, den Spezifikationen nachzugehen, die diese Züge und Momente auf anderen Stufen annehmen, — das aber im notwendigen Ausgang von der menschlichen Geistesmonade. In der bisherigen Darstellung sind uns Substanzen dreier Stufen begegnet, und es gibt nach Leibniz nur diese drei Stufen; es sind dies im Sinne der oben [48] erwähnten terminologischen Festlegungen die »substances simples« — zuweilen auch »monades toutes nues«[49] genannt —, die tierischen Seelen und schließlich die Geister. Dieser Dreiteilung entspricht die der Gattung »expression« in die drei Arten »perception naturelle«, »sentiment animal« und »connaisance intellectuelle« [50].

[44] P. VII 331: »Cogitatio autem est perceptio cum ratione conjuncta, quam bruta, quantum observare possumus, non habent«.
[45] *Disc.* 12 »... âmes intelligentes, qui seules connaissent leurs actions, et qui ... gardent toujours le fondement de la connaisance de ce qu'elles sont« (*Le Roy* S. 47).
[46] *Disc.* 34: »... elles ne connaissent pas ce qu'elles sont, ni ce qu'elles font ...« (*Le Roy* S. 72).
[47] S. 120. Siehe auch die Formulierung *Théod.* 246 »... les animaux ... n'ont point d'intelligence, mais Dieu en a pour eux« (*P.* VI 264).
[48] S. 123, Anm. 25.
[49] *Monad.* 24 (*P.* VI 611); siehe auch *An Bierling,* 12/VIII 1711 (*P.* VII 502).
[50] *An Arnauld,* 9/X 1687 (*Le Roy* S. 181).

b. Die Lehre vom empirischen Wissen und ihre historische Auswirkung

Auf der Stufe der Perzeption im psychologischen Sinne von Wahrnehmung und Vorstellung gibt es etwas, das den Anschein, aber auch nur den Anschein, von Vernunft (»raison«) und vernünftigem Denken (»raisonnement«) bietet. Da bei der Wahrnehmung Gedächtnis im Spiele ist, werden Wesen, die auf dem Niveau der Perzeption verharren, auf natürliche Weise zur Erwartung gebracht, daß der Lauf der Dinge in der Zukunft dem in der Vergangenheit gleichen wird[51]. Sind z. B. auf Ereignisse vom Typus A solche vom Typus B gefolgt, und tritt wiederum ein Geschehnis vom Typus A ein, so entsteht die Erwartung, daß ein solches vom Typus B folgen wird. Ein derartiges rein empirisches Denken bewegt sich nicht in Konsequenzen, sondern — wie Leibniz es nennt — in Konsekutionen, d. h., in Vorstellungsverbindungen und im Übergang von Vorstellung zu Vorstellung. Solche Konsekutionen können das Ergebnis langer Gewohnheit wie auch der Eindringlichkeit der fraglichen Erfahrungen sein. In jedem Falle liegt ihnen das Prinzip des Gedächtnisses, und nur dieses, zugrunde. Auf diesem Prinzip beruht das Verhalten der Tiere, die prinzipiell dem Niveau der bloßen Perzeption verhaftet sind; so z. B. das des Hundes, der beim Anblick des Stockes fortläuft. Auch die Menschen, die grundsätzlich der Apperzeption fähig sind, verbleiben in ihrem Denken und Handeln zu einem sehr erheblichen Teil auf dem Niveau der bloßen Perzeptionen und Konsekutionen, wie z. B. die empirischen Mediziner, die nur eine Praxis, aber keine Theorie haben. Erwartet man, daß die Sonne morgen wieder aufgehen wird, so tut es der Durchschnittsmensch, weil er sie bisher jeden Tag hat aufgehen sehen[52]. Nur der Astronom ist bei seinen Voraussagen von Vernunftgründen geleitet.

Damit hat Leibniz nicht nur das empirische Wissen gekennzeichnet, sondern er hat auch eine empiristische Theorie der Erkenntnis — nach ihm eine unzureichende Theorie — vorweggenommen. Unter einer empiristischen Theorie ist eine solche zu verstehen, die die Erkenntnis und allgemein das Bewußtseinsleben völlig auf Sinnesgegebenheiten und deren Gedächtnis- und Phantasiebilder reduziert und sich lediglich auf Regelmäßigkeiten des Auftretens von Vorstellungen, nicht aber auf Akte und Operationen, die dem Geiste als solchem spezifisch eigen sind, beruft. Im Sinne von Leibniz besagt das, daß eine empiristische Theorie das reflektive Selbstbewußtsein, d. h. das Ich selbst nicht in Anspruch nimmt. In seiner Darstellung des empirischen Wissens steht dieses in der Tat unter der Bedingung der Ausschaltung des Selbstbewußtseins, sei es aus prinzipiellen Gründen, sei es einer bloß faktischen und nur gelegentlichen Ausschaltung.

Innerhalb der Auffassung, die Hume vom Bewußtsein vertritt, gibt es in der Tat keine Möglichkeit für die Berufung auf das reflektive Selbstbewußtsein als

---

[51] *Princ.* 5 (P. VI 600 f); fast ebenso *Monad.* 26 ff (P. VI 611); ferner *P.* VII 331 f; *Théod. Discours préliminaire* 65 (P. VI 87); *Nouv. Ess.* Préf., II, XI § 11 und IV, IV § 8 (P. V 44, 130, 385).

[52] *De synthesi et analysi universali*: »... nec cras solem oriturum praedicimus nisi quia toties fidem implevit« (P. VII 296).

grundlegendes Prinzip der Erkenntnis, da nach Hume das Ich oder Selbst sich als nichts anderes erweist als »a bundle or collection of different perceptions, which succeed each other with an inconceivable rapidity, and are in a perpetual flux and movement« [53]. Es ist daher nicht erstaunlich, sondern in der Logik der beiderseitigen Theorien begründet, daß Leibnizens Charakterisierung des empirischen Wissens sich ausnimmt wie eine Vorwegnahme von Humes [54] Erklärung der Kausalbeziehung als gewohnheitsmäßige, dank häufiger Wiederholung verhältnismäßig stabil gewordene Abfolge von Vorstellungen, als eine Konsekution im Leibnizischen Sinne. Dabei ist jedoch dem Unterschied Rechnung zu tragen, daß das empirische Wissen nach Leibniz nur eine, und zwar die unterste, Stufe von Wissen darstellt, dem in dieser seiner Stellung eine gewisse relative Berechtigung zuerkannt werden muß [55], während Hume es für seine Auffassung der Kausalbeziehung in Anspruch nimmt, als das letzte Wort in Sachen der Erkenntnis der Wirklichkeit und der Tatsachen (»matters of fact«) zu gelten. Dementsprechend betrachtet Hume es als einen Vorzug seiner Theorie, daß sie auch dem Denken (»reason«) der Tiere und Kinder gerecht wird [56]. Auch Leibniz weist auf die in dieser Hinsicht bestehende Gemeinsamkeit von Mensch und Tier hin [57]. Aber gerade aus diesem Grunde nimmt das empirische Wissen nach Leibniz eine untergeordnete Stellung inerhalb des Systems der Wissensformen ein und kann nicht als Form der Erkenntnis im eigentlichen Sinne gelten [58].

Es ist eine Frage von literarhistorischem Interesse, ob und wieweit Hume Schriften von Leibniz gekannt hat. Der Name von Leibniz ist weder im *Treatise of human nature* noch im *Enquiry concerning the human understanding* erwähnt. Hier können wir dieser Frage nicht nachgehen, sondern weisen nur darauf hin,

---

[53] Hume, *A Treatise of human nature* (hrsg. von Selby-Bigge) I, IV sect. VI. Siehe auch die sogleich folgende für die Auffassung Humes überaus aufschlußreiche Stelle: »The mind is a kind of theatre, where several perceptions successively make their appearance; pass, re-pass, glide away, and mingle in an infinite variety of postures and situations. There is properly no *simplicity* in it at one time, nor *identity* in different ... The comparison of the theatre must not mislead us. They are the successive perceptions only, that constitute the mind; nor have we the most distant notion of the place, where these scenes are represented, non of the materials of which it is composed«.

[54] Vgl. Id., *a.a.O.* I, III, sect. VI, VIII, XII, XIV und *Enquiry concerning the human understanding* (hrsg. von L. A. Selby-Bigge) sect. V und VII.

[55] Siehe Kap. VII § 8 b.

[56] Id. *A Treatise of human nature* I, III sect. XVI und *Enquiry concerning the human understanding* sect. IX.

[57] *P.* VII 331: »Consecutiones empiricae nobis sunt communes cum brutis, et in eo consistunt, ut sentiens ea, quae aliquoties conjuncta fuisse expertum est, rursus conjunctum iri expectet«.

[58] *An Tolomei, 6/I 1705*: »... homines ipsi quatenus non nisi empirici sunt, animalium tantum more procedunt. Sed veritates aeternae et necessariae, quae solae universalitatis perpetuae nos certos reddunt, adeoque etiam rationes et scientiae in bruta non cadunt« (*P.* VII 464).

daß Leibnizens Beispiele von der Sonne, deren Aufgang am nächsten Tag erwartet wird, und vom Hunde, der vor dem Stock flieht [59], in gleicher Verwendung von Hume [60] angeführt werden. Bemerkenswert ist ferner das Auftreten des Ausdrucks »preestablished harmony« bei Hume [61], wenngleich in einem völlig anderen als dem Leibnizischen Sinne, sowie die ebenfalls an Leibniz erinnernde Wendung: »The contrary of every matter of fact is still possible; because it can never imply a contradiction ...«[62] Da unsere Bezugnahmen auf philosophie-historische Zusammenhänge nicht von literarhistorischen Interessen geleitet werden, sondern unter dem Gesichtspunkt der Ideenlogik stehen, sehen wir in den fraglichen Lehren Humes, besonders soweit sie im *Enquiry concerning the human understanding* niedergelegt sind, unter anderem auch eine, wenn auch nicht als solche auftretende, Auseinandersetzung mit Leibnizens Ideen.

Erwähnt sei noch die Nachwirkung der Leibnizischen Auffassung des empirischen Wissens bei Kant. Was in den »Wahrnehmungsurteilen« im Gegensatz zu den »Erfahrungsurteilen« [63] zur Formulierung kommt, sind — Leibnizisch gesprochen — Konsekutionen auf dem Niveau der bloßen Perzeption. Von besonderem Interesse in dieser Beziehung ist das Gedankenexperiment im *Brief an Marcus Herz* vom 26/V 1789 [64]. Dieses Gedankenexperiment (»wenn ich mich in Gedanken zum Tier mache«) besteht in der versuchsweisen Ausschaltung des Bezugs meiner Vorstellungen auf die »synthetische Einheit ihrer Apperzeption«. Unter diesen Umständen würden »... alle *data* der Sinne ... niemals Objekte vorstellen, ja nicht einmal zu derjenigen Einheit des Bewußtseins gelangen, die zur Erkenntnis meiner selbst (als Objekt des inneren Sinnes) erforderlich ist. Ich würde gar nicht einmal wissen können, daß ich sie habe, ... wobei sie ... als Vorstellungen, die nach einem empirischen Gesetze der Assoziation verbunden wären und so auch auf Gefühl und Begehrungsvermögen Einfluß haben würden, in mir, meines Daseins unbewußt, ... immerhin ihr Spiel regelmäßig treiben könnten, ohne daß ich dadurch im mindesten etwas, auch nicht einmal diesen meinen Zustand, erkennete.«[65] Mit anderen Worten, es gäbe dann für uns überhaupt keine Erkenntnis, »weder von uns selbst, noch von anderen Dingen«. In diese Darlegungen spielt die spezifisch Kantische Lehre hinein, der zufolge die Bezogenheit der Vorstellungen auf die transzendentale Apperzeption ipso facto deren

[59] Beide Beispiele finden sich in *Princ. 5* (P. VI 600), erstmalig 1718 in *L'Europe savante* veröffentlicht.
[60] Hume, *A Treatise of human nature* S. 124 und *Enquiry concerning the human understanding* S. 105.
[61] Id. *Enquiry concerning the human understanding* S. 54 f.
[62] Id. *ibid*. S. 25 f, siehe auch S. 35.
[63] Kant, *Prolegomena* §§ 18 ff; vgl. auch *Kritik der reinen Vernunft* B 142. Auch was Kant in der *Anthropologie (Kants Gesammelte Schriften,* hrsg. von der Preußischen Akademie der Wissenschaften, VII 186) über das »empirische Voraussehen« bemerkt, liegt ganz auf der Linie der einschlägigen Gedanken von Leibniz.
[64] *Kants Gesammtelte Schriften* XI 51 f.
[65] Vgl. hiermit die auf S. 123 angeführte Leibnizische Bestimmung der »apperception«.

Objektivierung impliziert, d. h. ihre Verknüpfung miteinander gemäß den reinen Verstandesbegriffen. Das wiederum liegt daran, daß wir nach Kant nur dadurch uns der Einheit und Identität unserer selbst versichern können, daß wir uns der »Identität der Handlung« und der »Identität der Funktion« bewußt werden, durch die das gegebene Mannigfaltige in »einen Zusammenhang nach Regeln« gebracht wird [66]. Hier können wir nicht in eine tiefer gehende Interpretation dieser Lehre Kants eintreten, aus der sich ergibt, daß, wenn die Bezogenheit der Vorstellungen auf die »transzendentale Apperzeption« ausgeschaltet wird, damit auch alle Verbindung und Verknüpfung zwischen den Vorstellungen aufgehoben wird, so daß sie keinen Zusammenhang mehr, sondern bloß noch ein »Gewühl« oder eine »Rhapsodie« bilden [67]. Damit kommen wir auf jenes Aggregat und jene Konsekutionen zurück, über die nach Hume nicht hinausgegangen werden kann, wohingegen Leibniz darin nur die elementarste und tiefste Stufe des seelischen Lebens sieht.

§ 3 Eingeborene Ideen

a. Erschließung der eingeborenen Ideen durch reflektives Selbstbewußtsein
Während die Tiere grundsätzlich an das Niveau der bloßen Perzeption gebunden sind, ist der Mensch der Apperzeption, d. h. der Reflexion auf sich selbst und des Selbstbewußtseins fähig. Das besagt selbstverständlich nicht, daß wir immer in der Reflexion auf uns selbst leben [68]. Bei der Fähigkeit zur Apperzeption handelt es sich um eine *Möglichkeit,* die zwar prinzipiell *jederzeit aktualisiert werden kann,* aber ebenso prinzipiell *nicht ständig aktualisiert ist* [69]. Die Leitung der Reflexion erschöpft sich aber nicht darin, daß wir uns dessen, was uns jeweils gegeben ist, ausdrücklich bewußt werden im Sinne der vorhin angeführten Bemerkung Kants im Brief an Marcus Herz. Durch das reflektive Selbstbewußtsein versichern wir uns in expliziter Weise nicht nur der *Zustände,* die wir jeweilig *haben,* sondern auch *dessen, was* wir *sind* [70]. Mit anderen Worten, durch Reflexion oder innere Erfahrung erfassen wir das Sein unserer selbst als Substanz [71].

Indem wir als Substanzen existieren, haben wir Einheit und Dauer; bei allen Veränderungen, die in uns vorgehen, bewahren wir unsere Identität; wir handeln,

---

[66] Kant, *Kritik der reinen Vernunft* A 108; siehe auch A 113, 116 sowie B 133 f.
[67] Id. *ibid.* A 111, 122 und 156 = B 195.
[68] *Nouv. Ess.* II, 1 § 19 (*P.* V 107 f).
[69] In gleichem Sinne spricht Kant, *Kritik der reinen Vernunft* B 132 im Zusammenhang mit der »reinen« oder »ursprünglichen Apperzeption« von »der Vorstellung: Ich denke, ... die alle andere muß begleiten können ...« Auf die Abkünftigkeit des Kantischen Begriffs vom Leibnizischen, die sich schon darin bekundet, daß Kant den Leibnizischen Terminus übernimmt, kann hier nur hingewiesen werden.
[70] *Echantillon de Réflexions sur le II° Livre* (scl. de *l'Essai de l'Entendement de l'homme*): »... cette réflexion ne se borne pas aux seules opérations de l'esprit ... elle va jusqu'à l'esprit lui-même ...« (*P.* V 23).
[71] Rivaud, *Histoire de la philosophie* III 445.

nehmen wahr, erfahren Willensstrebungen und dgl. mehr. Mit Begriffen und Ideen wie denen von Sein, Substanz, Einheit, Identität, Dauer, Veränderung und anderen ähnlicher Art sind Züge bezeichnet, die wesentlich zu unserem Sein gehören. Da wir des Selbstbewußtseins fähig sind, erfassen wir diese Ideen (die in einem sogleich noch näher zu erörternden Sinne »eingeborene Ideen« heißen), indem wir uns in der Reflexion auf uns selbst, d. h. auf unser eigenes Sein richten[72]. Die Reflexion läßt uns die Idee der Substanz in uns selbst finden, da wir Substanzen sind[73]. Ganz allgemein: »... l'âme renferme l'être, la substance, l'un, le même, la cause, la perception, le raisonnement, et quantité d'autres notions que les sens ne sauraient donner.«[74] Indem die Seele ihrer selber bewußt wird (was die menschliche Seele jederzeit vermag), macht sie sich die in Rede stehenden Ideen ausdrücklich[75]. In eins damit erfaßt sie auch die auf diese Ideen gegründeten und auf sie bezogenen Prinzipien und Wahrheiten, die »notwendigen und ewigen« Wahrheiten, die ebenfalls als »eingeboren« zu gelten haben[76].

Damit, daß die Reflexion eine ständig aktualisierbare, aber nicht immer aktualisierte Möglichkeit darstellt, steht im Einklang, daß man die ewigen Vernunftgesetze nicht in der Seele s. z. s. vom Blatt lesen kann, sondern, daß ihre Entdeckung Mühe und Anstrengung erfordert[77]. Das Enthaltensein dieser Vernunftgesetze und notwendigen Wahrheiten in der Seele ist in keiner Weise mit ihrer ausdrücklichen Erfassung gleichbedeutend. Auch wenn die in Frage stehenden Prinzipien, z. B. der Satz des Widerspruchs, nicht ausdrücklich formuliert noch erfaßt werden, treten sie nichtsdestoweniger in unser Denken ein, das stillschweigend von ihnen Gebrauch macht und sich auf sie stützt[78]. Wir haben »une infinité de connaissances dont nous ne nous apercevons pas toujours ...«[79]. Damit stehen wir vor einer Anwendung, vielleicht richtiger gesagt, vor einem speziellen Aspekt der Leibnizischen Lehre von den »petites perceptions«, dem hier nicht weiter nachgegangen werden kann, weil eine Analyse des vielfachen Gebrauchs,

---

[72] *Nouv. Ess.* Préf. (*P.* V 45); vgl. auch *An Hansch,* 1707: »... nec mirum, quum *ens, unum, substantiam, actionem* et similia inveniamus in nobis, et nostri conscii simus (so gelesen für scimus), ideas eorum in nobis esse« (*Erdmann* 446).

[73] *Nouv. Ess.* I, III, 18 (*P.* V 96).

[74] *Ibid.* II, I § 2 (*P.* V 100 f.); I, I § 23: »... je voudrais bien savoir comment nous pourrions avoir l'idée de l'être, si nous n' étions des êtres nous-mêmes, et ne trouvions ainsi l'être en nous« (*P.* V 71).

[75] *Lettre touchant ce qui est indépendant des sens et de la matière:* »... la considération de moi-même ... me fournit d'autres notions de metaphysique, comme de cause, effet, action, similitude, etc., et même celles de la logique et de la morale« (*P.* VI 502); *Monad.* 30: »... en pensant à nous, nous pensons à l'être, à la substance, au simple ou au composé, à l'immatériel, et à Dieu même ...« (*P.* VI 612); *Théod.* App. III 4: »... nous apercevons immédiatement de la substance et de l'esprit en nous apercevant de nous mêmes ...« (*P.* VI 403).

[76] *An Bierling,* o. D. (*P.* VII 488).

[77] *Nouv. Ess.* Préf. und IV, X § 7 (*P.* 43 und 419).

[78] *Ibid.* I, I, §§ 20 ff (*P.* V 69 ff).

[79] *Ibid.* I, I § 5 (*P.* V 73).

den Leibniz von dem Begriff der »petites perceptions« macht, auf sachlich-systematische Probleme führt, deren Erörterung weit über die Aufgaben einer Interpretation hinausgeht.

Die Vernunftideen (»idées intellectuelles«) [80], und die auf sie gegründeten
ewigen und notwendigen Wahrheiten erschließen sich uns dank des reflektiven
Selbstbewußtseins und in »innerer Erfahrung« [81]. Bei dem Selbstbewußtsein und
der reflektiven Erfahrung von uns selbst handelt es sich nicht um eine psychologische oder empirische Selbstbeobachtung, um ein Konstatieren dessen, was
faktisch in uns vorgeht, zum mindesten nicht ausschließlich, und jedenfalls nicht
in dem gegenwärtig zur Debatte stehenden Zusammenhang [82]. Daß die »intelligences ou âmes capables de réflexion« zugleich »de la connaissance des vérités
éternelles et de Dieu« fähig sind [83], besagt, daß Leibniz mit der Reflexion hier
weder die Erfassung des empirisch gegebenen Seelenlebens meint, noch auch —
wie vorgreifend gesagt sei — die der individuellen Substanz, die ein jeder Mensch
darstellt, und zu der eine »notion complète« gehört [84]. Vielmehr erschließt die
Reflexion, wie sie hier verstanden ist, eine Reihe von Begriffen, die das zum Ausdruck bringen, was notwendig zum Wesen des menschlichen Geistes gehört [85]. Es
gehört zum Wesen bestimmter Substanzen, die einen wohl bestimmten Platz im
Stufenbau und Gesamtsystem der Substanzen einnehmen, daß sie — wie später [86]
zu zeigen sein wird — aufgrund des Selbstbewußtseins, zu dem sie befähigt sind,
um dieses Gesamtsystem und ihre Stellung in ihm in gewisser Weise wissen.

Damit bestimmt sich der Sinn, in dem die fraglichen Begriffe und Ideen von
Leibniz als »eingeborene« in Anspruch genommen werden. Ihr Eingeborensein besagt nicht, daß der Geist zwar in ihrem Besitze ist und immer schon war, unabhängig von aller äußeren Erfahrung und vorgängig vor dieser, daß aber dieser sein
Besitz nicht aus dem Wesen des Geistes selber zu verstehen ist, sondern als eine
letzte nicht weiter begreifliche Tatsache hingenommen werden muß, etwa als ein
Gnadengeschenk Gottes oder als das Resultat besonderer Umstände, die aber mit
dem, was das Wesen des Geistes als solchen konstituiert, nichts zu tun haben [87].

---

[80] *Ibid.* Préf. (*P.* V 45).

[81] Den Ausdruck »expérience interne« benutzt Leibniz in *Disc.* 27 (*Le Roy* 65).

[82] Siehe auch Mahnke, *Leibnizens Synthese* S. 103 ff und Janke, »Leibniz als Metaphysiker«, *a.a.O.* S. 379 f.

[83] So im »abrégé« seiner Metaphysik im Brief *An Arnauld,* 30/III 1690 (*Le Roy* 199).
Monad. 30: »C'est ... par la connaissance des vérités nécessaires et par leurs ab-
stractions, que nous sommes élevés aux *actes réflexifs,* qui nous font penser à ce qui
s'appelle moi ...« (*P.* VI 612).

[84] S. 283 ff.

[85] *Nouv. Ess.* I, III § 3: »L'idée de l'être, du possible, du même, sont si bien innées,
qu'elles entrent dans toutes nos pensées et raisonnements, et je les regarde comme
des choses essentielles à notre esprit« (*P.* V 93). Siehe auch die Darstellung bei
K. Fischer, *Geschichte der neueren Philosophie* III 494.

[86] S. 140 ff.

[87] Eine solche Auffassung liegt der Anamnesislehre zu Grunde, besonders in der halb
mythologischen Einkleidung, in der Plato sie in *Meno* 81 C f, *Phaedo* 72 E, 73 C,

In diesem Falle würde es sich um einen zufälligen Besitz in dem Sinne handeln, daß uns andere Ideen an Stelle der wirklich gegebenen eingeborenen sein könnten, oder auch, daß es möglich wäre, daß wir überhaupt keine eingeborenen Ideen hätten.

Bekanntlich fügt Leibniz dem »axiome reçu parmi les philosophes«: »Nihil est in intellectu, quod non fuerit in sensu« hinzu: »excipe: nisi ipse intellectus« [88]. Zunächst ist also der Intellekt sich selber angeboren oder, wie Leibniz es ebenfalls ausdrückt, wir sind uns selber angeboren [89]. Indem wir uns unserer selbst bewußt werden, erfassen wir nicht eine völlig leere Ich-Vorstellung. Vielmehr besitzt der Geist eine ganz bestimmte Eigenstruktur, wie es in dem von Leibniz herangezogenen Marmorvergleich zum Ausdruck kommt [90]. Eben diese Eigenstruktur des Geistes erschließt sich uns in der Reflexion, und diese Erschließung ist für uns darum zu jeder Zeit möglich, weil die Möglichkeit der Reflexion zu unserem Wesen gehört. Kant hat diese Leibnizische Lehre zum Ausgangspunkt seiner transzendentalen Deduktion gemacht. Später [91] werden wir Gelegenheit nehmen, über den Zusammenhang der Leibnizischen und Kantischen Lehren und über die Verwandlung, die der Leibnizische Begriff bei Kant erfahren hat, einiges zu sagen.

b. Descartes' Lehre von den eingeborenen Ideen

Im Verlaufe der Geschichte der neuzeitlichen Philosophie ist das A priori, um das es sich bei der Frage der eingeborenen Ideen handelt, in steigendem Maße zur Struktur des menschlichen Geistes in Beziehung gesetzt worden, weil die Ideen und Begriffe, die den allgemeinen und notwendigen Wahrheiten zu Grunde liegen, als Ausdruck eben dieser Struktur gedeutet wurden. Diese Entwicklung setzt bei Descartes ein, kulminiert in Kant und setzt sich im Neu-Kantianismus besonders der Marburger Schule fort. Mit dieser Tradition hat Husserl gebrochen. Zwar gibt es nach ihm ein A priori des Bewußtseins, aber nicht jedes A priori ist von dieser Art. Ferner: apriorische Begriffe und Sachverhalte konstituieren sich wie *alle* Gegenständlichkeiten jedweder Art in Leistungen des Bewußtseins und

---

Phaedrus 249 C ff einführt. Zu dieser Fassung des Problems des A priori siehe P. Natorp, *Platos Ideenlehre*[2] (Leipzig 1921) S. 28 f, 34 ff, 145 ff. Hingewiesen sei noch auf Äußerungen von Leibniz zu Platos Anamnesislehre in *Disc.* 26 (*Le Roy* 64), Nouv. Ess. Préf.; I, I, § 5; I, III, § 20 (*P.* V 46, 75, 97); vgl. auch *Scientia generalis* VIII (*P.* VII 147 ff).

[88] *Nouv. Ess.* II, I § 2 (*P.* V 100).

[89] *Ibid.* Préf. (*P.* V 45).

[90] *Ibid.* Préf., siehe ferner I, I § 11 und II, I § 2 (*P.* V 45, 77, 100 f). Cassirer, *Hauptschriften* II 110 betont ebenfalls, daß die eingeborenen Begriffe nicht ein dem Bewußtsein mitgegebener »toter Besitz« sind, sondern sieht in ihnen die »eigentümlichen und notwendigen Prinzipien seiner *Wirksamkeit*«, — eine wohl zu sehr kantianisierende Deutung, wie sich auch an der in diesem Zusammenhang auftretenden Wendung »identische *Funktion des Geistes*« zeigt.

[91] S. 187 ff.

durch diese Leistungen als deren Korrelate. Das aber besagt nicht, daß das A priori ganz allgemein als Ausdruck der Wesensstruktur des Bewußtseins zu verstehen ist. Im gegenwärtigen Zusammenhang muß es bei diesen ihrer Beiläufigkeit wegen notgedrungener Weise oberflächlichen Bemerkungen zur Husserlschen Auffassung des A priori sein Bewenden haben.

Leibnizens Lehre von den eingeborenen Ideen spielt in der Entwicklung der neuzeitlichen Theorien des A priori von Descartes zu Kant eine bedeutsame Rolle. Ihre Bedeutung tritt zu Tage, wenn man sie mit der Auffassung von Descartes konfrontiert, durch die sie in einem gewissen Maße, allerdings nur bis zu einem bestimmten Punkte, vorbereitet ist.

Es mutet in der Tat wie eine Vorwegnahme der Leibnizischen Formulierungen an, wenn Descartes schreibt: »... quod intelligam quid sit res, quid sit veritas, quid sit cogitatio, haec non aliunde habere videor quam ab ipsamet mea natura.«[92] In diesem Sinne sind wir uns selbst eingeboren[93]. Der universale Zweifel enthüllt die unbezeifelbare Existenz der res cogitans[94]. Indem ich mich als eine res cogitans erfahre, werde ich mir meiner Unvollkommenheit, Beschränktheit und Mangelhaftigkeit bewußt, und zwar gerade darin, daß ich zweifle, d. h., daß mir Gewißheit fehlt, darin, daß ich Verlangen habe, nämlich nach dem, was mir abgeht, usw. Nun kann ich mir keines Mangels bewußt werden, ohne eine gewisse Vorstellung von dem zu haben, woran es mir gebricht; ganz allgemein, um meiner selbst als eines unvollkommenen Wesens inne zu werden, bedarf ich der Idee eines vollkommenen Wesens, d. h. Gottes, an dem gemessen ich mir meiner Unvollkommenheit bewußt werde[95]. Ich erfahre mich also in unbezweifelbarer Gewißheit als »res cogitans, ideamque quandam Dei in me habens«[96], wobei diese Idee von Gott wesentlich zur Gewißheit meiner selbst gehört in dem Sinne, daß sie die Erfahrung meiner selbst als eines beschränkten Wesens möglich macht. So stellt sich die Idee von Gott als eine eingeborene Idee heraus, die sich mir in eins mit der Idee meiner selbst darbietet[97]. Da die Idee von Gott die Voraussetzung dafür ist, daß ich mich als den erfahre, der ich bin, nämlich als endlich und unvollkommen, kann Descartes die Idee von Gott nicht nur unter die »ideas veras mihi ingenitas« zählen, sondern sie auch als »prima et praecipua« unter ihnen ansehen[98]. Der Besitz und das Eingeborensein der Idee Gottes erweisen sich somit in der Tat als zur Natur des menschlichen Geistes unter der für ihn wesentlichen Persepektive seiner Endlichkeit und Beschränktheit gehörig.

---

[92] Descartes, *Meditationes de prima philosophia* III (*A. T.* VII 38).

[93] Im Brief *An Mersenne,* 16/VI 1641 zählt Descartes die »idea mentis« unter den »ideae innatae« auf (*A. T.* III 383).

[94] Zur Bestimmung dessen, was zur res cogitans gehört, siehe *Meditationes* II und III (*A. T.* VII 28 und 34 f.).

[95] Id. *ibid.* III (*A. T.* VII 45 f.).

[96] Id. *ibid.* III (*A. T.* VII 49).

[97] Id. *ibid.* III (*A. T.* VII 51 f.).

[98] Id. *ibid.* V (*A. T.* VII 68).

Loser ist der in Rede stehende Zusammenhang, was die Ideen von Substanz, Dauer und Zahl angeht, die, aus der inneren Erfahrung geschöpft, auf alle Dinge schlechthin übertragen werden können [99]. Er wird fraglich und scheint völlig aufgehoben, soweit die eingeborenen Ideen der Ausdehnung, Lage und Bewegung im Raume in Betracht kommen. Dieser Dreiteilung der eingeborenen Ideen entspricht in den *Regulae ad directionem ingenii,* in denen der Ausdruck »eingeborene Ideen« nicht vorkommt, die Einteilung der »res . . ., quae respectu nostri intellectus simplices dicuntur« in »pure intellectuales«, in Bezug auf die allein von einem »lumen quoddam ingenitum« die Rede ist, »pure materiales« und »communes« [100]. Die letzteren sind solche, die »modo rebus corporeis, modo spiritibus sine discrimine tribuuntur, ut existentia, unitas, duratio, et similia«. Zu ihnen gehören ferner »communes illae notiones, quae sunt veluti vincula quaedam ad alias naturas simplices inter se conjugendas, et quarum evidentia nititur quidquid ratiocinando concludimus«. Als Beispiel wird der Grundsatz angeführt, daß zwei Dinge, die einem dritten gleich sind, auch untereinander gleich sind.

Im Hinblick auf den Cartesischen Dualismus muß die Frage gestellt werden, wie die res cogitans dazu kommen kann, eingeborene Ideen zu haben, die sich auf die ganz andersartige res extensa beziehen [101]. Nach Descartes scheint der Besitz dieser Ideen ein in dem Sinne zufälliger zu sein, daß er als eine letzte Tatsache hingenommen werden muß, die zum Wesen der res cogitans in keine innere Beziehung gesetzt werden kann [102]. Zur Erläuterung des Sinnes, in dem er das Eingeborensein verstanden wissen will, beruft sich Descartes auf Charaktereigenschaften wie z. B. die Großzügigkeit (»generositas«) und auf gewisse Krankheiten wie z. B. die Gicht, von denen man sagt, sie seien manchen Familien eingeboren, was nicht heißen soll, daß die Kinder dieser Familien schon im Mutterleib an jenen Krankheiten leiden, sondern nur, daß sie mit der Anlage (»dispositio sive facultas«) auf die Welt kommen, sich die betr. Krankheiten zuzuziehen [103]. Der offenkundige Zweck dieses Vergleiches ist darzutun, daß mit dem Eingeborensein von Ideen nicht deren ständige Anwesenheit und Verfügbarkeit gemeint ist, sondern bloß die ständig bestehende Fähigkeit, diese Ideen zu entwickeln [104]. An

---

[99] Id. *ibid.* III (*A. T.* VII 44 f).

[100] Id. *Regulae ad directionem ingenii* (*A. T.* X 419).

[101] Zum Eingeborensein dieser Ideen siehe *Meditationes* V (*A. T.* VII 63 ff), wo Descartes' Darlegungen auf die allerdings nicht ausdrücklich erwähnte Anamnesislehre Platos hindeuten.

[102] Wenn Descartes in *Meditationes* III von den Ideen von Ausdehnung, Figur, Lage und Bewegung sagt, daß sie zwar »in me . . . formaliter non continentur; sed . . . videntur in me contineri posse eminenter« (*A. T.* VII 45), so geht das in eine ganz andere Richtung und hat mit dem hier aufgeworfenen Problem nichts zu tun.

[103] Id. *Notae in programma quoddam* (*A. T.* VIII B 358).

[104] Id. *ibid.* werden die eingeborenen Ideen bezeichnet als »potentia nobis semper inexistentes: esse enim in aliqua facultate, non est, esse actu, sed potentia dum-

dieser Seite der Cartesischen Theorie sind wir hier weniger interessiert und gehen darum auch nicht auf die Frage ein, ob und wieweit die Kritik Lockes an den eingeborenen Ideen die Lehre Descartes' trifft. Hier kommt es darauf an, auf die Vergleichstermini aufmerksam zu machen, deren Wahl zu zeigen scheint, daß nach Descartes die eingeborenen Ideen einen faktischen Besitz des Geistes darstellen, für den aber keinerlei Notwendigkeit besteht. Im gleichen Zusammenhang betont Descartes, er habe nie lehren wollen »mentem indigere ideis innatis quae sint aliquid diversum ab ejus facultate cogitandi« [105]. Damit ist eine wesentliche und innere Beziehung zwischen eingeborenen Ideen und der Natur des Geistes (»facultas cogitandi«) ausdrücklich behauptet [106]. Jedoch hat diese Beziehung offenbar einen anderen Sinn, je nach dem es sich um die Idee des Geistes von sich selbst und um die Idee von Gott handelt oder um die Ideen von Raum, Figur, Lage, Bewegung. Während nach dem vorher Ausgeführten ein endlicher, seiner selbst, und damit seiner Endlichkeit bewußter Geist nur möglich ist, wofern er die Idee von Gott in sich findet, bilden die an zweiter Stelle genannten eingeborenen Ideen eine zwar faktische Mitgift des menschlichen Geistes, an deren Stelle ihm aber auch eine andere hätte zu Teil werden können.

Diese Auffassung der eingeborenen Ideen als dem menschlichen Geiste auf- oder eingeprägt, als ein ihm eigener Besitz, der aber an und für sich betrachtet keinen inneren oder wesentlichen Zusammenhang mit der Natur des Geistes hat, steht im Einklang mit der oben [107] dargelegten Lehre Descartes' von der Erschaffung der ewigen Wahrheiten in dem Sinne, daß ihre Geltung auf einer willkürlichen, d. h. grundlosen Satzung Gottes beruht [108]. Leibniz stellt dieser Lehre seine Idee der »logique incréée« entgegen, der gemäß die ewigen Wahrheiten für Gott und Mensch gleichermaßen verbindlich sind. Folglich können die eingebore-

---

taxat, quia ipsum nomen facultatis nihil aliud quam potentiam designat« (A. T. VIII B 361).

[105] Id. *ibid.* Zur Erklärung des Sinnes von Eingeborensein heißt es dann sogleich: ». . . quasdam in me esse cogitationes, quae . . . procedebant . . . a sola cogitandi facultate, quae in me est . . .« (A. T. VIII B 357 f).

[106] Siehe auch die Wendung *ibid.* ». . . ideas non aliunde advenientes quam a nostra cogitandi facultate, ac proinde cum illa nobis innatas . . .« (A. T. VIII B 361).

[107] Kap. I § 3 b.

[108] *Descartes an Mersenne,* 15/IV 1630: ». . . les vérités mathématiques, lesquelles vous nommez éternelles, ont été établies de Dieu et en dépendent entièrement, aussi bien que tout le reste des créatures . . . c'est Dieu qui a établi ces lois en la nature, ainsi qu'un roi établit des lois en son royaume. Or il n'y en a aucune en particulier que nous ne puissions comprendre si notre esprit se porte à la considérer, et elles sont toutes *mentibus nostris ingenitae,* ainsi qu'un roi imprimerait ses lois dans le coeur de tous ses sujets, s'il en avait aussi bien le pouvoir« (A. T. I 145); *an Arnauld,* 29/VII 1648: ». . . ne quidem dicere ausim, Deum facere non posse ut mons sine valle, vel ut unum et duo non sunt tria; sed tantum dico illum talem mentem mihi indidisse, ut a me concipi non possit mons sine valle, vel aggregatum ex uno et duobus quod non sunt tria, etc., atque talia implicare contradictionem in meo conceptu« (A. T. V 224).

nen Ideen, auf denen jene Wahrheiten beruhen, nicht mehr als ein bloß faktischer und kontingenter Besitz des menschlichen Geistes gelten, sondern müssen in der denkbar engsten Beziehung zu ihm stehen. Sie müssen als Ausdruck der Wesensstruktur des Geistes verstanden werden[109]. Damit ist das A priori in seinem *vollen Umfang,* und nicht bloß partiell — wie bei Descartes — im Wesen des Geistes verankert.

§ 4   Reichweite des menschlichen Geistes

a. Ontologische Bedeutsamkeit der eingeborenen Ideen
Die bevorzugte Stellung des menschlichen Geistes gegenüber allen anderen Monaden und Substanzen beruht auf seiner Fähigkeit zum reflektiven Selbstbewußtsein. Nun führt die Reflexion nicht auf einen bloßen leeren Identitätspol, sondern — wie vorhin[110] dargelegt — auf das Ich, die Seelenmonade, richtiger gesagt auf den Geist in seiner Strukturiertheit, d.h. auf das, was zu seinem Wesensbestand unabdingbar gehört, indem es ihn zu der Substanz macht, die er ist. Diese Strukturiertheit der geistigen Substanz findet ihren Ausdruck in den eingeborenen Ideen, unter denen die der Substanz zwar eine besonders wichtige, aber doch nicht die einzige ist. Auf den eingeborenen Ideen beruhen die ewigen und notwendigen Wahrheiten.

Auf der Basis der durch das reflektive Selbstbewußtsein erschlossenen Ideen konstituiert sich für den Menschen eine Erkenntnis, deren Reichweite aber nicht auf den Bereich beschränkt bleibt, in dem sie ursprünglich gewonnen wird. Mit anderen Worten, die in Rede stehende Erkenntnis bezieht sich zwar auch auf uns als geistige Substanz ihrem Wesensbestande nach, aber darüber hinaus betrifft sie auch andere Substanzen, selbst solche, die insofern von uns verschieden sind, als ihnen die Fähigkeit zum reflektiven Selbstbewußtsein abgeht; sie betrifft das Universum als ganzes und sogar Gott. Zunächst lassen wir die später[111] zu erörternde Rolle außer Acht, die den eingeborenen Ideen und den auf sie gegründeten ewigen Wahrheiten für die Objektivierung und Rationalisierung innerhalb des phänomenalen Bereichs, d. h. für die positive Wissenschaft zukommt. Im gegenwärtigen Zusammenhang handelt es sich uns um die Leibnizische Lehre, nach der die Geister, die des Selbstbewußtseins fähig sind, die wissen, was sie tun, »sont capables de connaître des grandes vérités à l'égard de Dieu et de l'univers«, worin ihre Vorzugsstellung besteht gegenüber »ces natures qui sont ou brutes et

---

[109] Auf den Unterschied des Sinnes von »eingeboren« bei Leibniz und Descartes, für den eingeboren »anerschaffen« bedeutet, hat v. Aster, *Geschichte der neueren Erkenntnistheorie* S. 320 hingewiesen. Allerdings erscheint auf Grund der vorangehenden Ausführungen die zwischen Leibniz und Descartes ohne Zweifel bestehende Differenz weniger schroff zu sein als v. Aster sie hinstellt.
[110] Dieses Kap. § 3 a.
[111] S. Kap. VII § 7 b.

incapables de connaître des vérités, ou tout à fait déstituées de sentiment et de connaissance« [112]. Nach dieser Lehre eröffnet sich für den Menschen in der Aktualisierung seiner Fähigkeit zum reflektiven Selbstbewußtsein und durch diese Aktualisierung in gewissen Grenzen ein Einblick in das Ganze des Universums und dessen Struktur [113]. Es erhebt sich dann die Frage, worauf es beruht, daß der Einblick in das, was zum wesentlichen Bestand des auf sich selbst reflektierenden Geistes gehört, zugleich einen Einblick in die Verfassung des Universums gewährt, daß die eingeborenen Ideen, die die Grundverfassung der Geistesmonade zum Ausdruck bringen, über diese hinaus universale ontologische Bedeutsamkeit und Geltung besitzen. Martin [114] betont, daß die ontologischen Grundbegriffe aus der Selbsterfahrung geschöpft werden, in der wir uns als real erfassen, und daß für Leibniz »real sein« bedeutet: so sein wie wir selber sind. Diese Verallgemeinerung des Begriffs von Realität sowie die Übertragung von dem, was für uns gilt, auf andere Substanzen, und sogar auf alle, erfordern eine Begründung. Oben [115] haben wir erwähnt, daß Leibniz den allgemeinen Substanzbegriff in Analogie zu dem der Seele oder des Geistes gebildet hat, wenngleich unter gewissen Abwandlungen. Auch diese analogisierende Begriffsbildung bedarf der Rechtfertigung.

Zur Beantwortung der aufgeworfenen Fragen muß die Leibnizische Lehre herangezogen werden, nach der »chaque âme est comme un monde à part, représentant le grand monde à sa mode et suivant son point de vue« [116]. Ihre systematische Darstellung und Interpretation kann diese Lehre erst in eine späteren Zusammenhang finden [117]; hier müssen wir es bei einigen vorgreifenden Andeutungen bewenden lassen. Obwohl im Falle der Seelen und erst recht der Geister Repräsentation eine psychologische und erkenntnismäßige Bedeutung hat, halten wir uns an den fundamentalen Sinn von Repräsentation als ein-eindeutige Zuordnung und, damit zusammenhängend, Stellvertretung, — eine Bedeutung, die der psychologisch-erkenntnismäßigen zu Grunde liegt und insofern in der letzteren beschlossen ist, als diese eine Spezifikation der Fundamentalbedeutung bildet [118]. Folglich besagt die Lehre von der Seele als Repräsentation des gesamten Universums, daß in den Vorstellungen jeder Seele Komponenten enthalten sind, die in einem Verhältnis der Zuordnung und Entsprechung zu den Vorstellungen und

---

[112] *Disc.* 35 (*Le Roy* S. 73); *Monad.* 29: »... la connaissance des vérités nécessaires et éternelles est ce qui nous distingue des simples animaux et nous fait avoir la *raison* et les sciences en nous élevant à la connaissance de nous-mêmes et de Dieu« (P. VI 611).

[113] *Nouv. Ess.* I, III § 3: »... puisque nous sommes des êtres, l'être nous est inné; et la connaissance de l'être est enveloppée dans celle que nous avons de nous-mêmes« (P. V 93).

[114] Martin, *Leibniz* S. 211.

[115] Dieses Kap. § 1 a.

[116] *An die Churfürstin Sophie*, 4/XI 1696 (P. VII 542); *Nouv. Ess.* II, I § 1 (P. V 99).

[117] Kap. V § 3 a und c.

[118] Kap. I § 4 b und c.

sonstigen Zuständen aller Substanzen stehen, letzten Endes zu allem, was im Universum vor sich geht. Damit wird der Einblick, den der reflektierende Geist in sich selber gewinnt, zu einem Einblick in das Unversum. Fischer [119] hat das dahin formuliert, daß das Selbstbewußtsein sich zugleich als Weltbewußtsein herausstellt. Die durch das reflektive Selbstbewußtsein erschlossenen eingeborenen Ideen geben nicht nur die strukturelle Grundverfassung des Geistes wieder, sondern sie erlangen kraft der Korrespondenzbeziehung zwischen dem auf sich reflektierenden Geiste und allen anderen Substanzen eine universale ontologische Bedeutsamkeit.

Noch eine zusätzliche Bemerkung in Bezug auf die Leibnizische Lehre, daß jede Seele das gesamte Universum »suivant son point de vue« repräsentiert, erscheint hier angebracht. Da — wie zu zeigen sein wird [120] — die Monaden intelligible und als solche unräumliche Gebilde sind und folglich ihnen keine räumliche Position im eigentlichen Sinne zugeschrieben werden kann, ist die Rede von einem »Standpunkt« oder »Gesichtspunkt« nicht wörtlich, sondern metaphorisch zu verstehen. Wir deuten sie als Ausdruck der Einseitigkeit der Darstellungsweise des Universums in einer gegebenen Monade oder Seele. Diese Einseitigkeit ergibt sich daraus, daß die Gesamtheit der Monaden und Substanzen sich einem Gliede dieser Gesamtheit darstellt, und das heißt: in Zentriertheit auf eben dieses Glied. Auch hier müssen wir für weitere Klärung auf spätere Ausführungen [121] verweisen.

b. Charakterisierung der monadologischen Erkenntnis

Auf Grund der vorangehenden Darlegungen sind wir in der Lage, an die vorhin [122] formulierte Paradoxie heranzugehen, die darin liegt, daß eine »fensterlose« Monade um andere Monaden weiß, darum weiß, daß ihre Zustände und Vorstellungen in einer Entsprechungsbeziehung zu denen anderer Monaden und Substanzen stehen, mit einem Worte, daß sie eine repräsentative Funktion haben. Eine definitive Begründung der Möglichkeit der monadologischen Erkenntnis seitens des Menschen kann erst später [123] gegeben werden, nachdem das Prinzip der universellen Harmonie als ein Grundgesetz der Verfassung des Systems der Substanzen herausgestellt ist. An dieser Stelle kann nicht mehr als eine Charakterisierung der monadologischen Erkenntnis versucht werden. Betonen wir, daß die vorzutragende Charakterisierung nicht aus den Leibnizischen Texten herausgelesen ist. Vielmehr stellt sie eine interpretatorische Hypothese dar [124]. Wie alle Hypothesen dieser Art hat sie sich in doppelter Weise zu bewähren: einmal da-

---

119 Fischer, *Geschichte der neueren Philosophie* III 458.
120 Kap. IV § 1 c und d, § 2 b und c, § 4.
121 Kap. V § 3 a.
122 Dieses Kap. § 1 b.
123 Kap. V § 4 d und § 5 b.
124 Wir haben diese Hypothese in unserem Aufsatz »An apparent paradox in Leibnizianism«, *Social Research* XXXIII, 1966 aufgestellt und zu substantiieren versucht.

durch, daß sie mit ausdrücklich formulierten Lehren Leibnizens nicht nur im
Einklang steht, sondern aus ihnen folgt und geradezu durch sie motiviert wird,
ferner durch ihren Beitrag zu einer Gesamtinterpretation des Leibnizianismus.

Indem die des Selbstbewußtseins fähige Monade auf sich selbst reflektiert, wird
sie sich dessen bewußt, daß sich ihr das Universum von einem bestimmten Standpunkt aus darstellt. Ein Standpunkt ist aber seinem Sinne nach *ein* Standpunkt
unter anderen; er verweist auf andere mögliche Standpunkte, sogar auf ein ganzes
System von Standpunkten [125]. Im Sinne unserer Deutung von ›Standpunkt‹ ist zu
sagen: eine einseitige Darstellungs- oder Erscheinungsweise des Universums verweist auf andere mögliche, ebenfalls einseitige Darstellungsweisen und Perspektiven. *Indem die der Reflexion fähige Monade sich der ihr eigenen Darstellungsweise des Universums in deren Einseitigkeit bewußt wird, findet sie sich ipso
facto auf andere Erscheinungsweisen, andere Perspektiven, folglich auf andere
Monaden als mögliche bezogen.* Mit anderen Worten, in der Reflexion auf sich
selbst entdeckt die Einzelmonade den monadischen Zusammenhang oder das monadische System, und zwar dadurch, daß sie sich als Glied dieses Zusammenhangs
findet, das einen bestimmten Platz innerhalb des monadischen Systems einnimmt.
Nun kann die Entdeckung des monadischen Systems nicht besagen, daß die Einzelmonade das monadische Gesamtsystem übersieht und es in voller Entfaltung
vor sich ausgebreitet hat. Eine solche Schau, die Gott allein vorbehalten ist [126],
ist jedem Glied des monadischen Systems versagt, da es eben als Glied des
letzteren nicht aus diesem heraustreten kann, um es »von außen her« zu überschauen. Ebenso wenig kann die fragliche Entdeckung bedeuten, daß die Einzelmonade ihren Standpunkt aufgeben kann, um den einer anderen einzunehmen, so
daß ihr nunmehr das Universum in einer anderen Perspektive erschiene. Das hätte
die absurde Konsequenz, daß eine Monade sich in eine andere verwandeln
könnte.

Folglich scheint nur eine Deutung übrig zu bleiben. *Was mit Einseitigkeit der
Perspektive und Erscheinungsweise gemeint ist, muß einen der betr. Monade
immanenten Zug bezeichnen oder einen ihren Vorstellungen, Zuständen und
Accidentien inhärenten Charakter, so daß die auf sich selbst reflektierende Monade, indem sie dieses ihren Vorstellungen eignenden Zuges inne wird, damit ipso
facto sich auf mögliche andere Monaden verwiesen findet* [127]. Es bleibt also dabei,

[125] Siehe die treffenden Formulierungen von Le Roy in seinen kommentierenden Bemerkungen: »... chaque point de vue ne se définit que par rapport au système en
fonction duquel il est conçu« (*a.a.O.* S. 227) und: »... un point de vue particulier
... suppose ... pour se définir, tous les autres points de vue possibles« (*ibid.* S. 230);
ebenso Janke, *Leibniz* S. 87.

[126] Siehe die auf S. 242 angeführte Stelle aus *Disc.* 14 (*Le Roy* S. 50) und den dort ebenfalls erwähnten Kommentar von Le Roy zu diesem Text.

[127] Da wir es hier nur mit der Charakterisierung menschlichen monadologischen Wissens
zu tun haben, nicht aber mit dem Erweis der Wirklichkeit oder Möglichkeit (im
Sinne möglicher Wirklichkeit) anderer Geister, haben wir die Darlegungen in *De*

daß die Monade ausschließlich in ihren eigenen Zuständen lebt, und daß ihr
andere Monaden und deren Accidentien niemals in der gleichen Weise zugänglich
werden wie sie sich selbst und die ihr eigenen Zustände. Nichtsdestoweniger weiß
sie um andere Monaden, und zwar kraft ihrer eigenen Qualifikationen und Bestimmungen. Andere Monaden sind in der in Rede stehenden vertreten, weil der
monadische Zusammenhang, dem sie angehört, in Form von Färbungen und
Qualifikationen ihrer selbst und ihrer Zustände in ihr niedergeschlagen ist. Indem
die ihrer selbst bewußte Monade diese Qualifikationen erfaßt und in bestimmtem
Maße zu deuten vermag, wird sie der Einseitigkeit ihrer Weltperspektive inne
oder — von einer anderen Seite her ausgedrückt — ihrer selbst als eines Gliedes
des intermonadischen Zusammenhangs. Dann erst, nachträglich, modo obliquo, auf
dem Grunde ihrer erfaßten Zugehörigkeit zu dem monadischen Gesamtzusammenhang, findet sich die Einzelmonade auf andere Monaden als Glieder dieses Zusammenhangs bezogen und verwiesen. Aller Nachdruck ist darauf zu legen, daß die
fragliche Monade die anderen Monaden »in sich selbst« findet, nämlich in ihren
eigenen Qualifizierungen und Charakteren, zu denen die ›Zugehörigkeit zu‹ ebenfalls zu rechnen ist. Wir stoßen damit auf das oben [128] dargelegte Phänomen des
inneren Zusammenhangs, dessen wesentlicher Charakter darin besteht, daß jedes
seiner Glieder durch seine Zugehörigkeit zu ihm durchgehend bestimmt und
qualifiziert ist, so daß man von einem Enthaltensein des gesamten Zusammenhangs in jedem seiner Glieder sprechen kann. Hier haben wir den inneren Zusammenhang zwischen den Monaden vom Standpunkt einer Einzelmonade, d. h.
vom Standpunkt eines seiner Glieder ins Auge gefaßt. Später [129] werden wir ihn
aus der Sicht der Gesamtheit der zu einer Welt (ob wirklichen oder nur möglichen) gehörigen Substanzen und Monaden betrachten. Aus der letzteren Betrachtung wird sich uns eine erste Substantiierung der hier vorgetragenen Deutungs-
hypothese ergeben.

Damit ist auch unsere andere Aufgabe erledigt, nämlich die der Charakterisierung des Wissens, das eine der Reflexion fähige Monade um die repräsentative
Funktion ihrer Vorstellungen haben kann. Diese Funktion, d. h. die Rolle, als
Termini einer Zuordnungsbeziehung zu fungieren, deren andere Termini grundsätzlich nicht direkt und unmittelbar zugänglich sind, muß in den Vorstellungen
der in Rede stehenden Monade als eine ihnen wesentlich zugehörige innere Bestimmung eingezeichnet sein. Anders ausgedrückt, die fraglichen Vorstellungen
verweisen über sich hinaus, und zwar so, daß die Zielpunkte dieser Verweisungen
nur als Zielpunkte gegeben sind, nicht aber selbst und direkt als das, was sie an
sich selbst sind. Der der Reflexion fähige menschliche Geist vermag bis zu einem
gewissen Grade seine Vorstellungen in ihre Komponenten zu zerlegen und diese

---

modo distinguendi phaenomena realia ab imaginariis (P. VII 321 f) nicht herangezogen.
[128] S. 19 ff.
[129] Kap. V § 4 b.

zu deuten. Auf diese Weise wird er sich der repräsentativen Funktion seiner Vorstellungen bewußt. Er wird sich jedoch lediglich dessen bewußt, daß seine Vorstellungen repräsentative Funktion haben, daß sie in einer Korrespondenzbeziehung zu anderen Termini stehen, ohne daß er diese Termini selbst direkt erreicht, denn die Übersicht über die Gesamtheit der Substanzen und ihre Zustände
sowie die explizite Kenntnis der hier bestehenden Zuordnungsbeziehungen in
ihren Einzelheiten ist Gott allein vorbehalten [130]. Die hier vorgetragene Charakterisierung des monadologischen Wissens als auf den Vorstellungen des menschlichen Geistes inhärenten und immanenten Charakteren begründet tut sowohl
der Grundbedingung der Monaden (ihrer fensterlosen Abgeschlossenheit) Genüge
und macht es ebenfalls verständlich, daß überhaupt die Frage nach dem Wissen
um Beziehungen zwischen Monaden sowie zwischen den Zuständen verschiedener
Monaden vom Standpunkt der menschlichen Erkenntnis gestellt werden kann.

c. Affinität des menschlichen und göttlichen Geistes

Die Fähigkeit zum reflektiven Selbstbewußtsein begründet die Vorzugsstellung
des menschlichen Geistes als »esprit raisonnable«. Auch die unterhalb des menschlichen Geistes einzureihenden Seelen, Substanzen und Monaden, jene, die nicht
selbst ›Ich‹ sagen können, für die es aber gesagt werden kann [131], repräsentieren
das Universum, sind dessen »miroirs vivants«, auch ihre Zustände stehen in
einer Beziehung durchgehender Entsprechung zueinander. Jedoch ist ihnen, da sie
der Fähigkeit zum Selbstbewußtsein entbehren, jedes Wissen um diese Beziehungen versagt, während der Mensch auf Grund dieser Fähigkeit ein gewisses
Wissen um die repräsentative Funktion seiner Vorstellungen besitzt, genauer gesprochen weiß, daß seinen Vorstellungen eine solche Funktion zukommt. Die
aktuelle Reflexion des menschlichen Geistes auf sich selbst gewährt ihm zugleich
einen gewissen Einblick in die Struktur des Universums. Daher kann Leibniz sagen, daß »... un seul esprit vaut tout un monde, puisqu'il ne l'exprime pas
seulement, mais le connaît aussi ... quoique toute substance exprime tout l'univers ... néanmoins les autres substances expriment plutôt le monde que Dieu,
mais ... les esprits expriment plutôt Dieu que le monde«[132]. Wenn die menschlichen Geister Gott repräsentieren, wenn sie sogar als »images de la Divinité

---

[130] Unsere Interpretation ist weitgehend von Le Roy angebahnt: »... grâce à la réflexion
intelligente, ceux-ci (scl. les esprits) ... sont moins aveuglément asservis aux perspectives que leur impose la définition d'un point de vue particulier, et ils s'approchent davantage de Dieu qui, dominant tous les points de vue possibles, voit le
système entier de l'univers avec une parfaite clarté« (a.a.O. S. 270). Erwähnt sei
in diesem Zusammenhang Jalaberts Deutung der individuellen, d. h. zu einer bestimmten Monade gehörenden Dauer als einer Serie aufeinander folgender Handlungen oder Phänomene, wobei sich diese Serie ihrer selbst als solche bewußt wird (La
théorie leibnizienne de la substance S. 132 ff und Le Dieu de Leibniz S. 189).

[131] S. 120.

[132] Disc. 36 (Le Roy S. 74); an Arnauld, 9/X 1687 (Le Roy S. 191); Spec. inv. (P. VII
316 f).

même ou de l'Auteur même de la nature« bezeichnet werden, so wegen ihrer Fähigkeit »de connaître le système de l'univers«[133]. Ohne Zweifel bleibt die menschliche Erkenntnis hinter der göttlichen zurück und stellt dieser gegenüber einen »modus deficiens« dar. Jedoch verweist — wie oben [134] dargelegt — die menschliche Erkenntnis gerade in ihrer Defizienz auf die göttliche Erkenntnis als Maßstab und Norm und erscheint als von dieser abkünftig. Zwar ist die menschliche Erkenntnis nur ein Abglanz der unendlichen göttlichen Erkenntnis unter den Bedingungen der Endlichkeit, aber sie ist eben doch ein Abglanz.

Zwischen Gott und Mensch besteht keine Inkommensurabilität, sondern Gemeinschaft und Gemeinsamkeit, man kann geradezu sagen: ein Verhältnis der Affinität. Wir sind auf dieses Verhältnis schon früher [135] gestoßen im Zusammenhang mit der Leibnizischen Behauptung der Unabhängigkeit der ewigen Wahrheiten, der theoretischen sowohl wie der moralischen, vom göttlichen Willen oder, damit gleichbedeutend, der Lehre von der »logique incréée« als für Gott und Mensch gleich verbindlich. Es muß noch hinzugefügt werden, daß diese universelle, weil absolute Verbindlichkeit nicht bloß s. z. s. de facto besteht, sondern daß der Mensch auch um sie weiß und so auch ein gewisses Wissen um die genannte Affinität besitzt. Daher die gelegentliche Bemerkung, daß die Mathematik »nous fait jouir, pour ainsi dire, de la vue des idées de Dieu« [136], und daß die Vervollkommnung (»perfection«) des Geistes, die in der Entwicklung und Vertiefung der Wissenschaften besteht, den Menschen mit Gott vereint (»unit«) [137]. In doppelter Weise bekundet sich die Affinität zwischen dem menschlichen und dem göttlichen Geiste: einmal durch den dank der eingeborenen Ideen ermöglichten Zugang zum »mundus intelligibilis«, ferner durch den dem Menschen verstatteten Einblick in die Struktur des Universums und dessen Logizität [138]. Auf Grund der zwischen Gott und Mensch bestehenden Gemeinschaft, d. h. unter Abweisung des Voluntarismus von Descartes, wird auch eine gewisse Erkenntnis Gottes seitens des Menschen möglich. Die auf einer »règle objective de raison« beruhende Gemeinsamkeit und Gemeinschaft legitimiert es, die menschlichen Vollkommenheiten ins Unendliche zu steigern und sie in dieser idealisierten Form Gott in analogischem Sinne zuzuschreiben, ähnlich wie es die scholastische Tradition getan hat [139].

[133] *Monad.* 83 (*P.* VI 621); *Disc.* 28 (*Le Roy* S. 65).
[134] Kap. I § 3 a.
[135] S. 29 ff.
[136] *Théod.* III 242 (*P.* VI 262).
[137] *An Mariotte,* Juli 1676 (*Ak.* II, I 270).
[138] Belaval, *Leibniz Critique de Descartes* S. 175 f und 390 f.
[139] E. Rolland, *Le déterminisme monadique* S. 26 f, 56 f und 63 f; Janke, *Leibniz* S. 704 ff; Belaval, *Leibniz Critique de Descartes* S. 70 im Zusammenhang der Kontrastierung der Cartesischen und Leibnizischen Auffassung der Vernunft (S. 66 ff). Ein ähnlicher Gedanke findet sich bei Cassirer, *Hauptschriften* II 118, dessen Interpretation von Gott als »hypostasiertem Inbegriff der reinen Prinzipien«, der theo-

Wir haben hervorgehoben, daß die eingeborenen Ideen nicht einen zufälligen glücklichen Besitz des menschlichen Geistes darstellen, sondern vielmehr dessen strukturelle Verfassung zum Ausdruck bringen, in welche die Fähigkeit zur Reflexion ihm einen gewissen Einblick gewährt [140]. Ferner haben wir soeben gesehen, daß der menschliche Geist, der wie alle Substanzen das gesamte Universum repräsentiert, ebenfalls dank seines Selbstbewußtseins um die repräsentative Funktion seiner Vorstellungen weiß. Es liegt also an der wesentlichen Natur der menschlichen Geister, daß sie Ebenbilder Gottes darstellen (»faits à son image«), sich der Gottheit annähern (»... cette nature ... des esprits ... les approche de la divinité«) und sie nachahmen (»agir avec connaissance à l'imitation de la nature divine«) [141]. Leibniz geht so weit, zuweilen von den Menschen als »petits dieux sous ce grand Dieu« zu sprechen [142]. Da Gott Geist (»esprit«) ist und auch die Menschen Geister sind, ist er »comme un d'entre nous« und tritt zu uns in eine »liaison de société, dont il est le chef« [143]. Im Unterschied zu allen anderen Geschöpfen betrachtet Gott uns als »quasi de sa race ou comme enfants de la maison« [144]. Daher verhält sich Gott zu uns nicht wie ein Ingenieur zu seinen Maschinen (sein Verhältnis zu den anderen Substanzen), sondern wie ein Fürst zu seinen Untertanen oder wie ein Vater zu seinen Kindern [145]. Auf dem Boden der Geistigkeit erwächst das Verhältnis der Affinität zwischen Gott und Mensch [146]. Geistigkeit aber beruht nach Leibniz auf dem Selbstbewußtsein.

§ 5 Prinzipielle Grenzen der menschlichen Erkenntnis

a. Indistinktheit

Es ist erforderlich, die vorstehenden Darlegungen, in denen der Mensch, was die Möglichkeiten seiner Erkenntnis angeht, als gottähnlich erscheint, korrigierend zu ergänzen, indem der prinzipiellen Begrenztheit der menschlichen Erkenntnis Rech-

---

retischen wie der moralischen, die Leibnizische Lehre doch zu stark in eine neukantische Perspektive rückt.

140 Dieses Kap. § 3 a.

141 *Disc.* 36 (*Le Roy* S. 74). Diese und ähnliche Wendungen finden sich in vielen in diesem Abschnitt angeführten Texten. Verweisen wir noch auf den Brief *an Arnauld*, 28/XI (8/XII) 1686 (*Le Roy* S. 145); *Esprit Universel Unique* (P. VI 538); *ad Hanschium*, 25/VII 1707 (*Erdmann* S. 447); *Princ.* 14 (P. VI 604) *Von der wahren Theologia mystica* (*Leibnitz's Deutsche Schriften*, hrsg. von Guhrauer, I 411).

142 *An Arnauld*, 9/X 1687 (*Le Roy* S. 192); *Syst.* 5 (P. IV 479); *Grua* S. 553 ff: »divinité diminutive«; *an die Königin Sophie Charlotte von Preußen* (P. VI 507); *an Jacquelot*, 9/II 1704 (P. III 465); *Théod.* II 147 (P. VI 197).

143 *An Arnauld*, 9/X 1687 (*Le Roy* S. 191 f.).

144 *Disc.* 36 (*Le Roy* S. 74).

145 *Disc.* 36 (*Le Roy* S. 74 f.); *Syst.* 5 (P. IV 479 f.); *Principes de vie* (P. VI 545); *Monad.* 84 f (P. VI 621); *Princ.* 15 (P. VI 605); daher auch die Zurückweisung der Ansicht, daß »le créateur ne soit lié d'aucune espèce de loi à l'égard de la créature«, *Théod.* II 178 (P. VI 220).

146 Vgl. *Théod.* App. III 6: »... notre lumière est un rayon de celle de Dieu« (P. VI

nung getragen wird. Diese Begrenztheit tritt in der Beimischung von Verworren-heit und Konfusion in den Vorstellungen und Erkenntnissen des Menschen zu Tage.

Leibniz bestimmt Konfusion wie folgt: »Confusa [scl. cognitio est], cum ... non possumus notas ad rem ab aliis discernendam sufficientes separatim enume-rare, licet res illa tales notas atque requisita revera habeat, in quae notio ejus resolvi possit.«[147] Wenn eine Vorstellung oder Erkenntnis konfus ist, so deshalb, weil sie Elemente und Komponenten enthält, die zwar für die betr. Vorstellung oder Erkenntnis wesentlich bestimmend sind, sich aber nicht scharf voneinander abscheiden, so daß diese Vorstellung sich nicht voll in ihre konstitutiven Kom-ponenten entfaltet. Wie oben [148] ausgeführt, beruht die Wahrheit auch kontin-genter Sätze darauf, daß das Prädikat im Subjekt enthalten ist. Jedoch kann im Falle kontingenter Wahrheiten der erforderliche Nachweis des Enthaltenseins des Prädikats im Subjekt seitens des Menschen prinzipiell nicht geführt werden, weil die hier in Rede stehenden Subjektsbegriffe »vollständige Begriffe« sind, bei deren Analyse das gesamte Universum in Berücksichtigung gezogen werden muß. Wie weit die Analyse solcher Begriffe auch vorgetrieben werden mag, unvermeidlicher Weise muß ein Restbestand von Konfusion zurückbleiben. Wir kommen damit zu dem Begriff der »petites perceptions«, jener »perceptions peu relevées ... qui ne se distinguent pas assez, pour qu'on s'en aperçoive ou s'en souvienne, mais elles se font connaître par des conséquences certaines« [149]. Im gegenwärtigen Zu-sammenhang ist es weder möglich noch auch erforderlich, in eine eingehende syste-matische Diskussion der vielfachen, z. T. recht heterogenen Anwendungen einzu-treten, die Leibniz von dem Begriff der »petites perceptions« macht.

Leibnizens Auffassung der Monade als Repräsentation des gesamten Univer-sums führt notwendiger Weise auf die »petites perceptions«, die allerdings in anderen Schriften nicht unter diesem Namen auftreten. Wie vorhin [150] kurz er-wähnt wurde und später [151] eingehend dargelegt werden wird, repräsentiert jede Monade das Universum in einseitiger Weise, nämlich in Zentriertheit auf sich selbst. Folglich müssen die repräsentierenden Vorstellungen verschieden sein, je nach dem, ob es sich um Vorgänge handelt, die eine gegebene Monade direkt und unmittelbar betreffen, oder um solche, die sie nur in vermittelter oder entfernter Weise angehen. Nur die ersteren Vorgänge können von der in Betracht gezogenen Monade mit relativer Distinktheit repräsentiert werden [152], wobei der Grad der

---

406). In *Nouv. Ess.* Préf. heißt es in Bezug auf die eingeborenen Ideen: »... ce n'est pas sans raison qu'on croit que ces éclats marquent quelque chose de divin et d'éternel qui paraît surtout dans les vérités nécessaires« (P. V 42).

[147] *Med.* (P. IV 422).

[148] S. 106 f.

[149] *Nouv. Ess.* II, I § 10 (P. V 102). Die Lehre von den »petites perceptions« ist aus-führlich entwickelt in *Nouv. Ess.* Préf. und II, I (P. V 45 ff und 99 ff).

[150] S. 139 f.

[151] Kap. V § 3 a.   [152] *Couturat, O. F. S. 15.*

Distinktheit von dem Grad der Vollkommenheit der Substanz, der Seele, in dem hier in Rede stehenden Zusammenhang des Geistes abhängt [153]. Damit aber der Geist das *gesamte* Universum repräsentieren kann, müssen auch diejenigen Vorgänge, die eine gegebene Substanz nicht unmittelbar betreffen, in deren Zuständen durch diesen Vorgängen entsprechende Komponenten vertreten sein. Offenkundig sind hier Unendlichkeiten im Spiele, folglich auch Unendlichkeiten von repräsentierenden Komponenten, die miteinander zu indistinkten Vorstellungen verschmelzen, innerhalb derer sie sich nicht voneinander abheben [154]. Dank dieser indistinkten Vorstellungen wissen wir auf Grund unserer Fähigkeit zum reflektiven Selbstbewußtsein um die in uns repräsentierte Unendlichkeit des Universums. In der Tat, die »pensées confuses ... enveloppent toujours l'infini, et non seulement ce qui se passe en notre corps, mais encore par son moyen, ce qui arrive ailleurs«; sie »enveloppent tout ce qui est au dehors et renferment des rapports infinis« [155]. Der Ansatz der »perceptions confuses« oder — später — »petites perceptions« folgt aus der Bestimmung des menschlichen Geistes (wie jeder Substanz) als einerseits einer Repräsentation des *gesamten* Universums, andererseits als *einseitige* solche Repräsentation. »... unaquaeque substantia exprimit totum universum secundum situm atque aspectum suum, quatenus caetera ad ipsum referuntur, et hinc necesse est quasdam perceptiones nostras etiamsi claras, tamen confusas esse, cum infinita involvant ...«[156]

Indem der menschliche Geist die Unendlichkeiten des Universums repräsentiert und sogar darum weiß, daß er sie repräsentiert, erscheint er als »allwissend«. Jedoch ist diese Allwissenheit begrenzt, endlich und — wie Leibniz es nennt — konfus. »Mihi videtur omnem mentem esse omnisciam [sed.] confuse. Et quamlibet mentem simul percipere quicquid fit in toto mundo; et has confusas infinitarum simul varietatum perceptiones dare sensiones illas quas de coloribus, gustibus tactibus habemus.«[157] Die Konfusion hat ihren Grund in der Einseitigkeit der Repräsentation des Universums durch jede einzelne Monade oder darin, daß jede Monade an einen bestimmten »Standpunkt« gebunden ist [158]. In dieser Gebundenheit bekundet sich die ursprüngliche Beschränktheit und Unvollkommenheit (»limitation originale«, »imperfection originale«) der Kreatur, — ursprüng-

---

153 *Extrait* (P IV 553) und *Rorarius* (P. IV 564).
154 *Disc.* 33 (*Le Roy* S. 71); *Théod.* III 402 (P. VI 356 f); *Princ.* 13 (P. VI 604).
155 *Rorarius* (P. IV 563 ff).
156 *Spec. inv.* (P. VII 311).
157 *Couturat, O. F.* S. 10; *Gerland* S. 112: »... omnis ... mens totum universum percipit, sed confuse«; *Disc.* 9: »... toute substance ... exprime, quoique confusément, tout ce qui arrive dans l'univers, passé, présent ou avenir, ce qui a quelque ressemblance à une perception ou connaissance infinie ...« (*Le Roy* S. 44); *Rorarius*: »... l'âme ... représente finiment l'infinité (à cause de sa perception confuse et imparfaite de l'infini) ...« (P. IV 562); *Princ.* 13: »Chaque âme connaît l'infini, connaît tout, mais confusément« (P. VI 604).
158 *Belaval*, *Leibniz Critique de Descartes* S. 177; siehe auch seine mit der unseren übereinstimmende Erklärung der Konfusion (*a.a.O.* S. 482).

lich darum, weil sie zur wesentlichen Natur der Kreatur gehören und ihren Grund haben in der »nature idéale de la créature, autant que cette nature est renfermée dans les vérités éternelles qui sont dans l'entendement de Dieu, indépendamment de sa volonté« [159]. Die Begrenztheit der menschlichen Erkenntnis im Sinne ihrer Durchsetztheit mit »perceptions confuses« stellt eine Notwendigkeit dar, an der weder Gott noch Mensch etwas ändern kann. Für Gott hingegen bestehen solche Begrenztheiten und Beschränkungen nicht, denn für ihn gibt es keine Bindung an einen »Standpunkt«: er ist »comme centre partout; mais sa circonférence n'est nulle part, tout lui étant présent immédiatement sans aucun éloignement de ce centre« [160]. Ist für Gott alles gleichermaßen zentral, so gibt es kein ausgezeichnetes Zentrum, d. h. kein Zentrum im eigentlichen Sinne, folglich keine Zentriertheit der Repräsentation. Daher ist die göttliche Repräsentation des Universums von allen Beimischungen von Indistinktheit frei, während für die menschliche Erkenntnis solche Beimischungen nicht nur unvermeidlich, sondern wesentlich sind, denn die menschliche Seele oder der menschliche Geist wäre ein Gott, hätte er eine distinkte Erkenntnis von den Unendlichkeiten, die in seinen repräsentierenden Vorstellungen beschlossen sind [161]. Ein unendlicher Abstand trennt die menschliche Erkenntnis von der göttlichen [162].

Dieser unendliche Abstand muß sich aber als verträglich herausstellen mit der vorhin [163] dargelegten Affinität zwischen Gott und Mensch. Nach Le Roy [164] ist der hier in Rede stehende unendliche Abstand im Lichte des Kontinuitätsprinzips zu verstehen, so daß die göttliche Erkenntnis nicht als von prinzipiell völlig anderer Art gegenüber der menschlichen erscheint, die mit der ersteren in keiner Hinsicht und in keiner Weise vergleichbar wäre. Bei der unendlichen Differenz zwischen beiden muß eine fundamentale »Homogeneität« bestehen bleiben; anders ausgedrückt, es muß ein möglicher Übergang von der einen zur anderen denkbar sein. In doppelter Weise läßt ein solcher Übergang sich fassen. Man kann von der vollkommenen göttlichen Erkenntnis ausgehen und die menschliche Erkenntnis aus ihr durch Verendlichung hervorgehen lassen, wobei Verendlichung u. a. Zentrierung besagt. Der allgemeinen Tendenz und Orientierung des Leibnizischen Denkens ist diese Richtung des Übergangs von »oben« nach »unten« wohl am meisten gemäß [165]. Auf dieser Linie liegt Cassirers [166] Interpretation der

---

[159] *Théod.* I 20, 31, 64, III 310 (*P.* VI 114 f, 121, 137, 300). Das gilt nicht nur in theoretischem, auf die Erkenntnis bezogenem Sinne, sondern auch im moralischen, was den Ursprung des Übels angeht.

[160] *Princ.* 13 (*P.* VI 604).

[161] *Rorarius* (*P.* IV 564 f).

[162] *An Hansch,* 1707: »... infinito discrimine abest noster intellectus a divino, quod Deus omnia simul adaequate videt; in nobis paucissima distincte noscuntur, caetera confusa velut in chao perceptionum nostrarum latent« (*Erdmann* S. 445 f).

[163] Dieses Kap. § 4 c.

[164] Le Roy, *a.a.O.* S. 270.

[165] *An Jaquelot,* 4/IX 1704: »... tout ce qui est distinctement dans l'esprit divin, est confusément et imparfaitement dans le nôtre« (*P.* VI 559).

»petites perceptions« als eines »hypothetischen Begriffs«. Gemäß den später [167] darzulegenden Konsequenzen der Leibnizischen Lehre von dem vollständigen Begriff einer individuellen Substanz müssen alle vergangenen, gegenwärtigen und zukünftigen Zustände einer individuellen Substanz oder — wie Cassirer es darstellt — alle mteriellen Vorgänge in dem zu dieser Substanz gehörenden organischen Körper in den Vorstellungen jeder Monade enthalten sein. Da die empirische Erfahrung, die wir von unserem Ich haben, dem nicht entspricht, müssen ihre Lücken mit Hilfe des genannten hypothetischen Begriffes ausgefüllt werden. Diese Ergänzung der empirischen Erfahrung rechtfertigt sich nach Cassirer nur im Hinblick auf den bereits zuvor anzusetzenden Begriff der vollkommenen unendlichen Erkenntnis. Der andere mögliche Übergang besteht in der vorher [168] erwähnten unendlichen Idealisierung der menschlichen Vollkommenheiten. Allerdings ist diese Idealisierung nur möglich auf dem Boden einer bereits vorausgesetzten Gemeinschaft und Gemeinsamkeit zwischen Gott und Mensch, so daß die Idealisierung gewissermaßen den Sinn einer Spezifizierung der nur im Allgemeinen angesetzten Gemeinschaft erhält. Obwohl auch aus diesem Grunde der Richtung »von oben nach unten« ein Vorzug zukommt, hat auch der andere Weg sein Recht, insofern als auf ihm das menschliche Wissen um Gott zustande kommt. Auf jedem der beiden Wege ist es möglich, sowohl der Affinität als auch der unendlichen Differenz zwischen göttlicher und menschlicher Erkenntnis Genüge zu leisten.

b. Beschränktheit der menschlichen Erkenntnis auf das Allgemeine und Abstrakte
In allen Sätzen und Begriffen ist — wie oben [169] ausgeführt — eine Unendlichkeit involviert. Zwar wissen wir, und sogar in distinkter Weise, daß eine Unendlichkeit im Spiele ist, aber wir sind nicht in der Lage, sie zu artikulieren und zu überschauen. Nicht nur sind wir unvermögend, die in dieser Unendlichkeit beschlossenen Elemente einzeln herauszuheben und für sich aufzuzählen, was der Natur der Sache nach unmöglich ist, sondern wir kennen auch das Gesetz der Unendlichkeit nicht, jenes Gesetz, aus dem folgt, welche Einzelheiten in der Unendlichkeit enthalten sind. Der höchsten Vernunft allein, der nichts entgeht, ist es vorbehalten, »de comprendre distinctement tout l'infini et de voir toutes les raisons et toutes les suites«. Was dagegen die menschliche Erkenntnis angeht, »tout ce que nous pouvons sur les infinités, c'est de les connaître confusément, et de savoir au moins distinctement qu'elles y sont« [170].

Zu beachten ist die Gegenüberstellung von »savoir« und »comprendre« [171]. Dieser Unterschied ist präzis formuliert als der zwischen »scire aliquid de re« und

166 Cassirer, *Leibniz' System* S. 406 f.
167 Kap. VI § 2 b.
168 S. 144.
169 Kap. II § 6 b.
170 *Nouv. Ess.* Préf. (*P.* V 50).
171 Ebenso schon gelegentlich in *Disc.* 30 (*Le Roy* S. 68).

»rem comprehendere, hoc est quicquid in ea latet in potestate habere« [172]. Man kann diesen Unterschied wiedergeben als den zwischen »Wissen um« und »Kennen« im prägnanten Sinne von Erkennen, und in dieser Bedeutung haben wir den Ausdruck »Wissen um« bereits des öfteren benutzt. Nun gibt es einen Bereich, innerhalb dessen die menschliche Erkenntnis den prägnanten Sinn von »comprehendere« hat, nämlich den Bereich der rationalen Wissenschaften, wie der Mathematik, deren Wahrheiten gemäß der oben [173] dargestellten Methode wenigstens prinzipiell dadurch a priori bewiesen werden können, daß sie mit Hilfe von Definitionen und geeigneten Substitutionen auf identische Sätze zurückgeführt werden. Die menschliche Erkenntnis besitzt diese Reichweite im Gebiet der rationalen Wissenschaften, weil in ihnen nur unvollständige, d. h. abstrakte Begriffe [174] figurieren, die wenigstens grundsätzlich in einer endlichen Zahl von Schritten vollständig analysiert werden können. *Die Begrenztheit des menschlichen Geistes kommt zum Ausdruck und wurzelt in der Beschränkung des menschlichen Wissens auf das Allgemeine und Abstrakte.* Folglich gibt es in allen Bereichen außer dem der rationalen Wissenschaften für den Menschen kein Erkennen im Sinne des »rem comprehendere«, sondern nur ein Wissen um das Allgemeine und Ganze, aber kein Eindringen in Einzelheiten [175]. Wissen um ist notwendigerweise konfus in dem Sinne, in dem die »petites perceptions« es sind, nämlich »claires dans l'assemblage, mais confuses dans les parties« [176]. Im Hinblick darauf, daß — wie oben [177] dargelegt — die auf dem Satz des Widerspruchs beruhenden Wahrheiten der rationalen Wissenschaften von notwendiger und universaler Geltung sind, also auch für alles Kontingente gelten, weil sie das System der Bedingungen der Möglichkeit einer jeden Welt darstellen, kann man das menschliche Wissen im Bereich des Kontingenten dahin charakterisieren, daß es distinkt und bestimmt ist hinsichtlich allgemeiner Möglichkeiten und Notwendigkeiten, hinsichtlich also des formalen Rahmens, an den alles Kontingente gebunden ist, hingegen unbestimmt und offen bleibt, was die konkreten Einzelheiten angeht, die innerhalb dieses formalen Rahmens Platz und Aktualisierung finden.

Illustrieren wir etwas näher die Eigenart des »Wissens um«, wobei wir Bezug nehmen teils auf bereits Ausgeführtes, teils auf nur vorgreifend Angedeutetes oder erst Anzudeutendes.

Unter den möglichen Welten ist eine ausgewählt und zur Existenz zugelassen. Die so bevorzugte Welt ist in einem später [178] darzulegenden Sinne die beste unter allen möglichen Welten. Wir wissen, *daß* die faktisch existierende Welt die

[172] *Animad.* I 26 (*P.* IV 360).
[173] Kap. II § 1 c.
[174] Über den Unterschied von »vollständigen« und »unvollständigen« Begriffen siehe Kap. VI § 2 a.
[175] *An Lady Masham,* Sept. 1704 (*P.* III 362).
[176] *Nouv. Ess.* Préf. (*P.* V 48).
[177] S. 93 ff.
[178] Kap. VIII § 4 b.

bestmögliche ist, weil Gott in seiner Vollkommenheit immer das Beste wählt [179]. Wir wissen also, *daß* es einen Grund für die Auswahl dieser Welt und ihre Zulassung zur Existenz gibt. Jedoch kenn wir diesen Grund nicht; wir wissen nicht und können nicht wissen, *warum* die ausgewählte Welt die beste unter allen möglichen ist [180]. Hierzu würde noch nicht einmal die uns ohnehin versagte vollständige Kenntnis der faktisch existierenden Welt hinreichen. Erforderlich wäre ferner eine ebenso vollständige Kenntnis sämtlicher möglichen Welten, so daß ein Vergleich zwischen ihnen allen angestellt werden könnte [181]. Gibt man (was Leibniz selbst des öfteren tut) der Lehre von dem einer jeden möglichen, also auch der wirklichen, Welt zu Grunde liegenden Fundamentalbegriffe, der ursprünglich einen logischen oder ontologischen [182] Sinn hat, eine teleologische Wendung [183], so kann man sagen, wir können behaupten und sogar beweisen, daß Gottes Pläne die Welt regieren, aber wir kennen diese Pläne nicht in ihren Einzelheiten [184]. Hierher gehören auch Leibnizens Bemühungen, die Mysterien der christlichen Religion als mit der Vernunft verträglich darzutun; obwohl diese Mysterien nicht durch die Vernunft erklärt und bewiesen werden können, stehen sie, wie er zu zeigen versucht, doch nicht in Widerstreit mit der Vernunft [185].

Jeder möglichen Welt liegt ein Fundamentalbegriff zu Grunde, aus dem alles, was in dieser Welt vorkommt und sich ereignet, mit hypothetischer Notwendigkeit folgt, — eine Notwendigkeit, die auf Grund, aber auch nur auf Grund des angesetzten Fundamentalbegriff- besteht [186]. Keiner dieser Fundamentalbegriffe, auch nicht der der wirklichen Welt, ist uns bekannt. Unser Wissen beschränkt sich darauf, *daß* ein solcher Fundamentalbegriff der wirklichen Welt zu Grunde liegt, und daß diese ihn realisiert, da ja alles, was in ihr existiert und geschieht, in dem Fundamentalbegriff beschlossen ist. Folglich wissen wir, daß alle in der

---

[179] *Disc.* 13 (*Le Roy* S. 49).
[180] *Disc.* 19 (*Le Roy* S. 55 f); *Couturat, O. F.* S. 21: »Physicae ... necessitatis est, ut Deus omnia agat quam optime (quanquam in nullius creaturae potestate sit hanc universalem applicare singularibus, ullasque hinc consequentias certas ducere, de actionibus divinis liberis)«; *Rorarius:* »... peut-on entrer dans les particularités infinies de l'harmonie universelle?« (P. IV 657).
[181] *Couturat, O. F.* S. 19: »⟨Imo etsi quis cognoscere posset totam seriem universi, necdum ejus rationem reddere posset, nisi ejus cum aliis omnibus possibilibus comparatione instituta. ...⟩«
[182] Gemäß dem Kap. I § 1 b formulierten Prinzip der logico-ontologischen Äquivalenz.
[183] Siehe S. 95.
[184] Belaval, *Leibniz Critique de Descartes* S. 110.
[185] *Demonstratio possibilitatis Mysteriorum Eucharistiae* (*Ak.* VI, I 501 ff); *an Herzog Johann Friedrich,* o. D. (P. I 61 f); *Théod.* Disc. prél. 23, 54 f, 60 f (P. VI 64, 80 f, 83 f). Siehe auch die Darstellung von K. Fischer, *Geschichte der neueren Philosophie* III Buch II, XIV 3, der allerdings (S. 561 ff) — zu Unrecht wie uns scheint — diese Bemühungen dem Geiste der Leibnizischen Philosophie widersprechend findet; ferner P. Schrecker, *Leibniz, Lettres et fragments inédits* (Paris 1934) S. 27 und 41; Belaval, *Leibniz* S. 252 f und *Leibniz Critique de Descartes* S. 455.
[186] Kap. II § 5 b.

Welt eintretenden Ereignisse vorbestimmt sind. Jedoch wissen wir es nur im Abstrakten und Allgemeinen, denn wir wissen nicht, *welche* Ereignisse vorbestimmt sind [187]. In dieser Hinsicht sind wir auf die Erfahrung und das an diese sich anschließende approximierende Vorgehen in der Erkenntnis des Kontingenten angewiesen [188]. Indem wir aus der Erfahrung der tatsächlich eintretenden Ereignisse ersehen, *was* vorbestimmt war, wissen wir auch, daß für den göttlichen Intellekt das Eintreten dieser Ereignisse a priori bewiesen ist; wir Menschen aber können diesen Beweis nicht erbringen [189]. Was das approximierende Vorgehen angeht, so ist — wie oben [190] bemerkt — seine Konvergenz durch die voll-vollkommene göttliche Erkenntnis garantiert. Die Vorausbestimmtheit aller in der wirklichen Welt eintretenden Ereignisse stellt das ontologische Äquivalent der Vorentschiedenheit aller Wahrheiten einschließlich der »contingents futurs« dar [191]. Deren Vorentschiedenheit beruht darauf, daß Gott den Fundamentalbegriff des zur Existenz zugelassenen Universums kennt.

Zur weiteren Illustrierung des sich nur im Abstrakten und Allgemeinen haltenden »Wissens um« verweisen wir auf die vorhin vorgetragene Deutung des Wissens, das die ihrer selbst bewußte Monade, d. h. der menschliche Geist von intermonadischen Zusammenhängen hat [192]. Kraft qualifizierender Momente, die ihren Vorstellungen und sonstigen Zuständen inhärent sind, findet sich jede menschliche Einzelmonade auf andere Monaden (und nicht nur menschliche) bezogen. Ihr Wissen um diese anderen Monaden ist lediglich von der Art von Verweisungen; es ist unartikuliert, indistinkt und bleibt, was Einzelheiten angeht, völlig im Unbestimmten. Die einzelne Monade weiß, daß es andere Monaden gibt, und daß ihr ein bestimmter Platz im Gesamtsystem der Monaden zukommt, aber sie kennt nicht ihre Stelle und ihren Platz innerhalb dieses Gesamtsystems. Das Gleiche gilt hinsichtlich des Wissens, das wir um die repräsentative Funktion unserer Vorstellungen haben. Betont wurde schon, daß das Repräsentierte, das, worauf unsere Vorstellungen bezogen sind und abzielen, uns niemals direkt und unmittelbar zugänglich ist, sondern immer nur in unseren repräsentierenden Vorstellungen, die als Stellvertreter fungieren [193]. Hinzuzufügen ist noch, daß, indem wir um die repräsentative Funktion unserer Vorstellungen wissen, wir zwar wissen, daß zwischen unseren Vorstellungen und dem, dessen Stelle sie vertreten, eine Beziehung der Zuordnung und Entsprechung besteht, daß wir jedoch das Gesetz dieser Zuordnungsbeziehung nicht kennen.

---

[187] *Disc.* 30 f (*Le Roy* S. 66 ff).
[188] Kap. II § 6 d.
[189] Funke, *Der Möglichkeitsbegriff in Leibnizens System* S. 180.
[190] S. 116.
[191] S. 33 f.
[192] Dieses Kap. § 4 b.
[193] Über Repräsentation als Stellvertretung siehe S. 38 f.

c. Die Beschränktheit des Wissens des menschlichen Geistes um sich selbst und die menschliche Freiheit

Wie vorhin [194] erwähnt, ist in jeder Monade das gesamte Universum in einseitigen Zentrierung repräsentiert, so daß der menschliche Geist auf Grund der ihn auszeichnenden Fähigkeit zum reflektiven Selbstbewußtsein einen Einblick hat nicht nur in die allgemeinen Strukturen des Universums, sondern auch, allerdings innerhalb sehr enger Grenzen, in dessen konkrete Verfassung. Wegen ihrer Zentriertheit ist die Repräsentation des Universums weitgehend mit Indistinktheit und Konfusion durchsetzt [195]. Weil wir um das Universum auf dem Wege der Reflexion auf uns selbst wissen, ist die Unvollkommenheit unseres Wissens um das Universum gleichbedeutend mit der Unvollkommenheit unseres Wissens um uns selbst. Mit anderen Worten, es ist nicht so, als ob die Verworrenheit und Konfusion des Wissens um das Universum sich dann auch, s. z. s. nachträglich, auf das Wissen der Monade um sich selbst erstreckte oder umgekehrt. Vielmehr ist von vornherein und ipso facto Verworrenheit und Konfusion in einer Hinsicht zugleich Verworrenheit und Konfusion in der anderen. »... il est impossible que l'âme puisse connaître distinctement toute sa nature, et s'apercevoir comment ce nombre innombrable de petites perceptions, entassées ou plutôt concentrées ensemble, s'y forme: il faudrait pour cela qu'elle connût parfaitement tout l'univers qui y est enveloppé, c'est à dire qu'elle fût un Dieu.«[196]

Noch von einer anderen Seite her läßt sich zeigen, daß und warum das Wissen, das der Geist jedes Menschen um sich selber hat, unvollkommen und höchst lückenhaft sein muß. Wie später [197] darzulegen sein wird, gehört zu jeder individuellen Substanz ein »vollständiger Begriff«, in dem alle ihre Accidentien vorgezeichnet sind, und aus dem alles, was der betr. individuellen Substanz je zugestoßen ist und was sie getan hat, sowie alles, was sie je tun wird und was ihr je zustoßen wird, abgeleitet werden kann. Die »vollständigen Begriffe« aller individuellen Substanzen, die einem bestimmten Universum, z. B. dem zur Existenz zugelassenen, angehören, ergeben sich durch Abwandlung aus dem Fundamentalbegriff dieses Universums [198]. Nun wissen wir zwar im Allgemeinen, daß unserem Universum ein Fundamentalbegriff zu Grunde liegt, aber wir kennen ihn nicht. Folglich kennen wir keine einzige seiner Abwandlungen, d. h. keinen einzigen »vollständigen Begriff« irgendeiner individuellen Substanz, auch nicht den, der zu der individuellen Substanz gehört, die wir jeweils selber sind. Zwar weiß ich, daß alles, was ich tun werde, in dem vollständigen Begriff der individuellen Substanz,

---

194 Dieses Kap. § 4 a.
195 S. 145 ff.
196 *Théod.* III 403 (P. VI 357); *an des Bosses,* 4/VIII 1710: »Porro quia nulla pars materiae perfecte cognosci a creatura potest, hinc apparet, nullam etiam animam perfecte ab ea cognosci posse, cum per harmoniam illam praestabilitam exacte materiam repraesentet« (P. II 409).
197 Kap. VI § 2 a.
198 Kap. V § 2 e und § 4 b.

die ich selber bin, vorgezeichnet ist. Jedoch weiß ich nicht, wenn ich eine Reise plane, ob ich sie auch antreten werde, d. h. ob die Ausführung meines Plans in dem vollständigen Begriff von mir enthalten ist [199]. Um dies zu wissen, genügt es nicht, »que je me sente une substance qui pense, il faudrait concevoir distinctement ce qui me distingue de tous les autres esprits possibles; mais je n'en ai qu'une expérience confuse«. Das letztere liegt daran, daß »les avances ou marques qui s'en trouvent dans notre substance, ne sont pas reconnaissables à nous«. Beim Wissen um mich als Substanz, zu deren Wesen es gehört, alle ihre Accidentien in sich zu befassen, handelt es sich nur um eine »prévention qu'il ne faut pas confondre avec une notion ou connaissance distincte« [200].

Wie oben [201] erwähnt, werden die eingeborenen Ideen, auf denen die ewigen und notwendigen Wahrheiten beruhen, uns durch das reflektive Selbstbewußtsein zugänglich, da diese Ideen das zum Ausdruck bringen, was wesentlich zu unserem Sein gehört. Indem wir in der Erfahrung von uns selbst uns als Substanz erfassen, werden wir auf die Idee der Substanz geführt [202]. Jedoch reicht die innere Erfahrung nicht aus, um uns eine Erkenntnis der vollständig bestimmten konkreten individuellen Substanz zu vermitteln, die wir selber sind [203]. Wiederum begegnen wir der Beschränktheit der menschlichen Erkenntnis auf das Abstrakte und Allgemeine: »... quoique l'expérience ne me fasse pas sentir tout ce qui est enfermé dans ma notion, je puis connaître en général que tout ce qui m'appartient y est enfermé par la considération générale de la notion individuelle« [204]. *Wir haben also ein in unvergleichlich höherem Maße distinktes, artikuliertes und entwickeltes Wissen von der Substanz als solcher im Allgemeinen, vielleicht richtiger gesagt, von Substantialität und dem, was zu ihr gehört, als wir es von irgendeiner Einzelsubstanz in voller Konkretheit besitzen und je zu besitzen hoffen können.* Trotz der weitgehenden Unkenntnis von der individuellen Substanz, die wir jeweils selber sind, ist es durchaus legitim, eine allgemeine Theorie der Substantialität zu entwickeln, wie z. B. die später darzulegenden Auffassungen der Substanz sowohl als erzeugendes Prinzip wie auch als System aller ihrer Accidentien [205]. In der Tat ist der Begriff der Substantialität oder der Substanz als solcher ein allgemeiner und abstrakter Begriff der Metaphysik, die Leibniz zu den ratio-

---

[199] Vgl. hierzu *an Arnauld*, 4(14)/VII 1686 und *Entwurf zu diesem Brief* (*Le Roy* S. 117 f und 111 f).

[200] *Le Roy* S. 112.

[201] S. 130 ff.

[202] *An Burnett*, 20 (30)/ 1699: »... on a une idée claire, mais non pas une idée distincte de la substance, qui vient à mon avis de ce que nous en avons le sentiment intérieur en nous mêmes qui sommes des substances« (*P*. III S. 247).

[203] Es kann also nicht die Rede davon sein, daß — wie Pape, *Leibniz* S. 127 schreibt — die »Monade ... mit der empirischen Seele gleichgesetzt« ist, und daß »ihre Eigenschaften ... unmittelbar an dieser abgelesen« werden.

[204] *An Arnauld, 4* (14)/VII 1686 (*Le Roy* S. 118).

[205] Kap. VI § 5 a und b, § 6 b und c.

nalen Wissenschaften zählt. Hier bestätigt sich das Recht der oben [206] erwähnten
Unterscheidung, die Russell zwischen Aussagen über Kontingenz und kontingenten Aussagen macht. Diese Unterscheidung bleibt auch dann bestehen, wenn man
nicht mit Russell ausschließlich Existentialaussagen als kontingent gelten läßt,
sondern — wie wir es vorgeschlagen haben [207] — zwei Begriffe von Kontingenz
zuläßt. Der Unterschied ist dann zwischen Aussagen, die in Bezug auf alle möglichen Welten gelten, und solchen, die nur innerhalb einer spezifischen möglichen
Welt Geltung haben [208].

Auf seiner Unkenntnis des dem Universum zu Grunde liegenden Fundamentalbegriffs und der daraus folgenden Unkenntnis des »vollständigen Begriffs«
irgendeiner dem Universum angehörigen individuellen Substanz beruht die Freiheit des Menschen. Wenn ein Mensch eine Entscheidung zu treffen im Begriffe
ist, mag er zwar wissen, daß die von ihm zu treffende Entscheidung vorbestimmt
ist; aber *welche* Entscheidung zu treffen er vorbestimmt ist, weiß er erst auf
Grund der getroffenen Entscheidung, nachdem er sie getroffen und ihr entsprechend gehandelt hat, und nicht vorher, so daß seine Entscheidung und sein
Handeln von seinen Überlegungen abhängt und damit einen Akt seiner Freiheit
darstellt. Der Mensch trägt also die volle Verantwortung für alles, was er tut,
und er kann sich dieser Verantwortung nicht durch die Berufung auf die Vorbestimmtheit aller Ereignisse und Geschehnisse bzw., was dasselbe besagt, auf die
göttliche Allwissenheit entziehen [209]. Cassirer hat diesen Zusammenhang verkannt, da er dem Umstand nicht Rechnung trägt, daß das Problem der menschlichen Freiheit nicht in Bezug auf das Universum, wie es in seiner durchgängigen
Bestimmtheit »an sich« ist, d. h. wie Gott es sieht, gestellt werden kann, sondern
nur vom Standpunkt des Menschen und des menschlichen Wissens in der Situation
der zu treffenden, aber noch nicht getroffenen Entscheidung [210]. Diesen Umstand,
der für Leibnizens Lehre von zentraler Bedeutung ist, hat übrigens Bergson [211]
unter Begründungen völlig anderer Art wieder geltend gemacht.

d. Malebranche und Leibniz

Hinsichtlich der Behauptung von der mangelhaften Erkenntnis, die der menschliche Geist von sich selber hat, schließt sich Leibniz an eine von Malebranche in
der *Recherche de la vérité* (1674/5) aufgestellte Lehre an [212]. Nach Malebranche

[206] S. 95 f.
[207] Kap. II § 5 c.
[208] S. 94 ff.
[209] *Disc.* 30 (Le Roy S. 67); *Théod.* I 55 und 58 (P. VI 132 f und 134).
[210] Cassirer, *Freiheit und Form* S. 89 ff; ebenso Gueroult, *Dynamique et métaphysique
    leibniziennes* S. 182 Anm. 3; siehe dagegen die korrekte Interpretation bei Le Roy,
    a. a. O., S. 258 und Burgelin, *Commentaire du Discours de Métaphysique de Leibniz*
    S. 268 f.
[211] Bergson, *Essai sur les données immédiates de la conscience* S. 134 ff.
[212] Es ist von Interesse, daß Leibniz schon in der *Nova methodus discendae docen-
    daeque jurisprudentiae* (1667) § 34 schreibt: »*Cogitatio* est qualitas sensibilis intel-

haben wir von der eigenen Seele eine Erkenntnis nur »par notre conscience ou par le sentiment intérieur«, nicht durch Ideen, d. h. also eine unvollkommene Erkenntnis [213]. Von den körperlichen Dingen haben wir Erkenntnis durch Ideen, und zwar derart, daß »l'idée que nous avons de l'étendue suffit pour nous faire connaître toutes les propriétés dont l'étendue est capable«. Was die Seele angeht, können wir nicht wissen, welcher Zustände und Modifikationen sie fähig ist, wofern wir diese, z. B. Schmerz, Wärme und Licht nicht durch Erfahrung (»expérience«) kennen gelernt haben [214]. Mit anderen Worten, während aus der Idee der »étendue« die Gesamtheit der möglichen räumlichen Gestalten abgeleitet werden kann, gibt es keine »Geometrie des Seelischen«[215]. »... encore que nous connaissions plus distinctement l'existence de notre âme que l'existence de notre corps et de ceux qui nous environnent; cependant nous n'avons pas une connaissance si parfaite de la nature de l'âme que de la nature des Corps.«[126]

Diesen Gedankengang von Malebranche übernimmt Leibniz und verallgemeinert ihn sogleich [217]. Wenn es schon nicht möglich ist, vorgängig vor aller Erfahrung die Gesamtheit der Zustände deduktiv abzuleiten, deren eine individuelle Seele fähig ist, so ist es erst recht nicht angängig zu behaupten, daß jede Substanz notwendigerweise von der Art der menschlichen Seele sein, d. h. Selbstbewußtsein haben muß: es gibt keine Berechtigung für die Behauptung, »que toute substance ... est un esprit et doit penser« [218]. Auch Leibniz beruft sich auf die Geometrie. Man kann beweisen, daß es keine anderen Kurven zweiten Grades geben kann als die Kegelschnitte, weil eine »idée distincte« eine vollständige Einteilung erlaubt. Hingegen »... nous n' avons point d'idée distincte de la pensée, et ne pouvons pas démontrer que la notion d'une substance indivisible est la même avec celle d'une substance qui pense ...« [219]. Damit hat sich Leibniz den Weg frei gemacht, um im Ausgang von dem durch die Fähigkeit zum Selbstbewußtsein ausgezeichneten menschlichen Geiste den Begriff der unteilbaren Substanz analogisierend auszuweiten.

---

lectus humani seu nescio cujus rei in nobis quam animadvertimus cogitare. Etsi quid sit hoc ipsum: cogitare, explicare non magis possimus, quam quid sit albedo, aut quid sit extensio« (*Ak.* VI, I 286).
[213] Malebranche, *Recherche de la vérité* III, II Kap. VII Abschn. III und IV (*Oeuvres* I 450 ff).
[214] Id., *Méditations chrétiennes et métaphysiques* IX 15, 17, 18 (*Oeuvres* 101 ff).
[215] Vgl. hierzu Id., *Recherche de la vérité*, XIieme Éclaircissement (*Oeuvres* III 164 f); siehe die Darstellung von Gueroult, *Malebranche* I Kap. II § 10.
[216] Malebranche, *Recherche de la vérité* III, II Kap. VII Abschn. IV (*Oeuvres* I 451).
[217] *An Arnauld,* 9/X 1687 (*Le Roy* S. 188).
[218] Siehe auch oben S. 124 f.
[219] Andererseits gilt auch, wie Leibniz in sachlicher, wenngleich nicht terminologischer Übereinstimmung mit Malebranche in *Théod.* I 59 schreibt: »... rien ne nous (est) mieux connu que l'âme, puisqu'elle nous est intime, c'est à dire intime à elle-même« (*P.* VI 135).

KAPITEL IV: ALLGEMEINE FORMALE BESTIMMUNGEN DER SUBSTANZ

§ 1 Substantialität und Einheit

a. Einheit und Vielheit

Indem wir nunmehr daran gehen, die allgemeinen formalen Bestimmungen des Leibnizischen Substanzbegriffs herauszustellen, nehmen wir von seinem Begriff des menschlichen Geistes unseren Ausgang, müssen aber darauf bedacht sein, diese Bestimmungen sogleich in einer solchen Form zu fassen, in der sie der analogisierenden Verallgemeinerung, die ihre Übertragung auf andere Arten von Substanzen möglich macht, zugänglich werden. Im Unterschied zu den Darlegungen des vorangegangenen Kapitels haben wir es jetzt nicht auf die spezifische Natur des menschlichen Geistes abgesehen, sondern betrachten ihn unter dem allgemeinen Gesichtspunkt von Substantialität als solcher.

Die Befragung unseres seelisch-geistigen Lebens führt uns auf primitive Tatsachenwahrheiten, nämlich die »expériences immédiates internes d'une immédiation de sentiment« [1]. Solcher primitiver Tatsachenwahrheiten gibt es so viele »quot perceptiones immediatae sive conscientiae . . .« [2]. In diesen Tatsachenwahrheiten gelangt ein doppelter Befund zur Feststellung und zum Ausdruck: sowohl »Ego cogito« wie auch »Varia a me cogitantur. Unde consequitur non tantum me esse, sed et me variis modis affectum esse«. Im gegenwärtigen Zusammenhang kann die von Leibniz betonte Mannigfaltigkeit der Affektionen, Gegebenheiten und Phänomene nicht im Hinblick auf die Frage nach ihrer Realität untersucht werden [3]. Hier kommt es nur auf die Gleichberechtigung der beiden Befunde an. Die beiden primitiven Tatsachenwahrheiten »Ego cogito« und »Varia a me cogitantur« müssen als voneinander unabhängig und einander völlig gleichgeordnet angesehen werden [4]. Mit der Betonung dieser Gleichberechtigung und Gleichge-

---

[1] *Nouv. Ess.* IV, II § 1 (P. V 347 f).

[2] *Animad.* I 7 (P. IV 357).

[3] In dieser Richtung bewegen sich Leibnizens Erörterungen z. B. in *De Synthesi et Analysi universali* (P. VII 296 f), sowie in einigen der in den folgenden Anmerkungen genannten Texte. Auf das Problem der Realität des Phänomenalen werden wir Kap. VII § 7 zu sprechen kommen.

[4] *Animad.* I 7: ». . . Non tantum . . . mei cogitantis sed et meorum cogitatorum conscius sum, nec magis verum certumve est me cogitare, quam illa vel illa a me cogitari« (P. IV 357). P. IV 327: ». . . non tantum me esse qui cogitem, sed et *varietatem* esse in meis cogitationibus (quae duo a se invicem independentia et aeque

ordnetheit stellt Leibniz sich in Gegensatz zu Descartes, der, wie Belaval [5] es formuliert, die Vielheit der cogitata auf der Einheit des cogito begründet sieht. Nach Leibniz hingegen: »... terminus cogitantis videtur non esse integralis, refertur enim ad aliquod objectum quod cogitatur« [6]. Dieser Gegensatz zeigt sich bereits in einem verhältnismäßig früh an Foucher gerichteten Brief [7], in dem Leibniz schrieb, daß Descartes der »ersten Philosophie« (»première philosophie«) darum nicht die vollkommene Form, die er gesucht habe, hat geben können, weil er sich nur an die eine »allgemeine absolute Wahrheit« — soweit es sich um wirkliche Existenz handelt — gehalten hat, nämlich an »nous pensons«, nicht aber zugleich an die andere »il y a une grande variété dans nos pensées«, die ebenso unbestreitbar ist wie die erstere und von dieser in keiner Weise abhängt. Leibniz geht soweit, die beiden genannten Befunde, die die »ersten Tatsachenwahrheiten« oder die »ersten Wahrheiten a posteriori« zum Ausdruck bringen, den »ersten Vernunftwahrheiten« oder »ersten Wahrheiten a priori«, nämlich den identischen Sätzen bzw. dem Satz »Identica sunt vera, et contradictionem implicantia sunt falsa« als »erste Prinzipien« gleichzustellen [8]. In der Tat läßt sich von beiden Prinzipien zeigen, daß sie keines Beweises fähig sind, d. h., daß ihre Wahrheit unmittelbar ist, und ferner liegen sie allen anderen Wahrheiten zugrunde.

Was den allgemeinen Substanzbegriff angeht, auf den wir zusteuern wollen, so zeigt die Gleichordnung von »Cogito« und »Varia a me cogitantur«, daß Leibniz das Problem der Substanz als das der Beziehung einer Einheit zu einer Mannigfaltigkeit stellt. In der Reflexion auf uns werden wir uns der Identität und Einheit unserer selbst gegenüber einer Mannigfaltigkeit von Vorstellungen und Affektionen inne: »... sum unum quoddam per se, et in hoc uno sunt omnes illae repraesentationes cogitantis« [9]. *Als das erste Charakteristikum der Substanz ergibt sich ihre Einheit.* Jedoch handelt es sich nicht um eine Einheit, die rein formal von der Vielheit unterschieden und zu dieser in Gegensatz gestellt wird, sondern um eine solche, die ihrem Sinne nach sich auf diese Vielheit bezieht. Andererseits besteht auch für die in Rede stehende Mannigfaltigkeit eine wesentliche Bezogenheit auf eine Einheit. Diese wechselseitige innere Bezogenheit von Einheit und Vielheit kündigt sich in der Leibnizschen Gleichordnung des »Varia a me cogitantur« mit dem »Ego cogito« an.

---

originaria judico) . . .«; *De modo distinguendi phaenomena realia ab imaginariis:* »... aeque certum est, existere in mente mea speciem montis aurei aut centauri, cum ista somnio, quam certum est, existere me, qui somnio; utrumque enim continetur in hoc uno, quod certum est centaurum mihi apparere« (P. VII 319).

[5] Belaval, *Leibniz Critique de Descartes* S. 203.

[6] *Gen. Inqu.* (*Couturat, O. F.* S. 361).

[7] P. I 370 f. Nach Gerhardt ist dieser Brief wahrscheinlich im Jahre 1676 geschrieben; Leibniz selbst bemerkt, er habe die Schriften Descartes' noch nicht mit der Sorgfalt lesen können, die an ihr Studium zu wenden er sich vorgenommen hatte.

[8] *De principiis* (*Couturat, O. F.* S. 183) und *Nouv. Ess.* IV, IX § 3 (P. V 415).

[9] *Initium institutionum juris perpetui* (*Mollat* S. 4).

Um den Sinn der hier zur Frage stehenden Beziehung von Einheit und Vielheit präziser zu fassen, knüpfen wir wieder an die Leibnizische Lehre von der Monade als Repräsentation des gesamten Universums an. Diese Lehre bezieht sich nicht nur auf die menschlichen Geister und die tierischen Seelen, sondern auf alle Substanzen schlechthin. Repräsentation bezeichnet dem ursprünglichen und fundamentalen Sinne nach eine ein-eindeutige Zuordnung der Elemente zweier Mannigfaltigkeiten [10], so daß dieser Begriff nicht notwendigerweise eine psychologische oder cognitive Bedeutung hat. Im gegenwärtigen Zusammenhang kommt allerdings nicht dieser allgemeinste Begriff von Repräsentation in Betracht, sondern ein spezieller, den wir oben [11] als zentralisierte Repräsentation bezeichneten, und den Leibniz Perzeption nennt. Beide Begriffe können zwar eine psychologische oder erkenntnismäßige Bedeutung haben, brauchen es aber nicht. Die Elemente der repräsentierten Mannigfaltigkeit sind verstreut; bei ihnen handelt es sich um eine »composition de parties au dehors« [12]. Hingegen weisen die repräsentierenden Elemente keine »composition« dieser Art auf. Bezeichnenderweise spricht Leibniz in Bezug auf diese Elemente nicht von »Teilen«, sondern von einer »multitude de modifications et de rapports tout à la fois«, von »plusieurs modes tout à la fois«, was mit der Einfachheit der Substanz nicht unverträglich ist. Die repräsentierenden Elemente gehen als Komponenten in die *Einheit einer Perzeption* ein, innerhalb derer sie sich aber nicht voneinander abheben, so daß die Perzeption konfus bleibt. Andererseits erteilen die Komponenten der Perzeption, zu der sie sich zusammenschließen, eine charakteristische Färbung und Qualifikation, dank derer sie sich von anderen Perzeptionen unterscheidet. Während die repräsentierte Mannigfaltigkeit eine »composition de parties« darstellt, enthält die repräsentierende Perzeption eine »composition de modifications«, und zwar unendlich vieler »à cause du rapport à tout ce qui est dehors«. Gerade darin, daß die Perzeption nicht aus Teilen besteht, sondern Modifikationen und Modi in sich schließt, bekundet sie sich als zentralisierte Repräsentation, nämlich als Repräsentation einer Vielheit durch eine Einheit.

Die Entgegensetzung von Vielheit und Einheit ist in einem doppelten Sinne zu verstehen. Wir haben die Perzeption als Einheit der Vielheit des durch sie Repräsentierten gegenübergestellt. Jede einzelne Perzeption ist jedoch nur einer unter vielen möglichen Zuständen einer Substanz. Folglich steht die Substanz selbst als Einheit der Vielheit ihrer Perzeptionen gegenüber, die alle auf sie als identisch-einheitliche bezogen sind und dank dieser Bezogenheit und in ihr sich als deren Zustände, und zwar wechselnde Zustände, erweisen. Diese Unterscheidung eines doppelten Sinnes von Einheit und Vielheit ist zwar von Leibniz selbst nicht ausdrücklich gemacht worden, tritt aber in einer Wendung wie der folgen-

---

[10] Kap. I § 4 b.

[11] S. 40 f.

[12] Das Folgende stützt sich auf P. VI 627 f. Nach Gerhardt (P. VI 485 f) handelt es sich um ein an Masson gerichtetes Schreiben zur Abwehr eines Angriffs von John Toland.

den zu Tage: »Nous expérimentons nous-mêmes une multitude dans la substance simple, lorsque nous trouvons que la moindre pensée dont nous nous apercevons enveloppe une variété dans l'objet.«[13] Die »variété dans l'objet« ist durch Vermittlung der »moindre pensée« auf die Einheit der »substance simple« bezogen. Weisen wir noch darauf hin, daß — wie später [14] gezeigt werden wird — die Natur der Beziehung einer Perzeption zu anderen Perzeptionen derselben Substanz sowie die einer Perzeption zu ihren Komponenten sich aus der Art der Beziehung der Substanz selbst zu ihren mannigfachen Perzeptionen ergibt.

b. Die Substanz als unum per se und der Aggregatcharakter der Körper
Um die Einheit und Einheitlichkeit, wie sie nach Leibniz wesentlich zur Substanz gehören, im Rahmen dieser rein formalen Betrachtung herauszustellen, müssen wir zunächst auf den Unterschied zwischen dem *unum per se* und dem *unum per accidens* eingehen, oder, was damit gleichbedeutend ist, auf den Unterschied zwischen echter substantieller Einheit und der Einheit eines bloßen Aggregats.

Wir können zwei Körper, z. B. zwei Diamanten, so weit sie auch voneinander entfernt sind, in Gedanken zusammenfassen und mit einem Kollektivnamen belegen, etwa von ihnen als einem Paar sprechen, ohne daß sie deshalb *eine* Substanz bildeten [15]. Auch dann stellen sie keine einheitliche Substanz dar, wenn man sie einander bis zur Berührung nähert, selbst wenn man sie in einen Ring faßt, so daß sie die gleichen Bewegungen ausführen. Unter allen diesen Umständen machen die beiden Diamanten nur ein *unum per accidens* aus. Leibnizens Darlegung ist veranlaßt durch Arnaulds Frage, was aus der substantiellen Form einer Marmorplatte wird, wenn sie in zwei Stücke gebrochen wird [16]. Leibniz antwortet, daß die Marporplatte auch als ganze genau so wenig eine einheitliche Substanz (»une seule substance accomplie«) darstellt oder substantielle Einheit besitzt wie ein Steinhaufen oder ein Fischteich, selbst wenn das Wasser mitsamt allen Fischen eingefroren ist. »Il y a autant de différence entre une substance et entre un tel être qu'il y en a entre un homme et une communauté, comme peuple, armée ... qui sont des êtres moraux, où il y a quelque chose d'imaginaire et de dépendant de la fiction de notre esprit« [17]. Das Aggregat verdankt seine Einheit lediglich dem Umstand, daß es in Gedanken zusammengenommen und als eins gefaßt wird [18]. Aggregate haben Einheit »a cogitatione« [19] oder »dum una cogitatione comprehenduntur« [20]. Zuweilen bezeichnet Leibniz die Einheit und selbst

---

[13] *Monad.* 16 (*P.* VI 609). [14] Kap. VI § 6 c und d.
[15] *An Arnauld*, 28/XI (8/XII) 1686 (*Le Roy* S. 145).
[16] *Arnauld an Leibniz*, 28/IX 1686 (*Le Roy* S. 135).
[17] *An Arnauld*, 28/XI (8/XII) 1686 (*Le Roy* S. 145).
[18] *An de Volder*, 10/XI 1703: »Aggregatum ... nihil aliud est quam ea omnia simul sumta ex quibus resultat, quae sane unitatem suam habent a mente tantum ob ea quae habent communia, ut ovium grex ...« (*P.* II 256).
[19] *An de Volder*, 20/VI 1703 (*P.* II 250).
[20] *An de Volder*, 23/VI 1699 (*P.* II 184).

das Sein (»Entitas«) von Aggregaten als »semimentalis« [21] oder spricht von ihnen als »semisubstantias« [22]. Hingegen ist die Substanz nicht darauf angewiesen, daß ihr Einheit erst erteilt wird. Als unum per se besitzt sie Einheit von sich aus und trägt sie in sich, weil sie selbst ein Einheitsprinzip ist. Dieses Einheitsprinzip oder »substantiale principium ..., quod in viventibus *anima*, in aliis *forma substantialis* appellatur, et quatenus cum materia substantiam vere unam, seu unum per se constituit, id facit quod ego monadem appello ...« [23]. An dieser Stelle müssen wir uns damit begnügen, den Begriff der Substanz als unum per se mit dem des Aggregats zu konfrontieren. Erst im Laufe der weiteren Entwicklungen werden wir dazu kommen, den Begriff der substantiellen Einheit des Näheren zu spezifizieren.

Was soeben am Beispiel bloßer Anhäufungen gezeigt wurde, gilt auch für eine kunstvolle Maschine, z. B. eine Uhr, deren Teile nicht einfach nebeneinander liegen, sondern einem Plan gemäß so ineinander gefügt sind, daß die Maschine in einheitlicher Weise arbeitet. Jedoch ist diese Einheit in die Maschine hineingetragen oder ihr auferlegt; sie besitzt diese Einheit nicht von sich aus. Folglich ist auch eine Uhr keine »substance douée d'une véritable unité«, sondern nichts anderes als »un assemblage« [24]. Ganz allgemein gelten für Leibniz alle Körper, nach dem, was an ihnen sinnenfällig ist, d. h. hinsichtlich ihrer Ausgedehntheit und Räumlichkeit, als Aggregate [25]. Da sie sich in ständiger Umwandlung befinden, verdienen die Körper nicht den Namen von Substanzen [26]. Ihre Einheit ist lediglich »idealer Art« [27].

Der Grund für die Entsubstantialisierung der Körper und der Materie liegt in ihrer Teilbarkeit, richtiger gesagt, in ihrer Geteiltheit. Bereits vor dem Pariser Aufenthalt hatte Leibniz die These aufgestellt, daß es weder im Raum noch in den Körpern letzte Teile, d. h. letzte Elemente gibt [28]. In den folgenden Jahren wird er zu einem anderen Begriff des Körpers geführt als dem, den er in seiner Frühzeit vertreten hatte, und seine Anschauungen über das Kontinuum (»indivisibles«) wandeln sich. Jedoch hält er daran fest und betont es mit steigendem

---

[21] *An des Bosses*, 17/III 1706 (P. II 304); *Nouv. Ess.* II, XII § 7: »... ces êtres par aggrégation n'ont point d'autre unité achevée que la mentale; et par conséquent leur entité aussi est en quelque façon mentale ou de phénomène, comme celle de l'arc en ciel« (P. V 133).

[22] *An des Bosses*, 19/VIII 1715 (P. II 504).

[23] *De ipsa natura* 11 (P. IV 511). Die Bezogenheit des substantiellen Einheitsprinzips auf Materie wird in § 2 c dieses Kap. zur Sprache kommen.

[24] *Éclaircissement* (P. IV 494).

[25] *Antibarbarus physicus* (P. VII 344).

[26] *Entretien de Philarète et d'Artiste* (P. VI 568); siehe bereits die Glosse *Ad Ethicam B. de Sp.* I 14: »Mihi nondum certum videtur, corpora esse substantias. Secus de mentibus« (P. I 145).

[27] *An die Churfürstin Sophie*, 31/X 1705 (P. VII 564).

[28] *Theoria motus abstracti*: »Nullum esse minimum in spatio aut corpore, seu cujus magnitudo vel pars sit nulla ...« (P. IV 228).

Nachdruck, daß »il n'y a aucune partie de la matière qui ne soit, je ne dis pas divisible, mais actuellement divisée, et par conséquent, la moindre particelle doit être considérée comme un monde plein d'une infinité de créatures différentes«[29]. Wie die vorhin erwähnte Marmorplatte ist jeder materielle Körper lediglich ein »unum per accidens«, da er aufgrund seiner aktuellen unendlichen Geteiltheit ein Aggregat bildet, sogar ein aus unendlich vielen Teilen zusammengesetzes Aggregat. Materie — schreibt Leibniz[30] — darf nicht genommen werden »pour une chose unique en nombre, ou ... pour une vraie parfaite monade ou unité, puisqu'elle n'est qu'un amas d'un nombre infini d'êtres«.

Wenn Körper sollen Substanzen sein können, d. h., wenn es für sie ein Prinzip echter Einheit, das ein »unum per se« konstituiert, soll geben können, so kann dieses Prinzip nicht in ihrer Ausgedehntheit gesucht werden. »... il est impossible de trouver *les principes d'une véritable unité* dans la matière seule ou dans ce qui n'est que passif, puisque tout n'y est que collection ou amas de parties jusqu'à l' infini«[31]. Anders ausgedrückt: bestünde das Wesen der Körper lediglich in ihrer Ausgedehntheit, so würde es nirgendwo das Prinzip einer wirklichen Einheit geben, und es gäbe infolge dessen überhaupt keine körperlichen Substanzen[32]. Deren Zulassung ist nur unter einer von zwei Bedingungen möglich. Entweder man nimmt die atomistische Lehre an, die Leibniz bekanntlich abgelehnt hat[33], und die übrigens mit der von ihm vertretenen Behauptung der Elastizität aller Körper unverträglich ist[34]. Oder aber man wird darauf geführt, »in omnibus substantiis corporeis inesse aliquid analogum animae, quod veteres formam aut speciem appellarunt«[35]. In diesem metaphysischen, weil den Substanzbegriff betreffenden Zusammenhang kündigt sich der neue Begriff der Materie an, den

---

[29] *An Foucher,* o. D. *(P.* I 415 f); *Spec. inv.*: »... omne corpus utcunque exiguum habere partes actu infinitas, et in omni pulvisculo esse mundum quendam innumerabilium creaturarum ...« und »in omni corpore actu inesse corpora numero infinita« *(P.* VII 315 und 317); *Théod.* II 195: »... il y a une infinité de créatures dans la moindre parcelle de la matière à cause de la division actuelle du continuum à l'infini« *(P.* VI 232).

[30] *Nouv. Ess.* IV, X § 10 *(P.* V 421).

[31] *Syst.* 3 *(P.* IV 478).

[32] *An Alberti,* o. D. *(P.* VII 444).

[33] *Rorarius*: »... les corps n'étant pas des atomes, mais étant divisibles et divisés même à l'infini ...« *(P.* IV 557); *an des Bosses,* 4/VIII 1710: »... materiam non ex atomis componi, sed actu subdividi in infinitum, ita ut in qualibet materiae particula sit mundus quidam infinitarum numero creaturarum« *(P.* II 409) und *an Clarke* IV P. S. und V 22 *(P.* VII 377 f und 394).

[34] Siehe hierzu unten S. 401 f.

[35] *Spec. inv.* *(P.* VII 314); *an Fardella,* März 1690: »... cum ergo vere sim unica substantia indivisibilis ... permanens et constans subjectum mearum actionum et passionum, necesse est dari praeter corpus organicum substantiam individuam permanentem, toto genere diversam a natura corporis, quod in continuo fluxu suarum partium positum, nunquam idem permanent, sed perpetuo mutatur« *(Foucher de Careil,* N. L. O. S. 320).

Leibniz dem Cartesianischen entgegenstellt; darauf kann aber erst weiter unten [36] eingegangen werden.

Entbehrt schon jeder Körper, unter dem Aspekt seiner Ausgedehntheit gesehen, der Substantialität, weil er ein blosses Aggregat darstellt, obwohl er in seiner sinnenfälligen Erscheinung sich nicht als ein solches darbietet, so gilt das erst recht für Inbegriffe, deren Aggregatcharakter auf der Hand liegt und also offenkundig nur Einheit »a cogitatione« haben. Das zielt nicht nur auf Ansammlungen der bereits erwähnten Art, wie ein Haufen Steine, ein Fischteich, ein Heer und dgl., sondern auch auf die Welt, wenn man darunter die Gesamtheit aller Dinge versteht [37]. Man kann alle Körper zusammenfassen und die so resultierende Gesamtheit »mundus« nennen, »sed revera mundus non est unum quiddam«. Zu jedem vorgegebenen Körper gibt es einen noch größeren, aber man gelangt nie zu einem einzigen Körper, der, ob endlich oder unendlich, alle anderen Körper in sich befaßte (»comprehendat«). »Itaque dici potest: mundum esse immensum, modo recte explicitur, ne quis putet ullam dari substantiam corpoream infinitam.«[38] Faßt man das Universum als einheitliches Ganzes, so verwickelt man sich in die gleichen Schwierigkeiten und Widersprüche wie bei den oben [39] erwähnten Begriffen der größten Zahl, der Gesamtheit aller Zahlen und dgl. Das Unendliche ist nicht ein wahres Ganzes. Das gilt vom Raum und räumlichen Gebilden, z. B. der ins Unendliche verlängerbaren graden Linie, wie auch von der Dauer [40]. Es gilt schließlich von der Welt als ganzer: ». . . etsi maginutudine infinitus esset mundus, unum totum non esset, . . . neque adeo nisi verbalem haberet unitatem« [41]. Da Leibniz die Substanz als der Seele analog betrachtet, würde die Ansetzung des gesamten Universums als einheitliche Substanz zu seiner Auffassung als »Lebewesen« (»animal«)führen, dessen Seele, die Weltseele, mit Gott gleichgesetzt wird. Lehren dieser Art hat Leibniz ausdrücklich abgelehnt [42].

c. Einfachheit der Substanz

Daraus, daß Substantialität nicht in Ausgedehntheit besteht, mithin die Substanz selbst nicht ausgedehnt sein kann, folgt, daß sie keine Teile hat [43]. Ihre Einfach-

---

[36] Kap. VII § 3.

[37] An de Volder, 30/VI 1704: ». . . aggregatum esse mundum, ut grex aux machina . . .« (P. II 271).

[38] Bodemann, L. H. S. 56.   [39] S. 79 ff.

[40] Nouv. Ess. II, XVII (P. V 144 ff).

[41] An des Bosses, 17/III 1706 (P. II 304 f); Nouv. Ess. II, XIII § 21: ». . . l'univers . . . ne saurait passer pour (so gelesen statt ›par‹) un tout . . .« (P. V 138); an de Volder, o. D.: »Non in toto aggregativo, sed in singulis unitis vera substantia est, prorus ut in Oceano non una est substantia vel res, sed quaevis gutta alias res continet . . .« (P. II 276).

[42] An Joh. Bernoulli, o. D. (M. III 535); Théod. II 195 (P. VI 232).

[43] An Clarke V 24: ». . . les véritables monades . . . n'ont point de parties ni d'étendue« (P. VII 394); Monad. 1 und 3: ». . . là, ou il n'y a point de parties, il n'y a ni étendue, ni figure, ni divisibilité possible« (P. VI 607).

heit versteht Leibniz dahin, daß sie »partibus careat« [44]. Dieser Erklärung geht unmittelbar eine Darlegung voran, in der Leibniz dem Cartesianismus de Volders gegenüber geltend macht, daß eine auf ein einziges Attribut beschränkte Substanz überhaupt nicht denkbar ist (»... nec concipi potest substantia unius attributi ...«), und zwar wegen der Auffassung der Substanz als Repräsentation des Universums: »... nullam esse substantiam censeo quae non relationem involvet ad perfectiones omnes quarumcunquae aliarum«. Die Einfachheit der Substanz kann also nicht besagen, daß ihr jede innere Gliederung und Differenzierung abgeht [45]. Das ergibt sich bereits aus der vorhin [46] dargelegten »composition« selbst einer einzelnen Perzeption aus Komponenten. Es gilt erst recht hinsichtlich der später [47] zu erörternden Beziehung der Substanz als identischer Einheit zu der Vielheit ihrer Perzeptionen, Zustände und Accidentien.

Wenn der Substanz Teile abgesprochen werden, so sind diese im spezifischen Sinne der »partes extra partes« gemeint, wie solche für das Ausgedehnte charakteristisch sind. Über Räumlichkeit und Ausgedehntheit hinaus läßt sich der Begriff der »partes extra partes« in formaler Allgemeinheit dahin fassen, daß es sich um Teile handelt, die einander nicht bedürfen, sich als selbständige Gebilde voneinander absetzen und in durchgehender Unabhängigkeit nebeneinander bestehen. Aus Teilen solcher Art kann eine Substanz sich allerdings weder aufbauen noch in sie sich zerlegen lassen, weil sie sich damit als Aggregat herausstellen würde. Nach Leibniz kann aber nichts, was aus Teilen zusammengesetzt ist, als eine Substanz gelten [48]. So wenig wie eine Monade Teile haben kann, so wenig kann sie selbst Teil sein, etwa Teil einer anderen Monade [49]. Die Einfachheit der Monade in dem Sinne, daß sie keine Teile hat, gilt schlechthin und prinzipiell. »Per Monadem intelligo substantiam vere unam, quae scilicet non sit aggregatum substantiarum.«[50] Monaden mögen sich ansammeln und anhäufen. Eine solche Ansammlung behält aber prinzipiell den Charakter eines Aggregats, dem ein Einheitsprinzip abgeht. Aus der Anhäufung von Monaden geht niemals eine weitere Monade, s. z. s. eine Monade höherer Ordnung hervor. In den *Considérations sur la doctrine d'un Esprit Universel Unique* setzt Leibniz sich mit der Averroistischen

---

[44] *An de Volder*, April 1702 (P. II 239); siehe auch *De ipsa natura* 11 die Kontrastierung der einfachen Monade mit der ausgedehnten Masse: »Etsi enim dentur atomi substantiae, nostrae scilicet monades partibus carentes, nullae tamen dantur atomi molis, seu minimae extensionis, vel ultima elementa ...« (*P. IV 511*).

[45] *Monad.* 13: »... il faut que dans la substance simple il y ait une pluralité d'affections et de rapports quoiqu'il n'y en ait de parties« (*P. VI 608*).

[46] S. 158 f.

[47] Kap. VI § 5 c und § 6 b.

[48] *Nouv. Ess.* II, XXI § 72: »Je ne donne aux corps qu'une image de la substance ..., parce que ce qui est composé de parties ne saurait passer à parler exactement pour une substance non plus qu'un troupeau ...« (*P. V 196*).

[49] *An Arnauld*, 30/IV 1687: »... quoiqu'il se puisse qu'une âme ait un corps composé de parties animées d'âmes à part, l'âme ou forme du tout n'est pas pour cela composée des âmes ou formes des parties« (*Le Roy* S. 167).

Lehre von einem universellen Geiste auseinander, in den die Einzelseelen nach dem Tode zurückkehren und sich darin auflösen. Eines der Argumente, das er geltend macht, ist das folgende: Setzt man diesen universellen Geist mit Gott gleich, so wäre Gott eine bloße Ansammlung von Seelen, nicht anders als ein Bienenschwarm eine Ansammlung von Bienen ist; und wie der Schwarm keine Substanz im wahren Sinne des Wortes ist, so wäre auch der universelle Geist kein »être véritable lui-même, et au lieu de dire, qu'il est le seul esprit, il faudrait dire, qu'il n'est rien du tout en soi, et qu'il n'y a dans la nature que les âmes particulières dont il serait l'amas« [51]. So wenig eine Substanz oder Monade andere Monaden als Teile in sich enthält, so wenig kann sie selbst als Teil in eine andere Monade eintreten.

d. Das Problem der inneren Struktur der Substanz als intelligibles Gebilde

Um die Struktur der Substanz, die weder Teile hat noch in Teile sich zerlegen läßt, jedoch eine Mannigfaltigkeit in sich schließt, zu erläutern, beruft sich Leibniz auf den Vergleich mit einem Punkte, genauer: dem Mittelpunkt eines Kreises. In seinem Zentrum treffen sich alle Radien des Kreises; in diesem Zentrum liegt der Anfang der »ouverture« oder »inclination« zwischen zwei beliebigen Radien, d. h. der Ursprung des Winkels, den sie bilden und der durch unendlich viele Bogenlängen gemessen werden kann [52]. Durch diesen Vergleich soll die Repräsentation des Ausgedehnten durch die unausgedehnte, nicht aus Teilen bestehende Einheit illustriert werden.

Der Vergleich der Substanz und sogar des Geistes mit einem Punkt läßt auf eine Auffassung des Geistes vermuten oder scheint an sie anzuknüpfen, die Leibniz in einer frühen Periode vertreten hat und auf die wir bald [53] zu sprechen kommen. Hier wollen wir einen Text aus dieser frühen Periode heranziehen, der geeignet ist, auf die Auffassung des Punktes als eines komplexen Gebildes und damit auch auf den Sinn des in Rede stehenden Vergleiches einiges Licht zu werfen. Leibniz spricht von der »wunderbaren Natur der Punkte«: »quamquam enim punctum non sit divisible in partes positas extra partes, est tamen divisible in partes antea non positas extra partes, seu in partes antea se penetrantes« [54]. Nimmt man diesen Text aus seinem Zusammenhang heraus und bringt ihn mit den soeben erwähnten späteren Äußerungen in Verbindung, so läßt sich der Ausdruck »partes se pene-

---

[50] *An Joh. Bernoulli*, o. D. (*M.* III 537).

[51] *P.* VI 535 f; vgl. *P.* VI 625: »... il y a autant de substances toutes distinguées qu'il y a de monades, et toutes les monades ne sont point des esprits, et ces monades ne composent point un tout véritablement un, et ce tout si elles en composaient, ne serait point un esprit«; *Réfutation inédite de Spinoza par Leibniz* (hrsg. von Foucher de Careil) S. 44.

[52] *An die Churfürstin Sophie*, 4/XI 1696, 12/VI 1700, 6/II 1706 (*P.* VII 542, 554 f, 566); *Princ.* 2 (*P.* VI 598).

[53] Dieses Kap. § 2 a.

[54] *An Oldenburg*, 28/IX 1670 (*Briefwechsel* S. 45).

trantes« auf die repräsentierenden Komponenten beziehen, die in die Einheit einer Perzeption eintreten, sich aber innerhalb dieser nicht voneinander abheben [55]. Diese Deutung entspricht der Problematik, um die es sich in den betreffenden Schreiben an die Churfürstin Sophie handelt. Als »partes se penetrantes« können auch die Perzeptionen, Zustände und Accidentien einer Substanz angesehen werden. Dementsprechend läßt sich die Substanz nicht als Summe oder Aggregat ihrer Accidentien auffassen; die letzteren sind nicht voneinander unabhängig und gegeneinander indifferent; ihr Vereintsein miteinander als Accidentien einer Substanz ist ihnen nicht in dem Sinne äußerlich, daß ein jedes von ihnen seiner Eigennatur nach als das, was es ist, auch für sich und ohne die anderen bestehen könnte. Vielmehr besteht zwischen den Accidentien einer Substanz das Verhältnis, das wir oben [56] als inneren Zusammenhang bezeichnet haben, und für das Ausdrücke wie »einander durchdringen« oder »einander enthalten« metaphorische Beschreibungen darstellen. Jedoch kann die hier angedeutete Auffaßung des Verhältnisses zwischen den Accidentien und Perzeptionen einer Substanz erst später [57] entwickelt werden, wenn die Struktur der Substanz unter einem inhaltlichen, nicht wie hier einem formal-allgemeinen Gesichtspunkt zur Untersuchung kommt.

Wird der Punkt als Zentrum eines Strahlenbüschels oder als Ursprung der ihrer Bogenlänge nach verschiedenen Winkel zwischen zwei Strahlen dieses Büschels aufgefaßt, so wird er gewiß nicht in Teile zerlegt, aus denen er sich wieder zusammensetzen ließe; — wohl aber wird er begrifflich analysiert. Hier findet die Unterscheidung Anwendung, die Leibniz in einem anderen Zusammenhang zwischen »résolution en notions« und »division en parties« macht [58]. Aus dem Vergleich der Substanz mit dem Punkt in der angegebenen Hinsicht folgt, daß sie, da sie keine Teile im Sinne der »partes extra partes« enthält, weder Gegenstand der sinnlichen Wahrnehmung noch der Imagination sein kann [59]. Was immer den Sinnen oder der Imagination zugänglich ist, ist, wenn nicht aktuell geteilt, so doch wenigstens teilbar. Folglich ist die Substanz ein geistiges Gebilde, von dem es keine sinnliche oder imaginative Vorstellung, sondern nur einen Begriff geben kann [60]. Es gilt von der Substanz selbst das gleiche, was Leibniz in Bezug auf die »Vis« behauptet, die — wie wir später sehen werden [61] — wesentlich zur Substanz gehört: »... est ... ex earum rerum numero, quae non imaginatione, sed intellectu attinguntur« [62].

---

[55] S. 158 f.   [56] Kap. I § 2.

[57] Kap. VI § 6 c.

[58] *An Bourguet,* 5/VIII 1715 (P. III 583).

[59] *An Bierling,* 12/VIII 1711: »Spiritus, animae et in universum substantiae simplices seu monades sensibus et imaginatione comprehendi non possunt, quia partibus carent« (P. VII 501).

[60] Siehe *an Lady Masham,* Sept. 1704 (P. III 362).

[61] Dieses Kap. § 5 b.

[62] *De ipsa natura* 7 (P. IV 507).

Alle Gegenstände verteilen sich nach Leibniz auf drei Klassen [63]. In die erste Klasse fallen die Gegenstände, die wie Farben und Töne einem bestimmten Sinne spezifisch zugehören und von Leibniz als »sensibles« bezeichnet werden. Die zweite Klasse umfaßt Gegenstände, die verschiedenen Sinnen zugänglich sind und daher unter den »sens interne« oder »sens commun« fallen; hierher gehören Zahlen und Figuren. Während die Gegenstände dieser beiden Klassen »imaginables« heißen, stehen die der dritten Klasse oberhalb der Imagination. Die Gegenstände der dritten Klasse sind »intelligibles« und nur durch den Verstand erfaßbar. Als erstes Beispiel eines rein intelligibeln Gegenstandes führt Leibniz an »l'objet de ma pensée, quand je pense à moi-même«. Ein erstes ist es, an eine Farbe zu denken, ein anderes, sich dabei dieses Denkens bewußt zu werden (»considérer qu'on y pense«). Die Reflexion auf das Wahrnehmen von Sinnesgegenständen »fügt diesen Sinnesgegenständen etwas hinzu«, insofern als durch die Reflexion die Wahrnehmung auf das Ich bezogen und als eine Äußerung, Tätigkeit, Zustand und dgl. dieses Ich begriffen wird. Wir gewinnen damit den Anschluß an unsere früheren Ausführungen [64] über die Erschließung der eingeborenen Ideen und der auf diese gegründeten »notwendigen Wahrheiten« durch die Reflexion, wobei wir betont haben, daß diese Ideen das zum Ausdruck bringen, was wesentlich zu uns selbst, d. h. zu unserem Geiste gehört. Ein Gebilde, dessen Struktur durch intellektuelle Begriffe und Ideen beschrieben wird, muß selber intelligibel sein. Bedenkt man, daß der Leibnizische Begriff der Substanz aus der analogisierende Verallgemeinerung des Begriffes vom menschlichen Geiste erwachsen ist [65], so ergibt sich aus der Intelligibilität des menschlichen Geistes die einer jeden Substanz überhaupt. Wie immer sich die verschiedenen Arten von Substanzen voneinander unterscheiden mögen, z. B. durch das Vorhandensein oder Fehlen der Fähigkeit zur Reflexion (obwohl nicht nur hierdurch); was sie alle gemeinsam haben, ist die Intelligibilität, die intellektuelle Begrifflichkeit.

§ 2 Das Problem der räumlichen Lokalisation der Substanz

a. Leibnizens frühe Lehre von der Lokalisation des Geistes in einem Punkt
In der dem Pariser Aufenthalt vorangehenden Periode hatte Leibniz den Geist räumlich lokalisiert, und zwar in einem Punkte, der als Mittelpunkt eines Kreises aufgefaßt werden kann. »Gleichwie in Centro alle strahlen concurriren, so lauffen auch in mente alle impressiones sensibilium per nervos zusammen, und also ist mens eine kleine in einem Punct begriffene Welt, so aus denen ideis, wie centrum ex angulis besteht, denn angulus ist pars centri, obgleich centrum indivisibel, dadurch die ganze natura mentis geometrice erclärt werden kann.«[66] Aus zwei Grün-

[63] *Lettre touchant ce qui est indépendant des Sens et de la Matière* (P. VI 501 f).
[64] Kap. III § 3 a.   [65] Kap. III § 1 a.
[66] *An Herzog Johann Friedrich*, o. D. (P. I 61).

den muß die »mens« oder das »Gemüt« in einem Punkte lokalisiert werden. Es muß sich befinden »in loco concursus aller bewegungen, die von den objectis sensuum unsz imprimirt werden«[67]. Um einen vorgegebenen Körper als Gold zu beurteilen, muß sein Glanz, sein Klang und sein Gewicht zusammengenommen werden. Das ist aber nur möglich, wenn das Gemüt sich an einem Orte befindet, »da alle diese Linien visus, auditus, tactus zusammen fallen, undt also in einem punct«. Ferner wäre das Gemüt, wenn ihm ein größerer Platz eingeräumt würde, bereits ein Körper und hätte partes extra partes. Dann aber könnte es »sich nicht selbst intime praesens (sein), undt ... also auch nicht auf alle seine stücke und Actiones reflectiren. Darinn doch die Essentz gleichsamb desz Gemüthes bestehet«.

Die Auffassung, daß der Punkt in einem gewissen Sinne »Teile«, richtiger gesagt Komponenten enthält, jedenfalls in seiner Einfachheit eine gewisse Komplexität aufweist, ist Leibniz ganz unabhängig von der auf das Wesen des Geistes bezogenen Problematik aus Fragestellungen verwachsen, die zu seiner Physik und Dynamik der gleichen Periode gehören. Unter Bezugnahme auf Cavalieris Methode schreibt er: »Punctum non est, cujus pars nulla est ..., sed cujus extensio nulla est, seu cujus partes sunt indistantes ...«[68]. Da unser Interesse hier nicht der frühen Leibnizischen Dynamik gilt, begnügen wir uns mit dem Hinweis auf einschlägige Darstellungen[69]. Im Hinblick auf den auch später durchgehaltenen *Vergleich des Geistes mit einem Punkt,* der etwas anderes besagt als die *Lokalisierung des Geistes in einem Punkt,* heben wir die Wendung »partes indistantes« hervor, die wir unter diesem Gesichtspunkt im selben Sinne deuten wie den oben[70] erwähnten Ausdruck »partes se penetrantes«.

Im Laufe seiner späteren Entwicklung hat Leibniz die in seiner Jugend vertretene Lokalisierung des Geistes in einem Punkte ausdrücklich aufgegeben[71]. In der Tat ist die Auffassung der Monade als intelligibles Gebilde mit dem Ansatz

---

[67] *An Herzog Johann Friedrich,* 21/V 1671 (P. I 53).

[68] *Theoria motus abstracti* (P. IV 229). Der Ausdruck »partes indistantes« findet sich auch in weiteren Dokumenten dieser Periode, so z. B. *an Oldenburg,* 11/III 1671: »Punctum non esse aliquid minimum, et omnium partium expers; esse tamen inextensum seu expers partium distantium ...« (*Briefwechsel* S. 52 f) und *an Arnauld,* o. D.: »esse partes puncti, sed indistantes« (P. I 72). Hier geht Leibniz auf den Zusammenhang zwischen seinen geometrisch-dynamischen Ideen und der »doctrina de mente« ein: »... locum verum mentis nostrae esse punctum quoddam seu centrum«. Vgl. auch *Meditatio de principio individui* (Jagodinsky S. 60), wo infinitesimale Betrachtungen ins Spiel treten.

[69] A. Hannequin, *La première philosophie de Leibniz* Première partie chap. III, III A und B (*Études d'histoire des sciences et d'histoire de la philosophie* II); Gueroult, *Dynamique et métaphysique leibniziennes* S. 59 ff; Moreau, *L'Univers leibnizien* S. 34 ff.

[70] S. 164 f.

[71] *An des Bosses,* 24/IV 1709 (P. II 372); siehe ferner *an Clarke* III 12 (P. VII 365 f). Nach Gueroult, *Dynamique et métaphysique leibniziennes* S. 172 hat es dazu der ausgebildeten Dynamik bedurft.

ihrer Lokalisation im Raume unverträglich. Unter Hinweis auf die Intelligibilität der Monaden hat Leibniz das Bestehen irgendwelcher räumlicher Beziehungen zwischen ihnen betritten: »nec ulla est monadum propinquitas aut distantia spatialis vel absoluta, dicereque, esse in puncto conglobatas aut in spatio disseminatas, est quibusdam fictionibus animi nostri uti, dum imaginari libenter vellemus, quae tantum intelligi possunt.«[72] In einem anderen ebenfalls der Spätzeit angehörenden Dokument betont Leibniz, man dürfe es nicht so auffassen, als ob die Monaden sich wie Punkte in einem wirklichen Raum bewegen, einander stoßen oder sich berühren[73]. Dem haben einige Interpreten Rechnung getragen und hervorgehoben, daß die Monaden sich nicht im Raum befinden, und daß der Raum keine Form der Ordnung unter den Substanzen darstellt[74]. Auf der anderen Seite haben keine geringeren als Russell und Brunschvicg die Ansicht vertreten, daß die Logik des Leibnizischen Systems die räumliche Lokalisierung der Substanzen und das Bestehen von räumlichen Beziehungen zwischen ihnen erfordert und die gegenteilige Behauptung Leibnizens auf einer Inkonsequenz beruht. Dieser Deutung wenden wir uns jetzt zu.

b. Die Deutung von Russell und Brunschvicg

Nach Russell[75] hat Leibniz, ohne sich vielleicht völlig klar darüber zu sein, zwei Theorien vom Raum (und auch von der Zeit) gleichzeitig vertreten. Gemäß der einen, der »subjektiven« Theorie, die mit der Theorie Kants vergleichbar ist, stellt der Raum einen idealen Inbegriff möglicher abstrakter Beziehungen dar. Räumliche Beziehungen bestehen nur zwischen den gleichzeitigen Wahrnehmungsobjekten einer jeden Monade, nicht aber zwischen den Monaden selbst. Da sich die Monaden je nach dem Standpunkt unterscheiden, von dem aus sie das Universum repräsentieren, wird Leibniz nach Russell dahin gedrängt, außer dem subjektiven oder idealen Raum noch ein »objektives Gegenstück« (»objective counterpart«) anzunehmen, nämlich die verschiedenen Standpunkte der Monaden[76]. Ganz allgemein erfordert jeder »Monadismus«, d. h. jede Lehre, die eine Vielheit von zusammen miteinander bestehenden Substanzen ansetzt, eine realistische Theorie

---

[72] *An des Bosses,* 16/VI 1712 (P. II 450 f).

[73] *Entwurf eines Briefes an Remond,* 1714 (P. III 623).

[74] E. Dillmann, *Eine neue Darstellung der Leibnizischen Monadenlehre* S. 279 ff; Cassirer, *Leibniz' System* S. 265 ff; F. S. C. Northrop, »Leibniz's theory of space«, *Journal of the History of Ideas* VII, 1946, S. 432 ff; Rivaud, *Histoire de la philosophie* III 494, siehe auch III 535 die Gegenüberstellung von »espace visible« und »espacement métaphysique de substances inétendues«; K. Huber, *Leibniz* (München 1951) S. 194.

[75] Russell, *A critical exposition of the philosophy of Leibniz* §§ 68 ff.

[76] Die Auffassung, daß der Raum bei Leibniz eine doppelte Rolle spielt, nämlich einmal als Ordnungsform der Monaden, das andere Mal als Ordnungsform der Perzeptionen jeder einzelnen Monade, ist neuerdings wieder von L. J. Russell, »Leibniz's account of phenomena«, *Proceedings of the Aristotelian Society* N. S. LIV, 1954, S. 170 vertreten worden.

des Raumes, selbst wenn diese nur auf dem Wege einer »Erschleichung« (»surreptitiously«) eingeführt werden kann. Dazu kommt, daß — wie Russell meint — Leibniz in seinen Darlegungen zum Raumproblem seiner eigenen Lehre nicht hinreichend Rechnung getragen hat, nach der alle Monaden dieselbe Welt vorstellen, die nach ihm immer eine gewisse Analogie zu dem Raum unserer Wahrnehmungen aufweist. Folglich entspricht den Beziehungen zwischen den Wahrnehmungen einer jeden Monade ein objektives Gegenstück in den *Gegenständen* der Wahrnehmungen. Dieses Gegenstück, das für alle Monaden ein und dasselbe ist, kann nicht mehr als »rein ideal« gelten.

Russells Argumente sind von Brunschvicg übernommen worden, der ihnen noch schärfere Formulierungen gegeben hat [77]. Die Schwierigkeiten des Leibnizianismus ergeben sich nach Brunschvicg beim Übergang von der Theorie der Monade als selbstgenügsamer »monade à part« zum System der Monaden, d. h. zur Monadologie im eigentlichen Sinne. Bei diesem Übergang gibt Leibniz die »logique de l'idéal« auf, um zur »logique de l'actuel« zurückzukehren. Vom Standpunkt der Theorie der Monade aus ist die Idealität des Raumes zu vertreten; der Raum ist »relatif au point de vue sous lequel la monade envisage l'univers«. Im System der Monadologie hingegen sind die verschiedenen Gesichtspunkte der vielen Monaden als miteinander gleichzeitig angesetzt. Folglich gibt es einen *»lieu des points de vue, un ordre spatial, mais auquel cette fois les monades sont relatives, et qui acquiert la valeur métaphysique d'un absolu«.* Bekanntlich ist der Raum nach Leibniz die Ordnungsform des möglicherweise Existierenden [78]. Wird eine Vielheit von zusammen miteinander existierenden Monaden zugelassen, so erfordert dieser Ansatz nach Brunschvicg »que l'on confère aux monades un ordre de coexistence, qui implique par conséquent et qui rétablit devant le regard de Dieu même, la réalité du milieu spatial« [79]. Gerade aus der Leibnizischen Bestimmung des Raumes als »ordre de coexistence« scheint sich zu ergeben, daß — wie Brunschvicg es ausdrückt — eine Vielheit von Substanzen nur in einem »milieu d'extériorité mutuelle« zusammen existieren kann [80]. Alle Schwierigkeiten des »réalisme spatial« kehren wieder; sie verschwinden nur dann, wenn die Suche nach einem »ordre des perspectives entre les monades« aufgegeben wird [81]. In äußerster Zuspitzung formuliert Brunschvicg seine Interpretation dahin, daß Leibniz die Monaden behandelt, als wären sie »des *éléments atomiques* étalés dans l'espace« [82], und er findet im ausgebildeten System der Monadologie Überbleibsel der Lehre vom »psychischen Punkt« aus Leibnizens früher Zeit [83].

---

[77] Brunschvicg, *Les étapes de la philosophie mathématique* S. 233 ff.
[78] Über Leibnizens Raumlehre siehe S. 370.
[79] Brunschvicg, *Les étapes de la philosophie mathématique* S. 238.
[80] Id., *a.a.O.* S. 275.   [81] Id., *a.a.O.* S. 417.
[82] Id., *L'expérience humaine et la causalité physique* S. 295.
[83] Id., *a.a.O.* S. 215. Siehe dagegen die Darstellung bei v. Aster, *Geschichte der neueren Erkenntnistheorie* S. 265, in der dem Übergang zur späteren »idealistischen Auffassung des Raumes« Rechnung getragen ist.

Unter Berufung auf eine Stelle im *Discours de métaphysique* 14 stellt Koehler es ohne nähere Begründung als s. z. s. ausgemacht hin, daß Leibniz die Monaden und sogar Gott in den Raum verlegt [84]. Mit Recht hat Mahnke dagegen eingewandt, daß die Rede von Perspektiven und Gesichtspunkten nicht wörtlich zu nehmen ist, sondern als ein Bild verstanden werden muß, durch das ein wesentlich unsinnlicher, weil intelligibler Sachverhalt sinnenfällig erläutert wird [85]. Mahnkes Einwand trifft auch die Interpretationen von Russel und Brunschvicg, die darauf bestehen, Ausdrücke wie »Gesichtspunkt«, »Standpunkt« und dgl. wörtlich, d. h. in diesem Fall räumlich zu verstehen [86]. Zwar weist Russell darauf hin, daß Leibniz die Analogie zwischen Gesichtspunkten und Raumpunkten als bloße Analogie angesehen wissen will, beanstandet aber, daß er nicht angegeben hat »to what it is analogous« [87]. Später [88] werden wir versuchen, auf diese Frage eine Antwort zu finden und gleichzeitig darzutun, daß, wenn die fraglichen Ausdrucksweisen metaporisch zu verstehen sind, es sich dabei nicht um eine Metapher handelt, die ad hoc zum Zwecke der Erläuterung gebildet wird, sondern um eine im tieferen Sinne in den Sachverhalten selbst begründete Analogie oder, um einen Leibnizischen Terminus abzuwandeln, um eine »analogia bene fundata«.

Von einer anderen Seite her hat Cassirer gegen die Verlegung der Monaden in den Raum Einspruch erhoben. Er faßt die »substantiellen Einheiten« als »Subjekte verschiedener Vorstellungsreihen« auf. Folglich hat es keinen Sinn, Beziehungen, die nur für die Inhalte der Vorstellungsreihen gelten, auf die Subjekte dieser Reihen zu übertragen [89]. In einer weiteren und allgemeineren Ausdehnung bezieht Cassirer die Monaden wesentlich auf das biologische Gebiet und sieht in ihnen »individuelle Entwicklungsgesetze ..., aus denen das bestimmte Nacheinander und die Objektivität der Folge der Erscheinungen sich erst konstituiert, die aber selbst der Frage des ›Wo‹ und ›Wann‹ entzogen sind« [90]. Die hier vertretene Auffaßung des Leibnizschen Substanzbegriffs deckt sich insofern nicht ganz mit der Interpretation Cassirers, als wir in der Monade ganz allgemein ein aktiv erzeugendes Prinzip von »Vorstellungsreihen« und anderen Zuständen sehen [91]. Auch wir faßen die Monade als ein »aktives Entwicklungsgesetz«, ohne aber es in der Weise einzuschränken, wie Cassirer es tut [92]. Was an dessen Darlegung im gegenwärtigen Zusammenhang besondere Bedeutung besitzt, ist die von ihm

---

[84] P. Koehler, *Der Begriff der Repräsentation bei Leibniz* S. 153 ff. Auch Brunschvicg, *Les étapes de la philosophie mathématique* S. 236 beruft sich auf diesen Text und spricht, ähnlich wie Koehler, von einem »Dieu qui imagine dans l'espace«.

[85] D. Mahnke, *Leibnizens Synthese* S. 225.

[86] In bezug auf Brunschvicg siehe auch Burgelin, *Commentaire du Discours de Métaphysique de Leibniz* S. 190 f.

[87] Russell, *A critical exposition of the philosophy of Leibniz* S. 124.

[88] Kap. V § 3 a und § 7 d.

[89] Cassirer, *Hauptschriften* II 99.

[90] Id., *Leibniz' System* S. 415; siehe auch S. 540 die Bemerkungen gegen Russell.

[91] Siehe Kap. VI § 5 b.

[92] Siehe S. 192 ff.

hervorgehobene völlige Heterogeneität des Monadischen und des Körperlich-Räumlichen [93]. Eben wegen dieser Heterogeneität verbietet es sich nach ihm, die Monaden im Raume zu lokalisieren.

c. Die Bezogenheit der Substanz auf Körperliches

Trotz ihrer Unräumlichkeit und Unausgedehntheit ist die Substanz auf Körperliches und damit auf räumlich Ausgedehntes bezogen: »... toute substance créée est accompagnée d'étendue et je n'en connais point d'entièrement séparées de la matière ...«[94] Des öfteren drückt sich Leibniz noch bestimmter dahin aus, daß jede erschaffene Monade bei ihrer Unteilbarkeit einen ihr zugeordneten organischen Körper besitzt[95]. So wesentlich ist es für jede erschaffene Monade »corpore aliquo organico praedita« zu sein, daß Leibniz von der »substantia corporea« definierend aussagt: »in substantia simplice seu monade (id est anima vel animae analogo) et unito ei corpore organico consistit«[96].

Auf die in den zuletzt angeführten Texten sich ankündigende organizistische Lehre werden wir später [97] eingehen. Hier wollen wir auf den überaus aufschlußreichen Ausdruck »begleiten« (»accompagner«) aufmerksam machen, der in den zu Anfang herangezogenen Texten verwendet wird. Aus der Wahl dieses Ausdrucks kann man schließen, daß die Seele oder allgemein die erschaffene Substanz

---

[93] Siehe auch unten S. 179 f.

[94] *An Lady Masham*, Sept. 1704 (P. III 362 f); *Esprit universel unique*: »... l'âme avec ses fonctions est quelque chose de distinct de la matière, mais ... elle est toujours accompagnée des organes de la matière, et ... aussi les fonctions de l'âme sont toujours accompagnées des fonctions des organes, qui leur doivent répondre, et ... cela est réciproque et le sera toujours« (P. VI 533); *an Clarke* III 9: »... toute substance créée est accompagnée de matière« (P. VII 365); *Principes de vie* (P. VI 545 f); *Monad.* 72 (P. VI 619).

[95] *Couturat, O. F.* S. 14: »Etsi enim omnis substantia simplex habeat corpus organicum sibi respondens ... ipsa tamen per se est partium expers«; ebenso *an Arnauld*, 23/III 1690: »... toutes ces substances ont toujours été et seront toujours unies à des corps organiques diversement transformables« (*Le Roy* S. 199); *an de Volder*, 20/VI 1703: »Neque ullas substantias finitas a corpore omni separatas existere, aut adeo situ vel ordine ad res caeteras coexistentes universi carere puto« (P. II 253) und *an Clarke* V 61 (P. VII 406).

[96] *An Bierling*, 12/VIII 1711 (P. VII 501 f); ebenso schon *an Joh. Bernoulli*, 20 (30)/IX 1698: »Monadem completam seu substantiam singularem voco non tam animam, quam ipsum animal aut analogum, anima vel forma et corpore organico praeditum« (*M.* III 542); *an Remond*, 4/XI 1715: »Une véritable substance (telle qu'un animal) est composée d'une âme immatérielle et d'un corps organique, et c'est le composé et ces deux qu'on appelle *Unum per se*« (P. III 657). Die Verschiedenheit des Sinnes, in dem der Ausdruck ›Monade‹ in diesen Briefstellen verwendet wird, wird später (S. 196 f.) ihre Erklärung finden. Vgl. hierzu Dillmann, *Eine neue Darstellung der Leibnizschen Monadenlehre* S. 52 ff und Cassirer, *Hauptschriften* II 101.

[97] Dieses Kap. § 6 b.

nicht in der betr. Materie enthalten, ihr verhaftet oder an sie gebunden ist [98], so daß sie an derselben Raumstelle wie die ihr entsprechende Materie lokalisiert werden könnte. Vielmehr handelt es sich hier um eine Zuordnung und Entsprechung heterogener Gebilde und nicht um ein wirkliches Enthaltensein, das eben wegen dieser Heterogeneität unverständlich wäre [99]. Wohl aber erhält die Monade, obgleich sie selber an und für sich weder ausgedehnt, noch teilbar, noch räumlich lokalisiert ist, kraft ihrer wesentlichen Bezogenheit auf Körperliches einen indirekten und vermittelten Bezug auf den Raum und eine Stelle im Raum, — vermittelt eben durch die Materie, der sie zugeordnet ist. »Monades enim etsi extensae non sint, tamen in extensione quoddam situs genus, id est quandam ad alia coexistentiae relationem habent ordinatam, *per machinam scilicet cui praesunt.*«[100] Nur in diesem uneigentlichen, weil durch Vermitteltheit bestimmten Sinne können die Monaden räumliche Lokalisation haben. So ist es zu verstehen, daß der »substantia simplex« keine »extensio«, aber doch »positio« zugesprochen wird [101]. Zwischen Monaden bestehen Beziehungen der Lage nur insofern, als diese Beziehungen sich innerhalb der Ordnung der Phänomene halten, d. h., soweit sie von dieser Ordnung abgeleitet und durch sie vermittelt sind.

Auf der anderen Seite aber *muß* die Monade als in diesem uneigentlichen und vermittelten Sinne räumlich lokalisiert angesetzt werden, und zwar wegen ihrer wesentlichen Bezogenheit auf Materielles. Das Wesen der »substance simple« oder »force primitive«, die in Analogie zur menschlichen Seele zu verstehen ist, besteht nicht in der Ausgedehntheit (»étendue«), aber »elle se rapporte à l'étendue qu'elle représente; ainsi on doit placer l'âme dans le corps, où est son point de vue suivant lequel elle se représente l'univers présentement. Vouloir quelque chose de plus et renfermer les âmes dans les dimensions, c'est vouloir imaginer les âmes comme des corps.«[102] Ihre begrifflich schärfste Ausprägung hat Leibnizens

---

[98] Vgl. *Monad.* 71: »... il ne faut point s'imaginer ... que chaque âme a une masse ou portion de la matière propre ou affectée à elle pour toujours ...« (*P.* VI 619).

[99] Man beachte den Ausdruck »respondens« in dem S. 171, Anm. 95 zitierten Text; der Ausdruck wird auch in dem *Brief an Bierling*, 12/VIII 1711 (*P.* VII 502) verwendet. Die Auffassung, daß Leibniz die Körper aus Monaden bestehen, d. h. aus ihnen zusammengesetzt sein läßt, wird in § 4 dieses Kap. zurückgewiesen werden.

[100] *An de Volder*, 20/VI 1703 (*P.* II 253; von uns unterstrichen). Siehe dazu den Kommentar von Cassirer, *Hauptschriften* II 329 Anm. 442, sowie seine Ausführungen S. 101 f, mit denen, was den hier zur Debatte stehenden Punkt angeht, unsere Auffassung im Wesentlichen übereinstimmt.

[101] *An des Bosses*, 21/VII 1707 (*P.* II 339). Am 26/V schreibt Leibniz *an des Bosses*: »Monades enim per se ne situm quidem inter se habent, nempe realem, qui ultra phaenomenorum ordinem porrigatur« (*P.* II 444).

[102] *An Lady Masham*, 30/VI 1704 (*P.* III 357); ebenso *an de Volder*, 20/VI 1703: »... simplicia ..., etsi extensionem non habent, situm tamen in extensione habere debent, quanquam illum punctatim ut in incompletis phaenomenis designare possibile non sit« (*P.* II 253).

Auffassung der Sachlage in dem *Brief an des Bosses* vom 24/IV 1709 gefunden [103]. Nachdem er betont »non puto convenire, ut animas tanquam in punctis consideremus«, spricht er von »*esse in loco per corresponsionem, atque ita esse in toto corpore organico quod animant*«. »Esse in loco per corresponsionem«, das eine ideale Entsprechung zwischen heterogenen Gebilden [104] darstellt, wird in Gegensatz gestellt zu »esse in loco per operationem«, eine Wirkungsbeziehung (»loquendo secundum vetus systema influxus«), die nur zwischen Homogenem möglich ist [105]. Was ihre Eigennatur angeht, so befindet sich die Monade nicht im Raum. Da aber das Körperliche, dem sie zugeordnet ist, sich an einer bestimmten Raumstelle befindet, d. h. in einer bestimmten Lagebeziehung zu anderen koexistierenden Körpern steht, kann und muß der Monade eine räumliche Lokalisation in einem uneigentlichen, übertragenen, weil abgeleiteten und vermittelten Sinne zugeschrieben werden [106]. Diese etwas verwickelte Sachlage macht die Versuchung verständlich, Leibniz so zu interpretieren, als habe er die Monaden selbst direkt in den Raum verlegt.

Der Ausdruck »correspondio« legt die Vermutung nahe, daß nach Leibniz zwischen dem Monadischen und dem Phänomenalen ein Verhältnis der Zuordnung und Entsprechung besteht, eine Analogie im echten und ursprünglichen Sinne der Proportionalität oder — um es in heutiger Ausdrucksweise zu sagen — eine Art von Isomorphismus, kraft dessen u. a. auch die unräumlichen Beziehungen zwischen Monaden in räumlichen Terminis, aber eben nur »analogice«, formuliert und dargestellt werden können. Dem allgemeinen Problem der Beziehung zwischen Monadischem und Phänomenalem wird das siebente Kapitel dieses Buches gewidmet sein. Für den Augenblick kommt es darauf an, die Unräumlichkeit der Monaden und Substanzen zu betonen und auf dieser Grundlage den Sinn ihrer

---

103 *P.* II 370 f; vgl. hiermit die Wendung »corpus organicum sibi *respondens*« (von uns unterstrichen) in dem S. 171, Anm. 95 zitierten Text.

104 In einem wahrscheinlich nicht abgeschickten P. S. zum Entwurf dieses Briefes benutzt Leibniz den Ausdruck μετάβασις εἰς ἄλλο γένος (*P.* II 372).

105 In *P.* VII 327 heißt es: »Patebit ... substantias omnes in loco non nisi per operationem esse ...« Das scheint uns ein laxer Gebrauch des Terminus, wenn nicht eine terminologische Inkonsequenz zu sein. In bezug auf das Leib-Seele Problem benutzt Leibniz in *Nouv. Ess.* II, XXIII § 21 ebenfalls die Wendung »n'être en lieu que par opération«, bemerkt jedoch hinsichtlich der »opération«, daß sie nach ihm »n'est pas immédiate et se réduit à l'harmonie préétablie« (*P.* V 206), was mit der im Text angeführten Briefstelle im Einklang steht.

106 Nach Heimsoeth, *Die Methode der Erkenntnis bei Descartes und Leibniz* (*Philosophische Arbeiten*, Bd. VI) S. 319 haben die Monaden eine »notwendige Beziehung« auf Räumliches und Stellen im Raum, obzwar sie und für sich materiell, unausgedehnt und im eigentlichen Sinne an keiner Raumstelle lokalisiert sind. Weil aber Heimsoeth (S. 308 f) die Auffassung vom Körper als Anhäufung, Gruppierung, Aggregat und dgl. unteilbarer, unräumlicher und immaterieller Substanzen sich zu eigen macht — eine Auffassung, die wir in § 4 dieses Kap. zurückweisen werden, — scheint die »notwendige Beziehung« auf den Raum doch den Sinn von »Sein-im-Raum« zu erhalten.

uneigentlichen Lokalisation im Raume aufzuklären. Bemerkt sei nur, daß am Horizont der gegenwärtigen, in ihrer Zielsetzung und Thematik beschränkten Erörterungen dieses allgemeine Problem dann auftaucht, wenn die wesentliche Bezogenheit der Monade auf Körperlich-Ausgedehntes als eine »corresponsio« bezeichnet wird.

§ 3 Das Sein der Substanz als Sein im eigentlichen Sinne

Den Substanzen, die sich als intelligible, nur dem begrifflichen Denken, dem Intellekt, nicht aber der Wahrnehmung oder der Imagination zugängliche Gebilde herausgestellt haben, die keine Ausdehnung besitzen, denen als solchen keine Stelle im Raum zugewiesen werden kann, die nicht aus Teilen im Sinne der »partes extra partes« bestehen, und doch eine Vielheit in sich fassen, schreibt Leibniz Realität in einem besonders ausgezeichneten Sinne zu. Er geht so weit, die Substanzen und ihre Zustände für das einzig Wirkliche zu erklären [107]. Bei genauerer Überlegung kommt man zum Ergebnis »nihil in rebus esse nisi substantias simplices et in his perceptionem atque appetitum«; dagegen »materiam ... et motum non tam substantias aut res quam percipientium phaenomena esse ...« [108]. Auf das hin angesehen, was an ihnen ausgedehnt und teilbar ist, d. h. als Masse betrachtet, stellen sich die Körper, die sinnenfälligen Dinge als bloße Phänomene heraus [109]. Die »choses matérielles« sind nur Phänomene, zwar »bien fondés et bien liés«, aber eben doch Phänomene. Als solche werden sie den Monaden oder einfachen Substanzen gegenübergestellt, die »les seules véritables substances« sind [110]. Auf den Sinn des »bien lié« und des »bien fondé« sowie auf den Unterschied der beiden Charakterisierungen werden wir später [111] einzugehen haben. Für den Augenblick ist zu betonen, daß Sein und Wirklichkeit im eigentlichen und ausgezeichneten Sinne allein den Substanzen zugesprochen wird,

---

[107] *An die Königin Sophie Charlotte von Preußen:* »... il ne serait point impossible, en parlant dans la rigueur métaphysique, qu'il n'y aurait au fond que ces substances intelligibles, et que les choses sensibles ne seraient que des apparences« (*P. VI* 503).

[108] *An de Volder,* 30/VI 1704 (*P. II* 270). Erinnern wir daran, daß »perception« für Leibniz nicht unbedingt einen psychologischen Sinn hat, und daß zur »perception naturelle« noch eine gewisse innere Gegliedertheit sowie Gedächtnis hinzutreten müssen, damit sich das Seelische tiefster Stufe — »sentiment animal« — ergibt (siehe oben S. 40 f. und 122 f.). Daher ist es korrekt, »perceptio« ganz allgemein als Zustand einer Substanz wiederzugeben. Das Entsprechende gilt für »appetitus« als — wie in § 5 a dieses Kap. zur Sprache kommen wird — die jeder Substanz wesentliche Tendenz, von einem Zustand zum anderen überzugehen. Bei der Wendung »percipientium phaenomena« handelt es sich allerdings in dem angeführten Text offenkundig um »percipientia« im psychologischen Sinne.

[109] *An Arnauld,* 9/X 1687 (nicht abgeschickt; *Le Roy* S. 313); *an des Bosses,* 8/IX 1709: »Massa nihil aliud est quam phaenomenon, ut iris« (*P. II* 390).

[110] *An Remond,* 10/I 1714 (*P. III* 606).

[111] Kap. VII § 7 c.

die Leibniz als intelligible Gebilde faßt. Diese Lehre befindet sich nicht nur im Einklang mit seinem Panlogismus, sondern wird von diesem geradezu als Voraussetzung und Grundlage gefordert. Damit das Universum als eine Logik in sich verkörpernd aufgefaßt werden kann, muß das Intelligible einen besonderen Platz innerhalb des Universums einnehmen: es muß als das im eigentlichen Sinne Seiende und Wirkliche verstanden werden.

Die Frage stellt sich, warum das Sein der Substanzen als das eigentlich und wahrhafte Sein gilt. Leibnizens Antwort auf diese Frage ist eine erweiternde Fortsetzung seiner Lehre vom »unum per se«. Oben [112] fanden wir, daß Einheit und Einheitlichkeit für Substantialität so wesentlich charakteristisch sind, daß nichts, was von der Art des Aggregats ist, d. h. aus Teilen besteht oder sich in Teile zerlegen läßt, auf Substantialität Anspruch machen kann. Im Anschluß an diese Auffassung erklärt Leibniz Einheit als nicht nur für Substantialität, sondern auch für Wirklichkeit konstitutiv. Unter Berufung auf das seit langem anerkannte Prinzip, daß »l'un et l'être sont des choses réciproques«, stellt er es als einen identischen Satz hin, dessen Teile nur durch Akzentverlagerung verschiedene Bedeutung erhalten, daß »ce qui n'est pas véritablement *un* être n'est pas non plus véritablement un *être*«[113]. »Ens et unum convertuntur.«[114] Daraus folgt nicht nur, daß alles, was wirklich ist, Einheit besitzen muß, sondern auch, daß alles, dem Einheit zukommt, Wirklichkeit haben muß. Diese Konsequenz erscheint allerdings unverträglich mit der Lehre von den möglichen Welten, also auch möglichen Substanzen, die aber nicht erschaffen, d. h. zur Existenz zugelassen sind und folglich auch nicht in dem dadurch bestimmten Sinne als seiend und wirklich gelten können, doch aber als als mögliche *Substanzen,* d. h. als intelligible Gebilde, Einheit besitzen. Zur Behebung dieser Schwierigkeit müßte man »Sein« in einem weiteren Sinne fassen und nicht nur wirkliches, sondern auch mögliches Sein, nicht nur aktuell existierende, sondern auch existenzfähige Substanzen in Betracht ziehen. Jedenfalls ist Einheit für Wirklichkeit unerläßlich[115]. Sein und Wirklichkeit im eigentlichen Sinne kann daher nur den »seules substances ou êtres accomplis, doués d'une véritable unité, avec leurs différents états qui s'entresuivent« zugesprochen werden[116].

---

[112] Dieses Kap. § 1 b.

[113] *An Arnauld,* 30/IV 1687 (*Le Roy* S. 165).

[114] *An des Bosses,* 14/II 1706 und 17/III 1706 (*P.* II 300 und 304). Die bis in die frühen Anfänge der griechischen Philosophie zurückgehende Geschichte des Problems der Beziehung von Einheit und Sein hat Martin, *Leibniz* §§ 26 f und noch ausführlicher *Immanuel Kant* §§ 15 ff dargestellt.

[115] *An Arnauld,* 30/IV 1687: »... je ne conçois nulle réalité sans une véritable unité ...« (*Le Roy* S. 165); *an de Volder,* 30/VI 1704: »... realitas ... non ... nisi unitatum« (*P.* II 268).

[116] *An Arnauld,* 30/IV 1687 (*Le Roy* S. 168).

[117] *An de Volder,* 20/VI 1703: »Quodsi nullum *vere unum* adest, omnis *vera res* erit sublata« (*P.* II 251).

Leibniz geht noch weiter, wenn er nicht nur den Substanzen allein Wirklichkeit im wahren Sinne zuschreibt, sondern darüber hinaus noch lehrt, daß es ohne die Substanzen als wahre Einheiten überhaupt nichts Wirkliches geben würde [117]. Existierten nur die »êtres par aggrégation, il n'y aurait pas même des êtres réels« [118]. Wenn es keine »substances corporelles« gäbe, sondern lediglich die Materie und deren Modifikationen, so wären die Körper nichts anderes als »quelque chose d'imaginaire et d'apparent«, »des phénomènes véritables« wie der Regenbogen [119]; »... corpora esset tantum phaenomena vera sive inter se consentientia, ut iris, imo ut somnium perfecte cohaerens ...« [120]. Es bedarf der »êtres simples«, denn sonst »il n'y aurait point d'êtres composés ou êtres par aggrégation, lesquels sont plutôt des phénomènes que des substances, et existent plutôt νόμῳ que φύσει (c'est à dire plutôt moralement ou rationellement que physiquement) ...« [121] Trotz ihrer Phänomenalität sind aber die »choses composées« keine bloß imaginären Gebilde wie die der Phantasie. Im Anschluß an die soeben zitierte Stelle heißt es von den »choses composées«, daß deren ganze Realität nur in derjenigen der »choses simples« besteht.

Da es aber die substantiellen Einheiten gibt, haben auch die Aggregate Anteil an Sein und Wirklichkeit, obschon nicht im gleichen Sinne wie die Substanzen. In seiner Auseinandersetzung mit Arnauld [122] betont Leibniz ausdrücklich: »Je ne dis pas qu'il n'y a rien de substantiel ou rien que d'apparent dans les choses qui n'ont pas une véritable unité, car j'accorde qu'elles [123] ont toujours autant de réalité ou substantialité qu'il y a de véritable unité dans ce qui entre dans leur composition.« Damit st den Aggregaten eine gewisse Realität und sogar Substantialität zuerkannt [124]. Allerdings haben sie diese nicht von sich aus, nicht aus eigenem Recht. Das Wesen eines »être par aggrégation« — führt Leibniz in dem erwähnten Brief an Arnauld aus — »n'est qu'une manière d'être de ceux dont il est composé«, wie z. B. das Wesen einer Armee nur eine »manière d'être« der Soldaten ist, aus denen sie besteht. Eine solche »manière d'être« setzt aber eine Substanz voraus, »dont l'essence ne soit pas une manière d'être d'une autre

---

118 *An Arnauld,* 30/IV 1687 (*Le Roy* S. 164); ähnlich *Syst.* 11: »... S'il n'y avait point de véritables unités substantielles, il n'y aurait rien de substantiel ni de réel dans la collection« (P. IV 482) und *De ipsa natura* 11: »... sublatis ... veris et realibus unitatibus, non nisi entia per aggregationem, imo quod hinc sequitur, nulla vera entia in corporibus (sint) superfutura« (P. IV 511).

119 *An Arnauld,* 28/XI (8/XII) 1686 (*Le Roy* S. 146).

120 *Spec. Inv.* (P. VII 314); *Syst.* erster Entwurf (P. IV 473).

121 *An Bayle,* o. D. (P. III 69).

122 *An Arnauld,* 30/IV 1687 (*Le Roy* S. 164 f).

123 So gelesen anstatt »ils« bei Le Roy.

124 In *Couturat, O. F.* S. 13 werden »creaturae omnes« in »substantiales« und »accidentales« eingeteilt; die »substantiales« wiederum in »substantiae« und »substantiata«. »Substantiata appello aggregata substantiarum, velut exercitum hominum, gregem ovium ⟨et talia sunt omnia corpora⟩«. Daraus, daß er die Aggregate zu den »creaturae substantiales« rechnet, folgt, daß Leibniz sie nicht für bloße Scheingebilde hält.

substance«. In einem nicht abgeschickten Zusatz zu dieser Briefstelle bemerkt Leibniz in Bezug auf die »êtres d'aggrégation«, daß sie »n'ont leur unité que dans notre esprit, qui se fonde sur les rapports ou modes des véritables substances« [125]. Diese Bemerkung wirft Licht auf den Sinn des oben [126] erwähnten Ausdrucks »unitas semimentalis«. Zwar haben die Aggregate ihre Einheit »a cogitatione« und »dum una cogitatione comprehenduntur«. Da sich aber die »unitas a cogitatione« auf die Beziehungen und Modi wahrhafter Substanzen stützt, ist die Einheit und Wirklichkeit der Aggregate kein bloßer Schein. In diesem Zusammenhang sei darauf aufmerksam gemacht, daß Leibniz die Aggregate auch als »semisubstantias« [127] und »semientia« [128] bezeichnet. Gerade die Charakterisierung der Aggregate als »semimentales« sowohl wie auch als »semientia« und »semisubstantiae« zeigt an, daß deren Sein s. z. s. die Mitte hält zwischen dem eigentlichen Sein der Substanzen und der imaginären Nichtigkeit .

Die Eigentlichkeit des Seins der Substanz und ihrer Zustände ist im Sinne einer Vorzugsstellung und Auszeichnung, sogar im Sinne von Absolutheit [129] zu verstehen, jedoch nicht in dem der Ausschließlichkeit. Auch den Aggregaten kommt bei ihrer Phänomenalität ein gewisses, wenn auch kein eigenständiges Sein zu, ein Sein niederer Stufe, insofern als es auf das Sein der Substanzen relativ ist. Aggregate sind für ihr Sein und ihre Wirklichkeit auf die Substanzen angewiesen und von diesen abhängig [130]. Ihr Sein setzt das der Substanzen voraus, ist von ihm abkünftig und nur ein »entlehntes« Sein [131]. Es gibt in der Natur nichts anderes als Monaden; »le reste n'étant que les phénomènes qui en résultent« [132]. Weil die Phänomene aus den Substanzen oder Monaden resultieren und indem sie es tun, erweisen sie sich als mehr oder etwas anderes als bloße Scheingebilde, nämlich als in den Substanzen fundiert. Im Hinblick auf den vorher [133] erwähnten Vergleich der Körperwelt mit einem »somnium perfecte cohaerens« zeigt sich hier die Notwendigkeit der später [134] darzulegenden Unterscheidung

[125] *Le Roy* S. 303.

[126] S. 159.

[127] *An des Bosses,* 15/VIII 1715 (P. II 504).

[128] *Bodemann, L. H.* S. 70.

[129] *An Arnauld,* 9/X 1687: »Il n'y a que les substances indivisibles et leurs différents états qui soient absolument réels« (*Le Roy* S. 187).

[130] *Couturat, O. F.* S. 523: »Ad corporum substantiam requiritur aliquid extensionis expers, alioqui nullum erit principium realitatis phaenomenorum aut verae unitatis«.

[131] *An de Volder,* 21/I 1704: »... quaecunque ex pluribus aggregata sunt, ea non sunt unum nisi mente, nec habent realitatem aliam quam mutuatam seu rerum ex quibus aggregantur« (P. II 261).

[132] *Extrait d'une lettre à Mr. Dangicourt,* 1716 (*Erdmann* S. 745 b); *Entretien de Philarète et d'Ariste:* »Il y a même grand sujet de douter si Dieu a fait autre chose que des monades ou des substances sans étendue, et si les corps sont autre chose que les phénomènes résultants de ces substances« (P. VI 590).

[133] S. 175 f.

[134] Kap. VII § 7 c.

zwischen »bien lié« und »bien fondé«, denn im Gegensatz zur phänomenalen Welt geht dem noch so zusammenhängenden Traum Fundiertheit ab.

Wir sind damit auf die Frage nach der Beziehung zwischen der intelligiblen Welt der Substanzen und der phänomenalen Welt der Körper geführt. In systematischer Form kann dieses Problem erst im siebenten Kap. zur Erörterung kommen. Hier wurde das Sein der phänomenalen Welt nur als Folie zum eigentlichen Sein der Substanzen herangezogen. Immerhin erscheint es angebracht, den Sinn des Resultierens der phänomenalen Welt aus den Substanzen so weit aufzuklären, als es innerhalb der formalen und allgemeinen Betrachtungen dieses Kapitels möglich ist.

§ 4   Die Substanz als Requisit und Prinzip des Körperlichen

Formulierungen wie die, daß die einfache Substanz in die »composés« eingeht (»entre«), daß ein »composé« nichts anderes ist als »un amas ou aggregatum des simples«, die Bezeichnung der Monaden als »véritables atomes de la nature« oder »éléments des choses«, die Behauptung, daß es keinen Teil der Materie gibt, in dem nicht Monaden existieren [135] und dgl. mehr, legen es nahe, Leibniz dahin zu verstehen, daß er die Körper aus Monaden und einfachen Substanzen als ihren Bestandteilen zusammengesetzt sein läßt. Unter den Historikern der Philosophie im 19. Jahrhundert war diese Auslegung der Leibnizischen Lehre recht allgemein verbreitet [136]. Auch Russell übernimmt sie fast als selbstverständlich [137]. Diese Auffassung ist nicht nur mit der von ihm vertretenen direkten Lokalisation der Monaden im Raume [138] verträglich, sondern zieht sogar deren direkte räumliche Lokalisation als unmittelbare Konsequenz nach sich. Interpretiert man ferner — wie dies häufig geschieht — die Monaden in panpsychistischem Sinne [139], so ergibt sich als Folgerung, daß die Körper aus einfachen psychischen Bestandteilen zusammengesetzt sind, ein Stein z. B. eine Ansammlung (»assemblage«) seelenartiger Wesen (»agents«) darstellt [140]. Dieser Auslegung steht die ausdrückliche Erklärung von Leibniz entgegen, daß die Materie so wenig aus Seelen (»animabus«) wie aus Punkten zusammengesetzt ist [141]. Daß ganz allgemein die Auffassung der Körper als aus einfachen Substanzen bestehend der Meinung von Leibniz nicht entspricht, zeigt schon die Formulierung: »... necesse est enim

---

135 *Monad.* 1—3 (P. VI 607); *an Joh. Bernoulli,* August 1698 (M. III 537).

136 Erdmann, *Grundriß der Geschichte der Philosophie* II 150 f; Fischer, *Geschichte der neueren Philosophie* III 351; ähnlich Parkinson, *Logic and reality in Leibniz's metaphysics* S. 164 ff und gelegentlich Jalabert, *Le Dieu de Leibniz* S. 10, 27, 98.

137 Russell, *A critical exposition of the philosophy of Leibniz* S. 126.

138 Siehe oben S. 168 f.

139 Diese Interpretation wird in § 6 a dieses Kap. abgewiesen werden.

140 G. Bergmann, »Russell's examination of Leibniz examined«, *Philosophy of Science* XXIII, 1956, S. 193.

141 *An Joh. Bernoulli,* 20 (30)/IX 1698 (M. III 542).

omnia aggregata ex substantiis simplicibus resultare tanquam ex veris elemen-
tis.«[142] Der Ausdruck »tanquam« weist darauf hin, daß die Redeweise von den
»Elementen der Dinge« nicht wörtlich verstanden werden darf, abgesehen davon,
daß es offen bleibt, in welchem Sinne das »resultare« zu verstehen ist.

In ausführlichster und gründlichster Weise hat Dillmann [143] die in Rede stehende Deutung der Leibnizischen Lehre vom Körper einer Kritik unterzogen und aus
den Angeln gehoben, indem er gezeigt hat, daß Leibniz gar nicht danach fragt, was
dem Körper zu Grunde liegt, aus welchen letzten Elementen er besteht, wie
er bzw. seine Erscheinung zustande kommt usw., sondern daß es sich dabei
vielmehr um das *Prinzip des Körpers* handelt. Cassirer [144] hat die aus der panpsychistischen Interpretation folgende Auffassung, der zufolge die Körper aus einfachen seelenartigen Elementen zusammengesetzt seien, als widersinnig bezeichnet. Wenngleich wir im Unterschied zu Cassirer in den Monaden intelligible Gebilde sehen, von denen die Seelen und die ihrer selbst bewußten Geister zwei
spezielle Klassen bilden, denen in der Stufenordnung des monadischen Reiches
bestimmte Rangplätze zukommen [145], und obschon wir ferner das Organische, auf
das die Monade bezogen ist, in einem weiteren Sinne verstehen als er es tut [146],
folgen wir ihm, was die bereits oben [147] erwähnte Getrenntheit und Heterogeneität
tät des Reiches der Monaden und desjenigen der Körper angeht. Mit dieser Heterogeneität ist die Auffassung der Substanzen als Bestandteile der Körper ebenso un-
vereinbar wie deren direkte Lokalisierung im Raume. Da es für die Substanz
wesentlich ist, Einheit zu haben, und sie sogar selbst Einheit ist, die Körper aber
wegen ihrer Ausgedehntheit beliebig teilbar sind, also notwendigerweise Aggregate bilden, kann die Substantialität der Körper, soweit ihnen solche zukommt,
niemals in ihnen als ganzen noch in ihren Teilen liegen [148]. Wie weit man auch in
der Teilung eines Körpers gehen mag, mit jedem Teil sieht man sich vor dieselbe Schwierigkeit gestellt. Auf diesem Wege kann man niemals zu einer wahr-
haften Substanz gelangen; man kommt niemals zu einem »être réel, les êtres par
aggrégation n' ayant qu'autant de réalité qu'il y en a dans leurs ingrédients. D'où
il s'ensuit que la substance d'un corps, s'ils en ont une, doit être indivisible...« [149]. Das heißt: die Substanz des Körpers gehört einem anderen Bereich
an als der Körper selbst. Die »unités véritables«, von denen die Aggregate ihre
Realität entlehnen und auf die sie für ihre Realität angewiesen sind, kommen

---

[142] *An Bierling*, 12/VIII 1711 (P. VII 502).
[143] Dillmann, *Eine neue Darstellung der Leibnizischen Monadenlehre* S. 26 f, 32 ff, 63 f,
82 ff, 139 f, 244 f, 289 ff.
[144] Cassirer, *Leibniz' System* S. 377 f und *Hauptschriften* II 99 f.
[145] Siehe Kap. V § 6 a.
[146] Siehe S. 192 ff.
[147] S. 170 f.
[148] Hierzu und zum Folgenden vgl. *Entwurf eines Briefes an Arnauld* (Le Roy S. 141).
[149] Siehe den gleichen Gedankengang im *Brief an de Volder*, 30/VI 1704 (P. II 267) und
in *Spec. inv.* »... realitatem corporeae substantiae in individua quadam natura, hoc
est, non in mole, sed agendi patiendique potentia consistere« (P. VII 314).

von anderswoher (»viennent d'ailleurs«) [150]. Während Leibniz in der gedruckten
Fassung zur Charakterisierung der »unités réelles« den Ausdruck »atome formel«
benutzt, spricht er in einer späteren Abänderung von einem »point réel et animé
pour ainsi dire« oder einem »atome de substance«. Cassirers These von der
Heterogeneität des Monadischen und Phänomenal-Körperlichen findet durch die
genannten Texte volle Bekräftigung.

Treten also die Substanzen nicht als aufbauende Bestandteile in die Körper ein,
um sie zusammenzusetzen, in welchem Sinne ist es dann zu verstehen, daß die
Körper für ihr Sein und ihre Wirklichkeit auf die Substanzen angewiesen sind
und aus diesen resultieren? Einen Hinweis zur Beantwortung dieser Frage entnehmen wir der ausdrücklichen Behauptung, daß die Monaden »revera« nicht
»ingredientia, sed tantum requisita materiae« sind und darum nicht in einem
»loco absoluto« sein können [151]. Noch ausführlicher heißt es in einem anderen
Zusammenhang von den Körpern (deren Teile nicht indefinit sind — wie die des
Raumes, einer »res mentalis« — sondern »actu assignatae certo modo, prout
natura divisiones et subdivisiones actu ... instituit«), daß sie »resultant ex certis
primis constitutivis seu unitatibus realibus ... *materia non componitur ex uni,*
tatibus constitutivis, sed ex iis resultat ... Unitates vero substantiales non sunt
partes, sed fundamenta phaenomenorum« [152]. *Aus der Entgegensetzung von »re-*
sultare« und »componi« folgt, daß die Substanzen nicht als Bestandteile und Ingre-
dientien, die zusammensetzen und aufbauen, zu verstehen sind, sondern als Vor-
aussetzungen, erforderliche Bedingungen, Requisite, die möglich machen, kon-
stituieren und begründen [153]. In den »unités de substance« sieht Leibniz die
»vrais principes des choses« [154]. Begründende Prinzipien sind jedoch nicht Elemente im Sinne von Bestandstücken dessen, was sie begründen oder was aus ihnen
resultiert [155]. Diese Auffassung findet sich sowohl im Einklang mit der Heterogeneität des Monadischen und Phänomenalen wie sie auch vor allem auch der In-

---

150 *Syst.* 3 (P. IV 478).
151 *An des Bosses,* 16/VI 1712 (P. II 451); *an Fardella,* März 1690: »non ... dicendum
est substantiam indivisibilem ingredi compositionem corporis tanquam partem, sed
potius tanquam requisitum internum essentiale. Sicut punctum, licet non sit pars
compositiva lineae, sed heterogeneum quiddam, tamen necessario requiritur, ut linea
sit et intelligatur« (*Foucher de Careil,* N. L. O. S. 320).
152 *An de Volder,* 30/VI 1704 (P. II 268); von uns unterstrichen.
153 In Bezug auf die Gesamtmasse des organischen Körpers schreibt Leibniz *an de
Volder,* 20/VI 1703: »cujus quidem partem non faciunt ... monades subordinatae in
organis positae, ad eam tamen requiruntur immediate, et cum primaria monade concurrunt ad substantiam corpoream organicam, seu animal plantamve« (P. II 252).
Auf die sich hier ankündigende panorganizistische Lehre sowie auf die Unterscheidung zwischen dominierenden und untergeordneten Monaden gehen wir in § 6 b
und c dieses Kap. ein.
154 *Nouv. Ess.* I, I (P. V 64).
155 Brunschvicg, *Les étapes de la philosophie mathématique* Livre III chap. X B 129.
Ebenso Cassirer, *Erkenntnisproblem* II 155 ff gleichfalls in Bezug auf das Infinitesi-
mal als Prinzip und Gesetz der Erzeugung, nicht aber Bestandteil des Erzeugten.

telligibilität der Substanzen gerecht wird. Aus diesem Grunde können wir der Darstellung von Pape [156] nicht folgen, in der zwar das Sein der Körperwelt als ein »deriviertes« anerkannt wird, aber in dem Sinne, daß die Körperwelt als das »Produkt« oder die »Wirkung« der immateriellen Substanzen anzusehen ist. Im gegenwärtigen Zusammenhang kann von einer Kausalbeziehung nur dann die Rede sein, wenn die Begriffe ›Ursache‹ und ›Wirkung‹, wie bei Leibniz und den Cartesianern, in einem logischen Sinne verstanden werden [157]. Bei der Bedeutung die diese Begriffe im Laufe der nachfolgenden Entwicklung erhalten haben, kann die Kausalbeziehung nur zwischen Gebilden bestehen, die derselben Seinsregion angehören, was hinsichtlich der intelligiblen Monaden und der ausgedehnten Körper eben nicht der Fall ist.

Vorhin sind wir darauf geführt worden, daß wegen der indirekten und vermittelten räumlichen Lokalisation der Substanzen zwischen dem Monadischen und dem Phänomenalen ein Verhältnis der Entsprechung besteht, auf Grund dessen es erlaubt ist, monadische Beziehungen in der Sprache des Phänomenalen, besonders des Räumlichen, »analogice« darzustellen [158]. Jetzt sehen wir, daß dieses Verhältnis der Entsprechung unsymmetrisch ist, insofern als der Bereich des Phänomenalen an dem des Monadischen seine Stütze, seinen Halt und sein Fundament hat. Diese Sachlage wird des Näheren in Kap. VII erörtert werden. Hier geht es lediglich darum, den Sinn der Abhängigkeit des Phänamenal-Körperlichen vom Substantiellen als Fundiertheit des ersteren in dem einer anderen Dimension angehörigen Intelliblen zu verstehen.

§ 5 Substantialität und Aktivität

Im Vordergrund der bisherigen Betrachtungen stand die Einheit als Grundbestimmung der Substantialität, aus der sich einige weitere Bestimmungen unmittelbar ableiten. Aus der Einheit der Substanz folgt, daß diese, obschon sie auf eine Vielheit bezogen ist und sogar eine Vielheit in sich schließt, doch keine Teile im Sinne der »partes extra partes« enthält. Daraus, daß die Substanz weder aus Teilen besteht noch sich in Teile zerlegen läßt, ergibt sich ihre Unräumlichkeit: weder Ausgedehntheit noch direkte räumliche Lokalisation kommen ihr zu. Diese Bestimmungen gipfeln in der Auffassung der Substanz als intelligibles Gebilde. Schließlich folgt aus dem Satz »Unum et Ens convertuntur«, daß die Substanz, wenngleich sie nicht das einzige Seiende und Wirkliche ist, doch Sein und Wirklichkeit in einem besonders ausgezeichneten, im eigentlichen Sinne besitzt, so daß ihr Sein das der Phänomene begründet und fundiert.

Diese Bestimmungen verlangen eine Vervollständigung durch Berücksichtigung der Aktivität. Die »véritables unités substantielles«, jene »unités réelles et abso-

---

[156] Pape, *Leibniz* S. 137 f.
[157] Siehe oben S. 79.
[158] Dieses Kap. § 5 c.

lument destituées de parties«, auf die die Aggregate für ihr Sein angewiesen sind, und die daher »les premiers principes absolus de la composition des choses, et comme les derniers élements de l'analyse des choses substantielles« bilden, bezeichnet Leibniz als »sources des actions«[159]. Er geht einmal so weit von den »substances simples« zu sagen, daß sie »ne sont que principes d'action«[160]. Drei Aufgaben stellen sich hier. Zunächst muß die der Substanz eigene Tätigkeit spezifiziert werden, was im Rahmen der formal-allgemeinen Betrachtungen einstweilen nur in provisorischer Weise geschehen kann. Alsdann muß der Sinn näher aufgeklärt werden, in dem Leibniz die Tätigkeit als Fundamentalbestimmung von Substantialität versteht. Schließlich haben wir die Frage nach dem Zusammenhang aufzuwerfen, der zwischen den beiden Fundamentalbestimmungen durch Einheit und Aktivität bestehen mag.

a. Vorläufige Charakterisierung der Tätigkeit der Substanz

Leibniz bezeichnet die Substanz als »être capable d'action«[161]. Bei der Fähigkeit zum Handeln, die hier in Rede steht, sind zwei Momente zu beachten.

1. Fähigkeit zum Handeln ist noch nicht effektive Handlung. Auf der anderen Seite unterscheidet Leibniz die »vis activa«, »force ou puissance« in seinem Sinne von der »potentia nuda«, der »facultas« der Scholastiker[162]. Die letztere besagt lediglich eine »propinqua agendi possibilitas«, die eines äußeren Anstosses bedarf, um in effektive Handlung überzugehen. Die »vis activa« hingegen schließt immer »un effort, un acte, une entelechie« ein[163]. Leibniz spricht von einem »conatus« und einer »tendentia ad actionem«, so daß die »vis activa« nicht als eine bloße »receptivitas actionis« zu verstehen ist, die zu ihrer Auswirkung und Aktualisierung eines äußeren Anreizes bedürfte; vielmehr folgt aus der Tendenz zur Handlung unmittelbar die effektive Handung, »nisi quid aliud impediat«[164]. Darin besteht die der Substanz eigene Spontaneität. Zwischen einer bloßen »facultas agendi« und der Handlung selbst nimmt die »vis activa« eine Art Mittelstellung ein.

2. Bekanntlich stellt nach Leibniz jede Monade ein »fensterloses« in sich abgeschlossenes Gebilde dar, auf das nichts von außen her einwirken, und das selbst nicht nach außen hinauswirken kann. Schon deshalb kann die Tendenz zur Handlung, um sich zu aktualisieren, keines äußeren Anstosses bedürfen. Aus dem

---

159 *Syst.* 11 (*P.* IV 482).
160 *An Varignon*, 20/VI 1702 (*M.* IV 110).
161 *Princ.* 1 (*P.* VI 598).
162 So gleichlautend *De primae philosophiae Emendatione, et de Notione Substaniae* (*P.* IV 469) und *Erster Entwurf zum Système nouveau* (*P.* IV 472); vgl. *Nouv. Ess.* I, I § 2 (*P.* V 100).
163 Siehe auch *Théod.* I 87 (*P.* VI 149 f) und *Spec. dyn.* I (*M.* VI 235) betr. des Körperlichen und Phänomenalen.
164 *P.* IV 395. Über die Stellung von Leibniz zur Aristotelisch-scholastischen Tradition in dieser Frage siehe Janke, *Leibniz* Einleitung 2.

gleichen Grunde besagt die Tendenz zur Handlung sowie die Handlung selbst niemals eine transitive Wirkung der Monade über sich hinaus, d. h. eine effektive Wirkung auf andere Monaden Vielmehr handelt er sich um eine »interna tendentia ad mutationem« [165], um ein »internum mutationis principium«; dieses besteht in »progressu perceptionum monadis cuiusque, nec quicquam ultra habet tota rerum natura« [166].

Wie oben [167] dargelegt, deuten wir »perceptio« im weitesten Sinne als Zustand einer Monade. Diese Zustände haben die Tendenz, ineinander überzugehen, eine Tendenz, die Leibniz als »appétit« bezeichnet [168]. Durch die genannte Tendenz ist »appétit« völlig erschöpfend charakterisiert [169]. Fassen wir diese Bestimmungen zusammen: zur Substanz gehört die Tendenz zur Handlung, die sich immer auswirkt, sofern kein Hindernis entgegensteht; die Handlung ist nicht nach außen gerichtet, sondern auf den Übergang von einem Zustand der Substanz zum anderen. Folglich ist *die Substanz der alleinige Grund, die alleinige Quelle aller ihrer wechselnden Zustände* [170]. Ein von Couturat herausgegebener Text enthält die hier einschlägigen Bestimmungen in konzentrierter Form: »... dicendum est substantias simplices esse activas seu actionum fontes, et in se ipsis parere seriem quandam variationum internarum ... omnem substantiam simplicem ⟨esse spontaneam seu⟩ esse unum et solum modificationum suarum fontem. Et cum ejus natura consistat in perceptione et appetitu, manifestum est eam esse in unaquaque anima seriem appetituum et perceptionum, per quam a fine ad media, a perceptione unius ad perceptionem alterius objecti ducatur.«[171] In den einfachen Substanzen ist nichts anderes anzutreffen als deren Zustände und die Veränderung dieser Zustände nach einem inneren Prinzip [172]. Wenn später die inhaltlichen Bestimmungen des Leibnizischen Substanzbegriffs zur Sprache kommen, wird darzulegen sein, wie die der Substanz eigene Tendenz zum spontanen Übergang von Zustand zu Zustand im Näheren und Einzelnen im Hinblick auf die Gesamtstruktur der Substanz zu verstehen ist und vor allem, wie sie in der Auffassung der Substanz

---

[165] *An de Volder,* 20/VI 1703 (*P.* II 252).

[166] *An de Volder,* 30/VI 1704 (*P.* II 271); siehe auch *Spec. inv.*: »Unaquaeque substantia est causa vera et realis suarum actionum *immanentium,* et vim habet agendi ... Sed rursus unaquaeque substantia ... non est nisi causa occasionalis suarum actionum *transeuntium* in aliam substantiam« (*P.* VII 313 Anm.).

[167] S. 174, Anm. 108.

[168] *An Bourguet,* Dez. 1714 (*P.* III 575); *Monad.* 15: »L'action du principe interne, qui fait le changement ou le passage d'une perception à une autre, peut être appelé appétition« (*P.* VI 609).

[169] *An Bourguet,* 5/VIII 1715: »... il suffit qu'il y ait une tendance à de nouvelles perceptions, pour qu'il y ait de l'appétit ...« (*P.* III 581).

[170] *Théod.* III 400: »... toute substance simple (c'est à dire, toute substance véritable) doit être la véritable cause immédiate de toutes ses actions et passions internes; et à parler dans la rigueur métaphysique, elle n'en a point d'autres que celles qu' elle produit« (*P.* VI 354).

[171] *Couturat, O. F. S.* 14.

[172] *Monad.* 17; vgl. auch 11 (*P.* VI 609 und 608).

als erzeugendem Prinzip ihrer Zustände wurzelt [173]. Einstweilen müssen wir es bei allgemeinformalen Bestimmungen bewenden lassen.

b. Aktivität konstitutiv für Substantialität

Handlung verstanden als innere Handlung, s. z. s. als Wirkung der Substanz auf sich selbst, stellt für Leibniz eine Fundamentalbestimmung von Substantialität dar. Aktivität gehört zum Wesen der Substanz, ist für Substantialität konstitutiv, so daß keine Substanz, ob materiell oder immateriell, ohne Aktivität, bzw. ohne die vorhin erwähnte Tendenz, die bei Abwesenheit von Hindernissen ohne weiteres in effektive Aktivität übergeht, gedacht werden kann [174]. Nimmt man Aktivität in streng metaphysischem Sinne als »ce qui arrive à la substance *spontanément* et de son propre fonds«, so muß man sagen: »tout ce qui est proprement une substance ne fait qu'agir . . .«[175] Auch das Umgekehrte gilt: ». . . id quod non agit, quod vi activa caret . . . substantia esse nullo modo (possit)«[176]. Ebenso wie er auf der Reziprozität von »Ens« und »Unum« besteht[177], kehrt Leibniz auch den Satz »actiones esse suppositorum« um: »ita ut non tantum omne quod agit sit substantia singularis, sed etiam ut omnis singularis substantia agat sine intermissione, corpore ipso non excepto, in quo nulla unquam quies absoluta reperitur.«[178] Vorgreifend weisen wir darauf hin, daß die Aktivität der Substanz mit der Beweglichkeit der Körper in Parallele gestellt wird[179], womit wiederum eine monadische Bestimmung ein analoges Gegenstück im Phänomenalen findet.

Mit der zusätzlichen Bestimmung durch Aktivität ist der Begriff der Substanz völlig charakterisiert. »Formae . . . nihil aliud mihi sunt, quam activitates seu entelechiae, et substantiales quidem sunt entelechiae primitivae.«[180] Gerade von dem Begriff der »Kraft« (»vis«, »virtus«, »force«) her fällt volles Licht (»plu-

---

[173] Kap. VI § 5 b.

[174] *Erster Entwurf zum Syst.* (P. IV 472); *Nouv. Ess.* Préf. (P. V 58); *an Bourguet,* 22/III 1714; ». . . on ne saurait expliquer ce que c'est que l'existence d'une substance, en lui refusant l'action« (P. III 567).

[175] *Nouv. Ess.* II, XXI § 72 (P. V 195).

[176] *De ipsa natura* 15 (P. IV 515); *Théod.* III 393: »Ce qui n'agit point, ne mérite point le nom de substance« (P. VI 350); *an Lelong,* 14/III 1712: »Il n'y a que les substances qui agissent et il n'y a point de substances qui n'agissent« (Robinet, *Malebranche et Leibniz* S. 423).

[177] Siehe S. 174 f.

[178] *De ipsa natura* 9 (P. IV 509); vgl. P. VII 325: wofern zugestanden wird, »omnem substantiam agere, et omne agens substantiam appellari«, darf auch der Körper als »agens extensum«, als »substantia extensa« gelten. Für die Entwicklungsgeschichte des Leibnizischen Denkens ist es von Interesse, daß sich die Umkehrung des Prinzips »actiones sunt suppositorum« bereits in der vielleicht 1668 verfaßten Schrift *De transsubstantione* (Ak. VI, I 508 und 511) findet, wobei Leibniz die besagte Umkehrung der scholastischen Tradition zuschreibt.

[179] Siehe S. 400 f.

[180] An *Joh. Bernoulli,* 18/XI 1698 (M. III 551).

rimum lucis«) »ad veram *notionem substantiae* intelligendam« [181]. Nichts anderes als »perceptiones at appetitiones« [182] erkennt Leibniz den Monaden an, und zwar derart, daß die Perzeption »actionem utique involvit« [183]. Das letztere hat eine doppelte Bedeutung. Zunächst besagt es, daß jede Perzeption durch die in ihr involvierte Tendenz zum Übergang zu anderen Perzeptionen wesentlich bestimmt ist, so daß sie nicht isoliert und für sich genommen werden darf, sondern als auf andere Perzeptionen, zu denen sie »strebt«, orientiert und als durch diese Orientierung innerlich qualifiziert verstanden werden muß. Das wird in konkreter Weise erst später bei der Analyse der Struktur der Substanz und des Zusammenhangs, der zwischen den Accidentien einer Substanz besteht, sowie bei der Erörterung des Begriffes der »vis derivativa« gezeigt werden können [184]. Ferner bedeutet das Involviertsein der Aktion in der Perzeption in Bezug auf die Substanz selbst, daß diese ihrer Natur nach »demande nécessairement et enveloppe essentiellement un progrès ou un changement, sans lequel elle n'aurait point de force d'agir« [185].

Der Substanz als »unum per se« schreibt Leibniz Sein und Wirklichkeit in einem besonders ausgezeichneten, im eigentlichen und wahren Sinne zu [186]. Nachdem sich Aktivität als konstitutiv für Substantialität herausgestellt hat, definiert sich das eigentliche Sein nicht nur durch strikte Einheit im Sinne des »unum per se«, sondern auch durch Aktivität: »... si quid est reale, id solum esse vim agendi et patiendi adeoque in hoc (tanquam materia et forma) substantiam corporis consistere ...« [187]. Hier wird das Handeln bzw. die Fähigkeit zum Handeln als für Realität und Sein im eigentlichen Sinne unerläßlich behauptet. In vorläufiger Weise werden wir in diesem § c der Beziehung zwischen Einheit und Tätigkeit nachgehen. Zunächst erinnern wir daran, daß Leibniz die Substanz als intelligibles Gebilde bestimmt [188]. Auf den ersten Blick mag es sonderbar erscheinen, daß Aktivität einem intelligiblen Gebilde nicht nur zugeschrieben, sondern auch als für ein solches Gebilde wesentlich und konstitutiv erklärt wird. *Gerade diese zunächst vielleicht befremdende Auffassung eines intelligiblen Gebildes als wesentlich aktiv wird sich später* [189] *als eine der markantesten und prägnantesten Manifestationen des Panlogismus, wie wir diesen hier verstehen, erweisen.* Alsdann wird es möglich sein, Einheit und Aktivität als Grundbestimmun-

---

[181] *De primae philosophiae emendatione et de notione substantiae* (P. IV 469); *Réponse:* »... jusqu'ici rien n'a mieux marqué la substance que la puissance d'agir« (P. IV 594).

[182] *An des Bosses,* 24/I 1713 (P. II 475).

[183] *An de Volder,* 10/XI 1703 (P. II 256).

[184] Kap. VI § 6 c und d, Kap. VII § 5.

[185] *Syst.* 15 (P. IV 485).

[186] Dieses Kap. § 3.

[187] *De modo distinguendi phaenomena realia ab imaginariis* (P. VII 322); *De ipsa natura* 8 (P. IV 508).

[188] S. 165.

[189] Kap. VI § 5 b.

gen der Substantialität und daher des Seins im eigentlichen Sinne nicht bloß nebeneinander zu stellen, sondern in ihrem Zusammenhang definitiv zu fassen.

Wir sind davon ausgegangen, daß Leibniz seinen allgemeinen Substanzbegriff in Analogie zum Begriff des menschlichen Geistes gebildet hat [190]. Das gilt auch für die Bestimmung der Substanz durch die ihr wesentliche Aktivität. Wird das Wesen der »formes substantielles« in der »force« gesehen, so folgt daraus »quelque chose d'analogique au sentiment et à l'appétit; et ... ainsi il (fallait) les concevoir à l'imitation de la notion que nous avons des *âmes*« [191]. Aus unseren eigenen Willenshandlungen kennen wir die Spontaneität. In diesen Willenshandlungen erfahren wir »quandam vim ... formandi ex prioribus novas perceptiones, quod idem est ac si dicas, ex priore aliqua perceptione sequi interdum novam«. Gerade dieses aber »semper et ubique locum habere censeo, et omnibus phaenomenis sufficere, magna et uniformitate rerum et simplicitate« [192]. Mit anderen Worten, die in den spontanen Willenshandlungen erfahrene Spontaneität oder Fähigkeit zur Handlung wird allen Substanzen zugeschrieben [193]. Das Recht einer solchen Verallgemeinerung und Übertragung erscheint Leibniz so wenig zweifelhaft, daß es kaum einer Begründung bedarf [194]. »Quod si vero menti nostrae vim insitam tribuimus, actiones immanentes producendi vel ... agendi immanenter, jam nihil prohibet, imo consentaneum est, aliis animabus vel formis, aut si mavis, naturis substantiarum eandem vim inesse; nisi quis solas in natura rerum nobis obvia mentes nostras activas esse, aut omnem vim agendi immanenter, atque adeo *vitaliter* ut sic dicam, cum intellectu esse conjunctam arbitretur, quales certe asseverationes neque ratione ulla confirmantur, nec nisi invita veritate propugnantur.« [195] Maine de Biran [196] stellt den Ursprung des Kraftbegriffs aus unserer Erfahrung vom eigenen Willen und den eigenen Willenshandlungen so sehr in den Vordergrund, daß er fast zu einer Entsubstantialisierung des Ich gelangt. Er beanstandet, daß Leibniz diesen Ursprung des Kraftbegriffs nicht hinreichend, jedenfalls nicht so weit akzentuiert hat, um als Konsequenz eine transitive Wirkung der Kraft zuzulassen. Das hätte die Aufgabe des Prinzips der prästabilierten Harmonie zur Folge gehabt, dafür aber auf ein wahres und vollständiges System der Psychologie geführt. Uns scheint das auf einer Überbetonung der Bedeutung zu beruhen, die die innere Erfahrung für Leibniz hat.

---

[190] Kap. III § 1 a.

[191] *Syst.* 3 (P. IV 479).

[192] *Entwurf eines Briefes an de Volder,* 19/I 1706 (P. II 282 Anm.).

[193] *An de Volder,* o. D.: »Ego vero nihil aliud ubique et per omnia pono quam quod in nostra anima in multis casibus admittimus omnes, nempe mutationes internas spontaneas, ...« (P. II 276).

[194] Das in der Leibnizischen Auffassung des Systems der Substanzen verwurzelte Recht der Analogisierung wird in Kap. V § 7 erörtert werden.

[195] *De ipsa natura* 10 (P. IV 510); *Erster Entwurf zum Syst.* (P. IV 473).

[196] Maine de Biran, *Exposition de la doctrine philosophique de Leibniz* (Oeuvres XI 454 ff).

c. Aktivität und Einheit

Wir haben jetzt die Frage nach der Beziehung von Aktivität und Einheit als Grundbestimmungen der Substantialität zu stellen. Diese Frage läßt sich im Anschluß an eine kurze und gedrängte Formulierung aufwerfen, in der Leibniz das »cogitans« oder »conscium« definiert als »Unum plura exprimens cum actione immanente« [197]. Was besagt hier das »cum«? Verbindet es bloß zwei Bestimmungen, die lediglich zueinander hinzutreten, ohne daß ein weiterer Zusammenhang zwischen ihnen bestünde? Dann wären diese beiden Bestimmungen rein äußerlich einander beigeordnet. Oder aber läßt sich eine der beiden Bestimmungen als der anderen übergeordnet erweisen, etwa in dem Sinne, daß die letztere sich aus der übergeordneten ergibt? In diesem Falle würde es nur eine Grundbestimmung von Substantialität geben.

Nach einigen Äußerungen von Leibniz hat es den Anschein, daß er in der Tat der Aktivität diese privilegierte Rolle zuweist. Er spricht von den unendlich vielen Substanzen (»Etres infinis«) »dont chacun est comme un animal, doué d'âme ou de quelque principe actif analogique, qui en fait la vraie unité ...«[198]. Noch deutlicher in diese Richtung weist eine Bemerkung in einem nicht abgeschickten *Postscriptum zum Brief an des Bosses* vom 24/IV 1709: »... unitatem percipientis facit perceptionum nexus, secundum quem sequentes ex praecedentibus derivantur.«[199] Danach scheint es die Aktivität zu sein, welche Einheit konstituiert. Man muß jedoch in Betracht ziehen, daß die Tätigkeit, die hier in Rede steht, eine Tätigkeit gemäß einem Gesetz ist [200]. Es handelt sich also nicht um eine Tätigkeit beliebiger Art, z. B. nicht um eine solche, die aus einer Reihe von gegeneinander abgesetzten und miteinander unverbundenen Aktionen besteht. Vielmehr trägt die in Rede stehende Tätigkeit Einheit und Einheitlichkeit in sich selber, — jene Einheit, die sich aus ihrem Gesetz oder, vielleicht noch allgemeiner gesagt: aus ihrer Gesetzlichkeit ergibt. Was das Gesetz selbst angeht, so ist es — wie wir später [201] sehen werden — nicht als ein starres und statisches Gebilde zu verstehen, sondern sein Sinn liegt darin, das *Gesetz einer Tätigkeit* zu sein. Die letztere besteht in dem gesetzlich geregelten und somit vereinheitlichten Fortschritt von Perzeption zu Perzeption, jedoch wegen der gesetzlichen Geregeltheit nicht zu einer beliebigen Perzeption, sondern zu derjenigen, die das Gesetz vorschreibt. In dem so geregelten Fortschritt von Perzeption zu Perzeption besteht nach Leibniz das Leben der Monade.

Einheit und Aktivität als Grundbestimmungen von Substantialität sind weder äußerlich einander beigeordnet noch stehen sie in einem Verhältnis der Über- und

---

[197] *Couturat, O. F.* S. 361. [198] *Nouv. Ess.* IV, X § 10 (*P.* V 421).

[199] *P.* II 372. Vgl. auch die S. 185, Anm. 187 zitierten Texte zur konstitutiven Bedeutung der Tätigkeit für Realität oder Sein im eigentlichen Sinne.

[200] *An Jaquelot,* 9/II 1704: »... la nature de chaque substance consiste dans la force active, c'est à dire dans ce qui la fait produire du changement suivant ses lois« (*P.* III 464).

[201] S. 307 ff.

Unterordnung. Vielmehr stellt das Gesetz dergestalt eine Vermittlung zwischen ihnen her, daß sie einander erfordern. Man kann die Substanz durch ihre gesetzlich geregelte Tätigkeit charakterisieren und geradezu definieren. Indem das Gesetz die Tätigkeit der Substanz reguliert und vereinheitlicht, verbürgt es die Einheit der Substanz. In diesem Sinne liegt der »nexus perceptionum« der »unitas percipientis« zu Grunde und konstituiert (»facit«) diese Einheit. Die Rolle, die dem Gesetz mit der ihm spezifischen Einheit zukommt, bedeutet aber nicht, daß nunmehr die Einheit der Tätigkeit übergeordnet wird. Wie vorhin erwähnt, handelt es sich um das Gesetz einer Tätigkeit, worin eine wesentliche Beziehung des Gesetzes auf die von ihm geregelte Tätigkeit beschlossen liegt. Das wird in späteren Ausführungen [202] durch nähere Spezifikation dieser Tätigkeit seine Bestätigung erfahren.

Nur kurz sei auf die Nachwirkungen von größter historischer Bedeutung hingewiesen, die die in Rede stehenden Lehren von Leibniz in Kants *transzendentaler Deduktion* gefunden haben. Im Gegensatz zur »empirischen Apperzeption«, die sich nach den jeweils gegebenen Erscheinungen besondert und abwandelt und daher in den Fluß »innerer Erscheinungen« mit hereingezogen wird, bezeichnet die »transzendentale Apperzeption« die Einheit eines »reinen, ursprünglichen, unwandelbaren Bewußtseins«, ein »stehendes oder bleibendes Selbst«, das »notwendig als numerisch identisch vorgestellt« ist [203]. Die Zugehörigkeit zur transzendentalen Apperzeption, d. h. zur transzendentalen Einheit des Selbstbewußtseins ist eine Bedingung, die allen meinen Vorstellungen und Gegebenheiten auferlegt ist, da sie nur unter dieser Bedingung als meine gelten können [204]. *Um der Einheit und Identität der transzendentalen Apperzeption, d. h. des »stehenden und bleibenden« Ich inne werden zu können, müssen wir uns der Einheit und Identität seiner Handlung und Funktion versichern.* »Also ist das ursprüngliche und notwendige Bewußtsein der Identität seiner selbst zugleich ein Bewußtsein einer ebenso notwendigen Einheit der Synthesis aller Erscheinungen ... das Gemüt könnte sich unmöglich die Identität seiner selbst in der Mannigfaltigkeit seiner Vorstellungen und zwar *a priori* denken, wenn es nicht die Identität seiner Handlung vor Augen hätte ...«[205] Gleichbedeutend heißt es in der zweiten Auflage: »... nur dadurch, daß ich ein Mannigfaltiges gegebener Vorstellungen *in einem Bewußtsein* verbinden kann, ist es möglich, daß ich mir die *Identität des Bewußtseins in diesen Vorstellungen* selbst vorstelle ...«[206] Die »Synthesis des

---

202 Kap. VI § 5 c.
203 Kant, *Kritik der reinen Vernunft*, A 107; B 134.
204 Id. *ibid.* B 132 und 138; A 122: »... nur dadurch, daß ich alle Wahrnehmungen zu einem Bewußtsein (der ursprünglichen Apperzeption) zähle, kann ich bei allen Wahrnehmungen sagen: daß ich mir ihrer bewußt sei«; A 123: »... das stehende und bleibende Ich (der reinen Apperzeption) macht das Correlatum aller unserer Vorstellungen aus, so fern es bloß möglich ist, sich ihrer bewußt zu werden ...«; siehe auch A 117 Anm.
205 Id. *ibid.* A 108.   206 Id. *ibid.* B 133.

in einer Anschauung gegebenen Mannigfaltigen« ist darum notwendig, weil ohne sie »jene durchgängige Identität des Selbstbewußtseins nicht gedacht werden kann« [207]. Noch prägnanter: »Synthetische Einheit des Mannigfaltigen der Anschauungen, als *a priori* gegeben, ist als der Grund der Identität der Apperzeption selbst, die *a priori* allem *meinem* bestimmten Denken vorhergeht.«[208] Diese Formulierungen erinnern an die mehrfach erwähnte Leibnizische Wendung von dem »perceptionum nexus«, auf dem die »unitas percipientis« beruht. Nach beiden Denkern erfordert die Einheit des Handelnden die Einheit seiner Handlung.

Auf die größtenteils allgemein bekannten Differenzen zwischen Kant und Leibniz ist hier nicht ausführlich einzugehen. Nur zwei dieser Differenzpunkte seien hervorgehoben. Nach Leibniz stammen alle Accidentien (in dem hier in Rede stehenden Zusammenhang: alle Vorstellungen) einer Monade aus dieser selbst und entspringen aus ihr als alleinigem Grunde. Daher stellt sich die Monade oder Substanz, unter einem ihrer wesentlichsten Aspekte gesehen, als das erzeugende Prinzip ihrer Accidentien heraus [209]. Dagegen ist nach Kant der Verstand oder die reine transzendentale Apperzeption auf Materialien angewiesen, an denen sich ihre Spontaneität der synthetisierenden Funktion betätigen kann. Diese Materialien müssen dem Verstand »anderweitig« geliefert werden, nämlich von der rezeptiven und daher rein passiven Sinnlichkeit [210]. Ferner haben wir gesehen, daß nach Leibniz die Reflexion des menschlichen Geistes auf sich selbst die eingeborenen Ideen erschließt, die die wesentliche Struktur des Geistes zum Ausdruck bringen [211]. Die eingeborenen Ideen liegen als fertige Gebilde im Geiste und werden durch die Reflexion als solche enthüllt. Kant erkennt eingeborene Ideen im Leibnizischen Sinne überhaupt nicht an. Die diesen entsprechenden Kategorien oder reinen Verstandesbegriffe stellen vielmehr begriffliche Fassungen der Artikulationen dar, in die sich die Funktion oder Handlung des Verstandes gliedert, eine Handlung oder Funktion, die dieselbe ist, ob durch sie »in Begriffen vermittelst der analytischen Einheit die logische Form eines Urteils zu Stande« kommt oder das Mannigfaltige der Anschauung zur »synthetischen Einheit« gebracht wird [212]. Kant bezeichnet als sein Vorhaben »die noch wenig versuchte Zergliederung des Verstandesvermögens selbst«, um die »Begriffe a priori ... im Verstande allein als ihrem Geburtsorte« aufzusuchen, in dem sie in »ihren ersten Keimen und Anlagen ... vorbereitet liegen, bis sie endlich bei Gelegenheit der Erfahrung entwickelt ... werden« [213]. Mit den Kantischen Ausdrücken »Geburtsort« und besonders »erste Keime und Anlagen«, die erst entwickelt werden müssen, kontrastieren wir Leibnizens Auffassung der eingeborenen Ideen als in fertige

---

[207] Id. *a.a.O.* B 135.
[208] Id. *a.a.O.* B 134.
[209] Kap. VI § 5 a, b, c.
[210] Kant, *Kritik der reinen Vernunft* B 145.
[211] Kap. III § 3 a.
[212] Kant, *Kritik der reinen Vernunft* A 79 = B 105.
[213] Id. *a.a.O.* A 65 f = B 90 f.

Form vorliegend und der Enthüllung harrend. Was bei Leibniz ein Inbegriff fertig ausgeprägter und in diesem Sinne statischer Begriffe ist, wird von Kant funktionalisiert, indem es als ein System von Handlungs- und Funktionsweisen gedeutet wird.

Im Hinblick auf diese Differenzen darf die Identität und Einheit des Ich der transzendentalen Apperzeption nicht mit der Identität und Einheit der Monade gleichgesetzt werden. Synthesis im Kantischen Sinne bedeutet etwas anderes als die Aktivität und Spontaneität, die Leibniz der Monade zuschreibt. Immerhin bleibt es dabei, daß sowohl Leibniz wie auch Kant einen engen Zusammenhang zwischen Handlung und Einheit lehren. Diese von Leibniz konzipierte Idee macht sich in Kants Lehre von der reinen transzendentalen Apperzeption geltend, hat aber unter seinen Händen tiefgreifende Verwandlungen erfahren. Gerade in solchen Transformationen bekundet sich historische Kontinuität. Es ist zu erwarten, daß Kants transzendentale Deduktion in einem neuen Lichte erscheint, wenn sie in der Perspektive Leibnizischer Theorien interpretiert wird. Dazu bedürfte es weit ausholender und eingehender Untersuchung, für die aber der gegenwärtige Zusammenhang keinen Platz bietet.

§ 6 Die Substanz als »principium vitale«

a. *Abweisung der panpsychistischen Interpretation*

Der Umstand, daß Leibniz seinen allgemeinen Substanzbegriff in Analogie zum Begriff der Seele, sogar zu dem des menschlichen Geistes gebildet hat, legt es nahe, diese Analogie im Sinne des *Panpsychismus* aufzufassen und in den Substanzen Seelen, jedenfalls seelenartige Gebilde, »Psychoïde« zu sehen [214]. Diese Auffassung kann sich auf Äusserungen von Leibniz selbst berufen. Joh. Bernoulli stellt die Frage, wie weit bei der unendlichen Geteiltheit der Materie zu gehen sei, »ut perveniam ad simplicem unitatem singularem et individuam, ut possim

---

[214] Am ausführlichsten ist die panpsychistische Deutung von Jalabert, *La théorie leibnizienne de la substance* Première partie chap. I D und chap. III entwickelt worden. Auch Belaval, *Leibniz* S. 204 und *Leibniz Critique de Descartes* S. 81 scheint ihr gelegentlich zuzuneigen; allerdings kommen manche seiner Ausführungen, z. B. *Leibniz Critique de Descartes* S. 414 ff, der hier vertretenen und im Folgenden zu entwickelnden panorganizistischen Deutung nahe. Moreau, *L'Univers leibnizien* S. 181 f beruft sich zwar auf die These von Jalabert, aber unter so starken Vorbehalten, daß die panpsychistische Interpretation fast aufgegeben scheint. Ferner wird diese Interpretation, zuweilen mehr oder weniger beiläufig, vertreten von E. Rolland, *Le détermisisme monadique* S. 51 und 108; Lovejoy, *The great chain of being* S. 144; Taliaferro, *The concept of matter in Descartes and Leibniz* S. 25 und 27 f; Philonenko, »La loi de continuité et le principe des indiscernables«, *Revue de Métaphysique et de Morale* LXXII S. 280; Janke, *Leibniz* S. 158 f und 166; »Leibniz als Metaphysiker«, Kap. III 8, *a.a.O.*

dicere hanc esse substantiam, non *substantias*« [215]. Leibniz antwortet, daß hierzu die Teilungen und Unterteilungen gar nicht in Betracht gezogen zu werden brauchen. »Unumquodque animal« stellt eine solche einfache, einheitliche und individuelle Substanz dar. »Neque enim ego, Tu, ille componimur ex partibus corporis nostri.«[216] Eine besonders starke Stütze der panpsychistischen Interpretation kann darin gefunden werden, daß Leibniz allen Substanzen Perzeption und Appetition zuschreibt [217]. Jedoch stellt sich die Frage, ob die einschlägigen Texte eindeutig eine Interpretation im Sinne des Panpsychismus erfordern.

Was die Perzeption angeht, ist sie nach Leibniz ihrem allgemeinen Sinne nach, so wie sie allen Substanzen zukommt, nichts anderes als »expressio multorum in uno« [218], also das, was früher [219] als zentralisierte Repräsentation bezeichnet wurde. Dabei machten wir geltend, daß weder Repräsentation im allgemeinsten Sinne noch zentralisierte Repräsentation notwendigerweise die psychologische Bedeutung von »Vorstellung« haben müssen [220]. Damit aus Perzeption im Sinne zentralisierter Repräsentation »Wahrnehmung« im psychologischen Sinne werde, muß noch etwas hinzutreten: ein gewisser Grad von Distinktheit, Aufmerksamkeit und Gedächtnis [221]. Damit steht im Einklang, daß die »Wahrnehmung« unter dem Titel »sentiment animal« als eine Art der Gattung »expressio« bestimmt wird, deren andere Arten die »perception naturelle« und die »connaissance intellectuelle« bilden [222]. Daraus, daß Perzeption allen Substanzen zuerkannt wird, darf also nicht der Schluß gezogen werden, daß sie *alle* als seelenartige Gebilde im panpsychistischen Sinne zu verstehen sind [223]. Allerdings ist Leibniz bei dem Gebrauch des Terminus »Perzeption« nicht immer konsequent verfahren, so z. B., wenn er die Entelechien, d. h. die primitiven und substantiellen Tendenzen

---

215 *Joh Bernoulli an Leibniz*, o. D. (*M.* III 540).

216 *An Joh. Bernoulli*, 20 (30)/IX 1698 (*M.* III 542).

217 *Nouv. Ess.* IV, X § 10 (*P.* V 421); *Principes de vie* (*P.* VI 539); *Entwurf eines Schreibens an Remond*, 1714 (*P.* III 622); *P.* VI 626.

218 *Spec. inv.* (*P.* VII 317).

219 S. 40 f.

220 Nach Dillmann, *Eine neue Darstellung der Leibnizischen Monadenlehre* S. 309 ff und 318 f ist zwar Repräsentation nicht gleichbedeutend mit »Vorstellung«, jedoch daraus, daß die Monade die Welt repräsentiert, folgt unmittelbar und eo ipso, daß sie die Welt vorstellt. »Perzeption« ist demnach durchweg im psychologischen Sinne zu verstehen, was aber mit sogleich zu erwähnenden Leibnizischen Äußerungen nicht im Einklang steht. Dillmann wendet sich vor allem dagegen, daß »Vorstellen« im selben Sinne wie »Vertreten«, d. h. »Stellvertreten« verstanden wird (*a.a.O.* S. 307). Oben (S. 37 ff.) haben wir betont, daß der fundamentale und ursprüngliche Sinn von Repräsentation als Zuordnung unmittelbar auf den Begriff der Stellvertretung führt. Dillmann hat von der Leibnizischen Zeichentheorie und seiner Idee der »characteristica universalis« überhaupt keine Notiz genommen.

221 Siehe die S. 123, Anm. 24 angeführten Belege.

222 *An Arnauld*, 9/X 1687 (*Le Roy* S. 181).

223 Eine entsprechende Differenzierung des Begriffs der Appetition werden wir später (S. 274 ff.) erwähnen.

als Seelen bezeichnet, »lorsqu'elles sont accompagnées de perceptions« [224]. Diese terminologische Inkonsequenz liefert aber a fortiori ein Argument gegen die panpsychistische Deutung, weil die Existenz von Entelechien, die keine Perzeption besitzen, folglich keine Seelen sind, aber doch als Substanzen zu gelten haben, zugestanden ist, wenn auch in impliziter Form.

Völlig aus den Angeln gehoben wird die panpsychistische Interpretation, wie uns scheint, durch die Einteilung der Monaden, die der *Brief an Bierling* vom 12/VIII 1711 enthält [225]. Unterhalb der »Monas primitiva«, nämlich Gott als »ultima ratio rerum«, steht die »Monas Creata«. Diese ist entweder »ratione praedita« und heißt »Mens«, oder sie ist »sensu praedita, nempe *anima*« oder schließlich »inferiore quodam gradu perceptionis et appetitus praedita, seu *animae analoga,* quae nudo monadis nomine contenta est, cum ejus varios gradus non cognoscamus« [226]. Wie die angeführten Texte zeigen, setzt sich die Abstufung der Perzeption »nach unten« fort, allerdings in einer uns unbekannten Weise. Folglich erstreckt sich der Anwendungsbereich des Substanzbegriffs über das Gebiet hinaus, das der gewöhnlichen Erfahrung als das des Lebendigen und erst recht des Beseelten gilt [227]. Die panpsychistische Interpretation erweist sich als zu eng.

b. Organizistische Deutung

Der panpsychistischen Interpretation stellen wir die organizistische gegenüber und berufen uns dafür zunächst auf die ausdrückliche Unterscheidung, die Leibniz zwischen »un vivant« und »un animal« macht [228]. Zur näheren Begründung der organizistischen Interpretation knüpfen wir an die obigen [229] Ausführungen an, nach denen Aktivität (allerdings nur immanente und nicht transitive Aktivität) der Substanz wesentlich ist. Die Immanenz der Aktivität besagt nicht nur die Unmöglichkeit einer Wirkung nach außen, sondern auch und vor allem Selbstgenügsamkeit und Autarkie, aufgrund derer die Substanz sich als Quelle ihrer inneren

---

[224] *Nouv. Ess.* II, XXI § 1 (*P.* V 156). Eine ähnliche terminologische Inkonsequenz liegt darin, daß etwas später (§ 5) den Tieren »la faculté de s'apercevoir des impressions plus remarquables et plus distinguées« (*P.* V 159) zugeschrieben wird.

[225] *P.* VII 502.

[226] Ebenso, wenn auch weniger prägnant, im *Brief an die Königin Sophie Charlotte von Preußen* (*P.* VI 506 f); *Principes de vie*: »... infinité de corps organiques et animés, sous lesquels je comprends non seulement les animaux et les plantes, mais encore d'autres sortes peut-être, qui nous sont entièrement inconnues« (*P.* VI 539); *Éclaircissement sur les natures plastiques et les principes de vie et de mouvement* (*P.* VI 548). Zur Abstufung der Perzeption, im weiteren und allgemeinen Sinne verstanden (*Monad.* 19, *P.* VI 610) vgl. *P.* VII 330 f: »... praeter infimum perceptionis gradum, qui etiam in stupentibus reperitur ... et medium gradum, quem sensionem appellamus, et in brutis agnoscimus, datur gradus quidam altior, quem appellamus cogitationem« und an *Rud. Chr. Wagner,* 4/VI 1710: »... non omnem perceptionem esse sensionem, sed dari perceptionem etiam insensibilium« (*P.* VII 529).

[227] Siehe unten S. 262 ff.

[228] *Monad.* 63 (*P.* VI 618).

[229] S. 182 ff.

Handlungen erweist [230]. Mit anderen Worten, aus der Eigennatur der jeweiligen
Substanz ergibt sich alles, was ihr geschieht, je geschehen ist und in aller Zukunft
geschehen wird; alle ihre Handlungen stammen aus ihrem eigenen Grunde und
aus diesem allein [231].

Mit diesen Bestimmungen ist die Substanz im Sinne einer organizistischen Auffassung charakterisiert [232]. Nach Cassirer ist es für den Organismus und das Individuum konstitutiv, ein Eigengesetz zu haben, in dem alle seine Bestimmungen
präformiert sind. Von den organischen Körpern aber setzt es Cassirer ohne weiteres an, daß zu jedem von ihnen »ein eigenes Selbst, ein eigenes Zentrum der Bewußtheit« gehört [233]. Damit ist eine erste Beschränkung des Anwendungsbereichs
des Monadenbegriffs gegeben. Und weil Cassirer weiter Bewußtsein als synthetische Verbindung im Sinne der Kantischen transzendentalen Apperzeption faßt [234],
reduziert sich der Anwendungsbereich noch weiter: gemäß den Leibnizschen Bestimmungen wäre zu sagen, daß dann nur der Mensch als Substanz oder Monade
gelten könnte. Gegen diese Einschränkungen, die Cassirer in einigen anderen
Schriften zwar nicht aufgegeben, aber doch weniger schroff formuliert hat [235], hat
Mahnke Einspruch erhoben [236]. Nach ihm beschränken sich Leibnizens substantielle Entelechien keineswegs auf die Organismen der Art, die Cassirer allein im
Auge hat, sondern sind auch bei den »kleinsten organischen Strukturelemen-
ten der anorganischen Körper« anzusetzen. Mahnke spricht von einer »organischen
Atomisierung« auch des Anorganischen, d. h. seiner Zerlegung unter Zuhilfenahme der zeitlichen Dimension bis zu solchen Elementen, die »eine Lebensge-
schichte mit einheitlichem Entwicklungsgesetz nach Analogie eines Organismus
besitzen«.

Cassirers Einschränkungen der organizistischen Deutung des Begriffs der Monade entspringen der allgemeinen Tendenz seines Werkes, die Philosophie von
Leibniz als eine Darstellung und Entwicklung der Grundbegriffe der positiven
Wissenschaften zu interpretieren. Aus diesem Grunde sieht er den Begriff der
Monade, so weit diese auf das Organische bezogen ist, vorwiegend, wenn nicht
sogar ausschließlich, im Lichte seiner Funktion als Fundamentalkategorie der Biologie [237]. Mahnke hingegen ist nicht von dem Interesse an der Grundlegung einer
bestehenden positiven Wissenschaft geleitet, sondern es ist ihm vielmehr um eine
Gesamtdarstellung der Leibnizischen Lehren zu tun. Daher wird er dem Organi-

---

230 *Monad.* 18 (P. VI 609 f).
231 *Entwurf eines Briefes an Arnauld* und *An Arnauld,* 23/III 1690 (*Le Roy* S. 140
 und 199).
232 Die organizistische Auffassung wird später (Kap. VI 5 d) aus der vervollständigten
 Spezifikation der Tätigkeit der Substanz hergeleitet werden.
233 Cassirer, *Leibniz' System* S. 405 ff; *Hauptschriften* II 20 f und 28.
234 Id., *Leibniz' System* Kap. VII.
235 Id., *Erkenntnisproblem* II 183 ff; *Freiheit und Form* S. 59 ff.
236 Mahnke, *Leibnizens Synthese* S. 59 siehe auch S. 85 und besonders Anm. 58.
237 Cassirer, *Leibniz' System* Kap. IX.

zismus in der Monadenlehre in höherem Maße gerecht. Während für Cassirer die Monade in ihrer organismischen Bedeutung zunächst jedenfalls eine Spezialkategorie, nämlich die Fundamentalkategorie einer Spezialwissenschaft darstellt, spielt sie bei Mahnke von vornherein die Rolle eines der Schlüssel, die den Zugang zu Leibnizens Universum eröffnen [238].

Mahnkes Deutung wird bestätigt durch Leibnizens Gleichsetzung von Entelechie, Substanz, »vis activa primitiva« mit Lebendigkeit. »Omnis substantia vivit« heißt es in einer vorbereitenden Studie zu dem *Brief an des Bosses* vom 7/II 1712 [239] und nach der Einteilung der einfachen Substanzen in »monades ... intelligentes vel irrationales«: »monades irrationales sunt vel sentientes vel tantum vegetantes« [240]. Bemerkenswert ist, daß die erwähnte Gleichsetzung für Leibniz schon zur Zeit seiner Korrespondenz mit Arnauld feststand. In dem *Brief an Arnauld* vom 9/X 1687 behauptet Leibniz, daß es in der Materie keinen noch so kleinen Teil gäbe, »où il n'y ait dedans des corps animés ...«[241]. In der ursprünglichen, aber nicht abgeschickten Fassung schloß sich daran das Folgende an: »ou au moins doués d'une entéléchie primitive, ou (si vous permettez qu'on se serve si généralement du nom de vie) d'un principe vital, c'est à dire des substances corporelles dont on pourra dire en général de toutes qu'elles sont vivantes.«[242] Im gleichen Sinne heißt es in einer späteren Schrift: »... arbitror, neque ordini, neque pulchritudini rationive rerum esse consentaneum, ut vitale aliquid seu immanenter agens sit in exigua tantum parte materiae, cum ad majorem perfectionem pertineat, ut sit in omni.«[243]

Begegnet man Wendungen wie: »... in omni corpore esse quendam sensum atque appetitum, sive animam ...«[244], »... ostendendum omnia esse animata«[245], »... omne corpus organicum (sit) animatum«[246], so scheint sich wiederum die panpsychistische Interpretation aufzudrängen. Dem gegenüber ist geltend zu machen, daß »animatum« nicht notwendigerweise »beseelt« heißen

---

[238] Bréhier, *Histoire de la philosophie* II 263 sieht in Leibnizens Beschäftigung mit dem Problem des Lebens eine der Quellen der Monadenlehre.

[239] P. II 439.

[240] In *Syst.* 11 werden die »unités réelles« als »*atomes de substance*« und »*points métaphysiques*« bezeichnet: »ils ont quelque chose de vital et une espèse de perception ...« (P. IV 482 f).

[241] *Le Roy* S. 186.

[242] *Le Roy*, a.a.O. S. 311 Anm. 24 zum betr. Brief. Die Abänderung dieser Stelle sowie die Unterdrückung der S. 262, Anm. 322 zitierten scheinen weiter dafür zu sprechen, daß Leibnizens Zurückhaltung in seiner Auseinandersetzung mit Arnauld wesentlich taktische Gründe hatte; vgl. S. 261.

[243] *De ipsa natura* 12 (P. IV 512).

[244] *Leibniz-Handschriften* XXXVII, III 1—10; deutsche Übersetzung von W. v. Engelhardt, *Gottfried Wilhelm Leibniz, Schöpferische Vernunft* S. 328, englische Übersetzung von L. E. Loemker, *Gottfried Wilhelm Leibniz, Philosophical papers and letters* S. 447.

[245] *Gerland*, S. 111.

[246] *An des Bosses*, 31/VII 1709 (P. II 378).

muß: es kann auch »belebt« bedeuten [247]. Ausdrücklich unterscheidet Leibniz
einen weiteren und engeren Sinn von »anima« [248]. Im weiteren Sinne (»late«) genommen, »anima idem est quod vita seu principium vitale, nempe principium
actionis internae in re simplici seu monade existens ... At hoc sensu anima non
tantum animalibus, sed et omnibus aliis percipientibus tribuetur«. Im engeren
und eigentlichen Sinne (»stricte«) verstanden, bezeichnet »anima« die »vita sensitiva, ubi non nuda est facultas percipiendi, sed et praeterea sentiendi, quando
nempe perceptioni adjungitur attentio et memoria«. Eine »species animae no-
bilior« stellt »mens« dar, »nempe mens est anima rationalis, ubi sensioni accedit
ratio seu consecutio ex universalitate veritatum«. Wesentlich charakteristisch für
die »Entelechia prima« ist, daß sie ein »principium activum«, ein »principium
vitale« darstellt, dem eine »facultas percipiendi« zukommt. Die Substanz besitzt
einen gewissen Grad »vitalitatis aut si mavis actuositatis primitivae« [249], oder in
einer anderen Formulierung: »Cette force active primitive, qu'on pourrait appeler
la Vie, est justement ... ce qui est renfermé dans ce que nous appelons une âme,
ou dans la substance simple.«[250] Unter Abweisung der panpsychistischen Interpretation schließen wir uns Mahnkes organizistischer Deutung an, die übrigens
in gewissem Maße durch Heimsoeths Charakterisierung der Monaden als »Lebens-
prinzipien« vorweggenommen war [251].

Aus der organizistischen Auffassung des Leibnizischen Substanzbegriffs folgt,
daß jedes Lebewesen eine Substanz ist, oder — vorsichtiger ausgedrückt — daß
einem jeden eine Substanz entspricht. »... chaque animal et chaque plante aussi
est une substance corporelle, ayant en soi le principe de l'unité, qui fait que c'est
véritablement une substance et non pas un aggrégé.« Dieses Einheitsprinzip heißt
»âme ou bien quelque chose, qui a de l'analogie avec l'âme« [252]. Bei der aktuellen
Geteiltheit der Materie ins Unendliche »on ne viendra jamais à quelque chose

---

[247] Siehe im *Brief an Remond*, 4/XI 1715 die Wendung »l'union métaphysique de
l'âme et de son corps, qui les fait composer *unum per se*, un animal, un vivant«
(P. III 658).

[248] *An Rud. Chr. Wagner*, 4/VI 1710 (P. VII 529).

[249] P. IV 396.

[250] *Entretien de Philarète et d'Artiste* (P. VI 588); ähnlich *Éclaircissement sur les natures plastiques et les principes de vie et de mouvement* (P. VI 550).

[251] H. Heimsoeth, *Die Methode der Erkenntnis bei Descartes und Leibniz* (*Philosophische Arbeiten*, hrsg. von H. Cohen und P. Natorp) VI, II 274. Allerdings charakterisiert Heimsoeth (S. 305) die Monaden auch als »seelenartige Einheiten« und
(S. 309) den Körper als »Anhäufung und Gruppierung seelenartiger Wesen«. Vgl.
oben S. 173, Anm. 106. Die organizistische Interpretation vertritt auch Martin, »Der
Begriff der Realität bei Leibniz«, *Kant-Studien* XLIX 83 und *Leibniz* S. 143 ff und
157 f. v. Aster, *Geschichte der neueren Erkenntnistheorie* S. 258 f neigt ihr ebenfalls
zu. Seine Darstellung ist aber insofern nicht ganz eindeutig, als er die mit der Substanz eng zusammenhängende Kraft wegen ihrer Unbildlichkeit (d. h., weil sie weder
der sinnlichen Wahrnehmung noch der Imagination zugänglich ist) als etwas Seelisches
oder Geistiges auslegt (*a.a.O.* S. 262 f).

[252] *An Burnett*, o. D. (P. III 260).

dont on puisse dire: voilà réellement un être, que lorsqu'on trouve des machines animées dont l'âme ou forme substantielle fait l'unité substantielle indépendante de l'union extérieure de l'attouchement« [253]. Folglich gibt es so viele Substanzen wie »machinae naturales seu corpora organica« [254]. Andererseits ist Substantialität wegen der Bestimmung der Substanz als »principium vitale« ausschließlich auf organische Körper beschränkt: ». . . les principes de vie n'appartiennent qu'aux corps organiques« [255]. Es gibt also keine dem Nicht-Organischen entsprechenden oder zugeordneten Monaden, was Martin besonders hervorgehoben hat [256]. Später werden wir das Anorganische vom Nicht-Organischen unterscheiden; das Anorganische wird sich als ein Spezialfall, genauer: als Grenzfall des Organischen herausstellen; es wird sich ferner zeigen, daß nach Leibniz das Nicht-Organische durch und durch von Organismen durchsetzt ist [257].

Aus dem Ansatz der Monade als vitalem Prinzip ergibt sich ihre oben [258] auseinandergesetzte Bezogenheit auf Körperliches oder — wie genauer zu sagen ist — auf einen organischen Leib. Gleichzeitig erklärt sich die doppelte Verwendung des Terminus ›Monade‹, der einmal das Lebens- und Einheitsprinzip als solches bezeichnet, das andere Mal auf das Lebewesen als ganzes geht, d. h. auf das vitale Prinzip *und* den organischen Leib, dessen Prinzip es ist [259]. Trotz ihrer wesentlichen Bezogenheit auf einen organischen Leib hat die Monade — wie noch einmal betont sei — keinen Anteil an dem, was spezifisch zur Körperlichkeit ihres organischen Leibes gehört, nämlich Teilbarkeit bzw. Geteiltheit, Ausgedehntheit und räumliche Lokalisation, die letztere jedenfalls nicht direkt und unmittelbar, sondern nur indirekt, weil durch den ihr zugehörigen organischen Leib vermittelt.

c. Dominierende und untergeordnete Monaden

Jedem Lebewesen, das bei aller Komplexheit seiner leiblichen Organisation ein *unum per se* darstellt, entspricht eine zentrale oder dominierende Monade. »Nulla . . . est substantia composita seu revera constituens unum per se, nisi ubi est monas dominatrix cum corpore vivo organico.« [260] Die dominierende Monade ist von unendlich vielen ihr untergeordneten Monaden umgeben, die ihrerseits den Organen des der Zentralmonade zugehörigen Leibes entsprechen. ». . . il n'y a point d'âme ou entéléchie, qui ne soit dominante par rapport à une infinité d'autres qui

---

253 *An Arnauld,* 28/XI (8/XII) 1686 (*Le Roy* S. 146).
254 *An Wolf,* 9/VII 1711 (*Briefwechsel zwischen Leibniz und Wolf* S. 139).
255 *Principes de vie* (P. VI 539); P. VI 624: ». . . tout ce qu'on peut appeler véritablement *une substance,* est un être vivant . . .«; *an des Bosses,* 29/V 1716: ». . . substantiam corpoream seu compositam restringo ad sola viventia, seu ad solas machinas naturae organicas« (P. II 520).
256 Siehe seine S. 194, Anm. 242 zitierten Schriften.
257 S. 261 ff.
258 Dieses Kap. § 2 c.
259 Siehe S. 171, Anm. 94.
260 *An des Bosses,* 21/IV 1714 (P. II 486).

entrent dans ses organes, et l'âme n'est jamais sans quelque corps organique convenable à son présent état.«[261] Jedes Lebewesen enthält in sich weitere kleinere
Organismen mit den ihnen zugeordneten Monaden [262]. »... etsi ... unumquodque
organicum naturae corpus suam habeat monadem respondentem, continet tamen
in partibus alias monades suis itidem corporibus organicis praeditas primario
inservientibus ...«[263] Diese kleineren Organismen enthalten ihrerseits noch
kleinere Organismen, denen wiederum ihnen adäquate Monaden entsprechen, und
das setzt sich unendlich weiter fort [264].

　　Auf diese Weise ergibt sich eine unendliche Gradabstufung (»infinité de degrés«) unter den Monaden, von denen die einen in Bezug auf die anderen mehr
oder weniger dominierend sind [265]. Genauer gesagt: jede Monade, welcher Stufe
immer, ist in ihrem kleinen Bereich (»petit département«) dominierend, d. h. sie
ist es in Bezug auf die untergeordneten Monaden, während sie den ihr übergeordneten Monaden unterworfen (»assujettie«) ist [266]. In der Richtung »nach
oben« findet die Gradabstufung ihren Abschluß in der Monade, die dem Lebewesen zugeordnet ist, das alle anderen Organismen in sich enthält, und die in
Bezug auf die den letzteren entsprechenden Monaden dominierend ist. Die oberste
dominierende Monade bildet das Zentrum des betr. Lebewesens und ist das Prinzip seiner Einheit und Einzigkeit (»unicité«) [267]. »Cum dico substantiam, quamvis corpoream, continere infinitas machinas, simul addendum puto ipsam complecti
unam machinam ex ipsis compositam et praeterea esse una entelechia actuatam,
sine qua nullum esset in ea principium verae unitatis.«[268] Mutatis mutandis läßt
sich das Gleiche auch für die untergeordneten Monaden sagen, da jede von ihnen
auf ihrer Stufe und in ihrem Bereich das Einheitsprinzip des ihr zugeordneten Organismus bildet.

　　Wie es ganz allgemein für die Substanzen oder Monaden gilt, gibt es auch unter
den einander über- oder untergeordneten Monaden keine gegenseitige Einwirkung.
Die »entelechia primitiva« »non vero influere potest in alias entelechias,
substantiasque adeo in eadem massa existentes« [269]. Auch zwischen den hier in

---

[261] *Rorarius* (P. IV 564); *an de Volder,* 23/VI 1699: »... corpus animatum habere
　　innumerabiles (scl. entelechias), cum rursus constet ex partibus privatim animatis
　　vel quasi« (P. II 184); *an des Bosses,* 17/III 1706: »Machina habet entelechiam sibi
　　adaequatam, et haec machina alias continet machinas primariae quidem entelechiae
　　inadaequatas, sed propriis tamen sibi adaequatis praeditas, et a priore totali separa-
　　biles« (P. II 306).
[262] *Théod.* II 200 (P. VI 235); *Monad.* 70 (P. VI 619).
[263] *An Bierling,* 12/VIII 1711 (P. VII 502).
[264] *An Arnauld,* 9/X 1687 (Le Roy S. 187).
[265] *Princ.* 4 (P. VI 599).
[266] *Auszug eines Briefes an die Churfürstin Sophie,* 19/XI 1701 (Foucher de Careil,
　　Lettres et opuscules inédits de Leibniz S. 193 f).
[267] *Princ.* 3 (P. VI 598 f).
[268] *An de Volder,* 20/VI 1703 (P. II 250); *an Arnauld,* 9/X 1687 (Le Roy S. 186); *an
　　des Bosses,* 20/IX 1712 (P. II 457).
[269] *An de Volder,* 20/VI 1703 (P. II 250).

Rede stehenden Monaden gibt es kein »commercium, sed tantum consensus« [270]. Der letztere beruht auf dem später [271] auseinanderzusetzenden Prinzip der universellen Harmonie und besagt, daß, wie alle Substanzen untereinander, so auch die dominierende Monade zu den ihr untergeordneten in einem Korrelationsverhältnis steht [272]. Früher [273] betonten wir, daß keine Monade Teile haben noch selber Teil einer anderen Monade sein kann. Auch dieses Prinzip findet hier Anwendung, insofern als die untergeordneten Monaden nicht als Teile der dominierenden aufgefaßt werden dürfen [274].

§ 7 Unvergänglichkeit der Substanzen und Organismen

a. Die Theorie der Präformation und Transformation
Zeitgenössische Biologen wie Leeuwenhoeck und Swammerdam hatten mit Hilfe des Mikroskops die Spermatozoen und Eier entdeckt. Auf diesen Befunden baut sich die Präformationstheorie auf, nach der das künftige Tier in den Samen und Keimen vorgebildet liegt. Vor allem ergibt sich das Prinzip, daß Lebendiges nur aus Lebendigem herstammen kann, d. h., daß Lebendiges in irgendeiner Form stets nur aus Lebendigem einer anderen Form hervorgeht. Beide Konsequenzen eignet sich Leibniz zu. Was uns als Entstehung eines Tieres erscheint, ist nur eine »génération apparente«; in Wirklichkeit liegt eine Entwicklung, eine »espèce d'augmentation« vor [275]. »... toutes les générations des animaux dépourvus de raison ... ne sont que des transformations d'un autre animal déjà vivant ...; à l'exemple des changements qui arrivent à un ver à soie et autres semblables, la nature ayant accoutumé de découvrir ses secrets dans quelques exemples, qu'elle cache en d'autres rencontres.«[276] Der Auffassung der Entstehung und Ent-

---

[270] *An des Bosses,* 16/VI 1712 (P. II 451). Auf die in dem Briefwechsel mit des Bosses einen breiten Raum einnehmende Lehre vom »vinculum substantiale« gehen wir hier nicht ein, sondern verweisen auf die Darstellung von Belaval, *Leibniz* S. 240 ff.

[271] S. 254 f.

[272] Ch. Hartshorne, »Leibniz's greatest discovery«, *Journal of the History of Ideas* VII (1946) S. 416.

[273] Dieses Kap. § 1 c.

[274] *An Joh. Bernoulli,* o. D. »Etsi autem corpus animalis, vel meum organicum, rursus ex substantiis innumeris componatur, eae tamen partes animalis vel mei non sunt« (M. III 537).

[275] *Syst.* 6 (P. IV 480).

[276] *An Arnauld,* 28/XI (8/XII) 1686 (*Le Roy* S. 144 f); *Théod.* I 90: »... comme la formation des corps organiques animés ne paraît explicable dans l'ordre de la nature, que lorsqu'on suppose une préformation déjà organique, j'en ai inféré que ce que nous appelons génération d'un animal, n'est qu'une transformation et augmentation ...« (P. VI 152); *Princ.* 6 (P. VI 601 f). Zur Idee der Präformation bei Leibniz und zur methodologischen Bedeutung dieser Idee für die nachfolgende Entwicklung der wissenschaftlichen Biologie siehe Cassirer, *Leibniz' System* S. 410 ff und *Hauptschriften* II 14 ff.

wicklung der Lebewesen als Transformation liegt methodisch das Prinzip zugrunde, das Beobachtete als exemplarischen Fall zu nehmen und die Beobachtungen analogisierend auf das Nicht-Beobachtete, das Noch-nicht-Beobachtete zu extra-
polieren.

Entsteht jedes Lebewesen durch Transformation, indem es aus einem keim-
haften, unentwickelten und unentfalteten Zustand übergeht in den der Ausein-
andergelegtheit und in diesem Sinne wächst und sich vergrößert, so folgt daraus,
daß die Gesetze der Mechanik nicht die Bildung eines Lebewesens erklären
können, wo es noch nichts Organisches gibt [277]. Mit anderen Worten, aufgrund der
Gesetze der Mechanik ist das Hervorgehen des Organischen aus dem Nicht-Organischen nicht zu verstehen, was damit gleichbedeutend ist, daß es ein solches Hervorgehen überhaupt nicht gibt. Um das Leben zu verstehen, muß das Prinzip der
Lebendigkeit und die Existenz lebendiger Formen, wenn auch noch so primitiver
Art, angesetzt und vorausgesetzt werden. Ist dieser Ansatz aber zugelassen und
vollzogen, so reichen die Gesetze der Mechanik völlig aus, um alle weitere Umbildung und Entwicklung, d. h. alle Einzelheiten der Lebensvorgänge zu erklären [278]. Das »Wunder« steht am Anfang der Dinge; in der Folge entwickelt sich
alles, was das Körperliche und Materielle betrifft, in mechanischer Weise [279]. Wird
die Monade im Hinblick auf ihre Funktion als Lebensprinzip betrachtet, so erhält Leibnizens wiederholte Behauptung, daß die Monaden nicht auf natürliche
Weise entstehen können, sondern seit dem Bestand des Universums existieren [280],
den Sinn der Unzurückführbarkeit des Organischen auf das Nicht-Organische,
wiewohl, — worauf wir später [281] noch zurückkommen werden — alle Lebensvorgänge im Einzelnen ausschließlich den Gesetzen der Mechanik unterstehen.

Was für die Lebewesen im allgemeinen gilt, findet Anwendung auch auf den
Menschen. »... les âmes, qui seront un jour âmes humaines, comme celles des
autres espèces, ont été dans les sémences, et dans les ancêtres jusqu'à Adam, et
ont existé par conséquent depuis le commencement des choses, toujours dans une
manière de corps organisé.«[282] Hier entsteht aber ein besonderes Problem. Kann
eine rationale Seele den menschlichen Spermatozoen auch vor der Befruchtung zugeschrieben werden? Auch den Spermatozoen, die niemals zur Befruchtung gelangen? In unserem Zusammenhang brauchen wir auf die verschiedenen möglichen
Lösungen dieses Problems, die Leibniz in Betracht gezogen hat, nicht einzu-

---

277 Zum Folgenden siehe *Principes de vie* (P. VI 544) und *Éclaircissement sur les natures plastiques et les principes de vie et de mouvement* (P. VI 553).

278 *Théod.* Préf.: «... le mécanisme suffit pour produire les corps organiques des animaux, ... pourvu qu'on y ajoute la *préformation* déjà toute organique dans les semences des corps qui naissent, contenues dans celles des corps dont ils sont nés,
jusqu'aux semences premières ...« (P. VI 40 ff).

279 *An Hartsoecker,* 30/X 1710 (P. III 508).

280 *Disc.* 9; *an Arnauld,* 28/XI (8/XII) 1686 und 9/X 1687 (*Le Roy* S. 44, 145, 184 f);
Syst. 4 (P. IV 479); *Princ.* 2; *Monad.* 4 (P. VI 598 und 607) u.ö.

281 S. 353 ff.

282 *Théod.* I 91 (P. VI 152).

gehen [283]. Bei allen diesen Lösungsversuchen, die darauf hinauslaufen, die Ersetzung der »anima sensitiva« durch die »anima rationalis« zu erklären, ist nicht ausschließlich die Rücksicht auf theologische Belange im Spiel, obwohl sie zweifelsohne auch eine Bedeutung hat. Es kommt in ihnen auch und sehr wesentlich die Sonderstellung des Menschen zum Ausdruck, die durch die später [284] darzulegende Diskontinuität in der Stufenordnung der Substanzen bezeichnet ist.

In Entsprechung zur Erzeugung und Entwicklung wird das Sterben und der Tod gefaßt, nämlich ebenfalls als Transformation, aber entgegengesetzter Art [285]. Beide Transformationen sind zueinander symmetrisch; die eine als Ausweitung und Entfaltung, die andere als Einwicklung und Schrupfung [286]. Auf zwei Texte, die einander parallel laufen und einander ergänzen, stütz sich die folgende Darstellung [287]. Ist die Theorie der Entstehung der Lebewesen aus bereits existierenden belebten Samentieren zugestanden, so erfordert es »l'ordre et la raison«, daß der Tod nichts anderes sein kann als »la diminution d'un animal transformé et enveloppé mais que l'animal demeurera toujours pendant les transformations ...«[288] Allerdings läßt sich nur die »génération« beobachten, weil sie allmählich vor sich geht, während der Tod gewöhnlich zu heftig eintritt, als daß man diese »rétrogradation« in ihren Einzelheiten verfolgen könnte. Darum müssen hier die Erfordernisse von »ordre« und »raison« geltend gemacht werden, die nichts anderes besagen als die prinzipielle Gleichförmigkeit aller Naturvorgänge. Zur Stützung dieser Auffassung beruft sich Leibniz auf Analogien wie den Schlaf als »image« des Todes, die Verpuppung des Seidenwurms in seinen Cocon, die Wiedererweckung von ertrunkenen Fliegen, wenn man sie mit einem trockenen Pulver bestimmter Art bestreut, die geglückten Wiederbelebungsversuche an erfrorenen, ertrunkenen und erwürgten Menschen. Alle diese Vorkommnisse sind als »petits échantillons« zu nehmen; sie unterscheiden sich von dem, was wir Tod nennen, nur »du plus ou du moins«. Mit dem Tode hören nicht alle Funktionen auf, sondern nur einige besonders auffallende sind eingestellt [289]. Ganz allgemein: »Ce que nous appelons génération ou mort, n'est qu'un changement plus grand et plus promt qu'à l'ordinaire«, vergleichbar etwa mit der Stromschnelle eines Flusses [290].

---

[283] Sie sind bei J. Jalabert, *La théorie leibnizienne de la substance* Kap. VI B ausführlich dargestellt.

[284] Kap. V § 6 b.

[285] *Entwurf eines Briefes an Arnauld (Le Roy S. 141)*.

[286] *Sspec. inv.*: »Et quidem quemadmodum statuere quidam, omnem generationem animalis esse transformationem tantum animalis ejusdem jam viventis, et velut accretionem, ut sensibile redderetur, ita videtur pari ratione defendi posse, omnem mortem esse transformationem viventis in aliud minus animal, et velut diminutionem, qua insensibile redditur« (*P.* VII 315); *an Foucher*, o. D. (*P.* I 391); *an F. Hoffmann, 1699* (*Erdmann S.* 161 a); *P.* VII 330.

[287] *An Arnauld*, 9/X 1687 (*Le Roy S.* 189 ff) und *Esprit universel unique* (*P.* VI 533 f).

[288] So bei *Erdmann S.* 180 b; *Gerhardt* hat »développé«.

[289] Vgl. auch *Syst.* 7 (*P.* IV 480 f) und *Bodemann L. H. S.* 120.

[290] *An Remond*, 11/II 1715 (*P.* III 635).

b. Der Zyklus des Werdens und Vergehens

Damit ist die Idee eines zyklischen Wechsels von Werden und Vergehen ausgesprochen. Nachdem ein Lebewesen in den Zustand der Schrumpfung und Kontraktion verfallen ist, kann es zu gegebener Zeit in den entgegengesetzten Prozeß der Auswicklung und Entfaltung eintreten. In einem *Brief an Arnauld* formuliert Leibniz diese Auffassung mit vorsichtigster Zurückhaltung [291], nachdem er sie in einem früheren Brief, wenngleich nur beiläufig, einfach hingestellt hatte [292]. In späteren Schriften kommt er immer wieder auf sie zurück, so, wenn er von der Transformation desselben Lebewesens spricht, »qui est tantôt diminué« [293], oder davon, das »cum tempore massa iterum evolvi et ad sensionem apta reddi potest ...«[294] Gelegentlich bezeichnet Leibniz es als eine Forderung der Naturordnung, »que tout se redéveloppe et retourne un jour à un état remarquable ...«[295]

Sowohl die Idee des Zyklus von Leben und Tod wie die Auffassung des Sterbens als eines zum Geborenwerden symmetrisch entgegengesetzten Prozesses, und zwar auf Grund der analogisierenden Übertragung vom Beobachteten auf das Nicht-Beobachtete, erinnern an die Argumente Platos [296]. Ein wesentlicher Unterschied besteht allerdings darin, daß Leibniz die Lehre von der Seelenwanderung ausdrücklich zurückweist. Nach ihm ist nicht nur die Seele, sondern das Lebewesen als solches unvergänglich, wie auch im strengen Sinne des Wortes unentstanden [297]. Die Unvergänglichkeit des Lebewesens als solchen besagt, daß seine Seele, in welcher Form immer sie existiert, an einen organischen Körper gebunden bleibt [298]. Das steht mit der vorhin erwähnten [299], wesentlichen Bezogenheit der Monade auf Körperliches im Einklang. Auch das Feuer kann ein Tier nicht völlig

---

291 *An Arnauld, 9/X 1687:* »Si ces petits corps organisés, enveloppés par une manière de contraction d'un plus grand, qui vient d'être corrompu, sont tout à fait hors de la ligne de la génération, ou s'ils peuvent revenir sur le théâtre en leur temps, c'est ce que je ne saurais déterminer. Ce sont là des secrets de la nature, où les hommes doivent reconnaître leur ignorance« (*Le Roy S. 189*).

292 *An Arnauld, 30/IV 1687 (Le Roy S. 167)*.

293 *Principes de vie, (P. VI 543)*.

294 *P. VII 330.*

295 *Esprit universel unique (P. VI 535)*.

296 Plato, *Phaidon* 70 C ff; besonders 71 E: Οὐκοῦν καὶ τοῖν γενεβέσιν τοῖν περὶ, ταῦτα ἤ γ' ἑτέρα σαφῆς οὖσα τυγχάνει; ... οὐκ ἀνταποδώσομεν τὴν ἐναντίαν γένεσιν, ἀλλὰ ταύτῃ χωλὴ ἔσται ἡ φύσις; Ἡ 'ανάγκη ἀποδοῦναι τῷ ἀποθνήσκειν ἐναντίαν τινὰ γένεσιν;

297 *Syst.* 7 (P. IV 480 f); *an die Churfürstin Sophie, 4/XI 1696 (P. VII 544); Principes de vie (P. VI 543)*.

298 *Couturat, O. F. S.* 16: »... non tantum animam, sed et animal ipsum ... ab initio rerum perpetuo durare, semper enim anima corpore organico praedita est ...«; *an de Volder, 20/VI 1703:* »Nec unquam oriri naturaliter aut extingui potest primitiva entelechia quaecunque, et numquam organico corpore caret« (P. II 251); *Nouv. Ess.* II, XXIII § 19 (P. V 205).

299 Dieses Kap. § 2 c.

vernichten, sondern nur reduzieren. In der Asche befinden sich organisierte Körper, denen Monaden entsprechen, darunter die kontrahierte Seele des verbrannten Tieres [300]. Die Bindung der Seele an einen organischen Körper überhaupt bedeutet aber nicht, daß sie ihren Sitz in einem bestimmten körperlichen Organ hat. Abgesehen davon, daß eine räumliche Lokalisierung der Seele im direkten und eigentlichen Sinne aus allgemeinen und prinzipiellen Gründen abzuweisen ist [301], befindet sich der Körper und jedes seiner Organe in einem ständigen Wechsel. Er wächst und zieht sich zusammen, entfaltet sich und schrumpft, er ist in einem unaufhörlichen Prozeß der Regeneration begriffen wie das Schiff des Theseus [302]. Aus diesem Grunde kann man nicht annehmen, »vel minimam materiae in nativitate a nobis acceptae particulam in corpore nostro superesse . . .«. Die Unvergänglichkeit nicht nur der Seele, sondern des Lebewesens bedeutet, daß »aliquod animal semper superest, etsi certum aliquod animal perenne dici non debeat, quia species animalis non manet, quemadmodum eruca et papilio idem animal non est, etsi eadem sit anima in utroque«. An der Identität und Erhaltung der Seele hängt die Identität des Individuums und der individuellen Substanz. Alle Schwierigkeiten, die aus dem Ansatz einer von aller Materie völlig abgesonderten Seele erwachsen, lösen sich im Lichte der Einsicht auf, daß »revera anima animalve ante nativitatem aut post mortem ab anima aut animali vitam praesentem vivente, non nisis rerum habitu et perfectionum gradibus, non vero toto entium genere differat«. Darin bekundet sich die Lehre von der durchgehenden Kontinuität der Natur, die Auffassung aller Zustände als durch mögliche kontinuierliche Übergänge miteinander verbunden und zusammenhängend. Schließlich sei noch hervorgehoben, daß nicht nur die Lebewesen im Sinne der gewöhnlichen Erfahrung und deren Seelen weder entstehen noch vergehen können; das Gleiche gilt von allen substantiellen Wesen überhaupt: nicht nur von den »animatis«, sondern auch »proportione de iis . . ., quae animalia proprie non sunt«. Sie alle können »diminui tantum et crescere, involvique atque evolvi, salva semper hac ipsa quadantenus substantia et in ea (utcunque transformetur) aliquo vitalitatis aut si mavis actuositatis primitivae gradu« [303]. In einem anderen Text lesen wir: »Substantia corporea neque oriri neque interire potest nisi per creationem aut annihilationem

---

[300] *An Arnauld,* 9/X 1687 (*Le Roy* S. 189 ff) und *an Lady Masham,* Mai 1704 (*P.* III 340). Ansichten dieser Art hat Leibniz schon in seiner Frühzeit vertreten, siehe *an Herzog Joh. Friedrich,* 21/V 1671 (*P.* I 53 f): und die sechste Glosse zur ersten der *Epistolae tres D. B. de Spinoza ad D. Oldenburgium:* »potest corpus humanum subtilius reddi et perfectius, ut ab igne, terra, aliisque sensibilibus nec destrui nec impediri queat« (*P.* I 125); vgl. auch A. Rivaud, »Textes inédits de Leibniz«, *Revue de Métaphysique et de Morale* XXII (1914) S. 113.

[301] S. 164 f. und 170 f.

[302] *Nouv. Ess.* II, XXVII § 6 (*P.* V 216 f). und vor allem den *Brief an Rud. Chr. Wagner,* 4/VI 1710 (*P.* VII 530), auf den sich die folgenden Ausführungen im wesentlichen beziehen.

[303] *P.* IV 396.

... Animata non oriuntur aut intereunt, tantum transformantur«[304]. Der Vergleich der beiden soeben zitierten Texte bestätigt die obige Bemerkung[305], daß »animatum« sowohl den Sinn von »beseelt« wie auch den von »belebt« haben kann. Offenkundig bedeutet »animata« in dem an zweiter Stelle zitierten Text »belebt«, während es in dem anderen Text als »beseelt« zu verstehen ist.

Man kann geltend machen, daß, wenn die Seele wie die Substanz überhaupt als intelligibles Gebilde angesetzt ist[306], ihre Unvergänglichkeit und ihr Nicht-Entstandensein aus diesem Ansatz oder, wenn man will, aus ihrer Definition folgt. Der gleiche Schluß ergibt sich aus der später[307] darzulegenden Lehre von der Substanz als Repräsentation des gesamten Universums, so daß sie nur mit dem Universum als ganzem entstehen und vergehen kann; auch hat Leibniz diesen Schluß wiederholt gezogen[308]. In ähnlicher Weise folgt die Erhaltung des Lebewesen als solchen aus der soeben erwähnten wesentlichen Bezogenheit der Substanz auf Körperliches. Wir haben unsere Darstellung der in Rede stehenden Leibnizischen Lehre auf seine von zeitgenössischen biologischen Theorien ausgehenden und diese weiter entwickelnden Überlegungen zentriert, um das Neue, das in dieser Lehre geltend gemacht wird, herauszustellen, nämlich die Auffassung, daß die Substanz Transformationen unterworfen ist, bei Wahrung ihrer Identität in wechselnden Graden der Entfaltetheit und Unentfaltetheit existieren und in zyklischem Wechsel aus einem dieser Grade in einen anderen übergehen kann.

Im Falle des Menschen nimmt die Unvergänglichkeit der Seele oder des Geistes einen besonderen Sinn an, der sich aus der Wesensbestimmung des Menschen durch die Fähigkeit zur Reflexion und zum Selbstbewußtsein ergibt. Während die Unvergänglichkeit aller anderen Wesen besagt, daß das Individuum in metaphysischer Strenge als identisches verharrt, bedeutet sie beim Menschen die Erhaltung der Person, des Wissens um sich selbst, eine gewisse Erinnerung an sein vergangenes Leben[309]. Nur beim Menschen spricht Leibniz daher von Unsterblichkeit in einem strikten Sinne[310]. Der Unsterblichkeit des Menschen setzt er bei den anderen Wesen »inextinguibilitas«[311], »incessabilité«[312], »indestructibilité«[313]

---

[304] *Couturat O. F.* S. 523.

[305] S. 194 f.

[306] S. 165 ff.

[307] Kap. V § 3 c.

[308] *Couturat, O. F.* S. 16: »... cum natura sua sit speculum universi, non magis cessat quam ipsum universum«; *an de Volder,* 20/VI 1703 (*P.* II 251).

[309] *Disc.* 12, 34, 36; *an Arnauld,* 4(14)/VII 1686 und 9/X 1687 (*Le Roy* S. 47, 72, 74 f, 112, 192); *Couturat, O. F.* S. 16; *Introductio ad Encyclopaediam arcanam* (*Couturat, O. F.* S. 514 f).

[310] *An Rud. Chr. Wagner,* 4/VI 1710 (*P.* VII 531).

[311] *Antibarbarus physicus* (*P.* VII 344).

[312] *Nouv. Ess.* II, XXVII § 9 (*P.* V 218).

[313] *Théod.* I 89: »... j'aime mieux dire qu'elles (scl. les âmes des brutes) sont impérissables, que de les appeler immortelles« (*P.* VI 151); *an des Bosses,* 16/X 1706: »... brutorum animae personam non habent ... solus ex notis nobis animalibus

entgegen. Als ein fundamentaler Charakter kommt die Unvergänglichkeit allen Substanzen zu. Jedoch wandelt sich dieser Charakter gemäß den Stufen der hierarchischen Ordnung der Substanzen ab und besondert sich auf jeder Stufe in einer der jeweiligen Stufe konformen Weise [314].

Nach Cassirer [315] hat Leibniz das Problem der Unsterblichkeit völlig aus dem Zusammenhang der religiösen Interessen herausgenommen und es vom Boden der Theologie auf den der Biologie verpflanzt. Auch unsere Darlegungen zeigen, daß sich die Unvergänglichkeit der Substanzen im Allgemeinen und die Unsterblichkeit des Menschen aus Überlegungen ergeben, die sich rein auf die Phänomene des Lebens beziehen, wobei diese Überlegungen durchweg von der bewußt geübten Methode der analogisierenden Extrapolation geleitet sind [316]. Trotzdem scheint uns Cassirer zu weit zu gehen, da Leibniz im Zusammenhang mit der Frage der Unsterblichkeit des Menschen ständig auf die Belange der Moral und Religion Rücksicht nimmt. Jedoch tritt bei Leibniz der religiös-moralische Gesichtspunkt nicht rein äußerlich zu dem theoretischen hinzu, was später [317] hinsichtlich der besten möglichen Welt ersichtlich werden wird. In Anlehnung an später von Cassirer [318] geprägte Wendung kann man richtiger von der Harmonie und dem »Einklang zwischen den verschiedenartigen ... Betrachtungsweisen« sprechen oder, noch weitergehend, aber durchaus im Sinne der *Essais de Théodicée,* und besonders des *Discours préliminaire,* von einer Konformität, vielleicht sogar Konvergenz zwischen religiösem Glauben und Vernunft.

homo habet personae immortalitatem, quippe quae in conscientiae sui conservatione consistit, capacemque poenae et praemii reddit« (*P.* II 325).

[314] Über den Begriff der Stufenkonformität siehe Kap. V § 7 b und c.

[315] Cassirer, *Leibniz' System* S. 417 f.

[316] Hingegen meint Friedmann, *Leibniz et Spinoza* S. 44, besonders Anm. 2, daß die fragliche Lehre Leibnizens im Dienste theologischer Interessen steht, um nicht nur die Unsterblichkeit der Seele, sondern auch die Wiederauferstehung der Leiber zu begründen. Folgt man diesem Gedankengang, so ergibt sich, daß Leibniz mehr »begründet« hat als nötig war, nämlich auch die Wiederauferstehung der tierischen Leiber. Daran zeigt sich das Missliche von Versuchen, eine Theorie aus außersachlichen »Motiven« zu »erklären«, statt sie im Lichte der Logik ihres systematischen Zusammenhangs zu sehen.

[317] S. 461 ff.

[318] Cassirer, *Erkenntnisproblem* II 188 ff.

KAPITEL V: DAS SYSTEM DER SUBSTANZEN

§ 1 Problem der Methode

Indem wir daran gehen, die Leibnizische Lehre von der Substanz nach ihrer inhaltlichen Seite zu entwickeln, finden wir uns vor ein Problem der Methode gestellt. Soll die Entwicklung der Leibnizischen Lehre ihren Ausgang nehmen von der Einzelmonade oder vielmehr von dem System der Monaden, dem intermonadischen Zusammenhang? Bei dieser Frage handelt es sich nicht um die literarische Form der Darstellung, sondern sie betrifft die innere Logik der Leibnizischen Philosophie und den dieser Logik entsprechenden sachlichen Aufbau.

Wohl fast alle Interpreten, die eine systematische Rekonstruktion der Leibnizischen Philosopie vorgelegt haben, sind von der Einzelsubstanz und ihrer Struktur ausgegangen und haben von hier aus den Übergang zum System der Substanzen gesucht. Das ist der Weg, den auch Brunschvicg eingeschlagen hat und auf dem er den Schwierigkeiten des Leibnizianismus begegnet ist, z. B. dem oben [1] erwähnten Problem der Verhältnisse der Monaden zum Raum [2]. Auf diesem Weg sie später [3] eine eingehende Darstellung erfahren soll. Bekanntlich charakterisiert erwächst noch eine weitere Schwierigkeit, die hier nur kurz angedeutet sei, da Leibniz die Monade nach ihrer inhaltlichen Seite durch zwei Fundamentalbestimmungen: sie ist »fensterlos« abgeschlossen, und sie repräsentiert das gesamte Universum. Mit der letzteren Bestimmung hängt eng zusammen die als Prinzip der universellen Harmonie formulierte Übereinstimmung der Monaden, deren Zustände in einem Verhältnis gegenseitiger Entsprechung zueinander stehen. Geht man von der Einzelmonade und ihrer fensterlosen Abgeschlossenheit aus, so stellen die den Monaden beigelegte repräsentative Funktion und erst recht die zwischen ihnen bestehende Beziehung der Zuordnung ihrer Zustände zueinander zusätzliche Bestimmungen dar, die nachträglich zur Fensterlosigkeit hinzukommen, aus ihr aber nicht abgeleitet werden können noch in einem sachlichen Zusammenhang mit ihr stehen. Beim Ausgang von der Einzelmonade kommt schon in den Ansatz des Substanzbegriffes eine Pluralität, zum mindesten eine Dualität unverbundener Bestimmungen herein, wo hingegen — wie zu zeigen sein wird [4] — aus

---

[1] S. 163 ff.
[2] Auch Couturat, dessen Interpretation in Kap. VI § 3 zur Sprache kommen wird, geht den gleichen Weg, obschon seine Ausgangsposition eine andere ist als die von Brunschvicg.
[3] Kap. VI § 3. [4] S. 238 ff.

der Bestimmung der Monade als Repräsentation des Universums sich ihre Fensterlosigkeit in dem von Leibniz gemeinten Sinne ohne weiteres ergibt.

Wird eine Vielheit von Monaden angesetzt, und werden diese als Repräsentationen des Universums bestimmt, so erwächst die Frage nach der Beziehung der
Monaden, genauer nach der zwischen den verschiedenen Repräsentationen des
Universums ungezwungen und s. z. s. in organischer Weise und tritt nicht nachträglich auf. Bei diesem Ansatz ist vorausgesetzt, daß die Monaden ein System
bilden, daß zwischen ihnen ein Zusammenhang besteht; und die Lehre von der
universellen Harmonie hat dann die Aufgabe, diesen zunächst formal-unbestimmt
angesetzten intermonadischen Zusammenhang des Näheren zu spezifizieren. So
führt bereits eine vorläufige und oberflächliche Erwähnung der repräsentativen
Natur der Monade auf den intermonadischen Zusammenhang. Damit stellt sich
die methodologische Frage, ob die systematische Rekonstruktion der Leibnizischen
Philosophie nicht im Gegensatz zur traditionellen Interpretation von dem System
der Substanzen, dem intermonadischen Zusammenhang auszugehen hat. Beim
Übergang zur Einzelsubstanz erhält dann deren Erörterung den Sinn einer Strukturanalyse, eines Gebildes, das von vornherein als Glied des intermonadischen
Systems bestimmt ist, so daß die Zugehörigkeit zu diesem System ein wesentliches Moment ihrer Struktur bildet.

Auf den intermonadischen Zusammenhang sind wir bereits im Laufe der Darlegung der Zugangsproblematik gestoßen, und zwar von der Frage aus, wie die
Konzeption der Monadenlehre, d. h. die Konzeption eines Systems von aufeinander abgestimmten Substanzen von Seiten des menschlichen Geistes möglich ist,
der völlig auf die in sich geschlossene Welt, die er bildet, beschränkt ist[5]. Wir
gingen davon aus, daß die Vorzugsstellung des menschlichen Geistes nach Leibniz
in der Fähigkeit zum Selbstbewußtsein und zur Reflexion besteht, in der Fähigkeit, sich auf seine eigenen Zustände zu richten, sich ihrer zu versichern und sie
sich ausdrücklich zu machen, wenngleich nur innerhalb gewisser aus seiner Endlichkeit sich ergebenden und durch diese bestimmten Grenzen[6]. Dann stellten wir
die Hypothese auf, daß Verweisungen und Bezüge auf andere Monaden in den
Zuständen, Accidentien und Modifikationen einer gegebenen Einzelmonade als
immanente Strukturmomente enthalten und beschlossen sind. Durch die Reflexion
des menschlichen Geistes auf seine eigenen Zustände werden diese Verweisungen
und Bezogenheiten auf andere Monaden entdeckt und können innerhalb gewisser
Grenzen expliziert und ausdrücklich gemacht werden. In der Reflexion auf uns
selbst erschließt sich uns der intermonadische Zusammenhang, und wir erfassen
uns selbst als in diesem Zusammenhang stehend und ihm zugehörig. Beim Ausgang von einer Einzelsubstanz — jener, die wir selber sind, d. h. ein jeder von
uns — und beim Versuch, in ihre Struktur einzudringen, entdecken wir den intermonadischen Zusammenhang in uns selbst, insofern als alle Bezüge und Ver-

---

[5] Kap. III § 4 b.
[6] Kap. III § 5 besonders b und c.

weisungen, von denen hier die Rede ist, in der Struktur der betr. Einzelsubstanz eingezeichnet sind und durch den Vollzug der Reflexion enthüllt werden können. Unsere Hypothese wird durch die Interpretation der Lehre von der Substanz als Repräsentation des Universums substantiiert werden. Dabei wird sich mehr ergeben als zur Substantiierung unserer Hypothese erforderlich ist, insofern als sich später[7] herausstellen wird, daß das Wissen des Menschen um das System der Substanzen — innerhalb der Grenzen, in denen dieses Wissen sich notwendigerweise hält — für Leibniz nicht den Sinn eines für dieses System nebensächlichen Umstandes oder Ereignisses hat. Vielmehr ist es für das System der Substanzen wesentlich, an einer bestimmten Stelle seines Stufenbaus — wenn man so sagen darf — seiner selber bewußt zu werden.

Ins Zentrum der Rekonstruktion der Leibnizischen Philosophie stellen wir die Lehre von der Substanz als Repräsentation des Universums. Zur Interpretation dieser Lehre ist es erforderlich, zunächst den intermonadischen Zusammenhang in Betracht zu ziehen und seine spezifische Systematik herauszustellen. Unser methodisches Vorgehen, die Leibnizische Philosophie im Ausgang von dem intermonadischen Zusammenhang zu entwickeln, kann seine Rechtfertigung nur durch seine Bewährung in der Durchführung finden, nämlich durch die Einheitlichkeit und Geschlossenheit der Deutung, die dieses Vorgehen ermöglicht.

§ 2 Systematische Einheit des Universums

Für das Bestehen eines intermonadischen Zusammenhangs ist es eine unerläßliche Voraussetzung, daß die Welt nicht in eine Vielheit unverbundener Wesen zerfällt, sondern eine Einheit bildet. Das gilt sowohl für die Welt der Monaden oder Substanzen wie für die phänomenale Welt, die der ersteren entspricht und an ihr Halt und Stütze hat[8]. Unter der Welt versteht Leibniz »toute la suite et toute la collection de toutes les choses existantes«[9]. Das alles bildet eine Gesamtheit, einen Zusammenhang, ein Universum. Zwischen den unendlich vielen möglichen Welten besteht allerdings keinerlei Beziehung noch Zusammenhang. Innerhalb einer jeden möglichen Welt und damit auch der Wirklichkeit gewordenen, die jetzt im Zentrum unseres Interesses steht, kann es keine voneinander abgesonderten und gegeneinander isolierten Teilwelten geben. In diesem Sinne gibt es keine Vielheit von Welten innerhalb der wirklichen Welt[10].

Nun kann die Einheit der Welt, um die es sich hier handelt, nicht die der Substantialität eigene und eigentümliche Einheit sein[11]. Vielmehr hat sie den Sinn einer systematischen Einheit: die Glieder, zwischen denen sie besteht, sind zwar

---

[7] S. 270 f.   [8] Siehe hierzu Kap. VII § 7 c.
[9] *Théod.* I 8 (*P.* VI 107).
[10] *Couturat, O. F.* S. 529.
[11] Siehe oben S. 170 ff.

voneinander abgesondert und getrennt und sogar in einem gewissen Sinn voneinander unabhängig — z. B. Monaden wirken nicht aufeinander ein. Dennoch sind diese Glieder aufeinander ausgerichtet und abgestimmt und bestimmen sich gegenseitig zu dem, was ein jedes von ihnen jeweilig ist. Indem sie bei ihrer Selbständigkeit in dieser Weise aufeinander bezogen sind, bilden sie einen systematischen Verband, der eine spezifische Einheit aufweist.

a. Das göttliche Gesamtdekret

Die systematische Einheit der Welt als eines organisierten Universums hat ihren letzten Grund in der Einheit der Schöpfung. Hier ist nicht der Ort, auf den Sinn, den die Erschaffung der Welt durch Gott bei Leibniz hat, und auf die darauf bezügliche Problematik näher einzugehen. Einstweilen benutzen wir den Ausdruck ›Schöpfung‹ gewissermaßen als eine bequeme Abkürzung und lassen die Bestimmung des Sinnes dieses Begriffs dahingestellt, um sie später[12] nachzuholen. Es handelt sich uns hier ausschließlich um die Einheit der Welt, die Leibniz in seiner Auseinandersetzung mit Arnauld wie auch in weiteren Schriften immer wieder auf der Einheit des Schöpfungsaktes, oder, wie er vorzugsweise sagt, des göttlichen Schöpfungsdekrets begründet hat. Abgesehen von literarischen Gelegenheitsumständen ist noch zu erwähnen, daß — wie Belaval[13] gezeigt hat — Leibniz wie auch Descartes die Natur in der theologischen Perspektive der Schöpfung sehen. Folglich bestimmt sich bei beiden der Sinn des Naturgesetzes als Dekret, wenngleich — wie gerade Belaval nachgewiesen hat — Descartes und Leibniz in der näheren Deutung des Gesetzes-Dekrets sehr verschiedene Wege gehen. Was Leibniz angeht, so ist der Ausdruck »Dekret« nicht in dem voluntaristischen oder gar dezisionistischen Sinne zu verstehen, den er zu haben scheint. Auch das kann erst in späteren Ausführungen[14] näher und genauer dargelegt werden.

In dem ihm allein zugesandten *Sommaire* nimmt Arnauld Anstoß an Leibnizens These »Comme la notion individuelle de chaque personne enferme une fois pour toutes ce qui lui arrivera jamais, on y voit les preuves a priori de la vérité de chaque événement, ou pourquoi l'un est arrivé plutôt que l'autre«[15]. Aus dieser These ergibt sich, daß Gott zwar frei war, Adam zu erschaffen, daß aber, nachdem Adam erschaffen war, Gott jeder Freiheit in bezug auf die späteren Ereignisse entsagt hat, so daß »tout ce qui est depuis arrivé au genre humain, et qui lui arrivera à jamais, a dû et doit arriver par une nécessité plus que fatale«[16]. In dem *Brief an Leibniz* präzisiert Arnauld seine Schwierigkeiten[17]. Ohne Zweifel hat

---

12 Siehe Kap. VIII § 4 a.
14 Kap. VIII § 4 c.
15 *Sommaire* 13 (*Le Roy* S. 81). Der Interpretation dieser These wie überhaupt der »notion complète d'une substance individuelle« wird fast das ganze Kap. VI gewidmet sein.
16 *Arnauld an Landgraf Ernst von Hessen-Rheinfels*, 13/III 1686 (*Le Roy* S. 83); ebenso *an Leibniz*, 13/V 1686 (*Le Roy* S. 95).
17 *Arnauld an Leibniz*, 13/V 1686 (*Le Roy* S. 96).

13 Belaval, *Leibniz critique de Descartes* 453 ff.

Gott aufgrund seiner Allwissenheit und Allmacht bei der Erschaffung Adams alle späteren Ereignisse vorausgesehen, und sie sind so eingetreten, wie er sie angeordnet hat. Die Frage ist nur, ob die Verbindung zwischen Adam und seiner Nachkommenschaft lediglich eine Folge der freien Anordnungen (»décrets libres«) Gottes ist, oder ob zwischen allen diesen Personen und den sie betreffenden Ereignissen auch unabhängig von den göttlichen Dekreten eine »connexion intrinsèque et nécessaire« besteht.

In seinen Antworten betont Leibniz zunächst die Einheit des göttlichen Willens und der göttlichen Dekrete. Im Gegensatz zum Menschen trifft Gott seine Willensbeschlüsse nicht von Fall zu Fall, nicht nach den jeweiligen Umständen, (»selon les occurrences«) [18]. Man darf die göttlichen partikularen Dekrete, d. h. die auf die jeweiligen Einzelereignisse bezogenen und sie anordnenden, nicht als voneinander abgesondert (»détachés«) und in bezug aufeinander unabhängig und selbständig auffassen. Vielmehr »il faut considérer en Dieu une certaine volonté plus générale, plus compréhensive, qu'il a à l'égard de tout l'ordre de l'univers ... cette volonté comprend virtuellement les autres volontés touchant ce qui entre dans cet univers, et parmi les autres aussi celles de créer un tel Adam ... et même on peut dire que ces volontés en particulier ne diffèrent de la volonté en général que par un simple rapport, et à peu près comme la situation d'une ville considérée d'un certain point de vue diffère de son plan géométral; car elles expriment toutes, tout l'univers, comme chaque situation exprime la ville« [19]. Im strengen Sinne verstanden, erläßt Gott überhaupt keine partikularen Dekrete und hat keine »volonté particulière«, wofern Partikularität Abgesondertheit und Unabhängigkeit von der »volonté générale« bedeutet [20]. Spricht man in bezug auf ein bestimmtes Ereignis von einem partikularen Dekret, kraft dessen das Ereignis eingetreten ist, so ist das niemals im Sinne eines Sonderdekrets zu verstehen, das eigens und ausdrücklich im Hinblick auf das betr. Ereignis erlassen wird [21].

Leibnizens Position ist von Malebranche weitgehend vorbereitet. Nach Malebranche handelt Gott gemäß seiner »volonté générale« und nicht auf Grund von »volontés particulières« [22]. Die göttliche »volonté générale« findet in der Natur

---

[18] *An Landgraf Ernst von Hessen-Rheinfels*, 2 (12)/IV 1686 (*Le Roy* S. 91).

[19] *An Landgraf Ernst von Hessen-Rheinfels*, 12/IV 1686 (*Le Roy* S. 87 f.). Der Umstand, daß das von Leibniz so oft verwendete Bild von den perspektivischen Erscheinungsweisen einer Stadt (siehe unten S. 228 ff.) gerade in diesem Zusammenhang herangezogen wird, scheint uns in besonderem Maße unsere Behauptung zu bekräftigen, daß die Leibnizsche Rede von Gesichtspunkten, Standpunkten, Perspektiven und dgl. der Monaden als im oben (S. 169 f.) angegebenen Sinne metaphorisch aufzufassen ist.

[20] *Théod.* III 337: »Dieu ne saurait jamais avoir une volonté particulière primitive, c'est à dire indépendante des lois ou des volontés générales ...«; II 196 (*P.* VI 315 233); *an Clarke* V 66 und 68 (*P.* VII 407).

[21] *Remarques sur la lettre de M. Arnauld* (*Le Roy* S. 107).

[22] Malebranche, *Recherche de la vérité* XVe Éclaircissement (*Oeuvres* III 215 ff); *Traité*

ihren Ausdruck in zwei fundamentalen Bewegungsgesetzen, von denen das eine das Trägheitsgesetz ist und das andere die Verteilung der Bewegungsmenge beim Zusammenstoß mehrerer Körper betrifft [23]. Was gemeinhin Natur heißt, ist streng genommen nach Malebranche »rien autre chose que les lois générales que Dieu a établies pour construire ou conserver son ouvrage par des voies très simples, par une action toujours uniforme, constante, parfaitement digne d'une sagesse infinie, et d'une cause universelle« [24]. Die erwähnten Bewegungsgesetze entstammen einer Satzung des göttlichen Willens, die nichts von Notwendigkeit hat, sondern völlig willkürlich ist. »... les volontés de Dieu ... ne sont point nécessaires: elles sont arbitraires à l'égard des êtres créés.« [25] Wenngleich durch einen Akt freier göttlicher Willkür gesetzt, sind die Bewegungsgesetze wegen der Unveränderlichkeit Gottes und des göttlichen Willens endgültig, unverbrüchlich und unabänderlich [26]. In dieser Hinsicht findet Malebranche sich in Übereinstimmung mit Descartes, der allerdings noch weiter geht und auch die Geltung der ewigen Wahrheiten von der göttlichen Willkür abhängig macht, — eine Lehre, gegen die sowohl Malebranche wie Leibniz sich gewandt haben [27]. Mit Hilfe seiner Lehre von den möglichen Welten und der Kontingenz einer jeden möglichen Welt, daher auch der wirklichen Welt, sowie mit Hilfe des damit eng zusammenhängenden Begriffs der hypothetischen Notwendigkeit [28], gelingt es Leibniz der Alternative: absolute Notwendigkeit oder freie Willkür zu entgehen, genauer gesagt, diese Alternative zu überwinden.

Wegen ihrer Abkünftigkeit von einer Willkürsatzung liegen nach Malebranche die Bewegungsgesetze unterhalb des »Ordre de la Justice«, der auch für Gott absolut unverbrüchliche Geltung besitzt [29]. Daher geht Gott zuweilen von den »lois arbitraires« ab, jedoch »il ne s'en dispense jamais, que l'ordre ne le

---

de la nature et de la grâce, Premier Éclaircissement XV (Oeuvres V 165 f); Méditations chrétiennes et métaphysiques XI, XIII ff Oeuvres X 120 ff). Siehe auch Gueroult, Malebranche II (Paris 1959) Kap. VI.

[23] Malebranche, Traité de la nature et de la grâce I, XV ff (Ouevres V 30 ff).

[24] Id., a.a O. Premier Éclaircissement III (Oeuvres V 148); Entretiens sur la métaphysique et sur la religion IX, X (Oeuvres XII 213 ff). Die Theorie von der göttlichen »volonté génerale« gilt aber nicht für den Augenblick der Schöpfung, wenn die allgemeinen Gesetze erst in Kraft gesetzt werden; siehe zu dieser Frage H. Gouhier, La philosophie de Malebranche et son expérience religieuse (Paris 1926) Première Partie chap. II, II und Gueroult, Malebranche III (Paris 1959) chap. IX §§ 3 ff.

[25] Malebranche, Méditations chrétiennes et métaphysiques V, VII (Oeuvres X 49).

[26] Id., Entretiens sur la métaphysique et sur la religion VIII, II (Oeuvres XII 175 ff).

[27] Kap. I § 3 b.

[28] Kap. II § 5 b.

[29] Malebranche, Traité de la nature et de la grâce I, XX (Oeuvres V 33) und Premier Éclaircissement XIX: »... parce que l'Ordre est à l'égard de Dieu même une loi infiniment plus inviolable, que les lois qu'il a établies pour la construction de son Ouvrage, il ne manque jamais de faire ce que l'ordre lui prescrit« (Oeuvres V 170); Méditations chrétiennes et métaphysiques XVII f (Oeuvres X 76).

demande« [30]. Auch in solchen Fällen handelt es sich im Grunde nicht um »volontés particulières« im eigentlichen Sinne. Vielmehr »lorsque Dieu fait un miracle, et qu'il n'agit point en conséquence des lois générales qui nous sont connues, je prétends, ou que Dieu agit en conséquence d'autres lois générales, qui nous sont inconnues, ou que ce qu'il fait alors, il y est déterminé par de certaines circonstances qu'il a eu en vue de toute éternité, en formant cet acte simple, éternel, invariable, qui renferme et les lois générales de sa providence ordinaire, et encore les exceptions de ces mêmes lois« [31]. Auf diese Weise findet Malebranche für die Wunder Platz, ohne anläßlich ihrer auf göttliche »volontés particulières« zu rekurrieren [32].

In der Frage der Wunder und überhaupt der »volonté générale« und »volontés particulières« schließt Leibniz sich an Malebranche an und geht sogar über ihn hinaus. Unter Bezugnahme auf Malebranche schreibt Leibniz: »Dieu ... n'a aucune volonté sur les événements individuels, qui ne soit une conséquence d'une vérité ou d'une volonté générale ... Dieu n'a jamais de *volontés particulières* ... *primitives*« [33]. Hinsichtlich der wirklichen, d. h. zur Existenz zugelassenen Welt, auf die wir uns zunächst beschränken, gibt es nur *ein* Gesamtdekret, in dem alle Einzeldekrete einbegriffen sind. Sie sind darin beschlossen wie die Konsequenzen eines Prinzips in dem letzteren enthalten sind, das sich in diese seine Konsequenzen entwickelt, sich in ihnen auseinanderlegt, entfaltet und in ihnen darstellt [34]. Daher gibt es zwischen den partikularen Dekreten keine Ordnung; alle göttlichen Dekrete sind simultan, nicht nur in bezug auf die Zeit, sondern auch »in signo rationis ou dans l'ordre de la nature« [35]. Die auf die jeweiligen Ereig-

---

[30] Id., *Traité de la nature et de la grâce* I, XX f (*Oeuvres* V 34).

[31] Id., *Entretiens sur la métaphysique et sur la religion* VIII, III (*Oeuvres* XII 177) und *Méditations chrétiennes et métaphysiques* VIII, XXV f (*Oeuvres* X 91 ff). Über den Sinn, in dem nach Malebranche die Wunder als Abweichungen von den allgemeinen Gesetzen im »Ordre« begründet und von ihm erfordert sind, siehe die ausführlichen Darstellungen von Gueroult, *Malebranche* II Kap. IV §§ 6 ff und Kap. VI §§ 35 ff.

[32] Malebranche, *Traité de la nature et de la grâce* Dernier Éclaircissement (*Oeuvres* V 197 ff); vgl. Gouhier, *La philosophie de Malebranche et son expérience religieuse* Première Partie Chap. II, IV.

[33] *Théod.* II 206 f; II 204 und III 241 (*P.* VI 240 f, 238, 261). Über die Wunder als »conformes à l'ordre général« vgl. u. a. *Disc.* 7, 16; *Remarques sur la lettre de M. Arnauld* (*Le Roy* S. 42, 52, 107); Robinet, *Malebranche et Leibniz* S. 202 f; *Théod.* I 54 (*P.* VI 132). Der Einfluß von Malebranche ist von Rolland, *Le déterminisme monadique* Kap. VI hervorgehoben worden.

[34] Vgl. Belaval, *Leibniz critique de Descartes* S. 455.

[35] *Théod.* I 84 (*P.* VI 147). Wenn Leibniz in dem *Brief an Arnauld,* 30/IV 1687 (*Le Roy* S. 161) bemerkt »chaque volonté de Dieu enferme toutes les autres, mais avec quelque ordre de priorité«, so liegt darin kein Widerspruch. Alle Dekrete sind simultan in dem Sinne, in dem alle Konsequenzen eines Prinzips in diesem enthalten und in Eins mit ihm gleichzeitig mitgesetzt sind. Damit est es aber nicht unverträglich, daß zwischen dem Prinzip und seinen Konsequenzen und auch zwischen diesen Konsequenzen selbst eine gewisse logische Priorität besteht, die sich z. B. auch in der

nisse bezüglichen partikularen Dekrete sind also — wie gesagt — nicht als Sonderdekrete aufzufassen, sondern als Spezifikationen des allgemeinen Dekrets, als
dessen besondere Formen, die es unter speziellen, in ihm selbst vorgezeichneten
Umständen annimmt. Auf den vorhin [36] erwähnten Einwand Arnaulds antwortet
daher Leibniz, daß zwar der göttliche Beschluß, Adam oder sonst irgendeine individuelle Substanz zu schaffen, »enferme des résolutions pour tout le reste ...
Néanmoins ... il faut dire que ce n'est pas tant à cause que Dieu a résolu de créer
cet Adam qu'il a résolu tout le reste, mais que, tant la résolution qu'il prend à
l'égard d' Adam, que celle qu'il prend à l'égard d'autres choses particulières, est
une suite de la résolution qu'il prend à l'égard de tout l'univers ...« [37].

Schöpfung bedeutet für Leibniz — wie später [38] darzulegen sein wird — eine
Auswahl unter möglichen Welten und die Auszeichnung der ausgewählten durch
Zulassung zur Existenz. Da es keine Sonderdekrete gibt, werden die Einzelsubstanzen nicht jede für sich ausgewählt, um dann, s. z. s. nachträglich zu einem
Universum oder einer Welt zusammengefaßt zu werden. Vielmehr betrifft das
eine göttliche Schöpfungsdekrete [39] und der eine dieses Dekret erlassende Wille
(die »volonté conséquente« oder »volonté finale, décisive, décrétoire«) [40] das Universum als solches und als ganzes und die diesem Universum angehörigen Wesen
insofern, als sie ihm angehören [41]. Die Auswahl findet nicht unter Einzelsubstan-

Reihenfolge manifestieren kann, in der die den Konsequenzen (den Einzeldekreten)
entsprechenden Ereignisse eintreten.

36 S. 189.
37 *Remarque sur la lettre de M. Arnauld*; ebenso *an Arnauld*, 4(14)/VII 1686 (*Le Roy*
    S. 108, 114, 117); *Grua* S. 345: »... Deus ne de minima quidem re universi quic-
    quam statuit ante totam seriem possibilium consideratam, ut scilicet decernat tale
    potius quam aliud constituere universum. Itaque non homo, sed tota series possi-
    bilium faciens hoc universum cum omnibus suis statibus praeteritis praesentibus
    futurisque simul sumtum, divini decreti objectum est«; vgl. auch *an Foucher*, 1686
    (*P.* I 383 f).
38 Kap. VIII § 4 a.
39 Das Schöpfungsdekret ist von dem Gesamtdekret zu unterscheiden, in dem alle Son-
    derdekrete inbegriffen sind und das wir sogleich mit dem Fundamentalbegriff des
    Universums gleichsetzen werden. Zur Unterscheidung beider Dekrete siehe die
    S. 102 f. zitierten Texte aus *Couturat, O. F.* S. 24.
40 Zur Unterscheidung dieser »volonté« von der »volonté antécédente« siehe *Théod.*
    I 22 und II 119 (*P.* VI 115 f, 170).
41 Siehe die kommentierenden Bemerkungen von Le Roy, *loc. cit.* 258 f (zu *Disc.* 30,
    Anm. 10 und 13): »... Dieu a posé d'un seul coup dans l'existence le système uni-
    versel des êtres et des choses, sans jamais procéder par initiatives indépendantes
    ou par opérations fragmentaires ... Dieu n'a pas choisi ces êtres individuellement et
    pour ainsi dire un à un, mais il les a choisis ensemble solidairement, en tant que
    parties d'un même monde dont ils étaient les membres«; vgl. auch A. T. Tymien-
    iecka, *Leibniz' cosmological synthesis* S. 174 f und Ortega y Gasset, *The idea of
    principle in Leibniz and the evolution of deductive theory* S. 229 (allerdings in merk-
    würdigem Widerspruch zu einer späteren Bemerkung S. 359).

zen und -geschehnissen statt, sondern unter Inbegriffen und »Reihen« [42]. Da jedes Einzeldekret im Gesamtdekret beschlossen ist, besagt die Erschaffung eines Einzelwesens seine Zulassung zur Existenz als Mitglied des gesamten Universums, dem es angehört, und ist eine Folge der Auswahl und Auszeichnung des Universums als ganzem. Daher stellt sich nicht die Frage »an Adamus sit peccaturus«; vielmehr ist zu fragen »an Adamus peccaturus ad existentiam sit admittendus«; »intelligi enim potest Deum non decernere, utrum Adamus peccare debat, sed utrum illa series rerum, cui inest Adamus, cujus perfecta notio individualis peccatum involvit, sit aliis nihilominus praeferenda« [43]. Man kann zwar sagen »toutes volontés de Dieu à l'égard d'une chose singulière sont particulières«, jedoch nur in dem Sinne, daß sie »les suites des universelles appliquées« sind [44]. Versteht man aber eine »voluntas particularis« dahin, daß sie »in nullam generalem potest resolvi, puto nullam Dei voluntatem esse particularem, cum omnia a Deo secundum generales quasdam leges fiant« [45]. Mit dem Bestehen auf dem Gesamtdekret, aus dem alle Ereignisse und alle Schicksale aller Menschen sich als Konsequenzen ergeben, hat Leibniz — wie Bréhier [46] meint — versucht, Calvinistische Lehren abzuwehren.

b. Der Fundamentalbegriff jedes Universums

Was im Vorangehenden als Gesamtdekret im Unterschied zum Schöpfungsdekret bezeichnet wurde, ist nichts anderes als der gelegentlich schon beiläufig erwähnte Fundamentalbegriff, der dem Universum zu Grunde liegt [47]. In diesem Fundamentalbegriff sind wesentliche Grundgesetze derart beschlossen, daß »ex primis legibus seriei essentialibus sine exceptione veris, quae totum scopum Dei in eligendo universo continent ... derivari possunt ⟨subalternae⟩ leges naturae, quae physicam tantum habent necessitatem ... et ex his denique aliae colliguntur quarum

---

[42] *Théod.* I 84: »... Dieu ... a considéré entre autres suites possibles des choses, celle qu'il a approuvée depuis ... ce qu'il prononce regarde toute la suite à la fois, dont il ne fait que décerner l'existence« (P. VI 148); vgl. auch *an Bourguet*, 11/IV 1710 (P. III 550 f) und *an Clarke*, V 6 (P. VII 390).

[43] *Spec. inv.* (P. VII 311 f); *Couturat, O. F.* 520: »... manifestum est Deum ex infinitis individuis possibilibus eligere ea quae supremis arcanisque suae sapientiae ⟨finibus⟩ magis consentanea putat, nec si exacte loquendum est, decernere ut Petrus peccet, aut Judas damnetur, sed decernere tantum ut prae aliis possibilibus Petrus ... peccaturus, et Judas damnationem passurus ad existentiam perveniant«; *Grua* S. 350.

[44] *Grua* S. 492; *Robinet, Malebranche et Leibniz* S. 413: »... cum sciat Deus quae sequantur ex generalibus probetque, itaque particulares voluntates habebit, sed non particulares primitivas«.

[45] *Bodemann,* L. H S. 106.

[46] Bréhier, *Histoire de la philosophie* II 262.

[47] *Remarques sur la lettre de M. Arnauld*: »... cet univers a une certaine notion principale ou primitive, de laquelle les événements particuliers ne sont que des suites ...« (*Le Roy* S. 107).

adhuc minor est universalitas . . .«[48] Damit ist die ganze Ordnung der Welt und ihre Gesetzmäßigkeit im Einzelnen einigen wenigen Grundgesetzen und letzten Endes einem einzigen unterstellt [49]. Auch für diejenigen möglichen Welten, die nicht zur Existenz zugelassen sind, gilt, daß jede von ihnen auf einem gewissen Fundamentalbegriff beruht. ». . . unaquaeque series universi possibilis certis quibusdam decretis liberis primariis sibi propriis sub possibilitatis ratione sumtis innititur.«[50] Damit bestätigt sich die Unterscheidung zwischen Gesamtdekreten d. h. Fundamentalbegriffen möglicher Welten und dem Schöpfungsdekret, denn das letztere ist nur hinsichtlich *einer* möglichen Welt und des dieser zu Grunde liegenden Fundamentalbegriffs erlassen.

Nur das Schöpfungsdekret hängt vom Willen Gottes ab. Dagegen gehören die Gesamtdekrete — wie später [51] genauer dargelegt werden wird — als Fundamentalbegriffe möglicher Welten dem göttlichen Intellekt an und werden von Gott in diesem ohne Beteiligung seines Willens vorgefunden. Leibniz benutzt immer wieder den Ausdruck »Dekret« und spricht von göttlichen Zwecken, Absichten und Plänen [52]. Im Hinblick auf spätere Ausführungen deuten wir diese Wendungen als voluntaristische Ausdrucksformen, in die ein im Grunde logisch-ontologischer Sachverhalt eingekleidet ist. Die Umstände der Korrespondenz mit Arnauld mögen diese Einkleidungsform motiviert haben. Jedenfalls ist es nicht so, daß zunächst eine bestimmte Absicht dezisionistisch gefaßt wird und sich dann die Frage nach den Mitteln stellt, mit deren Hilfe diese aus dem Willen stammende Absicht verwirklicht werden kann. Der göttliche Wille tritt nur bei der Schöpfung, d. h. Zulassung zur Existenz einer möglichen Welt in Aktion, und er gründet sich auf einen Vorzug, den die betr. Welt vor allen anderen möglichen Welten aufweist. Folglich müssen sämtliche mögliche Welten, darunter die in ihrer Vorzugstellung vor allen anderen zur Existenz zuzulassende, dem göttlichen Willen vorgegeben sein, und sie sind es durch ihre Existenz im göttlichen Intel-

---

[48] *Couturat, O. F. S.* 19.

[49] In seinem Kommentar zu *Remarques sur la lettre de M. Arnauld* schreibt Le Roy, a. a. O. S. 281 (Note 10): ». . . l'acte créateur est l'expression d'un unique dessein de Dieu, qui a égard au monde entier«.

[50] *Spec. inv.* (P. VII 312); *Remarques sur la lettre de M. Arnauld:* ». . . comme il y a une infinité de mondes possibles, il y a aussi une infinité de lois, les unes propres à l'un, les autres à l'autre . . .« (*Le Roy* S. 107); *Couturat, O. F. S.* 23: »Nimirum Deus videt sese infinitis modis posse res creare aliamque atque aliam prodituram seriem rerum, prout alias leges seriei seu ⟨alia⟩ decreta ⟨sua⟩ primitiva eliget«.

[51] S. 443 ff. und 456 ff.

[52] *An Arnauld,* 4 (14)/VII 1686: ». . . il y avait une infinité de manières possibles de créer le monde selon les différents desseins que Dieu pouvait former, . . . et . . . chaque monde possible dépend de quelques desseins principaux ou fins de Dieu qui lui sont propres, c'est à dire de quelques décrets libres primitifs (conçus *sub ratione possibilitatis*) ou lois de l'ordre général de celui des univers possibles, auquel elles conviennent et dont elles déterminent la notion, aussi bien que les notions de toutes les substances individuelles qui doivent entrer dans ce même univers« (*Le Roy* S. 116 f).

lekt. Die Schöpfung gründet sich auf eine Entscheidung zwischen möglichen Welt-systemen [53]. Jedem dieser Weltsysteme liegt ein Fundamentalbegriff zu Grunde, dem es seine Einheit und Systematizität verdankt. In dem Fundamentalbegriff der wirklichen (als einer möglichen) Welt haben wir oben [54] den letzten zu-reichenden Grund für alles gefunden, was in dieser Welt existiert und geschieht oder — logisch gesprochen — den letzten Beweisgrund für die Wahrheit aller in dieser Welt geltenden Aussagen, die gemäß der Unterscheidung der zwei Be-griffe von Kontingenz [55] nicht nur in dem Sinne kontingent sind, als sie sich auf aktuelle Existenz beziehen, sondern auch und vor allem, insofern als sie nur unter Ansetzung des in Rede stehenden Fundamentalbegriffs als eines unter unendlich vielen anderen Geltung haben. Wegen dieser unserer Auffassung des Fundamen-talbegriffs haben wir Russells ursprüngliche teleologische Deutung des »principium reddendae rationis« (die er selber später aufgegeben hat) durch eine logisch-onto-logische Interpretation ersetzt [56].

Infolge der Beschränktheit der menschlichen Erkentnnis auf das Allgemeine und Abstrakte wissen wir zwar, daß jeder möglichen Welt ein Fundamentalbegriff zu Grunde liegt, aber wir kennen keinen einzigen dieser Fundamentalbegriffe, auch nicht den, welcher der wirklichen Welt entspricht [57]. Immerhin reicht das menschliche Wissen um das Bestehen des Fundamentalbegriffes hin, um in der Welt ein systematisch geordnetes und organisiertes Ganzes zu sehen. Wir berufen uns hier auf einige von Pichler geprägte und zur Interpretation der Leibnizischen Philosophie herangezogenen Begriffe [58]. Nach Pichler ist die Welt, wie Leibniz sie begreift, eine »universitas ordinata« unter einem »individualisierenden Bil-dungsgesetz« oder »Gesetz der Differenzierung«, das jedem Mitglied dieser Welt einen ganz bestimmten systematischen Platz innerhalb der »universitas ordinata« zuweist und es damit »volldeutig« bestimmt, d. h. so bestimmt, daß alle seine Eigenschaften sich aus seiner Stelle innerhalb des Systems ergeben. Was wir unter Fundamentalbegriff des Universums verstehen, deckt sich durchaus mit Pichlers »individualisierendem Bildungsgesetz«, und wir ziehen den ersteren Aus-druck nur darum vor, weil er sich der Leibnizischen Terminologie (»notion prin-cipale«) näher anschließt. Der »Volldeutigkeit« der Bestimmtheit im Sinne Pich-lers werden wir später [59] anläßlich der Leibnizischen Lehre von der individuellen Substanz als erzeugendem Gesetz oder Prinzip ihrer Accidentien begegnen.

---

[53] Belaval, *Leibniz critique de Descartes* S. 382 und 398.
[54] Kap. II § 6 c.
[55] Kap. II § 5 c.
[56] S. 95 f.
[57] S. 150 f.
[58] Pichler, »Zur Entwicklung des Rationalismus von Descartes bis Kant«, *Kant-Studien* XVIII (1913) S. 398 ff; *Leibniz* (Graz 1919) S. 5; siehe auch die Darstellung bei Mahnke, *Leibnizens Synthese* § 20.
[59] S. 303.

c. Prinzip der Compossibilität

Durch den Fundamentalbegriff des Universums wird bestimmt, was in ihm Platz haben kann, genauer gesagt, es bestimmt sich, welche an sich möglichen Wesen in der Einheit eines Universums miteinander möglich sind. Wir werden damit auf den Begriff der Compossibilität geführt, der — wie Russell hervorgehoben hat — allgemeine Gesetze voraussetzt und nur mit Rücksicht auf diese Sinn hat [60]. Zur Compossibilität ist zunächst zu bemerken, daß dieser Begriff nach Leibniz keineswegs auf die wirkliche Welt allein zu beschränken ist. Indem er das Universum bestimmt als nichts anderes denn »la collection d'une certaine façon de compossibles«, fügt er sogleich hinzu: »il y a plusieurs univers possibles, chaque collection de compossibles en faisant un« [61]. Das steht damit im Einklang, daß — wie früher erwähnt — nicht nur der wirklich existierenden, sondern auch jeder möglichen Welt ein Fundamentalbegriff zu Grunde liegt. Wir betonen das, weil wir den Versuch unternehmen wollen, das Prinzip der Compossibilität von der Lehre vom Fundamentalbegriff her aufzuklären.

Leibniz hat sich kaum je in expliziter Weise über das von ihm so oft angeführte Prinzip der Compossibilität ausgesprochen. Er geht nicht über die Behauptung hinaus, daß ein bestimmtes Universum, etwa das wirklich existierende, aus Gründen der Compossibilität nicht alle Wesen und Substanzen enthalten kann, die an sich möglich, d. h. deren Begriffe mit keinem inneren Widerspruch behaftet sind [62]. So schließt das Prinzip der Kontinuität ein »vacuum formarum« aus. Es erlaubt nicht nur, sondern erfordert geradezu die Konzeption von Zwischenspezies, d. h. von Arten von Lebewesen, die zwischen den faktisch existierenden stehen, und zwischen den letzteren, die durch diskrete Sprünge voneinander getrennt sind, einen stetigen Übergang vermitteln. Jedoch existieren diese »créatures mitoyennes entre celles qui sont éloignées« in der wirklichen Welt nicht, denn »toute forme ou espèce n'est pas de tout ordre«. Es ergibt sich »qu'il y a nécessairement des espèces qui n'ont jamais été et ne seront jamais, n'étant pas compatibles avec cette suite des créatures que Dieu a choisie« [63]. Jedoch ergibt sich aus diesem Text keine Aufklärung über den Sinn von Compossibilität. Im Grunde handelt es sich hier um Incompossibilität, nämlich darum, daß gewisse »créatures mitoyennes«, die an sich möglich sind, in der wirklichen Welt fehlen, vermutlich weil sie in diese nicht hineinpassen [64]. Wir erfahren aber nicht, warum sie in diese Welt nicht

---

[60] Russell, *A critical exposition of the philosophy of Leibniz* § 29; vgl. Lovejoy, *The great chain of Being* S. 171.

[61] *An Bourguet,* Dez. 1714 (P. III 573).

[62] *Théod.* II 201: »... comme tous les possibles ne sont point compatibles entr'eux dans une même suite d'univers, c'est pour cela même que tous les possibles ne sauraient être produits ...« (P. VI 236).

[63] *Nouv. Ess.* III, VI § 12 »J'ai des raisons pour croire que toutes les espèces possibles ne sont point com-possibles dans l'univers tout grand qu'il est, et cela non seulement par rapport aux choses, qui sont ensemble en même temps, mais même par rapport à toute la suite des choses« (P. V 286).

[64] Auf dieser Linie bewegt sich auch der *Brief an Bourguet,* Dez. 1714 (P. III 572 f).

hineinpassen, noch überhaupt, was unter dem Hineinpassen und Nicht-Hineinpassen zu verstehen ist. Gelegentlich hat Leibniz das Problem der Incompossibilität sogar für unlösbar, jedenfalls als für bisher ungelöst erklärt [65].

Macht man trotzdem den Versuch, den Sinn des Prinzips der Compossibilität zu bestimmen, wenigstens eine Interpretationshypothese zu entwickeln, so geht man am besten von solchen Texten aus, in denen es nicht um die Abwesenheit, sondern gerade um die Anwesenheit von gewissen Spezies oder Individuen handelt. Zu diesem Zwecke wenden wir uns Leibnizens Reflexionen über die unendlich vielen möglichen Adams zu. Zunächst definiert Leibniz einen »vagen Adam« als »le premier homme, mis dans un jardin de plaisir, de la côte duquel Dieu tire une femme, et choses semblables conçues *sub ratione generalitatis*« [66]. Mit diesem »Adam vague« ist aber ein Abstraktum bezeichnet, nicht ein existenzfähiges Individuum in irgendeiner möglichen Welt. Dieser »Adam vague« kann aber voll bestimmt und individualisiert werden, und dies auf unendlich viele Weisen. So ergibt sich eine »infinité de premiers hommes possibles, chacun avec une grande suite de personnes et d'événements . . .« [67]. Alle diese möglichen Adams können aber nicht in einer und derselben Welt, z. B. der wirklichen, existieren. Vielmehr gehört zu jedem möglichen Adam eine ganz bestimmte ihm entsprechende Welt, zu unserem Adam die wirkliche Welt, innerhalb derer er nicht durch einen anderen möglichen Adam ersetzt werden kann [68]. Um das von einer anderen Seite her zu sehen: von unserem Adam ausgehend, kann man sich gewisse ihn betreffende Umstände abgewandelt denken, und man erhält so eine Reihe möglicher Adams, die alle voll individualisiert sind. *Mit dieser Abwandlung, die von einer Adam-Variante zur anderen führt, ist eine Variation der Welt unaufhebbar mitgesetzt, so daß zu einer jeden Adam-Variante eine bestimmte Welt-Variante, und nur diese, gehört.* Ganz im Einzelnen hat Leibniz das an der Variation des Sextus Tarquinius dargelegt [69]. Durch einen — wie wir in Analogie zum Beispiel des Adam sagen können — vagen Sextus, ist ein geometrischer Ort bestimmt, dessen Punkte je einem möglichen voll bestimmten Sextus Tarquinius entsprechen [70]. Geht man

---

[65] *P*. VII 195.

[66] *Remarques sur la lettre de M. Arnauld*; ebenso *an Arnauld*, 4 (14)/IV 1686 (*Le Roy* S. 108 und 119 f).

[67] *Remarques sur la lettre de M. Arnauld* (*Le Roy* 111); siehe auch *an Landgraf Ernst von Hessen-Rheinfels*, 12/I V1686: »Il y a un Adam possible dont la postérité est telle, et une infinité d' autres dont elle serait autre« (*Le Roy* 88).

[68] *An Landgraf Ernst von Hessen-Rheinfels*, 12/IV 1686: ». . . par la notion individuelle d'Adam, j'entends . . . une parfaite représentation d'un tel Adam qui a de telles conditions individuelles et qui est distingué par là d'une infinité d'autres perponnes possibles fort semblables, mais pourtant différentes de lui (comme toute ellipse diffère du cercle, quelque approchante qu'elle soit), auxquelles Dieu l'a préféré, parce qu'il lui a plu de choisir justement un tel ordre de l'univers . . .« (*Le Roy* 88).

[69] *Théod.* III 414 ff (*P*. VI 362 ff).

[70] Wie ernst Leibniz es mit dieser Illustrierung durch einen geometrischen Ort ist, auf

diesen geometrischen Ort entlang, so wird man von einem möglichen Sextus Tarquinius zum anderen geführt, damit aber zugleich von einer möglichen Welt zur anderen. Unterscheidet sich ein Sextus Tarquinius von dem der wirklichen Welt auch nur in einer Hinsicht, so entspricht ihm eine ganz bestimmte andere Welt. Alle in Frage kommenden Welten, d. h. diejenigen, die einen Sextus Tarquinius enthalten, sind auf dem geometrischen Ort durch die ihnen entsprechenden Punkte vertreten, bleiben jedoch als disjunktive Möglichkeiten voneinander getrennt [71]. Durch die Kontinuität des geometrischen Ortes ist die für das göttliche, wenn auch nicht das menschliche, Denken völlig einsichtige und übersehbare Kontinuität möglicher Weltsysteme ausgedrückt [72].

Innerhalb der wirklichen Welt ist nur dieser ganz bestimmte Adam und kein anderer möglich, genauer gesagt: erfordert. Erfordert ist er durch den dieser Welt zu Grunde liegenden Fundamentalbegriff oder das Gesamtdekret, das — wie vorher erwähnt [73] — sich weder auf Adam noch auf eine sonstige Person im Speziellen bezieht, sondern vielmehr auf das Universum als ganzes. Daraus ergibt sich die Möglichkeit einer präzisen Fassung des Prinzips der Compossibilität und der Bestimmung seines Verhältnisses zum Fundamentalbegriff. *Als letzter zureichender Grund einer möglichen und in diesem Sinne kontingenten Welt [74] begründet und konstituiert ihr Fundamentalbegriff die Einheit dieser Welt. Auf dem Grunde dieser Einheit steht jedes Innerweltliche in Beziehung zu jedem anderen. Wir deuten das Prinzip der Compossibilität als Prinzip der unter dem Fundamentalbegriff stehenden und auf ihm beruhenden durchgehenden gegenseitigen Bezogenheit.* Man kann das Prinzip der Compossibilität als in dem Fundamentalbegriff beschlossen, daher als eine Konsequenz des Fundamentalbegriffs verstehen. Angemessener erscheint es, das *Prinzip der Compossibilität als die Manifestation des Fundamentalbegriffs* innerhalb der in Rede stehenden Welt zu deuten. In dieser Interpretaion drückt der Fundamentalbegriff einer Welt deren Einheit als ganzer aus, und zwar von einem Standpunkt »oberhalb« dieser Welt, von dem aus diese als ganze zu überschauen ist; es ist in einem eminenten Sinne der »Standpunkt« der göttlichen Erkenntnis. Das Prinzip der Compossibilität drückt dieselbe Einheit aus, aber vom Standpunkt des Innerweltlichen, und zwar eines jeden. Compossibilität besagt also nicht Verträglichkeit im negativen Sinne der Ab-

---

dem die Punkte »dicht« beieinander liegen, zeigt die Wendung »Sextus approchants« (*Théod.* III 414; *P.* VI 363); siehe auch die in Klammern gesetzten Wörter in Anm. 68.

71 Man kann das leicht auch anders mathematisch illustrieren. Der in Rede stehende geometrische Ort bildet eine Art Enveloppe zu allen Welten, die einen Sextus Tarquinius enthalten; vgl. Brunschvicg, *Les étapes de la philosophie mathématique* 227 f. Im Sinne der modernen Mathematik stellt der genannte geometrische Ort eine Zermelosche Auswahlmenge in bezug auf die einen Sextus Tarquinius enthaltenden Mengen dar.

72 Siehe auch S. 451 f.

73 Siehe die S. 211 f. zitierten Texte.

74 Kap. II § 5 b und § 6 c.

wesenheit von Unstimmigkeiten und Unverträglichkeiten. Vielmehr bestimmt sich ihr Sinn durch die gemeinsame Abkünftigkeit, nämlich das gemeinsame Erfordertsein aller Compossiblen durch einen Fundamentalbegriff [75].

Der hier behauptete Zusammenhang zwischen dem Fundamentalbegriff und dem Prinzip der Compossibilität erklärt die hinsichtlich des letzteren Prinzips auftretenden Schwierigkeiten. Wie schon betont [76], wissen wir, daß der wirklichen Welt, wie jeder möglichen, ein Fundamentalbegriff zu Grunde liegt, aber wir kennen ihn nicht. Folglich wissen wir nur im Allgemeinen und Abstrakten, daß die wirkliche Welt von dem Prinzip der Compossibilität beherrscht ist, sind aber nicht in der Lage, auch nur in einem einzigen konkreten Falle von dem Bestehen der Compossibilität bzw. Incompossibilität Rechenschaft zu geben, z. B. von der vorhin erwähnten Abwesenheit der »créatures mitoyennes« innerhalb der wirklichen Welt.

d. Das Universum als Kosmos im panlogistischen Sinne
Kraft des Fundamentalbegriffs der wirklichen Welt (und das Gleiche gilt von jeder möglichen Welt) sind sämtliche ihr angehörigen Wesen und alle in ihr stattfindenden Ereignisse völlig bestimmt und an ihren Stellen innerhalb dieser Welt und ihrer Geschichte erfordert [77]. Das gilt bis zu den letzten Einzelheiten, z. B. dem Umstand, daß Spinoza im Haag und nicht in Leiden gestorben ist, denn auch dieser Umstand hat wie jeder andere seine »liaison avec cette suite entière de l'univers qui a mérité d'être préférée« [78]. Auf dieser Linie findet Leibniz die Erklärung für die Zulassung des Übels in der wirklichen Welt, die unter allen möglichen die beste ist [79]. Auf das Zentralproblem der *Théodicée* können wir in diesem Buche nicht eingehen [80]; wir werden jedoch später [81] den Sinn erörtern, in dem Leibniz eine Welt als die beste unter allen möglichen versteht.

[75] In dieser Richtung möchten wir die unserer Interpretation weitgehend nahe kommenden Aufstellungen von Funke, *Der Möglichkeitsbegriff in Leibnizens System* III 10 ff ergänzen, besonders die über Zulässigkeit in *einem* Weltsystem, aber nicht in anderen. Wir können jedoch Funke nicht darin folgen, daß innerhalb eines gegebenen Weltsystems offene Spielräume verbleiben (S. 153).

[76] S. 150 f.

[77] Siehe die S. 212, Anm. 37 und S. 213, Anm. 43 zitierten Texte. Cassirer, *Hauptschriften* II 12 f. findet bei Leibniz den Ursprung der gewöhnlich Laplace zugeschriebenen Idee, daß ein Geist, der den Zustand des Universums zu einem gegebenen Zeitpunkt völlig kennt, daraus dessen gesamte Zukunft ableiten kann.

[78] *Théod.* II 174 (*P.* VI 218).

[79] *Rorarius;* »... la raison de la permission du mal vient des possibilités éternelles, suivant lesquelles cette manière d'univers qui l'admet et qui a été admise à l'existence actuelle, se trouve la plus parfaite en somme parmi toutes les façon possibles« (*P.* IV 567).

[80] Unter diesem Gesichtspunkt kommen vor allem in Betracht *Théod.* II 119, 124, III 265, 335, 350 (*P.* VI 169 ff, 178 f, 274 f, 313 f, 322). Siehe die Darstellungen von Rolland, *Le déterminisme monadique* Kap. VII 3 F und Tymieniecka, *Leibniz' cosmological synthesis* Part III chap. I 3.

[81] Kap. VIII § 4 b.

Die durchgehende Determination all dessen, was in einem Universum vorgeht, beruht auf seinem Fundamentalbegriff und ist, da durch diesen begründet,
eine Determination logischer Art. Aus diesem Grunde zögern wir, mit Funke [82]
von einer Determination durch eine Anfangs- oder Grundkonstellation zu sprechen. Mit dieser Determination logischer Natur finden wir den Anschluß an die
obigen [84] Darlegungen über hypothetische Notwendigkeit innerhalb einer kontingenten Welt, kontingent zunächst in dem Sinne, daß sie eine unter vielen möglichen Welten ist. Was uns früher in einer vorwiegend logischen Orientierung be-
schäftigte, erscheint jetzt in ontologischer Sicht. Die auf Grund seines Fundamentalbegriffs bestehende durchgehende Determination all dessen, was dem wirklichen Universum angehört, bildet das ontologische Äquivalent zur hypothetisch-
notwendigen Geltung der innerhalb dieses Universums bestehenden kontingenten
Wahrheiten.

Couturats Interpretation der hypothetischen Notwendigkeit bedarf einer Ergänzung. Nach ihm besagt die hypothetische Notwendigkeit, daß alle über eine bestimmte Person, z. B. Julius Cäsar oder Sextus Tarquinius gemachten wahren
Aussagen zwar notwendig sind, aber nur unter der Voraussetzung des Ansatzes
dieser Person (»une fois posé le sujet tel que Dieu l'a choisi«) [84]. Der Ansatz
der betr. Person stellt nach Couturat den zureichenden Grund für die Wahrheit
der auf sie bezogenen Aussagen dar. Wir haben durchweg betont, daß der Ansatz
der in Rede stehenden Person in dem Ansatz des Fundamentalbegriffs des Universums beschlossen ist, dem diese Person angehört, und innerhalb dessen sie
durch seinen Fundamentalbegriff erfordert wird. In diesem Sinne bildet der
erstere Ansatz eine Konsequenz des letzteren. Unsere Ergänzung der Deutung von
Couturat besteht darin, daß wir den zureichenden Grund der Geltung kontingenter Wahrheiten im Einklang mit früher [85] erzielten Resultaten um eine Etappe
zurück verlegen, nämlich in den Fundamentalbegriff des betr. Universums. Wird
ein Fundamentalbegriff ausgezeichnet, indem das ihm entsprechende Universum
zur Existenz zugelassen wird, so werden damit ipso facto die Wesen, die kraft
des Fundamentalbegriffs in dieses Universum hineingehören und innerhalb seiner
erfordert sind, zur Existenz zugelassen [86]. Alle für dieses Universum geltenden
hypothetisch-notwendigen Wahrheiten erhalten damit den Sinn von Kontingenz in
beiden oben [87] voneinander unterschiedenen Bedeutungen. Weil ein Universum

---

[82] Funke, *Der Möglichkeitsbegriff in Leibnizens System* S. 145, 148, 160.

[83] Kap. II § 5 b.

[84] Couturat, *La logique de Leibniz* S. 220 f; ebenso Janke, *Leibniz als Metaphysiker*,
a. a. O. S. 413.

[85] Kap. II § 6 c.

[86] Im Gegensatz zu dem Eindruck, den Couturats soeben zitierte Formulierung erweckt,
betrifft — wie später (S. 457 f.) genauer gezeigt werden soll — die »Erwählung«
nicht einzelne Individuen und individuelle Substanzen, sondern zunächst das Universum, dem sie angehören und dann sie selber, jedoch in abgeleiteter Weise.

[87] Kap. II § 5 e.

zur Existenz zugelassen wird, erhält die in ihm bestehende logische Determination ihr ontologisches Äquivalent, das sich als dessen Verkörperung und Realisierung herausstellt.

Da durch den Fundamentalbegriff des Universums alle ihm angehörigen Wesen und alle in ihm stattfindenden Ereignisse an ihrer Stelle erfordert werden, stellt das Universum ein Ganzes dar, das Gott von dessen Fundamentalbegriff her mit einem Blick überschaut [88]. Ein solches Ganzes besitzt eine Einheit spezifischer Art, derart daß in ihm ein durchgehender Zusammenhang besteht, daß alles mit allem verbunden ist. Das gilt auch für jede mögliche Welt: »... tout est lié dans chacun des mondes possibles: l'univers, quel qu'il puisse être, est tout d'une pièce, comme un océan ...« [89]. Auf den Sinn des Vergleiches mit dem Ozean werden wir etwas später eingehen, wenn es sich darum handeln wird, den innerhalb des Universums bestehenden Zusammenhang zwischen allem und allem näher zu spezifizieren [90]. Für den Augenblick kommt es darauf an zu betonen, daß das Universum seine Einheit auf Grund seines Fundamentalbegriffes besitzt, unabhängig von seiner Zulassung zur Existenz und vorgängig vor dieser. Das wirkliche Universum bezeichnet Leibniz einmal als einen Kosmos [91]. Wir deuten das dahin, daß das Universum als eine Verkörperung des in ihm realisierten Fundamentalbegriffs einen Kosmos bildet. Es besteht eine »connexion ... de toutes choses, à cause des liaisons des résolutions ou desseins de Dieu« [92]. Die »résolutions ou desseins« fassen wir — wie oben [93] ausgeführt — im Sinne des Fundamentalbegriffs. Was das »à cause« angeht, so scheint es uns mehr zu besagen als bloß, daß die »connexion« aus den »liaisons« herstammt, deren Resultat bildet, mit ihnen im Einklang steht. Gemäß unserer panlogistischen Auffassung des Leibnizianismus sehen wir in der »connexion« den verwirklichten Ausdruck der »liaisons«, ihr ontologisches Äquivalent, ihren Niederschlag und ihre Inkarnation. Das wird deutlicher werden, wenn wir daran gehen, die spezifische Art der »connexion« als Compossibilität darzulegen, die wir — wie vorhin [94] ausgeführt — als innerweltliche Manifestation, d. h. Realisierung des Fundamentalbegriffs auffassen.

Bevor wir an diese Aufgabe herantreten, betonen wir den Unterschied zwischen dem Problem der Compossibilität bzw. Incompossibilität von Substanzen innerhalb eines gewissen Universums auf Grund von dessen Fundamentalbegriff und dem Nachweis der Realität bzw. Irrealität von Begriffen oder — was dasselbe bedeutet — der Möglichkeit bzw. Unmöglichkeit der entsprechenden Begriffs-

---

[88] *An Arnauld*, 12/IV 1686: »... l'univers est comme un tout que Dieu pénètre d'une seule vue« (*Le Roy* S. 87).

[89] *Théod.* I 9, vgl. auch Disc. prél. 34 und I 84 (*P.* VI 107, 70, 147 f).

[90] Dieser § e.

[91] *P.* VII 290: »... mundum esse κόσμον ...«.

[92] *An Arnauld*, 4 (14)/VII 1686 (*Le Roy* S. 117).

[93] Dieser § b.

[94] S. 218.

gegenstände, sei es durch vollständige Zerlegung eines Begriffes in seine letzten Requisiten und die damit verbundene Feststellung von deren Verträglichkeit im Sinne der Widerspruchslosigkeit, sei es durch die Methode der generativen Definition[95]. Beide Fragen sind von Pape[96] als Probleme prinzipiell gleichen Sinnes behandelt worden. Nach dieser Interpretation hat Leibniz, allerdings ohne es in voller Ausdrücklichkeit zu formulieren, auch für das Problem der Realität von Begriffen auf die »Möglichkeit der Erfahrung«, die »mögliche reale Existenz der Begriffsgegenstände«, ihr »Miteinander-bestehen-können in einer existierenden Welt« Bezug und Rücksicht genommen. Bei dieser Deutung ist Leibniz doch wohl zu sehr in einer Kantischen Perspektive gesehen, trotz der Warnung Papes, ihn nicht vom historisch Späteren her zu interpretieren. Ferner spielt die aktuelle Existenz der Begriffsgegenstände für die Realität der entsprechenden Begriffe keine Rolle, da es sich bei den hier in Rede stehenden Möglichkeiten (z. B. den durch die generative Definition zu erweisenden) und Unmöglichkeiten (etwa der größten Zahl oder der schnellsten Bewegung) um *notwendige* Möglichkeiten und Unmöglichkeiten handelt. Allerdings ist auch für die Compossibilität der Substanzen in einer bestimmtem Welt die Existenz der letzteren unerheblich, da — wie widerholt hervorgehoben — die Compossibilität in Bezug auf den Fundamentalbegriff dieser Welt besteht und in keiner Weise von deren Zulassung zur Existenz abhängt. Der entscheidende Unterschied, auf den es ankommt, ist der folgende. Notwendige Möglichkeiten und Unmöglichkeiten gelten in allen Welten. Im Falle der schnellsten Bewegung, auf die Pape sich beruft, geht Leibniz — wie oben[97] dargelegt — so vor, daß er einen Gegenfall konstruiert und den Widerstreit zwischen diesem und dem ursprünglich angesetzten Begriff der schnellsten Bewegung nachweist. Diese Gegenkonstruktion ist in jeder möglichen Welt ausführbar, so daß der Widerstreit schlechthin unbedingt und absolut besteht. Dagegen ist eine gewisse Substanz nur in einer bestimmten Welt unter deren Fundamentalbegriff compossibel bzw. incompossibel, jedoch nicht in einer anderen Welt, die einen ihr spezifisch eigenen Fundamentalbegriff besitzt. In Papes Interpretation kommt der oben[98] auseinandergesetzte Unterschied zwischen Notwendigkeit und Kontingenz nicht zu seinem Recht. Sofern Incompossibilität Unverträglichkeit und Widerstreit besagt, besteht der letztere in Bezug auf einen spezifischen Fundamentalbegriff, aber nicht schlechthin und unbedingt. Es liegt hier nicht anders als im Falle des Gegenteils eines wahren kontingenten Satzes[99]. Da wir den Fundamentalbegriff keiner Welt kennen, sind wir niemals in der Lage, eine bestimmte Compossibilität oder Incompossibilität nachzuweisen. Wenn wir andererseits fähig sind, die Realität bzw. Irrealität gewisser Begriffe zu demonstrieren, so wegen der Abstraktheit und Allgemeinheit dieser Begriffe.

[95] Kap. II § 2 c und d.
[96] Pape, *Leibniz* Abschnitt I 4 f.
[97] S. 81 f.
[98] 94 f.
[99] S. 111 f.

e. Compossibilität und innerer Zusammenhang
Bei der Darlegung der Einheit des Universums als eines Ganzen, als »aus einem Stück«, vergleicht Leibniz es mit einem Ozean [100]. Dieser Vergleich ist darum aufschlußreich, weil Leibniz ihn auch in einem anderen Zusammenhang benutzt, nämlich zur Illustration seiner These, daß das Universum als ganzes nicht als *eine* Substanz anzusehen ist [101]. Das Universum besteht aus Wesen — Substanzen oder Monaden — von denen jedes substantielle Einheit hat, aber die Gesamtheit dieser Wesen, die eine bestimmte Welt ausmacht, besitzt nicht Einheit dieser Art. Vielmehr beruht seine Einheit auf dem ihm zu Grunde liegenden Fundamentalbegriff, durch den jedes Mitglied der betr. Welt voll bestimmt und an seiner Stelle unter den anderen erfordert wird. Man kann die in Rede stehende Art von Einheit wohl am besten als systematische Einheit bezeichnen, weil sie darin besteht, daß kraft des einheit-stiftenden Prinzips die Welt ein System oder eine »universitas ordinata« im Sinne Pichlers [102] darstellt, innerhalb derer jedem Mitglied durch eben dieses Prinzip seine systematische Stellung angewiesen wird, und dieses Mitglied dank seines Platzes innerhalb des systematischen Verbandes zu dem bestimmt und als das qualifiziert wird, was es ist.

Als organisierendes und daher einheitstiftendes Prinzip ist der Fundamentalbegriff der ihm entsprechenden Welt immanent, d. h. er ist in ihr niedergeschlagen und verkörpert. Er ist in jedem Mitglied dieser Welt realisiert enthalten: »... chaque individu possible de quelque monde enferme dans sa notion les lois de son monde.«[103] Da der Fundamentalbegriff sich auf das gesamte Universum bezieht, dem das in Betracht gezogene individuelle Mitglied angehört, bedeutet sein Enthaltensein in diesem Mitglied nichts weniger als die Anwesenheit des ganzen Universums in jedem seiner Teile [104]. Daß »chaque substance individuelle de cet univers exprime dans sa notion l'univers dans lequel elle entre« [105], ist damit gleichbedeutend, daß »chaque substance individuelle (enferme) tout l'univers, dont elle est partie selon un certain rapport ...« [106]. Mit anderen Worten, *die Bestimmung einer gegebenen individuellen Substanz durch den Fundamentalbegriff ihres Universums und ihr Erfordertsein an ihrer spezifischen Stelle innerhalb des letzteren besagt ihr Bestimmt- und Erfordertsein durch sämtliche Substanzen dieses Universums.* Alle diese Substanzen erfordern einander; jede leistet ihren Beitrag zur Bestimmung und Qualifikation einer jeden. Wie eine gewisse Substanz von allen anderen bestimmt wird [107], trägt sie auch ihrerseits zur Bestimmung

---

100 S. 221, Anm. 89.
101 S. 162 f.
102 S. 215.
103 *Remarques sur la lettre de M. Arnauld* (*Le Roy* S. 107).
104 *An die Churfürstin Sophie* (*P.* VII 544).
105 *Remarques sur la lettre de M. Arnauld* (*Le Roy* S. 108; wir lesen »elle« statt »il«).
106 *An Arnauld,* 4 (14)/VII 1686 (*Le Roy* S. 117).
107 *Monad.* 51: »... dans les idées de Dieu une monade demande avec raison, que Dieu en réglant les autres dès le commencement des choses, ait regard à elle« (*P.* VI 615).

aller anderen bei. »... chaque chose a contribué *idéalement* avant son existence à la résolution qui a été prise sur l'existence de toutes les choses.«[108] Bei einer Änderung auch nur des geringfügigsten Umstands würde das ganze Universum verändert werden [109]. Indem die Substanzen einer bestimmten Welt einander erfordern und qualifizieren, erweisen sie sich als voneinander abhängig und aufeinander angewiesen. »... nihil est in universitate creaturarum, quod ad perfectum suum conceptum non indigeat alterius cujuscunque rei in rerum universitate conceptu, cum unaquaeque res influat in aliam quamcunque ita ut si ipsa sublata aut diversa esse fingeretur, omnia in mundo ab iis quae nunc sunt diversa sint futura.«[110] Die Einheit einer Welt besteht in dieser Gegenseitigkeit des Einanderbestimmens und Aufeinander-angewiesen-seins aller ihrer Mitglieder. Diese Gegenseitigkeit macht den Sinn des Prinzips der Compossibilität aus, die also weit mehr bedeutet als bloß das Fehlen von Unstimmigkeiten und Unverträglichkeiten. In diesem Sinne läßt sich von jeder Einzelsubstanz sagen, daß alle Substanzen ihres Universums in ihr »enthalten« oder anwesend sind, was bedeutet, daß in ihren Strukturmomenten ihre Bezogenheit auf alle anderen Substanzen eingezeichnet ist. Aus diesem Grunde läuft jeder Versuch, eine kontingente Wahrheit zu beweisen, auf einen unendlichen Prozeß heraus [111]. v. Aster [112] hat das in Bezug auf die empirische Forschung betont; es gilt aber auch für den monadischen Bereich.

Die hier vorliegende Organisationsform, auf der die Einheit der Welt beruht, und in der sie besteht, ist von Rolland [113] beschrieben worden als »universelle compénétration«, »enchevêtrement mutuel poussé à l'infini«, »interdépendance universelle«, »intrication mutuelle de toutes choses«. Um den Sachverhalt in begrifflicher Präzision zu formulieren, haben wir den Begriff des inneren Zusammenhangs eingeführt [114]. Da jede Einzelsubstanz von der Gesamtheit der Substanzen derselben Welt an ihrer Stelle innerhalb ihres systematischen Verbandes erfordert wird, ist sie durch die Rolle bestimmt, die sie für das System als ganzes spielt. Sie besitzt die sie ausprägenden Eigenschaften und Charakteristiken nur in ihrer Bezogenheit, Ausgerichtetheit und Abgestimmtheit auf alle anderen. Daraus

---

Bréhier, *Histoire de la philosophie* II 259 sieht darin den Sinn der »prästabilierten Harmonie«, — eine Deutung, auf die wir in § 4 d dieses Kap. zurückkommen werden, um sie näher zu substantiieren.

[108] *Théod.* I 9 (P. VI 108); *Addition*: »... dans l'intention de Dieu ... une substance dépend de l'autre, Dieu ayant eu égard à l'une en produisant l'autre ...« (P. IV 578).

[109] *Remarques sur la lettre de M. Arnauld*: »... tout l'univers avec toutes ses parties serait tout autre, et aurait été un autre dès le commencement, si la moindre chose y allait autrement qu'elle ne va« (*Le Roy* S. 109); *Von dem Verhängnisse* (Guhrauer, *Leibnitz's Deutsche Schriften* II 49 ff). Vgl. Martin, *Leibniz* S. 32 f und 138 f.

[110] *An de Volder*, 6/VII 1701 (P. II 226).

[111] Kap. II § 6 a.

[112] v. Aster, *Geschichte der neueren Erkenntnistheorie* S. 313.

[113] Rolland, *Le déterminisme monadique* S. 100 ff.

[114] S. 19 ff.

ergibt sich sofort, daß — wie schon erwähnt [115] — in einem System von der Organisationsform des inneren Zusammenhang es keine »denominatio pure extrinsica«
geben kann. Hinzuzufügen ist noch, daß der Begriff des inneren Zusammenhangs
nicht mit dem der Compossibilität zusammenfällt. Wie sich später [116] herausstellen wird, hat der Begriff des inneren Zusammenhangs eine weitere und allge-
meinere Bedeutung. Compossibilität stellt einen Spezialfall von innerem Zusammenhang dar, nämlich den auf das Miteinander-bestehen von Substanzen in *einer*
Welt bezogen.

Was der Begriff von Compossibilität vor allem zum Ausdruck bringt, ist die
Gebundenheit jeder Substanz an ihre Welt, wie wir das vorhin [117] am Beispiel
der Variationen des Sextus Tarquinius oder des Adam gesehen haben. Belaval
hat die Organisationsform, um die es sich hier handelt, gerade unter diesem
Aspekt in prägnantester Weise charakterisiert. »Aucun terme n'est transportable
d'un ensemble dans un autre: car s'il contribue à donner à l'ensemble auquel il
appartient sa physionomie propre, inversement il est déterminé, de façon uni-
voque, par la totalité des autres termes de l'ensemble: dans un ensemble différent
sa détermination deviendrait différente.«[118] Nimmt man Compossibilität in der
hier dargelegten Bedeutung, die auch Belaval im Sinne hat, ohne sie ausdrücklich
zu formulieren, so kann man, ihm folgend, sagen, daß eine Monade, um einer
bestimmten Welt anzugehören, Beziehungen der Compossibilität mit allem haben
muß, was sonst noch in dieser Welt besteht; »un ensemble bien défini ne peut
contenir d'éléments étrangers à la loi qui le définit« [119]. In dieser wechselseitigen
Bestimmung aller Teile durcheinander manifestiert sich für Belaval [120] die finali-
stische Architektonik des Universums.

Wir interpretieren diese Architektonik im panlogistischen Sinne. Dem Universum liegt ein spezifischer, uns allerdings unbekannter, Fundamentalbegriff zu
Grunde, der die Einheit des Universums begründet, jeder einzelnen Substanz
ihre Stelle im systematischen Gefüge des Universums anweist und sie damit zu
der bestimmten Substanz macht, die sie innerhalb dieses Gefüges ist. In jeder
Einzelsubstanz ist der Fundamentalbegriff verkörpert und realisiert. Da der Fundamentalbegriff sich auf das Universum als ganzes bezieht, besagt seine Verkörperung und Verwirklichung in irgendeiner Einzelsubstanz, daß diese mit allen
anderen Substanzen desselben Universums compossibel ist, wobei Compossibilität
als gegenseitiges Erfordern und Erfordert-sein verstanden ist. Im Hinblick darauf,
daß der Fundamentalbegriff einer jeden möglichen Welt den letzten zureichenden
Grund abgibt für alle in dieser Welt geltenden kontingenten Wahrheiten, die

---

[115] S. 18 f. und 49.
[116] S. 333 ff.
[117] S. 217 ff.
[118] Belaval, *Leibniz critique de Descartes* S. 382; vgl. *Leibniz* S. 162 und 266 sowie
Moreau, *L'univers leibnizien* S. 203.
[119] Belaval, *Leibniz critique de Descartes* S. 403.
[120] Id., *Leibniz critique de Descartes* S. 413.

eben deshalb hypothetisch notwendig sind [121], erweist sich *Compossibilität als ontologisches Äquivalent von hypothetischer Notwendigkeit,* einem Begriffe logischen Sinnes.

Wir haben damit die erste und fundamentale Ausprägung der Leibnizischen panlogistischen Konzeption des Universums in konkreter Weise gefaßt. Fundamental ist diese Ausprägung darum, weil alle anderen sie zur Voraussetzung haben.

§ 3 Die Monade als Repräsentation des Universums

Als nächstes stellt sich die Aufgabe, die Anwesenheit des gesamten Universums und sein Enthaltensein in jeder einzelnen Substanz vom Standpunkt der letzteren zu betrachten. Es hat sich gezeigt, daß die Zugehörigkeit zu ihrer Welt für jede individuelle Substanz so wesentlich ist, daß sie nur an der vom Fundamentalbegriff des Universums ihr zugewiesenen Stelle innerhalb des letzteren das bestimmte Individuum sein kann, das sie ist. Folglich muß ihre Bezogenheit auf ihr Universum in der inneren Struktur und Konstitution der Substanz eingezeichnet sein. Ber Begriff der Substanz muß so gefaßt sein, daß sich aus ihm ihre Bezogenheit auf das Universum und ihre Bestimmtheit durch dieses als ein in ihrer Struktur eingezeichnetes wesentliches Moment ergibt.

Auf die Frage nach dem Sinn der in Rede stehenden Einzeichnung gibt Leibnizens Lehre von der Monade als Repräsentation des Universums die Antwort. Gerade weil in den nachfolgenden Ausführungen der psychologische Sinn von Repräsentation im Vordergrund stehen wird, muß daran erinnert werden, daß er ursprünglich und fundamental die eindeutige Zuordnung der Elemente von Mannigfaltigkeiten bedeutet, und daß diese funtamentale Bedeutung auch in der psychologischen erhalten bleibt.

a. Repräsentation als einseitig-parteiliche Darstellung

Im *Discours de métaphysique* schreibt Leibniz: »... Dieu tournant pour ainsi dire de tous côtés et de toutes les façons le système général des phénomènes ... et regardant toutes les faces du monde de toutes les manières possibles, ... le résultat de chaque vue de l'univers, comme regardé d'un certain endroit, est une substance qui exprime l'univers conformément à cette vue, si Dieu trouve bon de rendre sa pensée effective et de produire cette substance.«[122] Demnach charakterisiert sich die Substanz ihrer inhaltlichen Seite nach als eine perspektivische Erscheinung des Universums, als das Universum selbst, wie es sich von einem bestimmtem Standort (»d'un certain endroit«) aus darbietet, oder — wie wir sagen können — als eine *einseitige Darstellung des Universums.* Folglich unter-

---

[121] Kap. II § 5 b und § 6 c.
[122] *Disc.* 14 (*Le Roy* S. 49 f).

scheiden sich verschiedene Substanzen voneinander, wenn nicht ausschließlich, so doch in erster Linie, wie sich die verschiedenen Projektionen derselben Figur oder desselben Geometrals oder die verschiedenen perspektivischen Ansichten und Verkürzungen desselben Wahrnehmungsdings voneinander unterscheiden. In der Tat spricht Leibniz im gleichen Zusammenhang davon, daß »plusieurs spectateurs croient voir la même chose, et s'entre-endendent en effet, quoique chacun voie et parle selon la mesure de sa vue«. Erst später [123] werden wir auf die allgemeinen Probleme des Perspektivismus und die Leibnizische Lösung dieser Probleme genauer eingehen und die Frage ausführlicher erörtern, worauf nach Leibniz der Zusammenhang zwischen den verschiedenen perspektivischen Erscheinungen beruht, so daß dasselbe Universum sich in den verschiedenen Substanzen darstellt, jedoch in jeder in einseitiger, ihr entsprechender und damit diese Substanz in ihrer Individualität definierender Weise. Für den Augenblick kommt es darauf an, zu betonen, daß die Individualität der Substanz durch die für sie spezifische, perspektivische Darstellung des Universums bestimmt ist, nicht aber — wie Lovejoy meint — durch den Grad der Klarheit und Distinktheit, kurz, der »Adäquatheit« der Repräsentation (im psychologischen Sinne von Vorstellung) des Universums [124].

Wie oben [125] erwähnt, haben sich Koehler und Brunschvicg auf die genannte Stelle des *Discours de Métaphysique* 14 für ihre Behauptung der Lokalisation der Monaden im Raume berufen. Damit sich das Universum einer Monade in perspektivischer Verkürzung darstellen kann, muß die Monade offenbar eine Stelle im Raume einnehmen, auf die als Standpunkt die einseitige Darstellung des Universums bezogen ist. Nur wenn die Monade sich an einem bestimmten Platz im Raume befindet, scheint es einen Sinn zu haben, sie als das unter einem bestimmten Aspekt gesehene Universum selbst zu charakterisieren. Diese Auslegung wird bestätigt durch Äußerungen wie etwa: »... toute substance est comme ... un miroir ... de tout l'univers, qu'elle exprime chacune à sa façon, à peu près comme une même ville est diversement représentée selon les différentes situations de

---

[123] Dieses Kap. § 4 a und b.

[124] Lovejoy, *The great chain of being* S. 260. Bei der Aufwärtsbewegung oder dem Fortschritt des Universums geht nach Lovejoy jede einzelne Monade ihrer Identität verlustig, wenn ihre Repräsentation ein höheres Niveau der »Adäquatheit« erreicht. Demgegenüber ist ein Doppeltes zu bemerken. Zunächst haben die Repräsentationen einer Monade auf jeder Stufe ihrer Entwicklung nicht einen sich durchhaltenden, fest bestimmten Grad von Distinktheit, sondern dieser Grad wandelt sich — wie wir im weiteren sehen werden — je nach dem repräsentierten Teil des Universums ab. Wird ferner eine Hebung des allgemeinen Repräsentationsniveaus zugestanden, so tangiert sie nicht die spezifische Perspektive, unter der das Universum sich einer gegebenen Monade darstellt. Gerade diese spezifische perspektivische Erscheinungsweise bestimmt die Individualität einer gegebenen Monade und garantiert ihre Identität in ihrem Fortschritt. Über die Perspektive als Individuationsprinzip siehe Janke, »Leibniz als Metaphysiker« Kap. III 10, *a. a. O.*

[125] S. 161, Anm. 84.

celui qui la regarde« [126]. Der Vergleich mit den verschiedenen Ansichten, die eine Stadt je nach der Richtung bietet, von der aus man sich ihr nähert, findet sich schon verhältnismäßig früh in den *Bemerkungen zu Spinozas Ethik* Teil III, propositio XII »Mens ... fit quia ... variis modis deus mundum intuetur, ut ego urbem« [127], und er wird in späteren Schriften immer wieder herangezogen [128]. Jedoch scheint die in Rede stehende Deutung der Auffassung der Monade als perspektivischer Ansicht des Univrsums unverträglich zu sein mit der früher [129] herausgearbeiteten Bestimmung der Monade als intelligibles, weder der sinnlichen Wahrnehmung noch der Imagination zugängliches Gebilde, das daher nicht an eine Stelle im Raume versetzt werden kann.

Um diese Unstimmigkeit zu beheben, muß das Bild von den verschiedenen Ansichten der Stadt als bloße Metapher genommen und darüber hinaus die Wendung von der Monade als perspektivischer Erscheinung des Universums ebenfalls metaphorisch verstanden werden [130]. In ersterer Hinsicht hat Koehler [131] darauf hingewiesen, daß der Vergleich mit der Stadt insofern hinkt, als der Reisende sich der Stadt von verschiedenen Richtungen her nähern kann und dabei wechselnde perspektivische Erscheinungsweisen von ihr gewinnt, während die Monade nach Leibniz an ihren »Standort« gebunden ist und ihn nicht verlassen kann. Den Vergleich mit der Stadt hat Leibniz auch zur Illustrierung des Verhältnisses der »volontés en particulier« untereinander sowohl als auch ihrer Beziehung zur »volonté en général« herangezogen [132], und in seiner Jugend hat er von ihm Gebrauch gemacht, um den Unterschied zwischen der »essentia« eines Körpers oder seiner »forma substantialis« (die er in dieser seiner Frühzeit ganz im Sinne der mechanistischen Korpuskularphilosophie faßt) und seinen sinnlichen Qualitäten zu erläutern [133]. Im Hinblick auf diese vielfachen Verwendungen erscheint es unangebracht, den in Rede stehenden Vergleich auf einen räumlichen

---

126 *Disc.* 9 (*Le Roy* 44).
127 *P.* I 151. Diese Wendung erscheint nicht nur wie eine Vorwegnahme der angeführten Stelle aus *Disc.* 14, sondern die unmittelbar vorangehenden Sätze: »Totus mundus revera est objectum cujusque mentis. Totus mundus quodammodo a quavis mente percipitur. Mundus unus et tamen mentes diversae« enthalten schon eine Formulierung der gesamten Problematik der Lehre vom Geist als Repräsentation des Universums.
128 Vgl. z. B. *an Foucher*, 1686 (*P.* I 383); *Extrait du Dictionnaire de M. Bayle article Rorarius* ... (*P.* IV 554); *an die Churfürstin Sophie*, 6/II 1706 (*P.* VII 567); *Monad.* 57 (*P.* VI 616).
129 S. 165 ff.
130 So auch Mahnke, *Leibnizens Synthese* S. 157 und besonders S. 225 f.
131 Koehler, *Der Begriff der Repräsentation bei Leibniz* 153.
132 Siehe die S. 209, Anm. 19 zitierte Stelle.
133 *An Thomasius*, 6/X 1668 (*P.* I 10) und 20(30)/IV 1669 (*P.* I 19 f); *Specimen demonstrationum de natura rerum corporearum ex phaenomenis*: »... differt natura rei a phaenomenis ejus ... ut planum urbis e summa turri in medio posita perpendiculariter despectae ab aspectibus horizontalibus prope infinitis, quibus viatorum ab alia atque alia plaga venientium oculos varie ludit« (veröffentlicht und auf Ende 1671

Sinn hin zu pressen und festzulegen [134]. Was die Auffassung der Monade als Spiegel des Universums angeht, hat Leibniz in einer seiner letzten Äußerungen ausdrücklich auf einer metaphorischen Interpretation dieser Auffassung bestanden [135]. Bei diesen Wendungen handelt es sich um sinnenfällige Darstellungen eines an sich unsinnlichen Sachverhalts, vergleichbar der Beziehung zwischen »Charakteren« und den durch sie bezeichneten Sachen, so daß die ersteren als Stellvertreter der letzteren fungieren können [136]. Allerdings besteht ein nicht unerheblicher Unterschied darin, daß Charaktere künstlich geschaffene Produkte einer Methode sind, während die analogisierende und metaphorische Darstellung der Einseitigkeit der Repräsentation des Universums seitens einer gegebenen Monade in der Natur der Sache begründet ist.

Damit ist die Aufgabe, vor die wir uns gestellt sehen, umrissen. Zunächst ist der an sich unräumliche und unsinnliche Sachverhalt, der durch den Vergleich mit den verschiedenen Ansichten der Stadt und allgemein durch die Bestimmung der Monade als perspektivische Erscheinung des Universums versinnbildlicht ist, in seiner Reinheit herauszustellen. Alsdann erst kann dem Recht seiner metaphorischen Wiedergabe durch räumliche Analogie Genüge getan werden.

An der perspektivischen Erscheinungsweise kommt für unseren Zweck ihre Einseitigkeit als besonders erheblich in Betracht. Für Einseitigkeit der Darstellungs- und Erscheinungsweise lassen sich unschwer illustrierende Beispiele anführen, die völlig unräumlicher Natur sind. Eine politische Situation z. B. wird von jeder der an ihr beteiligten und in sie eingreifenden Mächte in einer ganz bestimmten, für die betr. Macht charakteristischen und bezeichnenden Weise gesehen. Ähnliches gilt für einen Rechtsstreit und die in ihn verwickelten Parteien. Man denke schließlich daran, wie eine Figur eines Romans oder eines Dramas die anderen Figuren und Konflikte zwischen ihnen, die Vorgänge, von denen berichtet und gesprochen wird, sieht [137]. In allen diesen Fällen handelt es sich darum, daß eine Gruppe von Personen samt den zwischen ihnen bestehenden Beziehungen und den sie angehenden Ereignissen sich einem Mitglied dieser Gruppe darstellt, das in die in dieser Gruppe vor sich gehenden und sie betreffenden Geschehnisse einbezogen ist und an ihnen Anteil hat. Sagen wir kurz dafür: eine bestimmte Welt

---

datiert von Kabitz, *Die Philosophie des jungen Leibniz* S. 141). Nach Koehler, *a. a. O.* S. 59 tritt der Vergleich mit der Stadt zum ersten Mal im *Brief an Thomasius,* 6/X 1668 auf.

[134] Rivaud, *Histoire de la philosophie* III 467 und 503 betont nachdrücklich den metaphorischen Sinn der Wendung vom »Gesichtspunkt«, unter dem die Monade das Universum repräsentiert und vorstellt, nämlich »selon la place métaphysique qu'elle occupe dans l'ensemble«.

[135] *P.* VI 626: »Ce miroir fournit une expression figurée, mais assez convenable ...« und 627: »De dire que les âmes sont des *points intelligents*, ce n'est point une expression assez exacte. Si je les appelle des centres ou des concentrations des choses externes, je parle par analogie«.

[136] S. 37 ff.; vgl. Couturat, *La logique de Leibniz* Kap. IV 4 und 16.

[137] Pichler, *Leibniz* S. 15 ff.

(wie groß oder klein auch immer) stellt sich einem Mitglied dieser Welt dar. Zu einer Welt gehören oder Mitglied in ihr sein, heißt, in dieser Welt eine bestimmte Rolle spielen und eine gewisse Funktion erfüllen. Indem die in Rede stehende Welt sich einem ihrer Mitglieder darstellt, erscheint sie ihm im Lichte der Rolle und Funktion, die dieses Mitglied auf Grund seiner Zugehörigkeit zu dieser Welt in ihr hat; sie erscheint in wesentlicher Bezogenheit auf seine Funktion, in Zentriertheit auf seine Rolle [138]. Dazu gehört auch, daß das betr. Mitglied nicht von allen Vorgängen innerhalb seiner Welt in gleicher Weise direkt betroffen wird; manche dieser Vorgänge gehen es mehr, andere weniger direkt an, wieder andere sind ihm in weitem Maße gleichgültig. Mit einem Wort: die fraglichen Vorgänge stufen sich in mannigfacher Weise in ihrer Bedeutsamkeit für das in Rede stehende Mitglied ab, wobei diese Abstufung mit seiner Rolle und Funktion im Zusammenhang steht und von ihr abhängt. Folglich stellt dieselbe Welt sich einem anderen ihrer Mitglieder in verschiedener, der Rolle und Funktion dieses Mitglieds entsprechender Weise dar. *Die Einseitigkeit,* auf die wir es hier abgesehen haben, *hängt daran, daß die Erscheinungsweise der Welt von der Rolle und Funktion des Mitglieds mitbestimmt ist, dem diese Welt sich darstellt.* Man kann diese *Einseitigkeit* definieren als *Parteilichkeit, die auf dem Grunde des Einbezogen- und Beteiligtseins erwächst und ihrem Sinne nach durch Beteiligtsein bestimmt ist.* Parteilichkeit ist also nicht, jedenfalls nicht primär, als das Verfolgen von Interessen, das Durchsetzen von Willensentschlüssen und dgl. zu verstehen, da alles Wollen, Planen, Eingreifen usw. nur dann sinnvoll und möglich ist, wenn der Wollende und Handelnde selbst zu der Welt gehört und in die Situation verwickelt ist, in der er seine Interessen vertreten, seine Pläne verwirklichen, seinen Willen durchsetzen kann. Parteinahme in diesem voluntaristisch-aktivistischen Sinne setzt somit Parteilichkeit, als Beteiligtsein verstanden, voraus. Im Gegensatz zur Parteilichkeit der Beteiligten und Betroffenen steht die Art und Weise, wie der nachkommende Historiker die politische Situation, der Richter den Rechtsstreit, der Zuschauer im Theater die dramatischen Vorgänge, der Leser des Romans die in diesem beschriebene Welt sieht. Alle diese Beobachter sind unparteilich, da keiner von ihnen an der Welt, die er beobachtet, Anteil hat, oder in ihr irgendeine Rolle und Funktion erfüllt; das aber heißt, daß der betr. Beobachter in der von ihm beobachteten Welt überhaupt nicht existiert. Er kann nicht in den Lauf der Dinge in ihr eingreifen, er hat keine Interessen, die er in ihr verfolgen könnte, usw.

Mühelos läßt das Gesagte sich auf die Leibnizschen Bestimmungen der Substanz anwenden. In der Tat, die Substanz, die nach Leibniz eine perspektivische Erscheinung des Universums ist, gehört selbst dem Universum an, das sie ausdrückt und repräsentiert. Es liegt also die Sachlage vor, daß ein Ganzes, ein Inbe-

---

[138] Zentriertheit bedeutet etwas anderes als Zentralisation, von der oben (S. 40 f.) die Rede war. Dort handelt es sich darum, daß das repräsentierende Medium Einheit und daher ein Zentrum hat, während es hier darum geht, daß das Repräsentierte selbst auf ein ebenfalls repräsentiertes Zentrum bezogen ist.

griff, ein System, eine Welt (hier sogar das gesamte Universum) sich einem seiner Teile oder Mitglieder darstellt, damit aber sich ihm in einer im Sinne der soeben gegebenen Erklärung einseitigen und parteilichen Weise darstellt. Wenn Leibniz schreibt, daß »toute substance individuelle exprime l'univers tout entier à sa manière«[139] oder »d'une manière qui lui est particulière«[140], so ist es nicht erforderlich, »manière« ausschließlich oder auch nur primär in räumlichem Sinne zu deuten[141]. Entsprechendes gilt für die Bemerkung: »... substantiae finitae multiplices nihil aliud sunt quam diversae expressiones ejusdem univers secundum diversos respectus et proprias cuique limitationes.«[142] So wenig wie »à sa manière« muß »respectus« von vornherein und ausschließlich räumlich gedeutet werden, und auch die »limitationes« lassen sich in natürlicher Weise im Sinne der Einseitigkeit und Parteilichkeit verstehen.

b. Das räumlich-körperliche Pendant zur einseitigen Parteilichkeit der Repräsentation

Der in Rede stehende Sachverhalt läßt sich ohne weiteres in Form einer räumlichen Metapher wiedergeben. Sein räumliches Analogon ist die Wahrnehmung eines Dinges, einer Stadt, usw. von einem bestimmten Punkte aus, insofern als dieser Punkt, der damit zum Standpunkt oder Gesichtspunkt des Beobachters wird, im selben Raume liegt, in dem sich auch das wahrgenommene Ding oder die Stadt befindet. Die Charakterisierung der individuellen Substanz als Ausdruck des Universums »à sa manière ou sous un certain rapport« kann so die zusätzliche Bestimmung »ou *pour ainsi dire* suivant le point de vue dont elle le regarde«[143] erhalten.

Früher haben wir dargelegt, daß die Monade zwar nicht selbst im Raum lokalisiert ist[144], daß sie aber auf Materielles bezogen ist und daher einen indirekten und vermittelten Bezug, eine Bezogenheit »per corresponsionem«, wenn auch nicht »per operationem«, auf den Raum erhält[145]. Schließlich stellte sich das Materielle, auf das die Substanz oder Monade bezogen ist, als der ihr zugeordnete organische Leib heraus, dessen Einheits- und Lebensprinzip sie bildet[146]. Im Lichte dieser Lehren erweist sich die Wiedergabe monadischer Sachverhalte durch räumliche Metaphern und Analogien als legitim, weil in der Natur der Sachen begründet. Von dem organischen Leib, der »masse organisée« kann gesagt wer-

---

[139] *An Foucher,* 1686 (*P.* I 382).

[140] *An Foucher,* 5 (15)/VII 1695 (*P.* I 423).

[141] Siehe auch die Wendung in *Esprit Universel Unique:* »Chaque âme est un miroir de l'univers à sa manière« (*P.* VI 538). Daß »miroir« nicht wörtlich zu verstehen ist, wurde bereits (S. 229, Anm. 135) erwähnt.

[142] *Spec. inv.* (*P.* VII 311 Anm.)

[143] *An Arnauld,* 4 (14)/VII 1686 (*Le Roy* 122) Von uns unterstrichen.

[144] S. 167 f.

[145] Kap. IV § 2 c.

[146] Kap. IV § 6 b.

den, daß in ihm der Gesichtspunkt der Seele ist (»dans lequel est le point de vue de l'âme«), demgemäß sie das gesamte Universum in ihrer Weise genau repräsentiert [147]. Entsprechend stellt sich die Seele heraus als ein »miroir vivant représentant l'univers suivant son point de vue et surtout par rapport à son corps«[148], sogar vermittels des Körpers (»par son moyen«) [149] und auch gemäß den Eindrücken, die dieser von allen anderen Körpern erfährt [150]. In den zitierten Texten spricht sich die Zuordnung zwischen dem Monadischen und dem Körperlich-Räumlichen aus, insofern als die Repräsentation des Universums durch jede Monade dem Umstand entspricht, daß »chaque corps agit sur chaque autre corps, plus ou moins, selon la distance, et en est affecté par réaction . . .« [151]. Wie später [152] genauer darzulegen sein wird, handelt es sich hier um ein Doppeltes: der Repräsentation des gesamten Universums durch jede Monade entspricht räumlich-phänomenal die allmähliche Ausbreitung jeder Bewegung von Körper zu Nachbarkörper, bis schließlich jeder Körper von ihr erreicht wird; während die mit wachsender Distanz abnehmende Wirkung der sich ausbreitenden Bewegung das räumlich-körperliche Analogon oder Pendant dazu bildet, daß die Vorgänge in der Welt sich einem jeden ihrer Mitglieder je nach der Mittelbarkeit oder Unmittelbarkeit, mit der sie das btr. Mitglied angehen, mannigfach abgestuft darstellen [153]. Diese Abstufung ist von Leibniz als solche des Grades von Distinktheit bzw. Konfusion der Perzeptionen gefaßt [154].

Oben [155] haben wir das Indistinkte und Konfuse in den Repräsentationen und Perzeptionen jeder erschaffenen Monade oder Substanz mit deren Endlichkeit und Begrenztheit und mit der Einseitigkeit und Parteilichkeit ihrer Repräsentation in Zusammenhang gesetzt. Da Gott nicht zur Welt gehört, sondern oberhalb ihrer steht [156], ist er von aller Parteilichkeit und Begrenztheit frei, gibt es für den gött-

---

[147] *Syst.* 14 (P. IV 484); *an Jaquelot,* 9/II 1704 (P. III 464 f).

[148] *Extrait du Dictionnaire de M. Bayle article Rorarius* (P. IV 532).

[149] *Théod.* III 291 (P. VI 289 f).

[150] *An Arnauld,* 30/IV 1687: ». . . substance . . . perceptive et representative de tout l'univers suivant son point de vue et suivant les impressions ou plutôt rapports que son corps reçoit médiatement ou immédiatement de tous les autres . . .« (*Le Roy* S. 166); *Extrait du Dictionnaire de M. Bayle article Rorarius:* ». . . l'âme . . . doit s'accorder avec tout ce qui est hors d'elle, et même le représenter suivant les impressions que les choses font sur son corps organique, et qui fait son point de vue« (P. IV 530).

[151] *Princ.* 3 (P. VI 598 f).

[152] Kap. VII § 6 c.

[153] Vgl. *Couturat, O. F.* S. 9: ». . . oportet locatum exprimere locum in se; ita ut distantia distantiaeque gradus involvat etiam gradum exprimendi in se rem remotam, eam afficiendi aut ab ea affectionem recipiendi. Ita ut revera situs realiter involvat gradum expressionum«.

[154] Siehe *an Arnauld,* 9/X 1687 (*Le Roy* S. 181 ff), vgl. auch *Éclaircissement* (P. IV 523); *Nouv. Ess.* Préf. (P. V 48).

[155] Kap. III § 5 a.

[156] Zur Extramundaneität Gottes siehe Kap. VIII § 3.

lichen Geist keine Konfusion und Indistinktheit:»... en Dieu l'univers se trouve ... exprimé parfaitement; mais ... en chaque monade créée il y a seulement une partie exprimée distinctement ..., et tout le reste qui est infini n'y est exprimé que confusément.«[157] Dagegen ist jede erschaffene Monade ein Mitglied des Universums, das sie repräsentiert. Folglich stufen sich ihre Repräsentationen hinsichtlich des Grades der Distinktheit gemäß der Bedeutsamkeit des Repräsentierten ab [158]. Wegen der wesentlichen Beziehung jeder Monade zu dem ihr zugeordneten und zugehörigen organischen Leib, erhält dieser für sie eine besondere Bedeutsamkeit, und daher kommt den ihren eigenen Leib betreffenden Repräsentationen der Monade der Vorzug der Unmittelbarkeit und eines höheren Grades von Distinktheit zu [159].»... quoique chaque monade créée représente tout l'univers, elle représente plus distinctement le corps qui lui est affecté particulièrement et dont elle fait l'entéléchie; et comme ce corps exprime tout l'univers par la connexion de toute la matière dans le plein, l'âme représente aussi tout l'univers en représentant ce corps, qui lui appartient d'une manière particulière.«[160] In der Bevorzugung der auf den eigenen Leib bezogenen Repräsentationen sehen wir das räumlich-körperliche Pendant dazu, daß, wenn die Welt sich einem ihrer Mitglieder darstellt, sie ihm in der entsprechenden Zentriertheit, Ausrichtung und Orientierung erscheint. Die ganze Sachlage, um die es sich handelt, ist in gedrängter Weise folgendermaßen formuliert:»... cum omne corpus organicum a toto universo determinatis *ad unamquamque universi partem* relationibus afficiatur, mirum non est, animam ipsam quae caetera secundum corporis sui relationes sibi repraesentat, quoddam universi speculum esse, repraesentans caetera secundum suum *ut sic dicam* punctum visus. Uti eadem urbs a diversis plagis spectanti diversas plane projectiones praebet ... Hinc autem fit, ut anima creata necessario plerasque perceptiones habeat confusas, congeriem quippe rerum externarum innumerabilium repraesentans, (quaedam autem pro-

---

[157] *Extrait* (P. IV 553); ebenso *an Jaquelot*, 4/IX 1704:»... tout ce qui est distinctement dans l'esprit divin, est confusément et imparfaitement dans le nôtre ... Ce monde ... existant ... est ... enveloppé, mais confusément dans chaque esprit créé à l'imitation du divin entendement, où il est distinctement« (P. VI 559); *an die Churfürstin Sophie*, 6/II 1706 (P. VII 566 f).

[158] *Monad.* 60:»... cette représentation ... ne peut être distincte que dans une petite partie des choses, c'est à dire dans celles, qui sont ou les plus prochaines ou les plus grandes par rapport à chacune des monades; autrement chaque monade serait une Divinité« (P. VI 617).

[159] *Disc.* 33; *an Arnauld*, 28/IX (8/XII) 1686; 30/IV 1687; 9/X 1687 (*Le Roy* S. 7, 144, 159, 180, 181); vgl. auch die nicht abgeschickte Stelle im zuletzt zitierten Brief (*Le Roy* S. 313) und *an Coste*, 4/VII 1706:»... toute âme ou unité de substance, en représentant originairement son corps, est représentative de tout l'univers suivant sa portée« (P. III 383).

[160] *Monad.* 62 (P. VI 617); *an de Volder*, 20/IV 1703:»... quodlibet corpus omnia alia exprimat, et ... qualibet anima vel entelechia exprimat et suum corpus et per ipsum alia omnia ...« (P. II 253).

priora vel extantiora, organis accomodata distincte percipiat).«[161] Lenken wir die
Aufmerksamkeit auf die beiden von uns unterstrichenen Stellen. In der ersten
finden wir eine Bestätigung dafür, daß das Wesentliche des in Rede stehenden
Sachverhalts darin liegt, daß ein Ganzes sich einem seiner Teile darstellt und sich
nur in zentrierter Bezogenheit auf diesen Teil darstellen kann. Die zweite Stelle,
wie auch eine schon früher [162] erwähnte, nehmen wir als eine Rechtfertigung unserer Deutung, daß es sich um einen Sachverhalt handelt, der ursprünglich und an
und für sich unrräumlich und unsinnlich ist, aber ein in der Natur der Sachen
(d. h. den Leibnizischen Lehren) begründetes körperliches Pendant hat und daher
in körperlich-räumlicher Fassung wiedergegeben werden kann.

Nach der Darstellung von Dillmann repräsentiert die Monade ihren eigenen
Leib und dessen Bewegungen. Weil aber die letzteren von den Vorgängen in der
Außenwelt abhängen, repräsentiert die Monade auch das Universum in Konse-
quenz ihrer Repräsentation der Vorgänge und Veränderungen in ihrem eigenen
Leibe [163]. In diesem Umstand, daß die Monade primär die Vorgänge ihres eigenen
Leibes repräsentiert, sieht Dillmann ihre wesentliche und ursprüngliche Begrenztheit, aus der die Verworrenheit ihrer Repräsentationen sich als Folge ergibt [164].
Gegenüber dieser Darstellung läßt sich die folgende Frage stellen: Wenn die
Monade primär und ursprünglich die Bewegungen ihres eigenen Leibes repräsentiert, die allerdings von Vorgängen in der Außenwelt abhängen, warum kann sich
ihre Repräsentation nicht auf das Endresultat dieser Vorgänge, nämlich die leiblichen Bewegungen und Veränderungen beschränken? Warum muß die Repräsentation über die leiblichen Veränderungen hinaus sich auch auf die Außenwelt und
die Vorgänge in dieser erstrecken? Mit anderen Worten: Warum muß die Repräsentation die Gesamtheit der Vorgänge umfassen, die zu den genannten Endresul-
taten führen, statt es bei den letzteren bewenden zu lassen? Dillmanns Gesamtdarstellung gibt eine Antwort auf diese Frage. Nach ihm hat Leibniz die Monaden darum eingeführt, damit die Körper, die als unendlich teilbare und unendlich
geteilte Aggregate keinerlei Substantialität haben und nichts anderes sind als
bloße Phänomene (und nicht Erscheinungen eines hinter ihnen stehenden und
ihnen zu Grunde liegenden Realen), in einem einheitlichen Wesen realisiert und
substantiiert, d. h. repräsentiert und vorgestellt werden [165]. Folglich muß jede
Monade das gesamte Universum repräsentieren, da sich sonst ein Widerspruch mit
dem Motiv ergeben würde, das zur Einführung der Monadenlehre führt [166]. Bei
Dillmann liegen zwei Auffassungen der repräsentaiven Natur der Monade vor:
nach der einen repräsentiert sie das gesamte phänomenale Universum, allerdings

[161] *Couturat, O. F. S. 15.*
[162] S. 231, Anm. 141.
[163] Dillmann, *Eine neue Darstellung der Leibnizischen Monadenlehre* S. 134 f.
[164] Id., *a. a. O.* S. 174 ff.
[165] Id., *a. a. O.* Erste Abt. Abschn. 1. »... die Monaden ... sind die Prinzipien der Er-
    scheinungen *selbst,* sie sind die Seelen *zu* Körpern, die Substanzen *zu* Phänomenen,
    sie sind mit *einem* Wort die *Repräsentationen* der Phänomene« (S. 74).

nur dieses [167]; nach der anderen repräsentiert sie primär und ursprünglich den eigenen Leib und die Veränderungen in diesem. Beide Auffassungen sind zwar nicht miteinander unverträglich, stehen aber ohne innere Verbindung nebeneinander. Für unsere Interpretation nehmen wir es in Anspruch, daß sie in höherem Maße eine Einheitlichkeit der Darstellung ermöglicht. Danach ist die Monade als Repräsentation des gesamten Universums angesetzt. Da diese Repräsentation in einem Wesen stattfindet, das selbst zu dem repräsentierten Universums gehört, ist sie einseitig-parteilich auf das jeweilig repräsentierende Wesen zentriert. Folglich stufen sich die einzelnen Repräsentationen je nach der Bedeutsamkeit des durch sie Repräsentierten ab. Wegen der wesentlichen Bezogenheit der Monade auf ihren organischen Leib ist dieser für sie in einem besonderen Maße bedeutsam, so daß Repräsentationen des eigenen Leibes durch einen höheren Grad von Distinktheit ausgezeichnet sind. Merkwürdigerweise gibt Dillmann die letzte Konsequenz nicht zu. Nach ihm sind die Repräsentationen der Vorgänge in der Außenwelt von der gleichen Distinktheit bzw. Indistinktheit wie die der leiblichen Bewegungen [168]. Die in den vorhin [169] genannten Texten zum Ausdruck kommenden gegenteiligen Äußerungen Leibnizens deutet Dillmann dahin, daß der besondere Grad von Distinktheit lediglich den Repräsentationen solcher Bewegungen zukommt, die ein spontanes Verhalten des Leibes darstellen, nicht jedoch den Repräsentationen derjenigen leiblichen Bewegungen, die von Vorgängen in der Außenwelt verursacht sind. Für diese Unterscheidung findet sich aber in den Leibnizischen Texten keine Unterlage.

c. Die Monade als »univers en raccourci«

Wird die Monade oder individuelle Substanz als eine perspektivische, d. h. einseitig-parteiliche Erscheinung des Universums bestimmt, so erweist sich der jeweilige Zustand einer jeden individuellen Substanz als eine in bestimmter Weise zentrierte Darstellung des jeweiligen Zustands des Universums. Entsprechend stellt sich der Übergang von einem Zustand einer individuellen Substanz zu einem anderen Zustand als eine ebenso zentrierte Darstellung der Entwicklung des Universums heraus [170]. Repräsentation muß nicht notwendigerweise den psychologisch-erkenntnismäßigen Sinn von Vorstellung haben, kann ihn aber haben und ist in den Darlegungen dieses § vorwiegend in dieser Bedeutung verwendet worden.

Mit der Vielheit der individuellen Substanzen ist s. z. s. das Universum selbst vervielfältigt; es legt sich in eine Reihe einseitig-parteilicher Darstellungen auseinander, deren jede ist wie »un monde à part, indépendant de toute autre chose, hors

[166] Id., *a. a. O.* S. 344 ff.
[167] Id., *a. a. O.* S. 58.
[168] Id., *a. a. O.* S. 303.
[169] S. 233, Anm. 159.
[170] Vgl. *Syst.* 15 und *Éclaircissement* (P. IV 485 und 524).

de Dieu«[171]. Als eine »vue de l'univers, comme regardé d'un certain endroit«[172] stellt sich jede solche »monade à part«, mithin jede individuelle Substanz als eine Abwandlung oder Variante des »wirklichen« Universums, des Universums, wie Gott allein es sieht, heraus[173]. »C'est comme si Dieu avait varié l'univers autant de fois qu'il y a d'âmes, ou comme s'il avait créé autant d'univers en raccourci convenants dans le fond, et diversifiés par les apparences.«[174] Die Bezeichnung der Seele oder Monade als »univers en raccourci« und »univers concentré« ist dazu bestimmt, ihre Charakterisierung als »représentation« und »expression« näher zu erläutern[175]. Im folgenden Kapitel werden wir in eine Untersuchung der inneren Struktur der individuellen Substanz eintreten und den Versuch machen, die Leibnizische Bestimmung der Substanz als »univers raccourci« oder »univers concentré« im Lichte dieser Strukturanalyse zu deuten[176].

Erinnern wir daran, daß sich die Substanz als ein intelligibles Gebilde herausgestellt hat[177]. Dementsprechend und im Einklang mit der vorhin[178] vorgetragenen Interpretation der Auffassung der Substanz als perspektivisch-einseitiger Erscheinung des Universums, deuten wir ihre Bestimmung als »univers en raccourci« oder »univers concentré« dahin, daß in ihr das Universum gleichsam auf einen begrifflichen Ausdruck zusammengezogen ist, jedoch in einseitig-parteilicher Weise. »... les raisons de mécanique, qui sont développées dans les corps, sont réunies, et pour ainsi dire, concentrées dans les âmes ou entelechies, et y trouvent même leur source«[179]. Gleich darauf heißt es in bezug auf alle Entelechien und nicht nur die menschlichen Seelen: »... elles sont toujours des images de l'univers. Ce sont des mondes en raccourci, à leur mode: des simplicités fécondes ...« Mit der letzten Wendung finden wir uns auf die der Substanz wesentliche Aktivität

---

[171] *Disc.* 14; *an Arnauld,* 4 (14)/VII 1686 (*Le Roy* S. 50 und 122); *Syst.* 14 (*P.* IV 484) u. ö.

[172] S. 226.

[173] Siehe dieses Kap. § 4 b.

[174] *An die Königin Sophie Charlotte,* 8/V 1704 (*P.* III 347); siehe auch *an die Churfürstin Sophie,* 6/II 1706 (*P.* VII 566 f). Im *Brief an de Volder,* 20/VI 1703 werden die Entelechien bezeichnet als »specula vitalia rerum seu totidem mundi concentrati« (*P.* II 252); *an Bourguet,* Dez. 1714: »... il y a autant de substances véritables, et pour ainsi dire, de miroirs vivants de l'univers ... ou d'univers concentrés, qu'il y a des monades ...« (*P.* III 575); *Animadversiones ad Joh. Georg. Wachteri librum de recondita Hebraeorum philosophia:* »... quaelibet substantia est imperium in imperio, sed exacte rebus caeteris conspirans« (*Foucher de Careil, Réfutation inédite de Spinoza par Leibniz* S. 66).

[175] *Éclaircissment:* »... les unités de substance n'étant autre chose que des différentes concentrations de l'univers, représenté selon les différents points de vue qui les distinguent« (*P.* IV 518) und *Nouv. Ess.* I, I: »... tout l'univers en raccourci, mais d'une vue différente dans chacune de ses parties et même dans chacune de ses unités de substance« (*P.* V 65).

[176] S. 333 f.

[177] S. 165 ff.

[178] S. 228 f.

verwiesen [180]. Es ist die Eigentümlichkeit der Leibnizischen Lehre, daß sie den intelligibeln begrifflichen Gebilden, als die sie die Substanzen faßt, die Tendenz zur Selbstentfaltung und Selbstverwirklichung zuschreibt [181], eine Tendenz im Sinne der »vis activa«, d. h. die »sola sublatione impedimenti« sich von selbst aktualisiert.

Im gegenwärtigen Zusammenhang sei noch bemerkt, daß »chaque substance toute seule exprime en elle tout l'univers; c'est un parfait miroir, suivant son rapport ou point de vue, quoique cette combinaison d'une infinité de choses en chacune empêche qu'il y en ait une connaisance distincte« [182]. Daher die oben [183] erwähnte »konfuse Allwissenheit«. Das gilt nicht nur von der Substanz im Ganzen, sondern auch von jedem ihrer Zustände: »La pensée du plaisir paraît simple, mais ... qui en ferait l'anatomie, trouverait qu'elle enveloppe tout ce qui nous environne et par conséquent tout ce qui environne l'environnant.«[184] In einem später [185] zu präzisierenden Sinne bestimmt Leibniz die Substanz als Quelle ihrer Phänomene, die »contiennent des rapports à tout, mais plus ou moins distincts, selon les degrés de perfection de chacune de ces substances« [186].

Wir haben die Frage aufgeworfen, in welcher Weise in der Struktur der Einzelsubstanz die systematische Einheit des Universums, dem sie angehört, sowie ihre Zugehörigkeit zu diesem eingezeichnet ist. Die Frage erhält ihre besondere Dringlichkeit daher, daß — wie dargelegt [187] — die Zugehörigkeit zu ihrem Universum für eine gegebene Einzelsubstanz wesentlich und konstitutiv ist, insofern als sie als die bestimmte Einzelsubstanz, die sie ist, nur in ihrer Welt und nur in ihrer Zugehörigkeit zu dieser ihrer Welt bestehen kann. Die Antwort auf diese Frage gibt die Charakterisierung der Substanz als »miroir de l'univers«, »univers en raccourci«, »univers concentré«. *Die für die Substanz wesentlich bestimmende Zugehörigkeit zu ihrem Universum bekundet sich in ihrer inneren Struktur darin, daß sie sich als eine Kondensation und Konzentration eben dieses Universums erweist* [188]. Die Substanzen sind Teile des Universums; indem jedoch

---

[179] *Rorarius* (*P. IV* 562).

[180] Siehe Kap. IV § 5 b.

[181] Siehe hierzu Kap. VI § 5 b.

[182] *Erster Entwurf des Syst.* (*P. IV* 475); *Théod.* III 403: »... toute substance simple enveloppe l'univers par ses perceptions confuses ou sentiments« (*P. VI* 356); *P. VI* 627 f.

[183] S. 146 f.

[184] *Rorarius* (*P. IV* 562).

[185] Kap. VI § 5.

[186] *Rorarius* (*P. IV* 564).

[187] Dieses Kap. § 2 c und e.

[188] Hieraus ergibt sich ein weiteres Argument dafür, daß die Substanz weder entstehen noch vergehen kann; *an de Volder*, 20/VI 1703: »... nunquam oritur machina organica nova naturae, quia ... totum universum suo modo exprimae« (*P. II* 251) und *Couturat*, O. F. S. 16: »... cum natura sua sit speculum universi, non magis cessat quam ipsum universum«.

diese Teile das Ganze, dem sie angehören, repräsentieren, tragen sie es in konzentrierter Weise in sich. In bezug auf die menschlichen Geister hat Leibniz einmal den Ausdruck »partes totales« geprägt [189]. Dieser Ausdruck, der verallgemeinert und auf alle Substanzen überhaupt übertragen werden kann, läßt eine
doppelte Auslegung zu. In einem Sinne verstanden, ist »pars totalis« gleichbedeutend mit »monde à part«: der Teil selbst bildet ein in sich geschlossenes Ganzes. In dem anderen Sinne genommen, stellt »pars totalis« wohl die schärfstmög-
liche Ausprägung des Begriffs des inneren Zusammenhangs dar, wie dieser Begriff oben [190] entwickelt wurde. *Die für den inneren Zusammenhang charakteristische Qualifikation des Teils durch das Ganze, dem er angehört, radikalisiert
sich in der Leibnizischen Lehre von der Substanz als Repräsentation des Universums dahin, daß der Teil nicht nur durch das Ganze bestimmt und ausgeprägt
wird und in dem sich daraus ergebenden Sinne es in sich einschließt und enthält,
sondern daß der Teil geradezu nichts anderes ist als das Ganze selbst,* allerdings
in einseitig-parteilicher Darstellung [191]. Es ist die so verstandene Gleichsetzung
von Teil und Ganzem, die die zweite Bedeutung von »pars totalis« ausmacht.

Auf zwei Konsequenzen der in Rede stehenden Leibnizischen Lehre sei noch
hingewiesen.

1. Aus der Bestimmung der Substanz als »monde concentré« oder Repräsentation des *gesamten* Universums ergibt sich ihre »Fensterlosigkeit«. In Bezug auf
das Universum als ganzes, welches alles Seiende umfaßt, gibt es nichts, das ihm
äußerlich wäre und von außen in es eindringen könnte. Was für das Universum
als solches gilt, findet sinngemäße Anwendung auf die Substanz als dessen einseitig-parteiliche Erscheinung. Folglich gibt es keine Einwirkung einer Monade
auf eine andere, die auf Grund der Leibnizischen Lehren zudem noch überflüssig
wäre [192]. Beim Ausgang von der »Fensterlosigkeit«, d. h. der Einzelmonade tritt
— wie oben [193] bemerkt — ihre repräsentative Funktion als eine weitere Bestimmung nachträglich hinzu, während der hier gewählte Ausgang von der repräsentativen Funktion eine Einheitlichkeit der Interpretation ermöglicht. Allerdings ist es für das Beschreiten dieses Weges erforderlich, bei dem System der
Substanzen, d. h. dem Universums als solchem anzusetzen, da — wie später [194] gezeigt werden soll — jede Einzelmonade eine Abwandlung des Gesamtuniversums,
als »géométral« genommen, darstellt.

---

[189] *Dererum originatione radicali*: »... aeque duraturae (sunt) ac ipsum universum, et
totum quodammodo exprimunt atque concentrant in se ipsis, ut ita dici possit,
mentes esse partes totales« (P. VII 307).

[190] S. 19 ff.

[191] H. Pichler, »W. Windelbands Einleitung in die Philosophie«, *Kant-Studien* XIX
(1914) S. 380; Cassirer, *Die Philosophie der Aufklärung* S. 42; Burgelin, *Commentaire du Discours de Métaphysique de Leibniz* S. 14.

[192] *An des Bosses*, 19/VIII 1715: »... superfluum esse influxum, cur enim det monas
monadi quod jam habet?« (P. II 503).

[193] S. 206.

[194] Dieses Kap. § 4 b.

2. Die zweite Konsequenz betrifft das Leibnizische Prinzip der *identitas indiscernibilium*. Ist die Substanz dadurch bestimmt, daß sich in ihr das Universum in gewisser einseitig zentrierter Weise darstellt, wobei Verschiedenheiten der Grade von Distinktheit und Konfusion ebenfalls mit in Rechnung zu stellen sind, so besteht aller Unterschied zwischen Substanzen lediglich in Differenzen der Darstellungsweise [195]. Daß zwei Substanzen einander völlig gleich sind, würde besagen, daß sich in jeder von ihnen das Universum in gleicher Weise darstellt. Damit aber würden diese Substanzen ununterscheidbar werden und sich als identisch, d. h. als nur eine erweisen [196]. Zwischen Substanzen gibt es keine Differenz »solo numero« bei völliger qualitativer Gleichheit [197]. Anders gewendet: Substanzen müssen sich aufgrund einer »denominatio intrinsica« voneinander unterscheiden, nämlich hinsichtlich der Art und Weise, wie sie das Universum repräsentieren und in konzentrierter Weise in sich enthalten. »Entelechias differre necesses est, seu non esse penitus similes inter se, imo principia esse diversitatis, nam aliae aliter exprimunt universum ad suum quaeque spectandi modum ...« [198]. Gemäß der allgemeinen durchgehenden Entsprechung zwischen Monadischem und Phänomealem überträgt sich die »identitas indiscernibilium« auch auf die Materie [199]. Vergeblich wird man zwei Blätter, zwei Eier, zwei Wassertropfen usw. suchen, die einander völlig gleich sind [200]. Hier kann es nicht unsere Aufgabe sein, Leibnizens Behandlung des »principium individuationis« [201] zu untersuchen, noch auch dem Prinzip der »identitas indiscernibilium« in den verschiedenen Zusammenhängen, in die Leibniz es stellt, nachzugehen [202]. Es handelt sich lediglich darum, dieses Prinzip als eine Konsequenz der Auffassung der Monade als Repräsentation des Universums herauszustellen.

[195] Vgl. *Extrait* (*P.* IV 542) und *Couturat, O. F. S.* 521: »... omnes substantiae singulares (creatae) sunt diversae expressiones ejusdem universi .. sed variant perfectione expressiones ut ejusdem oppidi diversae repraesentationes vel scenographiae ex diversis punctis visus«.

[196] Janke, »Leibniz als Metaphysiker« Kap. III 11, *a. a. O.*

[197] *Disc.* 9 (*Le Roy* S. 44) und *an de Volder*, 21/I 1704: »... omnes substantias esse diversae naturae nec duo solo numero differentia in natura dari ...« (*P.* II 264).

[198] *An de Volder*, 20/VI 1703 (*P.* II 251 f.).

[199] Vgl. z. B. *De ipsa natura* 13 (*P.* IV 514); *an de Volder*, 20/VI 1703 (*P.* II 249 f.); *an Clarke*, V 21 ff. (*P.* VII 394). Bemerkenswert ist, daß die Geltung des Prinzips der »identitas indiscernibilium« für den Bereich der Substanzen in dem *Brief an des Bosses* vom 8/II 1711 aus seiner Geltung für das Materielle hergeleitet wird: »... cum entelechiae repraesentent materiae organicae constitutionem, tantam in ipsis varietatem necesse est esse, quantam in ipsa materia percipimus, nec una entelechia alteri perfecte similis esse potest« (*P.* II 419).

[200] Siehe *an die Churfürstin Sophie*, 31/X 1705 (*P.* VII 562 f.); zur Frage mehrerer identischer Adams siehe *Remarques sur la lettre de M. Arnauld* und *an Arnauld*, 4 (14)/VII 1686 (*Le Roy* S. 108 f und 119 f.).

[201] Vgl. *Nouv. Ess.* II, XXVII § 1 ff (*P.* V 213 ff).

[202] Siehe Couturat, *La logique de Leibniz* Kap. VII 11 den allerdings nicht ausdrücklich herausgestellten Zusammenhang von »indiscernabilité« und dem mathematischen Begriff der »congruence« und, in einer ganz anderen Richtung, Philonenko, »La loi de

§ 4   Prinzip der universellen Harmonie

a. Theoretische Möglichkeiten des Perspektivismus

Durch die vorstehenden Ausführungen ist der Sinn der Auffassung der Substanz als Repräsentation des Universums herausgestellt worden. Jedoch haben wir damit das Problem des intermonadischen Zusammenhangs kaum berührt. Um dieses Problem in Angriff zu nehmen, ist es erforderlich, noch einmal auf die »Herkunft« der vielen verschiedenen Repräsentationen zurückzukommen und diese »Herkunft« eingehender zu behandeln, als es auf Grund des oben[203] zitierten Textes möglich war, der uns zunächst als Ausgang für unsere Interpretation gedient hat. Anders ausgedrückt, das Problem des intermonadischen Zusammenhangs muß im Lichte der allgemeinen Problematik des Perspektivismus gesehen werden.

Gehen wir davon aus, daß jede Substanz eine in sich geschlossene Welt, einen »monde à part« bildet, und daß es zwischen diesen Substanzen keinerlei Einwirkung aufeinander gibt. Es wäre denkbar, daß alle diese Welten auch im Sinne völliger Unverbundenheit und Zusammenhanglosigkeit voneinander unabhängig und getrennt blieben, so daß ebenso viele »Welten« existierten wie es Substanzen gibt[204]. Dem ist aber nicht so: die den einzelnen Monaden zugehörigen »différents univers ... ne sont pourtant que les perspectives d'un seul selon les différents points de vue de chaque monade«[205]. Was macht dann die verschiedenen Perspektiven zu solchen, d. h. zu Perspektiven *eines und desselben* Geometrals? Die Frage betrifft sowohl das Geometral in seiner Identität als auch die Beziehung zwischen dem identischen Geometral und den mannigfachen Perspektiven oder, um es in einer anderen, von Leibniz gelegentlich benutzten Formulierung auszudrücken, zwischen der einen Ichnographie und den mannigfachen Scenographien[206]. Damit hängt auf das Engste die Frage nach den Beziehungen zwischen den mannigfachen Perspektiven selbst zusammen.

Für jeden Perspektivismus stellt sich das soeben aufgeworfene Problem der Vereinigung oder Vereinheitlichung der Perspektiven unter einem gemeinsamen identischen Geometral. Prinzipiell bieten sich zwei Wege dar. Man kann von den Perspektiven selbst ausgehen, von ihrer Verträglichkeit, Einstimmigkeit, von der zwischen ihnen bestehenden Konkordanz und Konvergenz, davon, daß die Perspektiven untereinander in Einklang stehen, indem sie sich gegenseitig bestäti-

---

continuité et le principe des indiscernables«, *Revue de Métaphysique et de Morale* LXXII.

203 S. 226.

204 *Éclaircissement*: »Dieu pouvait donner à chaque substance ses phénomènes indépendants de ceux des autres, mais de cette manière il aurait fait, pourainsi dire, autant de mondes sans connexion, qu'il y a des substances; à peu près comme on dit, que quand on songe, on est dans son monde à part ...« (*P.* IV 519).

205 *Monad.* 57 (*P.* VI 616).

206 *Studie zum Brief an des Bosses,* 5/XII 1712: »sunt enim scenographiae diversae pro spectatoris situ, ichnographia seu geometrica repraesentatio unica est ...« (*P.* II 438).

gen, einander ergänzen, fortführen, vervollständigen und ausweiten. Bei diesem Ausgang erscheint das Geometral als ein Problem, das der Aufklärung bedarf, und dessen Aufklärung nur auf dem Grunde der zwischen den Perspektiven bestehenden Konkordanz gefunden werden kann. Das eine identische Geometral im Unterschied zu den mannigfachen Perspektiven als seinen Teilansichten und einseitigen Erscheinungen erweist sich als eine zu lösende Aufgabe, als ein zu erreichendes Ziel, genauer gesagt, als die Idee eines solchen Ziels. Es ist die Idee eines allumfassenden Systems, in das sich die Einzelperspektiven einordnen, und in dem durchgängige Einstimmigkeit herrscht. Streng genommen handelt es sich um eine Limes-Idee, nämlich um die Idee einer einstimmig verlaufenden Ausweitung des Systems in einem fortgehenden Prozeß, im Laufe dessen die innere Konkordanz und Geschlossenheit des Systems sich, seiner Ausweitung gemäß, in fortschreitendem Maße durchsetzt, so daß das System gegen den Zustand seiner völligen und durchgehenden inneren Vereinheitlichung konvergiert. Das wohl hervorragendste Beispiel dieser Auffassung des Geometrals als aus der Konkordanz der Perspektiven erwachsend und geradezu als Korrelat der Idee eines totalen konkordanten Perspektivenzusammenhangs stellt Husserls Phänomenologie der Wahrnehmung dar [207].

Leibniz ist diesen Weg nicht gegangen und hat ihn auch darum nicht einschlagen können, weil er die Monaden als »mondes à part« ansetzt, die ihrer Abgeschlossenheit wegen gar nicht miteinander in Verbindung treten können [208]. Bei diesem Ansatz ist es für eine gegebene Monade gar nicht möglich, die ihr eigene Perspektive mit einer anderen Perspektive zu vergleichen, die Verträglichkeit und Einstimmigkeit beider, ihre wechselseitige Ergänzung, Fortführung usw. zu konstatieren [209]. Daher bleibt nur der Ausgang vom Geometral selbst; nicht von den mannigfaltigen verschiedenen Erscheinungsweisen des Universums, sondern von diesem, wie es an sich selbst ist, d. h. wie Gott es sieht: »Deus exacte res videt quales sunt secundum geometricam veritatem, quamquam idem etiam scit, quo-

---

[207] Hier können wir Husserls Theorie nicht darlegen, sondern müssen uns mit dem Hinweis auf besonders wichtige Stellen in einigen seiner Werke begnügen: *Ideen zu einer reinen Phänomenologie und phänomenologischen Philosophie I (Husserliana III)* §§ 41, 44, 86, 135, 142 ff, 149; *Cartesianische Meditationen und Pariser Vorträge (Husserliana I)* §§ 17, 21, 28; *Die Krisis der Europäischen Wissenschaften und die transzendentale Phänomenologie (Husserliana VI)* § 47. Wir dürfen auch noch auf die von uns versuchte Weiterbildung der Husserlschen Theorie in *The field of consciousness*, Pittsburgh 1964 (französisch als *Théorie du champ de la conscience*, Bruges 1957) Teil IV Kap. I 3 f, 6, Kap. II 3 f, Kap. III 3.

[208] Über den Versuch Cassirers, Leibniz doch in einem gewissen Sinne nach dieser Richtung zu interpretieren, siehe weiter unten in diesem Kap. § 5 a.

[209] Wir erinnern an die oben (S. 228) erwähnte Gebundenheit der Monade an ihren »Standort«, woraus folgt, daß eine bestimmte Monade nur *eine* Perspektive kennt. Der für die Theorie Husserls so wichtige und wesentliche Wechsel der Perspektiven für dasselbe Bewußtseinssubjekt kommt für Leibniz überhaupt nicht in Betracht.

modo quaeque res cuique alteri appareat, et ita omnes alias apparentias in se continet eminenter.«[210]

Im Gegensatz zu der vorhin skizzierten Orientierung ist hier das Geometral als vorgegebene Ausgangsrealität angesetzt, Realität im Sinne der »phaenomena Dei« oder des »objectum scientiae visionis«. Bei der Getrenntheit der Monaden, die keinen Einfluß aufeinander ausüben können, wird hier die Entsprechung und Einstimmigkeit zwischen den ihnen jeweils eigenen Perspektiven zu einem Problem, das der Erklärung bedarf und auf seinen Grund zurückgeführt werden muß [211]. Dieser Grund oder diese Ursache muß universell sein; sie kann nicht in den einzelnen Monaden oder Substanzen liegen, sondern muß außerhalb ihrer aller gesucht werden, d. h. in einer ihnen allen gemeinsamen Ursache [212]. Damit werden wir auf die *universelle Harmonie* geführt, kraft derer zwischen den Perspektiven der verschiedenen Monaden und zwischen ihren jeweiligen Zuständen das Verhältnis proportionaler Entsprechung besteht. Auf der einen Seite ist die universelle Harmonie das Werk Gottes und Gottes allein: »... il n'y a que Dieu ..., qui soit cause de cette correspondance de leurs phénomènes, et qui fasse que ce qui est particulier à l'un, soit public à tous; autrement il n'y aurait point de liaison.«[213] Andererseits besteht die universelle Harmonie auf dem Boden des identischen Geometrals. Indem Gott das Universum »vollkommen«, d. h. als Geometral sieht, wird er zur Ursache der zwischen den Perspektiven der endlichen Monaden bestehenden Entsprechung und Harmonie [214]. Dieses besteht darin, daß die end-

---

210 *Studie zum Brief an des Bosses,* 5/II 1712 (*P.* II 438). Zu beachten sind auch die vorangehenden Sätze: »Si corpora sunt phaenomena et ex nostris apparentiis aestimantur, non erunt realia, quia aliter aliis appareant. Itaque realitas corporum, spatii, motus, temporis videtur consistere in eo ut sint phaenomena Dei, seu objectum scientiae visionis. Et inter corporum apparitionem erga nos et apparitionem erga Deum discrimen est quodammodo, quod inter scenographiam et ichnographiam«.
211 Vgl. *Nouv. Ess.* IV, X § 10 (*P.* V 421 f).
212 *An de Volder,* 21/I 1704 (*P.* II 264); in einem *Brief an de Volder,* o. D. heißt es von den substantiae simplices »inter se ... conspirant, eadem universi phaenomena diverso habitu referentes, quod necesse est oriri a communi causa« (*P.* II 275); *an Clarke* V 87: »... il n'y a que Dieu, c'est à dire la cause commune, qui puisse faire cette harmonie des choses« (*P.* VII 411). In einigen der Frühzeit, d. h. vor der Konzeption des Systems der prästabilierten Harmonie angehörigen Texten, die Couturat, *La logique de Leibniz* 137 Anm. 6 zusammengestellt hat, wird Gott mit der Harmonia Universalis gleichgesetzt. Zur Bedeutung, die die Idee einer durchgehenden Harmonie für das Denken von Leibniz seit seinen ersten Anfängen hat, siehe Friedmann, *Leibniz et Spinoza* Kap. I, 1 ff.
213 *Disc.* 14 (*Le Roy* S. 50) und 32: »... Dieu seul fait la liaison et la communication des substances, et c'est par lui que les phénomènes des uns se rencontrent et s'accordent avec ceux des autres ...« (*Le Roy* S. 70); *Principes de vie:* »... l'accord de tant de substances, dont l'une n'a point d'influence sur l'autre, ne saurait venir que d'une cause générale, dont elles dépendent toutes ...« (*P.* VI 541), und daraus ergibt sich ein weiterer Beweis für die Existenz Gottes.
214 *De modo distinguendi phaenomena realia ab imaginariis:* »... quia necesse est, omnia existentia habere commercium, necesse est, ejus commercii esse causam, imo

lichen und in ständiger Abhängigkeit von Gott verbleibenden Substanzen, eine jede in der ihr spezifischen Weise, dasselbe Universum repräsentieren oder ausdrücken [215]. Die zwischen den Perspektiven bestehende universelle Harmonie ist auf dem als vorgegeben angesetzten identischen Geometral fundiert und ergibt sich aus diesem.

b. Das Geometral und seine Abwandlungen

Daß Gott das Universum als Geometral sieht und nicht in perspektivischer Verkürzung oder Abwandlung, besagt, daß er es nicht nur sieht wie alle endlichen Substanzen, so daß er weiß, wie es jeder von ihnen erscheint, sondern auch in ganz anderer Weise: ». . . Dieu (de qui tous les individus émanent . . . voit l'univers non seulement comme ils le voient, mais encore tout autrement qu'eux tous) . . .«[216] Diese ganz andere Sicht interpretiert Leibniz gelegentlich als eine solche von einem privilegierten Standpunkt aus. In einem *Brief an die Churfürstin Sophie* [217] heißt es von der »divinté«, daß sie »représente l'univers de source, en sorte que l'univers est tel qu'elle le fait, et s'accomode à elle qui en est le germe ou l'origine. Et par conséquent Dieu représente l'univers distinctement et parfaitement . . .«. Die vollkommene und distinkte Repräsentation des Universums, seine Repräsentation von der Quelle her oder, wie man sinngemäß sagen kann, als Geometral, ist auf Gott als »centre universel« bezogen, dem als solchem ein besonderer und privilegierter Standpunkt zugehört. Gott »voit le monde comme je verrais la ville d'une tour [218] qui y est, c'est à dire bien; nous ne sommes que des centres particuliers, et ne voyons le monde présentement . . . comme je verrais une ville de côté« [219]. Hingegen bezieht Le Roy in seinem Kommentar der genannten Stelle aus *Disc.* 14 die ganz andere Sicht Gottes nicht auf einen privilegierten Standpunkt, sondern deutet sie als eine »entière vision de tout le réel« »sans aucun point de vue« [220]. Indem wir uns dieser Interpretation anschließen, erinnern wir an unsere obigen [221] Ausführungen, denen zufolge die Redeweise vom Geometral und seinen perspektivischen Erscheinungen als Meta-

---

necesse est omnia exprimere eandem naturam sed diverso modo; causa autem per quam fit ut omnes mentes commercium habeant seu idem exprimant adeoque existant, est ea quae perfecte universum exprimit, nempe Deus« (P. VII 322). Vgl. auch Janke, *Leibniz* S. 115 f, 205 f und »Leibniz als Metaphysiker« Kap. VII 7, a.a.O.

215 *An Foucher,* 1686: ». . . comme toutes les substances sont une production continuelle du souverain Être, et expriment le même univers ou les mêmes phénomènes, elles s'entr'accordent exactement . . .« (P. I 382 f); ebenso und fast mit denselben Worten *an Arnauld,* 4 (14)/VII 1686 (*Le Roy* S. 122).

216 *Disc.* 14 (*Le Roy* S. 50).

217 P. VII 556.

218 So gelesen statt »cour« bei Gerhardt.

219 Der mehrfache Sinn, den der Vergleich mit der Wahrnehmung der Stadt bei Leibniz hat, ist oben (S. 228 f.) erwähnt worden.

220 Le Roy, *a. a. O.* S. 228.

221 S. 228 f.

pher und analogisch zu verstehen ist. Im Lichte dieser Auffassung gehört das Geometral einer ganz anderen Ordnung an als seine einseitig und parteilich zentrierten Darstellungen. Von keiner dieser Darstellungen aus ist es zu erreichen, es sei denn als Voraussetzung, die dieser Darstellung in dem Sinne zugrunde liegt, daß sie sich als eine Variation des Geometrals erweist, — im Gegensatz zu der vorhin [222] erwähnten und von Husserl vertretenen Auffassung, nach der das Geometral sich von den einseitigen Darstellungen her konstituiert. Um es mit Hilfe der räumlichen Analogie auszudrücken: von keinem Standpunkt innerhalb des Universums kann dieses als Geometral erfaßt werden. Wegen der Extramundaneität Gottes ist die ihm allein vorbehaltene »ganz andere« Sicht auf keinen innerweltlichen Standpunkt bezogen, d. h. Gott hat keinen »point de vue«. Als »centre original et universel« ist er »hors de rang« [223].

Unsere Auffassung wird durch einen in mehrfacher Hinsicht interessanten Text bestätigt. »Dubium nullum est quin Deus intelligat quomodo nos res percipimus, quemadmodum si quis perfectam urbis notitiam dare velit, is pluribus modis eam repraesentabit. Et haec Dei intellectio quatenus nostrum intelligendi modum intelligit, simillima est nostrae intellectioni, imo nostra ex ipsa resultat ... Deus res intelligit ut nos, sed eo discrimine quod simul etiam aliis modis infinitis eas intelligat, et nos uno tantum.«[224] Bemerkenswert ist zunächst, daß als »notitio perfecta« einer Stadt nicht deren Erscheinungsweise von einem privilegierten Standpunkt aus gilt, sondern daß es hierzu einer Anzahl, sogar einer unendlichen Anzahl von Erscheinungsweisen bedarf. Daß alle diese Erscheinungsweisen Gott bekannt sind, ist wohl nicht dahin zu verstehen, daß sie, wenn auch simultan, so doch einzeln, nebeneinander, wie die Elemente einer Menge dem göttlichen Intellekt sich präsentieren, sondern vielmehr dahin, daß Gott das Prinzip kennt, aus dem sich die verschiedenen an die endlichen Substanzen verteilten Erscheinungsweisen herleiten. Gottes Kenntnis der Modi, in denen uns das Universum erscheint, ist vergleichbar mit der Erkenntnis einer in einem Prinzip beschlossenen Konsequenz aus diesem Prinzip. Damit bestimmt sich auch der Sinn der Behauptung, daß die menschliche »intellectio« aus der göttlichen stammt und hervorgeht.

So wie der letzte zureichende Grund eines Universums (des wirklichen sowohl wie auch eines möglichen) in keinem dem Universum angehörigen Wesen noch in irgendeinem in ihm stattfindenden Ereignis liegt, sondern vielmehr in dem Gott allein bekannten Fundamentalbegriff des Universums [225], so liegt den einseitigparteilichen Darstellungen des Universums in den verschiedenen endlichen Substanzen das Universum selber zugrunde, wie es an sich ist, d. h. wie es sich in

---

222 S. 241 f.
223 *An die Churfürstin Sophie,* 6/II 1706 (*P.* VII 566); ebenso in einem etwas anderen Zusammenhang *Principes de vie:* »Dieu seul est au dessus de toute la matière ...« (*P.* VI 546).
224 *Grua* S. 266.
225 Kap. II § 6 a und c.

einer Sicht darbietet, die prinzipiell nicht die eines Mitglieds oder Teils dieses Universums ist.

Aus diesem Universum, wie es an sich ist, d. h. wie Gott es sieht, ergeben sich seine einseitigen, weil zentrierten Darstellungen durch *Abwandlung*, was selbstverständlich nicht in zeitlichem Sinne zu verstehen ist. Analogisierende Illustrationen einer solchen Abwandlung liefern die oben [226] angeführte Stelle aus *Disc.* 14, sowie der immer wieder herangezogene Vergleich mit den verschiedenen Seitenansichten derselben Stadt. Da Leibniz häufig von Geometral und Perspektiven spricht, liegt es nahe, an die Projektionen einer gegebenen ebenen Figur auf andere Ebenen zu denken. Ein weiteres illustrierendes Beispiel liefert die Erzeugung der verschiedenen Kegelschnitte je nach der Lage und Orientierung der Ebene, die einen gegebenen Kreiskegel schneidet. Mahnke [227] illustriert die universelle Harmonie am Beispiel eines formalmathematischen Begriffs, etwa eines rein logischen Zahlbegriffs, oder des Begriffs einer bestimmten analytischen Funktion, der einer Vielheit von »Veranschaulichungen« oder — wie man heute sagen würde — Interpretationen fähig ist, z. B. anschaulich-geometrischer, mechanischer, elektrodynamischer usw. Alle diese »Veranschaulichungen« sind einander isomorph, und darin besteht nach Mahnke ihre Harmonie. Jedoch bringt dieser formale Isomorphismus — wie uns scheint — den Umstand nicht genügend zur Geltung, daß es sich um eine Vielheit einseitig-parteilicher, weil verschieden zentrierter Erscheinungen desselben «Geometrals«, Sachverhalts, derselben Situation, Konstellation oder »Welt« handelt [228]. Zur Erläuterung des Verhältnisses zwischen dem allgemeinen System der Monaden und einer einzelnen Monade beruft sich Brunschvicg [229] auf das Verhältnis zwischen der allgemeinen Gleichung einer Kurvenfamilie und der Gleichung einer besonderen Kurve als Mitglied dieser Familie, wobei die letztere Gleichung durch Einsetzung von Zahlenwerten in die entsprechenden Parameter der allgemeinen Gleichung hervorgeht. Wir wollen schließlich noch ein Beispiel angeben, das zwar erst der späteren Entwicklung der Mathematik angehört, uns aber besonders geeignet erscheint, die in Rede stehende Abwandlung zu erläutern. Gegeben sei eine Funktionalgleichung $F(x_1, x_2, \ldots\ldots)$ $= 0$, wobei die x_n Variable darstellen, z. B. Funktionen der Zeit. Ferner sei angenommen, daß die Funktionalgleichung sich auflösen lasse, so daß explizite Darstellungen der Form $x_i = f_i(x_1, x_2, \ldots\ldots x_{i-1}, x_{i+1}, \ldots)$ resultieren [230]. Die Funktionalgleichung entspricht dem Gesetz des Universums, wie Gott es sieht, d. h. wie dieses Gesetz aus einer Sicht außerhalb des Universums zu formulieren ist, mit einem Wort: die Funktionalgleichung entspricht dem Fundamentalbegriff

---

226 Vgl. oben S. 226 f.
227 Mahnke, »Die Neubelebung der Leibnizschen Weltanschauung«, *Logos* IX (1920/21) S. 374 f.
228 S. 229 ff.
229 Brunschvicg, *Les étapes de la philosophie mathématique* S. 228.
230 Auf die mathematische Frage nach den Bedingungen, unter denen die expliziten Darstellungen möglich sind, brauchen wir hier nicht einzugehen.

des Universums, während die expliziten Darstellungen die auf die jeweiligen Substanzen (die x_n) zentrierten Formen des Gesetzes oder Fundamentalbegriffs versinnbildlichen. Bringt die Funktionalgleichung die gegenseitige Ausgerichtetheit und Abgestimmtheit der Substanzen zum Ausdruck, so erscheint in den expliziten Darstellungen die jeweilige Substanz (das jeweilige x_i) als durch die Gesamtheit der anderen bestimmt und qualifiziert [231]. Dieses mathematische Beispiel scheint uns eine besonders adäquate Illustration des Begriffs des inneren Zusammenhangs [232], sowie des damit eng verbundenen Begriffs der Compossibilität [233] zu liefern. Beide mathematischen Darstellungsformen bringen die systematische Einheit des Universums zum Ausdruck: die Funktionalgleichung von einem »Standpunkt« außerhalb oder oberhalb des Universums, die expliziten Darstellungen von einem innerweltlichen Standpunkt, genauer: von dem einer jeweiligen Substanz [234]. Später [235] werden wir zu zeigen haben, daß die Substanz von Leibniz als das erzeugende Prinzip ihrer Zustände bestimmt wird, was besagt, daß sie diese ihre Zustände nach einem individuellen, ihr eigenen Gesetz hervorgehen läßt. Jedoch gilt für die »loi particulière« einer jeden individuellen Substanz »qu'elle n'est qu'une variation de la loi générale qui règle l'univers« [236]. Gerade diese Abkünftigkeit durch Abwandlung der »loi particulière« von der »loi générale« wird durch das von uns vorgeschlagene Beispiel illustriert.

c. Durchgehende gegenseitige Entsprechung der Zustände aller Substanzen
Aufgrund ihrer Beziehung zu dem identischen Geometral, von dem sie Abwandlungen darstellen, besteht zwischen den Substanzen und ihren jeweiligen Zuständen ein Verhältnis der Korrespondenz und Entsprechung. Leibniz führt das Beispiel der perspektivischen Projektion an, durch die ein Kreis in eine derartige Beziehung zu den verschiedenen Kegelschnitten tritt, daß zwischen den Punkten dieser verschiedenartigen Figuren eine ein-eindeutige Zuordnung (»rapport exact«) hergestellt wird [237]. Durch solche perspektivischen Projektionen kann derselbe Kreis durch eine Ellipse, Parabel, Hyperbel, einen anderen Kreis, eine gerade Linie und sogar einen Punkt repräsentiert werden. In Anwendung auf das in Rede stehende Problem ergibt sich: ».... chaque âme se représente l'univers suivant son point de vue, et par un rapport qui lui est propre; mais une parfaite harmonie y subsiste toujours«.
Der Vergleich mit der perspektivischen Projektion darf aber nicht wörtlich genommen und gepreßt werden. v. Aster und Le Roy (in seinem Kommentar zu

[231] Vgl. L. E. Loemker, »Leibniz's doctrine of ideas«, *The Philosophical Review* LV (1946) S. 239 f.
[232] S. 19 ff.
[233] Dieses Kap. § 2 e.
[234] S. 218.
[235] Kap. VI § 5 a.
[236] *Extrait* (P. IV 552 f).
[237] *Théod.* III 357 (P. VI 327).

Disc. 14) berufen sich auf das Kontinuitätsprinzip, kraft dessen verschiedene geometrische Figuren, z. B. die Kegelschnitte stetig ineinander überführt werden können[238]. Bei dieser Überführungsmöglichkeit ist aber kein Kegelschnitt vor den anderen ausgezeichnet, jeder kann als Geometral dienen. Wie v. Aster selbst hervorhebt, kann man von der Ellipse ausgehend zur Parabel gelangen, aber auch umgekehrt von der Parabel zur Ellipse. Dagegen gehen die individuellen Substanzen nicht auseinander hervor, vielmehr ist die zwischen ihnen bestehende universelle Harmonie auf der gemeinsamen Abkünftigkeit ihrer aller von dem Fundamentalbegriff des Universums bzw. dem Universum als Geometral begründet, das eben nicht eine einseitig-parteiliche Darstellung unter anderen ist, sondern sich außerhalb oder oberhalb ihrer aller befindet. v. Aster führt diesen Vergleich noch weiter. Wie eine vollständige Erkenntnis der Ellipse unter Berücksichtigung des Gesetzes der stetigen Transformation eine vollständige Erkenntnis der Parabel ermöglicht, so ergibt sich aus der vollständigen Erkenntnis einer Monade eine eben solche Erkenntnis aller Monaden[239]. Diese im Prinzip mögliche, allerdings dem Menschen versagte Erkenntnis aller Monaden von einer einzigen her setzt wiederum gemäß der vorhin[240] dargelegten Leibnizischen Lösung des Problems des Perspektivismus die Kenntnis des Fundamentalbegriffs des Universums, d. h. des Gesamtsystems der Monaden voraus.

Bei dem Vergleich mit der perspektivischen Projektion kommt es nicht auf die speziellen Umstände dieses Beispiels an, sondern auf das zu Grunde liegende Prinzip, dessen Formulierung Leibniz der Darlegung des Vergleichs vorausschickt: »la même chose peut être représentée différemment mais il doit toujours y avoir un rapport exact entre la représentation et la chose, et par conséquent entre les différentes représentations d'une même chose.«[241] Einer Anregung Mahnkes[242] folgend, berufen wir uns auf den oben auseinandergesetzten Begriff der Repräsentation oder Expression in seiner fundamentalen Bedeutung, nämlich auf die Darstellung eines identischen Sach- oder Ideenverhalts durch ein System von Charakteren bzw., was hier von besonderem Interesse ist, durch eine Vielheit solcher Systeme[243]. Dabei ist von ausschlaggebender Bedeutung die Eineindeutigkeit der Zuordnungsbeziehung zwischen der zu repräsentierenden Sache oder Idee und dem repräsentierenden Charakter. Der identische Sach- oder Ideenverhalt fungiert als Geometral, insofern als die gegenseitigen Entsprechungen zwischen den Darstellungen in den verschiedenen Systemen von Charakteren durch ihn begründet und vermittelt sind. Wie wir sogleich sehen werden, handelt es sich bei der Berufung auf den allgemeinsten Begriff von Repräsentation um weit mehr

---

238 v. Aster, *Geschichte der neueren Erkenntnistheorie* S. 269; Le Roy, *a. a. O.* S. 227.
239 Leibniz geht noch weiter: »... même dans la moindre portion de la matière, celui qui sait tout, lit tout l'univers, en vertu de l'harmonie des choses« (*P.* VI 626).
240 S. 240 ff.
241 *Théod.* III 357 (*P.* VI 327).
242 Mahnke, *Leibnizens Synthese* S. 226.
243 Kap. I § 4 b.

als um ein illustrierendes Beispiel, wie das bei der Heranziehung der perspektivischen Projektion der Fall ist.

Aus der Auffassung der einzelnen Substanzen als einseitig-parteiliche Darstellungen des Universums (als Geometral verstanden) und als von ihm auf dem Wege der Variation abkünftig folgt, daß jeder das Geometral betreffende Umstand in jeder Einzelsubstanz auf eine dieser entsprechenden Weise vertreten sein muß: in der Substanz *A* durch die Modifikation *a*, in *B* durch die Modifikation *b*. Auf dem Boden der Beziehung zum gemeinsamen identischen Geometral und durch dieses vermittelt, ergibt sich eine Zuordnung und Entsprechung zwischen *a* und *b*. ».. . nihil in una creatura fieri, cujus non effectus aliquis exacte respondens ad caeteras omnes perveniat« [244], und das ohne jede reelle Einwirkung der Substanzen aufeinander. Wenn zwischen *a* und *b* Entsprechung und Zuordnung besteht, so besagt das keineswegs, daß diese Zustände einander gleich oder auch nur ähnlich sind; nicht mehr als eine gewisse Proportionalität ist behauptet [245]. Das besagt: unter der Beziehung auf das gemeinsame Geometral verhält sich die Modifikation *a* zur Substanz *A* wie sich die Modifikation *b* zur Substanz *B* verhält [246]. Zwischen *a* und *b* besteht eine Analogie im mathematischen Sinne der Proportionalität, und das gilt für die gegenseitigen Beziehungen der Zustände aller Substanzen [247]. In dieser proportionalen Entsprechung besteht das »accomodement de toutes les choses créées à chacune et de chacune à toutes les autres«, so daß »chaque substance simple a des rapports qui expriment toutes les autres . . .« [248].

Die universelle Harmonie bestimmt sich somit als Repräsentation im Sinne durchgehender Entsprechung und Zuordnung *aller Substanzen durch alle* [249]. Es ist wichtig, den Begriff der Repräsentation in seiner ursprünglichen und fundamentalen Bedeutung der ein-eindeutigen Zuordnung zu verstehen und zu beachten, daß er zwar einen psychologischen Sinn annehmen kann, aber nicht notwendiger Weise besitzen muß. Erhält er diesen psychologischen Sinn, so dank des Hinzutretens weiterer Bestimmungen, die aber seine fundamentale Bedeutung nicht tangieren [250]. Nur dann, wenn der Begriff der Repräsentation in dieser weitesten und zugleich fundamentalsten Bedeutung gefaßt wird, läßt sich die Lehre von der universellen Harmonie, als durchgehende Entsprechung aller Zustände aller Substanzen verstanden, auf sämtliche Substanzen anwenden, einschließlich derer, denen Leibniz kein psychisches Leben zuerkennt [251], und bei

[244] *Spec. inv.* (P. VII 311); ähnlich *an die Churfürstin Sophie,* 6/II 1706 (*P.* VII 566).
[245] *Disc.* 14: ».. . quoique tous expriment les mêmes phénomènes, ce n'est pas pour cela que leurs expressions soient parfaitement semblables, mais il suffit qu'elles soient proportionnelles . . .« (*Le Roy* S. 50).
[246] Dieses Kap. § 7 c.
[247] *An Fardella,* März 1690: »Rerum mutationumque infinitae series ita sibi respondent et tanta proportione connectuntur, ut quodlibet eorum caeteris omnibus perfectissime consentiat et e converso« (*Foucher de Careil, N.L.O.* S. 319).
[248] *Monad.* 56 (*P.* VI 616); vgl. auch *Extrait* (*P.* IV 538).
[249] H. Heimsoeth, *Die Methode der Erkenntnis bei Descartes und Leibniz.* S. 279 ff.
[250] S. 37 f. und 122 f.

denen Repräsentation folglich nicht den Sinn von Vorstellung haben kann. Zugleich erweist sich *das Prinzip der universellen Harmonie als das ontologische Äquivalent des allgemeinsten Begriffes der Repräsentation.* Das Prinzip der universellen Harmonie gilt für alle möglichen Welten, da jeder solchen Welt ein Fundamentalbegriff zu Grunde liegt, auf dem ihre Einheit beruht [252], eine Einheit, die sich in Beziehungen der Zuordnung zwischen allem, was der betr. Welt angehört, bekundet und solche Beziehungen erfordert. *Was die wirkliche,* d. h. zur Existenz zugelassene *Welt angeht, so ist in ihr ein ihr spezifisch eigenes System von Zuordnungen und Entsprechungen niedergeschlagen und verkörpert.* Mit der Lehre von der universellen Harmonie stehen wir vor einer der prägnantesten Ausprägungen des Leibnizischen Panlogismus. Aus diesem Grunde hat der Rückgriff auf den allgemeinsten und fundamentalen Sinn des Begriffes der Repräsentation eine weit tiefere Bedeutung als die einer Illustration durch ein analogisches Beispiel.

d. Das Prinzip der universellen Harmonie als Grundgesetz der Verfassung des Systems der Substanzen

Gemäß der Auffassung des Prinzips der universellen Harmonie als Ausdruck des Panlogismus sehen wir in diesem Prinzip ein Grundgesetz der Verfassung des Systems der Substanzen oder, was dasselbe bedeutet, der Struktur des Universums. Vor allem kommt es darauf an, die universelle Harmonie nicht als eine *nachträgliche* gegenseitige Anpassung von Substanzen zu mißdeuten, die an und für sich, d. h. ihrem Wesen und Begriff nach, miteinander unverbunden und zueinander beziehungslos wären, so daß ihre Harmonisierung ein hinzutretendes Arrangement darstellte, das in diesem Sinne als nachträglich zu gelten hätte, auch wenn es am Anfang der Dinge und damit ein für alle Mal gestiftet wäre [253]. Einige Leibnizische Texte scheinen dieser Auslegung Vorschub zu leisten [254]. Jedoch handelt es sich, wie der Zusammenhang zeigt, um die Abwehr der Lehre von der realen Einwirkung der Substanzen aufeinander. Die Wendungen »dès le

---

[251] Die panpsychistische Deutung wurde in Kap. IV § 6 a abgewiesen.

[252] Dieses Kap. § 2 b.

[253] So J. O. Fleckenstein, *Gottfried Wilhelm Leibniz* S. 46, der die »prästabilierte Harmonie« ausschließlich auf das Leib-Seele Problem bezieht. Wie in diesem § e gezeigt werden wird, ist die so verstandene »prästabilierte Harmonie« ein Spezialfall der universellen Harmonie. Immerhin gilt gemäß der Logik der Problemsituation für den allgemeinen Fall das gleiche wie für den speziellen.

[254] Z. B. *an Arnauld,* 9/X 1687 (nicht abgeschickte Stelle): »... toute substance ... s'aperçoit des autres choses parce qu'elle les exprime naturellement, ayant éte créée d'abord en sorte qu'elle le puisse faire dans la suite et s'y accomoder comme il faut, et c'est dans cette obligation imposée dès le commencement que consiste ce qu'on appelle l'action d'une substance sur l'autre« (*Le Roy* S. 313); *an Wolf,* 9/VII 1711: »... una monas non dependet ab alia per influxum physicum, sed per idealem, dum autor rerum initio unam alteri accomodavit« (*Briefwechsel zwischen Leibniz und Christian Wolf,* hrsg. von C. I. Gerhardt, S. 140); *an Clarke* V 91 (P. VII 412).

commencement« und »initio« sind im Lichte dieser Problematik zu verstehen und dürfen nicht auf ihren wörtlichen Sinn hin festgelegt werden. Unter den Kommentatoren ist wohl Dillmann [255] der erste gewesen, der sich gegen die Auffassung gewandt hat, daß die Monaden an und für sich, ihrem Begriff und ihrer Natur nach zueinander beziehungslos sind, und daß daher die Harmonie zwischen ihnen, weil nicht in ihren Begriffen begründet, eine zusätzliche Bestimmung oder Hypothese darstellt. Nach Dillmann geht die Harmonie zwischen den Monaden nicht auf einen speziellen Akt oder Eingriff Gottes zurück; es ist nicht so, als ob Gott am Anfang der Dinge und ein für alle Mal, d. h. ohne daß es weiterer Eingriffe bedürfe, die Monaden so eingerichtet oder angelegt habe, daß sie, indem jede ihrem eigenen Gesetze folgt, miteinander übereinstimmen. Vielmehr ergibt sich die Harmonie aus dem Wesen und Begriff der Monaden, nämlich aus ihrer repräsentativen Funktion, so daß sie nicht erst eigens gestiftet zu werden braucht. Die universelle Harmonie beruht darauf und besteht darin, daß sie alle dasselbe Universum — nach Dillmann, dasselbe phänomenale Universum — repräsentieren, und zwar jede in der ihr eigenen Weise. Allerdings ist Dillmanns Auffassung des Leibnizischen Repräsentationsbegriffs eine andere als die von uns vertretene.

Die abgewiesene Auffassung der universellen Harmonie ergibt sich unausweichlich, wenn man, wie Brunschvicg, von den einzelnen Substanzen ausgeht, und nicht von dem System der Substanzen. Bei diesem Ausgang hat es in der Tat den Anschein, daß eine vertiefte Analyse einer Einzelsubstanz auf die Gesamtheit der »conditions universelles« führt, die wie ein äußerer Zwang (»contrainte extérieure«) auf ihr lasten [256]. Auf Grund der Abhängigkeit einer individuellen Seele von der Gesamtheit der anderen bleibt nach Brunschvicg von der Spontaneität und Freiheit nichts als eine »illusion verbale« übrig [257].

Demgegenüber verweisen wir auf unsere vorangehenden Ausführungen [258], nach denen nicht zunächst einzelne Substanzen, jede für sich, zur Existenz zugelassen sind, um dann unter nachträglicher gegenseitiger Angleichung zu einem Universum zusammengefügt zu werden, sondern daß vielmehr ein auf einem bestimmten Fundamentalbegriff beruhendes mögliches Universum zur Existenz zugelassen ist und die ihm angehörigen Einzelsubstanzen es sofern, und nur insofern, sind, als sie in dieses Universum passen, in ihm eine Stelle haben, unter dem Fundamentalgesetz des Universums an dieser ihrer jeweiligen Stelle erfordert werden.

---

[255] Dillmann, *Eine neue Darstellung der Leibnizischen Monadenlehre* Abteilung II Abschnitt 5.

[256] Brunschvicg, *Les étapes de la philosophie mathématique* S. 237. Siehe dagegen *Rorarius*: »... c'est de tout temps que l'un s'est déjà accomodé à tout autre, et se porte à ce que l'autre exigera de lui. Ainsi il n'y a de la contrainte dans les substances qu'au dehors et dans les apparences« (P. IV 558). Zu beachten ist, daß das von Brunschvicg benutzte Wort »contrainte« auch von Leibniz verwendet wird.

[257] Brunschvicg, *L'expérience humaine et la causalité physique* S. 216 f; ähnlich und sogar noch schärfer Friedmann, *Leibniz et Spinoza* S. 215, 219 f, 225.

[258] Dieses Kap. § 2.

In diesem Erfordertsein aller Substanzen eines Universums durch dessen Fundamentalbegriff haben wir die Wurzel und den Sinn der zwischen den Substanzen bestehenden Compossibilität gefunden [259]. Weiter erinnern wir daran, daß die einzelnen Substanzen durch Abwandlung aus dem Fundamentalbegriff des betr. Universums hervorgehen, woraus sich die universelle Harmonie als durchgehende Entsprechung der Zustände aller Monaden ergibt [260]. Damit werden wir auf den von Belaval [261] herausgestellten engen Zusammenhang von Compossibilität und »entr'expression« der Monaden geführt. Nach ihm ist die universelle Harmonie auf der »entr'expression« begründet, dank derer alles mit allem zusammenhängt, während die »entr'expression« ihre Grundlage in dem intelligiblen Modell der Welt hat, wie es von Gott unabhängig von der Schöpfung konzipiert ist [262]. *Das Prinzip der universellen Harmonie stellt sich somit als ein Grundgesetz des Systems der Substanzen oder der Verfassung des Universums heraus* [263]. Im Grunde ist dieses Prinzip ein Ausdruck dafür, daß in jeder Substanz das auf das Universum als ganzes bezogene allgemeine Dekret verkörpert ist, daß »chaque substance individuelle exprime la résolution que Dieu a prise à l'égard de tout l'univers« [264]. Mit anderen Worten, die Einzelsubstanzen sind ihrem Eigenwesen nach aufeinander abgestimmt und ausgerichtet und bestehen nur in dieser Gegenseitigkeit der Bezogenheit [265].

Im Gegensatz zu Brunschvicgs Ansicht behält die Monade ihre Spontaneität und Freiheit, jedoch so, daß sie nach einer Formulierung von Belaval [266] ihre »auto-détermination en fonction des autres monades« hat, und das deshalb, weil sie nur innerhalb des Systems der Monaden und damit »en fonction« der anderen Monaden zu der bestimmt wird, die sie ist. Gelegentlich kontrastiert Leibniz die absolute Freiheit Gottes mit der Bedingung, in der wir Menschen uns befinden: »... nous sommes en partie dans l'esclavage en tant que nous dépendons des

---

[259] S. 218 f.

[260] S. 241 f.

[261] Belaval, *Leibniz critique de Descartes* Chap. VI, II und III.

[262] Id, *a. a. O.* S. 112; vgl. unten Kap. VIII § 2.

[263] Im Hinblick auf den dargelegten Zusammenhang des Prinzips der universellen Harmonie mit der Lehre von dem Fundamentalbegriff, der Lösung des Problems des Perspektivismus und der daraus sich ergebenden Auffassung der Monade als Repräsentation des Universums wird man Funke, *Der Möglichkeitsbegriff in Leibnizens System* I 28 nicht folgen können, wenn er das Prinzip der universellen Harmonie als ein unbegründbares Postulat ansieht. Richtig ist allerdings, daß *alle* genannten Prinzipien, da sie die Logizität des Universums — sogar jedes möglichen Universums —konstituieren, nicht weiter zurückführbar sind, da sie das Fundament für alle Begründungen abgeben.

[264] *Entwurf eines Briefes an Arnauld* (*Le Roy* S. 139); siehe auch *an Arnauld*, 9/X 1687 (*Le Roy* S. 183) und die S. 223 zitierten Stellen.

[265] *Addition*: »... toutes les ... substances créées de l'univers sont faites l'une pour l'autre, et s'expriment mutuellement, quoique l'une se rapporte plus ou moins médiatement à l'autre selon les degrés du rapport« (*P. IV* 578).

[266] Belaval, *Leibniz critique de Descartes* S. 81.

autres choses ...«[267] Diese Abhängigkeit ist aber nicht im Sinne von Brunschvicgs »contrainte extérieure« zu verstehen. Wir sind von den anderen Monaden
insofern abhängig, als wir nur in einem Universum, das sie wie uns umfaßt, und
damit nur in gegenseitiger Ausgerichtetheit aufeinander existieren können. Abhängigkeit besagt Bedingtheit unseres Seins, nämlich unsere Existenz unter der
Bedingung der kontingenten Existenz des Universums, dem wir zugehören [268].
Leibniz hat die von Descartes und Spinoza vertretene Bestimmung der Substanz
als wesentlich selbstgenügsam nicht anerkannt. Nicht nur bedarf die Substanz der
Accidentien, sondern sie ist auch noch auf andere Substanzen angewiesen [269].

Koehler [270] hat betont, daß für die Konzeption des Systems, wie es im *Discours
de Métaphysique* niedergelegt ist, der Begriff der individuellen Substanz noch
nicht zureicht, sondern daß es außerdem noch des Repräsentationsbegriffs und
der Idee der universellen Harmonie bedarf. Wenn jede Substanz das Universum
repräsentiert, so bedeutet das nach Koehler nicht, daß sie es s. z. s. in verkleiner-
tem Maßstab in sich enthält. Vielmehr handelt es sich nach ihm um eine Proportionalität zwischen den Bestimmungen einer jeweiligen Substanz und den Beschaffenheiten des Universums. Weil eine gegebene Substanz sich in einem bestimmten Zustand befindet, muß das Universum die diesem Zustand entsprechenden, zu ihm passenden und ihm proportionalen Beschaffenheiten haben [271]. Es ist
vielleicht angebrachter, es umgekehrt zu formulieren: weil das Universum gewisse Beschaffenheiten besitzt, muß jede Einzelsubstanz sich in einem diesen Beschaffenheiten entsprechenden Zustand befinden. Was die universelle Harmonie
angeht, die Koehler richtig im Sinne der durchgehenden Proportionalität faßt, so
sieht er sie doch in gelegentlichen Bemerkungen als eigens gestiftet an [272]. Immerhin ergibt sich aus der Darstellung von Koehler, daß die Analyse der Struktur der
individuellen Substanz sich nicht allein auf die Lehre von deren »vollständigem
Begriff« — im später [273] darzulegenden Sinne der Substanz als System und erzeugendem Prinzip aller ihrer Attribute und Zustände — stützen kann. Für die
innere Konstitution der individuellen Substanz ist ihre Einordnung in ein System
von Substanzen und ihre Ausgerichtetheit auf alle Glieder des Systems nicht
minder wesentlich. Mit anderen Worten, *das Prinzip der universellen Harmonie
stellt sich als Fundamentalgesetz nicht nur der Verfassung des Systems der Substanzen, sondern auch der inneren Struktur jeder einzelnen Substanz heraus.*

[267] *An die Churfürstin Sophie (P. VII 556).*
[268] Vgl. S. 97 ff.
[269] *Animad.* I 51 (P. IV 364). Von Interesse ist die in *Ad Ethicam B. de Sp.* I 3 getroffene Unterscheidung zwischen »in se esse« und »per se concipi« (P. I 139).
[270] Koehler, *Der Begriff der Repräsentation bei Leibniz* S. 80 ff.
[271] Id., *a. a. O.* S. 85.
[272] Id., *a.a.O.* S. 150, vgl. auch S. 38. Obwohl Koehler auf Dillmanns Buch zu sprechen
kommt (S. 144 ff), geht er nicht auf dessen vorhin (S. 250) erwähnte These ein, nach
der die Harmonie zwischen den Monaden, als in deren Natur und Begriff begründet,
keiner eigenen Stiftung bedarf.
[273] Kap. VI §§ 5 und 6.

Vorhin [274] haben wir Gewicht darauf gelegt, daß der Grund der universellen Harmonie nicht in den Einzelsubstanzen selber, sondern außerhalb ihrer liegt. So kann der Eindruck entstehen, daß die universelle Harmonie ihnen doch von »außen« her auferlegt ist. Das ist aber nur im Sinne ihrer Kreatürlichkeit zu verstehen. Als Kreaturen haben die Substanzen ihr Dasein nicht von sich selbst, sondern dank ihrer Zulassung zur Existenz. In eins mit dem Dasein ist ihnen auch die Abgestimmtheit aufeinander auferlegt, da sie nur als Glieder eines Gesamtsystems zur Existenz zugelassen sind und folglich nur unter der Bedingung der universellen Harmonie ihr Dasein haben.

e. Die prästabilierte Harmonie zwischen Leib und Seele als Spezialfall der universellen Harmonie

Es ist noch auf das Leib-Seele Problem einzugehen, zu dessen Lösung nach einer verbreiteten Meinung die Lehre von der universellen oder prästabilierten Harmonie eigens aufgestellt wurde. Zu dem Eindruck, daß diese Lehre speziell auf das Leib-Seele Problem bezogen sei, hat Leibniz selbst beigetragen, indem er diese Lehre sehr häufig im Laufe von Auseinandersetzungen mit occasionalistischen Theorien entwickelt hat, die das Leib-Seele Problem zum Thema haben, obwohl — wie wir später [275] sehen werden — die Problematik auch des Occasionalismus nicht auf dieses Problem allein beschränkt bleibt.

Gegenüber der landläufigen Ansicht macht Cassirer geltend, daß die Frage der Verbindung von Leib und Seele überhaupt nicht den eigentlichen »esoterischen« Sinn des Prinzips der prästabilierten Harmonie ausmacht, da — gemäß Cassirers kantianisierender Interpretation der Leibnizischen Philosophie — »der *Begriff* des Körpers nicht anders als in immanenter Beziehung auf ein denkendes *Bewußtsein* zu fassen und zu verstehen ist«, so daß es gar keiner Vereinigung von Leib und Seele bedarf [276]. Andere Autoren sind nicht so weit gegangen, jede Beziehung zwischen der Lehre von der prästabilierten Harmonie und dem Leib-Seele Problem schlechthin zu leugnen. Russell [277] hält es für wahrscheinlich, daß Leibniz vom Cartesischen Problem der Beziehung von Leib und Seele ausgegangen ist, dann

---

[274] S. 241 ff.
[275] S. 336 f.
[276] Cassirer, *Hauptschriften* II 86; vgl. auch *Leibniz' System* S. 407. (Auf Cassirers eigene Interpretation der prästabilierten Harmonie kommen wir S. 255 f zurück.) Ebenso, allerdings unter völlig anderer Begründung, K. Fischer, *Geschichte der neueren Philosophie* III 366 ff, gegen dessen Deutung J. E. Erdmann, *Grundriß der Geschichte der Philosophie* II 154 Einwendungen erhoben hat. Neuerdings hat Rivaud, *Histoire de la philosophie* III 502 f, ebenfalls jeden Zusammenhang zwischen der Theorie von der prästabilierten Harmonie und dem Leib-Seele Problem bestritten. Nach ihm ist die prästabilierte Harmonie keine Erklärung, sondern nur ein metaphorischer Ausdruck für die Übereinstimmung zwischen den Substanzen, die darauf beruht, daß sie alle dasselbe Universum und denselben Gott repräsentieren (vgl. auch III 535).
[277] Russell, *A critical exposition of the philosophy of Leibniz* S. 137.

aber mit der Lehre von den Monaden auf einen viel umfassenderen Begriff von Harmonie, der weit mehr erklärt, geführt wurde. Spätere Darsteller haben in Leibnizens Erklärung der Vereinigung von Leib und Seele einen Spezialfall seines Prinzips der universellen Harmonie gesehen [278]. Auch Belaval teilt diese Auffassung und unterscheidet terminologisch zwischen der universellen Harmonie oder, wie er unter Verwendung eines anderen Leibnizischen Ausdrucks auch sagt, der »concomitance« und der prästabilierten Harmonie als der auf das Leib-Seele Problem bezogenen speziellen Form der ersteren [279].

Daher haben wir den Ausdruck »prästabilierte Harmonie« vermieden und von »universeller Harmonie« gesprochen, denn wir haben das *allgemeine* Problem des Zusammenhangs zwischen den Substanzen im Auge. Die Auffassung der prästabilierten Harmonie als Spezialfall der universellen Harmonie kommt in Leibnizischen Texten mehr oder weniger explizit zum Ausdruck. Nachdem er die »unio rerum et conspiratio substantiarum inter se« erwähnt hat, fährt er fort: »Unde et arcanum *unionis inter animam et corpus* intercedentis in lucem prodit ...«[280] Noch expliziter ist die Wendung: »L'âme ... et le corps ... se rencontrent en vertu de *l'harmonie préétablie* entre toutes les substances, puisqu'elles sont toutes des représentations d'un même univers«[281], und es lassen sich noch weitere Texte anführen [282].

Oben [283] wurde erwähnt, daß im Falle eines organischen Lebewesens eine dominierende oder zentrale Monade von untergeordneten Monaden umgeben ist, die den Organen des betr. Lebewesens zugeordnet sind. Auf Grund des Prinzips der universellen Harmonie besteht zwischen allen diesen Monaden durchgehende Ent-

---

[278] So z. B. Brehier, *Histoire générale de la philosophie* II 260; Moreau, *L'univers leibnizien* S. 189, Le Roy, *loc. cit.* S. 266 und 285.

[279] Belaval, *Leibniz* S. 253 ff und *Leibniz critique de Descartes* S. 441. L. E. Loemker, *Gottfried Wilhelm Leibniz, Philosophical Papers and Letters* II 1186 bemerkt, daß der erst verhältnismäßig spät auftretende Ausdruck »prästabilierte Harmonie« mit speziellem Bezug auf das Leib-Seele Problem verwendet wird. Der Ausdruck hat in der Tat diesen Bezug in dem von Loemker herangezogenen *Postscriptum eines Briefes an Basnage de Beauval*, 3 (13)/I 1696 (P. IV 499) und auch z. B. in *Principes de vie* (P. VI 540 f). Jedoch ist in *Éclaircissement du nouveau système de la communication des substances* (P. IV 496) »harmonie préétablie« in einem Sinne verwendet, der nicht notwendigerweise auf jenen speziellen Bezug beschränkt ist, und noch eindeutiger liegt es im Falle weiterer Texte (siehe diese Seite, Anm. 281 und S. 258, Anm. 301). Daher kann man nicht sagen, daß Leibniz den von Loemker behaupteten terminologischen Gebrauch konsequent befolgt habe.

[280] P. VII 199.

[281] *Monad.* 78 (P. VI 620).

[282] Wir verweisen auf einige uns besonders prägnant erscheinende, die verschiedenen Gruppen von Schriften angehören: aus der Diskussion mit Arnauld: *Disc.* 33, *an Arnauld*, 9/X 1687 und 23/III 1690 (*Le Roy* S. 71, 181 ff, 199); aus den Auseinandersetzungen mit Bayle: *Syst.* 12, 14, 15 (P. IV 483 ff), *Théod.* Préf. (P. VI 44); ferner *Spec. inv.* (P. VII 313) und *De ipsa natura* 10 (P. IV 510).

[283] Kap. IV § 6 c.

sprechung im Sinne der Propertionalität ihrer Zustände [284]. Es handelt sich um einen weiteren Spezialfall des Prinzips, nämlich seine Anwendung auf die innere Struktur organischer Lebewesen.

§ 5 Begründetheit der Erkenntnis durch das Prinzip der universellen Harmonie

a. Intersubjektive Allgemeingültigkeit

Das allgemeine Prinzip der universellen Harmonie zwischen allen Substanzen oder Monaden gilt auch für die gegenseitigen Beziehungen zwischen den menschlichen Geistern als speziellen und besonders privilegierten Monaden. Wie die jeweiligen Zustände aller Monaden einander entsprechen, so auch die Phänomene der verschiedenen menschlichen Individuen. Auch für diese gilt, daß jedes von ihnen eine Welt für sich bildet und die ihm, und *nur* ihm, eigenen Phänomene hat, aber alle diese voneinander getrennten Welten »s'accordent et sont représentatifs des mêmes phénomènes différemment rapportés ...« [285]. Bei der Fensterlosigkeit der Monaden gibt es keinen anderen Zusammenhang zwischen den menschlichen Individuen als durch den Einklang ihrer Phänomene. »Unaquaeque est velut separatus quidam mundus, et hi per phaenomena sua consentiunt inter se, nullo alio per se commercio nexuque.«[286] Was den Einklang zwischen den Phänomenen angeht, »constat harmoniam phaenomenorum in animabus non oriri ex influxu corporum, sed esse praestabilitam«.

Auf diesen Einklang zwischen den Phänomenen, die verschiedenen Individuen zugehören, stützt Cassirer [287] seine Interpretation des Prinzips der universellen, oder — wie er sagt — prästabilierten Harmonie. Nach ihm bedeutet dieses Prinzip die *Forderung* eines übergreifenden Gesetzes, unter dem die Phänomengruppen aller Individuen stehen, und auf Grund dessen sie einander zugeordnet werden können und miteinander vergleichbar werden. Mit anderen Worten, das Prinzip der universellen Harmonie hat den Sinn des Postulats der Allgemeingültigkeit oder — in heute geläufiger Sprechweise — der intersubjektiven Gültigkeit der Erkenntnis; vielleicht wäre genauer zu sagen: der intersubjektiven Bedeutsamkeit der einem jeweiligen Individuum gegebenen Phänomene. Cassirer betont, daß die prästabilierte Harmonie darum »für Leibniz keine nachträgliche metaphysische Einrichtung bedeutet, die zu der fertigen Welt hinzuträte«, weil sie eine Bedingung der Möglichkeit einer objektiven Welt darstellt, eine unerläßliche Voraussetzung, unter der allein von »Wirklichkeit« die Rede sein kann. Entsprechend legt er das Prinzip der Harmonie schließlich dahin aus, daß wir die »identische

---

284 S. 247 ff.
285 Nicht abgesandter *Brief an Bayle* (P. III 72).
286 *An des Bosses,* 26/V 1712 (P. II 444), bezieht sich auch auf das unmittelbar Folgende.
287 Cassirer, *Hauptschriften* II 86 f.

Funktion des Geistes«, die eine Bedingung der Möglichkeit objektiver Wirklichkeit bildet, »für alle Subjekte als gleichbleibend anzusehen haben« [288].

Es muß Cassirer zugestanden werden, daß die für die Allgemeingültigkeit der
Erkenntnis und die »Wahrheit des Seins« erforderliche Bezogenheit und Abgestimmtheit jedes menschlichen Geistes auf jeden anderen nicht besagt, daß alle
»monadologischen Weltbilder« einen gewissen Kernbestand gemeinsam haben,
der s. z. s. einen identischen Kern von Objektivität bildete [289]. Wohl aber muß im
Sinne der vorangegangenen Darlegungen [290] betont werden, daß alle »monadologischen Weltbilder« auf das ihnen zugrunde liegende identische Geometral als dessen Abwandlungen wesentlich bezogen sind, — ein Geometral, das sicherlich
nicht einen allen Monaden gemeinsamen Teilbestand ausmacht, sondern im Gegenteil außerhalb oder oberhalb ihrer aller liegt [291]. Wir verweisen auf früher
angeführte Texte, in denen Gott als Ursache der Kommunikation der Substanzen
und des Einklangs zwischen verschiedenen Substanzen zugehörigen Phänomenen
bezeichnet wird [292]. Der intersubjektive Einklang der Phänomene beruht auf der
universellen Harmonie zwischen den Substanzen, die sich als Grundgesetz der
Verfassung des Universums erwiesen hat. Da dieser Einklang aus dem Grundgesetz der Verfassung des Systems der Substanzen sich ergibt und in diesem Sinne
eine »Tatsache« darstellt, bedarf es keines eigenen Postulats. Nach Leibniz bildet
das Prinzip der universellen Harmonie die unerläßliche Voraussetzung für den
intersubjektiven Einklang der Phänomene. Ohne dieses Prinzip »les phénomènes
des esprits différents ne s'entr'accorderaient point, et il y aurait autant de systèmes que de substances ou bien ce serait un pur hasard s'ils s'accordaient quelquefois« [293]. Das Wesentliche unserer Auffassung (die sich übrigens weitgehend
mit der von Pape [294] vertretenen deckt) liegt darin, daß wir den intersubjektiven

---

[288] Id., *a.a.O.* II 110. In *Leibniz' System* S. 398 f hatte Cassirer das in Rede stehende
Prinzip ebenfalls als ein Postulat charakterisiert, nämlich als das der Gleichförmigkeit der Natur, als die Voraussetzung, daß die in dem unserer Beobachtung zugänglichen Teil des Universums festgestellte Gesetzmäßigkeit für das Universum als
Ganzes Geltung besitzt.

[289] Id., *Die Philosophie der Aufklärung* S. 42 f.

[290] Dieses Kap. § 4 b.

[291] Die Formulierung von Belaval, *Leibniz critique de Descartes* S. 81: »Descartes prouve
une *objectivité* ... Leibniz, une *intersubjectivité* phénoménologique« erscheint uns
nur unter dem Vorbehalt annehmbar, daß dem identischen Geometral Rechnung getragen wird.

[292] S. 241 ff; vgl. auch noch *Entwurf des Briefes an Arnauld*: »... le consentement de
tous les phénomènes des différentes substances ne (vient) que de ce qu'elles sont
toutes des productions d'une même cause, savoir de Dieu ...« (*Le Roy* S. 139).

[293] *An Arnauld,* 9/X 1687 (*Le Roy* S. 183); ähnlich *Couturat, O.F.* S. 14: »... nullus
foret ordo inter ... substantias simplices ... nisi sibi saltem mutuo responderent
... Unde ... sequitur, omnem substantiam simplicem aggregatum externorum re-
praesentare et in iisdem externis, sed diversimode repraesentandis, simul et diversi-
tatem et harmoniam animarum consistere.«

[294] Pape, *Leibniz* S. 118 f.

Einklang der Phänomene als eine Konsequenz oder einen Spezialfall des allgemeinen Prinzips der universellen Harmonie sehen. Um der Bedeutsamkeit dieses Prinzips gerecht zu werden, darf man es nicht mit einer seiner speziellen Anwendungen und Konsequenzen gleichsetzen und somit ungebührlich verengen. Vielmehr werden seine Spezialfälle und Konsequenzen erst im Lichte seines fundamentalen Sinnes als Grundgesetz der Verfassung des Universums verständlich.

b. Fundiertheit der monadologischen Erkenntnis

Damit für eine gegebene Monade die bloße Frage nach der Einstimmigkeit ihrer Phänomene mit denen anderer Monaden sich überhaupt soll sinnvollerweise stellen lassen können, muß die betr. Monade ihre Phänomene unter dem Aspekt einer möglichen Beziehung zu denen anderer Monaden sehen. Da jede Monade ausschließlich in ihren eigenen Phänomenen lebt, ist ihr das Universum als Geometral niemals direkt zugänglich, ebensowenig wie dessen andere mögliche einseitige Erscheinungsweisen, und damit die Phänomene anderer Monaden. Folglich kann die fragliche Monade die in Rede stehende Bezogenheit nur in sich selbst, in ihren eigenen Phänomenen finden. In diesen aber muß sie sie finden, weil sonst nicht nur die Frage nach dem intersubjektiven Einklang der Phänomene ihren Sinn verliert, sondern darüber hinaus die Möglichkeit der Konzeption des monadologischen Systems unverständlich und geradezu hinfällig wird. *Es muß also in den Phänomenen einer jeden Einzelmonade ein ihnen immanenter, ihrer Struktur inhärenter Verweisungsbezug auf das Universum als Geometral eingezeichnet sein.* Da aber, wie gesagt, das Universum nach dem, was es in sich selbst ist, nicht erfaßt werden kann, handelt es sich lediglich um einen mehr oder weniger unbestimmten Verweisungsbezug. Auf Grund dieses Bezugs, aber auch nur auf diesem Grunde, erhält das Universum, wie es sich der betr. Einzelmonade darstellt, den Sinn einer einseitigen Abwandlung des Geometrals. Auf dem gleichen Grunde werden weitere Verweisungsbezüge auf andere einseitige Abwandlungen des Geometrals, d. h. auf andere Monaden und deren Phänomene möglich. An dieser Stelle findet Leibnizens Argument von der Äquivalenz aller menschlichen Geister [295] seinen logischen Platz. Gemäß der Abkünftigkeit aller Substanzen von einem identischen Geometral als dessen Abwandlungen sind die Verweisungsbezüge auf andere Monaden fundiert auf dem Verweisungsbezug auf eben dieses Geometral.

Damit ist der Anschluß hergestellt an die früheren [296] Ausführungen bezüglich der monadologischen Erkenntnis; bezüglich des Wissens um die Einseitigkeit der Darstellungsweise des Universums, um andere mögliche Darstellungsweisen, d. h. um die Möglichkeit anderer Monaden und um die repräsentative Funktion der

---

[295] *De modo distinguendi phaenomena realia ab imaginariis*: »... cum facile cogitatu sit, nobis quantum nos de illis, nec ratio major pro nobis militet, etiam illi existent et homines qui nobiscum conversantur, tantumdem causae habere posse dubitandi de mentes habebunt« (*P.* VII 322).

[296] Kap. III § 4 b.

eigenen Vorstellungen und Phänomene. Mit der Betonung, daß es sich um nichts anderes als um Verweisungsbezüge handelt, ist der Eigenart des monadologischen Wissens Rechnung getragen, die sich aus der Beschränktheit der menschlichen Erkenntnis auf das Allgemeine und Abstrakte ergibt [297]. Wir hatten unsere Charakterisierung des monadologischen Wissens als eine Hypothese hingestellt, die der weiteren Substantiierung und Bewährung bedarf.

Zu diesem Zwecke knüpfen wir an Leibnizens Bestimmung der Seele als »principe représentatif« [298] an. »Les âmes connaissent les choses, parce que Dieu a mis en elles un principe représentatif de ce qui est hors d'elles.«[299] Offenbar kann das »hors d'elles« sich nicht auf die Phänomene einer gegebenen Seele beziehen, also auch nicht auf das Universum, wie es sich dieser darstellt, d. h. eben nicht außerhalb ihrer ist. Auf Grund der vorgeschlagenen Deutung der repräsentativen Verweisungen als den Seelen bzw. ihren Vorstellungen und Phänomenen immanent und inhärent — aber, wie uns scheint, auch nur auf Grund dieser Deutung — kann von den Seelen gesagt werden: »Elles sentent ce qui se passe hors d'elles par ce qui se passe en elles, répondant aux choses de dehors, en vertu de l'harmonie que Dieu a préétablie, ... qui fait que chaque substance simple en vertu de sa nature est, pour dire ainsi, une concentration et un miroir vivant de tout l'univers suivant son point de vue.«[300] Für die Objektivität der Erkenntnis sowie ihre intersubjektive Gültigkeit ist Gleichheit oder auch nur Ähnlichkeit zwischen den Vorstellungen verschiedener Subjekte oder zwischen Vorstellungen und Dingen nicht erforderlich. Es reicht hin, daß die Beziehungen zwischen den Vorstellungen untereinander sowie die zwischen Vorstellungen und Dingen streng gesetzlich geregelt sind [301]. Nach dem soeben angeführten Text beruht diese Beziehung der Entsprechung und Korrespondenz auf der universellen oder prästabilierten Harmonie, die ihrerseits damit zusammenhängt, daß jede einfache Substanz von ihrem »Gesichtspunkt» aus das gesamte Universum spiegelt oder — wie wir es gedeutet haben [302] — aus dem Universum als Geometral durch Abwandlung hervorgeht. In dem Prinzip der universellen Harmonie haben wir ein Grundgesetz der Verfassung des Universums oder des Systems der Substanzen ge-

---

[297] S. 151 f.

[298] *An Clarke* V 83 (*P.* VII 410).

[299] *An Clarke* IV 30 (*P.* VII 375), worauf Clarke, *Entgegnung* IV 30 (*P.* VII 386) repliziert: »I understand not.«

[300] *An Clarke* V 87 (*P.* VII 411). Von Interesse ist die Wendung: Gott »les [scl. les âmes] fait se sentir mutuellement par la suite des natures, qu'il leur a données une fois pour toutes, et qu'il ne fait qu'entretenir suivant les lois de chacune à part, lesquelles, bien que différentes, aboutissent à une correspondance exacte des résultats«.

[301] *An Foucher,* 1686 (*P.* I 383). Belaval hat den formalistischen Erkenntnisbegriff Leibnizens, der vor allem in der Idee der »characteristica universalis« zum Ausdruck kommt, mit dem Intuitionismus von Descartes kontrastiert und diese Konfrontierung an allen in Betracht kommenden Einzelfragen durchgeführt; zum Prinzipiellen siehe *Leibniz critique de Descartes* Kap. I und III und *Leibniz* S. 217.

[302] S. 224 ff.

sehen und, gemäß unserer panlogistischen Auslegung, dieses Prinzip als im Universum niedergeschlagen und realisiert gedeutet, und zwar nicht nur im Universum als ganzem, sondern auch in der Struktur jeder Einzelsubstanz [303]. Das letztere darum, weil jede einem bestimmten Universum angehörige Substanz oder Monade der Bedingung der Compossibilität mit allen anderen Substanzen desselben Universums zu genügen hat, d. h. weil zwischen allen diesen Substanzen ein innerer Zusammenhang besteht, kraft dessen jede Substanz durch alle anderen bestimmt und qualifiziert wird [304]. In den in Rede stehenden Verweisungen bekundet sich das in jeder Monade verkörperte Prinzip der universellen Harmonie. *Weil die Ausgerichtetheit und Abgestimmtheit auf alle anderen Substanzen desselben Universums die Struktur und Konstitution einer gegebenen Monade wesentlich bestimmt, stellen die Verweisungsbezüge Momente dar, die der betr. Monade bzw. ihren Zuständen und Vorstellungen inhärent und immanent sind. Die Möglichkeit der Erkenntnis, des Einklangs unserer Vorstellungen und Gedanken mit der Wirklichkeit, ist in der Natur der Sache selbst fundiert* [305]. »Hinc quaelibet res cum toto universo ita connectitur, et unus rei unius modus [so gelesen statt: motus] ita ordinem atque respectum involvit ad singulos aliarum rerum modus, ut in qualibet, imo in unico unius rei modo, Deus clare et distincte videat universum veluti implicatum et inscriptum. Unde cum unam rem aut unum modum rei percipio, semper confuse totum universum percipio; et quo perfectius unam rem percipio, eo plures aliarum rerum proprietates mihi inde innotescunt.«[306] Jedoch macht das Wesen des Seins nicht nur die Erkenntnis möglich und begründet sie, sondern es drängt geradezu auf sie hin. In der Tat wird sich später [307] herausstellen, daß die Erkenntnis des Universums von Seiten des Menschen nach Leibniz für die Struktur und den Aufbau des Universums wesentliche Relevanz besitzt.

Erinnern wir an die oben [308] zum Zwecke der Illustration herangezogene Funktionalgleichung und ihre Auflösung in explizite Darstellungen von der Form $x_i = f_i (x_1, x_2 \ldots x_{i-1}, x_{i+1} \ldots)$. Dabei soll die explizite Darstellung die Bestimmtheit und Qualifikation einer gegebenen Substanz (x_1), bzw. ihres Zustandes in einem bestimmten Zeitpunkt, durch alle anderen Substanzen, bzw. deren Zustände in dem fraglichen Zeitpunkt, versinnbildlichen. Nun kann die explizite Darstellung der Art sein, daß sie lediglich den Wert von x_i wiedergibt, das Endresultat der Beiträge der x_n ($n = i$), ohne daß aber diese Beiträge für sich und gesondert sichtbar werden. Man kann sich aber auch eine explizite Darstellung

---

[303] Dieses Kap. § 4 d.
[304] Dieses Kap. § 2 c und e.
[305] Belaval, *Leibniz critique de Descartes* S. 373, vgl. auch Kap. VI, I. Vorwegnehmend sei bemerkt, daß Leibniz das Sein als Korrelat des göttlichen Geistes faßt (Kap. VIII dieses Buches).
[306] *An Fardella*, März 1690 (*Foucher de Careil, N.L.O.* S. 319)
[307] S. 270 f.
[308] S. 245 f.

denken, in der die Beiträge der x_n nicht im Endresultat s. z. s. untergehen und aufgehoben sind, sondern erhalten bleiben, so daß das Hervorgehen des Endresultats aus diesen Beiträgen in artikulierter Weise zu Tage tritt [309]. Während die erste globale Darstellung Leibnizens Bestimmung einer konfusen Idee entspricht (klar im Ganzen, obskur in den Einzelheiten) [310], ist die zweite differenzierte Darstellung eine »idée distincte« im Sinne von Leibniz [311]. Der Übergang von der globalen zur differenzierten Darstellung, bzw. dem, was durch diese mathematischen Illustrationen verdeutlicht werden soll, kann auf dem Wege der Explikation vermöge der Reflexion erfolgen. Indem die explizierende Reflexion die Ingredientien des Zustandes der reflektierenden Monade artikuliert, enthüllt sie auch die Verweisungsbezüge auf andere Monaden, die ebenfalls zu jenen Ingredientien gehören. Durchwegs ist im Auge zu behalten, daß der Beschränktheit der menschlichen Erkenntnis auf das Abstrakte und Allgemeine [312] wegen Artikulation und Enthüllung sich in engsten Grenzen halten. Immerhin kann der durch die Fähigkeit der Reflexion auf sich selbst ausgezeichnete menschliche Geist sich auf diesem Wege dessen versichern, daß vermittels der Verweisungsbezüge andere Monaden in ihm enthalten, in ihm vertreten, d. h. in ihm repräsentiert sind [313]. *Die reflektierende menschliche Monade entdeckt in sich selbst den intermonadischen Zusammenhang oder das monadische System, dem sie angehört, indem sie die in Rede stehenden Verweisungsbezüge als konstitutive Momente ihrer Eigenstruktur enthüllt.* Sie wird sich ihrer selbst bewußt als einer »pars totalis« in jeder der beiden oben [314] angegebenen Bedeutungen, vornehmlich in dem Sinne, in welchem dieser Ausdruck die schärfste Ausprägung des Begriffs des inneren Zusammenhangs darstellt: der Teil ist das Ganze, insofern er dieses Ganze in sich findet. Noch einmal sei betont, daß es sich hier lediglich um prinzipielle Möglichkeiten handelt, deren Bestehen von dem Ausmaß unabhängig ist, in dem sie aktualisiert werden und werden können. Immerhin können diese prinzipiellen Möglichkeiten theoretische oder, wenn man will, spekulative Bemühungen motivieren, die Stufenordnung des Systems der Substanzen zu entwerfen und in dieses System weiter einzudringen.

---

[309] Ein sehr einfaches Beispiel einer solchen Darstellung liefert Leibnizens Entwicklung von $12^2 = (10 + 2)(10 + 2) = 10.10 + (2)(10.2) + 2.2$. Dabei bezeichnet (2) einen Koeffizienten und nicht einen Faktor. Die Idee ist, die Zahlen nicht arithmetisch, sondern algebraisch zu behandeln; siehe Couturat, *La logique de Leibniz* App.

[310] *Nouv. Ess.* Préface (P. V 48).
III 6.

[311] *An Burnett,* 20 (30)/I 1699: »... j'appelle *idée distincte,* lorsque j'en conçois les conditions ou requisits ...« (P. III 247). Der Unterschied zwischen konfusen und distinkten Ideen ist in prinzipieller und allgemeiner Weise in *Med.* (P. IV 422 f) und *Nouv. Ess.* II, XXIX (P. V 28 ff) dargelegt.

[312] Kap. III § 5 b und c.

[313] Siehe die Wendung im *Brief an des Bosses,* 29/V 1716: »... cum dicitur monas ab alia impediri, hoc intelligendum est de alterius repraesentatione in ipsa« (P. II 516).

[314] S. 237 f.

§ 6 Stufenordnung der Monaden

a. Der Umfang des monadischen Bereichs
In den bisherigen Untersuchungen des gegenwärtigen Kapitels befaßten wir uns mit dem Universum der Substanzen ausschließlich unter dem Gesichtspunkt seiner Systematizität: der Ausrichtung und Abgestimmtheit der Substanzen aufeinander, des Zusammenhangs, der zwischen ihnen besteht, und der sich als ein innerer Zusammenhang erwiesen hat. Nachdem wir den Sinn der Leibnizischen Auffassung von der systematischen Einheit des Universums herausgestellt haben und den Voraussetzungen sowie Konsequenzen dieser Auffassung nachgegangen sind, wenden wir uns nunmehr der hierarchischen Gliederung des Systems der Substanzen zu.

Schon die Erwähnung der Leibnizischen Unterscheidung zwischen *Perzeption* und *Apperzeption* gab Gelegenheit daran zu erinnern, daß er im Gegensatz zu den Cartesianern den Tieren Seele und damit Substantialität zuerkennt, wenngleich nicht reflektives Selbstbewußtsein [315]. In der Frage, ob es auch unterhalb des Niveaus der Tierwelt Substanzen gibt, drückt sich Leibniz in der *Korrespondenz mit Arnauld* weitgehend zurückhaltend aus: »Je ne saurais dire précisément s'il y a d'autres substances corporelles véritables que celles qui sont animées ...«[316] Auf die Bemerkung Arnaulds, daß demnach nur Tiere, nicht aber Pflanzen als »vraies substances« gelten können [317], erwidert Leibniz: »Je n'ose pas assurer que les plantes n'ont point d'âme, ni vie, ni forme substantielle ... Je n'ose donc pas assurer que les animaux seuls sont vivants et doués d'une forme substantielle« und fügt aber, aus seiner Zurückhaltung heraustretend, hinzu: »... peut-être ... il y a une infinité de degrés dans les formes des substances corporelles.«[318] Arnaulds späterer Versuch, ihn darauf festzulegen, daß er Substantialität den Tieren, vielleicht auch noch den Pflanzen, aber sicherlich nicht den anorganischen Körpern, die zahlenmäßig bei weitem das Übergewicht haben, zuerkenne [319], wehrt er zunächst mit der zurückhaltenden Bemerkung ab, er habe nicht behauptet »qu'il n'y a point de forme substantielle hors les âmes« [320] und bezeichnet es als möglich »qu'il y a une âme ou forme substantielle dans les bêtes ou autres substances corporelles« [321]. Auch hier gibt er seine Zurückhaltung auf: »je crois ... que tout est plein de corps animés ... et que la matière étant sans fin, on n'y peut assigner aucune partie si petite où il n'y ait dedans des corps animés, ou au moins in-

---

[315] Siehe S. 122 f. und *an Arnauld,* 9/X 1687: »... il y a à l'entour de nous d'autres âmes ou formes substantielles que la nôtre, à qui j'attribue une expression ou perception inférieure à la pensée ...« (*Le Roy* S. 182). »Pensée« schließt — wie aus den S. 125 Anm. 41 und 42 zitierten Texten hervorgeht — Selbstbewußtsein ein. zeitgenössischer Biologen siehe S. 198 f.

[316] *An Arnauld,* 28/XI (8/XII) 1686 (*Le Roy* S. 146).

[317] *Arnauld an Leibniz,* 4/III 1687 (*Le Roy* S. 155).

[318] *An Arnauld,* 30/IV 1687 (*Le Roy* S. 160 f).

[319] *Arnauld an Leibniz,* 28/VIII 1687 (*Le Roy* S. 173).

[320] *An Arnauld,* 9/X 1687 (*Le Roy* S. 186).

[321] *Ibid.* (*Le Roy* S. 187) und am Ende desselben Briefes (*Le Roy* S. 193).

formés, c'est à dire des substances corporelles«[322]. Die reservierte Haltung tritt wieder in Erscheinung in einer Äußerung wie: »Je souhaiterais de pouvoir expliquer les différences ou degrés des autres expressions immatérielles qui sont sans pensée, afin de distinguer les substances corporelles simples, les vivants et les animaux, autant qu'on les peut distinguer. Mais je n'ai pas assez médité là-dessus, ni assez examiné la nature pour pouvoir juger des formes par la comparaison de leurs organes et opérations.«[323]

Es fragt sich, ob diese Zurückhaltung eine gewisse Vorsicht, vielleicht sogar ein Schwanken des Gedankens verrät, oder ob sie mehr eine Sache der Formulierung ist, etwa dem Wunsche entsprungen, die Differenzen gegenüber dem Cartesianismus Arnaulds nicht unnötigerweise und über Gebühr zu unterstreichen. Im Hinblick auf die angeführten Stellen, in denen Leibniz aus seiner reservierten Haltung heraustritt, neigen wir der letzteren Auffassung zu[324]. Loemker[325] hingegen meint in seinen kommentierenden Bemerkungen zu einer Stelle eines der früheren Briefe an Arnauld, daß Leibniz es nicht nur an dieser Stelle im Unklaren gelassen hat, ob eine Seele nur den organischen oder ebenfalls den anorganischen Körpern beizulegen ist[326], sondern daß diese Zweideutigkeit auch in manchen seiner späteren Schriften in Erscheinung tritt.

Das Prinzip der Substantialität hat sich uns früher[327] als das der Vitalität oder als organisches Prinzip herausgestellt. Folglich handelt es sich bei der Frage nach der Anwendungsweise des Substanzbegriffs darum, ob der Bereich, den Leibniz als den des Organischen in Anspruch nimmt, sich nicht weiter erstreckt als der-

---

322 *Ibid.* (*Le Roy* S. 186). Es ist bemerkenswert, daß es in einem an Arnauld nicht abgeschickten Absatz noch heißt: »Quant aux substances corporelles, je tiens ... que toute la matière doit être pleine de substances animées ou du moins vivantes ... et qu'il n'y a point de parcelle de la matière dans laquelle ne se trouve un monde d'une infinité de créatures, tant organisées qu'amassées ...« (*Le Roy* S. 313, Anm. 48 zum genannten Brief).

323 *Le Roy* S. 188 f. Bemerkenswert ist die anschließende Verweisung auf Malpighi, aufgrund von dessen Beobachtungen »les plantes peuvent être comprises sous le même genre avec les animaux ...« Die Analogie zwischen Tieren und Pflanzen ist auch in *Nouv. Ess.* II, IX § 11 (*P.* V 126) erwähnt. Zu Leibnizens Bezugnahme auf Befunde zeitgenössischer Biologen siehe S. 198 f.

324 Siehe S. 193 f.

325 L. E. Loemker, *Gottfried Wilhelm Leibniz, Philosophical Papers and Letters* I S. 588 Anm. 393.

326 Loemkers Bemerkung bezieht sich auf den *Brief an Arnauld*, 4 (14/VII 1686: »Si le corps est une substance et non pas un simple phénomène comme l'arc-en-ciel, ni un être uni par accident ou par agrégation comme un tas de pierres, il ne saurait consister dans l'étendue, et il y faut nécessairement concevoir quelque chose qu'on appelle forme substantielle, et qui répond en quelque façon à ce qu'on appelle l'âme« (*Le Roy* S. 123). Loemkers Bemerkungen kommen also darauf hinaus, daß Leibniz sich nicht im Klaren ist, *ob* der Körper als Substanz zu gelten hat. Wie in Kap. IV § 6 a gezeigt worden ist, darf die Analogie zwischen »forme substantielle« und Seele nicht dazu verleiten, die erstere als eine Art »Psychoid« aufzufassen.

327 Kap. IV § 6 b.

jenige, der in der alltäglichen Erfahrung als der Bereich des Lebendigen gilt. Wie früher [328] dargelegt, gibt es im Falle der Lebewesen im landläufigen Sinne die der dominierenden Monade subordinierten Entelechien, die den verschiedenen Organen des Lebewesens zugeordnet sind. Leibniz beruft sich auf die mikroskopischen Beobachtungen zeitgenössischer Biologen, besonders Leeuwenhoeck, der in jedem Wassertropfen eine große Anzahl kleiner Lebewesen entdeckt hatte [329]. Sind bei jedem makroskopischen Lebewesen eine Anzahl untergeordneter Entelechien, d. h. untergeordnete Lebewesen im Spiele, so liegt kein Grund vor, dies nicht auch bei den mikroskopisch kleinen Tieren anzunehmen und auch sie als aus weiteren Tieren, Pflanzen oder »corps hétérogènes« bestehend zu denken [330]. Von den Befunden der Mikroskopie aus wird Leibniz auf dem Wege analogisierender Verallgemeinerung zum Ansatz von Organischem und zugehörigen Entelechien in jedem Teil der Materie geführt [331]. »Itaque dum ubique in materia superaddita admitto principia activa, etiam ubique per eam disseminata statuo principia vitalia seu percipientia, adeoque monades, et ut sic dicam, atomos metaphysicas, partibus carentes, nec unquam naturaliter orituras aut destruendas.«[332] Leibnizens organizistische Auffassung tritt darin zutage, daß sich ihm das Organische kontinuierlich nach »unten« abstuft [333] und in der einen oder anderen niederen Form überall in der Materie vorfindbar ist, so daß das Körperliche letzten Endes sich auf das Lebendige zurückführt: »Quia autem corpus organicum ut omne aliud non nisi aggregatum est ex animalibus vel aliis viventibus adeoque organicis, vel denique ex ruderibus seu massis, sed quae et ipsae tandem in viventia resolvuntur; hinc patet omnia tandem corpora resolvi in viventia.«[334] Daher ist nach Leibniz »la matière organique partout, rien de vide, stérile, négligé, rien de trop uniforme, tout varié, mais avec ordre ...«[335]. Was auf den ersten Blick wie einheitlich-gleichförmiger Stoff erscheint — so beschreibt es Cassirer [336] — stellt sich im Lichte einer schärferen Analyse als ein »Ganzes organisierter Körper« heraus,

---

[328] Kap. IV § 6 c.

[329] *An Arnauld*, 9/X 1687 und 30/IV 1687 (*Le Roy* S. 189 und 167); ferner *an die Churfürstin Sophie*, 4/XI 1696 (*P.* VII 542).

[330] *Entwurf eines Briefes an Malebranche* (*P.* I 335).

[331] *An Arnauld*, 9/X 1687 (*Le Roy* S. 191); *an Hartsoecker*, 30/X 1710 (*P.* III 508); *an des Maizeaux*, 8/VII 1711 (*P.* VII 535); *Théod.* Disc. Prél. 10 (*P.* VI 56); *Entretien de Philarète et d'Artiste* (*P.* VI 588); *Monad.* 66 ff (*P.* VI 618 f).

[332] *An Rud. Chr. Wagner*, 4/VI 1710 (*P.* VII 529).

[333] Vgl. Janke, »Leibniz als Metaphysiker« S. 394, *a.a.O.*, allerdings unter panpsychistischer Deutung, wie oben (S. 190, Anm. 214) erwähnt.

[334] *Couturat. O.F.* S. 13 f; *an Joh. Bernoulli*, 20 (30)/IX 1698: »... tot in ea (scl. portione massae) esse substantias individuas, quot in ea sunt animalia sive viventia vel his analoga ...« (*M.* III 542); siehe auch die 262, Anm. 322 zitierte Stelle.

[335] *Nouv. Ess.* I, I (*P.* V 65); *an Huyghens*, 20/VI 1694 (*M.* II 187); *Principes de Vie* (*P.* VI 539); *Monad.* 69 (*P.* VI 618 f); ebenso schon in *Pacidius Philalethi* (*Couturat, O.F.* S. 623).

[336] Cassirer, *Hauptschriften* II 102.

wobei »auch die kleinsten Stoffteile noch Träger eines selbständigen Eigenlebens sein können« [337].

Obwohl in jedem Teile der Materie, z. B. in einem Stein, lebendige organische Körper enthalten sind, ist doch der Stein selber keine »substance corporelle animée ou douée d'un principe d'unité et de vie« [338]. Einheitsprinzipien, Prinzipien der Substantialität oder, wie Leibniz sie ebenfalls nennt, »principes de vie« sind zwar in der ganzen Natur verbreitet; sie gehören jedoch ausschließlich den organischen Körpern selbst an, nicht aber einer Anhäufung solcher Körper, z. B. den Fischen in einem Teich, aber nicht dem Fischteich selbst, der als ganzer keinen »corps animé« oder »corps organique« darstellt [339]. Hier legt sich eine Unterscheidung nahe, die Leibniz nicht vollzogen zu haben scheint, die er jedenfalls nicht terminologisch fixiert hat, nämlich die Unterscheidung zwischen dem *Anorganischen* und — wie wir sagen wollen — *Nicht-Organischen*. Während das Anorganische einen Grenzfall des Organischen bildet [340], insofern als, um eine wie tiefe Stufe es sich immer handeln mag, doch ein Einheitsprinzip, ein einheitliches Entwicklungsgesetz im Spiele ist, fehlt dem Nicht-Organischen ein solches Prinzip oder Gesetz. Im Falle einer Anhäufung organischer und anorganischer Körper bestehen, wie Hartshorne [341] auseinandergesetzt hat, zwei Möglichkeiten: Entweder es befindet sich in dieser Anhäufung eine übergeordnete Entelechie oder Monade, und dann liegt ein organisches Lebewesen vor; oder aber dies ist nicht der Fall, und dann bildet die Anhäufung ein bloßes Aggregat, dem wahre substantielle Einheit abgeht, und das lediglich ein *unum per accidens* darstellt [342].

---

[337] *An Rud. Chr. Wagner,* 4/VI 1710: »... natura ubique organica est ... nihilque in natura incultum censeri debet, etsi interdum non nisi rudis massa nostris sensibus appareat« (P. VII 530).

[338] *Éclaircissement sur les natures plastiques et les principes de vie et de mouvement* (P. VI 550); *Antibarbarus physicus*: »Quin imo etsi non omnia corpora sint organica, tamenin omnibus etiam inorganicis latere organica, ita ut omnis massa in speciem rudis vel plane similaris, intus non sit similaris sed diversificata, varietate tamen non confusa sed ordinata« (P. VII 344).

[339] *Principes de vie* (P. VI 539 f) und *Théod.* Préf. (P. VI 44).

[340] Siehe unten S. 266—267.

[341] Ch. Hartshorne, »Leibniz's greatest discovery«, *Journal of the History of Ideas* VII (1946) S. 416.

[342] *Antibarbarus Physicus*: »... corpora non nisi aggregata, unum per accidens, aut per accidens, aut per externam denominationem constituentia atque adeo bene fundata phaenomena esse; solas monades ... substantias ...« (P. VII 344); *Éclaircissement sur les natures plastiques et les principes de vie et de mouvement*: »... une masse de matière n'est pas proprement ce que j'appelle *une substance corporelle,* mais un amas et un résultat (aggregatum) d'une infinité de telles substances, comme l'est un trouppeau de moutons ou un tas de vers« (P. VI 550); *an Wolf,* 9/VII 1711: »... aggregata ... sunt omnia non organica, et ipsa fragmenta organicorum« (*Briefwechsel zwischen Leibniz und Christian Wolff* S. 139; vgl. auch im *Brief an die Königin Sophie Charlotte,* 8/V 1704 die Gegenüberstellung von »une *substance*« und »un simple *assemblage de substances,* comme pourrait être un trouppeau d'animaux ou un vivier plein de poissons, où il suffit que les brebis et les poissons aient

Von besonderem Interesse ist ein Text, in dem Leibniz die Frage der Verteilung der Substanzen, genauer vielleicht der auf Substantialität beruhenden echten Einheiten in der Materie in gewissem Sinne analog dem Kontinuitätsproblem behandelt. »Ubique ... in materia sunt substantiae, ut in linea puncta. Et ut nulla datur portio lineae, in qua non sint infinita puncta, ita nulla datur portio materiae, in qua non sint infinitae substantiae. Sed quemadmodum non punctum est pars lineae, sed, linea, in qua est punctum ita quoque anima non est pars materiae, sed corpus cui inest.«[343] Bei dieser Analogie muß jedoch eine wichtige Differenz betont werden. Punkte können in beliebiger Weise auf der Geraden angesetzt werden und entstehen durch diesen Ansatz als Grenzen (»termini«) der anstoßenden Geradensegmente; sie sind also durchaus idealer Natur. Hingegen stellen die Substanzen reale Einheiten dar, die nicht erst dadurch entstehen, daß sie in einem bestimmten Teil der Materie angesetzt werden. Der Vergleich bringt lediglich zum Ausdruck, daß es ebensowenig angeht, die Materie aus substantiellen Einheiten »zusammengesetzt« zu denken wie die gerade Linie aus Punkten aufzubauen oder allgemeiner das Kontinuum aus Elementen. Damit ist der Anschluß an die obige [344] Darlegung gefunden, dergemäß Substanzen nicht Bestandteile, Elemente oder Ingredientien materieller Aggregate sind, sondern deren Fundamente und Requisiten. Streng genommen sind sie Fundamente und Requisiten der organischen und anorganischen Körper, denen sie zugeordnet sind, und deren Einheitlichkeit sie begründen. Die Aggregate sind aus diesen organischen und anorganischen Körpern zusammengesetzt, nicht aber — wie wir jetzt von einer neuen Seite her sehen — aus den für die letzteren konstitutiven Substanzen und Entelechien. Auf der anderen Seite bedarf es der dank den Substanzen vereinheitlichten organischen und anorganischen Körper, da — wie Leibniz immer wieder betont — ohne wahren Einheiten keine Vielheiten und Aggregate möglich wären. Insofern die Einheitlichkeit der organischen und anorganischen Körper auf den Substanzen als Einheitsprinzipien beruht, sind die letzteren, wenngleich in einem indirekten und entfernten Sinne, als Fundamente und Requisiten auch der materiellen Aggregate in Anspruch zu nehmen.

b. Kontinuität und Diskontinuität

Der Bereich des Substantiellen oder Organischen setzt sich nach »unten« hin über den des Tierischen und Pflanzlichen fort, der allein für die landläufige Auffassung als der des Lebendigen gilt. Diese kontinuierliche Rangabstufung verliert sich ins Unbestimmte, da wir die verschiedenen Grade, deren die niederen Substanzen und die für sie charakteristischen Perzeptionen und Strebungen (»appetitus«) fähig

---

de la perception et des organes, quoiqu'il faille juger que dans l'intervalle, comme dans l'eau du vivier entre les poissons, il y aura encore d'autres choses vivantes, mais plus petites, et il en sera toujours ainsi sans aucun vide« (P. III 344).
343 *An Fardella*, März 1690 (*Foucher de Careil, N.L.O. S. 322*).
344 Kap. IV § 4.

sind, nicht kennen [345]. Besonders in seiner letzten Periode setzt Leibniz den Seelen die einfachen Substanzen gegenüber, die er ganz allgemein als Monaden oder Entelechien oder auch als »monades toutes nues« bezeichnet [346]. Sowohl Mahnke wie Le Roy finden bei Leibniz die Lehre von einer Stufenfolge der Entelechien vom menschlichen Geiste abwärts bis in die anorganische Natur [347]. Was die Kräfte der Entelechien der niedersten Stufen angeht, betont Mahnke, daß sie nicht mit den mechanischen Kräften identifiziert werden dürfen, daß Leibniz vielmehr auf einer völligen Scheidung zwischen dem Phänomenalen-Mechanischen und dem Monadischen besteht.

In einer seiner Jugendschriften hatte Leibniz den Körper als »mens momentanea« bezeichnet: »caret memoria, caret sensu actionum passionumque suarum, caret cogitatione«, und er hatte darin den wahren, bislang noch nicht richtig erklärten Unterschied zwischen Körper und Geist erblickt [348]. Auf diese Begründung des Unterschieds zwischen Materiellem und Seelischem beruft sich Leibniz im Zuge seiner späteren Auseinandersetzungen mit Bayle [349]. Jetzt aber wird die »Gedächtnislosigkeit« dem Atom im Sinne Epikurs zugeschrieben, das aus diesem Grunde die Tendenz hat, seine Bewegung in tangentialer Richtung fortzusetzen. Atome aber erkennt Leibniz bekanntlich nicht an. Was den konkreten Körper angeht, so ist seine faktische Bewegungskurve in der ihm zugehörigen Entelechie angelegt und beschlossen [350]. Wenn der Körper von sich aus (»de soi«), d. h. rein als Masse betrachtet, die Tendenz zur tangentialen Bewegung hat, so deshalb, weil er »n'a point de mémoire, pour ainsi dire, ni de pressentiment ...«. Jedoch stellt der rein auf die Masse reduzierte und von der Entelechie abgetrennt gedachte Körper eine bloße Abstraktion dar [351]. Unter Berufung auf diesen und ähnliche Texte spricht Gueroult von einer »spiritualisation du monde«: »il n'y a ... qu'un seul univers des substances qui toutes, y compris les substances corporelles, possèdent la mémoire et la vie« [352]. Der Ausdruck »spiritualisation« sollte — wie uns scheint — nicht allzu eng und wörtlich genommen werden. Wir verstehen ihn im Sinne eines *kontinuierlichen* Zusammenhangs, der sich *vom Seelischen über das der gewöhnlichen Ansicht als lebendig Geltende bis hinab ins Anorganische* erstreckt und im Sinne dieser Aufzählung, d. h. *von »oben« nach*

---

345 Siehe die S. 191 f. zitierte Stelle aus dem *Brief an Bierling,* 12/VIII 1711 und *Principes de vie* (P. VI 539).

346 *Monad.* 19 und 24 (P. VI 610 und 611).

347 Mahnke, *Leibnizens Synthese* S. 85 und 156; Le Roy, *a. a. O.* S. 268 Anm. 3 zu *Disc.* 34.

348 *Theoria motus abstracti,* Fundamenta praedemonstrabilia 17 (P. IV 230). Die Aufdeckung des Unterschieds bedeutet zugleich die Anbahnung einer Vermittlung (siehe oben S. 125 f).

349 *Extrait* (P. IV 547 f).

350 *Rorarius* (P. IV 558). Siehe Kap. VII § 6 d die ausführliche genauere Darstellung.

351 Siehe unten S. 381 f.

352 M. Gueroult, *Dynamique et métaphysique leibniziennes* S. 208 ff.

»unten« orientiert ist, so daß *das Anorganische als Grenzfall des Organischen* [353], s. z. s. als eine tiefere Rangstufe des Lebendigen erreicht wird [353]. Diese Auffassung steht im Gegensatz zur mechanistischen Lehre, die das Organische als einen besonders komplizierten Spezialfall des Anorganischen deutet [354]. Im Hinblick auf diesen kontinuierlichen Zusammenhang ist es unmöglich, genau anzugeben, wo ein Gebiet aufhört und ein anderes beginnt. »Les hommes tiennent donc aux animaux, ceux-ci aux plantes et celles-ci déréchef aux fossiles, qui se lieront à leur tour aux corps, que les sens et l'imagination nous représentent comme parfaitement morts et informes. Or puisque la loi de la continuité exige, *que, quand les déterminations essentielles d'un être se rapprochent de celles d'un autre, qu'aussi en conséquence toutes les propriétés du premier doivent s'approcher graduellement de celles du dernier,* il est nécessaire, que tous les ordres des êtres naturels ne forment qu'une seule chaîne, dans laquelle les différentes classes, comme autant d'anneaux, tiennent si étroitement les unes aux autres, qu'il est impossible aux sens et à l'imagination de fixer précisément le point, où quelqu'une commence, ou finit ...« [355] Damit wird es eine bloße Frage der Nomenklatur, wie weit der Terminus »âme« zu verwenden ist [356]. Was die konkreten Körper angeht, so kann man »sedem vel πρῶτον δεκτικὸν actionum« beliebig »animam«, »formam«, »vitam«, »entelchiam primam« nennen [357].

Allen Substanzen, Monaden, Entelechien, usw. ist gemeinsam, daß sie das gesamte Universum repräsentieren, wobei der Ausdruck »Repräsentation« nicht notwendigerweise einen psychologischen Sinn haben muß, sondern zunächst, d. h. gemäß seiner ursprünglichen und fundamentalen Bedeutung lediglich besagt, daß der jeweilige Zustand einer beliebigen Substanz oder Entelechie Komponenten enthält, die in der Beziehung strenger Korrespondenz und eindeutiger Zuordnung zu den Zuständen aller anderen Entelechien stehen. Bei Erhaltung der fundamentalen Bedeutung kann die Repräsentation, besonders die zentralisierte Repräsentation, einen psychologischen Sinn erhalten, indem ein Faktor von Bewußtheit, Innewerden, Gewahrwerden hinzutritt [358]. Dieser Faktor ist einer Gradabstufung hinsichtlich seiner Artikuliertheit, Ausdrücklichkeit und Distinktheit fähig. Diese Abstufung reicht von dem den »monades toutes nues« eigenen Grad des »étour-

---

353 Vgl. Martin, *Leibniz* S. 146 f und S. 134 f zur entsprechenden Abstufung des Grades von Vollkommenheit und des Seins. Im Hinblick auf Martins Darlegungen sei an die oben (S. 264) vorgeschlagene Unterscheidung von Anorganischem und Nicht-Organischem erinnert.

354 Vgl. oben S. 198 f.

355 *An Varignon* (Cassirer, *Hauptschriften* II 558 f). Über den Streit, zu dem die Frage nach der Echtheit dieses Briefes geführt hat, hat Couturat, *La logique de Leibniz, note* XVI berichtet. Vgl. auch die Darstellung des kontinuierlichen Zusammenhangs zwischen allen Naturwesen bei Cassirer, *Freiheit und Form* S. 78 ff.

356 *Entwurf eines Briefes an Arnauld,* (Le Roy S. 141) und *an Lady Masham,* Mai und Sept. 1704 (P. III 339 und 362).

357 *An Joh. Bernoulli,* 18/XI 1698 (M. III 552).

358 S. 40.

dissement« (vergleichbar einem traumlosen Schlaf oder einer Ohnmacht) bis hinauf zu der Form von Distinktheit, die die Repräsentation des menschlichen Geistes auszeichnet [359]. Alle endlichen Monaden »contiennent des rapports à tout, mais plus ou moins distincts, selon les dégrés de perfection de chacune de ces substances« [360]. Die Gesamtheit der Substanzen, besonders die Arten der Lebewesen im Sinne der gewöhnlichen Erfahrung ordnen sich in einem hierarchischen Stufenaufbau an, wobei der Rang einer bestimmten Art in dieser Stufenordnung durch den Grad der Distinktheit ihrer Perzeptionen oder Repräsentationen bestimmt wird [361].

Da Grade der Distinktheit kontinuierliche Abstufungen zulassen, erhebt sich die Frage nach der Kontinuität der hierarchischen Organisation der Lebewesen. Die Möglichkeit von Arten, die sich zwischen die faktisch existierenden einreihen, von »créatures mitoyennes entre celles qui sont éloignées«, steht für Leibniz ebenso wenig in Frage wie die, daß »dans quelque autre monde des espèces mitoyennes entre l'homme et la bête« existieren [362]. Wenn diese an sich möglichen Arten von Lebewesen in der wirklichen Welt nicht anzutreffen sind, so liegt das an ihrer Incompossibilität, sei es untereinander, sei es mit den faktisch existierenden Arten. Nach dem vorhin [363] Ausgeführten beruht diese Incompossibilität auf dem Fundamentalbegriff der wirklichen Welt. Die durchgehende Kontinuität in der Stufenfolge der Substanzen besteht zwar nicht *de facto,* wohl aber s. z. s. *de jure.* Alle Klassen von Wesen stellen für Gott, der ihre Abstufungen distinkt kennt, gleichsam Ordinaten einer einzigen Kurve dar [364]. Folglich stellt sich die Aufgabe, nach Übergängen und Zwischenstufen zu suchen, z. B. nach Wesen, die in gewisser Beziehung sowohl zum Pflanzen- als auch zum Tierreich gerechnet werden können und so eine Vermittlung zwischen beiden Reichen herstellen [365]. Die durch die gewöhnliche Erfahrung nahegelegte Getrenntheit und Zusammenhanglosigkeit der verschiedenen Arten von Lebewesen darf der wissenschaftlichen Betrachtung nicht als einfach hinzunehmende letzte Tatsache gelten. Vielmehr ist ihr Bestreben, Vermittlungen und Übergänge zu finden, dadurch motiviert, daß sie die starren Trennungen von vornherein im Prinzip nicht anerkennt. Hier können wir nicht darauf eingehen, ob dies von Leibniz nur systematisch gemeint ist, oder ob er — wie einige Autoren [366] meinen — in gewissem Maße die Entwicklungs- und sogar Deszendenztheorie antizipiert hat [367].

---

[359] *Monad.* 19 — 30 (*P.* VI 610 ff).
[360] *Rorarius,* (*P.* IV 564); entsprechend *an die Churfürstin Sophie,* 4/XI 1696: »... le monde étant tout entier dans chacune de ses parties, mais plus distinctement dans les unes que dans les autres ...« (*P.* VII 544).
[361] Belaval, *Leibniz critique de Descartes,* S. 412 f.
[362] *Nouv. Ess.* III, VI § 12 und IV, XVI § 12 (*P.* V 285 f und 455).
[363] Dieses Kap. § 2 c ff.
[364] *An Varignon* (Cassirer, *Hauptschriften* II 558).
[365] Siehe die S. 262, Anm. 323 erwähnte Bezugnahme auf Malpighi.
[366] Mahnke, *Leibnizens Synthese* S. 277 Anm. 197; A. T. Tymieniecka, *Leibniz' cosmological synthesis* S. 148 ff. unter besonderem Hinweis auf Leibnizens Lehre von der

Leibnizens Lehre von der kontinuierlichen, oder — wie man vielleicht besser sagen sollte — quasi-kontinuierlichen Stufenordnung der Wesen ist mehrfach dargestellt worden [368]. Keiner der früheren Darsteller hat aber die oben [369] herausgearbeitete prinzipielle Diskontinuität in dieser Stufenordnung bemerkt, auf die Belaval aufmerksam gemacht hat. Zwischen Wesen, denen, wie dem Menschen, die Fähigkeit zum reflektiven Selbstbewußtsein zukommt, und solchen, denen diese Fähigkeit abgeht, kann es keinen kontinuierlichen Übergang geben. Selbst der Ansatz von »espèces mitoyennes entre l'homme et la bête« vermag daran nichts zu ändern, daß an irgendeiner Stelle innerhalb dieser Stufenordnung ein Sprung auftreten muß, der durch keine Vermittlung zu überbrücken ist. Das gewinnt besondere Bedeutung, wenn man die Reihe der Wesen nicht mit dem Menschen abgeschlossen sein läßt, sondern die Möglichkeit von »substances capables de perception« in Betracht zieht, die oberhalb des menschlichen Geistes rangieren, so daß »notre âme, bien loin d'être la dernière de toutes, se trouve dans un milieu, dont on puisse descendre ou monter«[370]. Alle oberhalb des Menschen stehenden Geister sind selbstverständlich des Selbstbewuußtseins fähig. Zwischen ihnen mag es graduelle Unterschiede geben hinsichtlich der Reichweite der Reflexion und des Umfangs, in dem die Fähigkeit zur Reflexion sich aktualisiert, und diese Unterschiede mögen kontinuierlich abgestuft sein. Von den Substanzen, die unterhalb des Menschen rangieren, bleiben alle diese Wesen wie durch einen Abgrund getrennt, weil es zwischen dem Vorhandensein der Fähigkeit zur Reflexion (in wie immer primitivem und rudimentärem Maße) und ihrem Nichtvorhandensein keinerlei vermittelnden Übergang geben kann.

Auf diesem diskontinuierlichen Sprung beruht die Sonderstellung des menschlichen Geistes, insofern als die Fähigkeit zum reflektiven Selbstbewußtsein den Zugang zu Ideen wie Sein, Substanz, Identität usw. ganz allgemein zu den »idées intellectuelles« und den auf sie bezogenen und in ihnen gründenden ewigen und notwendigen Wahrheiten ermöglicht [371]. Die gleiche Fähigkeit liegt auch der Möglichkeit der monadologischen Erkenntnis zugrunde, — in dem Masse und Umfang, in dem diese Erkenntnis dem menschlichen Geiste bei seiner Endlichkeit und Beschränktheit verstattet ist [372]. Die Sonderstellung des menschlichen Geistes besteht darin, daß er nicht nur das Universum repräsentiert(das gilt von allen Sub-

»transcreatio« bei der Erzeugung eines menschlichen, d. h. vernunftbegabten und des Selbstbewußtseins fähigen Wesens. Das Auftreten des Problems, auf das die Lehre von der »transcreatio« eine Antwort zu geben sucht, steht im Zusammenhang mit der sogleich darzulegenden Diskontinuität in der Stufenordnung der Substanzen.

367 *Nouv. Ess.* III, VI § 23 (P. V 296).
368 Maine de Biran, *Exposition de la doctrine philosophique de Leibniz* (*Oeuvres* XI 460), siehe ferner den Bericht von Mahnke, *Leibnizens Synthese* § 17 über Wundt, § 18 über Dilthey, § 19 über Windelband.
369 S. 124.
370 *Principes de vie* (P. VI 543).
371 Kap. III § 3 a.
372 Kap. III § 4 b.

stanzen), sondern daß er auch um diese seine repräsentative Funktion weiß, damit um das Universum weiß und es innerhalb gewisser Grenzen erkennt. Durch sein Erkanntwerden seitens rationaler Geister wird das Universum gleichsam vervielfältigt [373]. Aus diesem Grunde bezeichnet Leibniz den menschlichen Geist gelegentlich als eine »kleine Gottheit« [374].

Wie vorhin ausgeführt, beruht die Möglichkeit der Erkenntnis auf dem Prinzip der universellen Harmonie als Grundgesetz der Verfassung des Universums [375]. *Ist* damit *die Erkenntnis auf das Sein gegründet, so gilt auch umgekehrt, daß das Sein von sich aus die Erkenntnis erfordert.* Nach dem oben [376] Dargelegten sind alle Wesen, die einer möglichen, also auch der wirklichen Welt angehören, und alle Geschehnisse, die sich in ihr ereignen, durch den der betr. Welt zugrunde liegenden Fundamentalbegriff bestimmt und bis ins Einzelne festgelegt. Folglich ergibt sich aus dem Fundamentalbegriff des wirklichen Universums, daß in ihm der erwähnte diskontinuierliche Sprung stattfindet, d. h., daß in ihm Wesen existieren, die zur Erkenntnis des Universums befähigt sind, und zwar innerhalb der Grenzen, die der Reichweite ihrer Erkenntnis gezogen sind, wobei diese Grenzen selber durch den Fundamentalbegriff des Universums bestimmt sind [377]. Der Umstand, daß es eine Erkenntnis gibt, ist für das Universum nicht irrelevant, ihm nicht in dem Sinne äußerlich, daß es sein Sein an sich hat, gleichgültig, ob es erkannt wird oder nicht. Es ist im Gegenteil in seiner fundamentalen Struktur und Organisation begründet und durch sie erfordert, daß auf einer bestimmten Stufe der Hierarchie der Wesen, die es umfaßt, das Universum — um es so auszudrücken — »seiner selbst bewußt« wird und »zu sich kommt«. Bekanntlich hat dieser Gedanke in der nach-kantischen Philosophie mannigfache Ausprägungen erfahren.

§ 7 Voraussetzungen und Grundlagen der analogisierenden Methode

a. Der allgemeine Substanzbegriff und seine Spezifikationen

In schematischer Vereinfachung erscheint der allgemeine Substanzbegriff als ein Oberbegriff (Genus), der sich in die untergeordneten Begriffe des Geistes, der Seele und der bloßen Monade oder Entelechie besondert. So partikularisiert, ist der allgemeine Substanzbegriff jeweils für die Bereiche des Menschlichen, Tieri-

---

[373] *AK.* VI, I 438: »Si Deus non haberet in mundo creaturas rationales, haberet eandem harmoniam, sed solum demta echo, eandam pulchritudinem solum demta reflexione, et refractione seu multiplicatione. Unde Dei sapientia exigebat creaturas rationales, in quibus se res multiplicarent.«

[374] Siehe die S. 142, Anm. 132 und S. 144, Anm. 141 und 142 erwähnten Texte.

[375] Dieses Kap. § 4 d und § 5 b.

[376] Dieses Kap. § 2 d.

[377] *Théod.* II 119: »Dieu produira autant de raison et de connaisance dans l'univers, que son plan en peut admettre« (*P.* VI 170).

schen, Pflanzlichen, des noch »tiefer« rangierenden Lebendigen und Organischen, schließlich des als Grenzfall des Organischen verstandenen Anorganischen [378] konstitutiv. Es erhebt sich die Frage nach der Art von Beziehung zwischen dem übergeordneten Begriff des Genus und den untergeordneten Begriffen der Spezies. Im Hinblick auf den Leibnizischen Panlogismus hat diese der Begriffslogik angehörige Frage zugleich auch einen ontologischen Sinn.

Die in Rede stehende Beziehung darf nicht im Sinne der traditionellen klassischen Abstraktionstheorie und Begriffslogik gedeutet werden. Gemäß dieser Theorie enthält der Begriff des Genus gewisse Unbestimmtheiten, und darauf beruht seine Abstraktheit. Indem zu dem Genus differentiae specificae hinzutreten, werden gewisse Unbestimmtheiten des Genus in einer von einer differentia specifica zur anderen wechselnden Weise ausgefüllt. Bei dieser Auffassung der Sachlage ist der Übergang von einer Spezies zu ihrem Genus allenfalls noch verständlich, insofern als Bestimmungen der Spezies fortgelassen werden, so daß ein abstraktes Genus mit seinen Unbestimmtheiten resultiert. Schwieriger gestaltet sich der Übergang vom Genus zu den ihm unterstehenden Spezies, da es an einem Prinzip mangelt, nach dem die Unbestimmtheiten des Genus ausgefüllt werden können. Völlig uneinsichtig ist der Übergang von einer Spezies eines gegebenen Genus zu einer anderen Spezies; die Mittel der Logik scheinen hier ganz zu versagen, und nur die Erfahrung kann lehren, in welche Spezies sich das betr. Genus aufteilt [379]. Die Beziehung zwischen den verschiedenen Spezies desselben Genus ist hier im Grunde sehr äußerlich; sie besteht lediglich darin, daß alle diese Spezies gewisse Merkmale gemeinsam haben, diejenigen nämlich, durch welche sich das betr. Genus definiert.

Nach Leibniz hingegen besteht zwischen den verschiedenen Spezies eines Genus eine direkte, unmittelbare, sachlich begründete Beziehung, die in der Natur der Spezies selbst wurzelt. Für das Bestehen einer solchen Beziehung ist es erforderlich, daß es einen möglichen Übergang gibt, der nicht so sehr von der Spezies zum Genus, oder in umgekehrter Richtung führt, sondern vielmehr von einer Spezies zu einer anderen. Indem zur »perceptio« noch »attentio« und »memoria« hinzutritt, ergibt sich die »sensio«; tritt zu dieser noch »ratio«, d. h. die Fähigkeit zum Selbstbewußtsein hinzu, so resultiert die »mens« [380]. »Ut ergo mens est anima rationalis, ita anima est vita sensitiva, et vita est principium perceptivum.«[381] Geht man den Spezies in aufsteigender Richtung ihrer hierarchischen Stufenordnung nach, so sieht man, daß der Übergang darin besteht, daß auf der jeweiligen höheren Stufe weitere Bestimmungen zu denen der tieferen Stufe hinzutreten, worin ihre hierarchische Organisation zum Ausdruck kommt. Das Hinzutreten neuer und weiterer Bestimmungen vollzieht sich aber an den Spezies

---

[378] S. 266.
[379] Zur Kritik der traditionellen Begriffslehre siehe Cassirer, *Substanzbegriff und Funktionsbegriff* Kap. I.
[380] Siehe die S. 191 ff und 195 f zitierten Texte.

und nicht am Genus. Folglich hat es nicht den Sinn der Ausfüllung von Unbestimmtheiten, die in verschiedener Weise erfolgen kann, sondern es bedeutet, daß
sich an einer Spezies der höheren Stufe Bestimmungen vorfinden, die der einer
niederen Stufe abgehen. In der Tat, wenn eine Spezies einer gewissen Bestimmung
ermangelt, z. B. die bloße »anima« des Selbstbewußtseins, so heißt das natürlich
nicht, daß die betr. Spezies mit Unbestimmtheiten behaftet ist, die einer näheren
Bestimmung fähig und bedürftig sind, wie das nach der klassischen Begriffstheorie
für das Genus gilt.

Der dargelegten Beziehung zwischen den Spezies entspricht das Verhältnis, in
dem sie alle zu dem ihnen übergeordneten Genus stehen. Wird das Genus Substanz überhaupt durch das »principium perceptivum« und das »principium vitale«
definiert, so hat seine Allgemeinheit gegenüber den ihm untergeordneten Spezies
nicht den Sinn des Behaftetseins mit Unbestimmtheiten und einer daraus sich ergebenden relativen Inhaltsarmut. Vielmehr besagt seine Allgemeinheit, daß es die
betr. Spezies als mögliche Spezialfälle in sich enthält und sich in sie abwandelt.
Diese Abwandlung ist dahin zu verstehen, daß sie dem Begriff des Genus Substanz überhaupt wesentlichen Bestimmungen als »principium perceptivum« und
»principium vitale« sich auf den jeweiligen Stufen der hierarchischen Ordnung der
substantiellen Wesen in verschiedener Weise verwirklichen und dementsprechend
einen von Stufe zu Stufe wechselnden Sinn erhalten. Mit anderen Worten, das
Genus stellt eine Invariante dar, die sich in den Spezies in verschiedener Weise
spezifiziert und damit diesen den Sinn von Varianten erteilt, die durch die besagte Abwandlung hervorgehen[382]. Im Begriffsinhalt des Genus sind sowohl seine
Besonderungen als mögliche Spezialfälle beschlossen als auch die Abwandlungsbedingungen, unter denen es sich in die jeweiligen Varianten besondert. Eine
Illustration bietet die Beziehung zwischen der allgemeinen Gleichung zweiten
Grades zwischen zwei Variabeln und den spezielleren Gleichungen der Kegelschnitte, Geradenpaare usw. die aus der ersteren hervorgehen, wenn ihren Coeffizienten bestimmte Bedingungen auferlegt werden[383]. Bei der Auffassung der
Spezies als spezifizierter und spezialisierter Abwandlungsgestalt des Genus erweist sich das letztere im Gegensatz zur traditionellen Lehre sogar als inhaltsreicher, insofern als seine Besonderung in einen Spezialfall die Auszeichnung einer
Möglichkeit, unter Ausschluß anderer, ebenfalls im Genus beschlossener und enthaltener Möglichkeiten bedeutet. Man kann das auch dahin ausdrücken, daß mit
der Setzung von Bedingungen für die Spezifizierung und Spezialisierung des Genus dessen Begriffsinhalt ipso facto eine Restriktion erfährt. Diese Abkünftigkeit der Spezies ist für ihren Sinn bestimmend. Als Variante des Genus verweist

---

[381] *An Rud. Chr. Wagner,* 7/VI 1710 (P. VII 529).

[382] Ein anderes Beispiel dieser Sachlage ist die Theorie der Repräsentation (Kap. I § 4 b
und c), wobei die Idee der ein-eindeutigen Zuordnung oder Entsprechung das invariante Element bildet.

[383] Im Hinblick auf die S. 124 f dargelegte Diskontinuität in der Stufenordnung der Substanzen sind mathematische Vergleiche nicht restlos durchführbar.

eine gegebene Spezies ihrem Sinne nach auf das Genus, aus dem sie durch spezifizierende Abwandlung hervorgeht; damit verweist sie zugleich auf andere Spezies
als weitere mögliche Abwandlungsgestalten desselben Genus, als ebenfalls von
ihm abkünftig, nämlich unter anderen Bedingungen der spezifizierenden und
spezialisierenden Besonderung. Formal gesehen, ist diese Sachlage der früher [384]
dargestellten Beziehung ähnlich, die zwischen den Projektionen und ihrem Geometral, sowie zwischen den Projektionen selber (aufgrund ihrer Abkünftigkeit
von ihrem gemeinsamen Geometral) besteht. Mit dieser Auffassung des Verhältnisses des Genus zu den ihm untergeordneten Spezies ist die Möglichkeit des
Übergangs von einer Spezies zur anderen unmittelbar gegeben [385]. Ein ontologisches Äquivalent dieser logischen Struktur ist uns früher [386] in der Leibnizischen
Lehre vom zyklischen Wechsel von Werden und Vergehen begegnet: in dem Ansatz einer Transformation, die in den einander entgegengesetzten Richtungen der
Ausweitung und Schrupfung verläuft. Dieser Transformationsprozeß, dem jede
individuelle Substanz unterworfen ist, besagt den Übergang, sogar wiederholten
Übergang in zyklisch wechselnder Richtung der wegen ihrer Unvergänglichkeit
identischen individuellen Substanz von einer Stufe der hierarchischen Ordnung zu
einer anderen Stufe.

b. Stufenkonformität

Aus der Besonderung durch Abwandlung des allgemeinen Begriffes der Substanz
überhaupt und aller seiner konstitutiven Bestimmungen auf den verschiedenen
Stufen folgt zunächst, daß diese Bestimmungen auf einer jeweiligen Abwand-
lungsstufe zueinander passen und einander entsprechen müssen. Auf jeder Ab-
wandlungsstufe spezifizieren sich die konstitutiven Bestimmungen der Substantialität in einer der betr. Stufe konformen Weise. Folglich gilt das Prinzip der
Stufenkonformität für die gemäß der in Rede stehenden Stufe spezifizierten konstitutiven Bestimmungen untereinander.

Oben [387] haben wir auseinandergesetzt, daß jeder Substanz ein organischer Körper zugeordnet ist. Dieser muß von solcher Art sein, daß er der entsprechenden
Form von Substantialität konform ist: »ces âmes ou entelechies ont toutes une
manière de corps organique avec elles proportionné à leurs perceptions ...«[388]
Was das »principium perceptivum« als »représentation de la multitude dans
l'unité« oder — wie wir es ausdrückten — als zentralisierte Repräsentation ver-

---

[384] S. 244 ff.
[385] Leibniz selber hat die hier in Rede stehende Begrifflichkeit nicht ausdrücklich zum
Thema gemacht. Für seine theoretische Praxis ist, wie Cassirer, *Leibniz' System*
Kap. IV 3 dargetan hat, die Idee, daß das Prinzip der Kontinuität sich auf Begriffe
anwenden läßt, oder — um es vorsichtiger auszudrücken —, daß Begriffe ineinander
überführbar sind, von hervorragender Wichtigkeit.
[386] Kap. IV § 7 b.
[387] Kap. IV § 2 c.
[388] *An Lady Masham*, Mai 1704 (P. III 340).

standen, angeht, so haben wir früher[389] seine Differenzierung dargelegt. Diese differenzierten Abwandlungsformen entsprechen den verschiedenen Stufen in der hierarchischen Ordnung der Substanzen und sind der jeweiligen Stufe konform[390].

Das Gleiche gilt für die Spontaneität oder Aktivität, die ebenfalls eine konstitutive Bestimmung von Substantialität bildet[391]. Uns Menschen ist Spontaneität von den Handlungen her vertraut, die aus unseren auf Überlegung gegründeten und aus diesen hervorgehenden Willensentschlüssen fließen. Soll Spontaneität allen einfachen Substanzen zukommen, so kann sie nicht überall von der gleichen Art sein: nur bei der »substance intelligente ou libre« wird sie »un empire sur ses actions«[392]. Spontaneität ist auch den Tieren zu eigen, obwohl sie der »intelligence« entraten[393]. Nebenbei bemerkt, tritt Spontaneität auch beim Menschen nicht immer in der ausgezeichneten Form ausdrücklicher Überlegungen und Willenshandlungen auf. Es gibt Formen von Spontaneität, die den »pensées confuses et involontaires«[394] entsprechen; von den letzteren haben wir oben[395] gesehen, daß sie seiner Beschränktheit wegen unabdinglich zum menschlichen Geist gehören. Mit anderen Worten: Spontaneität ist von »intelligence« zu unterscheiden und zu trennen. Leibniz bestreitet die Notwendigkeit »qu'on sache toujours comment se fait ce qu'on fait«[396]. Daher können wir Dillmann nicht folgen, der zwar mit Recht das Streben der Monade von dem eines mechanisch bewegten Körpers unterscheidet, es jedoch als Begehren eines zwecktätigen Wesens interpretiert, das den Unterschied von Mittel und Zweck kennt und vermittels gewisser Handlungen einen bestimmten Erfolg oder ein bestimmtes Ergebnis zu erreichen sucht[397]. Zwar ist Spontaneität allen Substanzen gemeinsam, aber sie differenziert und besondert sich auf den verschiedenen Stufen in Konformität zur jeweiligen Stufe. Begehren, Streben, Spontaneität oder »l' *appetit* (qui n'est autre chose que la tendance d'une perception à une autre) ... est appelé *passion* dans les animaux, et *volonté* là où la perception est un entendement«[398]. Alle diese Termini bedeuten

---

389 S. 40 f.

390 »... cum tamen omnia corpora perceptionem aliquam pro modulo perfectionis suae habere possunt adeoque et habeant ...« (*Gerland* S. 112).

391 Kap. IV § 5 b.

392 *Théod.* III 291, siehe auch Appendix III 20 (*P.* VI 289 und 421).

393 *Théod.* III 302 (*P.* VI 296).   394 *Rorarius* (*P.* IV 563 f.).

395 Kap. III § 5 a.

396 *Théod.* III 403 (*P.* VI 356). Damit stellt sich Leibniz in Gegensatz zu dem Prinzip von Geulincx, *Metaphysica vera* I 51: »impossibile est, ut is faciat, qui nescit quomodo fiat« (*Opera philosophica,* hrsg. von J.P.N. Land II 150), siehe auch *Annotata ad Ethicam* ad Tr. I Cap. II Sect. II § 2 und 9 (*Opera* III 205 ff). Ähnlich Malebranche, *Méditations chrétiennes et métaphysiques* VI 11: »Peut-on faire, peut-on même vouloir ce qu'on ne sait point faire?« (*Oeuvres* X 62).

397 Dillmann, *Eine neue Darstellung der Leibnizischen Monadenlehre* S. 102 f und 341 f; ähnlich Janke, *Leibniz* S. 32 f., 131 ff, 164 und »Leibniz als Metaphysiker« S. 376 f, a.a.O.

398 *Entwurf eines Schreibens an Remond* (*P.* III 622; zwei offenkundige Druckfehler bei Gerhardt sind stillschweigend verbessert).

etwas anderes bei den Wesen, die selber Ich sagen können, als bei solchen, für die man es sagen muß, bei Wesen, die der Apperzeption fähig sind, als bei denen, die auf Perzeptionen beschränkt sind [399].

Indem die konstitutiven Bestimmungen von Substantialität sich auf den verschiedenen Stufen diesen gemäß spezifizieren, ergibt sich eine Beziehung der Konformität zwischen den so spezifizierten Bestimmungen selbst. Der soeben herangezogenen Unterscheidung von »passion« bei den Tieren und »volonté« bei den Menschen entspricht die früher [400] erwähnte Differenzierung von Repräsentation oder Expression in »perception naturelle«, »sentiment animal« und »connaissance intellectuelle«. Entsprechung ist dahin zu verstehen, daß die einer gewissen Stufe konforme Spezifikation einer konstitutiven Bestimmung von Substantialität zusammengeht und gekoppelt ist mit den der gleichen Stufe konformen anderen konstitutiven Bestimmungen. Was auf einer gegebenen Stufe Repräsentation besagt, steht mit der zu dieser Stufe konformen Spezifikation von Aktivität in passendem Einklang und umgekehrt.

c. Proportionalität der Stufen

Wie vorhin [401] dargelegt, sind die Begriffe der dem Genus Substanz überhaupt untergeordneten Spezies in dem Begriff des Genus beschlossen und gehen durch Abwandlung als Varianten aus ihm hervor. Gemäß dem Prinzip der logico-ontologischen Äquivalenz sind diese logischen Beziehungen zwischen den Begriffen in der Struktur der Substanzen der jeweiligen Stufen eingezeichnet und verwirklicht. Auf diesem Grunde und vermöge des Prinzips der Stufenkonformität erwächst eine Proportionalität zwischen den gleichnamigen konstitutiven Bestimmungen der Substantialität auf den verschiedenen Stufen und diesen Stufen selbst. Dank dieser Proportionalität erhält die Gleichnamigkeit den Sinn der *Homologie*.

Ganz allgemein bedeutet Perzeption zentralisierte Repräsentation, d. h. den Ausdruck einer Vielheit in einer Einheit [402]. Das Verhältnis der Vielheit zur Einheit ist auf den jeweiligen Stufen der hierarchischen Ordnung der Substanzen in verschiedener Weise spezifiziert, jedoch so, daß eine Spezifikation sich zu einer anderen verhält wie die Stufen, denen diese Spezifikationen konform sind, sich zueinander verhalten. »... les changements« internes dans les choses simples sont d'un même genre avec ce, que nous concevons dans la pensée, et on peut dire, qu'en général la perception est *l'expression de la multitude dans l'unité*.«[403] Jene »changements internes« sind von unseren Gedanken verschieden, sie sind jedoch den »choses simples« konform, wie »ce que nous percevons dans la pensée« unserem Ich konform ist, und daraus folgt, daß sie sich zu unseren Gedanken so verhalten wie die »choses simples« zu unserem Ich. Der Ausdruck ›Perzeption‹ meint

[399] S. 120 und Kap. III § 2 a.
[400] S. 39.
[401] S. 271 ff.
[402] S. 43 ff.
[403] *An Bayle*, o. D. (*P. III* 69).

nicht durchweg dasselbe, da seine Bedeutung sich gemäß den verschiedenen spezifischen Ausprägungen wandelt, deren die zentralisierte Repräsentation fähig ist. Zwischen diesen verschiedenen Bedeutungen besteht aber ein Zusammenhang auf Grund dessen, daß eine spezifische Ausprägung von Perzeption auf der ihr konformen Stufe die gleiche Rolle spielt und die gleiche Funktion hat wie eine andere Ausprägung auf der ihrigen. Trotz dieser Verschiedenheiten kann man doch von einer Einheit der Bedeutung des Ausdrucks ›Perzeption‹ sprechen, wenn diese Einheit als Einheit κατ᾽ ἀναλογίαν im Sinne der Definition von Aristoteles [404] verstanden wird.

Das Gleiche gilt für die Aktivität oder Spontaneität. Spezifisch menschliche Spontaneität besagt unter der Bedingung des Menschentums (Fähigkeit zum Selbstbewußtsein), was eine andere Ausprägung von Spontaneität für eine Substanz tieferer Stufe bedeutet. »... ut in nobis intellectioni respondet voluntas, ita in omni entelechia primitiva perceptioni respondet appetitus, seu agendi conatus ad novam perceptionem tendens.«[405] Wie dieser Text anzeigt, besteht die in Rede stehende Proportionalität nicht nur zwischen homologen konstitutiven Bestimmungen der Substantialität und den ihnen konformen Stufen in der hierarchischen Ordnung der Substanzen, sondern ebenfalls zwischen homologen konstitutiven Bestimmungen verschiedener Dimensionen, z. B. Repräsentation und Streben (Spontaneität). Ferner verweisen wir auf die oben [406] erwähnte Differenzierung der Unvergänglichkeit der Substanz in die Unzerstörbarkeit, die allen Substanzen zugeschrieben ist, und die Unsterblichkeit, die spezifisch dem menschlichen Geiste zukommt. Schließlich sei noch die Unterscheidung von »félicité« und »perfection« angeführt [407]. Zwischen allen diesen Bestimmungen besteht eine auf dem Prinzip der Stufenkonformität begründete Proportionalität.

Neben das Prinzip der universellen Harmonie tritt das der Stufenproportionalität als ein weiteres Grundgesetz der Verfassung des Universums und des Systems der Substanzen. Zunächst mag es den Anschein haben, daß kraft des Prinzips der universellen Harmonie ein Zusammenhang der Substanzen in s. z. s. »horizontaler« Richtung besteht, indem jeder Modifikation und jedem Zustand irgendeiner Substanz Modifikationen und Zustände aller anderen Substanzen zugeordnet sind, während das Prinzip der Stufenkonformität einen »vertikalen« Zusammenhang begründet, insofern als die Modifikationen verschiedener Substanzen, insbesondere solcher verschiedener Stufen, sich als einander proportional herausstellen. Bei näherem Zusehen erweist sich, daß die beiden Prinzipien in einer sehr engen Beziehung zueinander stehen. Durch das Prinzip der Stufenkonformität

---

[404] Aristoteles, *Metaphysica* Δ 6 1016ᵇ 34 f: »... ὅσα ἔχει ὡς ἄλλο πρὸς ἄλλο«. Siehe auch das illustrierende Beispiel in *Analytica posteriora* B 14 98ᵃ 20 ff.

[405] *P.* VII 330.

[406] S. 203 f.

[407] *Disc.* 36: »... la félicité est aux personnes ce que la perfection est aux êtres« (*Le Roy* S. 75). Die Gegenüberstellung von »perfectio rerum« und »mentium felicitas« findet sich auch in *Spec. inv.* (*P.* VII 316).

wird das der universellen Harmonie ergänzt und spezifiziert. Es liegt an dem ersteren Prinzip, daß die Zuordnung zwischen den jeweiligen Zuständen aller Substanzen nicht auf Gleichheit oder Ähnlichkeit beruht, aber auch keine beliebige ist, sondern eine solche proportionaler Entsprechung[408]. Das gilt für Substanzen verschiedener sowohl wie gleicher Stufe. Gemäß unserer panlogistischen Interpretation verstehen wir beide Prinzipien als in dem Universum niedergeschlagen und realisiert. Oben[409] deuteten wir die universelle Harmonie als Verkörperung eines Systems von Repräsentationen als ein-eindeutige Zuordnungen verstanden. Bei Berücksichtigung der Ergänzung und Spezifikation des Prinzips der universellen Harmonie durch das Prinzip der Stufenproportionalität ist zu sagen: Das Universum bildet eine Realisierung und Verkörperung eines Systems ein-eindeutiger Zuordnungen, die unter dem Gesetz proportionaler Entsprechung stehen. Mit anderen Worten, das ontologische Äquivalent beider Prinzipien in ihrer Vereinigung miteinander ist die systematische Einheit des Universums und der ihm zugehörigen Substanzen.

d. Analogie als methodisches Prinzip

Mit der Anerkennung der Stufenproportionalität als Grundgesetz des Universums ist die methodische Verwendung der Analogie gerechtfertigt, weil sie in der Verfassung des Universums verankert ist. Gemäß dem Prinzip der logico-ontologischen Äquivalenz stützt sich die Methode des Analogisierens auf die Gleichförmigkeit der Natur, auf die »naturae in varietate aequabilitas«[410], kraft deren »c'est partout et toujours la même chose, aux degrés de perfection près«[411].

Damit ist die Voraussetzung gegeben, den als vitales oder organismisches Prinzip verstandenen Substanzbegriff zu verallgemeinern und seine Anwendung auf ein Gebiet zu erstrecken, das »unterhalb« des Bereiches liegt, den die landläufige Ansicht allein als den des Lebendigen gelten läßt[412]. Mit anderen Worten, der Boden ist sichergestellt, auf dem die Lehre von der Stufenordnung der Substanzen entworfen und die Frage nach dem Platz des menschlichen Geistes innerhalb dieser Ordnung gestellt werden kann. Es ist ferner gerechtfertigt, bei diesen Fragestellungen und Entwürfen von der speziellen Substanz, die der menschliche Geist ist, auszugehen. Vermöge des Prinzips der Stufenkonformität können die außermenschlichen Substanzen von dem menschlichen Geiste nicht toto coelo verschieden sein: »... anima humana ... quae mihi ab aliis entelechiis genere non differt«[413]. Die oben[414] herausgestellte Ansetzung des allgemeinen Substanzbe-

---

[408] Dieses Kap. § 4 c.   [409] S. 248 f.
[410] *An de Volder,* o. D. (*P.* II 277).
[411] *Nouv. Ess.* I, I (*P.* V 64).
[412] Dieses Kap. § 6 a.
[413] *An de Volder,* o. D. (*P.* II 194); 30/VI 1704: »... in hoc principio actionis ... est analogum aliquod ei quod inest nobis, nempe perceptio et appetitio, cum rerum natura sit uniformis nec ab aliis substantiis simplicibus ex quibus totum consistit universum, nostra infinite differre possit« (*P.* II 270).

griffs in Analogie zum Begriff des menschlichen Geistes erhält damit ihre Legitimation.

Es ist jetzt möglich, die Zugangsproblematik abzuschließen und endgültig die Frage zu beantworten, wie eine besondere Monade — der menschliche Geist —, die wie alle Monaden ganz in ihren Zuständen lebt und völlig auf diese beschränkt ist, dazu kommen kann, nicht nur um andere Monaden und Substanzen überhaupt zu wissen, sondern auch noch um sie als von sich verschieden und doch sich verwandt zu wissen. Wie wir es oben taten, als es sich um die Seite der Zugangsproblematik handelte, auf welche das Prinzip der universellen Harmonie die Antwort gibt [415], berufen wir uns auf das Prinzip der logico-ontologischen Äquivalenz sowie auf die Fähigkeit zum reflektiven Selbstbewußtsein als auszeichnende Charakteristik des menschlichen Geistes [416]. Wie vorhin [417] dargelegt, verweist der Begriff eines Spezies auf den des Genus, aus dem die erstere durch Abwandlung hervorgeht, damit aber zugleich auf die Begriffe weiterer Spezies als möglicher Weise von dem Begriff desselben Genus abkünftig. Gemäß der panlogistischen Deutung, d. h. der logico-ontologischen Äquivalenz, sind diese Verweisungsbezüge zwischen den Begriffen in den Individuen der in Rede stehenden Spezies als deren Struktur bestimmende Momente niedergeschlagen, verwirklicht und eingezeichnet. In der Reflexion auf uns selbst erfassen wir, was wesentlich zu unserem Sein gehört und dieses Sein konstituiert: wir erfassen uns als Substanz, weil wir eine Substanz sind [418]. Indem wir uns als Substanz erfassen, werden wir dessen inne, daß wir eine Variante von Substantialität überhaupt darstellen. Die Aufklärung der Idee der eigenen Seele erschließt uns diese als Abwandlungsgestalt von Substantialität überhaupt und eröffnet uns den Ausblick auf andere von uns spezifisch verschiedene Substanzen als weitere mögliche Abwandlungsgestalten [419]. In diesem Sinne und nicht in dem der Bildung von Allgemeinbegriffen gemäß der klassischen Abstraktionstheorie verstehen wir die Bemerkung »Si claram habes ideam animae, habebis et formae; est enim idem genus, species variae« [420]. Wenn von der eigenen Seele aus sich auf dem Wege der Analogie ein Zugang zu anderen Substanzen eröffnet, so beruht das auf der durchgehenden Proportionalität als »metaphysischem Gesetz« [421]. Das Prinzip der universellen Harmonie macht es verständlich, daß die auf sich selbst reflektierende menschliche Monade trotz ihrer »Fensterlosigkeit« in gewissem Umfang um die repräsentative

---

[414] Kap. III § 1 a.
[415] Dieses Kap. § 5 b.
[416] Kap. III § 2 a.
[417] S. 271 ff.
[418] S. 130 ff.
[419] *An Arnauld,* 28/XI (8/XII) 1686: »... les âmes servent à nous donner quelque connaissance des autres (scl. substances) par analogie« (*Le Roy* S. 146).
[420] *An Joh. Bernoulli,* 18/XI 1698 (*M.* III 552).
[421] Siehe Cassirer, *Leibniz' System* S. 396 ff. Allerdings übersetzt Cassirer »anima« als »Bewußtsein« im Sinne der »reinen Denkfuntion« (siehe S. 192 f).

Funktion ihrer Zustände wissen kann und begründet damit den Ansatz einer Zuordnungsbeziehung zwischen diesen Zuständen und denen aller anderen Substanzen. Aufgrund des Prinzips der Stufenproportionalität wird — wiederum unter Berufung auf die Fähigkeit zum reflektiven Selbstbewußtsein — der Ansatz von Substanzen ermöglicht, die von der, welche wir selbst sind, sich zwar der Art, aber nicht der Gattung nach unterscheiden. Noch einmal sei hervorgehoben, daß die *Möglichkeit der monadologischen Erkenntnis durchaus auf den Grundgesetzen der Verfassung des Systems der Substanzen beruht,* die der menschliche Geist innerhalb der ihm durch seine Endlichkeit gesteckten Grenzen sich in der Reflexion auf sich selbst zu erschließen vermag.

Die Analogie als methodisches Prinzip findet Anwendung über den Bereich hinaus, der im eigentlichen Sinne als metaphysisch anzusprechen ist. Sie gilt auch innerhalb des phänomenalen Bereichs, der — wie später [422] zur Sprache kommen wird — in einem gewissen Sinne einen Abglanz des substantiellen Bereichs darstellt, so daß gewisse Entsprechungen zwischen dem Phänomenalen und dem Monadischen bestehen [423]. Weil die herausgestellten logischen Zusammenhänge und Beziehungen in der strukturalen Verfassung des Systems der Substanzen niedergeschlagen und verwirklicht sind, weist die phänomenale Natur Gleichförmigkeit auf und läßt eine Erklärung einheitlichen Stils zu. Die analogisierende Methode wird zu einem Prinzip der wissenschaftlichen und empirischen Forschung. Cassirer spricht von einem »Postulat«, das für die Möglichkeit empirischer Forschung unerläßlich ist [424]. Ferne, verborgene und unbekannte Dinge erklären sich in Analogie zu denen, welche nahe, sichtbar und bekannt sind [425]. Das faktisch Beobachtete kann als Probe oder Muster (»échantillon«) in Anspruch genommen werden, nach dem das der direkten Beobachtung nicht Zugängliche zu beurteilen ist [426]. Schließlich liegt die analogisierende Methode auch der Induktion, wie Leibniz sie versteht, und der Experimentierkunst zugrunde [427]. Bei der letzteren sind die für das Experiment geeigneten Fälle auszuwählen, da nicht alle Fälle in Betracht gezogen werden können, »et hoc jam reducitur ad analogiam«. Handelt es sich darum, »quaerere experimenta dato subjecto«, so ist diese Aufgabe zu lösen,

---

[422] Kap. VII § 2.

[423] Kap. VII § 6.

[424] Cassirer, *Hauptschriften* II 21. Ein Postulat dieser Art hat — wie S. 13 erwähnt — für Leibniz immer den Sinn eines erfüllten und nicht erst zu erfüllenden Postulats.

[425] *Principes de vie* (P. VI 546); *Éclaircissement sur les natures plastiques et les principes de vie et de mouvement* (P. VI 548); *Nouv. Ess.* IV, XVI § 12 (P. V 454 ff) und IV, XVII § 16: »... je ne conçois les choses inconnues ou confusement connues que de la manière de celles qui sont distinctement connues« und zwar weil «le fonds (des choses) est partout le même, ce qui est une *maxime fondamentale* chez moi et qui règne dans toute ma philosophie« (P. V 473).

[426] *Esprit universel unique:* »... la nature a cette adresse et bonté, de nous découvrir ses secrets dans quelques petits échantillons, pour nous faire juger du reste, tout étant correspondant et harmonique« (P. VI 533).

[427] Für das Folgende siehe *Couturat, O. F.* S. 174.

»ope jam cognitorum experimentorum per analogiam. Analogia autem in eo fundatur, ut quae in multis conveniunt aut opposita sunt, et in datis quoque vicinis ad priora convenire aut opposita esse suspicemur«. Wie dieser Text zeigt, gründet sich das Prinzip der Analogie auf das der Kontinuität, dessen — spätere — Formulierung im letzten zitierten Satz vorweggenommen scheint [428]. Die einheitliche Gleichförmigkeit der Natur beruht darauf, daß zwischen verschiedenen Phänomenen sich im Prinzip Zwischenformen eingeschaltet denken lassen, durch deren Vermittlung der Übergang von einem Phänomen zum anderen ermöglicht wird. Couturat [429] hat betont, daß für Leibniz Induktion nicht Verallgemeinerung von Einzelbeobachtungen und -experimenten im Sinne des Empirismus bedeutet, ein Verfahren, dem kaum ein logischer oder wissenschaftsmethodischer Wert zukommt. Empirische Induktion besteht nicht im Übergang vom Einzelnen zum Allgemeinen, sondern vielmehr im Fortschritt von Einzelphänomen zu Einzelphänomen auf dem Wege der Interpolation, Reihenanordnung von Tatsachen, etc. Ihre Rolle ist vorbereitender Art, insofern als die synoptische Übersicht über die Phänomene das Gesetz nahe legt, das die ganze Reihe beherrscht.

---

[428] Leibniz hat 1687 das Prinzip der Kontinuität zum ersten Mal in *Lettre de M.L. sur un principe général utile à l'explication des lois de la nature* wie folgt formuliert: »Lorsque la différence de deux cas peut être diminuée au dessous de toute grandeur donnée in datis ou dans ce qui est posé, il faut qu'elle se puisse trouver aussi diminuée au dessous de toute grandeur donnée in quaesitis ou dans ce qui en résulte ... Lorsque les cas (ou ce qui est donné) s'approchent continuellement et se perdent enfin l'un dans l'autre, il faut que les suites ou événements (ou ce qui est demandé) le fassent aussi« (P. III 52). Damit gleichlautend *Animad.* II 45: »Nimirum cum hypotheses duae seu duo data diversa ad se invicem continue accedant, donec tandem unum eorum in alterum desinat, necesse est etiam quaesita sive eventa amborum continue ad se invicem accedere, et tandem unum in alterum abire et vice versa« (P. IV 375).

[429] Couturat, *La logique de Leibniz* Kap. VI § 37.

KAPITEL VI: DIE EINZELSUBSTANZ

§ 1   Neue Fragestellungen

Im vorangehenden Kapitel haben wir unser Vorhaben, die Leibnizische Philosophie als Panlogismus darzustellen, in s. z. s. makroskopischem Maßstab verfolgt. Wir haben versucht, diejenigen logischen Strukturen und Zusammenhänge herauszustellen, die sich auf die Gesamtheit der Substanzen eines Universums beziehen und die systematische Einheit dieser Gesamtheit begründen und stiften, weil sie in dieser niedergeschlagen und verkörpert sind. Alle Substanzen eines Universums gehen durch Abwandlung aus dem Fundamentalbegriff dieses Universums hervor. Auf Grund dieser ihrer gemeinsamen Abkünftigkeit besteht zwischen ihnen ein innerer Zusammenhang, d. h. sie qualifizieren und bestimmen einander gegenseitig, so daß eine jede Substanz nur innerhalb des systematischen Verbandes mit allen anderen Substanzen desselben Universums die ihr eigene Natur hat [1]. Weil jede Einzelsubstanz nur in der Abgestimmtheit und Ausgerichtetheit auf die anderen zu der wird, die sie ist, besteht zwischen den jeweiligen Zuständen aller Substanzen das Verhältnis durchgehender Entsprechung und Korrespondenz. Daraus ergibt sich die Auffassung des Prinzips der universellen Harmonie als eines der Grundgesetze der Verfassung des Systems der Substanzen und ebenso die vorgetragene Auslegung des Begriffes der Compossibilität [2].

Gemäß der von uns eingenommenen methodologischen Orientierung treten wir an die Analyse der Einzelsubstanz und ihrer Struktur erst jetzt heran, nachdem wir das System der Substanzen in Betracht gezogen haben. In den nunmehr folgenden Untersuchungen wird sich unsere Aufmerksamkeit von dem System der Substanzen auf die Einzelsubstanz verlagern und sich auf sie konzentrieren. Jedoch darf die der Einzelsubstanz — wie zu zeigen wir versucht haben — wesentliche Einbezogenheit in das Gesamtsystem der Substanzen nicht aus dem Blickfeld verschwinden, wenngleich nunmehr diese Eingeordnetheit auf eine längere Strecke hin unthematisch bleibt.

Die Substanz hat sich uns als ein intelligibles Gebilde herausgestellt, d. h. als ein Gebilde begrifflicher Natur, das als solches Einheit im strengsten Sinne besitzt, ein »unum per se« darstellt, nicht in Teile zerfällt, noch sich aus Teilen zusammensetzen läßt, wohl aber eine Vielheit in sich schließt [3]. Auf diese Vielheit muß die

[1] Siehe S. 18 ff.
[2] Kap. V § 2 b ff und § 4 b ff.
[3] Kap. IV § 1.

Strukturanalyse der Substanz ihr Absehen richten, und zwar in doppelter Hinsicht.
Eine Frage betrifft die Beziehung der einheitlichen Substanz zu der in Rede stehenden Vielheit: Wie ist die Substanz als ein »unum per se« gegenüber der Vielheit,
die sie in sich enthält, zu verstehen und zu fassen? Worauf beruht die Einheit,
Einheitlichkeit und Identität der Substanz gegenüber dieser Vielheit? In traditioneller Sprache ausgedrückt, handelt es sich um das Verhältnis der einen Substanz
zu der Vielheit ihrer Accidentien. Das zweite Problem ist das der Beziehung der
Accidentien zueinander, der Beziehung, die zwischen den Komponenten der be-
sagten Vielheit auf dem Grunde der ihnen allen gemeinsamen Bezogenheit auf
die eine identische Substanz besteht.

Für die Substanz, die uns zunächst als intelligibles Gebilde begrifflicher Art
entgegentrat, ist weiterhin Spontaneität, Wirkungsfähigkeit, Aktivität, wenngleich nur eine immanente und keine transitive, konstitutiv und wesentlich, so
sehr, daß die Bestimmungen der Substanz als unum per se und als aktiv gleich-
berechtigt nebeneinander stehen[4]. Beiläufig sei noch daran erinnert, daß sich
die Substanz als ein Lebensprinzip oder organismisches Prinzip herausgestellt
hat[5]. Wie ist es zu verstehen, daß einem intelligiblen Gebilde Aktivität zugeschrieben wird? Anders und besser gefaßt: Von welcher Art muß ein intelligibles
Gebilde sein, damit ihm Aktivität beigelegt werden kann? Diese Frage führt
sogleich auf die andere zu ihr symmetrische: In welcher Weise muß Aktivität verstanden werden, damit sie die Aktivität eines intelligiblen Gebildes sein kann?

Mit der Formulierung dieser Fragen ist die allgemeine Richtung der folgenden
Untersuchungen vorgezeichnet: Wir werden zunächst die Struktur der Substanz,
als begrifflich-intelligibles Gebilde betrachtet, freizulegen suchen, sodann die
Aktivität, um die es sich handelt, spezifizieren, um schließlich die Resultate beider Betrachtungen zur Konvergenz zu bringen.

§ 2   Die Lehre vom vollständigen Begriff der individuellen Substanz

a. Vollständige und unvollständige Begriffe

Unvollständige Begriffe bestimmen die Gegenstände, auf die sie sich beziehen,
nur in gewisser, aber nicht in jeder Hinsicht. Diese Begriffe sind mit Unbestimmtheiten behaftet, da sie aus einem Abstraktionsprozeß hervorgehen, weil nur
gewisse Umstände berücksichtigt werden, während von vielen anderen abgesehen
wird[6]. Alle mathematischen Begriffe sind abstrakt und unvollständig[7]. Zum
mathematischen Begriff der Kugel gehört ihr Wesen (»essence«) und ihre allgemeine Form, ohne daß besondere Umstände wie z. B. die Länge des Durchmessers

---

4 Kap. IV § 5.
5 Kap. IV § 6 b.
6 *An de Volder*, o. D.: »... in *universalibus* formandis certae tantum circumstantiae
   animo abstrahuntur, aliis innumerabilibus dissimulatis« (P. II 277).
7 *An de Volder*, 30/VI 1703 (P. II 249).

darin figurieren [8]. Dieser allgemeine Begriff aber reicht nicht hin, um eine ganz bestimmte Kugel, z. B. die, die Archimedes auf sein Grab hat setzen lassen, zu bestimmen. Hier ist nicht nur die allgemeine Form der Kugel zu berücksichtigen, sondern ebenfalls das Material, aus dem sie gemacht ist, der Ort, die Zeit und weitere Umstände. Als weiteres Beispiel eines unvollständigen Begriffs kann der eines »möglichen Adam« dienen, d. h. des Adam »*sub ratione generalitatis* ... comme lorsqu'on entend par Adam le premier homme que Dieu met dans un jardin de plaisir dont il sort par le péché, et de la côte de qui Dieu tire une femme. (Car il ne faut pas nommer Eve, ni le paradis, en les prenant pour des individus déterminés, autrement ce ne serait plus *sub ratione generalitatis*)«. Damit ist aber nur ein »Adam vague« bestimmt; in der Tat, »il y aurait ainsi plusieurs Adams disjonctivement possibles ou plusieurs individus à qui tout cela conviendrait«. Demgegenüber gilt: »ce qui détermine un certain Adam doit enfermer absolument tous ses prédicats, et c'est cette notion complète qui détermine *rationem generalitatis ad individuum.*«[9]

Ein vollständiger Begriff enthält keine Unbestimmtheiten oder Leerstellen. Keine Bestimmung, die nicht bereits in ihm enthalten ist, kann ihm hinzugefügt werden, ohne daß ein Widerspruch entstünde [10]. Der einem vollständigen Begriff entsprechende Gegenstand ist durch seinen Begriff restlos bestimmt, d. h. individuiert [11]. Mit anderen Worten, der betr. Gegenstand stellt sich als eine individuelle Substanz heraus. Um den ihm entsprechenden Gegenstand zu individuieren, muß der in Rede stehende Begriff bis in die letzten Einzelheiten voll bestimmt sein. Wäre er es nicht, enthielte er auch nur die geringste Unbestimmtheit, so wäre er nicht mehr eindeutig einem einzigen Individuum zugeordnet, sondern könnte wie alle unvollständigen Begriffe sich auf eine Mehrheit von Individuen beziehen [12].

Im vollständigen Begriff einer jeden individuellen Substanz sind alle ihre Accidentien oder Prädikate enthalten, die notwendigen wie die kontingenten, die vergangenen, gegenwärtigen und zukünftigen [13]. Folglich müssen in dem vollständigen Begriff einer individuellen Substanz auch die Veränderungen der letzteren mit einbegriffen sein [14]. Daher kann Ausdehnung nicht ein substantielles Wesen oder ein »être accompli« konstituieren, denn die räumliche Form drückt

---

8 *Remarques sur la lettre de M. Arnauld; an Arnauld,* 4 (14)/VII 1686 (*Le Roy* S. 106, 112, 118); *Spec. Inv.* (P. VII 316).
9 *An Arnauld,* 4 (14)/VII 1686 (*Le Roy* S. 119 f); herangezogen ist auch *Remarques sur la lettre de M. Arnauld* (*Le Roy* S. 108 f).
10 Kauppi, *Über die Leibnizsche Logik* S. 168 und 231.
11 Siehe bereits in *De principio individui:* »... omne individuum sua tota entitate individuatur« (*P.* IV 18).
12 *Grua* S. 311.
13 *Spec. inv.* (P. VII 311); *an de Volder,* 20/VI 1703: »Subjecti ... est praeter praesentem involvere et futuras cogitationes praeteritasque« (*P.* II 249).
14 *An de Volder,* o. D.: »... in singulari tantum notio completa est, adeoque ea et mutationes involvit« (*P.* II 277).

nur einen gegenwärtigen Zustand aus, nicht aber Zukunft und Vergangenheit, »comme doit faire la notion d'une substance« [15]. Von ihrem vollständigen Begriff her läßt sich alles, was einer individuellen Substanz zustößt oder was sie tut, ableiten. Er dient als Prinzip, aus dem alles folgt, was von der betr. individuellen Substanz wahrheitgemäß ausgesagt werden kann, z. B. von Alexander dem Großen, daß er Darius und Poros besiegen wird, ob er eines natürlichen Todes oder durch Gift sterben wird, von Caesar, daß und warum er über den Rubico gehen, daß und warum er die Schlacht von Pharsalus gewinnen wird usw.[16]

Die Lehre vom vollständigen Begriff der individuellen Substanz ergibt sich aus den Prinzipien der Leibnizischen Logik. Über individuelle Substanzen, z. B. menschliche Personen, lassen sich wahre Aussagen machen. Als wahre unterliegen diese Aussagen dem Postulat der Beweisbarkeit [17]. Beweisbarkeit bedeutet für Leibniz immer, also auch im Falle kontingenter Sätze, die Möglichkeit eines Beweises a priori [18]. Das gilt auch für Aussagen, die sich auf »futurs contingents« beziehen, deren Wahrheit bzw. Falschheit, wie ausnahmslos bei allen Sätzen, vorentschieden ist und ein für alle Mal feststeht [19]. Mit anderen Worten, es gilt auch für singuläre Urteile, in denen von einem individuellen Objekt ein ihm nur ein einziges Mal zukommender Umstand ausgesagt oder ganz allgemein, in denen ein einmalig eintretendes Ereignis behauptet wird. Erweist sich mit dem faktischen Eintreten des Ereignisses die Behauptung als wahr, so heißt das, daß sie immer schon wahr war, wie sie es für immer sein wird. Auch bei singulären Urteilen hat die Verbindung von Subjekt und Prädikat eine Grundlage in der Natur beider [20]. Auch hier besteht eine innere (»intrinsèque«), wenngleich nicht notwendige Verbindung (»liaison«) zwischen Subjekt und Prädikat, der Art daß »il y a toujours quelque chose a concevoir dans le sujet, qui sert à rendre raison pourquoi ce prédicat ou événement lui appartient, ou pourquoi cela est arrivé plutôt que non« [21]. Gemäß der analytischen Theorie des Urteils und der darauf gegründeten Methodik des Beweisverfahrens wird ein Satz in der Weise a priori bewiesen, daß man den Begriff des Subjekts so weit analysiert, bis sich das

---

[15] *Entwurf eines Briefes an Arnauld* (*Le Roy* S. 141); siehe S. 331 f. ein weiteres Argument gegen die Substantialität der Ausgedehntheit. Das gleiche Argument macht Leibniz gegen Cordemoy und den Atomismus überhaupt geltend, *an Arnauld*, 28/XI 1686 (*Le Roy* S. 147) und *an de Volder*, 20/VI 1703 (*P.* II 249 f).

[16] *Disc.* 8 und 13 (*Le Roy* S. 43 und 48).

[17] S. 87 f. In seiner früheren Periode hatte Leibniz die Beweisbarkeit der in Rede stehenden Aussagen geleugnet; *De arte combinatoria* (*P.* IV 69).

[18] *Disc.* 13: »... toutes les propositions contingentes ont des raisons pour être plutôt ainsi qu'autrement, ou bien (ce qui est la même chose) ... elles ont des preuves *a priori* de leur vérité ...« (*Le Roy* S. 49).

[19] Kap. I § 3 c.

[20] *Disc.* 13 (*Le Roy* S. 49).

[21] *Remarques sur la lettre de M. Arnauld* (*Le Roy* S. 112).

Prädikat als in ihm enthalten herausstellt [22]. Auf dem Boden der Prinzipien der Leibnizischen Logik ist für die Möglichkeit wahrer Aussagen über individuelle Substanzen der Ansatz von deren vollständigen Begriffen erforderlich. Nicht nur gehört zu jeder individuellen Substanz ein vollständiger Begriff der Art, daß alle »prédicats primitifs« Adams, d. h. diejenigen, die nicht von anderen abhängen, und in denen keine anderen enthalten sind, hinreichen »pour former la notion complète d'Adam suffisante à en déduire tout ce qui lui doit jamais arriver autant qu'il faut pour en pouvoir rendre raison« [23], sondern es gilt auch die Umkehrung: »Si qua notio est completa, seu talis ut ex ea ratio [Couturat ergänzt: reddi] possit omnium praedicatorum ejusdem subjecti cui tribui potest haec notio, erit notio substantiae individualis, et contra.« [24]

Ideenlogisch betrachtet, erinnert Leibnizens Idee von dem vollständigen Begriff der individuellen Substanz an eine der Forderungen, die Spinoza an eine »definito perfecta« stellt: »Talis requiritur conceptus rei, sive definitio, ut omnes proprietates rei, dum sola, non autem cum aliis conjuncta spectatur, ex ea concludi possint . . .« [25] Wenig ist daran gelegen, ob Leibniz in dieser Hinsicht von Spinoza beeinflußt oder angeregt ist. Betont muß aber werden, daß Spinozas Bestimmung der »definitio perfecta« bei Leibniz nicht nur eine Weiterentwicklung, sondern eine radikale Umformung erfährt. Wie das von ihm im Weiteren angeführte Beispiel des Kreises zeigt, ist es Spinoza um die Definition von Begriffen zu tun, die im Leibnizischen Sinne als allgemein und abstrakt zu gelten haben, während es sich für Leibniz um Begriffe gerade von Individuellem handelt. Diese Differenz ist ein weiteres Symptom der oben [26] erwähnten von Philonenko betonten Verwandlung des Wissenschaftsideals bei Leibniz, insofern als das Individuelle in das Zentrum der Erkenntnisbemühungen tritt.

Zwei Punkte sind noch zu erwähnen:

1. Der Beweis eines singulären Urteils, etwa das Abschreiten der Kette der Ursachen, aus denen das Eintreten des zu beweisenden Ereignisses folgt, führt auf einen unendlichen Prozeß [27]. Ferner ist nur der unendliche Intellekt Gottes, nicht aber der endliche menschliche Verstand im Besitze der vollständigen Begriffe individueller Substanzen. Wie jede individuelle Substanz durch Abwandlung aus dem Gott allein bekannten Geometral des Universums hervorgeht und nur von diesem her zu verstehen ist [28], so ist ihr vollständiger Begriff eine Konsequenz des Fundamentalbegriffs des Universums, dem sie angehört, von diesem Fundamentalbegriff erfordert, und daher ebenfalls von diesem her zu verstehen [29].

[22] Kap. II § 1 b, c, e.
[23] *Remarques sur la lettre de M. Arnauld* (Le Roy S. 110).
[24] *Couturat, O.F.* S. 403.
[25] Spinoza, *Tractatus de intellectus emendatione* (*Opera quotcunque reperta sunt* I 29).
[26] S. 105.
[27] Kap. II § 6 a.
[28] Kap. V § 4 b.
[29] S. 218 f, 221 f und Kap. V § 2 e.

Da uns Menschen in dieser Hinsicht ein konkretes Wissen versagt ist, sind und bleiben wir in Sachen singuläre Urteile auf Erfahrung und Geschichte angewiesen[30].

2. Die Verbindung zwischen dem vollständigen Begriff einer individuellen Substanz und ihren Accidentien oder Prädikaten ist zwar sicher und unfehlbar gewiß, aber nicht notwendig[31]. Auf Grund der Gott allein bekannten »notion complète de ce que j'appelle *moi*« tritt alles ein, was mich betrifft. In diesem Begriff ist beschlossen, daß ich eine Reise mache, aber auch daß ich sie frei mache, d. h. daß es an mir liegt, sie zu unterlassen. Unterließe ich sie aber, so folgte daraus »une fausseté ... qui détruirait ma notion individuelle ou complète ... si A signifie moi, et B signifie celui qui fera ce voyage, on peut conclure que celui qui ne fera pas ce voyage n'est pas moi ...«[32]. Dieses Beispiel illustriert die hier in Frage stehende hypothetische Notwendigkeit. Der eine Sinn von Kontingenz bestimmt sich daher, daß jede mögliche, d. h. auch die wirkliche Welt nur eine unter anderen ist[33]. Die Kontingenz überträgt sich von der in Rede stehenden möglichen Welt als ganzer auf alle ihr angehörigen individuellen Substanzen und weiterhin auf sämtliche wahren Aussagen über die Accidentien der letzteren.

Existenzfähig sind nach Leibniz lediglich Individuen, d. h. solche Wesen, denen vollständige Begriffe entsprechen[34]. Existenzfähigkeit besagt mehr als aktuelle Existenz. Auch den verschiedenen Varianten des Adam oder des Sextus Tarquinius entsprechen vollständige Begriffe im Gegensatz zum Begriff des »Adam vague« »sub ratione generalitatis«[35]. Auch diese Varianten sind existenzfähige Individuen, wenngleich sie nicht dem wirklichen, sondern bloß einem möglichen, jedoch nicht zur Existenz zugelassenen Universum angehören. Dagegen sind die den abstrakten Begriffen entsprechenden Gegenstände nicht existenzfähig, eben weil sie durch diese Begriffe nicht vollständig in jeder Hinsicht bestimmt sind. Wohl aber sind abstrakte Begriffe nicht nur auf Individuelles und Reales anwendbar, sondern die in ihnen, besonders den mathematischen Begriffen gründenden ewigen Wahrheiten gelten in *allen* möglichen Welten[36]. Aus diesem Grunde erscheint uns die von Martin erörterte Frage gegenstandslos, ob es in irgendwelchen möglichen Welten Realitäten gibt, die den imaginären Zahlen und den Differentialen entsprechen[37]. Imaginäre Zahlen und Differentiale sind ideale oder fiktive Gebilde; jedoch gründen in ihnen Gesetze, denen die Dinge gemäß

---

30 S. 150 f.
31 Siehe die S. 101, Anm. 296 angeführten Belege zu dieser Unterscheidung.
32 *An Arnauld,* 4 (14)/VII 1686 (*Le Roy* S. 117 f).
33 Kap. II § 5 b und c.
34 Nach Kabitz, *Die Philosophie des jungen Leibniz* S. 129 ff hat Leibniz bereits in früher Jugend die Lehre von der Bedeutung des Individuellen mit fast allen ihren Konsequenzen konzipiert.
35 S. 216.
36 S. 94.
37 Martin, *Leibniz* Teil II Kap. X § 33.

sind, und von denen sie regiert werden [38]. In dieser Hinsicht besteht nicht der von Martin statuierte Unterschied zwischen den Begriffen der modernen und denen der klassischen Mathematik. Der geometrische Begriff der Kugel im Allgemeinen und Abstrakten im Gegensatz zu dem der Kugel auf dem Grab des Archimedes ist ebenso wenig existenzfähig wie ein Differential oder eine imaginäre, aber auch natürliche Zahl; und doch haben die aus dem idealen Begriff der Kugel folgenden geometrischen Gesetze Anwendung auf Reales und Geltung in allen möglichen Welten.

b. Die individuelle Substanz als ontologisches Äquivalent ihres vollständigen Begriffs

v. Aster findet ein Charakteristikum des Leibnizischen Rationalismus und Individualismus darin, daß jeder individuelle Gegenstand vollständig in einem Begriff »abgebildet« werden kann [39]. Gegen diese Formulierung läßt sich einwenden, daß sie eine zu starke Spannung zwischen dem individuellen Gegenstand, bzw. der individuellen Substanz, und ihrem vollständigen Begriff bestehen läßt, die Spannung nämlich, die sich aus der Gegenüberstellung von Abgebildetem und Bild ergibt. Kauppi kommt der Sachlage näher mit der Bemerkung, daß Leibniz die Individuen mit vollständigen Begriffen gleichstellt [40]. Broad [41] bezeichnet die in der individuellen Substanz enthaltenen Spuren ihrer vergangenen und Vorankündigungen ihrer zukünftigen Zustände als »ontologische Korrelate« ihres vollständigen Begriffs. Es ist ihm zuzugeben, daß es einer zusätzlichen unterdrückten (»suppressed«) Prämisse bedarf, um aus der Subjekt-Prädikat Logik ontologische Schlüsse zu ziehen, hier die Folgerung, daß der vollständige Begriff einer individuellen Substanz in dieser verkörpert (»embodied«) ist. Diese zusätzliche Prämisse ist die allgemeine These des Panlogismus, d. h. die Auffassung der Wirklichkeit als Realisation und Inkarnation von Logik. Demgemäß deuten wir die *Beziehung zwischen dem vollständigen Begriff einer individuellen Substanz und dieser selbst* als *logico-ontologische Äquivalenz.* Die Prädikate des vollständigen Subjektsbegriffs sind zugleich die Accidentien oder »Prädikate« der betr. individuellen Substanz [42]; oder, wenn man will, die letzteren sind die ontologischen

---

[38] *An Joh. Bernoulli,* 7/VI 1698: »Fortasse infinita, quae concipimus, et infinite parva imaginaria sunt, sed apta ad determinanda realia, ut radices quoque imaginariae facere solent. Sunt ista in rationibus idealibus, quibus velut legibus res reguntur, etsi in materiae partibus non sint« (*M.* III 499).

[39] v. Aster, *Geschichte der neueren Erkenntnistheorie* S. 288 f.

[40] Kauppi, *Über die Leibnizsche Logik* S. 213; siehe auch S. 66 die Feststellung, daß Leibniz den Terminus »inesse« zur Bezeichnung sowohl der Konversion der Kopula wie der Inhärenzbeziehung benutzt, obwohl sich die beiden Relationen in ihren formalen Eigenschaften unterscheiden.

[41] C. D. Broad, »Leibniz's Predicate-in-Notion principle and some of its alleged consequences«, *Theoria* XV (1949) S. 65 ff.

[42] *Couturat, O.F.* S. 403: »... substantia individualis est subjectum quod alteri subjecto non inest ⟨alia autem insunt ipsi⟩ itaque praedicata omnia ejusdem subjecti

Äquivalente der ersteren. Mit anderen Worten, *die indiviuelle Substanz mit allen ihren Accidentien stellt eine Verkörperung und Realisierung ihres vollständigen Begriffes dar.* Oben [43] hat sich jeder Begriff, der kein Elementarbegriff ist, als eine multiplikative Kombination seiner Komponenten oder Teilbegriffe erwiesen. Entsprechend ist die individuelle Substanz als Komplex oder Gesamtinbegriff ihrer Accidentien und Zustände zu bestimmen, wobei die Frage nach der spezifischen Natur der Einheit dieses Komplexes hier nur im Vorübergehen erwähnt werden kann.

Es liegt an der wesentlichen Eigenart des vollständigen Begriffes, daß es keine »denominatio prorsus extrinseca in rebus completis« gibt [44]. ».... *nullas dari denominationes ⟨pure⟩ extrinsecas, quae nullum prorsus habeant fundamentum in ipsa re denominata. Oportet enim ut notio subjecti denominati involvat notionem praedicati. Et prinde quoties mutatur denominatio rei, oportet aliqualem fieri variationem in ipsa re.«*[45] Das ontologische Äquivalent der Vollständigkeit ihres Begriffes ist die Fensterlosigkeit der individuellen Substanz. Leibniz hat diesen Zusammenhang ausdrücklich herausgestellt: »... dici potest nullam substantiam creatam in aliam exercere actionem metaphysicam seu influxum. Nam ut taceam non posse explicari quomodo aliquid transeat ex una re in substantiam alterius, jam ostensum est ex uniuscujusque rei notione jam consequi omnes ejus status futuros.«[46]

Eine seiner prägnantesten Ausprägungen hat der Leibnizische Panlogismus in der Lehre gefunden, daß, weil zu jeder individuellen Substanz ein vollständiger Begriff gehört, sich jederzeit in dieser Substanz Spuren ihrer ganzen Vergangenheit und Vorankündigungen ihrer ganzen Zukunft vorfinden: »... il y a de tout temps dans l'âme d'Alexandre des restes de tout ce qui lui est arrivé, et les marques de tout ce qui lui arrivera, et même des traces de tout ce qui se passe dans l'univers, quoiqu'il n'appartienne qu'à Dieu de les reconnaître toutes.«[47] Im gegenwärti-

---

sunt omnia praedicata ejusdem substantiae individualis; eorum ergo ratio reddi potest ex notione substantiae individualis, eaque sola ... Itaque notio quae hoc praestat utique ipsius substantiae individualis notio est«.

[43] Kap. II § 1 d.

[44] *Bodemann, L. H.* S. 70.

[45] *Couturat, O. F.* S. 520; *De modo distinguendi phaenomena realia ab imaginariis:* »... nec quisquam viduus fit in India uxore in Europa moriente, quin realis in eo contingat mutatio. Omne enim praedicatum revera in subjecti natura continetur« (*P.* VII 321 f).

[46] *Couturat, O. F.* S. 521.

[47] *Disc.* 8; *Remarques sur la lettre de M. Arnauld; an Arnauld,* 4 (14)/VII 1686 (*Le Roy* S. 43 f, 113, 122); *De libertate* (*Foucher de Careil, N. L. O.* S. 180 f). Damit ist die spätere Theorie von den »petites perceptions« oder »perceptions insensibles« vorbereitet, die als Spuren der Vergangenheit und Vorahnungen (»présentiments«) der Zukunft für die Identität des Individuums unerläßlich sind; cf. *Nouv. Ess.* Préface und II, XXVII § 14 (*P.* V 48 und 222 f). Leibnizens Formulierungen an diesen Stellen, daß die »petites perceptions« die Identität des Individuums begründen und konstituieren, wird später (S. 297 f) eine gewisse Korrektur erfahren.

gen Zusammenhang können wir der Vereinfachung halber davon absehen, daß die Seele Alexanders Spuren von allem enthält, was im Universum vor sich geht; es ist dieses eine Konsequenz des Prinzips der universellen Harmonie [48]. Indem wir uns hier auf die Spuren vergangener und die Vorankündigungen zukünftiger Zustände *einer* individuellen Substanz beschränken, müssen wir betonen, daß das Gesagte nach Leibniz nicht nur für die menschlichen Seelen und Geister, sondern für alle individuellen Substanzen überhaupt gilt: »... selon moi chaque substance individuelle contient toujours des traces de ce qui lui est jamais arrivé et des marques de ce qui lui arrivera à tout jamais.«[49]

Parkinson [50] hat an der Leibnizischen Schlußfolgerung vom vollständigen Begriff einer individuellen Substanz auf die in dieser enthaltenen Modifikationen Anstoß genommen. Er führt sie darauf zurück, daß Leibniz es unterlassen hat, das Subjekt eines Satzes von dem Begriff des Subjektes und entsprechend das Prädikat von dem Begriff des Prädikats zu unterscheiden [51]. Gerade in der Unterlassung dieser Unterscheidung bekundet sich die charakteristische Eigenart des Leibnizischen Panlogismus, der keine Kluft zwischen Logik und Wirklichkeit zuläßt [52]. Oben [53] haben wir die Intelligibilität der Substanz herausgestellt, die sich eben darin manifestiert, daß zu jeder individuellen Substanz ein vollständiger Begriff gehört. Andererseits schreibt Leibniz der Substanz Sein und Wirklichkeit im eigentlichen Sinne zu [54]. Erweist sich somit die Substanz als realisiertes intelligibles Gebilde, so müssen alle Komponenten ihres vollständigen Begriffs, d. h. alle in diesem enthaltenen Prädikate in entsprechenden Modifikationen der Substanz ihr ontologisches Äquivalent besitzen.

§ 3   Couturats logizistische Interpretation

Couturat hat es unternommen, die wesentlichen Thesen der Monadenlehre aus der Leibnizischen Logik, besonders der analytischen Theorie des Urteils abzuleiten. Nach ihm stellt die Leibnizische Metaphysik eine Ausweitung seiner Logik dar und kann nur in ihrer Abkünftigkeit von dieser verstanden werden [55].

Die Behauptung einer solchen Abkünftigkeit läßt eine doppelte Deutung zu. Einige Kritiker Couturats, darunter Kabitz und Jasinowski, haben seine Inter-

---

[48] Kap. V § 4 c.
[49] *Remarques sur la lettre de M. Arnauld*; an Arnauld, 30/IV 1687; unterdrückte Stelle im *Brief an Arnauld*, 9/X 1687 (*Le Roy* S. 106, 166, 313); *Erster Entwurf zum Système nouveau*; *Éclaircissement* (*P.* IV 475, 521).
[50] Parkinson, *Logic and reality in Leibniz's metaphysics* S. 287 und 143 f.
[51] S. 10 f.
[52] Kap. I § 1.
[53] S. 165 ff.
[54] Kap. IV § 3.
[55] Couturat, *La logique de Leibniz* S. 304 Anm. 2: »... on voit ... toutes ses thèses métaphysiques découler de sa Logique ou de sa Mathématique universelle«.

pretation biographisch verstanden und durch den Hinweis auf die außerlogischen, besonders metaphysischen, Interessen Leibnizenz bereits in den frühesten Perioden seiner Entwicklung zu widerlegen versucht. Nach ihnen sind es gewisse metaphysische Grundkonzeptionen, welche die gesamte Entwicklung des Leibnizischen Denkens bestimmt und auch zur Ausprägung seiner Logik beigetragen haben[56]. Da unser Absehen nicht auf eine intellektuelle Biographie von Leibniz, sondern auf eine Rekonstruktion seines Systems gerichtet ist, verstehen wir Couturats Interpretation in systematischem Sinne und stellen die Frage, ob und wieweit die Thesen der Monadenlehre, ungeachtet ihrer Entwicklungsgeschichte, sich aus der analytischen Urteilstheorie ableiten lassen. Eine so orientierte Diskussion der Interpretation von Couturat gewinnt für uns dadurch eine besondere Bedeutung, daß sie eine Antwort auf die oben[57] gestellte methodologische Frage liefert, ob bei der systematischen Rekonstruktion der Leibnizischen Philosophie von der Einzelmonade oder dem System der Substanzen, dem intermonadischen Zusammenhang, auszugehen ist.

Couturat setzt beim »principe de raison« an, das er gemäß der analytischen Urteilstheorie als Enthaltensein aller Prädikate im Subjektsbegriff der bejahenden Urteile versteht[58]. Die Monade deutet er als »sujet logique érigé en substance« und folgert daraus, daß sie alle ihre vergangenen, gegenwärtigen und zukünftigen Zustände in sich enthält. Aus dem angegebenen Prinzip vermag Couturat den Satz der »identitas indiscernibilium«, die Leugnung der »denominationes pure extrinsicae«, die Bestreitung einer effektiven Wirkung der Monaden aufeinander und ihre Unvergänglichkeit abzuleiten; weiterhin auch die Idealität oder Phänomenalität von Raum, Zeit, Bewegung und Körperlichkeit. Diese Konsequenzen betreffen die intelligible Natur der Monade, die sich nach Couturat ohne weiteres aus der logischen Herkunft des Monadenbegriffs ergibt. Sie betreffen ferner die innere Struktur der Monade, soweit es sich um ihre Abgeschlossenheit und Selbstgenügsamkeit handelt.

Schwierigkeiten entstehen aber, wenn Couturat aus dem »principe de raison« auch noch folgern will, daß die Monade einen »mirroir ou plutôt une perspective« des Universums bildet, und zwar deshalb, weil »sa notion implique toutes les choses avec lesquelles elle est en relation«. Abgesehen davon, daß — wie Martin[59] bemerkt hat — der Begriff der Repräsentation kaum aus der analytischen Urteilstheorie hergeleitet werden kann, folgt aus dem Ansatz von Couturat in keiner Weise, daß eine gegebene Monade mit irgendetwas von ihr Verschiede-

---

[56] Kabitz, *Die Philosophie des jungen Leibniz* S. 2, 6, 12, 18 f, 38, 128 f; Jasinowski, *Die analytische Urteilslehre Leibnizens in ihrem Verhältnis zu seiner Metaphysik* Teil II Abs. 13 Kap. 2. Ähnlich, wenn auch nicht in biographisch-entwicklungsgeschichtlicher Orientierung Pape, *Leibniz* S. 64 f.

[57] Kap. V § 1.

[58] Couturat, »Sur la métaphysique de Leibniz«, *Revue de Métaphysique et de Morale* X 8 ff. Die analytische Urteilslehre ist oben Kap. II § 1 b dargestellt.

[59] Martin, *Leibniz* S. 49.

nem in irgend einer Beziehung stehen muß. Mit seinem Ansatz ist eine Vielheit (gleichgültig ob endlich oder unendlich) von Monaden verträglich, von denen jede eine ihr jeweilig spezifisch eigene »Welt« hätte, oder vielmehr darstellte, so aber, daß zwischen diesen vielen monadischen Welten weder Beziehung noch Zusammenhang bestünde, auch nicht die rein ideelle Beziehung der Entsprechung und Zuordnung. Auch in diesem Falle würde die Monade alle ihre Accidentien und Zustände in sich enthalten; sie würde ihrer Autonomie nicht verlustig gehen, weil das Prinzip oder Gesetz der Abfolge ihrer Zustände in ihr beschlossen bliebe. Um die Monaden als verschiedene Perspektiven des Universums charakterisieren zu können, bedarf es der weiteren Prinzipien der Einzigkeit des Universums, der Bezogenheit jeder Monade auf dieses einzige Universum und, hierdurch vermittelt, der Bezogenheit aller Monaden aufeinander. Auf dem Boden von Couturats Interpretation müssen diese Prinzipien als zusätzlich gelten, d. h. als zu dem »principe de raison« hinzutretend. Das gilt auch für die universelle Harmonie. Couturat will die »harmonie préétablie« daraus folgen lassen, daß die Monaden keine reale (metaphysische) Einwirkung aufeinander ausüben. Jedoch gilt dieser Schluß nur unter der Voraussetzung, daß es überhaupt zwischen Monaden einen Zusammenhang irgendwelcher Art gibt. Eben diese Voraussetzung folgt aber nicht aus dem »principe de raison« und muß daher als ein spezielles Prinzip formuliert werden. Couturats Interpretation ermangelt nicht nur der Einheitlichkeit; da er vielmehr nicht vom intermonadischen Zusammenhang ausgeht, kann er auch der inneren Struktur der Einzelmonade nicht Genüge tun, für welche der intermonadische Zusammenhang konstitutiv bestimmend ist.

Zur weiteren Rechtfertigung unseres methodischen Prinzips, die Leibnizische Lehre von der Substanz vom intermonadischen Zusammenhang aus zu interpretieren, wollen wir versuchen, das »principe de raison« aus dem Begriff der Monade abzuleiten. Couturat hat diesen Versuch a limine abgewiesen [60]. Unseren Ausgang nehmen wir von der Leibnizischen Bestimmung der Monade oder Substanz als Repräsentation des gesamten Universums. Das besagt gemäß den früheren Darlegungen [61], daß sich in jeder Monade das gesamte Universum in einseitiger, auf die betreffende Monade zentrierter, und insofern parteilicher Weise darstellt, wobei sich der Sinn von Parteilichkeit daher bestimmt, daß eine systematische Gesamtheit sich einem ihrer Mitglieder darstellt. Aus der Parteilichkeit und Einseitigkeit der Darstellung ergibt sich eine Differenzierung des Repräsentierten je nach seiner größeren oder geringeren Relevanz für die betreffende Monade, je nach dem Grade der Unmittelbarkeit oder Mittelbarkeit, in dem gewisse repräsentierte Bestände sie angehen. *Die zentrierte und parteiliche Repräsentation des Universums in der erwähnten Differenzierung ist das, was im Sinne von Leibniz*

---

[60] Couturat, *loc. cit.* S. 9: »... on ne voit pas du tout comment le principe de raison résulterait de la définition de la monade, tandis que l'on comprend parfaitement comment la conception de la monade dérive du principe de raison«.

[61] S. 229 ff.

als jeweiliger Zustand einer Monade zu gelten hat. Daher kann er von der Seele Alexander des Großen sagen, daß in ihr jederzeit Spuren von allem, was im Universum vorgeht, anzutreffen sind [62], denn was immer sich im Universum ereignet, hat eine gewisse, wenn auch noch so entfernte und periphere Bewandtnis für Alexander den Großen.

Aus Gründen der Vereinfachung haben wir bei der früheren Darstellung der Monade als Repräsentation des Universums nicht hinreichend betont, daß die Repräsentation sich nicht auf die jeweilig gegenwärtige Verfassung des Universums beschränken darf, sondern dessen Vergangenheit und Zukunft mit um fassen muß. Das ist um der Einheit der Monade willen erforderlich. Wäre nämlich ein gegebener Zustand einer Monade eine Repräsentation lediglich der jeweilig gegenwärtigen Verfassung des Universums, so würden im Laufe der Zeit eine Reihe von Zuständen aufeinander folgen, zwischen denen keinerlei innere Verbindung noch Zusammenhang bestünde. Damit würde die Monade sich in eine bloße Abfolge von Zuständen auflösen; sie wäre um ihre Einheit gebracht [63]. Folglich muß innerhalb eines jeweiligen Zustands einer Monade noch eine weitere Differenzierung nach zeitlicher Dimension zugelassen werden, vermöge derer gewisse Komponenten dieses Zustands sich als gegenwärtig, andere als vergangen, wieder andere als zukünftig charakterisieren. Bestimmt die Einseitigkeit und Parteilichkeit der Repräsentation des Universums diese als einen spezifischen Zustand der Monade, so überträgt sich diese Bestimmung auf alle Komponenten des Gesamtzustands. Diejenigen, die die Charakteristika der Vergangenheit tragen, d. h. die vergangenen einseitig-parteilichen Repräsentationen des Universums, bestimmen sich zugleich als vergangene Zustände der betreffenden Monade; entsprechendes gilt für die als gegenwärtig bzw. zukünftig charakterisierten. Damit stellt sich die Monade oder Substanz als Gesamtinbegriff aller ihrer Zustände, Accidentien, Prädikate in deren zeitlicher Differenziertheit heraus. Das logische Äquivalent hierfür ist der als Komplex seiner Prädikate multiplikativ-kombinatorisch gefaßte Begriff, genauer gesagt, die spezielle Ausprägung, die diese Auffassung in der Idee des »vollständigen Begriffs« findet. Bei der engen Beziehung zwischen der kombinatorischen Auffassung des Begriffs und der analytischen Theorie des Urteils [64] ist jetzt in der Tat das »principe de raison« erreicht, wie Couturat es auffaßt: nämlich in jedem wahren, bejahenden Urteil ist das Prädikat im Subjekt enthalten. Während die Bestimmung der Monade durch ihre repräsentative Funktion in die Interpretation von Couturat zusätzlich eingeführt werden muß, haben wir sie als Ausgangspunkt unserer Deutung gewählt, die keiner zusätzlichen Prinzipien bedarf.

[62] *Disc.* 8; die Stelle ist auf S. 288 zitiert.
[63] Im folgenden § b werden wir zeigen, daß die Substanz wesentlich für die Verbindung und den Zusammenhang zwischen ihren Zuständen, Accidentien, Prädikaten und dgl. aufzukommen hat.
[64] Kap. II § 1 e.

Geht man von der »fensterlosen« Abgeschlossenheit und Selbstgenügsamkeit der Monade aus, so ist damit gar nichts über ihre inhaltliche Bestimmungen, vor allem ihre repräsentative Funktion ausgemacht. Umgekehrt ist aber mit der letzteren die erstere gegeben. Wenn jede Veränderung und allgemein jedes Ereignis außerhalb einer gegebenen Monade dank ihrer repräsentativen Funktion in ihr und ihren Zuständen vertreten ist, so bedarf es keiner Einwirkung von außen, um dem betreffenden Vorgang Rechnung zu tragen, denn auf Grund der repräsentativen Funktion *ist* ihm bereits Rechnung getragen [65]. Wir dürfen es für unsere Auffassung in Anspruch nehmen, daß sie eine einheitlichere Interpretation der Leibnizischen Philosophie als ganzer, sowie besonders seiner Theorie von der Substanz ermöglicht, als es die Deutung von Couturat gestattet.

Im Anschluß an unseren Versuch, das »principe de raison« aus dem Monadenbegriff herzuleiten, weisen wir noch auf die Frage hin, die in der Sitzung der »Société Française de Philosophie« am 27. II. 1902 von Halévy aufgeworfen und von Couturat kaum in befriedigender Weise beantwortet wurde [66]. Halévy macht darauf aufmerksam, daß ein Panlogismus sich nicht notwendigerweise auf die Aristotelische Subjekt-Prädikat-Logik stützen muß, sondern sich ebenso wohl auf einer Logik anderen Stils, z. B. der Platonischen oder Pythagoräischen aufbauen kann. Wenn Leibniz das Prinzip »praedicatum inest subjecto« zur Grundlage seiner Logik und seiner ganzen Philosophie gewählt hat, so erklärt sich das nach Halévy nicht aus Gründen der Logik im technischen Sinne, sondern daraus, daß Leibniz seinen Ausgang von Aristoteles und dessen Metaphysik genommen hat. Nun operiert Leibniz nicht nur mit der Subjekt-Prädikat Logik, sondern auch mit der von Couturat kaum beachteten und auch von Halévy nicht erwähnten Logik der generativen Definition [67], die — wie später [68] zu zeigen ist — für die Theorie der Substanz eine entscheidende Rolle spielt. Immerhin kommt in der Frage Halévys nach einem Auswahlprinzip, kraft dessen eine bestimmte Logik bevorzugt wird, die Einsicht zum Ausdruck, daß dem Leibnizischen Denken eine fundamentale Konzeption zu Grunde liegt, die nicht dem Bereich der Logik im engeren technischen Sinne angehört. Als solche Fundamentalkonzeption nehmen wir die Idee der systematischen Einheit des Universums [69]. Daß das Universum systematische Einheit besitzt, besagt, daß in ihm Logik realisiert und verkörpert ist, auf Grund deren diese Einheit besteht. Damit sind wir auf die panlogistische These geführt, die in der Tat etwas anderes ist und tiefer liegt als ein Prinzip der Logik im engeren technischen Sinne.

---

[65] Vgl. *Entwurf eines Briefes an Arnauld* (*Le Roy* S. 140); siehe oben S. 239 f. auch zum Prinzip der »identitas indiscernibilium«.

[66] *Bulletin de la Société Française de Philosophie* II 86 f.

[67] Kap. II § 2 d.   [68] Dieses Kap. § 5 a.

[69] Belaval, der — wie S. 225 erwähnt — diese systematische Einheit gesehen hat, schreibt: »... l'infinité des prédicats d'une substance — et, d'abord, de sa notion complète dans l'entendement divin — exige le contexte d'une infinité de substances«, *Leibniz Critique de Descartes* S. 383.

Wie oben [70] erwähnt, erkennt Parkinson die Leibnizische Folgerung nicht an, daß, weil zu jeder individuellen Substanz ein vollständiger Begriff gehört, sich in der Substanz selbst Spuren ihrer ganzen Vergangenheit wie der des gesamten Universums vorfinden müssen und ebenso Vorankündigungen sowohl ihrer Zukunft wie der des ganzen Universums, woraus sich ergibt, daß jede individuelle Substanz das gesamte Universum repräsentiert. Die letztere Lehre interpretiert Parkinson in folgender Weise. Wenn Gott beschließt, den Begriff eines Alexander, der in Babylon zu sterben bestimmt ist, zu aktualisieren, und einen Alexander, der in Babylon sterben wird, erschafft, so folgt der Tod Alexanders in Babylon aus dessen vorangegangenen Zuständen und läßt sich im Prinzip (»in theory«) aus diesen vorhersagen. Weiterhin steht dieser Alexander in gewissen, wenigstens zeitlichen, Beziehungen zu späteren Ereignissen, z. B. der Schlacht von Waterloo, deren Zeitpunkt ebenfalls aus den Prädikaten Alexanders im Prinzip vorausgesagt werden kann. Worauf es Parkinson ankommt, ist zu zeigen, daß Leibnizens Lehre von jeder Einzelsubstanz als Repräsentation und Ausdruck (»expression«) des gesamten Universums nicht aus logischen Prämissen (der Theorie vom vollständigen Begriff) folgt, sondern vielmehr auf Leibnizens »theistischen Doktrinen« beruht [71]. Wir sehen hier davon ab, daß — wie früher [72] erwähnt — Parkinson den Sinn des Leibnizischen Panlogismus verfehlt hat, und gehen auch nicht auf die später [73] ausführlich zu behandelnde Frage nach dem Sinn von Schöpfung bei Leibniz ein. Parkinsons Argumentation kann von jeder beliebigen individuellen Substanz ebenso gut wie von Alexander dem Großen ausgehen. Das besagt, um bei seinem Beispiel zu bleiben: Gott hat nicht beschlossen, einen Alexander, der in Babylon zu sterben bestimmt ist, zu schaffen, d. h. zur Existenz zuzulassen, sondern eine Welt, die einen in Babylon zu sterben bestimmten Alexander enthält, und damit den betr. Alexander [74]. Leibniz selbst hat den Zusammenhang zwischen seiner Lehre vom vollständigen Begriff der individuellen Substanz und der systematischen Einheit des Universums oder — wie er es nennt — »la connexion des choses« ausdrücklich formuliert: »... c'est la nature d'une substance individuelle d'avoir une telle notion complète, d'où se peut déduire tout ce que l'on lui peut attribuer et même tout l'univers à cause de la connexion des choses.« [75] Es steht nicht in Frage, daß Leibniz theistische Lehren vertreten hat; jedoch spielen sie keine Rolle für die Begründung seiner Auffassung der individuellen Substanz als Repräsentation des gesamten Uni-

---

[70] S. 289.
[71] Parkinson, *Logic and reality in Leibniz's metaphysics* S. 144 f.
[72] S. 10 f. und 16 f.
[73] Kap. VIII § 4 a.
[74] Siehe S. 212 ff.; die S. 213, Anm. 43 zitierte Stelle aus *Couturat, O. F.* S. 520 ist übrigens dem Text entnommen, dessen Kommentierung Couturat Gelegenheit gegeben hat, seine Auffassung zu entwickeln.
[75] *Remarques sur la lettre de M. Arnauld (Le Roy* S. 108); der Zusammenhang dieses Textes ist S. 211 f. zitiert. Siehe auch *an Arnauld,* 4 (14)/VII 1686 (*Le Roy* S. 117).

versums. Diese Auffassung beruht letzten Endes auf der Idee des durchgehenden Zusammenhangs aller Dinge, die übrigens auch dem Argument von Parkinson als stillschweigende Voraussetzung zu Grunde liegt. In der Tat, wie wäre es sonst möglich, wenngleich auch nur im Prinzip, die Schlacht von Waterloo, und sei es auch lediglich ihrem Zeitpunkt nach, aus den Prädikaten Alexander des Großen vorauszusagen?

Einige Leibnizische Texte scheinen sich unserer Interpretation nicht einzufügen und eher für die von Couturat zu sprechen, insofern als in ihnen der vollständige Begriff als Prinzip und Ausgangsprämisse fungiert, aus der die weiteren Bestimmungen der Substanz, darunter ihre repräsentative Funktion, als Konsequenzen fließen. In einem dieser Texte[76] gibt Leibniz eine Aufzählung der Lehren, die mit einer Idee des vollständigen Begriffes im Zusammenhang stehen. Er benutzt hier den Ausdruck »il s'ensuit«. Allein, es hieße unserer Meinung nach diesen Ausdruck ungebührlich pressen, wenn man ihn in einem strikt technisch-logischen Sinne nähme. Eigentlich ist mit dieser Aufzählung eher die Aufgabe gestellt, die logischen Beziehungen zwischen den betreffenden Lehren aufzusuchen, als daß diese Beziehungen selbst dargelegt wären. In anderen Texten handelt es sich um den Nachweis, daß, was den »commerce des substances« und das Leib-Seele-Problem im besonderen angeht, nur die »hypothèse de la concomitance« mit der Lehre vom vollständigen Begriff vereinbar ist[77]. Als Ausdruck einer solchen ausschließlichen Vereinbarkeit deuten wir auch die Wendung »il s'ensuit« und andere dem Sinne nach gleiche. Nach der hier vorgetragenen Interpretation besteht zwischen der Theorie vom vollständigen Begriff und dem Prinzip der universellen Harmonie ein unaufhebbarer Zusammenhang, weil *beide Lehren* aus der Auffassung der Substanz als Repräsentation des Universums folgen, eine Auffassung, der ihrerseits die Idee der systematischen Einheit des Universums zugrunde liegt[78]. Wegen dieser ihrer gemeinsamen logischen Abkünftigkeit können die beiden erwähnten Lehren als gegenseitig auseinander folgende Konsequenzen dargestellt werden. Im übrigen war wohl Leibniz mehr daran gelegen, seine Philosophie zu entwickeln und darzustellen, als ihre innere logische Struktur zu thematisieren.

---

[76] *Disc.* 9 (*Le Roy* S. 44).

[77] *Remarques sur la lettre de M. Arnauld* und besonders *Entwurf eines Briefes an Arnauld* (*Le Roy* S. 113 und 138 f).

[78] Zur weiteren Stützung unserer Interpretation berufen wir uns noch auf eine Stelle aus dem *Brief an Arnauld*, 4 (14)/VII 1686, wo der Umstand, daß »toutes les substances créées ... s'entr'accordent exactement«, daraus hergeleitet wird, daß sie alle »sont une production continuelle du même souverain être selon les mêmes desseins, et expriment le même univers ou les mêmes phénomènes ...« (*Le Roy* S. 122). Über den Zusammenhang zwischen diesen »desseins«, dem Fundamentalbegriff des Universums und seiner systematischen Einheit siehe Kap. V § 2 b.

§ 4 Substantialität als Prinzip der Identität

a. Russells Diskussion des Substanzbegriffs

Gemäß der logico-ontologischen Äquivalenz erweist sich die individuelle Substanz als Gesamtbegriff ihrer Accidentien[79]. Damit aber scheint die Substanz sich in ihre Prädikate auszulösen und schließlich nichts anderes darzustellen als deren Gesamtheit und Summe. Russell[80] sieht hierin die einzige Bedeutung, die der Terminus Substanz sinnvollerweise haben kann. Nach ihm macht die Lehre von der »identitas indiscernibilium« diese Auffassung von der Substanz erforderlich, weil nur sie mit ihr verträglich ist[81]. Alle Bestimmtheit kommt der Substanz von ihren Prädikaten her zu; nur durch diese kann sie definiert und beschrieben werden. Sieht man von den Prädikaten ab, stellt man die Substanz der Gesamtheit ihrer Prädikate als etwas prinzipiell Anderes gegenüber, so kann man über die Substanz überhaupt keine Aussage mehr machen, geschweige, daß sich eine Substanz von einer anderen unterscheiden ließe. Das Verhältnis der Substanz zu ihren Prädikaten ist im Grunde das gleiche wie das des Alphabets zu den Buchstaben. So wie das Alphabet nichts anderes ist als die Gesamtheit der Buchstaben, so ist die Substanz nichts anderes als die Summe oder »collection« ihrer Prädikate, und ein jedes Prädikat ist ein Teil dieser »collection«[82]. Die Aussage, daß eine bestimmte Substanz existiert, ist nur eine Abkürzung dafür, daß alle ihre Prädikate existieren.

Daß Leibniz die Substanz nicht mit der Summe ihrer Prädikate gleichsetzt, sondern im Gegenteil die Substanz als für die Prädikate erforderlich ansieht, insofern als diese nur als *Prädikate einer Substanz* sein können, hat nach Russell einen ausschließlich logischen Grund, nämlich, die Subjekt-Prädikat-Logik. Unter den fünf Prämissen oder Prinzipien, aus denen Russell die gesamte Leibnizsche Philosophie abzuleiten sucht, steht an erster Stelle der Grundsatz: »Every proposition has a subject and a predicate.«[83] Dieses Prinzip führt auf den Ansatz von Substanzen überhaupt sowie darauf, die allein beobachtbaren Zustände als Zustände von Substanzen aufzufassen, weil diese Zustände im Lichte logischer Prädikate interpretiert werden[84].

Obwohl er mit Couturat hinsichtlich der grundlegenden Bedeutung der Subjekt-Prädikat-Logik für den Begriff der individuellen Substanz im Wesentlichen einig ist[85], geht Russell doch insofern über die rein logizistische Deutung von

---

[79] S. 290.
[80] Russell, *A critical exposition of the philosophy of Leibniz* Kap. IV § 21.
[81] Id. *ibid*. S. 59 f. Folglich verfällt Leibniz in eine Inkonsequenz, wenn er auf der einen Seite der Lehre von der »identitas indiscernibilium« vertritt und auf der anderen Seite die Substanz von der Summe ihrer Prädikate unterscheidet (vgl. *loc. cit*. S. 50).
[82] Id. *ibid*. S. 18.   [83] Id. *a.a.O*. S. 4.
[84] Id. *a.a.O*. S. 49.
[85] Siehe Russells Darlegung der logischen Grundlagen des Begriffs der individuellen Substanz *a.a.O*. Kap. III § 8.

Couturat hinaus, als er 1.) die Idee der Beharrlichkeit im Wechsel (»persistence through change«) im Leibnizischen Subjektbegriff sowie im Begriff der Substanz überhaupt betont und 2.) es ausdrücklich herausstellt, daß für Leibniz das Ich eine Substanz bildet [86]. In Bezug auf den ersten Punkt schreibt Russell zwar, daß die Idee eines »subject of change« von den logischen Begriffen von Subjekt und Prädikat nicht unabhängig, sondern ihnen »subsequent« ist, indem diese logischen Begriffe auf zeitliches Geschehen angewendet werden. Andererseits stellt Russell das Prinzip »A subject may have predicates which are qualities existing at various times. (Such a subject is called a *substance*)« als eine weitere Fundamentalprämisse neben die Subjekt-Prädikat-Logik. Er betrachtet folglich das erstere Prinzip nicht als aus dem letzteren ableitbar. Man wird den Ausdruck »subsequent« im Sinne einer Vereinbarkeit beider Prinzipien aufzufassen haben: der Wechsel in der Zeit ist im Lichte der Subjekt-Prädikat-Logik zu verstehen. Was den zweiten Punkt angeht, so ist der Grundsatz »The Ego is a substance« als eine weitere fundamentale Prämisse von Russell verzeichnet, und es ist klar, daß dieser Grundsatz aus keinem der anderen abgeleitet werden kann. Auf Russells Behauptung der Unverträglichkeit dieses Grundsatzes mit der Subjekt-Prädikat-Logik [87] brauchen wir hier nicht einzugehen. Für uns kommt es vor allem auf die Identität der Substanz gegenüber dem zeitlichen Wechsel und in diesem Wechsel an.

Russell hat Recht, daß Leibniz um dieser Identität willen die Substanz nicht als bloße Summe ihrer Prädikate ansehen kann. Bei dieser Gleichsetzung würde die Substanz sich in ein »être successif, comme le mouvement« verwandeln; man könnte überhaupt nicht von Substanz in einem eigentlichen Sinne (»la substance demeure, et ... les accidents changent«) sprechen, wenn die Substanz »ne dure pas au delà d'un moment, et ne se trouve pas la même (durant quelque partie assignable du temps) non plus que ses accidents« [88]. Einer der Gründe, aus denen das Wesen des Körpers nicht ausschließlich in die Ausdehnung gesetzt, d. h. nicht restlos auf Größe, Gestalt und Bewegung reduziert werden kann, ist, daß damit kein Identitätsprinzip gegeben wäre; kein Körper würde über einen Moment hinaus Bestand haben [89]. Dieses Argument gegen die Substantialität der Ausdehnung schließt sich an das früher [90] erwähnte an und führt es weiter.

Russell hat auch die Bedeutung des Ich für den Leibnizischen Substanzbegriff richtig gesehen. Wie oben [91] dargelegt, ist der allgemeine Substanzbegriff in Analogie zu dem des menschlichen Geistes konzipiert. Gerade in Bezug auf das Ich hat Leibniz das Problem der Identität mit besonderer Prägnanz formuliert. Nehmen wir an, ich hätte während einer gewissen Zeit in Paris gelebt, und be-

[86] Id., *a.a.O.* Kap. IV § 17.
[87] Id., *a.a.O.* S. 4.
[88] *Théod.* III 393 (*P*. VI 350 f).
[89] *Disc.* 12 (*Le Roy* S. 46 f).
[90] S. 283 f.
[91] Kap. III § 1 a.

finde mich zu einer späteren Zeit in Deutschland. Worauf beruht das Recht, mit dem ich mich als zu diesen verschiedenen Zeiten identisch denselben setze [92]? Zwar liefert mir die innere Erfahrung einen Grund a posteriori für diese Identität, aber es bedarf auch noch eines Grundes a priori. Ohne einen solchen Grund a priori »on aurait autant de droit de dire que c'est un autre« [93]. Wie wir wissen, ist der Grund a priori dieser meiner Identität nach Leibniz der vollständige Begriff von mir, »la notion de moi qui me trouve sous de différents états, puisque c'est cette notion seule qui les peut tous comprendre« [94]. Es ist von Interesse, daß Leibniz es hier abweist, die Identität des Ich auf die innere Erfahrung zu gründen. Oben [95] wiesen wir auf die »perceptions insensibles« als für die Identität des Individuums unerläßlich hin. Ihre Unerläßlichkeit besagt aber nicht, daß sie zur Begründung der Identität des Individuums hinreichen. Letzten Endes kann diese Identität nur in einem »principe de vie subsistant, que j'appelle monade« begründet sein [96]. Das gilt nicht nur für das menschliche Individuum, sondern mutatis mutandis, d. h. in proportionaler Abwandlung, für alle Substanzen. Dem entspricht die oben [97] dargelegte These von der Unvergänglichkeit aller Substanzen.

b. Das Problem des Verhältnisses der identischen Substanz zu ihren wechselnden Accidentien

Die Frage stellt sich, wie die Substanz in ihrer Identität dem Wechsel der Prädikate und Accidentien gegenüber aufzufassen ist. Eine denkbare Antwort wäre, in der Substanz ein blosses Inhärenzprinzip oder Substrat zu sehen, das den Accidentien gegenüber völlig indifferent ist und wegen dieser Indifferenz von ihrem Wechsel in keiner Weise betroffen wird; durch allen Wechsel ihrer Prädikate hindurch kann die Substanz darum als identisch dieselbe verharren, weil dieser Wechsel sie überhaupt nicht berührt. Wegen dieser Indifferenz stellt die als blosses Inhärenzprinzip aufgefaßte Substanz ein den Accidentien gegenüber prinzipiell völlig Anderes dar. Sie besitzt keinerlei Beziehung zu dem inhaltlich-sachlichen Gehalt der Prädikate und Accidentien und ist infolge dieser Beziehungslosigkeit in gleicher Weise bereit, diese wie andere Prädikate in sich aufzunehmen. Gegen diese Auffassung der Substanz, welche von Locke [98] vertreten ist, erhebt sich mit Recht der Einwand Russells, daß dann über die Substanz keinerlei Aussagen gemacht werden können, und daß es folglich auch nicht möglich ist, eine

---

[92] Remarques sur la lettre de M. Arnauld (Le Roy S. 109).
[93] Ebenso im Brief an Arnauld vom 4 (14)/VII 1686: »Autrement, on pourrait dire que ce n'est pas le même individu, quoiqu'il paraisse de l'être« (Le Roy S. 119).
[94] Remarques sur la lettre de M. Arnauld (Le Roy S. 113).
[95] S. 288, Anm. 47.
[96] Nouv. Ess. II, XXVII §§ 4 ff. (P. V 214 ff).
[97] Kap. IV § 7 b.
[98] Locke, An Essay concerning human understanding II, XXXIII § 1 ff. (The Works of John Locke II 1 ff).

Substanz von einer anderen zu unterscheiden. Leibniz selbst hat gegen die Auffassung Lockes geltend gemacht, daß, wenn man innerhalb der Substanz (»dans la substance«) die Attribute und Prädikate von ihrem »sujet commun« völlig abtrennt, es nicht verwunderlich ist, daß man »ne peut rien concevoir de particulier dans ce sujet« [99]. Auf Grund dieser Abtrennung erscheint der Begriff der Substanz inhaltlos und leer. Immerhin bleibt auch dann noch die Frage, was erforderlich ist »pour concevoir que c'est la même chose (p. e. qui entend et qui veut, qui imagine et qui raisonne)«, wenngleich durch die erwähnte Abtrennung jede darüber hinausgehende Frage unterbunden wird. In Wahrheit aber ist der Begriff der Substanz nicht so leer und steril, wie es hiernach den Anschein haben mag; es ergeben sich aus ihm höchst wichtige Konsequenzen, die geeignet sind, ihm »une face nouvelle« zu verleihen [100].

Der in Rede stehende Begriff erhält ein neues Gesicht, wenn man das »sujet commun« nicht von den Prädikaten absondert und so ihrem Wechsel entzieht, sondern es im Gegenteil in diesen Wechsel einbezogen sein läßt, so aber, daß es trotz und gerade in dieser Einbezogenheit nicht seiner Identität verlustig geht und sich nicht in diesem Wechsel auflöst. Bei einer solchen Auffassung wird man in der *Substanz nicht die Summe, sondern den Zusammenhang und das System der Accidentien und Prädikate sehen.* Substantialität, das, was Leibniz »sujet commun« nennt, bezeichnet dann das Prinzip der Verbindung der Prädikate, besser: das Prinzip ihrer Verbundenheit und Zusammengehörigkeit. Bestimmt man die Substanz als Zusammenhang der Prädikate, so ist damit ihrer Identität insofern Genüge getan, als der Zusammenhang selbst in seiner Einheit und Einheitlichkeit identisch verharrt, wenn auch die Glieder eines Zusammenhangs wechseln. Die Substanz hat ihre Identität nicht darin, daß sie, bzw. das »sujet commun«, von dem Wechsel der Prädikate nicht betroffen wird. Im Gegenteil, sie bewahrt und bewährt ihre Identität in eben diesem Wechsel. Prädikate und »sujet commun« sind wechselseitig aufeinander bezogen: die Prädikate auf das »sujet commun«, in dem sie das Prinzip ihrer Zusammengehörigkeit und ihres Zusammenhalts haben; das »sujet commun« auf die Prädikate, insofern, als das Prinzip eines Zusammenhangs auf Glieder angewiesen ist, die in diesen Zusammenhang eintreten und ihn konkretisieren. Damit ist der Einheit der Substanz Genüge getan, *innerhalb* derer, nach der vorhin zitierten Bemerkung von Leibniz, die Unterscheidung zwischen Prädikaten und »sujet commun« vorgenommen wird, eine Unterscheidung, die auf die zwischen den Gliedern eines Zusammenhangs und dem Zusammenhang selbst und als solchem hinausläuft. Zugleich sieht man, daß Unterscheidung nicht Trennung besagen kann. Diese Auffassung der Substaz entspricht ihrer Bestimmung als »unum per se«, von dem wir dargelegt haben [101], daß es wesentlich auf eine Vielheit bezogen ist.

---

[99] *Nouv. Ess.* II, XXIII § 2 (*P. V* 202 f).
[100] Vgl. Janke, *Leibniz* S. 62 f.
[101] Kap. IV § 1 a.

Bevor es möglich ist, die Natur des Zusammenhangs genauer zu spezifizieren, um den es sich handelt, wenn die Substanz als einheitlich organisierter Zusammenhang ihrer Accidentien gedeutet wird [102], müssen noch einige Fragen ihre Beantwortung finden. Zunächst kommt es nur darauf an, gegenüber Russells Kritik geltend zu machen, daß seine Alternative: entweder ist die Substanz die bloße Summe ihrer Prädikate und Accidentien, oder aber etwas diesen gegenüber prinzipiell anders und damit völlig Unbestimmtes, das die Möglichkeiten nicht erschöpft. Es ist noch eine dritte Möglichkeit in Betracht zu ziehen, nämlich die Auffassung der Substanz als Einheit der zu einem in bestimmter Weise organisierten System verbundenen und in dieser systematischen Organisation miteinander zusammenhängenden Prädikaten und Accidentien [103]. Indem Russell in bewußtem Gegensatz zu Leibniz die Substanz mit der Summe ihrer Prädikate gleichsetzt, deutet er sie als eine kausale Reihe [104]. So verstanden hätte die Substanz bloß eine zeitlich-formale Einheit: es gäbe kein zu allen Zeitpunkten identisches aktuelles Subjekt, sondern nur eine Reihe ständig neuer Glieder. Demgegenüber stellt sich die Frage, was dieser Reihe Einheit und Zusammenhang verleiht und sie daran hindert, in eine Abfolge von unverbundenen Ereignissen zu zerfallen [105]. Woran liegt es, daß die aufeinander folgenden Geschehnisse sich zu Phasen *eines* Prozesses zusammenschließen und nicht eine Vielheit von gegeneinander abgesetzten und isolierten Ereignissen bilden? Worauf beruht die Einheit dieses einen, d. h. einheitlichen kausalen Prozesses?

In seiner Kritik der analytischen Urteilslehre hat Russell selbst das Problem der hier in Rede stehenden Einheit oder vielmehr der ihres logischen Äquivalents gesehen [106]. Selbst im Falle eines Urteils wie »das gleichseitige Rechteck ist ein Rechteck« haben nach Russell »the constituents, in the subject, ... a certain kind of unity — the kind always involved in numeration, or in assertions of a whole — which is taken away by analysis«. Auf diese Einheit und das ihr entsprechende ontologische Äquivalent haben wir es abgesehen. Was die logische Seite angeht, ist unter Aufnahme und Weiterführung der Russellschen Bemerkung geltend zu machen, daß, wenn der Subjektsbegriff als eine multiplikative Kombination seiner Prädikate aufgefaßt wird, damit eine gewisse Form der Verbindung und Vereinigung der letzteren gesetzt ist [107]. Prädikate in bestimmter spezifischer Weise miteinander zu kombinieren ist etwas anderes als sie bloß zusammen zu nehmen, dabei aber nebeneinander stehen zu lassen. Die Prädikate müssen nicht nur

---

[102] Siehe S. 321 ff.

[103] Cassirer, *Leibniz' System* S. 537 f; Brunschvicg, *Les étapes de la philosophie mathématique* S. 220 f; Burgelin, *Commentaire du Discours de Métaphysique de Leibniz* S. 144.

[104] Russell, *A critical exposition of the philosophy of Leibniz* S. 48 f.

[105] Einen ähnlichen Einwand erhebt Jalabert, *La théorie leibnizienne de la substance* S. 67 f gegen Russell.

[106] Russell, *a.a.O.* S. 22 f.

[107] S. 78.

zusammen da sein, sondern auch als zusammengehörig aufeinander bezogen werden. Zur Gewinnung des Subjektbegriffs als multiplikativer Kombination seiner Prädikate kann man von der Gesamtheit der wahren bejahenden Sätze über das Subjekt ausgehen, also von der Gesamtheit der Sätze von der Form S ist p_1, S ist p_2 usw. Aus dieser Gesamtheit der Sätze kann man die Gesamtheit der Prädikate entnehmen und sie für S substituieren, so daß S = p_1p_2 ... resultiert [108]. Für diese Substitution ist aber vorauszusetzen, daß die Gesamtheit der Sätze ein einheitliches System bildet, im gleichen Sinne, in dem man in der Mathematik von enem »System simultaner Gleichungen« spricht. Daß alle diese Sätze sich auf denselben Subjektbegriff beziehen, besagt nichts anderes, als daß sie ein System bilden und in dieser spezifischen Systemform zueinander gehören, eine Zusammengehörigkeit, die durch die Verwendung desselben Symbols S in ihnen allen zum Ausdruck gebracht wird. Die der multiplikativen Kombination der Prädikate eigene Einheitsform beruht auf der Einheitsform des Systems der Sätze und steht in einer gewissen Entsprechung zu ihr. Hier gehen wir der Beziehung der beiden Einheitsformen nicht weiter nach; es genügt, auf sie aufmerksam zu machen.

Wird die Substanz auf den Wechsel der Accidentien bezogen und in ihr einbezogen, so heißt dies, daß der Wechsel selbst in der Substanz seinen Grund und gewissermaßen seine Verankerung finden muß. Die identische Substanz und ihre wechselnden Prädikate sind nicht einfach als Gegensätze einander gegenüber zu stellen, vielmehr muß die Substanz in ihrer Identität den Wechsel motivieren und erforderlich machen, während andererseits der Wechsel selbst, um nicht bloßes Nacheinander, sondern eine geordnete und geregelte Abfolge sein zu können, auf ein konstantes Gesetz, d. h. auf etwas Identisches auf Seiten der Substanz angewiesen ist. Ferner reicht es nicht aus, die Substanz auf den Wechsel überhaupt und im Allgemeinen, auf irgendeinen Wechsel, zu beziehen, sondern sie muß den Grund oder das Prinzip der Spezifikation eines vorliegenden Wechsels abgeben, das Prinzip, kraft dessen ein gegebener Wechsel zu dem wird, der er in concreto ist. Sind die Prädikate in der Substanz enthalten, so sind sie es nicht »unico et invariato modo«, sondern in der Weise, daß von der Substanz her die Reihenfolge und Ordnung ihres Hervorgehens vorgeschrieben ist [109]. In der Substanz muß der Grund dafür liegen, daß ein gewisses Ereignis zu einem bestimmten Zeitpunkt und zu keinem anderen eintritt. Die Aufgabe, die sich hier stellt, ist nach Cassirer [110] und Gueroult [111] die der Logisierung des Zeitlichen. Für diese Logisierung, für eine Logik des Geschehens, reicht aber die Auffassung des Begriffs als multiplikative Kombination seiner Prädikate nicht aus, denn bei dieser Auffassung hat es doch den Anschein, als wären die Prädikate »unico modo« im

---

[108] Selbstverständlich gilt das nicht nur für den vollständigen Begriff einer individuellen Substanz, sondern ganz allgemein für jeden Subjektbegriff.

[109] Vgl. *an de Volder*, 21/I 1704 (*P.* II 263).

[110] Cassirer, *Erkenntnisproblem* II 183 und *Hauptschriften* II 92 ff.

[111] Gueroult, »Substance and the primitive simple notion in the philosophy of Leibniz«, *Philosophy and Phenomenological Research* VII (1946) S. 293 f.

Begriff des Subjekts enthalten. Es ist also erforderlich, die Theorie des Begriffs wie die der Substanz umzuwandeln oder, richtiger gesagt, zu erweitern, wobei jedoch Platz bleiben muß für die von Leibniz vertretene Deutung der Substanz als multiplikative Kombination ihrer Accidentien, allerdings in entsprechend verwandelter Form. Das theoretische Instrument für diese Umbildungen ist die oben [112] dargelegte Lehre von der generativen Definition.

§ 5 Die Substanz als erzeugendes Prinzip ihrer Accidentien

a. Der Substanzbegriff im Lichte der Theorie der generativen Definition
Wir finden das ontologische Äquivalent des im Sinne der Lehre von der generativen Definition verstandenen Begriffes in den Bestimmungen der Substanz, die Leibniz besonders in der Korrespondenz mit de Volder in den Vordergrund treten läßt. In allen Bewegungen äußert sich in jeweils wechselnder Weise eine »vis activa«, in welcher Leibniz eine »Entelechia primitiva«, »aliquid animae analogum« sieht, »cujus natura in perpetua quadam ejusdem seriei mutationum lege consistit, quam inoffenso pede decurrit« [113]. Entsprechend heißt es 9 Jahre früher in dem letzten Brief an Arnauld, daß jede Substanz »contient dans sa nature *legem continuationis seriei suarum operationum* et tout ce qui lui est arrivé et arrivera«[114]. Diese Bestimmung der Substanz als Gesetz ihrer Operationen und der Abfolge ihrer Veränderungen, d. h. ihrer Accidentien, erinnert in der Tat an die generative Definition: die Substanz verhält sich zu ihren Accidentien wie sich die generative Definition eines Gebildes, z. B. eines mathematischen, zu den sämtlichen Eigenschaften dieses Gebildes verhält, da die generative Definition nicht nur als Gesetz der Erzeugung des Gebildes dessen Möglichkeit verbürgt, sondern auch — wie bemerkt [115] — als das Prinzip fungiert, aus dem sich alle Eigenschaften des betr. Gebildes müssen ableiten lassen. Es wird die Aufgabe der weiteren Ausführungen dieses § sein, diese neue Bestimmung der Substanz darzulegen und in ihre Konsequenzen zu verfolgen.

Mit der jetzt eingeführten Bestimmung ist die vorhin [116] erwähnte Alternative Russells aus den Angeln gehoben. Auf der einen Seite kann die Substanz nicht mit der bloßen Summe ihrer Prädikate oder ihrer aufeinander folgenden Accidentien gleichgesetzt werden, das sie das Gesetz der Abfolge dieser Accidentien darstellt. Es handelt sich um den Unterschied zwischen der *Abfolge selbst* und dem *Gesetz der Abfolge,* kraft dessen die Abfolge jene Einheit erhält, auf Grund deren sie den Charakter eines zusammenhängenden Prozesses annimmt. Andererseits kann die Substanz als das Gesetz der Abfolge von Accidentien, genauer ge-

[112] Kap. II § 2 d.
[113] *An de Volder,* 24/III 1699 (*P.* II 171). Näheres über die »vis activa« siehe S. 390.
[114] *An Arnauld,* 23/III 1690 (*Le Roy* S. 199).
[115] Siehe die S. 66, Anm. 130 gegebenen Belege.
[116] S. 300.

sagt als das Gesetz einer genau spezifizierten Abfolge ganz bestimmter Accidentien diesen letzteren nicht als ein prinzipiell total Anderes und völlig Unbestimmtes gegenübergestellt werden. Cassirer [117] hat gezeigt, daß das Verhältnis der identisch einen und identisch verharrenden Substanz zur Mannigfaltigkeit wechselnder Accidentien sich aus einem Gegensatz in eine Korrelation verwandelt. Wie die wechselnden Accidentien auf die Substanz als das Gesetz ihrer Abfolge angewiesen sind, so findet die Substanz in der dem Gesetz, das sie darstellt, gemässen Abfolge der Accidentien ihre Erfüllung. Was in den veränderlichen Einzeldingen (alle Einzeldinge sind der Veränderung unterworfen) beharrt, ist nicht ein dinglicher, materieller oder sachhaltiger Bestand, nicht ein bloß substrathaftes Sein, das aller Bestimmtheit entbehrend lediglich als Inhärenzprinzip der Accidentien dient. Vielmehr ist das Beharrende »lex ipsa quae involvit continuatam successionem ...«[118]. Aus dem Gesetz der Serie ergibt sich »quorsum in ea progrediendo debeat perveniri seu ut posito initio et lege progressus termini ordine prodeant sive sit ordo aut prioritas naturae tantum sive temporis quoque«. Von einer anderen Seite her gesehen: an die Stelle eines Inbegriffs von Prädikaten, die nur auf Grund ihrer Verbindungsform ein Ganzes bilden [119], tritt die durch ein Gesetz geregelte und geordnete *Erzeugung* einer Reihe von Prädikaten, die kraft des Gesetzes ein Ganzes ist [120].

Indem die Substanz als Gesetz der Erzeugung ihrer Accidentien aufgefaßt wird, d. h. als Gesetz des Werdens, sogar des phänomenalen Werdens [121], ist die Logisierung des Temporalen vollzogen. Von dem Gesetz der Abfolge der Accidentien aus bestimmt sich nicht nur, welche Accidentien zu einer bestimmten Substanz gehören, sondern auch die Reihenfolge ihres Auftretens, die zeitliche Ordnungsstelle eines jeden in Bezug auf jedes andere [122]. Pichlers früher [123] erwähnter Begriff der »Volldeutigkeit« der Bestimmtheit findet auf die Accidentien Anwendung. In der Tat fungiert das Gesetz der Erzeugung der Accidentien als »individualisierendes Bildungsgesetz«, während die erzeugten Accidentien selbst eine »universitas ordinata« darstellen, innerhalb deren an der ihm spezifischen Stelle einem jeden Accidens kraft des »individualisierenden Bildungsgesetzes« sämtliche seiner Eigenschaften zugeschrieben sind.

---

[117] Cassirer, *Leibniz' System* S. 186 ff.

[118] *An de Volder,* 21/I 1704 (P. II 263). Vgl. hierzu Brunschvicg, *Les étapes de la philosophie mathématique* S. 220 f und Gueroult, *Dynamique et métaphysique leibniziennes* S. 174 ff.

[119] S. 301 f.   [120] Belaval, *Leibniz Critique de Descartes* S. 395.

[121] Philonenko, »La loi de continuité et le principe des indiscernables«, *Revue de Métaphysique et de Morale* LXXII (1967) S. 272.

[122] Cassirer, *Leibniz' System* S. 279 ff und *Hauptschriften* II 91 ff. In Bezug auf die menschliche Seele schreibt Jalabert, *Le Dieu de Leibniz* S. 28: »Il y a dans l'âme un *monde idéal,* enveloppant toutes les idées, toutes les vérités qu'il est possible de connaître, en même temps qu' une *loi* qui détermine tout ce que l'individu connaîtra un jour et le degré de clarté ou de distinction avec lequel il connaîtra chaque chose«.

[123] S. 215.

Oben [124] wurde bemerkt, daß nichts als Substanz gelten kann, was lediglich einen gegenwärtigen Zustand charakterisiert wie z. B. eine räumliche Gestalt, denn die »certissima natura« einer jeden Substanz besteht darin, daß sie »semper omnia praeterita et praesentia tempora involvit« [125]. Mit der Bestimmung der Substanz als Gesetz der Abfolge ihrer Accidentien ist dieser Bedingung Genüge getan. Die Substanz erweist sich als ein Werdensgesetz, genauer gesagt als das Gesetz ihres gesamten Werdens. Dillmann [126] bezeichnet die Substanz als »Darstellung« (wir würden den Ausdruck »Prinzip« vorziehen) ihrer gesamten Entwicklung. Sie ist »im Keim und als Einheit« das, was in der Entwicklung selbst schrittweise zur Entfaltung und Entfaltetheit gelangt.

Auf der Hand liegt der Zusammenhang der in Rede stehenden Auffassung der Substanz mit den Begriffen der am Anfang ihrer Entwicklung stehenden neueren Mathematik. In besonders prägnantem Sinne läßt sich gerade auf diese Auffassung von der Substanz Leibnizens Äußerung beziehen: »... haec nova inventa mathematica partim lucem accipient a nostris philosophematibus, partim rursus ipsis autoritatem dabunt.« [127] Man kann die Auffassung der Substanz als Prinzip der Erzeugung ihrer Accidentien mit einer mathematischen Funktion vergleichen, deren Gesetz bei Einsetzung von Werten für die unabhängige Variable sämtliche Werte der abhängigen Variablen aus sich hervorgehen läßt [128]. Ein weiterer Vergleich ist mit einer durch ihre Differentialgleichung bestimmten Funktion. Integriert man die Differentialgleichung, so kann man, wenn man den Wert der Funktion für ein einziges Argument kennt, ihre Werte für alle Argumente finden. Ist ferner das Verhalten einer Funktion in einem Punkte, genauer gesagt in einer beliebig kleinen Umgebung dieses Punktes, bekannt, wobei unter Verhalten der Wert der Funktion selbst wie ihrer Ableitungen zu verstehen ist, so läßt sich aus diesem Funktionselement durch analytische Fortsetzung vermittels von Potenzreihen das Verhalten der Funktion in der Umgebung jedes beliebigen anderen Punktes ermitteln [129]. Das Funktionselement fungiert als erzeugendes Prinzip der Funktion in ihrem Gesamtverhalten, in dem das in entfalteter und s. z. s. ausgewickelter Form zur Darstellung kommt, was das Funktionselement keimhaft enthält [130]. Leibniz beruft sich auf einfachere Beispiele wie das Gesetz einer geometrischen Kurve und vor allem das einer mathematischen Folge. Mit der »vis primitiva« »res se habet velut in legibus serierum aut naturis linearum, ubi in

---

[124] S. 283 f.

[125] *An de Volder,* 20/VI 1703 (P. II 251) und am 19/I 1706: »Pro demonstrato habeo ... esse substantiae essentiale, ut status ejus praesens involvat futuros, et vice versa ...« (P. II 282).

[126] Dillmann, *Eine neue Darstellung der Leibnizischen Monadenlehre* Abteilung II Abschnitt I.

[127] *An Fardella,* 3 (13)/IX 1669 (*Foucher de Careil, N. L. O. S. 328*).

[128] v. Aster, *Geschichte der neueren Erkenntnistheorie* S. 283.

[129] J. O. Fleckenstein, *Gottfried Wilhelm Leibniz* S. 125 f.

[130] Vgl. S. 68 ff.

ipso initio sufficiente progressus omnes continentur« [131]. Das Gesetz einer mathematischen Folge, nämlich ihr allgemeines Glied fungiert als generative Definition der Folge, insofern als es als erzeugendes Prinzip alle Glieder der Folge »ordine« hervorgehen läßt [132]. Entsprechend wird die Substanz als erzeugendes Prinzip ihrer Accidentien bestimmt; sie bildet gewissermaßen deren generative Definition. Bevor wir dem Sinn, den Erzeugung und generatve Definition in Bezug auf das Verhältnis der Substanz zu ihren Accidentien haben, näher nachgehen, seien drei Konsequenzen entwickelt, die sich aus dem bisher Ausgeführten ergeben.

1. Zunächst konkretisiert sich die oben [133] dargestellte These von der Substanz als *unum per se,* das nicht aus Teilen im Sinne der »partes extra partes« besteht (und zwar in einem ganz allgemeinen, nicht nur auf die Ausdehnung eingeschränkten Sinne), das sich fernerhin nicht aus anderen untergeordneten Substanzen aufbaut, doch aber eine innere Struktur besitzt, d. h. eine Mannigfaltigkeit in sich enthält. Gerade der Vergleich mit dem allgemeinen Folgeglied macht das deutlich. Von dem Gesetz der Folge läßt sich sagen, daß es als erzeugendes Prinzip alle einzelnen Glieder der Folge in sich faßt, nicht aber, daß es aus diesen Einzelgliedern als Teilen besteht, als ob es aus der Zusammenstellung dieser Einzelglieder resultierte. Daher kann man Cassirer folgen, der den oben [133] zitierten Text aus *Monad* 13 unter Bezugnahme auf eine algebraische Folge und deren Gesetz erläutert [134]. Wieder zeigt sich, daß das *Gesetz* einer Vielheit etwas anderes ist als das *Aggregat* von deren Bestandteilen.

2. Werden alle Einzelglieder einer Folge durch deren allgemeines Glied bestimmt, so kann kein Einzelglied der Folge angehören, das sich nicht aus dem allgemeinen Glied durch Spezifikation ergibt. Auf die Substanz angewandt, besagt das ihre »Fensterlosigkeit«: nichts kann von außen her in eine Substanz eindringen; alle ihre Accidentien erwachsen ihr aus ihrem eigenen Grunde [136].

---

[131] *An de Volder,* 10/XI 1703 (P. II 258) und 21/I 1704: »Sed ipsum persistens, quatenus involvit casus omnes, primitivam vim habet, ut vis primitiva sit velut lex seriei, vis derivativa velut determinatio quae terminum aliquem in serie designat« (P. II 262). Über die »vis derivativa« und deren Verhältnis zur »vis primitiva« siehe Kap. VII § 5 a. In einem Text aus dem Jahr 1676 heißt es: »L'essence des substances consiste dans la force primitive d'agir ou dans la loi de la sorte des changements comme la nature de la série dans les nombres« (*Foucher de Careil, Lettres et Opuscules inédits de Leibniz* S. 303). *Loemker, Gottfried Wilhelm Leibniz, Philosophical Papers and Letteres* I 566 Anm. 138 sieht in diesem Text, falls er keinen nachträglichen Zusatz darstellt, eine frühe Formulierung der in Rede stehenden Leibnizischen Lehre.

[132] Siehe S. 67.

[133] Kap. IV § 1 c.

[134] S. 168, Anm. 45.

[135] Cassirer, *Hauptschriften* II 438 Anm. 438.

[136] *Syst.* 14 (P. IV 484); *Monad.* 7 und 11 (P. VI 607 f); *an des Bosses,* 15/VIII 1715 (P. II 503).

Das gilt wie für die Substanzen und Monaden jeder Art, so auch für die Seele [137]. Der Ausdruck »vollständiger Begriff der individuellen Substanz« kann auch auf die als Gesetz und erzeugendes Prinzip ihrer Accidentien aufgefaßte Substanz Anwendung finden [138]. Im übrigen ergibt sich die »Fensterlosigkeit« der Monade auch als Konsequenz der früher [139] dargelegten Auffassung der Substanz als ontologisches Äquivalent des als Gesamtinbegriff der Prädikate verstandenen »vollständigen Begriffs«. In der Tat findet sich die These von der »Fensterlosigkeit« der Substanz im *Discours de Métaphysique* und in der Korrespondenz mit Arnauld, wo die Auffassung des »vollständigen Begriffs« als Gesamtinbegriff im Vordergrund steht [140]. Aus der gegenwärtigen Analyse der Struktur der Substanz ergibt sich die gleiche Konsequenz, die bereits früher [141] aus der Beestimmung der Substanz als Repräsentation des Universums abgeleitet wurde.

3. Mit Hilfe des Gesetzes einer Folge ist es möglich, von irgend einem beliebigen Glied der Folge aus den Nachfolger dieses Gliedes zu konstruieren. Ontologisch gewendet besagt das, daß jeder Zustand einer Substanz sich aus dem vorangehenden als dessen Folge (»suite«) ergibt [142]. »... monades omnia ex penu sua ducunt ... mechanismo quodam eminente, ut sic dicam, qui fundamentum est et concentratio mechanismi corporei, ita ut modus quo unum ex aliquo sequitur, explicari possit.« [143] Auf den Zusammenhang des körperlichen Mechanismus mit dem monadischen sowie auf den durch das Gesetz der Substanz fundierten und ermöglichten Übergang von einem Zustand des Körpers zum nächsten werden wir später [144] bei der Darstellung des Phänomenalen zu sprechen kommen.

b. Selbstrealisierung der Substanz
Früher haben wir den intelligibeln Charakter der Substanz herausgestellt, die weder den Sinnen noch der Imagination zugänglich ist, sondern durch den Intellekt allein erfaßt werden kann [145]. Es versteht sich von selbst, daß diese Bestimmung auch für die im Lichte der Theorie der generativen Definition ver-

---

[137] *Nouv. Ess.* IV, IV § 5 (*P.* V 373).
[138] Nach Belaval, *Leibniz critique de Descartes* S. 497 liefert eine mathematische Folge eine Illustration des »vollständigen Begriffs«.
[139] S. 290.
[140] *Disc.* 14, 26. 30. 32. 33 (*Le Roy* S. 50, 64, 67, 70 f); *Entwurf eines Briefes an Arnauld*: »... chaque substance est un être accompli, qui se suffit lui-même à déterminer en vertu de sa propre nature tout ce qui lui doit arriver« (*Le Roy* S. 140); *an Arnauld*, 28/XI (8/XII) 1686: »... rien ne saurait arriver à une substance qui ne lui naisse de son propre fonds ...«, mit ausdrücklicher Berufung auf »la notion d'une substance individuelle qui enveloppe tous ses phénomènes« (*Le Roy* S. 144).
[141] S. 238.
[142] *Auszug eines Briefes an Foucher*, 1686 (*P.* I 382); *an Arnauld*, 4 (14)/VII 1686 (*Le Roy* S. 122); *an Clarke* V 91 (*P.* VII 412).
[143] *An des Bosses*, 19/VIII 1715 (*P.* II 503).
[144] Kap. VII § 5 b.
[145] Kap. IV § 1 d.

standene Substanz Gültigkeit besitzt. Die hier vertretene Interpretation der Leibnizischen Philosophie als Panlogismus besagt, daß im Universum eine Logik niedergeschlagen und verkörpert ist, und zwar nicht nur im Universum als ganzem, d. h. im System der Substanzen, sondern ebenso in jeder Einzelsubstanz. Das letztere folgt aus der auf einem Fundamentalbegriff beruhenden systematischen Einheit des Universums, kraft deren jede Einzelsubstanz durch die Gesamtheit aller dem gleichen System angehörigen Substanzen qualifiziert und ausgeprägt wird, so daß sie nur innerhalb dieses Systems und als dessen Mitglied die sein kann, die sie ist[146]. Wird die Substanz als ontologisches Äquivalent der generativen Definition verstanden, so muß die letztere auch in der Form der Inkarniertheit ihren wesentlichen Charakter, nämlich den des Erzeugens, behalten; mit anderen Worten, sie muß Wirksamkeit besitzen und entfalten. *Es ist keine paradoxe Eigentümlichkeit der Leibnizischen Lehre von der Substanz, sondern stellt im Gegenteil eine der markantesten Manifestationen des Panlogismus und vielleicht dessen Höhepunkt dar, daß ein intelligibles Gebilde dynamisiert, ihm die Fähigkeit zur Handlung und Wirkung beigelegt wird, genauer die Fähigkeit zur Selbstrealisierung, zur Aktualisierung seiner Virtualitäten gemäß einem bestimmten Ordnungsgesetz*[147]. Der dynamische Charakter der Substanz ergibt sich aus der Theorie der generativen Definition, nicht aber aus der von Couturat allein in Betracht gezogenen Subjekt-Prädikat-Logik[148]. Andererseits darf man eben wegen des Zusammenhangs der Dynamisierung der Substanz mit der Theorie der generativen Definition, die aus der Mathematik stammt, den dynamischen Charakter der Substanz nicht in Gegensatz zu Mathematischem oder Logischem stellen, wie Rolland[149] es tut. Gemäß der panlogistischen These besagt die Auffassung der Substanz in Analogie zum Gesetz einer mathematischen Folge, genauer gesagt die Auffassung der Substanz als ontologisches Äquivalent der letzteren, daß die Folge sich von selbst expandiert, entfaltet und in diesem Sinne realisiert, ohne daß es dazu einer Instanz außerhalb ihrer bedürfe, abgesehen von dem, was Leibniz in einem später[150] noch zu klärenden Sinne den »concours ordinaire« Gottes nennt.

Das ontologische Äquivalent des Erzeugens im mathematischen oder logischen Sinne ist das Hervorbringen und Produzieren gemäß einem Gesetz[151]. In den Dingen ist ein sich selbst entfaltendes Prinzip wirksam, auf das die Veränderun-

---

[146] Kap. V § 2 besonders d und e.
[147] Man kann die Darlegungen von Jalabert, *La théorie leibnizienne de la substance* S. 71 ff als Hinweise in dieser Richtung verstehen, die aber nicht hinreichend entwickelt sind und daher — wie S. 321 erwähnt werden wird — ohne Konsequenz für seine Auffassung bleiben; siehe auch *Le Dieu de Leibniz* S. 133.
[148] B. Jasinowski, *Die analytische Urteilslehre Leibnizens in ihrem Verhältnis zu seiner Metaphysik* S. 63 ff.
[149] Rolland, *Le déterminisme monadique* S. 40.
[150] Kap. VIII § 6 a.
[151] *An Jaquelot*, 9/XII 1704 (P. III 464).

gen der Dinge zu beziehen sind. »Deus ... produxisse in rebus dicendus est principia mutationum ut posteriora ex prioribus inferri possint.«[152] Dieses »principiu.n mutationis« est internum omnibus substantiis simplicibus ... consistitque in progressu perceptionum monadis cujusque nec quicquam ultra habet tota rerum natura«[153]. Die Fassung des Substanzbegriffes im Lichte der Theorie der generativen Definition führt darauf, in der Substanz die Ursache, die einzige wirkliche unmittelbare Ursache alles dessen zu sehen, was in ihr vorgeht, aller ihrer »actions« und »passions«[154], oder die Substanzen als Quellen (»fontes«, »sources«) ihrer Phänomene, Perzeptionen und Handlungen zu charakterisieren[155]. Die als sich selbst entfaltende und in diesem Sinne sich selbst realisierende intelligible Gebilde aufgefaßten Entelechien werden damit zu »simplicités fécondes«[156]. »Généralement la nature de la substance est d'être féconde, et de faire naître des suites ou des variétés ...«[157] Das entsprechende gilt für die Seele: »Anima non est idea, sed fons innumerabilium idearum. Habet enim praeter ideam praesentem activum aliquid seu productionem novarum idearum.«[158] Da Leibniz seinen allgemeinen Substanzbegriff in Analogie zu dem der Seele gebildet hat[159], setzt er zuweilen die in Rede stehenden Bestimmungen zunächst hinsichtlich der Seele auseinander, um sie sofort zu verallgemeinern. »... esse quandam vim in percipiente sibi formandi ex prioribus novas perceptiones, quod idem est ac si dicas, ex priore aliqua perceptione sequi interdum novam. Hoc quod agnosci solet alicubi a philosophis veteribus et recentioribus, nempe in voluntariis animae operationibus, id ego semper et ubique locum habere censeo, et omnibus phaenomenis sufficere, magna et uniformitate rerum et simplicitate.«[160]

Im Hinblick auf diese Auffassung der Substanz als in ganz wörtlichem Sinne zu verstehendes erzeugendes Prinzip ihrer Accidentien erscheint es begründet, die

---

[152] *An de Volder*, 10/XI 1703 (*P.* II 259).

[153] *An de Volder*, 30/VI 1704 (*P.* II 271); *Spec. inv.*: »... hoc principium actionum, seu vis agendi primitiva, ex qua series statuum variorum consequitur, est substantiae forma« (*P.* VII 317); *De ipsa natura* 12: »... accedereque adeo debere animam, vel formam animae analogam, sive ἐντελέχειαν τὴν πρώτην, id est nisum quendam seu vim agendi primitivam, quae ipsa est lex insita, decreto divino impressa«. (*P* IV 512).

[154] *An Foucher*, o. D. (*P.* I 391); *Théod.* 300 und 400 (*P.* VI 259 f und 354).

[155] *An de Volder*, 24/III (3/IV) 1699 und o. D. (*P.* II 172 und 278); *Rorarius* (*P.* IV 560); *Couturat, O. F. S.* 14; *an des Bosses*, 19/VIII 1715 (*P.* II 504).

[156] *Rorarius* (*P.* IV 562).   [157] *An Alberti* (*P.* VII 444).

[158] *Réfutation inédite de Spinoza par Leibniz* (hrsg. von Foucher de Careil) S. 46; *Addition*: »... les sentiments présents sont une suite des sentiments précédents et tous ensemble suivent de la nature même de l'âme, qui n'est essentiellement que cette tendance réglée, de laquelle doit naître spontanément une ... série de phénomènes«. (*P.* IV 573).

[159] Kap. III § 1 a.

[160] *An de Volder*, 19/I 1706 (*P.* II 282 Anm.); *Théod.* I 65: »... l'âme a en elle le principe de toutes ses actions, et même de toutes ses passions; et ... le même est dans toutes les substances simples, répandues par toute la nature ...« (*P.* VI 138).

Substanz als *natura natrans* ihrer Accidentien in Anspruch zu nehmen, eine Charakterisierung, die Leibnizens gelegentliche Kennzeichnung der »anima« als »substantia ideans«[161] aufnimmt und verallgemeinert. Als aus der Substanz hervorgehend und durch ihre Tätigkeit erzeugt, stellen die Accidentien eine *natura naturata* dar. Andererseits bezieht sich der Begriff der *natura naturanda* auf einen »Standpunkt« oberhalb der Substanzen, d. h. auf den »Standpunkt« des göttlichen Geistes im Hinblick auf das zur Existenz zuzulassende Universum. Es muß der späteren[162] Darlegung vorbehalten bleiben, zu zeigen, daß der Leibnizische Panlogismus, nämlich die Lehre von der effektiven Inkarnation des Logischen, die Einschaltung einer *natura naturans* zwischen die *natura naturanda* und die *natura naturata* erfordert.

Aus dem Ansatz der Substanz als *natura naturans* ergibt sich die Spezifikation ihrer Tätigkeit, die in nichts anderem bestehen kann als eben im Erzeugen ihrer Accidentien, im Übergang von Zustand zu Zustand, von einer Perzeption zur anderen. Von einer so spezifizierten Tätigkeit begreift es sich sogleich, daß sie nicht als transitiv, sondern als immanent verstanden werden muß[163]. Die Tätigkeit der Monade hält sich völlig innerhalb dieser selbst; die Monade ist tätig, indem sie gemäß dem ihr eigenen individuellen Gesetz, das eine Variante eines universalen Gesetzes bildet, sich fortschreitend in ihre Bestimmungen und Accidentien auseinanderlegt und sich in ihnen entfaltet. Jede Tätigkeit setzt ein Streben voraus und geht aus ihm hervor. Man darf aber nicht mit Dillmann[164] das Streben der Monade »nach Art des menschlichen Begehrens« deuten. Erstens wäre damit der Begriff der Monade ungebührlich verengt, denn die menschliche Monade ist zwar vor allen anderen Substanzen ausgezeichnet (nämlich durch die Fähigkeit zum Selbstbewußtsein[165]), sie bildet sogar den Ausgangspunkt für die Prägung des allgemeinen Substanzbegriffs[166]; aber sie ist nur eine spezielle Monade unter anderen, der in der hierarchischen Ordnung ein gewisser Platz zukommt[167], so daß die anderen Monaden als ihr analog oder proportional, nicht aber wesensgleich aufzufassen sind[168]. Zweitens ist das menschliche Begehren,

---

[161] *An de Volder,* 23/VI 1699: »In anima est idea materiae adaequata, attamen anima mihi non est ipsa materiae idea, sed fons idearum ipsi in ipsa ex natura sua nascentium, quibus diversi materiae status ordine repraesententur ... anima (scl. est) ... aliquid vivum et actuosum, et hoc sensu non dico esse unam aliquam ideam, quae ex se ad mutationem tendat, sed varias sibi succedere ideas, quarum una tamen ex alia colligi possit. Alio quidem sensu vocis dicere aliquo modo possim, animam esse ideam vivam seu substantialem, rectius tamen esse substantiam ideantem« (*P.* II 184 f)

[162] S. 339 ff.

[163] S. 182 ff.

[164] Dillmann, *Eine neue Darstellung der Leibnizischen Monadenlehre* S. 131 f.

[165] Kap. III § 2 a.

[166] Kap. III § 1 a.

[167] Kap. V § 6 b.

[168] Kap. V § 7 b und c.

wie Dillmann [169] selbst ausführt, auf ein bestimmtes Ergebnis, einen hervorzu-
bringenden Sachverhalt gerichtet. Mit der Erzielung des letzteren ist das Begehren
erfüllt. Die Tätigkeit der Monade und das dieser entsprechende Streben ist aber
gar nicht auf die Erzielung eines bestimmten Sachverhalts gerichtet, sondern auf
nichts anderes als ihre Selbstentfaltung und Entwicklung. Die letztere Bemerkung
bezieht sich auch auf Parkinson, nach dem die Identität der individuellen Substanz Leibniz zufolge darauf begründet ist, daß sie ein Ziel (»end«) hat und danach strebt, ihre Natur oder Form zu verwirklichen [170]. Wie Parkinsons Vergleich
mit dem Schachspiel zeigt, der — wie er selbst bemerkt — nur bis zu einem
gewissen Punkte durchführbar ist, ihm aber doch geeignet scheint, eine zweck-
hafte Tätigkeit zu illustrieren [171], versteht er die letztere als auf die Erzielung
eines bestimmten Resultats gerichtet.

Wird die Substanz als *natura naturans* angesetzt, so gehört das *naturare* un-
abtrennbar zu ihr, womit die obigen [172] formal-allgemein gehaltenen Darlegungen
über die Zusammengehörigkeit von Substantialität und Aktivität ihre Konkretisierung finden. Nicht nur ist das *naturare* für die Substanz wesentlich, sondern
sie geht ganz im *naturare* auf und erschöpft sich in ihm [173]. Schließlich konkretisiert sich hier auch die oben [174] ebenfalls nur schematisch dargelegte Wechselbe-
zogenheit von Einheit und Vielheit. Als *natura naturans* ist die Substanz auf die
Vielheit angewiesen, die sie aus sich hervorgehen läßt, in deren Erzeugung sie
sich entfaltet, und in der sie ihr ganzes Sein und ihren ganzen Bestand hat. Die
Vielheit wiederum ist wesentlich bezogen auf die Einheit der Substanz im Sinne
des sich selbst realisierenden und expandierenden Gesetzes als der Quelle, aus
der diese Vielheit stammt.

c. Die Identität der Substanz als Identität des Gesetzes ihrer Entfaltung

Mit der Einführung des Werdens, der Veränderung, der Zeit spaltet sich nach
Lovejoy [175] die Leibnizische Philosophie in zwei miteinander unvereinbare Teile
oder Systeme. Gemäß dem einen System ist die Welt durch und durch rational
geordnet und entspricht dem Vorbild der unveränderlichen und unverbrüchlichen
Ordnung der ewigen Ideen in der göttlichen Vernunft. Nach dem anderen System,
das auf der Leibnizischen Idee einer Aufwärtsbewegung des Universums zu höhe-

---

[169] Dillmann, *a.a.O.* S. 102 ff.
[170] Parkinson, *Logic and reality in Leibniz's metaphysics* S. 191.
[171] Id., *a.a.O.* S. 172 f.
[172] Kap. IV § 5 b.
[173] *An Bayle*, o. D.: ».. . la nature de la substance [scl. consiste] à mon avis dans cette
tendance réglée, de laquelle les phénomènes naissent par ordre . . .« (P. III 58).
Unter ausdrücklicher Einschränkung auf das Bewußtseinssubjekt hat Cassirer, *Hauptschriften* II 98 die Auffassung vertreten, daß die Leibnizische Substanz keinerlei
Dasein außerhalb der Operation der Erzeugung ihrer Phänomene hat.
[174] Kap. IV § 1 a.
[175] Lovejoy, *The great chain of Being* S. 259 ff und 329.

ren Stufen beruht, ist gerade der in der Zeit vor sich gehende Wechsel für das Universum wesentlich, und diese Auffassung ist mit der statischen des ersteren Systems unverträglich. Die Vervollkommnung einer Monade besteht darin, daß der Grad der Distinktheit und folglich der Adäquatheit ihrer Repräsentation des Universums sich erhöht. Damit geht nach Lovejoy die Monade ihrer Identität verlustig. Indem sie auf eine höhere Stufe in der Ordnung des Seins (»Scale of Being«) aufrückt, ist sie nicht mehr dieselbe, die sie vor ihrem Aufstieg war.

Wenig liegt im gegenwärtigen Zusammenhang daran, daß Lovejoy Repräsentation ohne weiteres im psychologisch-kognitiven Sinne faßt, während nach unseren früheren Ausführungen [176] die so verstandene Repräsentation nur einen Spezialfall eines allgemeineren Repräsentationsbegriffes darstellt. Worauf es jetzt ankommt ist, daß nach Lovejoy die Identität der Substanz die unveränderliche Beharrlichkeit eines bestimmten Zustands, hier des Grades von Distinktheit und Adäquatheit der Repräsentation erfordert. Diese Auffassung ist aber nur möglich unter völliger Verkennung oder Nichtbeachtung der Theorie der generativen Definition und der Konsequenzen ihrer Anwendung auf die Lehre von der Substanz. Gemäß dieser Theorie liegt das Identische und Beharrliche nicht — wie oben [177] im Anschluß an Cassirer bemerkt wurde — in einem unveränderlich bleibenden substrathaften Bestand noch auch — wie jetzt hinzuzufügen ist — in einem unveränderlich verharrenden Zustand, sondern in dem sich gleich bleibenden Gesetz der Veränderung und des Wechsels. *Die Identität der Substanz ist nichts anderes als die Identität des Gesetzes ihrer Entwicklung und Entfaltung* [178]. Lovejoys Einwand ist hinfällig, weil die Steigerung des Distinktheitsgrades der Repräsentation einer Monade wie jede sonstige Veränderung, d. h. die Ersetzung eines Accidents durch ein anderes, in dem die Identität der Monade konstituierenden Gesetz ihrer Entwicklung vorgezeichnet oder eingeschrieben ist. Indem in der Entwicklung der Monade oder Substanz sich das Gesetz dieser Entwicklung von selbst und spontan, nämlich durch die Aktivität der Monade realisiert, stellt sich zwischen den Phasen dieser Entwicklung, d. h. den aufeinander folgenden Accidentien, eine Einheit her, die durchaus auf der gesetzlich geregelten Aktivität der Substanz beruht [179]. Nicht nur gewinnen wir damit den Anschluß an die früheren Ausführungen [180] über die (Einheit stiftende) Rolle gesetzlich geregelt ablaufender Aktivität, sondern jene Ausführungen erfahren hier Konkretisierung.

---

[176] Kap I § 4 c.

[177] S. 302.

[178] Der erste, der »das beharrende Gesetz für die ganze Reihe der Veränderungen« als für die Identität der Substanz konstitutiv gesehen hat, war wohl Dillmann, *Eine neue Darstellung der Leibnizischen Monadenlehre* S. 117, und zwar — was besonders bemerkenswert ist —ohne Berufung auf die Theorie der generativen Definition, die er überhaupt nicht erwähnt. Das letztere ist darum nicht erstaunlich, weil erst Cassirer diese Theorie wieder in das philosophische Bewußtsein zurückgerufen hat.

[179] Janke, *Leibniz* S. 169 ff.

[180] S. 187 ff.

Oben [181] betonten wir den Unterschied zwischen dem Gesetz einer Abfolge und der Abfolge selbst. Während ihrem Gesetz Identität im eigentlichen und strengen Sinne zukommt, gilt das von der Abfolge selbst nicht, die ja eine Succession wechselnder Accidentien bildet. Diese Succession erfolgt in der Zeit; hingegen ist das Gesetz der Abfolge zeitlos, wie Belaval betont, nach dem ebenfalls die Identität der Substanz auf der des Gesetzes der Abfolge ihrer Zustände (»loi sérielle«) begründet ist [182]. Indem die Substanz gemäß dem ihr eigenen Gesetz ihre Accidentien oder Prädikate hervorgehen läßt und produziert, begründet sie nach Belaval [183] die Zeit, die ein Ausdruck der substantiellen Aktivität ist. Belavals Interpretation befindet sich im Einklang mit der bekannten Leibnizischen Leugnung der absoluten Zeit: allgemein und abstrakt verstanden, ist die Zeit weder Reales noch Substantielles, sondern lediglich die Ordnung des Successiven [184]. Im Gegensatz zur abstrakten, begrifflich gefaßten Zeit steht die konkrete Dauer, die durch die geregelte Abfolge der Accidentien erfüllt ist. Insofern als diese durch die Aktivität der Substanz erzeugt werden, gilt das Gleiche von der Dauer, die sie erfüllen. In diesem Zusammenhang bemerkt Belaval, daß Gott, der die Substanzen »kontinuierlich produziert« [185], sich zu ihnen so verhält wie jede Substanz zu ihren Accidentien [186]. In beiden Fällen bekundet sich etwas Unzeitliches in der Dauer. Der Unzeitlichkeit der als *Gesetz ihrer Entwicklung* gefaßten Substanz, ein Gesetz, in dem ihre ganze Entwicklung auf einen begrifflichen Ausdruck zusammengezogen ist, entspricht als ontologisches Äquivalent die früher [187] herausgestellte Unvergänglichkeit der *in ihrer aktuellen Entwicklung gesehenen Substanz,* in deren Verlauf das zu allmählicher Entfaltung gelangt, was in dem Gesetz in konzentrierter Form enthalten und beschlossen ist.

Auf der gleichen Linie bewegt sich die Interpretation von Jalabert, der den Leibnizischen Ausdruck von der Permanenz der Substanz im Sinne nicht der Allzeitlichkeit, sondern der Unzeitlichkeit deutet [188]. Die Substanz transzendiert die Zeitlichkeit ihres Werdens, indem sie dieses beherrscht und erzeugt. Sie liegt auf einer anderen Ebene als die im Werden begriffenen Accidentien und befindet sich außerhalb von deren Abfolge. Dabei ist im Auge zu behalten und zu betonen, daß die Substanz in genau dem gleichen Sinne außerhalb der Abfolge ihrer Accidentien steht wie das allgemeine Glied einer mathematischen Folge sich zwar nicht unter den Einzelgliedern befindet, aber doch nichts anderes ist als das Gesetz dieser Einzelglieder in ihrer geregelten Abfolge. In einer seiner späteren

---

[181] S. 302.

[182] Belaval, *Leibniz critique de Descartes* S. 470.

[183] Id., *a.a.O.* S. 419.

[184] *An des Bosses,* 29/V 1716 (P. II 515); *an Clarke* III 4, V 105 (P. VII 363 und 415).

[185] Über den Sinn dieser »kontinuierlichen Produktion« siehe Kap. VIII § 6 b.

[186] Belaval, *a.a.O.* S. 419; ähnlich Jalabert, *La théorie leibnizienne de la substance* S. 140, 145. 148; vgl. auch unten S. 482 ff.

[187] Kap. IV § 7 b.   [188] Jalabert, *a.a.O.* S. 139 ff und Kap. V A.

Schriften, in der die methodentheoretische Orientierung seiner früheren Werke weniger vorwiegt, wenn sie überhaupt hervortritt, charakterisiert Cassirer [189] die Leibnizische Monade oder Substanz als »dynamische Einheit«, als »Sein *im* Werden, Beharrlichkeit *im* Wandel«, als identisch-einheitliches Gesetz des Wandels, das seinen ganzen Bestand in der Erzeugung wechselnder Bestimmungen hat und daher die Mannigfaltigkeit der letzteren ursprünglich und notwendig erfordert. Dieser Auffassung Cassirers schließt sich die hier vorgetragene Interpretation an. Als das konstante Gesetz des Wechsels der Accidentien, das diesen Wechsel beherrscht, erzeugt und vereinheitlicht, ist die Substanz wesentlich auf den Wechsel bezogen, aber nicht in ihn hineingezogen und nicht von ihm betroffen.

d. Motivation des Panorganizismus

Mit der Auffassung der Substanz als *natura naturans* ihrer Accidentien und der entsprechenden Spezifikation der Tätigkeit der Substanz [190] ist der Anschluß an die panorganizistische Interpretation gewonnen, die wir früher [191] gegenüber der panpsychistischen Deutung verfochten haben. Das Entwicklungsgesetz eines Lebewesen kann kaum in anderen Worten formuliert werden als denen, in welchen Leibniz ganz allgemein die Substanz charakterisiert: »... c'est ... la nature de la substance créée, de changer continuellement suivant un certain ordre, qui la conduit spontanément (s'il est permis de se servir de ce mot) par tous les états qui lui arriveront ...« [192]

Auf den ersten Anblick mutet es sicherlich paradox an, daß *ein mathematischer Ausdruck wie das Gesetz einer Kurve oder Folge, wenn er als sich selbst realisierend oder sich selbst entfaltend angesetzt wird, zum organischen Prinzip, zum Gesetz eines Lebewesens wird, zu einer dynamischen Kraft*, die nicht nachträglich zur theoretischen Erklärung der Entwicklung eines Lebewesens konstruiert und angenommen wird, sondern im Gegenteil diese *Entwicklung bestimmt, lenkt und effektiv aus sich hervorgehen läßt.* Eben diese scheinbare Paradoxie folgt aus der Logik des Leibnizischen Denkens. *Aus der Deutung des Substanzbegriffs im Lichte der Theorie der generativen Definition, vor allem unter Heranziehung der oben [193] erwähnten Begriffe der neueren Mathematik als theoretischer Instrumente, ergibt sich ein Motiv für den Übergang zum Panorganizismus, das allerdings erst auf dem Grunde der panlogistischen These wirksam wird.* Leibniz bezeichnet den Fortschritt einer einfachen Substanz, z. B. der Seele, von einem Zustand zum anderen als deren Tätigkeit oder Handlung, genauer als »agir uniformément«, wobei aber »uniformément« nicht bedeutet »semblement«, d. h. in ständig gleichbleibender Weise, sondern vielmehr »suivre perpétuellement une

[189] Cassirer, *Die Philosophie der Aufklärung* S. 37 ff und 305 f.
[190] S. 307.
[191] Kap. IV § 6 a und b.
[192] *Éclaircissement* (P. IV 518).
[193] S. 304.

même loi d'ordre ou de continuation, comme dans un certain rang ou suite de nombres ...« [194]. Im Gegensatz zum Atom ist die Seele »une véritable substance, ou un Etre complet, qui est la source de ses actions ... Elle ne garde pas seulement sa direction, comme fait l'atome, mais encore la loi des changements de direction ou la loi des courbures, ce que l'atome n'est point capable de faire ...« [195].

Auf Analogien von Mathematischem und Biologischem hat Cassirer [196] gelegentlich hingewiesen. Jedoch muß an die Grenzen erinnert werden, die Cassirer besonders in seinen früheren Schriften der Anwendung des Begriffs der Substanz zieht, wie auch an den methoden-theoretischen Gesichtspunkt, der für seine Darstellung des Leibnizischen Werkes maßgebend ist [197]. Die Analogie zwischen Mathematischem und Biologischem besagt daher nach ihm eigentlich nur, daß zwischen den Methoden der verschiedenen Wissenschaften Kontinuität, zum mindesten eine gewisse Verwandtschaft besteht. Wenn auch Cassirer gegen Russell geltend macht, daß die Lehre von der Monade ihren Inhalt nicht so sehr von der Subjekt-Prädikat-Logik als vielmehr von der Logik der Dynamik, der Biologie und der Metaphysik des Bewußtseinsbegriffs erhält [198], wenn er ferner auf der Bedeutung biologischer Probleme für die Ausprägung des Monadenbegriffs besteht, besonders für die neue Auffassung des Subjekts als aktives Prinzip, das seine Bestimmungen effektiv hervorbringt, statt ihnen lediglich als Substrat zu dienen [199], so kann man sich doch des Eindrucks schwer erwehren, daß er in dem Substanzbegriff eine Art von begrifflichem Zentrum oder Brennpunkt sieht, in dem sich die Grundbegriffe verschiedener Wissenschaften vereinen. Adäquater erscheint uns die Formulierung von Baruzi [200], der von einer »vivante synthèse« verschiedenartiger Motive spricht: logischer Konstruktion, mystischer Meditation, biologischer, mathematischer und physikalischer Entdeckungen. Eine lebendige Synthese solcher Motive besagt etwas anderes als ihre bloße Vereinigung, selbst unter Berücksichtigung der zwischen den betreffenden Grundbegriffen bestehenden systematischen Bezogenheiten und Fundierungsverhältnisse. Sie bedeutet eine gegenseitige Durchdringung dieser Motive, aus welcher der durch die »vis primitiva« wesentlich bestimmte Begriff der Substanz resultiert. Mit der »vis primitiva« ist nach Cassirer [201] der Übergang zur organischen Naturbetrachtung bezeichnet, eine Deutung, die aber der Universalität des Organizismus nicht gerecht wird. In dem Panorganizismus sehen wir die Krönung und Vollendung des Leibnizischen Panlogismus, insofern als die im Universum der Substanzen

---

[194] *Eclaircissement* (P. IV 522); es folgt eine Illustration durch mathematische Beispiele.
[195] *Extrait* (P. IV 543 f).
[196] Cassirer, *Leibniz' System* S. 408 und *Hauptschriften* II 19.
[197] S. 192 ff.
[198] Cassirer, *Leibniz' System* S. 539.
[199] Id., *Hauptschriften* II 94 f.
[200] J. Baruzi, *Leibniz* (Paris 1909) S. 125.
[201] Cassirer, *Erkenntnisproblem* II 183 f.

niedergeschlagene, realisierte und inkarnierte Logik in jeder einzelnen Substanz die Form einer dynamisch-aktiven Kraft annimmt, indem sie alle Bestimmungen und Accidentien dieser Substanz aus sich hervorgehen läßt.

e. Das Zusammenfungieren der Substanzen in universeller Harmonie

Bei der Darstellung des Prinzips der universellen Harmonie haben wir ausdrücklich geltend gemacht, daß es sich nicht um eine *nachträgliche* Anpassung der Monaden und Substanzen aneinander handelt. Vielmehr sehen wir in dem genannten Prinzip eines der Grundgesetze der Verfassung des Systems der Substanzen, damit aber auch zugleich der Verfassung einer jeden Einzelsubstanz, in deren Struktur die Abgestimmtheit auf alle anderen Substanzen als ein immanentes Moment eingezeichnet ist [202]. Das letztere ergibt sich daraus, daß die mannigfachen Substanzen eben so viele Abwandlungen eines identischen Geometrals darstellen [203]. Zur Illustration zogen wir das Beispiel einer Funktionalgleichung $F(x_1, x_2 \ldots)$ $= O$ heran, die sich nach den x_i in der Form $x_i = f_i (x_1, x_2 \ldots x_{i-1}, x_{i+1} \ldots)$ auflösen läßt, wobei alle x_i als Funktionen der Zeit angesetzt sind. Unsere frühere Darstellung der universellen Harmonie war wesentlich statisch orientiert, und deshalb stand die proportionale Zuordnung und gegenseitige Entsprechung der jeweiligen Zustände aller Substanzen im Vordergrund [204].

Berücksichtigt man die soeben dargelegte Dynamisierung intelligibler Gebilde, d. h. die Auffassung, daß mathematische Gebilde sich selbst expandieren und entfalten, so zeigt sich das herangezogene Beispiel in seinem vollen illustrativen Wert. Daß die x_i genau spezifizierte Funktionen der Zeit sind, besagt, daß jede Substanz ausschließlich ihrem eigenen Gesetz folgt und sich diesem gemäß realisiert und entfaltet. Indem alle diese Funktionen kraft der Funktionalgleichung miteinander zusammenhängen, entspricht einem jeweiligen Wert eines x_i, d. h. dem jeweiligen Zustand einer gegebenen Monade, der völlig aus ihrem eigenen Grunde hervorgeht, ein ganz bestimmter Zustand einer jeden anderen Monade, der eben so rein aus dem Grunde dieser stammt. Die dynamische Betrachtung führt einerseits auf dasselbe Resultat wie die statische; andererseits geht aus ihr hervor, daß das durch die Funktionalgleichung dargestellte universale Gesetz des Universums gerade dadurch seine Erfüllung findet, daß jede diesem Universums angehörige Einzelsubstanz in voller Autarkie ihrem Eigengesetz gemäß fungiert, indem sie ihre Accidentien aus sich hervorgehen läßt und erzeugt [205]. Immer wieder betont Leibniz, daß zwar alle Zustände einer Substanz ihr aus ihrem eigenen Inneren erwachsen, daß jedoch bei dieser ihrer Autarkie alle Substanzen einander begegnen, einander entsprechen, miteinander im Einklang und in Übereinstimmung stehen oder — wie es zuweilen heißt — »inter se ... con-

---

202 Kap. V § 4 d.
203 Kap. V § 4 b.
204 Kap. V § 4 c.
205 Cassirer, *Freiheit und Form* S. 61.

spirant« [206]. »Unaquaeque ... substantia singularis exprimens idem universum pro modulo suo ex propriae naturae legibus ita se habet, ut mutationes ejus et status perfecte aliarum substantiarum mutationibus et statibus respondeant ...«[207]

Die Autarkie der als erzeugendes Prinzip ihrer Accidentien gefaßten Substanz wird erst dann völlig durchsichtig und verständlich, wenn man sie mit der Theorie der universellen Harmonie nicht nur zusammenbringt, sondern (wie wir es versuchen) unter Hinzunahme der Lehre von der Dynamisierung des Intelligiblen aus dieser Theorie hervorgehen läßt. Wir sehen darin eine weitere Bestätigung der Fruchtbarkeit des hier gewählten Ausgangs vom intermonadischen System statt von der einzelnen Monade. In dieser Sicht hebt sich jeder Widerstreit und Gegensatz von Individuellem und Universalem auf. Die Individualität der Einzelmonade ist nicht nur durch ihre Autarkie verbürgt, sondern auch, und vor allem, durch die auf dem Grundsatz der »identitas indiscernibilium« beruhende Einzigkeit des ihr eigenen Entwicklungsgesetzes, das jede Monade autark realisiert. Sie besitzt diese ihre Individualität als einseitig-parteiliche Darstellung des Gesamtsystems der Monaden und folglich in wesentlicher Bezogenheit auf dieses Gesamtsystem [208]. Indem sich das Gesamtsystem in seinen Gliedern vereinzelt, ist es in jedem dieser Glieder anwesend und enthalten. Jedes dieser Glieder ist (wie wir es ausdrückten) das Gesamtsystem selbst, allerdings in einer ganz bestimmten, dem betreffenden Gliede eigenen und für es charakteristischen Ausprägung, und seine Individualität besteht in der Einmaligkeit dieser Ausprägung des Universalen.

---

[206] *An de Volder,* o. D. (*P.* II 275).

[207] *Spec. inv.* (*P.* VII 313); *ibid:* »... omnis substantiae hanc esse naturam, ut vi sua agendi aut patiendi, hoc est serie suarum operationum immanentium exprimat totum universum« (*P.* VII 316 f); *an Bossuet,* 18/IV 1692: »... chaque substance agit spontanément, comme indépendante de toutes les autres créatures, bien que, dans un autre sens, toutes les autres l'obligent à s'accomoder avec elles ...« (*Oeuvres de Leibniz,* hrsg. von Foucher de Careil, I 349); unter speziellem Bezug auf den Geist *an Fardella,* März 1690: »... mens omnes suas operationes ex proprio suo fundo educit, licet ita ordinata sit ejus natura ab initio, ut operationes ejus cum caeterarum rerum omnium operationibus conspirent« (*Foucher de Careil, N. L. O.* S. 319); siehe auch *Rorarius* (*P.* IV 563 f) und *Théod.* III 403 (*P.* VI 356).

[208] Kap. V § 3 a und § 4 b. Janke wird dem Prinzip der universellen Harmonie als die Eigenstruktur der Einzelmonade wesentlich bestimmend und daher dieser Struktur immanent nicht gerecht, wenn er die »endliche entelechiale Kraft« zwar für das »individuelle Wirken« der Einzelmonade aufkommen läßt, nicht aber für das »Zusammenwirken von jedem mit jedem in einer universalen Harmonie« (*Leibniz* S. 213).

§ 6 Die Substanz als System ihrer Accidentien

a. Zwei mögliche Gesichtspunkte der Betrachtung

Die Substanz als generatives Prinzip ihrer Accidentien ansetzen heißt, sie im Hinblick auf das Ganze ihres Werdens und ihrer Entfaltung in Betracht ziehen. Für eine so orientierte Betrachtung stehen nicht so sehr die Zustände und Accidentien der Substanz im Vordergrund als vielmehr das in seiner Selbstverwirklichung diese Zustände aus sich hervortreibende Prinzip. Die letzteren selbst figurieren eigentlich nur hinsichtlich ihres Hervorgehens aus dem sie erzeugenden Prinzip. Grundsätzlich gesehen, liegt es hier nicht anders als im Falle einer mathematischen Folge, die der Mathematiker unter dem Aspekt ihres allgemeinen Gliedes als erzeugendes Prinzip ins Auge faßt, wobei die Einzelglieder der Folge lediglich insofern in Betracht kommen, als sie in dem allgemeinen Gliede enthalten sind und aus ihm hervorgehen. Der Standpunkt, von dem aus die Substanz als erzeugendes Prinzip ihrer Accidentien erscheint, ist ein Standpunkt außerhalb oder oberhalb der jeweils in Rede stehenden Substanz. Es ist der Standpunkt eines Beobachters, der auf die Substanz hinsieht, das Gesetz ihres Werdens erfaßt und die Zustände, in welche die Substanz sich entfaltet, als aus diesem Gesetz fließend begreift. Von diesem Standpunkt aus können die Accidentien in einem gewissen, wenn auch nicht eigentlichen Sinne als *natura naturanda* charakterisiert werden, ihr erzeugendes Prinzip als »principium naturandi«, das, weil es — wie ausgeführt [209] — als sich selbst realisierend und sich selbst expandierend aufgefaßt wird, den Sinn einer *natura naturans* gewinnt. Für diese Betrachtung liegt die im Hinblick auf ihre Accidentien gesehene Substanz nicht als fertiges Gebilde vor, noch wird sie im Prozeße des Sich-bildens, von einer Etappe ihres Werdens zur anderen verfolgt. Vielmehr gilt sie als sich zu konstituierend, als sich in ihre Accidentien zu entfaltend, s. z. s. als »substantia se constituenda«, eigentlich nicht als »substantia se constituens«, ganz zu schweigen von »constituta«. Diese Betrachtung setzt einen Standpunkt außerhalb der Substanz voraus und ist nur von einem solchen aus möglich.

Demgegenüber besteht die Möglichkeit der Erschließung der Substanz von ihren jeweiligen Accidentien her. Wird die Substanz in dieser Perspektive gesehen, so erscheinen die Accidentien als ihre wechselnde Spezifikationen [210], als ihre Modi oder Zustände [211], oder — wie es ausgedrückt wurde — als die Arten

---

[209] Dieses Kap. § 5 b.

[210] *Monad.* 12: »... il faut ... qu'outre le principe du changement il y ait un détail de ce qui change, qui fasse pour ainsi dire la spécification et la variété des substances simples« (P. VI 608).

[211] *An des Bosses,* 20/IX 1712: »Nec video quomodo possimus ... explicare intelligibiliter quid sit τò inesse vel inhaerere subjecto, nisi considerando inhaerens ut modum seu statum subjecti ...«. Entsprechend vorher: »... omne accidens est abstractum quoddam, sola vero substantia est concretum ...« (P. II 458).

und Weisen, in denen die Substanz jeweilig existiert [212]. Indem die Substanz von einem ihrer Accidentien aus betrachtet wird, gilt sie insofern als fertig vorliegend, als das in Rede stehende Accidens einer bestimmten Phase der Entwicklung der Substanz entspricht, die diese im Durchgang durch andere Phasen und die ihnen entsprechenden Accidentien erreicht hat, und von der aus sie zu weiteren Phasen und künftigen Accidentien fortschreiten wird. Mit anderen Worten, auch der Gesichtspunkt hat seine Berechtigung, von dem aus die Substanz, die sich in gewisse Accidentien entfaltet als *natura naturata* erscheint. Von da aus läßt sich die Frage nach dem »principium naturandi« stellen, das eben diese *natura naturata* erzeugt. Zur Erläuterung sei eine mathematische Folge herangezogen, von der aber nicht das allgemeine Bildungsgesetz, sondern eine Anzahl ihrer Glieder gegeben ist. Man kann sich dann die Aufgabe stellen, das Gesetz der Folge aus den vorliegenden Folgegliedern her zu entdecken, es aus seiner Verkörpertheit in den Folgegliedern in begrifflicher Reinheit herauszulösen [213].

Dieses Beispiel mag die Situation des menschlichen Geistes illustrieren, der sich seiner selbst als Substanz bewußt werden kann. Für den menschlichen Geist besteht nicht die Möglichkeit, einen Standpunkt außerhalb seiner selbst einzunehmen, von dem aus er das Gesetz seiner eigenen Entwicklung erfassen könnte. Vielmehr ist der menschliche Geist in seine Entfaltung hineingezogen, indem er von einer Etappe seines Werdens zur nächsten fortschreitet. Damit er das Gesetz seiner Entwicklung erfassen könnte (sofern er überhaupt dazu fähig ist), müßte der menschliche Geist diese Entwicklung selber durchmachen. Ihm ist das Gesetz seiner Entwicklung nur in seiner verkörperten Form, als in den Accidentien und Zuständen, den Phasen seiner Entwicklung — der *natura naturata* — niedergeschlagen zugänglich, soweit es ihm überhaupt zugänglich ist. Unsere einschränkenden Zusätze beziehen sich darauf, daß — wie oben [214] dargelegt — wir zwar ein allgemeines und abstraktes Wissen um Substantialität überhaupt haben, wir zwar ferner wissen, daß wir Substanzen sind, und daß zu uns ein generatives Prinzip unserer Zustände, bzw. ein vollständiger Begriff gehört, daß wir aber weder das generative Prinzip noch den vollständigen Begriff in seinen Einzelheiten kennen. Der Versuch, eine solche Kenntnis zu erlangen, erfordert — wie

---

212 Siehe Malebranche, *Entretiens sur la métaphysique et sur la religion* I, II: »Comme la modification d'une substance n'est que la substance même de telle ou telle façon, il est évident que l'idée d'une modification renferme nécessairement l'idée de la substance dont elle est la modification« (*Oeuvres de Malebrache* XII 34) und *Méditations chrétiennes et métaphysiques* IX, XXIII auf völlig Cartesianischer Linie: »Parce que toute manière d'être ne peut subsister sans quelque substance, la manière d'un être n'étant que l'être ou la substance même d'une certaine façon« (*Oeuvres* X 105). Ebenso Kant, *Kritik der reinen Vernunft* A 186 f = B 229 f: »Die Bestimmungen einer Substanz, die nichts anderes sind, als besondere Arten derselben zu existieren, heißen Accidenzen«.

213 Siehe bei Couturat, *La logique de Leibniz* Kap. VI §§ 37 ff. die Darstellung der Leibnizischen Methodologie der Induktion.

214 Kap. III § 5 c.

oben [215] ausgeführt wurde — eine ins Unendliche gehende Analyse, die die Möglichkeiten und Fähigkeiten des menschlichen Geistes übersteigt.

Mit der Aufgabe, die Struktur der Substanz von ihren Accidentien her zu erschließen, wobei selbstverständlich sämtlichen Accidentien Rechnung zu tragen ist, sind wir wieder auf die Lehre vom »vollständigen Begriff der individuellen Substanz« und auf die Deutung dieser als Gesamtinbegriff ihrer Accidentien oder Prädikate zurückgeführt. Diese Lehre steht mit der kombinatorischen Auffassung des Begriffs [216] in engstem Zusammenhang, der sich in der vorhin [217] vorgetragenen Interpretation der individuellen Substanz als ontologischem Äquivalent ihres vollständigen Begriffes bekundet. Auf der anderen Seite ist die Fassung der Substanz als erzeugendes Prinzip ihrer Accidentien aus der Theorie der generativen Definition erwachsen [218]. Den beiden Fassungen des Substanzbegriffs entsprechen die zwei Logiken, mit denen Leibniz operiert.

Vorübergehend sei erwähnt, daß auch Mahnke [219] bei Leibniz eine doppelte Logik unterscheidet: die Inhaltslogik und die Umfangslogik. Während die erstere auf die Monade in ihrer Abgeschlossenheit und Selbstgenügsamkeit bezogen ist, muß die Umfangslogik herangezogen werden, um der Einbezogenheit der Monade in die universelle Gesetzmäßigkeit Genüge zu tun. So entsprechen nach Mahnke der doppelten Logik zwei einander entgegengesetzte, aber gleichberechtigte Standpunkte in Bezug auf die Substanz. Nun hat Leibniz die Umfangslogik als bloße Umkehrung der Inhaltslogik angesehen; hier brauchen wir auf die Frage der Richtigkeit seiner Anschauung nicht einzugehen [220]. Schwerer fällt der Umstand ins Gewicht, daß gemäß den obigen [221] Ausführungen das Universum, dem die Monade angehört, mitsamt seiner Gesetzmäßigkeit in der inneren Struktur der Monade eingezeichnet und in diesem Sinne vertreten ist, so daß es im Prinzip wenigstens mit den Mitteln der Inhaltslogik, d. h. durch Analyse des in Rede stehenden vollständigen Begriffs entdeckt und expliziert werden kann. Auch wir finden bei Leibniz eine doppelte Logik, der zwei mögliche Gesichtspunkte der Betrachtung der Substanz entsprechen. In Abweichung von Mahnke gründen wir aber die von uns getroffene Unterscheidung darauf, ob die Substanz in Hinsicht auf das Gesetz ihres Werdens oder als im Werden begriffen und teilweise bereits geworden, d. h. in ihre Zustände entfaltet, in Rede steht. Es sind die gleichen Begründungen, mit denen wir soeben für die Berechtigung der

[215] Kap. II § 6 a.
[216] Kap. II § 1 d.
[217] Dieses Kap. § 2 b.
[218] Dieses Kap. § 5 a.
[219] Mahnke, *Leibnizens Synthese* S. 35 ff.
[220] Siehe zu dieser Frage Couturat, *La logique de Leibniz* Kap. I §§ 13 f, 18 f, Kap. VIII §§ 19 und 23; ferner — gegen Couturat — v. Aster, *Geschichte der neueren Erkenntnistheorie* S. 286 Anm. 2 und Kauppi, *Über die Leibnizsche Logik* S. 209 ff, 231 f, 251 ff.
[221] Kap. V § 3 c.

Auffassung der individuellen Substanz als ontologisches Äquivalent ihres vollständigen Begriffes eingetreten sind, und die wir früher [222] für das relative Recht der Subjekt-Prädikat-Logik geltend gemacht haben.

Angesichts der oben [223] erwähnten Unzulänglichkeiten und Ergänzungsbedürftigkeit der analytischen Urteils- und Wahrheitslehre sowie der ihr zu Grunde liegenden Auffassung vom Begriff als multiplikative Kombination besteht die Versuchung, diese Lehren als bloß historische Restbestände bei Seite zu schieben — wie Cassirer [224] es tut — und eine entsprechende Haltung gegenüber der Lehre von der Substanz im Sinne ihres vollständigen Begriffes einzunehmen. Mehrere Gründe stehen diesem Vorgehen entgegen; Leibniz hat die aus der Subjekt-Prädikat Logik stammende Lehre von dem vollständigen Begriff der individuellen Substanz und die ihr entsprechende Auffassung der letzteren vertreten. Er hat die Methode der Realdefinition durch vollständige Analyse nicht nur aufgestellt und entwickelt, sondern ihr sogar eine gewisse Vorzugsstellung vor der Methode der generativen Definition eingeräumt [225]. Schließlich ist es ganz allgemein berechtigt, die Dinge nicht nur sub specie des Gesetzes ihres Werdens, sondern auch sub specie ihres Geworden-seins, als *naturae naturatae* zu betrachten. Im Unterschied zu Cassirer sind andere Autoren der Vielheit der Aspekte des Leibnizischen Substanzbegriffs in höherem Maße gerecht geworden. Nach Martin [226] überlagern sich bei Leibniz drei Definitionen der Substanz: 1. als letztes Substrat aller Eigenschaften und Attribute, 2. als das durch allen Wandel hindurch sich identisch Erhaltende und diesem Wandel zu Grunde liegende, 3. als wesentlich durch Aktivität und Spontaneität (»vis activa«) bestimmt. Obwohl Martin die dritte Definition der Substanz als die im Leibnizischen Sinne eigentliche betrachtet, betont er Leibnizens Bemühungen, den Zusammenhang mit der platonisch-aristotelischen und scholastischen Tradition aufrecht zu erhalten. Hartshorne [227] findet bei Leibniz zwei Auffassungen vom Individuum. Nach der einen, die aus der Lehre vom vollständigen Begriff stammt, liegt das individuelle Subjekt mit allen seinen Prädikaten fertig vor; nach der anderen ist es im Wandel begriffen, hat eine Zukunft vor sich und ist niemals völlig fertig. Im Sinne unserer Aufstellungen läßt sich sagen, daß die erste Auffassung der Betrachtung der individuellen Substanz als geworden, die zweite der als im Werden begriffen entspricht, die noch von der ebenfalls möglichen Auffassung der Substanz sub specie des *Gesetzes* ihres Werdens zu unterscheiden ist. Nach Hartshorne hat Leibniz versucht, die beiden erwähnten Deutungen der individuellen Substanz miteinander zu vereinen, allerdings, wie er meint, mit zweifelhaftem Erfolg.

[222] Kap. II § 3 d.
[223] Kap. II § 3 b.
[224] S. 82 f.
[225] Kap. II § 3 a.
[226] Martin, *Leibniz* S. 159 ff.
[227] Hartshorne, »Leibniz's greatest discovery«, *Journal of the History of Ideas* VII (1946) S. 420 f.

Auch unsere Interpretation setzt sich zum Ziel, die zwei Auffassungen der Substanz miteinander zu vereinen. Eine derartige Vereinigung kann aber nicht äußerlicher Natur sein. Oben [228] haben wir geltend gemacht, daß wegen ihrer Unzulänglichkeiten die Subjekt-Prädikat-Logik bei Anerkennung ihres relativen Rechts an der Logik der generativen Definition eine Stütze finden und in diesem Sinne auf sie zurückbezogen werden muß. Entsprechend erfordert die Auffassung der Substanz als ontologisches Äquivalent ihres vollständigen Begriffes eine neue Interpretation oder Reform, indem sie Bestimmungen und Elemente in sich aufnimmt, die aus der Definition der Substanz als erzeugendem Prinzip ihrer Accidentien stammen.

b. Grund der Einheit der Accidentien

Beim Versuch, den Zugang zur Substanz von ihren Accidentien her zu finden, darf kein Accidens herausgelöst und für sich genommen werden, denn damit würde es seinen Sinn als *Accidens einer Substanz* verlieren und zu einem Abstraktum, sogar einem verabsolutierten Abstraktum werden. Vielmehr muß das in Rede stehende Accidens auf die Substanz als solche und als ganze bezogen bleiben oder, was damit gleichbedeutend ist, es muß in seinem Zusammenhang mit allen anderen Accidentien derselben Substanz, den gegenwärtigen sowohl als auch den früheren und späteren, gesehen werden. Wiederum finden wir uns vor der bereits früher [229] aufgeworfenen Frage nach der Einheit des Gesamtbegriffs der Accidentien einer Substanz und nach dem Prinzip dieser Einheit.

Offenbar wäre es absurd, das Prinzip der Einheit der Accidentien als ein weiteres zusätzliches Accidens zu fassen. Die Frage nach der Einheit der Accidentien ist gleichbedeutend mit der nach der Individualität oder Identität der Substanz gegenüber ihren mannigfaltigen Accidentien, gegenüber vor allem dem unaufhörlichen Wechsel, in dem die Accidentien begriffen sind. An Identischem gibt es hier nichts anderes als das identische Gesetz der Reihe der Accidentien oder des Übergangs von Accidens zu Accidens [230]. Auf diesem identischen Gesetz beruht aller Sinn, in dem von der Identität »ejusdem subjecti mutati seu monadis«, die Rede sein kann. »Legem quandam esse persistentem, (id) quae involvat futuros ejus quod ut idem concipimus status, id ipsum est quod substantiam eandem constituere dico.«[231] Das der jeweiligen Substanz eigene Individualgesetz

---

[228] S. 85 ff.
[229] S. 300 ff.
[230] Dieses Kap. § 5 d.
[231] *An de Volder*, 21/I 1704 (P. II 264). Entsprechend *Théod.* III 291: die Individualität einer jeden einfachen Substanz »consiste dans la loi perpétuelle qui fait la suite des perceptions ... qui naissent naturellement les unes des autres ...« (P. VI 289) und *Eclaircissement*: »... cette loi de l'ordre qui fait l'individualité de chaque substance particulière, a un rapport exact à ce qui arrive dans toute autre substance, et dans l'univers tout entier« (P. IV 518). Der letztgenannte Text bestätigt wiederum unsere Deutung, nach der es sich bei der universellen Harmonie nicht um eine

ist — wie wir dargelegt haben [232] — von Leibniz als dynamisiert und als sich selbst realisierend gefaßt. Folglich begründet die Identität des Gesetzes die Einheitlichkeit einer Tätigkeit, die nichts anderes ist als die Selbstentfaltung und Selbstrealisierung des Gesetzes [233]. Auf dieser Einheitlichkeit der Tätigkeit, und auf ihr allein, beruht die Identität der Substanz; ohne diese einheitliche Tätigkeit gäbe es nichts, das identisch wäre oder dauernden Bestand besässe [234]. Mit der Frage nach der Einheit des Gesamtinbegriffs der Accidentien wird man auf den Prozeß der Bildung dieses Inbegriffs geführt, auf die aktive Erzeugung der Accidentien, einen generativen Prozeß, dessen Einheitlichkeit auf einem Gesetz beruht. Dieses Gesetz bildet den Grund und die Quelle wie der Tätigkeit selbst so auch der Einheit des Inbegriffs der durch diese Tätigkeit erzeugten Accidentien [235]. Mit anderen Worten, *selbst wenn man die Substanz als fertig vorliegendes Gebilde nimmt, muß man, was ihre Identität und die Einheit ihrer Accidentien angeht, die letzteren auf den Prozeß ihres gesetzlich-einheitlichen Werdens zurückbeziehen und in diesem Prozeß zurücknehmen; man muß sie als in diesem Prozeß geworden und in ihm weiter werdend verstehen.* Der Zusammenhang zwischen den Accidentien kann nur auf dem sie erzeugenden Prinzip beruhen, das, indem es als *natura naturans* sich selbst verwirklicht, sie aus sich hervorgehen läßt, so daß sie als Hervorgegangene den Sinn von *natura naturata* annehmen.

Bei dieser Sachlage geht es nicht an, die Substanz mit Jalabert [236] gleichzeitig als Substrat oder Inhärenzprinzip wie auch als Gesetz und als Ursache oder Quelle aller ihrer Modifikationen zu bezeichnen. Weder lassen sich die Bestimmungen koordiniert nebeneinander stellen, ohne daß nach einer Beziehung zwischen ihnen gefragt wird, noch ist im Grunde in der Leibnizischen Theorie der Substanz Raum für einen rein substrathaften Bestand, der lediglich als Inhärenzprinzip der Prädikate oder Accidentien figurieren würde, ohne sachlichen Bezug auf deren Gehalt zu haben [237]. Sofern das Inhärenzprinzip den Zusammenhang der Accidentien untereinander erklären soll, ist damit ein echtes Problem bezeichnet, dessen Lösung aber auf dem Boden der Auffassung der Substanz als generativem

nachträgliche Angleichung der Substanzen aneinander handelt, sondern daß die Ausgerichtetheit aufeinander ein der Verfassung jeder Substanz immanentes Strukturmoment bildet. Um es anders auszudrücken: die die Substanzen jeweils individuell konstituierenden Gesetze stellen insgesamt Abwandlungen eines und desselben übergeordneten Gesetzes oder Fundamentalbegriffs dar (siehe Kap. V § 2 b, § 4 b, dieses Kap. § 5 e).

232 Dieses Kap. § 5 b.

233 Siehe den S. 313 f. zitierten Text über den Sinn von »agir uniformément«.

234 *De ipsa natura* 8: »... a me explicatum est ... ipsam rerum substantiam in agendi patiendique vi consistere: unde consequens est, ne res quidem durabiles produci posse, si nulla ipsis vis aliquamdiu permanens divina virtute imprimi potest« (P. IV 508).

235 *An de Volder*, 20/VI 1703: »... eosdem esse actionis et unitatis fontes« (P. II 249).

236 Jalabert, *La théorie leibnizienne de la substance* S. 60 f, 70 ff, 151, 233 f.

237 Janke, *Leibniz* S. 73 f.

Prinzip ihrer Accidentien gefunden werden muß. Zweifellos gibt es — wie Belaval in seiner Auseinandersetzung mit Russell ausführt [238] — ein »proprium quid« jenseits der Prädikate. Dieses ist aber in der Spontaneität der Substanz zu suchen, die darum nicht mit den Prädikaten, weder einzeln noch kollektiv genommen, gleichgesetzt werden kann, weil diese aus ihr hervorgehen. Aus ähnlichen Überlegungen können wir auch Gueroult [239] nicht folgen, der im Hinblick auf die unwiederholbare Einmaligkeit und Einzigkeit der Substanz und ihre selbstgenügsame Abgeschlossenheit in ihrem Inneren oder auf ihrem Grunde ein Konvergenzzentrum ansetzt, in dem eine Unendlichkeit von Prädikaten ihre Einheit findet. Dieses Konvergenzzentrum stellt sich Gueroult als ein einfaches, mit jedem anderen unvergleichbares und ihm gegenüber absolut heterogenes Element dar, einen in seinem An-sich nicht zugänglichen und für sich nicht faßbaren Kern unauflöslichen Wesensbestandes, der die Grundlage für den der jeweiligen Substanz eigenen »Gesichtspunkt« abgibt und die Synthese der Prädikate ermöglicht, dank derer sie nicht einen bloßen Haufen bilden. In einem späteren Zusammenhang [240] werden wir ausführlich auf Gueroults Interpretation eingehen, die wir uns nicht zu eigen machen können, weil keine der Bestimmungen des Leibnizischen Substanzbegriffs den Ansatz eines eigenen Kernbestandes, eines besonderen Konvergenzpunktes oder Bezugszentrums für Synthesen der Prädikate zu erfordern scheint. Was diese Synthesen angeht, so besteht zwischen den Prädikaten ein Zusammenhang auf Grund ihres gemeinsamen Hervorgehens aus demselben Gesetz, bzw. aus derselben Tätigkeit, die dieses Gesetz verwirklicht. Allerdings ist es eine Aufgabe, den so begründeten Zusammenhang zwischen den Accidentien einer Substanz des Näheren zu spezifizieren.

Auf die gleiche Aufgabe und das gleiche Problem führt die bei Leibniz häufig auftretende Wendung: »le présent est gros de l'avenir et chargé du passé ...«[241] Jeder gegenwärtige Zustand einer individuellen Substanz begreift die Spuren aller ihrer vergangenen und die Vorankündigungen aller ihrer zukünftigen Zustände in sich [242]. Prinzipiell kann daher aus dem jeweils gegenwärtigen Zustand einer Substanz, wenn dieser Zustand in hinreichender Distinktheit gegeben ist,

---

[238] Belaval, *Leibniz* S. 265 ff.

[239] Gueroult, »Substance and the primitive simple notion in the philosophy of Leibniz«, *Philosophy and Phenomenological Research* VII (1946) und »La constitution de la substance chez Leibniz«, *Revue de Métaphysique et de Morale* LII (1947).

[240] S. 447 ff.

[241] *Nouv. Ess.* Préface (P. V 48); an Bayle, 1702: »... le présent est toujours gros de l'avenir, ou ... chaque substance doit exprimer dès à présent tous ses états futurs« (P. III 66); an de Volder, 20/VI 1703: »... ubique (in rebus completis scilicet) praesens est praegnans futuri, ut in praesenti statu omnes futuri praestabiliantur« (P. II 248); an des Bosses, 19/VIII 1715: »... haec ipsa natura substantiae est, ut praesens sit gravidum futuro et ex uno intelligi possint omnia ...« (P. II 503).

[242] Siehe die S. 288, Anm. 45 und S. 289, Anm. 49 angeführten Belegstellen.

die ganze Vergangenheit und Zukunft dieser Substanz erschlossen und herausgelesen werden [243].

Wie ist das Enthaltensein der vergangenen und zukünftigen Zustände einer Substanz in ihrem gegenwärtigen Zustand zu verstehen? Handelt es sich bei diesen Spuren und Vorankündigungen um voneinander unabhängige und zueinander beziehungslose Komponenten, die in wechselnden Graden von Distinktheit, und die meisten von ihnen im Modus völliger Indistinktheit, lediglich nebeneinander liegen und auch neben jenen weiteren Komponenten liegen, die den (in einem prägnanten Sinne genommenen) gegenwärtigen Zustand bilden? Bei dieser Auffassung, die übrigens durch den Vergleich mit dem Rauschen des Meeres [244] nahegelegt wird, erweist sich der jewilige Zustand einer Substanz als eine bloße Summe von Komponenten, wobei das Wort »Summe« die gegenseitige Unabhängigkeit und innere Unverbundenheit der bloß miteinander zusammen vorliegenden Komponenten bezeichnet. Beim Übergang von einem Zustand zum anderen verbleibt immer der gleiche Bestand an Komponenten; der Wechsel betrifft lediglich den Grad der Distinktheit. Insofern als bei allen Zuständen die gleichen Komponenten vorliegen, ließe sich auch auf dem Boden dieser Auffassung sagen, daß jeder einzelne Zustand einer Substanz diese als ganze darstellt. Der Deutung eines Zustandes einer Substanz als Summe seiner Komponenten entspricht die von Russell vertretene Auffassung der Substanz als Gesamtinbegriff ihrer Zustände oder Accidentien [245]. Beide Auffassungen wurzeln letzten Endes in der oben [246] dargestellten kombinatorischen Theorie des Begriffes.

Die soeben vorgetragene Interpretation ist aber mit wesentlichen Leibnizischen Lehren unverträglich. Stellte der jewilige Zustand einer Substanz eine bloße Summe von Komponenten dar, so würden diese eben wegen ihrer inneren Beziehungslosigkeit zueinander sich als »partes extra partes« erweisen, wenn auch nicht in räumlichem Sinne [247]. Der jewilige Zustand einer Substanz könnte dann nicht als Einheit einer Perzeption, als Einheit einer Vielheit von Komponenten [248] bezeichnet werden, denn es gäbe nichts anderes als eben die Vielheit nebeneinander liegender Komponenten. Entsprechendes würde für die Substanz als ganze, nämlich als Gesamtinbegriff ihrer aufeinander folgenden Zustände gelten. Da die Substanz kein Aggregat ist, und da auch umgekehrt nichts, was den Charakter eines Aggregats hat, eine Substanz sein kann [249], würde Parkinsons Bemerkung zu Recht bestehen, daß Leibniz die Substanz nicht mit ihrem vollstän-

---

[243] *Disc.* 14: »... si j'étais capable de considérer distinctement tout ce qui m'arrive ou paraît à cette heure, j'y pourrais voir tout ce qui m'arrivera ou me paraîtra à tout jamais ...« (*Le Roy* S. 51).
[244] *Disc.* 33 und an Arnauld, 30/IV 1687 (*Le Roy* S. 71 f und 159 f).
[245] S. 296 ff.
[246] Kap. II § 1 d.
[247] S. 168.
[248] S. 158 f.
[249] Kap. IV § 1 b und c.

digen Begriff hat identifizieren wollen [250] oder — wie wir es interpretieren — sie als dessen ontologisches Äquivalent aufgefaßt hat, wofern der vollständige Begriff als multiplikative Kombination von Komponenten verstanden wird. Um dem Enthaltensein der Vergangenheit und Zukunft in dem gegenwärtigen Zustand der Substanz Genüge zu tun, muß die aus der Theorie der generativen Definition herstammende Auffassung der Substanz als erzeugendes Prinzip ihrer Accidentien herangezogen werden. »... cum omnis series ordinata involvat regulam continuandi seu legem progressionis, ideo Deus, qualibet parte seriei perspecta, omnia praecedentia et sequentia in ipsa videt.«[251] *Der Zusammenhang zwischen den Accidentien einer Substanz ebenso wie der zwischen Komponenten eines Accidens beruht auf ihrer aller Abkünftigkeit von demselben erzeugenden Prinzip, das allerdings nicht außerhalb oder oberhalb der Accidentien anzusetzen ist, wie z. B. das allgemeine Glied oder Gesetz einer mathematischen Folge gegenüber den einzelnen Folgegliedern, sondern vielmehr als in den Accidentien, in jedem von ihnen, niedergeschlagen und verkörpert, weil es gemäß der panlogistischen These als deren natura naturans fungiert.* Somit erweist es sich als die Hauptaufgabe der Analyse der Substanz, als *natura naturata* betrachtet, dem erzeugenden Prinzip in seiner Verkörperung in jedem Accidens nachzugehen, s. z. s. die Wirksamkeit dieses Prinzips in seiner Verkörpertheit herauszustellen und den darauf gegründeten Zusammenhang des betr. Accidens mit den anderen Accidentien, und zwar sämtlichen, der in Rede stehenden Substanz aufzuklären.

c. Innerer Zusammenhang zwischen den Accidentien

Zur Erläuterung des Enthaltenseins der Vergangenheit und vor allem der Zukunft in der Gegenwart beruft sich Leibniz auf die Mathematik[252]. Genauer gesagt, handelt es sich um die Infinitesimalrechnung. In der hier interessierenden Hinsicht ist Leibnizens Bestimmung der Infinitesimalien überaus aufschlußreich. »... infinite parva concipimus non ut nihila simpliciter et absolute, sed ut *nihila respectiva* ..., id est ut evanescentia quidem in nihilum, retinentia tamen characterem ejus quod evanescit.«[253] Beim Übergang zur Grenze wird die Größe, um die es sich handelt, nicht einfach Null, sondern behält im Verschwinden, d. h. im Prozeß des beliebig klein Werdens, wesentliche Züge bei, die sie vor dem Grenzübergang besaß. In ähnlichem Sinne läßt sich Leibnizens Bemerkung »esse in loco est per locum transire«[254] innterpretieren. Zur Charakterisierung des je-

---

[250] Parkinson, *Logic and reality in Leibniz's metaphysics* S. 135.
[251] *An Fardella*, März 1690 (*Foucher de Careil*, N. L. O. S. 318). Wie aus dem Vorangehen ersichtlich, hier den Ausdruck »series« in doppelter Bedeutung verwendet. Erstens geht er auf das zur Existenz zugelassene Universum als ganzes, das aus unendlich vielen Substanzen besteht, zweitens auf diese Substanzen selbst, »quarum unaquaeque infinitam operationum seriem exhibet«.
[252] *Von dem Verhängnisse* (*Leibnitz's Deutsche Schriften*, hrsg. von G. E. Guhrauer, II 48 f.
[253] *An Grandi*, 6/IX 1713 (*M.* IV 218).   [254] *Jagodinsky* S. 26.

weils gegenwärtigen Zustands eines sich bewegenden Körpers genügt es nicht, die Position allein in Betracht zu ziehen, die er in dem betr. Zeitpunkt einnimmt. Ferner muß berücksichtigt werden die Richtung, aus der er kommt, diejenige, in welche er geht, die unter Umständen wechselnde Geschwindigkeit seiner Bewegung usw. In der Infinitesimalrechnung genügt man sich nicht damit, einen Punkt durch seine bloße Lage (seine Coordinaten) zu charakterisieren, sondern man zieht Ableitungen beliebiger Ordnung heran. Die Infinitesimalrechnung wird damit zum theoretischen Instrument, mit dessen Hilfe es möglich ist, einen einzelnen Punkt als Vertreter und Ausdruck der Kurve, der er angehört, zu sehen, gleichsam die Kurve in ihrem Gesamtverlauf in dem betr. Punkt zu konzentrieren [255]. Dank der Infinitesimalrechnung kann die Bestimmtheit des gegenwärtigen Zustands durch die vergangenen und zukünftigen, bzw. das Enthaltensein der letzteren in den ersteren in konkreter Form gefaßt und der mathematischen Behandlung zugänglich gemacht werden [256]. Voraussetzung dafür ist das Vorliegen eines Gesetzes funktionaler Abhängigkeit als erzeugenden Prinzips, dem gemäß die aufeinander folgenden Zustände auseinander hervorgehen.

Wenden wir diese Überlegungen auf die Substanz an, gedeutet als ein erzeugendes Prinzip all ihrer Zustände und Accidentien. In dieser Betrachtung werden die Accidentien auf die sie erzeugende Tätigkeit zurückbezogen und gewissermaßen in diese zurückgenommen. Damit erhalten die Accidentien den Sinn von Etappen oder Phasen eines gesetzlich einheitlichen Prozesses, nämlich des Werdens- und Entfaltungsprozesses der in Rede stehenden Substanz. Indem dieser Prozeß zu einem bestimmten Accidens führt, d. h. dieses aus sich hervorgehen läßt, schlägt er sich in ihm nieder. In dem jeweils gegenwärtigen Zustand ist der ihn erzeugende Prozeß in seiner einheitlichen Gesetzlichkeit verkörpert. Anders ausgedrückt, das jeweilig gegenwärtige Accidens trägt das generative Prinzip, dem es entstammt, und den Prozeß, in dem sich dieses Prinzip realisiert, in seiner Gänze, folglich sämtliche Phasen des Prozesses, sowohl die bereits durchlaufenen wie auch die noch zu durchlaufenden, als Momente seiner Bestimmung in sich [257]. Das ist aber nicht dahin zu verstehen, als ob Spuren vergangener und Vorankündigungen zukünftiger Zustände einer Substanz zu ihrem gegenwärtigen Zustand hinzuträten und diesen als bloß zusätzliche

---

[255] Cassirer, *Leibniz's System* S. 180.

[256] Id., *Freiheit und Form* S. 51.

[257] Der Zusammenhang zwischen dem sich selbst realisierenden generativen Prinzip — auch »puissance active« und »vis« genannt — und dem Enthaltensein besonders der späteren Zustände im gegenwärtigen ist in einigen Texten recht explizit formuliert. So z. B. wird in *Disc.* 29 der Seele eine »puissance active« zugesprochen, »en vertu de laquelle il y a toujours eu dans sa nature des marques de la production future de cette pensée et des dispositions à la produire en son temps« (*Le Roy* S. 66); *an de Volder*, 19/I 1706: »Pro demonstrato habeo ... esse substantiae essentiale, ut status ejus praesens involvat futures, et vice versa, neque aliunde *vis* peti potest, aut ratio transitus ad novas perceptiones« (*P.* II 282).

Komponenten umgäben und begleiteten. Eine solche Auffassung ließe sich, wie Cassirer bemerkt, allenfalls in Bezug auf die Vergangenheit vertreten, keineswegs aber hinsichtlich der Zukunft. Folglich muß nach Cassirer die Bestimmung der Gegenwart durch Vergangenheit und Zukunft sowohl wie die Kraft, die hierbei im Spiele ist, auf einem »reinen Begriff des Denkens« beruhen, auf einer »notwendigen Funktion des Bewußtseins«, durch welche ein Zusammenhang zwischen dem gegenwärtigen Zustand und den vorangegangenen wie zukünftigen ausdrücklich gestiftet wird [258]. Gemäß der hier vertretenen panlogistischen Interpretation nehmen wir das, was Cassirer in seiner neo-kantischen Orientierung einer spezifischen Leistung der Bewußtseinsfunktion zuschreibt, die an dem vorgegebenen gegenwärtigen Zustand vollzogen wird, als ein eben diesem Zustand immanentes und inhärentes Moment in Anspruch, als in dessen Struktur eingezeichnet. Die Bestimmtheit der Gegenwart durch Vergangenheit und Zukunft besagt also weder das Hinzutreten zusätzlicher Komponenten noch die Stiftung eines Zusammenhanges, der dem gegenwärtigen Zustand »von außen her« auferlegt wird. Vielmehr ist der gegenwärtige Zustand durch den ihn erzeugenden Prozeß durch und durch bestimmt, so daß er weiterer Bestimmungen weder bedürftig noch fähig ist. Da derselbe generative Prozeß *alle* Accidentien der Substanz hervorgehen läßt, da er nichts anderes ist als die gesetzlich geregelte Erzeugung aller dieser Accidentien, *besagt die Bestimmung des gegenwärtigen Accidens durch den generativen Prozeß als ganzen, d. h. durch alle seine Phasen, dessen Bestimmung durch sämtliche Accidentien der fraglichen Substanz, die früheren wie die späteren.* Zwischen allen diesen Accidentien besteht ein innerer Zusammenhang im oben [259] definierten Sinne: sie bilden ein System, dessen Glieder sich wechselseitig erfordern, qualifizieren und einander gegenseitig zu dem machen, was ein jedes von ihnen an seiner Stelle ist. Wäre irgendein zukünftiger Zustand einer Substanz ein anderer, so könnte auch ihr gegenwärtiger Zustand nicht der sein, der er ist, aber auch kein vergangener; denn jede auch noch so entfernte Zukunft ist ja Zukunft in Bezug auf die Gegenwart und Vergangenheit und hat vermöge der gemeinsamen Herkunft aller Accidentien aus demselben generativen Prinzip zur Ausprägung einer noch so entfernten Vergangenheit ihren Beitrag geleistet.

Die Wendung, daß die Gegenwart die Vergangenheit in sich trägt und enthält, ist nicht als eine Metapher dafür zu verstehen, daß der gegenwärtige Zustand einer Substanz rein äußerlich durch ihre vergangenen Zustände beeinflußt ist. Vielmehr interpretieren wir den Ausdruck »enthalten« dahin, daß die Substanz in ihrem gegenwärtigen Zustand immer noch die ist, die sie in der Vergangenheit war, weil dieser gegenwärtige Zustand seiner inneren Struktur nach durch die vergangenen Zustände qualifiziert ist. Das Entsprechende gilt für die Zukunft, welche die Gegenwart in ihrem Schosse trägt: In ihrem gegenwärtigen Zustand ist die Substanz bereits virtuell, was sie zu einem späteren Zeitpunkt aktuell sein wird,

---

[258] Cassirer, *Leibniz's System* S. 292 f und 296 f.
[259] S. 55 ff.

insofern als der gegenwärtige Zustand seiner ihm wesentlichen Bestimmtheit nach auf die Zukunft hin orientiert ist, und zwar nicht auf irgendeine Zukunft schlechthin, sondern auf eine ganz bestimmte, zunächst die unmittelbar bevorstehende: »la créature (est) prédéterminée par son état précedant, qui l'incline à un parti plus qu'à l'autre . . .«[260] Indem die Entwicklung der Substanz als Aktualisierung von Virtualitäten gefaßt wird, kann von dem späteren Zustand gesagt werden, daß er auf den früheren nicht bloß folgt, sondern aus ihm erfolgt, hervorgeht und erwächst[261]. Weil das generative Prinzip in seiner Selbstverwirklichung sich in jedem erzeugten Zustand niederschlägt (und damit dieser durch die ganze Vergangenheit und Zukunft der betr. Substanz qualifiziert wird), ist es möglich, in dem gegenwärtigen Zustand einer Substanz alle ihre vergangenen und zukünftigen Zustände zu sehen[262]. Solches »Sehen« besagt nicht Entwirren einer Unmenge von innerlich unverbundenen und lediglich zugleich miteinander vorhandenen Komponenten, sondern Erschließung von qualifizierenden und zur inneren Bestimmung beitragenden Momenten. Die Auffassung der Substanz als erzeugendes Prinzip ihrer Accidentien, die ihrerseits auf der Theorie von der generativen Definition beruht, ermöglicht es, von der Einheit und Identität der Substanz in einem mehr als nur formalen Sinne Rechenschaft zu geben[263], nämlich ihrer Individualität Genüge zu tun, und zwar auf dem Wege der Erschließung ihrer Struktur. Darin tritt die Vorzugstellung zu Tage, die der in Rede stehenden Auffassung der Substanz wie der dieser zu Grunde liegenden Logik der generativen Definition zukommt.

Aus der vorgetragenen Deutung des Verhältnisses der Accidentien einer Substanz zueinander ergibt sich eine neue Interpretation ihres »vollständigen Begriffs«. Auch weiterhin kann man von dem Gesamtinbegriff der Accidentien und Prädikate sprechen, allerdings nicht im Sinne einer multiplikativen Kombination, in welcher die Accidentien lediglich zueinander hinzutreten und innerlich unverbunden nebeneinander stehen. Gesamtinbegriff bedeutet vielmehr systematischen Verband, den die Accidentien dadurch bilden, daß sie einander enthalten,

---

[260] *Théod.* I 47 (P. VI 129).

[261] *Rorarius*: ». . . pensées présentes, dont naissent les suivantes . . . *le présent est gros de l'avenir*« (P. IV 563); *Monad.* 22 (P. VI 610); unter besonderem Bezug auf das Prinzip der Kontinuität, *an Varignon*: »Selon moi tout est lié dans l'univers, en vertu de raisons de métaphysique de manière que *le présent est toujours gros de l'avenir, et qu'aucun état donné n'est explicable naturellement, qu'au moyen de celui, dont il a eté précédé immédiatement*« (Cassirer, *Hauptschriften* II 556 f).

[262] *Éclaircissement*: ». . . celui qui voit tout, voit dans son état présent tous ses états passés et à venir« (P. IV 518); *an de Volder*, 23/VI 1699 (P. II 184 f; die Stelle ist S. 309, Anm. 161 in extenso zitiert).

[263] Belaval, *Leibniz critique de Descartes* S. 394 f: »Leibniz en vient . . . à définir l'essence moins *sicut numerus* que comme *fons praedicatorum* . . . Une essence n'est plus une collection de prédicats dont la forme *maintient* le tout, elle est une série de prédicats *produits* en ordre par le tout que constitue sa loi . . . La loi de formation fait partie de l'essence au même titre que les termes«.

indem sie sich gegenseitig qualifizieren und zu dem bestimmten, was ein jedes von ihnen ist. Die Forderung Mahnkes, die »Nebeneinanderstellung in eine wirkliche Verkettung« zu verwandeln [264], wird durch die Auffassung der Substanz als System (im Sinne des inneren Zusammenhangs) ihrer Accidentien erfüllt. *Für die Einheit eines solchen Systems bedarf es keines besonderen vereinheitlichenden Prinzips, d. h. keines zusätzlichen Prinzips, das zwischen an und für sich unverbundenen und zusammenhanglosen Materialien dadurch Einheit stiftet, daß es ihnen diese auferlegt* [265]. *Seine Einheit braucht nicht erst gestiftet zu werden, da sie mit der Ausgerichtetheit der Systemglieder aufeinander gegeben ist und in dieser Ausgerichtetheit besteht .Sie beruht völlig darauf, daß diese Glieder sich wechselseitig bedingen und erfordern, daß jedes von ihnen nur in der Orientierung und mit Rücksicht auf die anderen seine es charakterisierenden Bestimmungen hat.* Wie wir betont haben [266], gehört es zum Wesen des inneren Zusammenhangs, daß jedes seiner Glieder den Zusammenhang als ganzen darstellt, in einem gewissen Sinne sogar dieses Ganze ist. Weil jeder Zustand oder jedes Accidens einer Substanz durch alle anderen qualifiziert wird, indem es sie als Momente seiner Bestimmtheit in sich faßt, und weil die Gesamtheit der Accidentien nichts anderes ist als die Gesamtheit der Bestimmungen der Substanz, kann man mit Cassirer (in einer seiner späteren Schriften) die Struktur der Monade darin sehen, daß die »Gesamtgestalt« in jeder Besonderung gegenwärtig und ungebrochen enthalten ist [267]. Das einzelne Accidens erweist sich als die Substanz selbst in der Totalität ihrer Bestimmungen, allerdings in einer gewissen einseitigen Zentriertheit, von einem bestimmten Standpunkt aus gesehen, nämlich von dem des betreffenden Accidens. Die Substanz, die als System (im Sinne des inneren Zusammenhangs) ihrer Accidentien zu verstehen ist, stellt sich als Ganze in jedem Accidens aus der jeweiligen Sicht des letzteren dar. Man kann daher die verschiedenen Accidentien als ebenso viele Zentrierungen des Gesamtsystems auf seine jeweils in Rede stehenden Glieder betrachten, geradezu als im Laufe der Zeit wechselnde »perspektivische« Erscheinungsweisen des Systems, d. h. der Substanz.

d. Strukturgleichheit der Substanz und des Accidens

Indem die Substanz als System ihrer einen inneren Zusammenhang bildenden Accidentien bestimmt wird, und indem weiterhin jedes Accidens einer Substanz sich als durch alle ihre anderen Accidentien qualifiziert erweist, stellen sich Sub-

[264] S. 86.
[265] Vgl. Kant, *Kritik der reinen Vernunft* B 130: »... unter allen Vorstellungen [ist] die Verbindung die einzige ..., die nicht durch Objekte gegeben, sondern nur vom Subjekte selbst verrichtet werden kann, weil sie ein Aktus seiner Selbsttätigkeit ist«.
[266] S. 20 und 237 f.
[267] Cassirer, *Die Philosophie der Aufklärung* S. 41; so auch schon in *Freiheit und Form* S. 65 ff, allerdings unter einschränkendem Bezug auf die Lebenserscheinungen und vor allem das Bewußtsein.

stanz und Accidens als von gleicher Struktur heraus. Diese Auffassung wird auch
von Gueroult vertreten: »Le prédicat enveloppe en lui-même la loi de la série
dont il est un des termes, tout autant que la substance enveloppe, dans la loi de
série qui constitue son essence, chacun des prédicats qui en constitue les termes.«[268] Hingegen meint Russell, daß zwar die Verbindung des Subjekts, bzw.
der Substanz mit den Prädikaten eine notwendige ist, insofern als sich aus dem
Begriffe des Subjekts alle seine Prädikate ableiten lassen, daß aber zwischen den
Prädikaten selbst eine nur kontingente Verbindung besteht, so daß aus einem
Prädikat oder auch aus mehreren die übrigen nicht mit Notwendigkeit folgen[269].
Rein formal gesehen, scheint Russell Recht zu haben: Aus der Lehre vom »vollständigen Begriff der individuellen Substanz« folgt in der Tat die Notwendigkeit
der Verbindung des Subjekts mit seinen Prädikaten, da sie alle in dem Subjektbegriff enthalten sind. Über die Verbindung der Prädikate untereinander hingegen
hat Leibniz sich nicht in hinreichend expliziter Weise geäußert, so daß man auf
hypothetische, weil indirekte Interpretation angewiesen ist.

Im gegenwärtigen Zusammenhang kommt es nicht auf die Bedeutung der Begriffe von Notwendigkeit und besonders Kontingenz an[270], sondern lediglich auf
Russells Behauptung von der Andersartigkeit der Beziehung der Substanz zu
ihren Accidentien gegenüber der zwischen diesen Accidentien bestehenden Verbindung. Nun ist es schwer zu sehen, wie das Prinzip Leibnizens, daß die Gegenwart mit der Vergangenheit belastet ist und die Zukunft im Schoße trägt,
mit Russells Deutung vereinbart werden kann, der in der Tat diesem Prinzip
kaum gerecht wird. Aufgrund dieses Prinzips besteht, wenngleich (infolge seiner
Beschränktheit) nicht für den menschlichen Geist, die Möglichkeit, durch eine
hinreichend weit getriebene Analyse des gegenwärtigen Zustands einer Substanz
ihre ganze Vergangenheit und Zukunft aus diesem Zustand zu erschließen und
herauszulesen. Diese prinzipiell bestehende Möglichkeit setzt voraus, daß alle
vergangenen und zukünftigen Zustände in irgendeiner Weise in dem gegenwärtigen »enthalten« sind, — nach der von uns vertretenen Auffassung, indem sie
als bestimmende und qualifizierende Momente in ihn eintreten. Der Zugang zur
Substanz oder zum Subjekt ist — wie Leibniz ausführlich darlegt[271] — nur von
den Attributen aus möglich. Ein Attribut mit einem Subjekt zu verbinden, besagt
nichts anderes, als es mit einer Reihe anderer Attribute zu verbinden, die alle
demselben Subjekt angehören. Diese Verbindung eines Attributs mit anderen
besteht darin, daß ihr aller Zusammentreffen in demselben Subjekt, ihre Verbindung miteinander, ihre gegenseitige Verträglichkeit, usw. aufgewiesen wird. Wir

---

[268] Gueroult, *Dynamique et métaphysique leibniziennes* S. 194.
[269] Russell, *A critical exposition of the philosophy of Leibniz* S. 10 und 28.
[270] Siehe hierzu Kap. II § 5 a.
[271] Leibniz-Handschriften XXXVII, III 1—10; Deutsche Übersetzung von W. von
Engelhardt, *Gottfried Wilhelm Leibniz, Schöpferische Vernunft* S. 322; Englische
Übersetzung von L. E. Loemker, *Gottfried Wilhelm Leibniz, Philosophical Paper
and Letters* S. 443.

nehmen diesen Text als eine Bestätigung unserer These in Anspruch, nach der die Struktur der als Gesamtbegriff ihrer Accidentien verstandenen Substanz durch die Form der Verbindung zwischen den Accidentien nicht nur bestimmt wird, sondern geradezu nichts anderes ist als eben diese Verbindungsform.

Der genannte Text erlaubt eine Interpretation des später von Leibniz gemachten Versuchs, den Unterschied zwischen Substanz und Accidens anders als Descartes zu bestimmen. Als ein mögliches Unterscheidungskriterium führt Leibniz an »quod licet substantia aliquo accidente indigeat, saepe tamen non opus habet uno determinato, sed eo sublato alterius surrogatione contenta est«; hingegen »accidens autem non tantum aliqua substantia indiget generaliter, sed etiam hac sua cui semel inest, ut eam non mutet« [272]. Den ersten Satz, gemäß dem die Substanz an sich auch ein anderes Accidens zulassen könnte, was allerdings zur Folge hätte, daß es sich um eine andere Substanz handeln würde, deuten wir im Lichte der Leibnizischen Idee von einem möglichen »anderen Adam«, oder einem möglichen »anderen Sextus Tarquinius«, die allerdings einer anderen möglichen Welt angehören müßten [273]. Der zweite Satz enthält die ausdrückliche Feststellung, daß ein Accidens nicht auf eine Substanz schlechthin und überhaupt, mit anderen Worten, nicht auf ein ihm gegenüber neutrales und indifferentes blosses Substrat angewiesen ist, sondern auf die ganz bestimmte individuelle Substanz, der es faktisch einwohnt. Da diese in ihrer Individualität durch nichts anderes bestimmt wird als durch die Gesamtheit ihrer Accidentien, ergibt sich aus der Angewiesenheit eines jeden Accidens auf die betreffende Substanz wenigstens indirekt seine Angewiesenheit auf alle anderen Accidentien [724]. Im gleichen Sinne läßt sich eine Äußerung von Leibniz in seinem letzten Brief an des Bosses auslegen. Als »substantiale« kann das bezeichnet werden, »quicquid modificatio non est; modificatio autem essentialiter connexa est ei, cujus est modificatio«. Das »*substantiale*« kann auch definiert werden als »*fons modificationum*«. Dann stellt sich die Frage, »an possit res dari, quae neque sit modificatio, neque fons modificationum«, welche Leibniz negativ beantwortet. »... nescio an detur accidens praedicamentale realiter distinctum a subjecto, quod non sit accidens praedicabile; et an detur accidens praedicabile, quod non sit modificatio; quemadmodum jam dubitavi, an detur accidens praedicamentale distinctum a subjecto, quod modificatio non sit.«[275] Zur weiteren Bestätigung berufen wir uns auf eine Diskussion zwischen de Volder und Leibniz, die sich um die Substantialität der Ausgedehntheit dreht. Nach de Volder ist die extensio eine Substanz, der Begriff der extensio ein »conceptus substantiae«, weil »a quo conceptu nihil separare queo, quin totus

---

[272] *Animad.* I 51 (P. IV 364).

[273] S. 217.

[274] Im Lichte des soeben genannten Textes erweist sich die Behauptung von Russell, *a.a.O.* S. 67: »... each separate contingent predicate might also have belonged to a different substance, and thus no two such predicates are necessarily connected with each other« als kaum vertretbar.

[275] *An des Bosses,* 19/VIII 1715 (P. II 503 f).

pereat ...« [276]. In seiner Antwort zieht Leibniz zunächst in Zweifel, daß »partem extensi unam absque alia non posse existere aut concipi«; selbst wenn man es aber es einräumte, »sequitur quidem materiae unam partem non posse esse sine aliqua alia, sed minime sequitur non esse posse sine hac aut his« [277].

Allerdings gibt es einen Text, der sich zur Stützung der Auffassung von Russell heranziehen läßt. Bei der Darlegung des vollständigen Begriffs einer individuellen Substanz, aus dem sich deren sämtliche Prädikate herleiten lassen, bemerkt Leibniz in Bezug auf das Accidens, daß es »est un être dont la notion n'enferme point tout ce qu'on peut attribuer au sujet à qui on attribue cette notion. Ainsi la qualité de roi qui appartient à Alexandre le Grand, *faisant abstraction du sujet*, n'est pas assez déterminée à un individu, et n'enferme point les autres qualités du même sujet, ni tout ce que la notion de ce prince comprend ...« [278] Wie die unterstrichenen Worte nahelegen, ist hier der abstrakte und allgemeine Begriff des Accidens gemeint, die Eigenschaft König zu sein, die Alexander mit anderen Fürsten gemeinsam hat, nicht aber eine individuelle Eigenschaft, die einer bestimmten Person zukommt, und so wie sie ihr zukommt; im angeführten Beispiel: die Art und Weise König zu sein, wie sie für Alexander spezifisch und charakteristisch ist. Mit anderen Worten, das in Rede stehende Accidens ist aus dem Zusammenhang der Substanz, der es zugehört, herausgelöst, für sich genommen, zu einem Abstraktum gemacht und in diesem Sinne verabsolutiert. Es ist zu unterscheiden zwischen konkreten Eigenschaften wie »savant«, »chaud«, »luisant« und den entsprechenden Abstraktionen oder »qualités«: »savoir, chaleur, lumière«. Alle Schwierigkeiten stammen von den Abstraktionen her und ergeben sich, »quand on les veut éplucher, comme savent ceux qui sont informés des subtilités des Scolastiques, dont ce qu'il y a de plus épineux tombe tout d'un coup si l'on veut bannir les êtres abstraits et se résout à ne parler ordinairement que par concrets et de n'admettre d'autres termes dans les démonstrations des sciences, que ceux qui représentent des sujets substantiels« [279]. In diesem Zusammenhang bietet eine von Bodemann veröffentlichte Notiz besonderes Interesse. »Substantia est Ens quod omnia necessaria praedicata ejusdem subjecti involvit, ut aer. Adjunctum est quod non omnia involvit, ut transparens. Nam aer involvit transparens, liquidum, subtile, elasticum etc., neque aliud quicquam de ea re, de qua praedicatur aer necessario praedicatur, quod non jam in aeris notione contineatur. Daturque aut certe intelligi potest aer purus, id est Ens, de quo nihil

---

276 *De Volder an Leibniz*, 13/V 1699 (P. II 178).
277 *An de Volder*, 23/VI 1699 (P. II 183 f), aber nicht abgeschickt. In dem abgeschickten Schreiben gleichen Datums heißt es: »Nec una materiae pars alteri absolute necessaria est, et licet esset, haec connexio non facit unitatem substantiarum« (P. II 186).
278 *Disc.* 8 (*Le Roy* S. 43); von uns hervorgehoben. Auf diesen Text beruft sich Cassirer, *Leibniz's System* S. 393 für seine Deutung, die in dieser Frage mit der von Russell übereinstimmt.
279 *Nouv. Ess.* II, XXIII § 1 (P. V 202).

aliud praedicari queat, quam quod aeris natura postulat; sed non potest dari transparens purum, id est Ens, in quo sit transparentia et nihil ultra.«[280] Im Hinblick auf die soeben getroffene Unterscheidung versteht es sich von selbst, daß das über die Qualifikation eines Accidens durch die anderen Ausgeführte sich nicht auf das herausgelöste und abstrahierte Accidens bezieht, d. h. nicht auf den allgemeinen Begriff von ihm, sondern vielmehr lediglich auf das Accidens als Modifikation der Substanz, d. h. im Gesamtverband ihrer Accidentien betrachtet.

Das gleiche Prinzip des inneren Zusammenhangs unter einem übergeordneten Gesetz liegt sowohl der Verfassung des intermonadischen Systems zu Grunde wie es auch die Struktur der Einzelsubstanz bestimmt. Wie das jeder Einzelubstanz eigene Gesetz eine Abwandlung des Fundamentalgesetzes des Universums darstellt und folglich in diesem Fundamentalgesetz beschlossen ist[281], so folgt ein jedes Accidens aus der Substanz als dem generativen Prinzip ihrer Accidentien und bildet eine Phase des Prozesses der Selbstrealisierung dieses Prinzips; umständlicher, aber genauer ausgedrückt: eine Phase der Selbstrealisierung einer ganz bestimmten Abwandlungsform des Fundamentalgesetzes des Universums. Von der anderen Seite her gesehen: wie jedes Accidens die Substanz als ganze enthält, weil sie in ihm auf es zentriert sich darstellt, so bildet jede Substanz eine einseitig-parteiliche Erscheinung des Gesamtsystems der Substanzen, eine Erscheinung dieses Systems in Bezug auf eins seiner Glieder und vom »Standpunkt« dieses Gliedes[282]. Damit erhält die Bezeichnung der Substanz als »univers concentré« oder »univers en raccourci«[283] ihren vollen Sinn. Weil jedes Accidens einer Substanz durch alle ihre anderen Accidentien qualifiziert wird und in diesem Sinne die betr. Substanz als ganze darstellt, und indem ferner auf Grund der universellen Harmonie jedes Accidens einer Substanz in einem Verhältnis der Entsprechung zu denen aller anderen Substanzen steht[284], erweist sich nicht nur jede Substanz als Repräsentation des gesamten Universums[285], sondern dieses gilt auch von jedem ihrer Accidentien: »... le présent est gros de l'avenir, le futur se pouvait lire dans le passé, l'éloigné est exprimé dans le prochain. On pourrait connaître la beauté de l'univers dans chaque âme, si l'on pouvait déplier tous ses réplis, qui ne se développent sensiblement qu'avec le temps.«[286] Wir dürfen es

---

[280] *Bodemann, L. H. S.* S. 120.

[281] Kap. V § 4 b.

[282] S. 229 ff.

[283] Kap. V § 3 c.

[284] Kap. V § 4 c.

[285] *Couturat, O. F.* S. 521: »*Omnis substantia singularis in perfecta notione sua involvit totum universum omniaque in eo existentia praeterita praesentia et futura*«.

[286] *Princ.* 13 (P. VI 604); *an de Volder,* o. D.: »*Singularium essentialis ordinatio seu relatio ad tempus et locum intelligenda est de relatione ad contenta in tempore et loco tam vicino quam remoto, quae a quovis singulari exprimi necesse est, ita ut in eo legi posset universum, si lector est infinitae perspicaciae*« (P. II 277 f); *Éclaircissement* (P. IV 523); *Théod.* III 360: »... *le présent est gros de l'avenir,* ... *celui qui voit tout, voit dans ce qui est ce qui sera* ... *Dieu voit dans chaque*

für unsere Interpretation in Anspruch nehmen, daß durch sie eine derartige Einheitlichkeit in der Darstellung der Leibnizischen Lehre von der Substanz ermöglicht wird.

Obwohl die Organisationsform und -struktur des Systems der Substanzen, d. h. des Universums die gleiche ist wie die des Systems der Accidentien einer Substanz, darf der Umstand nicht übersehen werden, daß zwischen den Accidentien substantielle Einheit besteht, insofern als sie alle zur selben Substanz gehören und Modifikationen dieser darstellen, während jedoch zwischen den Substanzen des Universums zwar eine systematische, aber keine substantielle Einheit besteht, da das Universum als ganzes keine Substanz ist [287]. Den Leibnizischen Begriff der Compossibilität haben wir auf das Verhältnis der Substanzen eines Universums bezogen, die unter dem Fundamentalbegriff des letzteren einander qualifizieren und sich gegenseitig ihre Stellen innerhalb dieses Universums anweisen, dennoch aber, eben weil sie nicht zur Einheit einer Substanz zusammengeschlossen sind, in diesem Sinne voneinander getrennt bleiben [288]. Wird eine individuelle Substanz für sich betrachtet, so wird sie darum doch nicht aus dem Universum, dem sie angehört, herausgelöst, denn als Repräsentation dieses Universums trägt sie dessen Gesetz als ein ihrer Eigenstruktur eingezeichnetes Moment in sich [289]. Dem entspricht es, daß sich die individuelle Substanz als ontologisches Äquivalent eines vollständigen Begriffes herausstellt, aus dem nicht nur alle ihre gegenwärtigen, vergangenen und zukünftigen Accidentien abgeleitet werden können, sondern auch, auf Grund des Prinzips der universellen Harmonie, alle Ereignisse, die in dem gesamten Universum geschehen, je geschehen sind und je geschehen werden [290]. Dagegen ist es möglich, ein Accidens aus dem Verband der Substanz, d. h. dem Gesamtverband der Accidentien herauszulösen und zu isolieren, womit sich ein abstrakter, allgemeiner und daher unvollständiger Begriff ergibt, z. B. der des »transparens purum« [291]. Trotz der zwischen ihnen bestehenden Verwandtschaft dürfen die Begriffe der Compossibilität und des inneren Zusammenhangs nicht als gleichbedeutend genommen werden. Ihr Verhältnis läßt sich vielleicht dahin präzisieren, daß der Begriff des inneren Zusammen-

---

partie de l'univers, l'univers tout entier, à cause de la parfaite connexion des choses« (P. VI 329); *Nouv. Ess.* Préface (P. V 48).

[287] S. 212 f.

[288] Kap. V § 2 e.

[289] Siehe die S. 223 angeführten Stellen.

[290] Dieses Kap. § 2 b.

[291] An die vorhin (S. 332—333) aus *Bodemann, L. H.* S. 120 zitierte Stelle schließt sich unmittelbar folgendes an: »Hinc videtur sequi substantiam tantum appellari debere species infimas sive individuales, quarum notio scilicet perfecta sive talis est, ut in ea responsio ad omnia ea, quae de re quaeri possunt contineatur. Animalis vero notio non est talis, quaesi enim adhuc potest, situe rationale an brutum, quadrupes an bipes, quia alia animalia rationalia, alia bruta sunt ... an purum animal sit possibile, ego valde dubito; nam non tantum pedibus carebit, sed et sensu, quia notio animalis non exprimit quid sentire debeat.«

hangs eine ganz allgemeine Organisationsform bezeichnet, die mannigfacher Spezifikationen fähig ist, während die Compossibilität eine solche Spezifikation darstellt.

§ 7 Die Stellung des Leibnizianismus in der Philosophie des 17. Jahrhunderts

Zum Abschluß der Darstellung der Leibnizischen Lehre von der Substanz scheint es angebracht, diese Lehre mit den zwei großen philosophischen Konzeptionen zu konfrontieren, die im 17. Jahrhundert auf dem Boden des Cartesianismus erwachsen sind. Während der Occasionalismus von Malebranche geradezu eine Gegenposition zu dem Leibnizischen Panlogismus bildet, stellt das System von Spinoza ebenfalls einen Panlogismus dar, genauer gesagt, eine Variante des Panlogismus, die allerdings von der Leibnizischen charakteristisch verschieden ist.

a. Occasionalismus und Panlogismus
Bei der Gegenüberstellung von Malebranche und Leibniz geht es uns um die Lehre des ersteren, der gemäß alle Handlung und Wirksamkeit Gott allein vorbehalten ist, den Kreaturen jedoch jede Fähigkeit hierzu abgeht. Diese Lehre ruht auf einer doppelten Grundlage.

Die eine Grundlage bildet der Cartesianische Geometrismus, d. i. die Gleichsetzung von Körperlichkeit und Ausgedehntheit. Bereits Louis de la Forge machte geltend, daß die klare und deutliche Idee des Körpers lediglich Ausgedehntheit, aber keineswegs bewegende Kraft in sich schließt [292]. Malebranche nimmt diesen Gedanken auf und bildet ihn weiter aus. Man muß die Ideen befragen, die man von den kreatürlichen Dingen hat, und »si l'on peut découvrir dans leurs idées quelque force ou quelque vertu, il faut la leur attribuer; car il faut attribuer aux êtres ce que l'on conçoit clairement être renfermé dans les idées qui les représentent . . .«[293] So muß man die Idee der Ausdehnung, die allein die Körper repräsentiert, daraufhin befragen, ob die Körper »peuvent avoir d'autre propriété que la faculté passive de recevoir diverses figures et divers mouvement«[294]. Es stellt sich heraus, und zwar als »de la dernière évidence«, daß »toutes les propriétés de l'étendue ne peuvent consister que dans des rapports de distance«[295]. Zwar sind die Körper beweglich, aber sie besitzen von sich aus keine bewegende Kraft. Kein Körper, wie klein oder groß auch immer, kann sich selber in Bewegung setzen. Folglich kann keiner einen anderen Körper in Be-

---

292 Vgl. Bréhier, *Histoire de la philosophie* II 121.
293 Malebranche, *Méditations chrétiennes et métaphysiques* VI, VI (*Oeuvres de Malebranche* X 60).
294 Id., *Entretiens sur la métaphysique et sur la religion* VII, II (*Oeuvres* XII 150).
295 Siehe die Bemerkungen von Leibniz (*P.* III 224 f) zu diesem auf die Bedeutung von Ideen gegründeten Argument.

wegung setzen, denn er kann ihm keine bewegende Kraft übertragen, da er sie selber nicht besitzt [296]. Zu diesem aus dem Geometrismus herstammenden Argument tritt noch ein zweites. Die Fähigkeit zum Handeln und Bewirken, die Idee der wirkenden Ursache, stellt nach Malebranche etwas Göttliches dar, nämlich die göttliche Souveränität. Wird den Kreaturen unter den Titeln »formes substantielles«, »facultés«, »qualités«, »vertus« und dgl. eine Fähigkeit zur Wirksamkeit, zum Hervorbringen von Effekten beigelegt, so werden die Kreaturen zu Gottheiten, zwar untergeordneten, aber eben doch Gottheiten erhoben, was nach Malebranche einem Verfall in den Paganismus gleichkäme.

Folglich kommt alle Wirksamkeit Gott allein zu. Die bewegende Kraft liegt nicht in den bewegten Körpern, sondern sie ist die allmächtige, göttliche Handlung, die Wirksamkeit des göttlichen Willens, der als solcher immer wirksam ist. Gott bewegt einen Körper, indem er ihn zu aufeinander folgenden Zeitpunkten an verschiedenen Orten schafft oder erhält, während der in Ruhe befindliche Körper von Gott zu verschiedenen Zeitpunkten an der gleichen Stelle geschaffen oder erhalten wird [297]. Trifft eine rollende Kugel auf eine ruhende, und setzt diese sich darauf hin in Bewegung, so ist der Zusammenstoß nur eine Gelegenheitsursache (»cause occasionelle«), nicht aber die wirkliche Ursache (»véritable cause«) der resultierenden Bewegung [298]. Um eine wirkliche Ursache kann es sich nur dann handeln, wenn zwischen ihr und ihrer Wirkung eine notwendige Verbindung einzusehen ist. Eine solche besteht aber nur zwischen dem Willen des unendlich vollkommenen Wesens und den von ihm hervorgebrachten Wirkungen, nicht aber zwischen den einander regelmäßig begleitenden Veränderungen der Zustände der Kreaturen. So hat die Seele keinerlei Wirksamkeit bezüglich der organischen Funktionen des Leibes, auch nicht im Falle der willentlichen Handlungen, bei denen wir uns unserer Macht und Herrschaft über einige unserer Leibesglieder zu versichern scheinen [299]. Ebenso wenig wie die Ideen von Körperlichem von außen her, d. h. von den Körpern selbst, in der Seele erzeugt wer-

---

[296] Unsere Darstellung der Lehre von Malebranche stützt sich auf *De la recherche de la vérité* VI, II, Chap. III (Oeuvres II); *Éclaircissement* XV (III); *Méditations chrétiennes et métaphysiques* V (X); *Entretiens sur la métaphysique et sur la religion* VII (XII). Bemerkt sei noch, daß Cordemoy ebenfalls, wenn auch in einer anderen Perspektive als Malebranche, die Auffassung vertritt, daß die Körper einander keine Bewegung übertragen können, weil aufgrund des Trägheitsgesetzes kein Körper von sich aus Bewegung besitzt; vgl. hierzu M. Gueroult, *Malebranche* II Kap. VII § 2 ff.

[297] Malebranche, *Méditations chrétiennes et métaphysiques* V, VIII (X 50). In dem auf der Überfahrt von England nach Holland (Oktober 1676) verfaßten *Pacidius Philalethi* hat Leibniz die Bewegung eines Körpers von einem Ort zum anderen als »trans-creatio« interpretiert (*Couturat, O. F.* S. 624).

[298] Malebranche, *Entretiens sur la métaphysique et sur la religion* VII, XI (XII 161 ff.).

[299] Id., *Méditations chrétiennes et métaphysiques* VI, V ff (X 58 f); *Entretiens sur la métaphysique et sur la religion* VII, XIII ff (XII 164 ff.).

den, ebenso wenig vermag die Seele diese Ideen von sich aus hervorbringen[300]. Damit ist der Seele jede Macht und Wirksamkeit über ihr eigenes Leben abgesprochen[301]. Ganz allgemein: was gemeinhin als »cause naturelle« oder »cause seconde« gilt, stellt sich in Wahrheit als bloße »cause occasionelle« heraus. Es gibt nur eine »véritable cause«, weil es nur einen »vrai Dieu« gibt, dem allein alle Wirksamkeit vorbehalten ist, und der allein als »véritable cause« bei Gelegenheit der »causes naturelles« alle Effekte hervorbringt[302]. Gelegenheitsursachen bestimmen die Art und Weise, wie Gott unter gegebenen Umständen handelt. Das göttliche Handeln ist keinen Schwankungen unterworfen, sondern erfolgt immer gemäß bestimmten, ein für alle Mal aufgestellten allgemeinen Prinzipien und Gesetzen. Mit anderen Worten, es realisiert die göttliche »volonté générale«[303]. Diese manifestiert sich in jenen allgemeinen Prinzipien und Gesetzen, während die Gelegenheitsursachen die allgemeinen Gesetze entsprechend den jeweils vorliegenden konkreten Umständen spezifizieren[304].

Die occasionalistische Theorie bezieht sich nicht ausschließlich auf das Leib-Seele Problem, sondern hat eine ganz allgemeine Bedeutung[305]. In den untersuchten Texten wird das Leib-Seele Problem von Malebranche als ein Spezialfall, wenngleich als ein sehr wichtiger, behandelt. Das Gleiche wurde oben[306] hinsichtlich des Leibnizischen Prinzips der universellen Harmonie festgestellt. Für Malebranche sowohl wie für Leibniz geht es im Grunde und letzten Endes um das allgemeine Problem des Zusammenhangs zwischen den Geschehnissen im Universum.

Von verschiedenen Seiten her ist Leibniz gegen den Occasionalismus angegangen, dessen Motivierung durch den Cartesianischen Geometrismus er betont

---

[300] Id., *Méditations chrétiennes et métaphysiques* I (X).

[301] In *Méditations chrétiennes et métaphysiques* VI, XIX schränkt Malebranche diese These etwas ein, indem er dem Menschen ein »pouvoir de suspendre [le] consentement à l'égard des faux-biens et de l'erreur ...« zugesteht. Jedoch erstreckt sich diese Macht ausschließlich auf solche »consentements qui ne sont qu'erreur et que péché ...« (X 66 f). Leibniz meint, daß Malebranche diese Konzession nur gemacht habe, um theologischen Schwierigkeiten zu entgehen. Wäre es ihm ernst damit gewesen, so hätte er »quelque chose d'actif« und der Willensbestimmung Analoges auch den anderen Substanzen zuerkennen müssen; *an Bourguet,* 22/III 1714 (P. III 566).

[302] Malebranche, *De la recherche de la vérité* VI, II Kap. III (II 319).

[303] S. 209.

[304] Malebranche, *De la recherche de la vérité* VI, II Kap. III: »Une cause naturelle n'est donc point une cause réelle et véritable, mais seulement une cause occasionelle, et qui détermine l'Auteur de la nature à agir de telle et telle manière, en telle et telle rencontre« (II 313); *Entretiens sur la métaphysique et sur la religion* VII, X: »... causes occasionnelles ... déterminent l'efficace de ses volontés [scl. de Dieu], en conséquence des lois générales qu'il s'est prescrit ...« (XII 160 f).

[305] Nach Gueroult, *Malebranche* II 210 und 212 handelt es sich sowohl für Malebranche als auch für die »petits cartésiens« um das Problem der Kausalität überhaupt.

[306] Kap. V § 4 e.

hat [307]. Nach Leibniz bereitet die occasionalistische Theorie den Spinozismus vor, auf den sie notwendigerweise führt, wenn sie konsequent zu Ende gedacht wird [308]. »Celui qui soutient que Dieu est le seul acteur, pourra passer aisément à dire avec un auteur moderne fort décrié, que Dieu est l'unique substance, et que les créatures ne sont que des modifications passagères. Et jusqu'ici rien n'a mieux marqué la substance que la puissance d'agir.«[309] Die Schlüssigkeit der Behauptung, daß der Occasionalismus darum zum Spinozismus führt, weil er die Kreaturen entsubstantialisiert, hängt damit zusammen, daß die Fähigkeit zum Handeln und Wirken als der Substanz wesentlich angesehen wird. Leibniz hat selbst diesen Zusammenhang zum Ausdruck gebracht. Er betont, daß, obwohl es nicht allgemein zugestanden ist, »ipsam rerum substantiam in agendi patiendique vi consistere«, sonst nämlich, »sequeretur nullam substantiam creatam, nullam animam eandem numero manere, nihilque adeo a Deo conservari, ac proinde res omnes esse tantum evanidas quasdam sive fluxas unius divinae substantiae permanentis modificationes et phantasmata ...«, was die Lehre von Spinoza ist [310]. Oben [311] haben wir Leibnizens Auffassung von der Substanz als wesentlich aktiv und spontan dargestellt. Diese Auffassung findet jetzt eine Begründung in der Perspektive der Leibnizischen Frontstellung gegen den Occasionalismus.

Gemäß der occasionalistischen These von der völligen Ohnmacht der Kreaturen bringt Gott in jedem Falle durch sein eigenes Handeln sein Dekret zur Ausführung, wobei sich dieses Dekret oder die göttliche »volonté générale« entsprechend den vorliegenden Umständen, bzw. den Gelegenheitsursachen im Einzelnen spezifiziert. Da aber Gott der einzig Handelnde ist, löst sich damit nach Leibniz das Weltgeschehen in eine Reihe von Wundern auf. Der Wundercharakter eines Ereignisses hängt nicht an seiner Seltenheit, sondern daran, daß Gott »fait une chose qui surpasse les forces qu'il a données aux créatures et qu'il y

---

[307] *Spec. dyn.* II *M.* VI 246 f); siehe auch *Addition* über die »fausse notion de l'étendue que se forment les Cartésiens«, die zu Folge hat, daß »en dépouillant la substance de l'énergie et action, on ne lui laisse rien du tout« (*P.* IV 589). Übrigens hat auch Hume, *A treatise of human nature* S. 159 f diesen Zusammenhang bemerkt.

[308] *Addition*: »... suivant le sentiment qui dépouille les créatures de toute puissance et action, Dieu serait la seule substance et les créatures ne seraient que les accidents ou modifications de Dieu, de sorte que ceux qui sont de ce sentiment, tomberaient malgré eux dans celui de Spinoza qui me paraît avoir poussé le plus les suites de la doctrine cartésienne des causes occasionelles« (*P.* IV 590); entsprechend *Entretien de Philarète et d'Ariste*: »Dirons-nous donc avec un certain novateur trop connu, que Dieu est la seule substance dont les créatures ne soient que les modifications?« (*P.* VI 582); vgl. ferner *an Arnauld,* 14/I 1688 (*Le Roy* S. 196 und 316); *Rorarius* (*P.* IV 568); *De ipsa natura* 15 (*P.* IV 515); *an Alberti,* o. D. (*P.* VII 444(; *Théod.* III 393 (*P.* 350 f).

[309] *Réponse aux objections contre le système de l'harmonie préétablie qui se trouvent dans le livre de la Connaissance de soi-même* (*P.* IV 594).

[310] *De ipsa natura* 8 (*P.* IV 508 f).

[311] Kap. IV § 5 b.

conserve« [312]. Wenn z. B. die Fortsetzung der Bewegung über die ›Kräfte‹ der Körper ginge (was aber nicht der Fall ist), so wäre die Fortsetzung der Bewegung in der Tat ein Wunder. Ebenso läge ein Wunder vor, wenn ein sich selbst überlassener Körper, der in eine kreisförmige oder elliptische Bewegung hineingeraten ist, anstatt seine Bewegung in tangentieller Richtung fortzusetzen, die kreisförmige oder elliptische Bewegung von sich aus beibehalten würde, ohne daß dieses unter der direkten Einwirkung der umgebenden Körper zustande käme [313]. Die Häufigkeit, sogar ausnahmslose Regelmäßigkeit solcher Ereignisse würde nichts an ihrem Wundercharakter ändern. Es genügt nicht, daß Gott ein Naturgesetz dekretiert; darüber hinaus müssen die Kreaturen befähigt sein, das Gesetz auszuführen [314].

Besagt die göttliche Allmacht, daß Gott der einzig Handelnde ist, so ergibt sich die paradoxe Konsequenz der völligen Unwirksamkeit des göttlichen Dekrets. »... satis non est dici, Deum initio res creantem voluisse, ut certam quandam legem in progressu observarent, si voluntas ejus fingatur ita fuisse inefficax, ut res ab ea non fuerint affectae, nec durabilis in iis effectus sit productus. Et pugnat profecto cum notione divinae potentiae voluntatisque, purae illius et absolutae, velle Deum et tamen volendo producere aut immutare nihil, agereque semper, efficere nunquam, neque *opus vel* ἀποτέλεσμα *relinquere* ullum.« [315] Nach Malebranche bedarf Gott keiner Instrumente für sein Handeln; er ist »indépendant du secours de quoi que ce soit, ... il suffit qu'il veuille, afin que ses volontés soient exécutées ... ses volontés sont nécesairement efficaces ...« [316]. Hingegen muß nach Leibniz der göttliche Wille gerade um seiner Wirksamkeit willen dauernde und bleibende Effekte in den Kreaturen hinterlassen. Diese bleibenden Wirkungen können nur darin bestehen, daß die Kreaturen in der Lage sind, von sich aus spontan und durch ihre eigene Handlung den göttlichen Willen zu verwirklichen und das göttliche Dekret auszuführen [317].

[312] *An Arnauld,* 30/IV 1687 (*Le Roy* S. 161); *an Clarke* V 112: »Il faut mettre une distance infinie entre l'opération de Dieu qui va au delà des forces des natures, et entre les opérations des choses qui suivent les lois que Dieu leur a données, et qu'il les a rendues capables de suivre par leur natures, quoiqu'avec son assistance« (*P.* VII 417).

[313] Siehe einen im *Brief an Arnauld,* 30/IV 1687 unterdrückten Passus (*Le Roy* S. 302); ferner *Addition* (P. IV 587 f); *Réponse aux objections contre le système de l'harmonie préétablie qui se trouvent dans le livre de la Connaissance de soi-même* (P. IV 592); *Théod.* III 355 (*P.* VI 326); unter Bezug auf Newtons Gravitationsgesetz: *an Clarke* III 17, IV 45 (*P.* VII 366 f und 377); *an Conti,* 6/XII 1715 *Briefwechsel* S. 264 f).

[314] *Éclaircissement* (P. IV 520).

[315] *De ipsa natura* 6 (P. IV 507).

[316] Malebranche, *Traité de la Nature et de la Grâce* I, XII (*Oeuvres* V 27). Ebenso mit Bezug auf das Leib-Seele-Problem *Méditations chrétiennes et métaphysiques* XI, XI, XII (X 120).

[317] In *Esprit universel unique* wird die Unvergänglichkeit der organischen Lebewesen

Hinsichtlich der Seele schreibt Leibniz: »Je ne conçois pas la loi de la suite des modifications d'une âme comme un simple décret de Dieu, mais comme un effet du décret consistant dans la nature de l'âme, comme une loi inscrite dans la substance. Lorsque Dieu met une certaine loi ou règle d'actions à faire dans un automate, il ne se contente pas de lui donner un ordre par son décret, mais il lui donne en même temps le moyen de l'exécuter, c'est une loi inscrite dans sa nature ou conformation. Il lui donne une structure en vertu de laquelle les actions que Dieu veut ou permet que l'animal fasse, se produiront naturellement par ordre.«[318] Während nach der occasionalistischen Lehre Gott selbst seine Gesetze ausführt, tut Leibniz zufolge es die Seele[319]. Diese Überlegung wird verallgemeinert: »... dicere Deum in creatione corporibus agendi legem dedisse, nihil est nisi aliquid dederit simul per quod fiat ut lex observetur; alioquin ipse semper extra ordinem procurare legis observationem debebit. Quin potius lex ejus efficax est, et corpora reddidit efficacia, id est vim insitam ipsis dedit.«[320] Was die Bewegung angeht, so muß vor allem die »potentia motrix« oder »motus ratio« in Betracht gezogen werden; diese aber »etsi a Deo rerum autore et gubernatore petamus, non tamen in ipso Deo esse, sed ab eo in rebus produci conservarique intelligendum est«[321]. Um der Wirksamkeit der göttlichen Dekrete willen müssen die Kreaturen selbst wirksam werden, es muß ihnen Spontaneität und Handlung als dauernde Nachwirkung des göttlichen Willens zuerkannt werden. »Sin ... lex a Deo lata reliquit aliquod sui expressum in rebus vestigium, si res ita fuere formatae mandato, ut aptae redderentur ad implendam jubentis voluntatem, jam concedendum est, quandam inditam esse rebus efficaciam, formam vel vim, ... ex qua series phaenomenorum ad primi jussus praescriptum consequeretur.«[322] Andernfalls, wenn ein »principium mutationis internum«, das die Veränderung effektiv erzeugt, nicht zugestanden wird, bleibt nur der occasionalistische Rückgriff auf Gott als den einzig Handelnden übrig[323]. Die Substanz führt das göttliche Dekret aus, jedoch in spontaner Weise, indem sie durch ihre eigene Tätigkeit ihre Accidentien erzeugt. »Nullam ... veritatem naturalem in rebus esse puto, cujus ratio immediate petenda sit ex divina actione vel voluntate, sed semper rebus ipsis aliqua a Deo esse indita, unde omnia earum praedicata explicentur.«[324] Das führt auf die oben[325] dargelegte Auffassung der Substanz

damit in Zusammenhang gebracht, daß »les effets de Dieu sont subsistants ...« (P. VI 538).

[318] *Extrait* (P. IV 548).

[319] *Rorarius* (P. IV 563) und *Éclaircissement* (P. IV 519).

[320] P. IV 396 f; entsprechend *an J. Bernoulli*, 20 (30)/IX 1698: »... leges dando simul dedisse rebus vim nisumque eas observandi, in quo ipso consistit natura entelechiarum« (M. III 545).

[321] P. VII 283.

[322] *De ipsa natura* 6 (P. IV 507).

[323] *An de Volder*, 30/VI 1704 (P. II 271) und *De ipsa natura* 5 (P. IV 507).

[324] *Spec. dyn.* I (M. VI 242).

als sich selbst verwirklichendes Gesetz der Folge ihrer Accidentien oder — wie wir es formuliert haben — als »natura naturans« ihrer Accidentien. Insofern mit Spontaneität und Handlung eine Vollkommenheit bezeichnet ist, muß eine solche auch den Kreaturen zuerkannt werden, natürlich nur eine begrenzte, mit der göttlichen Vollkommenheit nicht zu vergleichende, doch aber eine gewisse Vollkommenheit. Es ist des allerhöchsten und vollkommensten Wesens nach Leibniz würdiger, einen gewissen Abglanz seiner Vollkommenheit auch den Kreaturen zu Teil werden zu lassen, statt sie mit Malebranche und den anderen Occasionalisten im Stande völliger Ohnmacht zu belassen [326].

Wie erwähnt [327], bestreitet Malebranche, daß Gott auf Instrumente angewiesen ist. Offensichtlich hat Instrument für ihn den Sinn eines notwendigen Mittels, ohne das ein bestimmter Zweck nicht erreicht werden kann. Dann allerdings ist das Angewiesensein auf Instrumente mit der Allmacht Gottes unverträglich. Auch Leibniz spricht von den Kreaturen als »Mitteln«, durch die Gott seine Ziele erreicht: »Deum (finem et efficientem rerum communem) finibus suis omnia per media spontanea accommodare.«[328] Jedoch bedeutet Mittel bei Leibniz etwas anderes als Instrument im Sinne von unentbehrlichem Werkzeug. Die Kreaturen stellen Verwirklichungen des göttlichen Willens dar, die in ihrer spontanen Tätigkeit diesen Willen zur Ausführung bringen. Mittel hat also den Sinn von verwirklichter und verwirklichender Manifestation. Ein weiterer Umstand muß noch berücksichtigt werden, der in der bisherigen Darstellung aus Gründen der Vereinfachung unerwähnt blieb. Gott schafft nicht die Substanz, was deren Eigenwesen betrifft. Vielmehr ist der vollständige Begriff oder das Gesetz der Erzeugung ihrer Accidentien, das für die individuelle Substanz wesentlich charakteristisch und konstitutiv ist, eine Abwandlung des Fundamentalbegriffs des Universums, dem die betr. Substanz angehört [329]. Vorgängig vor der Schöpfung, d. h. Zulassung zur Existenz, und unabhängig von ihr, hat der Fundamentalbegriff der wirklichen Welt ebenso wie die Fundamentalbegriffe aller möglichen Welten Bestand im göttlichen Geiste als »pays des réalités possibles«, aber eben als reine Möglichkeiten [330]. Durch die Zulassung zur Existenz erfährt aber — wie später [331] zu zeigen ist — die so ausgezeichnete mögliche Welt keine Änderung ihres

325 Dieses Kap. § 5 b.
326 *Addition* (P. IV 586 f). Es ist interessant, daß Hume in völlig anderer Absicht und Zielsetzung ähnliche Einwände gegen den Occasionalismus erhebt: »It argues surely more power in the Deity to delegate a certain degree of power to inferior creatures than to produce every thing by his own immediate volition. It argues more wisdom to contrive at first the fabric of the world with such perfect foresight that, of itself, and by its own operation, it may serve all the purposes of providence, than if the great Creator were obliged every moment to adjust its parts . . .« (*An Enquiry concerning human understanding*, hrsg. von L. A. Selby-Bigge, S. 1).
327 S. 339.
328 *Antibarbarus Physicus* (P. VII 344).
329 Kap. V § 4 b.
330 Kap. VIII §§ 2a und 3.   331 S. 454 ff.

inhaltlichen Bestandes: sie wird so und genau so zur Existenz zugelassen, wie sie als mögliche besteht. Das Gleiche gilt für sämtliche der betr. Welt angehörenden Substanzen, deren vollständige Begriffe nicht nur durch Abwandlung aus dem Fundamentalbegriff hervorgehen, sondern die auch kraft dieses Fundamentalbegriffs an ihren jeweiligen Stellen innerhalb des in Rede stehenden Universums erfordert sind [332]. Der göttliche Wille betrifft also lediglich die Zulassung zur Existenz. Die Substanzen stellen in dem Sinne Realisationen des göttlichen Willens dar, als in ihrer Existenz das Zulassungsdekret zur Ausführung gekommen ist. Durch ihre spontane Tätigkeit erzeugen die Substanzen das Geschehen in der Welt, die durch das göttliche Zulassungsdekret ausgezeichnet ist.

Nach Gueroult [333] besteht zwischen Malebranche und Leibniz ein tiefgreifender Unterschied hinsichtlich der Auffassung der Natur. Wie erwähnt [334], bestimmt Malebranche die Natur als allgemeine Gesetzlichkeit. Die Gesetze sind willkürlich nicht nur insofern, als an ihrer Stelle andere hätten instituiert werden können, sondern auch in dem weiteren Sinne, daß sie auf das Eigenwesen der Dinge keine Rücksicht nehmen, denn im Grunde haben die Dinge nach Malebranche überhaupt kein Eigenwesen. Wie der Occasionalismus mit der Behauptung von der Ohnmacht der Kreaturen die Humesche Auffassung der Kausalität vorbereitet, wenigstens in ihrem negativen Aspekt, d. h. was die Bestreitung einer originären Impression von Wirksamkeit und notwendiger Verbindung angeht, so bahnt Malebranche mit seiner Bestimmung der Natur durch das Prinzip der Legalität die phänomenalistisch-positivistische (positivistisch im Sinne von Comte) Interpretation der Wissenschaft an, nach der die Aufgabe der positiven Wissenschaft lediglich darin besteht, die Regelmäßigkeiten des Naturgeschehens zu beschreiben und in der Form allgemeiner Gesetze funktionaler Abhängigkeit zu fassen, nicht aber sie zu erklären, d. h. auf Gründe zurückzuführen.

Für Leibniz hingegen haben die Dinge, vor allem die Substanzen, ein Eigenwesen, wie schon aus der Lehre vom vollständigen Begriff der individuellen Substanz erhellt. Folglich haben die Gesetze ihr Fundament in dem Eigenwesen der Dinge. Wird die Substanz als das erzeugende Prinzip ihrer Accidentien gefaßt, so wird ihr Eigenwesen als ihr individuelles Gesetz bestimmt. Indem die Substanz ihre Accidentien hervorgehen läßt, verwirklicht sie in spontaner Weise ihr Eigengesetz, d. h. sich selbst. Während nach Malebranche das Gesetz den Dingen von außen her auferlegt ist, ist es Leibniz zufolge in den Dingen eingeschrieben und eingezeichnet [335]. Das aber gerade ist die These des Panlogismus, der gemäß die Welt nicht bloß der Logik konform ist, sondern die Logik verkörpert und als in

---

[332] Kap. V § 2 d.
[333] Gueroult, *Malebranche* Bd. II Kap. VII §§ 19 ff.
[334] S. 209 f.
[335] Siehe die Wendungen »loi inscrite«, »vis insita«, »efficacia indita«, »aliqua indita« in den S. 339 f. in extenso zitierten Texten. Vgl. A. Hannequin, *La première philosophie de Leibniz, Études d'Histoire des Sciences et d'Histoire de la Philosophie* II 66 f in Bezug auf die *Theoria Motus abstracti*.

ihr niedergeschlagen in sich trägt. Folglich stellt sich das gesamte Weltgeschehen als eine Verwirklichung der Logik in der Zeit heraus. Für Malebranche zerfällt das Weltgeschehen in voneinander abgesetzte Ereignisse, weil jedes Ereignis für sein Eintreten das Eingreifen Gottes erfordert, wenngleich die göttliche Handlung ständig gemäß denselben Gesetzen und Prinzipien erfolgt. Leibniz hingegen vermag das Weltgeschehen nicht nur aus einheitlichen Prinzipien zu erklären, sondern auch als in sich einheitlich-geschlossen zu begreifen [336]. Er geht mit dem Occasionalismus in der Bestreitung einer transitiven Aktivität einig, trennt sich aber von ihm, wenn er den Substanzen immanente Aktivität beilegt [337]. Vermöge ihrer immanenten Aktivität realisiert die Einzelsubstanz, indem sie in spontaner Weise ihr Eigengesetz verwirklicht, d. h. die in ihrem Eigengesetz beschlossenen Accidentien erzeugt, zugleich das Fundamentalgesetz der Welt, der sie angehört, und von dem ihr Eigengesetz eine Abwandlung darstellt. Die Gefahr einer Auflösung des Weltgeschehens in voneinander unabhängige Tätigkeiten gegeneinander isolierter Substanzen ist von vornherein durch das Prinzip der universellen Harmonie oder der »concomitance« abgewehrt. Da auf Grund dieses Prinzips alle Substanzen eines Universums aufeinander orientiert und abgestimmt sind, entsprechen sich ihre spontanen Handlungen und deren Produkte, nämlich die von verschiedenen Substanzen jeweils erzeugten Accidentien [338]. Nach Leibnizens eigener Überzeugung überwindet das Prinzip der universellen Harmonie den Occasionalismus [339].

b. Der Spinozistische und der Leibnizische Panlogismus

Der Vorzug, das Weltgeschehen als einheitlich in sich geschlossen begreifen zu können, zeichnet auch das System Spinozas aus, das ebenfalls als ein panlogistisches in Anspruch zu nehmen ist.

Spinoza definiert Gott als »ens absolute infinitum, hoc est, substantiam constantantem infinitis attributis, quorum unumquodque aeternam et infinitam essen-

---

[336] *An Basnage*, o. D. und fraglich, ob abgeschickt: »... au lieu de dire avec eux [so gelesen statt »ceux«; scl. »les auteurs du système des causes occasionelles«], que Dieu s'est fait une loi de produire toujours dans la substance des changements conformes à ceux d'une autre substance, ... je dirai que Dieu leur a donné d'abord à chacune une nature dont les lois mêmes portent ces changements ...« (*P. III* 122); *Réponse* (*P. IV* 591); *an Jaquelot*, o. D. (*P. III* 467 f).

[337] S. 183. Dem in Anm. 166 aus *Spec. inv.* zitierten Text geht voran der Satz: »Systema causarum occasionalium partim admitti, partim rejici debet«. Bemerkenswert ist auch der Schluß dieses Textes: »Vera igitur *ratio unionis inter animam et corpus,* et causa cur unum corpus ses accommodet ad statum alterius corporis non alia est, quam quod diversae substantiae ejusdem systematis mundani ab initio ita creatae sunt, ut ex propriae naturae legibus conspirent inter se« (*P VII* 313 Anm.)

[338] Kap. V § 4 c.

[339] *An Foucher*, 1686 (*P. I* 383); *De ipsa natura* 10 (*P. IV* 509 f); *Addition* (*P. IV* 589); siehe auch Jalabert, *La théorie leibnizienne de la substance* S. 229 f.

tiam exprimit« [340]. Außer Gott kann es keine andere Substanz geben und kann keine andere begriffen werden [341]. Was immer existiert, kann nur von der einen Substanz, d. h. von Gott aus begriffen werden; es existiert in Gott und zwar notwendigerweise auf Grund des Wesens Gottes: »... omnia, quae fiunt, per solas leges infinitae Dei naturae fiunt, et ex necessitate ejus essentiae ... sequuntur ...« [342]. Gott, der frei, d. h. nur gemäß den Gesetzen seiner eigenen Natur handelt [343], ist die »causa efficiens« »omnium rerum, quae sub intellectum infinitum cadere possunt« [344], und zwar derart, daß »ex data natura divina, tam rerum essentia quam existentia debeat necessario concludi ...« [345] Der mit der einzigen Substanz gleichgesetzte Gott ist der Grund und das Prinzip der Dinge und ihres Hervorgehens, genauer gesagt, das Prinzip der Ordnung, Rationalität und Intelligibilität ihres Hervorgehens, wobei der Sinn der Rationalität sich nach dem Vorbild der Geometrie bestimmt [346].

Die von Spinoza mit Gott gleichgesetzte Substanz ist nichts anderes als das Prinzip der universellen Intelligibilität, die sich in unendlich vielen Dimensionen oder, wie Spinoza es nennt, Attributen ausdrückt und verwirklicht, darunter in der Dimension der »extensio« wie in der der »cogitatio«. »... substantia cogitans et substantia extensa una eademque est substantia, quae jam sub hoc, jam sub illo attributo comprehenditur ... sive naturam sub attributo extensionis, sive sub attributo cogitationis, sive sub alio quocunque concipiamus, unum eundumque ordinem, sive unam eandemque causarum connexionem, hoc est easdem res, invicem sequi reperiemus.« [347] Bréhier [348] sieht den Ursprung dieser Auffassung in der analytischen Geometrie: derselbe Sachverhalt bekundet sich sowohl in den geometrischen Eigenschaften der Kurve und in ihrem Zusammenhang, als auch in den algebraischen Eigenschaften der Kurvengleichung und deren Zusammenhang. Bréhier folgend interpretieren wir »ordo« und »connexio« in der soeben zitierten Stelle wie auch den berühmten Satz: »Ordo et connexio idearum idem est, ac ordo et connexio rerum« [349] als Prinzip der einen universellen Intelligibilität. Gerade weil die Materie die unter dem Attribut der Ausgedehntheit verstandene eine und einzige Substanz ist, kann sie nicht, wie von Descar-

---

[340] Spinoza, *Ethica* I Definitio VI (*Benedicti de Spinoza Opera quotquot reperta sunt*, hrsg. von J. van Vloten und J. P. N. Land, I 37).

[341] Id. *Ethica* I Propositio XIV (I 47).

[342] Id., *Ethica* I Propositio XV und Scholium (I 47 und 51).

[343] Id., *Ethica* I Propositio XVII (I 51).

[344] Id., *Ethica* I Propositio XVI und Corrolarium I (I 51).

[345] Id., *Ethica* I Propositio XXV Scholium (I 58).

[346] Id., *Ethica* I Propositio XVII Scholium: »... a summa Dei potentia ... omnia necessario effluxisse, vel semper eadem necessitate sequi; eodem modo ac ex natura trianguli ab aeterno et in aeternum sequitur, ejus tres angulos aequari duobus rectis« (I 53).

[347] Id. *Ethica* II Propositio VII Scholium (I 78).

[348] Bréhier, *Histoire de la philosophie* II 172 f.

[349] Spinoza, *Ethica* II Propositio VII (I 77).

tes, einfach als Ausgedehntheit definiert werden, »sed eam necessario [so gelesen statt »necellaria«] debere explicari per attributum, quod aeternam et infinitam essentiam exprimat« [350]. Zum Verstehen der Materie gehört das Prinzip der universellen Intelligibilität als in der Dimension der Ausdehnung wirksam und wirkend.

Der eine im angegebenen Sinne frei handelnde Gott oder, damit gleichbedeutend, das in sich selbst bestehende und aus sich selbst zu verstehende Prinzip der universellen Intelligibilität, gilt daher als *natura naturans,* d. h. als Grund des Hervorgehens und Seins aller Dinge, als allgemeinstes Gesetz, das jeden Inhalt bestimmt [351]. Was die *natura naturata* angeht, so bestimmt Spinoza sie als »id omne, quod ex necessitate Dei naturae, sive uniuscujusque Dei attributorum sequitur, hoc est omnes Dei attributorum modos, quatenus considerantur ut res, quae in Deo sunt, et quae sine Deo nec esse nec concipi possunt« [352]. Damit ist der Panlogismus, wie er hier verstanden wird, gegeben: nicht nur sind alle Dinge aus Gott hervorgegangen, sondern als hervorgegangene bleiben und sind sie in Gott, sie können nur in Bezug auf Gott, d. h. nur im Hinblick auf ihr Hervorgehen aus ihm verstanden werden; in ihrem Sein drücken sie die Natur Gottes und der göttlichen Attribute aus [353]. Anders gewendet, das Hervorgehen der Dinge gehört zu ihrem Sein; das Prinzip der universellen Intelligibilität, dem gemäß die Dinge hervorgehen, ist in ihnen als wesentliche Bestimmung niedergeschlagen und verkörpert.

Die gleiche Beziehung, die Spinoza zwischen der einzigen Substanz und den »res particulares« als Modi ihrer Attribute ansetzt, besteht nach Leibniz zwischen einer jeweiligen Monade und ihren Accidentien [354]. Brunschvicg [355] hat das Verhältnis zwischen Spinoza und Leibniz in Parallele gesetzt zu dem zwischen den Eleaten und Demokrit. Vergleichbar der Fragmentierung des einen Seins der Eleaten in die Atome Demokrits, spaltet sich die eine Substanz Spinozas in die vielen Monaden Leibnizens auf, von denen jede den Charakter eines intelligiblen, sich selbst verwirklichenden erzeugenden Prinzips mit der Substanz Spinozas gemeinsam hat [356]. Die Verwandtschaft beider Lehren zeigt sich weiter an der Auffassung

---

[350] *Spinoza an Tschirnhaus,* 17/VII 1676 (III 243).

[351] H. Pichler, »Zur Entwicklung des Rationalismus von Descartes bis Kant«, *Kant-Studien* XVIII (1913) S. 393 ff.

[352] Spinoza, *Ethica* I Propositio XXIX Scholium (I 61).

[353] Id., *Ethica* I Propositio XXV Corrolarium: »Res particulares nihil sunt, nisi Dei attributorum affectiones, sive modi, quibus Dei attributa certo et determinato modo exprimuntur« (I 58).

[354] V. Delbos, *Le problème moral dans la philosophie de Spinoza et dans l'histoire du spinozisme* (Paris 1893) S. 232; J. O. Fleckenstein, *Gottfried Wilhelm Leibniz* S. 35.

[355] Brunschvicg, *Spinoza et ses contemporains* (Paris 1923) S. 387 f.

[356] Auf die Verwandtschaft der Lehren von Spinoza und Parmenides macht Leibniz selbst aufmerksam in *De religione virorum magnorum* (Grua S. 38); ebenso *an des Maizeaux,* 8/VII 1711, wo er sich auf Platos Darstellung des Parmenides beruft (*P.* VII 535 f).

der Substanz als »causa immanens« aber nicht »transiens«. Das bedeutet für Spinoza, daß Gott zwar die Ursache oder der Grund aller Dinge ist, daß aber »nulla potest dari ... res, quae extra Deum in se sit«[357]. Mit anderen Worten, die Dinge gehen aus Gott oder der einen Substanz als ihrem erzeugenden Prinzip hervor, trennen sich jedoch als hervorgehende oder hervorgegangene nicht von diesem Prinzip, setzen sich nicht von ihm ab, gewinnen ihm gegenüber keine Selbständigkeit. Vielmehr bleibt das Prinzip der universellen Intelligibilität als Prinzip ihrer Erzeugung den »res particulares« immanent, insofern als sie, was eben auf die hier vorgetragene, panlogistische Interpretation führt, das Prinzip ihrer Erzeugung als Bestimmung ihres Seins in sich verkörpert tragen. Nach Leibniz ist die Substanz »causa actionum immanentium«, aber nicht »transientium«, weil ihre Tätigkeit sich in der Erzeugung ihrer eigenen Accidentien erschöpft, sie aber nicht auf eine andere Substanz einwirken kann, — eine Auffassung, die eine Abwandlung der occasionalistischen Theorie von der Unfähigkeit der Kreaturen aufeinander zu wirken darstellt[358]. Daß die Substanz ihre Accidentien erzeugt, besagt nach der oben[359] entwickelten Interpretation, daß die Accidentien auf ihr erzeugendes Prinzip wesentlich bezogen bleiben und den Vorgang ihrer Erzeugung und ihres Hervorgehens als innere Bestimmung in sich tragen. Auch als erzeugte verbleiben die Accidentien in der Substanz als ihrem generativen Prinzip, das aus diesem Grunde als systematischer Verband oder Gesamtinbegriff der Accidentien bezeichnet werden kann, so wie nach Spinoza die »res particulares« in Gott sind und nur in ihrem Bezug auf Gott verstanden werden können. Beide Denker setzen ein sich spontan auswirkendes generatives Prinzip an, das in seinen Erzeugnissen sich verwirklicht, in ihnen sich niederschlägt und ihnen in diesem Sinne immanent ist.

Mit der These, daß die Leibnizische Substanz sich zu ihren Accidentien so verhält, wie die eine mit Gott gleichgesetzte Substanz Spinozas zu den »res particulares«, soll keine Abhängigkeitsbeziehung zwischen Leibniz und Spinoza behauptet werden. Friedmann hat gegen die vorhin erwähnte Formulierung von Brunschvicg Einspruch erhoben. Sein Einwand richtet sich vor allem gegen den Ansatz von Brunschvicg[360], daß Leibniz vom Substanzbegriffe Spinozas seinen Ausgang genommen haben. Dieser Ansatz geht auf L. Stein zurück, der in seinem Buch *Leibniz und Spinoza* nachzuweisen gesucht hat, daß Leibniz zunächst durch eine Spinozistische Periode hindurchgegangen sei und sich erst später von Spinoza getrennt habe, um sich dann mit wachsender Heftigkeit gegen ihn zu wenden[361]. Immerhin hat Leibniz nach Stein sein ganzes Leben hindurch das Interesse am Werke Spinozas bewahrt, und der frühe Spinozistische Einfluß hat insofern

---

357 Spinoza, *Ethica* I Propositio XVIII (I 54).
358 Vgl. den S. 183, Anm. 166 zitierten Text.
359 Dieses Kap. § 6 b.
360 Brunschvicg, *Spinoza et ses contemporains* S. 388.
361 Siehe auch A. Rivaud, »Textes inédits de Leibniz«, *Revue de Métaphysique et de Morale* XXII 1914) S. 118.

eine dauernde Nachwirkung hinterlassen, als die Monaden aus der Substanz Spinozas als deren metaphysischer Gegenpol hervorgewachsen sind [362]. Demgegenüber macht Friedmann geltend, daß die Keime des spezifisch Leibnizischen Substanzbegriffs sich bereits in Schriften seiner frühen und frühesten Periode finden lassen, jedenfalls zu einer Zeit, die der Bekanntschaft mit dem Werke Spinozas (1678) lange vorausliegt. Unter diesen Umständen war Leibniz für die Konzeption und Entwicklung seiner Substanzlehre in keiner Weise auf einen Einfluß von Seiten Spinozas angewiesen [363]. Nun ist es ein heikles Unternehmen zu beurteilen, ob und in welchem Maße das von seiner inneren Logik her motivierte Denken von Leibniz nicht doch der Bekanntschaft mit dem Werke Spinozas wichtige Impulse verdankt [364]. Jedoch handelt es sich uns hier gar nicht um diese s. z. s. biographische Frage. Vielmehr halten wir uns an die beiden Systeme in ihrer fertig vorliegenden Form, indem wir zwar der Chronologie Rechnung tragen, jedoch von den biographischen Umständen der Entstehung absehen. In dieser ideenlogischen Perspektive stellen sich die beiden Systeme als zwei Versionen des Panlogismus heraus, von denen die Leibnizische aus Gründen der Chronologie als eine Abwandlung der Spinozistischen erscheint. Leibniz selbst hat diese Auffassung nahegelegt, wenn er etwa unter ausdrücklicher Bezugnahme auf Spinoza schreibt: »Verum quod ille utcunque dedit toti universo, ejus poterat analogum in partibus agnoscere ubique.« [365] Eine ideenlogisch orientierte Untersuchung der inneren, d. h. sachlichen Beziehung zwischen der Substanz Spinozas und der Monade von Leibniz wird von Stein als »historische Seelenmalerei« bezeichnet [366], da er es ausschließlich auf dokumentarisch belegbare direkte Einflüsse abgesehen hat. Friedmann hingegen macht einen Unterschied zwischen direkten doktrinalen Einflüssen, deren Vorliegen er bestreitet, und von ihm zugestandenen indirekten Verwandtschaften und Analogien, die in der historisch gegebenen Problematik und Problemsituation ihre Wurzel haben [367]. Da unsere Untersuchung nicht biographisch und ›literarhistorisch‹, sondern interpretativ und ideenlogisch orientiert ist, halten wir uns an die historisch vorliegende Problemsituation und die aus ihr erwachsenen indirekten Analogien und bestehen auf der herausgesellten ideenlogischen Beziehung, unbeschadet der bekannten und mit steigender Heftigkeit sich wiederholenden Angriffe Leibnizens auf Spinoza und den Spinozismus, denen Friedmann aufs Genaueste und Gründlichste nachgegangen ist.

---

362 L. Stein, *Leibniz und Spinoza* S. 21 f.

363 Friedmann, *Leibniz et Spinoza* S. 197 f. Übrigens bestreitet auch Dillmann in Kontroverse mit Stein ein pro-spinozistische Periode in Leibnizens Entwicklung und jede, auch bloß negative Abhängigkeitsbeziehung Leibnizens von Spinoza; er leugnet ferner einen genetischen Zusammenhang zwischen Leibniz und Malebranche (*Eine neue Darstellung der Leibnizischen Monadenlehre* S. 199 f, 397 f, 472 ff).

364 Das Gleiche gilt für die Beziehung von Leibniz und Malebranche; vgl. Gueroult, *Malebranche* II 10 Anm. 12.

365 *An de Volder,* 21/I 1704 (P. II 262)

366 Stein, *Leibniz und Spinoza* S. 231.   367 Friedmann, *Leibniz et Spinoza* S. 16.

Trotz der herausgearbeiteten ideenlogischen Vewandtschaft bestehen grundlegende Differenzen zwischen dem Leibnizianismus und dem Spinozismus. Für Leibniz ist der Gottesbegriff Spinozas unannehmbar [368]. Andererseits kann Spinoza keine der Aussagen gelten lassen, die Leibniz [369] über Gott macht. Die Behauptung einer Affinität oder auch nur Analogie zwischen dem göttlichen und menschlichen Geiste, hinsichtlich des Intellekts sowohl wie des Willens, ist für Spinoza nichts anderes als reiner Anthropomorphismus [370]. Sieht man von Leibnizens Bemühungen ab, sich in seinen für die Öffentlichkeit bestimmten Formulierungen von den religiösen und theologischen Anschauungen seiner Zeit möglichst nicht zu entfernen, so bleibt der folgende philosophisch belangvolle Unterschied. Nach Spinoza ist Gott das in der Welt sich auswirkende und in ihr verwirklichte Prinzip der universellen Intelligibilität; Gott ist der Welt immanent und kann mit ihr gleichgesetzt werden. Die so verstandene Gleichsetzung von Gott und Welt bestimmt den Sinn seines Pantheismus. Hingegen ist Gott nach Leibniz in einem doppelten Sinne extramundan. Wie später [371] darzulegen sein wird, umfaßt der göttliche Intellekt als »pays des réalités possibles« sämtliche möglichen Welten und die ihnen zugehörenden Fundamentalbegriffe und identifiert sich folglich mit keiner. Während Spinoza Gott als das *Prinzip* der universellen Intelligibilität begreift, faßt Leibniz den göttlichen Intellekt als das *Subjekt* der Intelligibilität, genauer gesagt, als Subjekt der spezifischen Intelligibilität und Logik, die in den jeweiligen möglichen Welten realisiert und verkörpert ist [372]. Ferner ist die Zulassung einer möglichen Welt zur Existenz nach Leibniz eine Sache des göttlichen Willens, womit ein außerlogisches Moment, und zwar das einzige [373], in den Leibnizianismus hineinkommt. Für Spinoza gibt es keine mögliche Welt außer der wirklichen, die notwendigerweise so existiert, wie sie tatsächlich besteht. Kontingenz bezeichnet daher lediglich einen Mangel oder eine Unzulänglichkeit der menschlichen Erkenntnis [374]. Da Leibniz eine Vielheit möglicher Welten lehrt [375], bezieht sich

---

368 *Théod.* III 371: »Spinoza ... ôtait à Dieu l'intelligence et le choix, lui laissant une puissance aveugle, de laquelle tout émane nécessairement« (*P.* VI 336).

369 Siehe z. B. *Théod.* I 7 (*P.* VI 106 f) und die S. 143 angeführten Texte.

370 Spinoza, *Ethica* I Propositio XVII Scholium: »... si ad aeternam Dei essentiam intellectus ... et voluntas pertinent, aliud sane per utrumque hoc attributum intelligendum est, quam quod vulgo solent homines. Nam intellectus et voluntas, qui Dei essentiam constituerent, a nostro intellectu et voluntate toto coelo differre deberent, nec in ulla re, praeterquam in nomine, convenire possent ...« (I 53); vgl. auch Appendix zu Pars I (I 66 ff).

371 Kap. VIII § 3.

372 *P.* III 545: Gott »... non unum tantum, quod revera existit, universum, sed et omnia alia universa possibilia mente potestateque complectens, neque necessitate res, sed delectu producens«.

373 Kap. VIII § 4 c.

374 Spinoza, *Ethica* I Propositio XXXIII und Scholium (I 63 f).

375 Der Leibnizische Möglichkeitsbegriff kündet sich bereits in *Ad Ethicam B. de Sp.* I Prop. 7 an: »... quae a nobis concipi possunt, non ideo tamen omnia produci possunt, ob alia potiora quibus incompatibilia sunt« (*P.* I 143).

sein Begriff der Kontingenz, in *einer* seiner Bedeutungen, auf die Vielheit möglicher Welten und die ihnen zu Grunde liegenden Fundamentalbegriffe[376]. Die wirkliche Welt ist als ganze kontingent, da sie nur eine unter vielen möglichen ist. Was immer in dieser Welt existiert und geschieht, ist durch ihren Fundamentalbegriff erfordert und bestimmt. Jedoch ist diese Notwendigkeit lediglich eine solche »ex hypothesi«, d. h. sie besteht nur unter der Bedingung des Ansatzes des in Rede stehenden Fundamentalbegriffs und folglich nur innerhalb der diesem entsprechenden Welt, im Gegensatz zur absoluten Notwendigkeit, die auf dem Satze des Widerspruchs beruht und in allen möglichen Welten gilt. Folglich erweits sich der Unterschied zwischen Notwendigkeit und Kontingenz als unaufhebbar und als für die göttliche Erkenntnis ebenso gültig wie für die menschliche[377]. Schließlich orientiert Spinoza seinen Begriff der Rationalität und Intelligibilität an der traditionellen Geometrie und setzt sich dem Einwand aus, dem zeitlichen Werden und Wechsel nicht gerecht werden zu können[378]. Leibniz wird von diesem Einwand nicht betroffen, weil sein Begriff der Intelligibilität und Rationalität an der Theorie der generativen Definition orientiert ist und vor allem an der Infinitesimalrechnung, in der die Theorie der generativen Definition einen ihrer Höhepunkte erreicht, und die sich als eine Logik des Werdens erweist[379]. Bei ihm ist der Wechsel und die Veränderung logisiert und in den Panlogismus einbezogen. Aus der als erzeugendes Prinzip ihrer Accidentien gefaßten Substanz ergibt sich nicht nur, welche Accidentien ihr angehören, sondern auch die Ordnung und Reihenfolge ihres Hervorgehens.

Schon mit der Auffassung Gottes als Subjekt in Bezug auf alle möglichen Welten ist der Spinozistische Pantheismus überwunden. Dazu tritt ein zweites von Leibniz besonders betontes Argument, das sich nicht auf die Vielheit möglicher Welten bezieht, sondern vielmehr auf die Vielheit der Substanzen in einer dieser Welten, z. B. der wirklichen. Allen diesen Substanzen kommt Spontaneität und Aktivität wesentlich zu, so daß sie nicht als Modi der einen mit Gott gleichgesetzten Substanz aufgefaßt werden können[380]. Leibniz überwindet damit nicht nur die Lehren von Spinoza und Malebranche, sondern er rührt auch an die Philosophie Descartes', auf deren Boden diese Lehren erwachsen sind[381]. Bei Descartes findet Leibniz den Ansatz oder den Keim der Lehre, daß alles Handeln und alle Tätigkeit Gott allein vorbehalten ist[382], eine Lehre, die Spinoza wie Malebranche aufgegriffen und in verschiedener Richtung weiter entwickelt haben.

---

376 Kap. II § 5.
377 Kap. II § 6 b.
378 A. O. Loevejoy, *The great chain of Being* S. 154 f.
379 S. 301 f.
380 P. III 545 und *an Bourguet*, Dez. 1714 (P. III 575); vgl. auch oben Kap. IV § 5 b.
381 Maine de Biran, *Exposition de la doctrine philosophique de Leibniz* (Oeuvres XI 442 ff); J. E. Erdmann, *Grundriß der Geschichte der Philosophie* II 143.
382 *Notata quaedam G. G. L. circa vitam et doctrinam Cartesii* (P. IV 314).

c. Kontrastierung des Leibnizischen Substanzbegriffs mit denen von Descartes, Spinoza und Malebranche

Spinozas und Malebranches Begriffe der Substanz schließen sich an den von Descartes an, den sie allerdings in beachtenswerter Weise variieren. Descartes' Definition der Substanz als »res quae ita existit, ut nulla alia re indigeat ad existendum«[383] ist rein ontologisch und, wenn man so sagen darf, völlig objektivistisch, insofern als sie lediglich vom Sein und der Seinsweise der Substanz handelt. Hingegen nimmt die Definition Spinozas »per substantiam itelligo id, quod in se est, et per se concipitur: hoc est id, cujus conceptus non indiget conceptu alterius rei, a quo formari debeat«[384] Bezug auf das begreifende und ableitende Denken. Wie Leibniz bemerkt, enthält diese Definition zwei Bestandteile: »in se est« und »per se concipitur«, und er verlangt einen Nachweis dafür, daß diese beiden Teile notwendigerweise miteinander verbunden sind, daß »qui unum habeat etiam alterum habere, cum contra videatur potius, esse aliqua quae sint in se, etsi non per se concipiantur«[385]. In letzterer Hinsicht setzt Spinoza sich nach Leibniz in Widerspruch mit sich selbst. Aus seiner Definition des Attributs als »id, quod intellectus de substantia percipit, tanquam ejusdem essentiam constituens«[386] folgt, daß er selbst den Begriff des Attributs als für die Bildung des Substanzbegriffs unerläßlich betrachtet.

Einen ähnlichen Einwand erhebt Leibniz gegen den Substanzbegriff von Malebranche, für den allerdings dieser Begriff weit weniger zentral ist als für die anderen Denker. In dem hier gemeinten Sinne ist Malebranches Definition der Substanz im Gegensatz zu der von Deescartes völlig subjektivistisch: »... tout ce qu'on peut concevoir seul, et sans penser à autre chose, qu'on peut, ... concevoir seul comme existant indépendamment de quelqu' autre chose, ou sans que l'idée qu'on en a représente quelqu'autre chose, c'est assurément un être ou une substance ...«[387] An dem Subjektivismus dieser Bestimmung setzt Leibniz mit seiner Kritik an[388]. Man kann »la force d'agir, la vie, l'antitypie« unabhängig von anderen Begriffen fassen und sogar vermöge von Abstraktionen unabhängig von ihren »sujets«, während die letzteren im Gegenteil gerade vermittelst solcher Attribute begriffen werden, die aber von den Substanzen, deren Attribute sie sind, unterschieden werden müssen. »Il y a donc quelque chose qui n'est point substance, et qui pourtant ne peut pas être plus conçu dépendamment que la substance même. Donc cette indépendance de la notion n'est point le caractère de la substance, puisqu' il devait convenir encore à ce qui est essentiel à la substance«.

[383] Descartes, *Principiorum philosophiae* I 51 (*A.T.* VIII 24).
[384] Spinoza, *Ethica* I Definitio III (*Opera* I 37).
[385] *Ad Ethicam B. de Sp.* Pars I Definitio 3 (*P.* I 139).
[386] Spinoza, *Ethica* I Definitio IV (*Opera* I 37).
[387] Malebranche, *Entretiens sur la métaphysique et sur la relgion* I, II (*Oeuvres* XII 33).
[388] *Entretien de Philarète et d'Ariste* (*P.* VI 582).

Bei der Unabhängigkeit, die nach Leibniz für die Bestimmung der Substanz unzureichend ist, handelt es sich (wie gerade der zuletzt zitierte Satz erkennen läßt) um die Unabhängigkeit des Gedacht- und Begriffenwerdens, nicht aber um die des Seins. Rein formal genommen, könnte Leibniz den ersten Bestandteil der Definition Spinozas (»in se est«) sowie die von Descartes sich aneignen, denn auch die Leibnizische Substanz ist ihrem Sein nach als ein »monde a part« oder »monde en raccourci« von allem außer von Gott unabhängig [389]. Die Unzulänglichkeit seines Substanzbegriffs liegt daran, daß Descartes die Substanz als ein in sich beschlossenes, s. z. s. in sich ruhendes Sein faßt. Unter ausdrücklicher Berufung auf seine dynamischen Untersuchungen besteht Leibniz demgegenüber auf den Begriffen der Kraft, Spontaneität und Handlung als für die Substanz wesentlich [390]. Im Lichte des Begriffs der »vis activa«, der weder bei Descartes noch bei Spinoza oder Malebranche zu seinem Recht gekommen ist, muß nach Leibniz die Auffassung von der Substanz berichtigt und reformiert werden.

Wie oben [391] dargelegt, besteht die Aktivität der Substanz in der Erzeugung ihrer Accidentien gemäß dem ihr eigenen Gesetz, d. h. gemäß dem Gesetz, das die betr. Substanz definiert, und das seinerseits eine Abwandlung des Fundamentalgesetzes des Universums darstellt, dem diese Substanz angehört [392]. Zusammenfassend läßt sich sagen: weil die Einzelsubstanz sich selbst, d. h. ihr Eigengesetz verwirklicht, realisiert sie zugleich das Fundamentalgesetz oder den Fundamentalbegriff ihres Universums. Umgekehrt verwirklicht sich der Fundamentalbegriff des Universums und die diesem immanente und in ihm verkörperte Logik in den spontanen Tätigkeiten der ihm angehörenden Substanzen und durch deren Aktivität.

---

[389] Kap. V § 3 c.
[390] *De primae philosophiae emendatione, et de notione substantiae* (P. IV 469); vgl. oben Kap. IV § 5 b.
[391] Dieses Kap. § 5 b.
[392] Kap. V § 4 b.

KAPITEL VII: DER BEREICH DES PHÄNOMENALEN

Bislang haben wir die panlogistische Interpretation des Leibnizianismus auf der Ebene der Substanzen und Monaden durchzuführen gesucht. Unseren Ausgang nahmen wir von dem Gesamtsystem der Substanzen eines Universums, z. B. des wirklichen, dessen systematische Einheit auf dem ihm zu Grunde liegenden Fundamentalbegriff beruht [1]. Wenn dieser als in dem Universum verkörpert gefaßt wird, so stellt sich das letztere als ein Kosmos im panlogistischen Sinne heraus [2], d. h. als Realisierung einer Logik, geradezu als realisierte Logik. Von einer anderen Seite her gesehen: da alle Einzelsubstanzen eines Universums aus dessen Fundamentalbegriff durch Abwandlung hervorgehen [3], besteht zwischen ihnen das Verhältnis der Compossibilität. Compossibilität hat nicht bloß den negativen Sinn der Abwesenheit von Unverträglichkeiten, sondern besagt, daß alle Substanzen des Universums einander erfordern, sich gegenseitig bestimmen und qualifizieren, daß jede von ihnen nur in der Orientierung und Ausgerichtetheit auf alle anderen ihr Eigenwesen hat, mit anderen Worten, daß zwischen ihnen allen ein innerer Zusammenhang besteht [4]. Das ist gleichbedeutend mit dem Prinzip der universellen Harmonie, das ein Grundgesetz der Verfassung des Universums darstellt [5], und in dem sich wiederum der Panlogismus bekundet.

Die Einzelsubstanz steht zu ihren Accidentien in einem Verhältnis, das dem zwischen dem Fundamentalbegriff des Universums und den ihm zugehörigen Substanzen analog ist. So wie sich aus dem Fundamentalbegriff ergibt, welche Substanzen in dem betr. Universum bestehen, so folgt aus dem vollständigen Begriff der individuellen Substanz die Gesamtheit ihrer Accidentien. Auf dieser Linie äußert sich der Panlogismus in der Auffassung der Substanz als Verwirklichung ihres vollständigen Begriffs [6], und er erreicht seinen Höhepunkt mit der Bestimmung der Substanz als erzeugendem Prinzip ihrer Accidentien [7]. Die der Substanz wesentliche und ihre Accidentien in geordneter Reihenfolge hervorbringende Aktivität stellt sich als Selbstverwirklichung des Gesetzes heraus, das die betr. Substanz definiert. Ein logisches Gebilde, nämlich das Gesetz der individuellen Substanz, ist nicht nur als realisiert, sondern darüber hinaus als aktiv sich selbst realisierend gefaßt.

---

[1] Kap. V § 2 b.
[2] Kap. V § 2 d.
[3] Kap. V § 4 b.
[4] Kap. V § 2 e.
[6] Kap. VI § 2 b.

[5] Kap. V § 4 d.
[7] Kap. VI § 5 b.

Als Nächstes stellt sich die Aufgabe, dem Leibnizischen Panlogismus innerhalb des phänomenalen Bereiches nachzugehen. Zu diesem Zwecke ist es erforderlich, Leibnizens Auffassung vom Phänomenalen und von der auf das Phänomenale bezogenen Wissenschaft, d. h. der positiven Wissenchaft, herauszustellen. Sowohl die Differenz zwischen dem phänomenalen Bereich und dem der Substanzen als auch die zwischen diesen beiden Bereichen bestehende Beziehung bedürfen der Aufklärung. Gemäß dem Prinzip der Stufenkonformität und der Proportionalität der Stufen [8] als Grundgesetzen der Verfassung des Universums ist zu erwarten, daß die panlogistische Konzeption als ganze wie die Einzelthesen, in denen diese Konzeption ihre Ausprägung findet, sich innerhalb des phänomenalen Bereichs in einer seiner Eigenart entsprechenden Form abwandeln.

§ 1 Mechanistische Erklärung der Natur

a. Das Recht der mechanistischen Naturwissenschaften und ihre Autonomie
Im Gegensatz zu den allgemeinen wissenschaftlichen und philosophischen Tendenzen des 17. Jahrhunderts, im Gegensatz besonders zum Cartesianismus, hat Leibniz die Aristotelisch-scholastische Lehre von den Substanzen, substantiellen Formen und Kräften erneuert. Diese Erneuerung ist keine Wiederaufnahme, keine »restitutio ad integrum«. Vielmehr erfährt der Begriff Substanz im Lichte der panlogistischen Konzeption und der Ideen, die der sich entwickelnden neuen Naturwissenschaften und Mathematik, vor allem der Theorie der generativen Definition, zu verdanken sind, eine Umbildung, die in der Auffassung der Substanz als aktiv sich selbst verwirklichenden und in dieser Selbstverwirklichung ihre Accidentien erzeugendem Prinzip zu Tage tritt.

In zwei Schriften des Jahres 1695 spricht sich Leibniz über den Sinn seiner Rehabilitierung der substantiellen Formen aus. Sie sind notwendig zum Verständnis der »allgemeinen Gründe«, der »Quellen« der Dinge, zur Aufstellung der »wahren allgemeinen Prinzipien«. Es heißt aber mit den substantiellen Formen Mißbrauch treiben, wenn man »in rerum sensibilium causis propriis specialibusque tradendis« sich auf sie beruft, was mit einer Rückkehr »ad vulgaris scholae battologias« gleichbedeutend wäre [9]. Substanzen und substantielle Kräfte und Formen dürfen nicht zur Erklärung der Natur im Einzelnen herangezogen werden, sondern alle Phänomene sind ausschließlich mechanisch zu erklären [10]:

---

[8] Kap. V § 7 b und c.
[9] *Spec. dyn.* I (*M*. VI 236) und *Syst*. 3 (*P*. IV 479).
[10] *An Conring,* 19/III 1678 (*P*. I 196 f); *Leibniz-Handschriften* XXXVII, III, 1—10 (Deutsche Übersetzung von W. von Engelhardt, *Gottfried Wilhelm Leibniz, Schöpferische Vernunft* S. 324 ff; Englische Übersetzung von L. E. Loemker, *Gottfried Wilhelm Leibniz, Philosophical Papers and Letters* S. 444 ff); *Disc*. 10 (*Le Roy* S. 45); *an Foucher,* 1686 (*P*. I 383). In der Auseinandersetzung mit Arnauld bezeichnet Leibniz den Rückgriff auf substantielle Formen für die Erklärung der Einzel-

»... tout se fait mécaniquement dans la nature, et ... pour rendre une raison exacte et achevée de quelque Phénomène particulier (comme de la pesanteur ou du ressort par exemple) il suffit de n'employer que la figure et le mouvement.«[11]

Das Postulat einer durchgängig mechanistischen Erklärung gilt auch für die Lebenserscheinungen im eigentlichen Sinne, was im Hinblick auf den Panorganizismus der Leibnizschen Substanzenlehre besonderes Interesse verdient. Zwar finden sich überall in der Natur Monaden und Entelechien, d. h. vitale Prinzipien, so daß das Anorganische geradezu zu einem Grenzfall des Organischen wird[12]. Sobald es sich jedoch um spezifische Vorgänge handelt, z. B. um die Ernährung oder um sonstige organische Funktionen, auch des menschlichen Körpers, muß ihre Erklärung in rein mechanistischer Weise erfolgen, sie muß so gefaßt sein, als wäre der Mensch bloß Körper oder Automat und besäße überhaupt keine Seele[13]. Der Ansatz von spezifischen Lebenskräften, »plastischen Naturen«, »hylarchischen Prinzipien«, »Archaei«, »ideae operatrices« und dergleichen mehr wird von Leibniz immer wieder nachdrücklich abgewiesen[14]. Mit der panorganizistischen Auffassung der Substanzen und Monaden geht bei Leibniz die Idee einer rein und ausschließlich mechanistischen Biologie Hand in Hand. Diese Idee hat den Sinn eines Postulats, nicht den der Feststellung des erreichten Standes der Erkenntnis. In der Anwendung der Mechanik in der Medizin steht Leibniz weder auf Seiten derer, die »negant, omnia fieri mechanice in nostrorum corporum actionibus«, noch derer, die »omnia putant explicari a nobis posse mechanice«. Demgegenüber formuliert er seine Stellung dahin: »Omnia quidem in his mechanice fiunt, sed nondum eo usque profecti sumus, ut omnia mechanice explicare possimus. Interim non spernendum est hoc studium mechanices, sed magis magisque excolendum.«[15] Obwohl alle organischen Prozesse und Funktionen in rein mechanischer Weise vor sich gehen, ist — wie oben[16] ausgeführt — das Prinzip des Organischen selbst nicht von der Mechanik her zu verstehen. Mit anderen Worten, das Postulat der mechanischen Erklärung aller Lebensvorgänge besteht nur auf dem Boden und unter der Voraussetzung des Prinzips des Organi-

phänomene der Natur als überflüssig; *an Arnauld*, 28/XI (8/XII) 1686 und 30/IV 1687 (*Le Roy* S. 146 f und 165).

[11] *Erster Entwurf des Syst.* (P. IV 472) und P. IV 397 f.

[12] S. 262 ff.

[13] *Rorarius* (P. IV 559 f); *Animad.* II 64: »... nec magis ratio perceptionis atque appetitus in modificationibus extensionis, quam ratio nutritionis, caeterarumque functionum organicarum in formis sive animabus quaerenda est« (P. IV 391); *Spec. inv.*: »... in ipsis ... Phaenomenis corporum specialium explicandis non magis utemur anima aut forma, quam in functionibus humani corporis tradendis humana mente ...« (P. VII 317).

[14] *Principes de vie* (P. VI 539 ff); *Antibarbarus physicus* (P. VII 344); *Animad.* II 64 (P. IV 391), *Spec. dyn.* I (M. VI 242 f); *Nouv. Ess.* I, I (P. V 64). Siehe hierzu Cassirer, *Hauptschriften* II 22 ff und *Die Philosophie der Aufklärung* S. 109 ff.

[15] *An Joh. Bernoulli*, 6/V 1712 (M. III 884).

[16] S. 199 ff.

schen, das als solches der Mechanik und mechanischer Erklärung unzugänglich bleibt. »Tout se peut faire et se fait mécaniquement dans la matière et par la seule communication des mouvements; mais c'est à cause d'une *préformation* divine d'une machine déja faite depuis longtemps, qui ne fait que se développer ou envelopper et se transformer selon les occasions, qui lui sont fournies pas le cours de la nature reglé par avance.«[17] In Bezug auf die so verstandene mechanistische Erklärung der Lebensvorgänge prägt Leibniz die Wendung »mécanisme plastique«[18]. Die Lehre, nach der die mechanische Erklärung ein Prinzip voraussetzt, das selbst dieser Erklärung entzogen ist, führt auf das allgemeine Problem der Beziehung zwischen dem Bereich der Substanzen, die hier unter dem organizistischen Gesichtspunkt in Betracht kommen, und dem phänomenalen Bereich, dem die beobachtbaren und mechanisch zu erklärenden Lebensprozesse angehören.

Bevor dieses Problem in Angriff genommen werden kann, muß die Leibnizische Idee einer rein mechanischen Erklärung aller Naturvorgänge in volles Licht gestellt werden. »Et in universum natura corporum quatenus cognoscitur, mechanicas leges subit, itaque physica, quatenus absolvit munus, suum, redit ad mechanicen: vicissim mechanica tota ad geometricas aequationes reducitur accedente propemodum solo illo ex metaphysicis altiore principio ... de aequalitate causae plenae integrique effectus.«[19] Das Postulat einer mechanischen Erklärung der Naturvorgänge gilt auch dann, wenn der gegebene Stand des Wissens nicht erlaubt, ihm Genüge zu leisten, z. B. im Falle des Magnetismus, der eine »chose miraculeuse« wird, wenn man ihn als eine »pure attraction de loin, sans moyen ou milieu, et sans instruments visibles ou invisibles« auffaßt[20]. In dieser Hinsicht ist es überaus aufschlußreich, daß Leibniz die universelle Attraktion des Newtonschen Gravitationsgesetzes, soweit diese Attraktion als ein effektiv wirksamer Faktor verstanden wird, mit den Sympathien, Antipathien, hylarchischen Prinzipien, plastischen Naturen, dem *horror vacui* und ähnlichen occulten Qualitäten der Scholastiker auf die gleiche Stufe stellt[21]. Hier liegt bei ihm insofern ein Mißverständnis vor, als Newton die Attraktion nicht als eine Eigenschaft der Körper, als eine ihnen immanente *vis insita* oder als eine ihnen eignende Tendenz zur Fernwirkung auffaßt, sondern vielmehr als Effekt einer hervorbringenden Ursache. Der Effekt, d. h. das allgemeine Gravitationsgesetz, läßt sich mathematisch formulieren, und aus dieser Formulierung lassen sich mathematische Fol-

---

[17] *An Hartsoeker*, 30/X 1710 (P. III 508); *Nouv. Ess.* II, IX § 11 (P. V 126); *des Bosses an Leibniz*, 20/VIII 1706 und *Leibniz an des Bosses*, 1/IX 1706 (P. II 312 und 314).

[18] *Principes de vie* (P. VI 544).

[19] *Mathesis universalis*, praefatio (M. VII 52). Über die Bedeutung der »aequalitas causae plenae integrique effectus« siehe S. 379 ff und dieses Kap. § 5 c.

[20] *An Lady Masham*, 30/VI 1704 (P. III 353).

[21] *Couturat, O. F.* S. 11 f; *An Clarke* IV 45, V 113 und 118 ff (P. VII 377, 417, 418 f) und vor allem *Antibarbarus physicus* (P. VII 337 ff).

gerungen ziehen, die mit den beobachteten Vorgängen in der Natur verglichen werden können. Hinsichtlich der Ursache äußert sich Newton mit einer gewissen Zurückhaltung: die Gravitation oder Attraktion wird hervorgebracht durch die gewissen Gesetzen gemäßen Wirkungen eines »Agens«, von dem er durchblicken läßt, daß es immaterieller Natur, d. h. Gott ist [22]. Durch diese Korrektur werden aber Leibnizens Bedenken nicht zerstreut, denn Einwände gleicher Art wie die, die er gegen Malebranche richtet [23], lassen sich auch gegen Newton erheben. Bei Newton wie bei Malebranche steht hinter jeder Naturerscheinung das sich ständig gleich bleibende, weil bestimmten Gesetzen folgende Handeln Gottes; nach beiden ist das Gesetz den Dingen von außen her auferlegt; ferner ist beiden die Betonung der Legalität gemeinsam, so daß auch von Newtons Position her die phänomenalistisch-positivistische Interpretation der Naturwissenschaft angebahnt ist. Über den Occasionalismus von Malebranche hinaus bedarf es nach Newton noch besonderer Eingriffe Gottes, um die Ordnung des Universums periodisch wieder herzustellen, so daß Leibniz den Gott Newtons mit einem Uhrmacher vergleichen kann, der von Zeit zu Zeit sein Werk wieder in Stand setzen muß [24]. Für eine in sich geschlossene Naturwissenschaft, die auf keine Eingriffe von außen her angewiesen ist, sind Erhaltungsgesetze oder universelle Invarianten erforderlich, wie z. B. Descartes' Gesetz der Erhaltung der Bewegungsmenge oder Leibniz' Gesetz der Erhaltung der »vis viva«[25]. Weil die Newtonianer solche Erhaltungsgesetze bestreiten, ergibt sich das paradoxe Resultat, daß mit der wichtigsten wissenschaftlichen Entdeckung die Autonomie der Physik in Frage gestellt wird.

Nach Leibniz muß die Natur durchweg mechanisch erklärt werden. Das besagt daß alle körperlichen Phänomene auf Druck und Stoß, damit auf unmittelbare Berührung zurückgeführt werden, und nichts anderes zugelassen wird, als was sich aus direktem Kontakt ergibt. Als das »große Prinzip« der Physik gilt: »... jamais un corps ne reçoit un changement dans son mouvement, que par un autre corps en mouvement, qui le pousse. Corpus non moveri nisi impulsum a corpore contiguo et moto.«[26] Während Leibniz jede gegenseitige Einwirkung der Substanzen aufeinander bestreitet, läßt er im Bereich des Phänomenalen eine solche Einwirkung nicht nur zu, sondern macht sie zum einzig legitimen Prinzip der Erklärung [27]. Diese Diskrepanz zwischen dem Bereich des Substantiellen und dem des Phänomenalen führt auf das Problem der Beziehung zwischen diesen beiden Bereichen.

---

[22] Koyré, *From the closed world to the infinite universe* (Baltimore 1957) S. 173 ff und 228 ff.

[23] S. 338 ff.   [24] *An Clarke* I (*P*. VII 352).

[25] Brunschvicg, *L'expérience humaine et la causalité physique* Partie III Livre X chap. XXV 116.

[26] *Principes de vie* (*P*. VI 541).

[27] *An de Volder*, 20/VI 1703: »... in phaenomenis seu aggregato ... omnia jam mechanice explicantur, massaeque se mutuo impellere intelliguntur ...« (*P*. II 250). Siehe oben S. 197 und weiter unten S. 360 f.

b. Prinzipien der mechanischen Naturerklärung

Indem Leibniz auf dem Recht und der Notwendigkeit einer ausschließlich mechanischen Erklärung der Naturvorgänge besteht, d. h. einer solchen, bei der lediglich die auf die Ausdehnung bezogenen geometrischen und sonstigen mathematischen Begriffen, zu denen auch der der Bewegung gehört, herangezogen werden dürfen, fügt er hinzu, daß die Prinzipien des Mechanismus selbst sowie die Gesetze der Bewegung noch einer weiteren Begründung bedürfen. Obzwar die Mechanik für die Erklärung eines jeden Naturvorgangs zureicht und die »positive Wissenschaft« es dabei bewenden lassen kann, fehlt der mechanistischen Auffassung insofern Eigenständigkeit, als die Prinzipien der Mechanik über die Sphäre der Ausgedehntheit hinaus auf Prinzipien höherer Ordnung verweisen, aus denen sie herfließen, und die Leibniz der Metaphysik zuordnet [28]. In diesen metaphysischen Prinzipien sieht er die »vincula rerum imaginabilium« und gleichsam die »Seele der menschlichen Erkenntnis« [29]. Genauer betrachtet, handelt es sich um ein Doppeltes: 1. oberste Ordnungsprinzipien des Universums, 2. den Begriff der Kraft.

1. Bei der Darstellung der systematischen Einheit des Universums zeigte sich, daß diese Einheit auf einem Fundamentalbegriff beruht, kraft dessen das Universum einen Kosmos bildet, in dem alle Dinge miteinander zusammenhängen und jedes Geschehnis bis in alle Einzelheiten hinein völlig bestimmt ist [30]. Dieser Fundamentalbegriff schließt eine Reihe von Grundgesetzen ein, eben die in Rede stehenden obersten metaphysischen Ordnungsprinzipien, ohne die das Universum unverständlich bliebe, und die der mechanischen Erklärung der Naturvorgänge zugrunde liegen. »... in mundo deprehendimus omnia fieri secundum leges aeternarum veritatum non tantum geometricas sed et metaphysicas, id est non tantum secundum necessitates materiales, sed et secundum rationes formales ;idque verum est non tantum generaliter in ea ... ratione mundi existentis potius quam non existentis, et sic potius quam aliter existentis ..., sed etiam ad specialia descendendo videmus mirabile ratione in tota natura habere locum leges metaphysicas causae, potentiae, actionis easque ipsis legibus pure geometricis materiae praeva-

---

[28] Außer vielen der im Vorstehenden zitierten Texte siehe noch an Arnauld, 4 (14)/ VII 1686 und 30/IV 1687 (Le Roy S. 123 und 166); Animad. II 64 (P. IV 390 f); Antibarbaus physicus (P. VII 343 f); an Alberti, o. D. (P. VII 449); P. VII 280; an Bossuet, 18/IV 1692 (Oeuvres de Leibniz, hrsg. von Foucher de Careil, I 348 f); Syst. 2 (P. IV 478); an Joh. Bernoulli, o. D. (M. III 536 f); De ipsa natura 3 (P. IV 505); P. IV 393; Entretien de Philarète et d'Ariste (P. VI 588); an Remond, 10/I 1714 unter kurzer Darlegung seiner Entwicklung (P. III 606). Dieser Gedanke findet sich in anderer Fassung bereits in seiner Frühzeit, z. B. Confessio naturae contra atheistas (P. IV 106 ff). Hannequin, La première philosophie de Leibniz, Études d'Histoire des Sciences et d'Histoire de la Philosophie II 132 und 153 f hat die durchgehende Kontinuität des Leibnizischen Denkens in dieser Frage herausgestellt.

[29] Couturat, O. F. S. 341 f.

[30] Kap V § 2 b und d.

lere . . .«[31] Zu diesen metaphysischen Ordnungsgesetzen gehört das bereits erwähnte und später[32] genauer zu besprechende Prinzip der »aequalitas causae plenae integrique effectus«. Ebenfalls das Prinzip der Kontinuität, das ausdrücklich als eine »lex ordinis supremi« bezeichnet wird[33], und das — wie oben[34] erwähnt — in allen möglichen Welten gilt.

Ein weiteres Ordnungsprinzip ist das der optimalen Form, der maximalen Bestimmtheit oder Einzigkeit (»unicité«). Der Weg, den ein Lichtstrahl sowohl bei der Spiegelung wie bei der Brechung einschlägt, ist vor allen anderen möglichen Wegen dadurch ausgezeichnet, daß ihm kein anderer Weg gleicher Länge entspricht: dieser Weg ist in dem Sinne »le plus déterminé ou l'unique«, daß er — wie Leibniz es ausdrückt, — »n'a point de frère jumeau«. Mathematisch besagt dies das Verschwinden der ersten Ableitung des Weges, womit aber — wie bekannt — lediglich die Bedingung für ein Extremum gesetzt ist, das sowohl ein Minimum wie ein Maximum sein kann. Mit anderen Worten, der effektive Weg des Lichtstrahls kann unter den möglichen Wegen sowohl der längste wie der kürzeste sein; worauf es ankommt ist nur die Ausgezeichnetheit des Weges im Sinne seiner Einzigkeit[35]. Solche Ordnungsprinzipien oder — wie er sie gleichfalls nennt — architektonische und systematische Prinzipien hat Leibniz im Auge, wenn er von den »causae finales« spricht, in denen sich die Weisheit des Schöpfers bekundet[36]. An diesen obersten Ordnungsprinzipien liegt es, daß die Naturgesetze, vor allem die Gesetze der Bewegung weder absolute oder geometrische Notwendigkeit haben, d. h. mit Hilfe des Satzes vom Widerspruch demonstriert werden können, noch auch kraft rein willkürlicher Satzung bestehen, sondern vielmehr auf der »convenance« oder dem »principe du meilleur« beruhen[37].

31 *De rerum originatione radicali* (P. VII 305) und *an Burnett* (vermutlich 1699 und nicht abgeschickt): ». . . le système de l'univers est formé et entretenu par des raisons métaphysiques de l'ordre . . .« (P. III 260).

32 S. 379 ff und dieses Kap. § 5 c.

33 *An de Volder*, 24/II (3/IV) 1699 (P. II 168 f) und *Tentamen anagogicum* (P. VII 279).

34 S. 97.

35 Für das Nähere siehe *Unicum opticae, catoptricae et dioptricae principium* (Dutens, *Leibnitii Opera omnia* III 145 ff) und *Tentamen anagogicum* (P. VII 274 ff). Wir sind der Interpretation von Belaval, *Leibniz critique de Descartes* S. 404 ff gefolgt.

36 *Tentamen anagogicum* (P. VII 273 f) *Spec. dyn.* I (M. VI 241) P. VII 280; mit einer Spitze gegen Descartes *an Philippi*, o. D. (P. IV 281); *Réponse aux réflexions*: ». . . on ne saurait assez bien raisonner de la structure de l'univers, sans y faire entrer les vues de sa [scl. Dieu] sagesse, comme on ne saurait assez bien raisonner sur un bâtiment, sans entrer dans les fins de l'architecte« (P. IV 339); *Lettre de M. L. sur un principe général*: ». . . les effets particuliers de la nature se peuvent et se doivent expliquer mécaniquement, . . . mais les principes généraux de la physique et de la mécanique même dépendent de la conduite d'une intelligence souveraine, et ne sauraient être expliqués sans la faire entrer en considération« (P. III 55); damit gleichlautend *Principium quoddam generale* (M. VI 135).

37 *Théod.* Préface, III 345 ff (P. VI 37, 44, 319 ff); *Antibarbarus* physicus (P. VII 344); *an Bierling*, 12/VIII 1711 (P. VII 501); *Princ.* 11 (P. VI 603).

»Illa maximi momenti veritas, quod res ex delectu sapientis, atque ita nec bruta necessitate naturae, nec mero rationisque experte arbitrio, sed ob convenientiam sint ortae, nulla re magis illustratur, quam legum naturae origine, praesertim quae in motu apparent.«[38] Die Architektonik und Gesamtökonomie des Universums beruht auf »causae finales«, unter denen Leibniz die systematischen oder architektonischen Ordnungsprinzipien versteht. Belaval [39] formuliert es dahin, daß »l'ordre créé doit se soumettre aux règles incréées de l'ordre«. In Bezug auf das Prinzip der Kontinuität, das — wie erwähnt [40] — in allen möglichen Welten gilt, meint Belaval, daß die Notwendigkeit seiner Verwendung in der mechanischen Erklärung der Vorgänge innerhalb des phänomenalen Bereichs auf der Abhängigkeit dieses Bereichs von dem der Substanzen beruht, insofern als der letztere in dem ersteren sich ausdrückt. Ganz allgemein: die obersten Ordnungsprinzipien haben die Aufgabe, die beiden Bereiche zu vermitteln. Die Angewiesenheit der mechanischen Erklärung der phänomenalen Welt auf oberste Ordnungsprinzipien, die, weil sie der mechanischen Erklärung zu Grunde liegen, aus einer anderen Sphäre als der des mechanischen Geschehens stammen müssen, liefert einen Hinweis darauf, daß die in dem System der Substanzen als ganzem wie in jeder Einzelsubstanz verwirklichte Logik sich im phänomenalen Bereich wiederfindet, allerdings in einer den Bedingungen des Phänomenalen gemäßen Form. Wir werden später [41] auf Entsprechungen zwischen Organisationsstrukturen des Substantiellen und des Phänomenalen einzugehen haben und ferner zeigen, daß der Sinn der Realität des Phänomenalen sich von dem der Realität des Substantiellen durch Abwandlung herleitet.

In ausgesprochenem Gegensatz zu Descartes besteht daher Leibniz auf den »causae finales« nicht bloß im Allgemeinen, sondern auch und gerade auf ihrem heuristischen Wert, insofern als (wie das vorher erwähnte Beispiel aus der Optik zeigt, auf das Leibniz sich wiederholt beruft) die Heranziehung der architektonischen Prinzipien zu Entdeckungen führt, die bei Beschränkung auf bloße »causae efficientes«, d. h. auf eine rein mechanistische Betrachtungsweise gar nicht oder jedenfalls nicht so leicht hätten gemacht werden können [42]. Selbstverständlich ändert das nichts an der Aufgabe, auch die so entdeckten Phänomene in ihren Einzelheiten und ihrem Verlauf rein mechanisch zu erklären.

2. Unter der Kraft, wie dieser Begriff für die Physik, vor allem die Dynamik, in Betracht kommt, ist nicht die »vis primitiva« zu verstehen, sondern die »vis derivativa«, auch »vis viva« genannt, die mathematisch als das Produkt der Masse und

---

38 *An Bourguet*, 11/IV 1701: »... veritates contingentes oriuntur a voluntate Dei non mera, sed optimi seu convenientissimi considerationibus, ab intellectu directa« (P. III 550).
39 Belaval, *Leibniz Critique de Descartes* S. 455 f.
40 S. 97.
41 Dieses Kap. §§ 6 und 7.
42 *Disc.* 21 (*Le Roy* S. 59); *Animad.* I 28 (P. IV 361); *Spec. Dyn.* (M. VI 243); *Erster Entwurf des syst.* (P. IV 472); *Tentamen anagogicum* (P. VII 270 ff) und passim.

des Quadrats der Geschwindigkeit — mv² — dargestellt wird. Ausdrücklich weist Leibniz den Begriff der Kraft der »Metaphysik« zu, wobei »Metaphysik« hier negativ durch den Gegensatz zur Geometrie, die sich auf die blosse Ausdehnung des Körpers und seine Bewegung bezieht, bestimmt wird[43]. Im Unterschied zu den vorher erwähnten Ordnungsprinzipien kommt dem Begriff der Kraft nicht nur eine architektonische, organisatorische oder regulative Bedeutung zu. Vielmehr muß dieser Begriff in die mechanische Erklärung der Natur eintreten und in ihr fungieren: um die wahren Naturgesetze zu finden, »il faut considérer dans la nature non seulement la matière, mais aussi la force … les mécaniques mêmes supposent la considération de la force«[44].

Daraus erwächst eine gewisse Komplikation sowohl des Begriffs der Kraft wie desjenigen der Metaphysik. Die »vivres primitivae« gehören der Metaphysik an, insofern als diese durch den Gegensatz nicht nur zum Geometrischen, sondern auch und gerade zum Phänomenalen bestimmt ist. Aus diesem Grunde darf in den Wissenschaften von der Natur, für die das Postulat der mechanischen Erklärung der Phänomene gilt, von der »vis primitiva« und den Substanzen, denen sie zugehört, keinerlei Gebrauch gemacht werden. Hingegen ist der Begriff der »vis deritiva« nur in dem Sinne metaphysisch, als die Metaphysik jenseits des Geometrischen liegt, nicht aber einen Gegensatz zum Phänomenalen bezeichnet. Ganz ausdrücklich ordnet Leibniz die »vires derivativae« dem phänomenalen Bereich zu: »Vires derivativas ad phaenomena relego …«[45] Damit steht im Einklang, daß von den »vires derivativae« in der mechanischen Erklärung der Phänomene Gebrauch gemacht werden kann und muß. In der Tat ist der Begriff der »vis derivativa« der einzige metaphysische — d. h. lediglich nicht geometrische — Begriff, dessen die mechanische Naturerklärung bedarf: »… Neque opus est in his phaenomenis nisi consideratione virium derivativarum.«[46] Auf den Sinn, in dem Leibniz das Metaphysische im Gegensatz zum Geometrischen, aber nicht notwendigerweise im Gegensatz zum Phänomenalen versteht, und auf den Zusammenhang zwischen diesen beiden Begriffen von Metaphysik werden wir später[47] einzugehen haben. Erst dann wird es möglich sein, die Frage nach der Beziehung der »vis derivativa« zur »vis primitiva« zu stellen und der Eigenart der »vis derivativa« Genüge zu tun[48]. Für den Augenblick muß es bei den gegebenen Hinweisen zum Begriff der »vis derivativa« sein Bewenden haben.

[43] *Disc.* 18: »… cette force est quelque chose de différent de la grandeur de la figure et du mouvement, et on peut juger par là que tout ce qui est conçu dans le corps ne consiste pas uniquement dans l'étendue et dans ses modifications, …« (*Le Roy* S. 55); *Syst.* 2 (*P.* IV 478); *Entretien de Philarète et d'Ariste* (*P.* VI 588).
[44] *An Bouvet* (Erdmann, *Gottfried Wilhelm Leibniz Opera Philosophica* S. 146).
[45] *An de Volder,* o. D. (*P.* II 275 f); ebenso am 20/VI 1703: »Vires quae ex massa et velocitate oriuntur, derivativae sunt et ad aggregata seu phaenomena pertinent« (*P.* II 251).
[46] *An de Volder,* 20/VI 1703 (*P.* II 250), der vorangehende Satz ist auf S. 356, Anm. 27, der nachfolgende auf S. 362 zitiert.
[47] Dieses Kap. § 4 c.

c. Sinn der Autonomie der mechanischen Naturerklärung

Die Autonomie der Wissenschaft von den Phänomenen besteht darin, daß, abgesehen von der »vis derivativa« lediglich mathematische Begriffe, vor allem geometrische, herangezogen und die Erscheinungen durch gegenseitige Einwirkung der Körper bei unmittelbarem Kontakt erklärt werden. Andererseits liegen die Prinzipien dieser mechanistischen Wissenschaft außerhalb ihrer selbst, außerhalb des Phänomenalen, somit im Metaphysischen (als im Gegensatz zum Phänomenalen verstanden), d. h. im Substantiellen und Monadischen. Autonomie bei fehlender Eigenständigkeit kann — nach Gueroult [49] — nur den Sinn haben, daß die positive Wissenschaft, vor allem die Dynamik, auf ihrem Felde mit den ihr eignenden Mitteln auskommt, daß sie keinerlei metaphysischer Begriffe bedarf und deren Hereinspielen nicht dulden kann, daß sie aber für ihre Möglichkeit und Verständlichkeit einer Fundierung durch die Monadenmetaphysik bedarf. In einem s. z. s. technischen Sinne kann die Dynamik rein in sich in geschlossener Weise entwickelt werden, ohne daß man sich um ihre Grundlagen zu kümmern braucht. Stellt man aber die Frage nach den Grundlagen und Voraussetzungen, auf denen die Möglichkeit der Dynamik sowie der positiven Wissenschaft überhaupt beruht, so wird man auf die Metaphysik der Monaden und Substanzen geführt.

Nach Gueroult verdankt die reife Leibnizische Physik und Dynamik ihre Geschlossenheit dem Prinzip der Erhaltung der »vis derivativa« im physischen Universum. Dieses Prinzip verbürgt die Ökonomie des Universums in immanenter Weise, während in der ersten Physik Leibnizens — der *Theoria motus abstracti* und der *Hypothesis physica nova* — die Ökonomie des physischen Universums nur durch Eingriffe von außen aufrecht erhalten werden kann bzw. ständig wiederhergestellt werden muß [50]. Wie erwähnt, rechnet Leibniz die »vis derivativa« dem Phänomenalen zu; später [51] werden wir sehen, daß sie in Beziehung zur »vis primitiva« steht, also zu einem Begriff, der dem im Gegensatz zum Phänomenalen verstandenen Metaphysischen angehört. An der Eigenart und der eigentümlichen Stellung des Begriffs der »vis derivativa«, dem die Physik und Dynamik ihre Autonomie verdankt, liegt es, daß die Scheidung von Physik und Metaphysik nicht völlige Trennung und Beziehungslosigkeit beider Gebiete besagt. Allerdings kommt die Metaphysik nicht mehr für die Unzulänglichkeit der Physik auf, sie hat nicht mehr die Aufgabe, Lücken der mechanischen Erklärung auszufüllen [52].

---

[48] Dieses Kap. § 5 a.
[49] Gueroult, *Dynamique et métaphysique leibniziennes* S. 159 ff.
[50] Id., *ibid.* S. 15 ff.
[51] Dieses Kap. § 5 a.
[52] Fischer, *Geschichte der modernen Philosophie* III 499 verkennt die Sachlage, weil er von seiner Interpretation des Satzes vom zureichenden Grunde her Leibniz die Ansicht zuschreibt, die Theologie habe die Physik zu ergänzen, wenn deren Mittel zur Erklärung der Natur nicht ausreichen; siehe dagegen Hannequin, *La première philosophie de Leibniz, Études d'Histoire des Sciences et d'Histoire de la Philosophie* II 52.

An Stelle des Ineinandergreifens von Metaphysik und Physik tritt das *Verhältnis der Fundiertheit der autonomen und in sich geschlossenen mechanischen Naturerklärung als ganzer auf der Metaphysik der Substanzen.* In diesem Sinne verstehen wir Leibnizens Äußerung in dem mehrfach erwähnten *Brief an de Volder* vom 20/VI 1703, daß die Phänomene mechanisch durch Einwirkung aufeinander zu erklären sind, und daß es dabei nur der »vires derivativae« bedarf, »ubi semel constat unde hae resultent, nempe phaenomena aggregatorum ex realitate monadum« [53]. So stellt auch Gueroult die Sachlage dar, indem er die Möglichkeit der physikalischen Dynamik auf der »loi intelligible« der Substanzen begründet sein läßt [54]. Hannequin [55] dagegen sieht in den Leibnizschen Bemühungen, die Physik durch die Metaphysik tiefer zu begründen, Rückstände von Gedankengängen, die der Problematik der *Hypothesis physica nova* entstammen, jedoch auf dem Boden der entgültigen Leibnizischen Dynamik keine Legitimität mehr besitzen.

Der Beziehung der Wissensgebiete — Dynamik und Metaphysik — muß das Verhältnis zwischen den Sachgebieten — dem Phänomenalen und dem Monadischen — entsprechen. Früher [56] machten wir geltend, daß Leibniz die Substanzen nicht als Elemente oder Ingredientien der Körper faßt, sondern als deren Requisite und Prinzipien. Diese Auffassung allein ist mit der dargelegten Beziehung zwischen Dynamik und Metaphysik verträglich. In der Tat: wären die Substanzen Bestandteile der Körper, so wäre nicht einzusehen, warum bei der Erklärung von körperlichem Geschehen der Rückgriff auf die den Körper zusammensetzenden und aufbauenden Bestandteile sollte unerlaubt sein. Nur auf dem Grunde der Heterogeneität von Phänomenalem und Substantiellem ist eine autonom in sich geschlossene Wissenschaft vom Phänomenalen möglich, die aber als ganze auf der Metaphysik der Substanzen beruht; nur dann kann das Phänomenale als durch das Substantielle fundiert aufgefaßt werden. Um das nähere Verständnis dieser Fundiertheit handelt es sich. In welchem Sinne ist es zu verstehen, daß »in entelechiis seu τῷ δυναμικῷ sita sunt principia mechanismi, quo omnia in corporibus reguntur« [57], oder daß »mechanismi fons est vis primitiva« [58]? Die Aufklärung des Verhältnisses zwischen Phänomenalem und Substantiellem und des damit zusammenhängenden zwischen »vis derivativa« und »vis primi-

---

[53] P. II 250; vgl. S. 356, Anm. 27 und S. 360 f.
[54] Gueroult, *Dynamique et métaphysique leibniziennes* S. 179 f. In Bezug auf die obersten Ordnungsprinzipien schreibt Couturat, *La logique de Leibniz* Kap. VI § 27: »Les principes métaphysiques ne s'opposent ni se juxtaposent aux lois mathématiques: ils s'y superposent«, wobei er allerdings nicht so sehr die Scheidung von Phänomenalem und Metaphysischem im Auge hat als vielmehr den durchgehenden Intellektualismus, die »intelligibilité parfaite et absolue de l'univers«, die wir im Sinne unserer panlogistischen Interpretation deuten.
[55] Hannequin, *La première philosophie de Leibniz, Études d'Histoire des Sciences et d'Histoire de la Philosophie* II 212 ff.
[56] Kap. IV § 4.
[57] P. IV 399.
[58] An Bierling, 11/VIII 1711 (P. VII 501).

tiva« erfordert zunächst eine Herausstellung des Leibnizischen Begriffs vom Phänomenalen.

§ 2 Bestimmung des Phänomenalen

Gueroult [59] hat darauf aufmerksam gemacht, daß die Leibnizische Auffassung des Phänomenalen nicht im Lichte Kantischer Lehren gedeutet werden darf. Zwischen dem »mundus sensibilis« und dem »mundus intelligibilis« besteht nach Leibniz nicht jene völlige Trennung und Entgegensetzung, die es verbietet, die auf die eine Welt bezogenen Begriffe und Gesetze auf die andere zu übertragen. Vielmehr bildet der »mundus intelligibilis« die Grundlage für den »mundus sensibilis«, der den ersteren nicht verdoppelt, sondern dessen »Übersetzung« (»traduction«) darstellt..

Zwei Bestimmungen sind nach Gueroult für den Leibnizischen Begriff von Phänomenalität maßgebend: Accidentalität und der Charakter des Imaginären. In Bezug auf den letzteren betont Gueroult das Element des Subjektiven, das zur Illusion Anlaß gibt, wenn es nicht schon immer etwas Illusionäres enthält. Zu diesen Bestimmungen muß noch die Bezogenheit auf die Zeit und vor allem den Raum ergänzend hinzutreten; wir werden später [60] auf den Zusammenhang hinzuweisen haben, in den Leibniz die Geometrie zur Imagination stellt. Da der Anteil des Imaginären größer oder geringer sein kann, gibt es nach Gueroult Stufen oder Grade der Phänomenalität. Indem der Anteil des Imaginären sich zusehens verringert, nähert sich das Phänomenale dem Intelligiblen an, so daß im Grenzfall der Unterschied aufgehoben wird und die Gesetze der phänomenalen Welt mit denen des »mundus intelligibilis« zusammenfallen. Eine besondere Rolle spielt in dieser Hinsicht die »vis derivativa«, bei der der Anteil des Imaginären auf ein Minimum herabgesetzt ist, und deren Phänamenalität sich fast völlig auf Accidentalität reduziert. Später [61] werden wir darzulegen haben, daß die »vis derivativa« s. z. s. den Punkt bezeichnet, an dem das Phänomenale mit dem Substantiellen zusammenhängt, an dem der Übertritt vom Phänomenalen zum Substantiellen erfolgt oder besser: den Punkt, an dem das Substantielle sich im Phänomenalen bekundet.

Von Gueroults Interpretation ausgehend, charakterisieren wir das *Phänomenale* als *das Substantielle selbst,* aber *unter Bedingungen der Imagination,* für die Räumlichkeit und Zeitlichkeit wesentlich sind. Da Räumlichkeit und Zeitlichkeit Prinzipien der Vereinzelung bilden, ergibt sich daraus die Accidentalität als Charakteristik des Phänomenalen. In der Tat, stellt sich die Substanz unter Bedingungen der Vereinzelung dar, so erscheint sie nicht in ihrer Totalität, sondern in ihren

---

[59] Gueroult, *Dynamique et métaphysique leibniziennes* S. 187 ff.

[60] S. 384 ff.

[61] S. 393 ff.

jeweiligen und jeweilig wechselnden Zuständen und Accidentien, vom Standpunkt dieser aus, gewissermaßen in sie entfaltet und auseinandergelegt [62]. ». . . quod in phaenomenis exhibetur extensive et mechanice, in monadibus est concentrate seu vitaliter . . . Quod . . . per reactionem resistentis et restitutionem compressi exhibetur mechanice seu extensive, id in ipsa entelechia . . . concentratur dynamice et monadice, in qua mechanismi fons et mechanicorum repraesentatio est . . .«[63]

Die Substanz ist uns sowohl als das erzeugende Prinzip wie als das System ihrer Accidentien entgegengetreten. Bei einer auf die Substanz bezogenen, an ihr orientierten, oder wenigstens durch den Hinblick auf sie bestimmten Betrachtung verbleibt das Accidens im Gesamtverband der Substanz, d. h. in dem sämtlicher anderer Accidentien. Das in Rede stehende Accidens kann aufgefaßt werden als in dem generativen Prinzip aller Accidentien der betreffenden Substanz enthalten oder als aus diesem sich selbst verwirklichenden Prinzip hervorgehend und durch dessen Selbstverwirklichung erzeugt. In einer anderen Richtung der Betrachtung gesehen, enthält das Accidens sein erzeugendes Prinzip als in ihm niedergeschlagen und verkörpert es in sich. Das heißt genauer ausgeführt, daß ein jedes Accidens durch die Gesamtheit der Accidentien der fraglichen Substanz so qualifiziert wird, daß das Accidens, um das es sich handelt, als die Substanz selbst, allerdings in einseitiger Zentrierung, in Anspruch genommen werden kann, mit anderen Worten: als das Gesamtsystem der Accidentien vom Standpunkt eines Gliedes dieses Systems [64]. In diesem Sinne deuten wir die Ausdrücke »dynamice», »vitaliter«, »monadice« und »concentrate« in dem soeben zitierten Text.

Für die im Bereiche des Phänomenalen sich bewegende Betrachtung ist im Gegenteil das einzelne Accidens aus dem Gesamtsystem der Accidentien, d. h. aus dem Verband der Substanz herausgelöst, wie es den Bedingungen der Imagination als Prinzipien der Vereinzelung entspricht. Eine solche Herauslösung und Verselbständigung des Accidens, das hierdurch zum Phänomen wird, besagt notwendigerweise Abstraktion, insofern als die Qualifikation eines Accidens durch die Gesamtheit der übrigen, wenn sie auch nicht verschwindet, doch so indistinkt wird und für die Betrachtung des phänomenalen Bereichs nicht mehr in Rechnung zu ziehen ist. Folglich kann der Zusammenhang zwischen phänomenalen Accidentien nicht mehr direkt der Struktur der Accidentien entnommen, sondern

---

[62] Jankes Bestimmung des phänomenalen Seins als »Vorscheinen eines selbst nicht Erscheinenden« (*Leibniz* S. 114 und 137) können wir uns zu eigen machen, wenn sie in diesem Sinne verstanden wird.

[63] *An Wolff,* 9/VII 1711 (*Briefwechsel zwischen Leibniz und Christian Wolff,* hrsg. von C. I. Gerhardt, S. 139); *ibid.* S. 140: »... ea in re quod figurae exhibent extensive, entelechiae continent concentrate, et quod in illis est mechanicum, in his est vitale«; *Rorarius* (*P.* IV 562, zitiert S. 237); *Théod.* III 403 (*P.* VI 356 f); *an des Bosses,* 19/VIII 1715 (*P.* II 503, zitiert S. 238); siehe auch Dillmann, *Eine neue Darstellung der Leibnizischen Monadenlehre* S. 309 ff).

[64] Kap. VI § 6 c.

muß vielmehr hergestellt und konstruiert werden. Da für die Herstellung eines Zusammenhangs zwischen den Phänomenen der Weg über die Substanz selbst als gemeinsamer Grund und gemeinsame Quelle aller ihrer Accidentien verschlossen ist, findet sich die phänomenale Betrachtung auf einen schrittweisen Fortgang von Phänomen zu Phänomen verwiesen, mit anderen Worten, sie steht unter der Bedingung der Diskursivität. Einen Zusammenhang zwischen Phänomenen stiften, heißt, sie nach und nach einzeln miteinander verbinden, während für die monadologische Betrachtung an jedem Accidens einer Substanz alle ihre Accidentien und sogar das gesamte Universum, d. h. alle Accidentien der Gesamtheit der Substanzen des Universums sichtbar sind.

Der Unterschied zwischen dem Monadischen und dem Phänomenalen stellt sich als ein solcher zwischen dem Konkreten und Abstrakten, dem Vollständigen und Unvollständigen heraus. »Tantum nempe interest inter substantiam et massam, quantum inter res completas, ut sunt in se, et res incompletas, ut a nobis abstractione accipiuntur, quo definire liceat in phaenomenis quid cuique parti massae sit ascribendum, cunctaque distingui et rationibus explicari possint, quae res necessario abstractiones postulat.«[65] Entsprechend bestimmt sich der Sinn, in dem das Phänomenale vom Substantiellen abhängt und in ihm seine Stütze, seinen Halt und seine Grundlage findet, als Fundierung des Unvollständigen durch das Vollständige. Das tritt an der Unterscheidung von »soi« und »apparence du soi« oder »consciencosité« deutlich hervor[66]. Während die »consciencosité« so weit, aber auch nur so weit reicht, wie sich der jeweilige und jeweilig wechselnde Bestand der Erinnerungen erstreckt, umfaßt das Ich (»soi«) als individuelle Substanz, zu der ein vollständiger Begriff gehört, das gesamte Leben, die gesamte Vergangenheit der Person und — wie hinzugefügt werden muß — ihre gesamte Zukunft. Wie die Bezeichnung »apparence du soi« anzeigt, handelt es sich hier um das, was als das phänomenale Ich und dessen Identität in Anspruch genommen werden kann[67]. Das phänomenale Ich und seine Identität, »l'identité apparente à la personne même, qui se sent la même« setzt aber das Ich oder Selbst (»le soi«) und die in ihm begründete »identité réelle et physique« voraus. Aus diesem Grunde können Gedächtnislücken einer Person durch das Zeugnis anderer ergänzt und ausgefüllt werden, ist jeder Mensch identisch derselbe, der er als Säugling war, obwohl er sich an nichts aus jener Zeit erinnert. Gedanken und Handlungen, die vergessen sind und an die keine Erinnerung mehr möglich ist, die also außerhalb der »consciencosité« fallen, können der betr. Person zugeschrieben werden, sogar im Sinne moralischer oder juridischer Verantwortlichkeit. Die »apparence du soi« oder das phänomenale Ich stellt sich somit als ein Teil-

---

[65] *An de Volder,* 20/VI 1703 (*P.* II 252 f).

[66] *Nouv. Ess.* II, XXVII § 9 (*P.* V 218 ff).

[67] Leibnizens Begriff von der »apparence du soi« oder »consciencosité« hat in der Kantischen Lehre von der »empirischen Apperzeption« einen Wiederhall gefunden; jedoch darf Kants »transzendentale Apperzeption« nicht mit der Leibnizischen Ich-Monade gleichgesetzt werden, siehe oben S. 189 ff.

ausschnitt des substantiellen Ich, des »soi« heraus; genauer gesagt, als ein je nach den Umständen wechselnder Teilausschnitt.

Substanzen sind keine Wesenheiten »hinter« den Phänomenen; sie bringen nicht als transzendente Ursachen die Phänomene hervor [68]. Cassirer drückte es in seiner neukantischen Sprache dahin aus, daß für Leibniz der »Gegensatz zwischen Noumenon und Phänomenon ... nicht einen Unterschied von Sachen, sondern von Erkenntnisweisen« bezeichnet [69]. Es gibt nur *ein* wirkliches, d. h. zur Existenz zugelassenes Universum. Für den göttlichen Geist, der Unendlichkeiten mit einem Schlage überschaut und über dem Universum steht, stellt sich dieses als ein System intelligibler Prinzipien — Substanzen — dar, die alle aus einem höheren begrifflichen Prinzip, nämlich dem Fundamentalbegriff des Universums, durch Abwandlung hervorgehen [70]. Dem endlichen menschlichen Geiste, der einen bestimmten Platz innerhalb des Universums einnimmt, erscheint dieses nicht nur unter der Perspektive seines Platzes, d. h. in einseitig-parteilicher Zentrierung auf einen gewissen »Standpunkt«, woraus sich schon Grade der Distinktheit und die unvermeidliche Beimischung von Konfusem ergeben [71], sondern auch unter Bedingungen der Imagination, d. i. der Vereinzelung. Daraus ergibt sich die Abstraktheit des Phänomenalen [72]. Es sind dieselben »res«, die Gott sieht »ut sunt in se«, und die »a nobis abstractione accipiuntur« [73]. Cassirer hat auf den Zusammenhang der Leibnizischen Lehre von der individuellen Substanz mit dem Gottesbegriff hingewiesen. In der Tat ist der vollständige Begriff der individuellen Substanz, aus dem sich alles herleiten läßt, was dieser Substanz je zugestoßen ist und je zustoßen wird, nur der göttlichen Allwissenheit bekannt. Während der menschliche Geist für die Erkenntnis sowohl eines Individuums wie des Universums auf Erfahrung und Geschichte angewiesen ist, also von Etappe zu Etappe fortschreitet und sich die durchgängige Bestimmung zur Aufgabe stellt, ist für die göttliche Allwissenheit diese Aufgabe s. z. s. immer schon gelöst [74]. Der Unterschied zwischen dem »mundus intelligibilis« und dem »mundus sensibilis« ist somit zu fassen als der Unterschied zwischen einem und demselben Universum als

---

[68] Dillmann, *Eine neue Darstellung der Leibnizischen Monadenlehre* S. 74.

[69] Cassirer, *Leibniz' System* S. 392 f.

[70] Kap. V § 2 b und § 4 b.

[71] Kap. III § 5 a.

[72] L. J. Russell, »Leibniz's account of phenomena«, *Proceedings of the Aristotelian Society* N. S. LIV (1954) S. 184.

[73] Während v. Aster, *Geschichte der neueren Erkenntnistheorie* S. 261 f die Phänomene als Vertreter, Repräsentanten und Erscheinungen eines von ihnen wesensverschiedenen substantiell Realen interpretiert, stellt Belaval, *Leibniz critique de Descartes* S. 433 — wie uns scheint — die Sachlage richtiger dar, wenn er das Sinnlich-Phänomenale als einen zwar konfusen, aber doch genauen (»rigoureux«) Ausdruck des Realen deutet.

[74] S. 109 ff. Gemäß seiner neukantischen Orientierung drückt Cassirer, *Leibniz' System* S. 349 das dahin aus, daß die »Aufgabe ... zu einer Gegebenheit umgedeutet und hypostasiert« ist.

einerseits durchgehend bestimmt und völlig erkannt, andererseits als zu erkennend und zu bestimmend.

In seiner Endlichkeit besitzt der menschliche Geist keinen vollständigen Begriff, keine detaillierte Kenntnis, keine Kenntnis (im strengen Sinne des Wortes) auch nur einer einzigen individuellen Substanz (einschließlich derer, die ein jeder von uns selber ist); wir kennen den Fundamentalbegriff des Universums nicht, aus dem sich die untergeordneten Gesetze herleiten, und von dem aus sich alle Ereignisse im Universum bis in die letzten Einzelheiten bestimmen. Andererseits wissen wir, in allgemeiner und abstrakter Weise, daß es einen solchen, wenn auch uns unbekannten Fundamentalbegriff gibt; wir haben ein allgemeines und abstraktes Wissen um Substantialität überhaupt und als solche, um die universelle Harmonie als Grundgesetz der Verfassung des Systems der Substanzen sowohl wie der Struktur einer jeden individuellen Substanz [75]. Dieser Beschränktheit der menschlichen Erkenntnis auf das Allgemeine und Abstrakte entspricht die ausschließliche Bezogenheit der positiven Wissenschaft, die es mit der Erklärung der Naturvorgänge im Einzelnen zu tun hat, auf das Phänomenale, das soeben als das Unvollständige und in diesem Sinne Abstrakte gekennzeichnet wurde. Was den phänomenalen Bereich und die ihm spezifische Problematik angeht, muß dem Umstand Rechnung getragen werden, daß wir das Substantielle zwar nicht kennen, wohl aber um es wissen [76]. Weil wir die Substanzen nicht kennen, dürfen sie zur Erklärung der Naturvorgänge im Einzelnen nicht herangezogen werden. Andererseits ist für die Behauptung, daß die Prinzipien des Mechanismus außerhalb seiner liegen, sogar für die bloße Stellung der Frage nach einer weiteren Begründung des Mechanismus und der Gesetze der Bewegung ein gewisses, wenn auch noch so unzureichendes, fragmentarisches und indistinktes Wissen um den »mundus intelligibilis« erforderlich. Überhaupt setzt die Auffassung des Phänomenalen als des Unvollständigen ein Wissen um das Vollständige voraus, auf das das erstere bezogen werden muß, um an ihm gemessen als unvollständig erscheinen zu können [77]. Infolge unserer Unkenntnis der Struktur der Substanzen können wir den Zusammenhang zwischen Accidentien und Phänomenen nicht diesen selbst ent-

---

[75] Kap. III § 5 b und c.

[76] Siehe die S. 152 f. erwähnte Leibnizische Unterscheidung zwischen »scire« und »comprehendere«.

[77] In der Leibnizischen Bestimmung des Phänomenalen gegenüber dem Substantiellen kommt die Lehre Platos (Phaedon 74 d ff), daß die Erkenntnis des Unvollkommenen als solchen nur auf dem Grunde eines Wissens um das Vollkommene möglich ist, in abgewandelter Form zum Ausdruck. (Über die Bedeutung Platos für Leibniz im Allgemeinen und seine Plato-Studien in den Jahren 1676—1684, siehe Stein, *Leibniz und Spinoza* S. 119 ff). Das gleiche Platonische Motiv erscheint auch in Descartes' (*Meditationes de prima philosophia,* III, A. T. 45 f) Darlegungen zum Eingeborensein der Gottesidee, d. h. ihrer wesentlichen Zugehörigkeit zu einem sich seiner Begrenztheit bewußten Geiste. An diesen Beispielen tritt die tief bestimmende Bedeutsamkeit platonisierender Tendenzen für die Orientierung der neuzeitlichen rationalistischen Philosophie zu Tage.

nehmen, sondern haben ihn schrittweise in approximativem Vorgehen zu konstruieren[78]. Mit anderen Worten, dieser Zusammenhang ist uns nicht gegeben, sondern seine Herstellung ist uns als Aufgabe auferlegt. Als sinnvoll kann sich aber diese Aufgabe nur unter der Voraussetzung stellen, daß ein solcher Zusammenhang überhaupt besteht, dessen Spezifizierung im Einzelnen Sache der wirklich durchzuführenden, von Phänomen zu Phänomen endlos fortschreitenden Konstruktion ist. Die Konvergenz des endlosen Fortschritts der menschlichen Erkenntnis ist durch die Vollkommenheit der göttlichen Erkenntnis verbürgt[79]; die fortschreitende Annäherung an die Wahrheit setzt das Bestehen dieser Wahrheit als ein Ziel voraus, das nie erreicht, aber (im Prinzip wenigstens) asymptomatisch approximiert werden kann. Nach Leibniz erfordert das Bestehen der Wahrheit an sich den unendlichen Geist Gottes, dessen Inhalt diese Wahrheit bildet[80]. Die positive Wissenschaft vom Phänomenalen findet ihren Halt an dem indistinkten, weil allgemein-abstrakten, Wissen um die göttliche Allwissenheit und um den »mundus intelligibilis« als dem göttlichen Geist vollauf bekannt.

Aus der Bestimmung des »mundus sensibilis« als eines gegenüber dem »mundus intelligibilis« unvollständigen folgt, daß die wesentlichen Gesetze der Verfassung des »mundus intelligibilis« in denen des »mundus sensibilis« eine Abbildung oder Entsprechung finden. Genauer gesagt, die Verfassung des »mundus intelligibilis« wandelt sich unter den Bedingungen der Phänomenalität ab, so daß die aus dieser Abwandlung hervorgehende Verfassung des »mundus sensibilis« eine Transformation des ersteren unter Bedingungen der Vereinzelung darstellt. Im Sinne der panlogistischen Interpretation des Leibnizianismus besagt das, daß die im monadischen Bereich — sowohl im Gesamtsystem der Substanzen wie in jeder Einzelsubstanz — verwirklichte Logik sich in abgewandelter Form innerhalb des phänomenalen Bereiches wiederfindet. Zur Erhärtung dieser Behauptung ist ein Überblick über die Grundbegriffe der Wissenschaft vom Phänomenalen erforderlich.

§ 3 Grundprinzipien der Dynamik

Gemäß der allgemeinen wissenschaftshistorischen Situation im 17. Jahrhundert gilt auch für Leibniz die Physik, genauer die Mechanik, als die Wissenschaft vom Phänomenalen par excellence. Seine Studien über das Wesen des Körpers und der Bewegung beginnen bereits vor der Pariser Reise; die dieser Periode angehörenden Ideen sind mehrfach dargestellt worden[81]. Abgesehen von gelegent-

---

[78] Kap. II § 6 a und d.

[79] S. 116.

[80] Kap. VIII § 1 a und § 2 a.

[81] Die erste in ihrer Gründlichkeit und Klarheit meisterhafte Darstellung stammt von Hannequin, *La première philosophie de Leibniz, Études d'Histoire des Sciences et d'Histoire de la philosophie* II, an die sich Gueroult, *Dynamique et métaphysique*

lichen Hinweisen auf die Leibnizische Jugendzeit halten wir uns hier an die Form, die seine Physik in der Periode seiner Reife erhält, jener Periode, in der die Mechanik sich als Dynamik konstituiert. Wir werden uns weitgehend auf die Untersuchungen von Gueroult zu berufen haben. Ganz allgemein läßt sich die Entwicklung der Grundbegriffe der Leibnizischen Dynamik als eine fortlaufende Kontroverse mit Descartes charakterisieren.

a. Entsubstantialisierung der Räumlichkeit
Bekanntlich hat Descartes Materialität oder Körperlichkeit mit Ausdehnung gleichgesetzt [82]. Diese Gleichsetzung drückt die Substantialisierung des Raumes aus, eine Auffassung, die Leibniz in seiner frühesten Zeit ebenfalls vertreten hat. Da die Geometrie unzweifelhaft eine Wissenschaft ist, jede Wissenschaft aber von einer Substanz handelt, ergibt sich »figuram esse substantiam, aut potius spatium esse substantiam, figuram esse quiddam substantiale« [83].

Im Laufe der späteren Entwicklung seiner Physik macht Leibniz eine Reihe von Einwänden gegen die Substantialisierung der Ausdehnung und des Raumes überhaupt. Wie oben [84] erwähnt, betrifft die räumliche Form lediglich den gegenwärtigen Zustand des Körpers, bezieht sich aber nicht auf seine vergangenen und zukünftigen Zustände, weil sie kein Veränderungsprinzip in sich enthält. Dieser Einwand beruht allerdings auf dem spezifisch Leibnizischen Begriff von Substantialität. Ferner läßt sich, streng genommen, keinem Körper eine genau bestimmte geometrische Form zuschreiben, und zwar wegen der unendlichen Teilbarkeit der Materie, deren Teile überdies noch in den verschiedensten Bewegungen begriffen sind [85]. Die Charakterisierung eines Körpers durch seine geometrische Form enthält somit ein imaginäres Element, und Leibniz geht so weit zu behaupten, daß »la notion de la grandeur, de la figure et du mouvement ... enferme quelque chose d'imaginaire et de relatif à nos perceptions, comme le sont encore (quoique bien davantage) la couleur, la chaleur, et autres qualités semblables dont on peut douter si elles se trouvent véritablement dans la nature des choses hors de nous« [86]. Qualitäten dieser Art können nichts Substantielles konstituieren. Die genannte Charakterisierung beruht auf einer Abstraktion, einer Idealisierung, jedenfalls einer geistigen Leistung [87]. Begriffe, die in dieser Weise

---

leibniziennes chap. II angeschlossen hat. Die jüngste Darstellung ist J. Moreau, *L'Univers leibnizien* Première Partie chap. II zu verdanken.

[82] Descartes, *Principia philosophiae* II 4: »... naturam materiae, sive corporis in universum spectati ... consistere ... tantum in eo quod sit res extensa in longum, latum et profundum« (*A. T.* VIII 42); vgl. auch II 10 ff (*A. T.* VIII 45 ff).

[83] *An Thomasius*, 20 (30)/IV 1669 (*P.* I 21).

[84] S. 283 f.

[85] *An Arnauld*, 9/X 1687 (*Le Roy* S. 186 f); *Spec. inv.* (*P.* VII 314).

[86] *Disc.* 12 (*Le Roy* S. 46); *De modo distinguendi phaenomena realia ab imaginariis*: »... non tantum lucem, calorem, colorem et similes qualitates esse apparentes, sed et motum et figuram et extensionem« (*P.* VII 322).

[87] *Couturat, O. F.* S. 522: »Non datur ulla in rebus actualis figura determinata, ...

erwachsen, und zu welchen neben denen vom Raum oder vom rein mathematisch Ausgedehnten (»extensi pure mathematici«) auch die von der Zeit und der phoronomisch verstandenen Bewegung gehören, stellen unvollständige Abstraktionen dar, »quas cogitatio sustinet sed quas nudas non agnoscit natura ...«[88].

Aus den gleichen Gründen gilt dasselbe für die Einheit des Ausgedehnten, die ebenfalls auf einer Abstraktion beruht[89]. Bei der Darlegung der Unterscheidung zwischen dem *unum per se* und dem *unum per accidens* führten wir oben[90] aus, daß Ausgedehntheit oder Räumlichkeit kein Prinzip echter Einheit enthalten, daß folglich alle Körper, unter dem Aspekt der Ausgedehntheit betrachtet, bloße Aggregate darstellen, deren Einheit zuweilen von Leibniz als »semimentalis« bezeichnet wird.

Weil die Räumlichkeit in verschiedener Hinsicht auf die Perzeption, die Imagination und die Abstraktion bezogen wird, bereitet sich die entgültige Entsubstanzialisierung des Raumes vor, die sich in der bekannten Leibnizischen Lehre vom Raum als Ordnungsform, nämlich der Ordnungsform des Koexistenten vollendet, eine Lehre, die ihre ausführlichste, am weitesten durchgeführte und geschlossenste Darstellung in den Schriften gegen Clarke, besonders der vierten und fünften, gefunden hat. Als Ordnungsform »l'espace marque en termes de possibilité un ordre des choses qui existent en même temps, en tant qu'elles existent ensemble, sans entrer dans leur manières d'exister particulières ...«[91]. Hervorgehoben sei die in den letzten Wörtern zum Ausdruck kommende Indifferenz der Ordnungsform gegenüber den in sie eintretenden Inhalten[92]. Eine Ordnungsform dieser Art stellt eine Abstraktion oder ein ideales Gebilde dar, wie auch die Zahl, nicht aber eine Substanz: »... accurate loquendo, extensio est tantum modale aliquid, ut numerus et tempus, non res, cum abstracte designet pluralitatem possibilem continuam coexistentium rerum, materia vero est ipsae illae res plures adeoque est aggregatum eorum quae continent entelecheias.«[93]

Itaque nec circulus, nec ellipsis, neque alia datur linea a nobis definibilis nisi intellectu, vel lineae antequam ducantur, aut partes antequam abscindantur«.

[88] *An de Volder*, 20/VI 1703 (P. II 249).

[89] *An de Volder*, 24/III (3/IV) 1699: »Unitatem extensi puto nullam esse nisi in abstracto, dum scilicet animum abstrahimus ab intestino partium motu, quo unaquaeque materiae pars rursus in diversas actu partes subdivisa est ...« (P. II 170).

[90] Kap. IV § 1 b.

[91] *An Clarke* III 4 (P. VII 363).

[92] Das Gleiche gilt von der Zeit; *Initia rerum mathematicarum metaphysica*: »Tempus est ordo existendi eorum quae non sunt simul. Atque adeo est ordo mutationum generalis, ubi mutationum species non spectatur« (M. VII 18).

[93] *An de Volder*, o. D. (P. II 195); *an Clarke* V 104: »... l'espace est ... un *ordre des situations*, ou selon lequel les situations sont rangées; ... l'espace abstrait est cet ordre des situations, conçues comme possibles. Ainsi c'est quelque chose d'idéal ...« (P. VII 415); *an des Bosses*, 29/V 1716: »... spatium absolutum aliquid imaginarium est, et nihil ei reale inest, quam distantia corporum; verbo, sunt ordines, non res« (P. II 515); *Éclaircissement*: »Nous concevons *l'étendue*, en concevant un ordre dans

Umgekehrt weist der als Ordnungsform verstandene Raum wegen seiner Abstraktheit auf das dieser Abstraktion zugrunde Liegende, so wie die Zahl auf gezählte
oder zu zählende Dinge verweist. Ihrer Natur nach erfordert eine Ordnungsform
Bestände und Gehalte, die in sie eintreten und in ihr angeordnet werden können; die Ausdehnung also etwas, das sich in ihr ausdehnt, ausbreitet, wiederholt
und diffundiert [94]. »... ad extensionem quippe cujus relativa est notio, requiritur
aliquid, quod extenditur seu continuatur, ut in lacte albedo, in corpore id ipsum
quod ejus essentiam facit: hujus (qualecunque sit) repetitio extensio est ...;
nec meo judicio ipsa mobilitas aut ἀντιτυπία et sola extensione intelligi potest,
sed ex subjecto extensionis, a quo non constituatur tantum locus, sed et implea-
tur.« [95] Indem sich der Raum als eine Ordnungsform herausstellt, wird nicht
nur die Cartesianische Gleichsetzung von Körperlichkeit und Ausdehnung aufgehoben, sondern es erwächst auch die Frage nach dem, was das Wesen der Körper
ausmacht, die in dieser Form ihre Anordnung in Bezug aufeinander finden [96].

---

les coëxistences; mais nous ne devons pas la concevoir, non plus que l'espace à la
façon d'une substance. C'est comme *le temps,* qui ne présente à l'esprit qu'un ordre
dans les changements« (*P.* IV 523). Über die ganze Frage siehe C. D. Broad, »Leibniz's last controversy with the Newtonians«, *Theoria* XII (1946). Auf das sachlich-
systematische Problem, ob die Leibnizsche Theorie des Raumes nicht so weit gefaßt
ist, daß das Spezifische des Räumlichen in ihr nicht zu seinem Recht kommt, brauchen wir hier nicht einzugehen.

[94] *An de Volder,* 30/VI 1704: »... *spatium* nihil aliud est quam ordo existendi simul
possibilium, uti *tempus* est ordo existendi successive possibilium. Et ut corpus
physicum se habet ad spatium, ita status seu rerum series se habet ad tempus ...
extensio est abstractum extensi nec magis est substantia quam numerus vel multitudo substantia censeri potest, exprimitque nihil aliud quam quandam ... simul-
taneam diffusionem vel repetitionem cujusdam naturae, seu ... multitudinem rerum
ejusdem naturae, simul cum aliquo inter se ordine existentium, naturae ... quae
nempe extendi seu diffundi dicitur. Itaque extensionis notio est relativa seu extensio
est alicujus extensio, uti multitudinem durationemve alicujus multitudinem, alicujus
durationem esse dicimus. Natura autem illa quae diffundi, repeti, continuari suppони-
tur est id quod corpus physicum constituit«, ... (*P.* II 269).
[95] *Animad.* I 52 (*P.* IV 364 f); *an Malebranche,* o. D.: »Le corps renferme non seulement la notion de l'étendue, c'est à dire de la pluralité, continuité et coexistence
des parties, mais encore celle du sujet qui est répété ou répandu, dont la notion est
antérieure à celle de sa répétition, c'est à dire à l'étendue« (*P.* I 352); *P.* IV 394:
»... uti in tempore nihil aliud concipimus quam ipsam variationum dispositionem
sive seriem, quae in ipso possunt contingere, ita in spatio nihil aliud quam corporum
dispositionem possibilem intelligimus. Itaque cum spatium dicitur extendi, non
aliter accipimus quam cum tempus dicitur durare, aut numerus numerari; revera
enim nihil aut tempus durationi, aut spatium extensioni superaddit, sed ut variatio-
nes successivae tempori insunt, in corpore varia sunt quae simul diffundi possunt«.
Robinet, *Malebranche et Leibniz* S. 279; *an de Volder,* 24/III 1699 (*P.* II 170);
Addition (*P.* IV 589).
[96] *An Schulenburg,* 17/V 1698: »Meo judicio longe aliud est in corporea substantia
quam extensio et loci repletio, nempe cogitandum est, quid sit illud quod locum
replet« (*M.* VII 242).

Weiter unten [97] werden wir die Frage beantworten und jene »natura« spezifizieren, die sich ausbreitet und diffundiert und durch diese Diffusion den phänomenalen Körper in seiner Ausgedehntheit konstituiert und geradezu erzeugt. Für
den Augenblick sei betont, daß der Raum eine Ordnungsform der phänomenalen
Körper bildet, nicht aber — wie oben [98] ausgeführt — der Substanzen, da diese
ihrer Natur nach der Räumlichkeit entbehren. Gerade als Ordnungsform des
Phänomenalen ist der Raum — wie Dillmann [99] geltend macht — selbst kein
Phänomen, sondern ein abstraktes ideales Gebilde.

b. Unzulänglichkeit der rein phoronomischen Auffassung der Bewegung

Phoronomisch betrachtet besagt Bewegung nichts anderes als eine im Laufe der
Zeit erfolgende Veränderung der räumlichen Lagebeziehung eines Körpers zu
einem oder mehreren anderen Körpern. So hat Descartes die Bewegung definiert,
nämlich als »translationem unius partis materiae, sive unius corporis, ex vicinia
eorum corporum, quae illud immediate contingunt et tanquam quiescentia
spectantur, in viciniam aliorum«, und er hat ausdrücklich eine rein phoronomische
Auffassung der Bewegung vertreten: »... dico esse *translationem*, non vim vel
actionem quae transfert ...«[100]

Auch Leibniz hat in seiner Jugendperiode die Bewegung phoronomisch interpretiert, und zwar in dem Sinne, daß er im Unterschied zu Descartes das Wesen
der Körperlichkeit oder Materialität nicht in der Ausgedehntheit und Räumlichkeit, sondern in der Bewegung sieht: »... corporis essentiam non consistere in
extensione, id est magnitudine et figura, quia spatium vacuum a corpore diversum
esse necesse est, cum tamen sit extensum; ... essentiam corporis potius consistere
in motu, cum spatii notio magnitudine et figura, id est extensione, absolva-
tur.«[101] Dementsprechend sind für diese frühe Leibnizische Physik Begriffe wie
»tendentia« und »conatus« zentral, sie sind aber nach Hannequin [102] rein und
ausschließlich phoronomisch zu verstehen und haben keinerlei metaphysischen
oder auch nur dynamischen Sinn. Im Vorbeigehen sei auf die Beziehung hingewiesen, in die Leibniz seine Auffassung von der Natur des Körpers (unter Betonung ihrer Verschiedenheit von der Cartesianischen) zu theologischen Fragen
setzt, genauer zum Problem der Möglichkeit, d. h. Widerspruchslosigkeit der
Transsubstantiation und der realen Multipräsenz [103].

---

[97] S. 375.

[98] Kap. IV § 2 b.

[99] Dillmann, *Eine neue Darstellung der Leibnizischen Monadenlehre* S. 274 ff.

[100] Descartes, *Principia philosophiae* II 25 (*A. T.* VIII 53 f); *Descartes an Mersenne*,
26/IV 1643 (*A. T.* III 650).

[101] *An Arnauld*, o. D. (*P.* I 72); vgl. Rivaud, »Textes inédits de Leibniz«, *Revue de
Métaphysique et de Morale* XXII (1914) S. 115 f.

[102] Hannequin, *La première philosophie de Leibniz*, a. a. O. II 81.

[103] *An Arnauld*, o. D. (*P.* I 74 ff.); an *Johann Friedrich*, o. D. (*P.* I 62); *P.* VII 325 f;
P. Schrecker, *G. W. Leibniz, Lettres et fragments inédits* S. 26 f.

Aus der phoronomischen Auffassung der Bewegung folgt ihre Relativität. Nach Leibniz kann die als bloße Ortsveränderung verstandene Bewegung darum im Grunde nicht als real (»une chose entièrement réelle«) gelten, weil es bei dieser Auffassung unmöglich ist, zu entscheiden, welchem der beteiligten Körper wirklich, d. h. im absoluten Sinne, Bewegung, und welchem Ruhe zuzuschreiben ist [104]. Wie in der Astronomie stellen sich verschiedene Hypothesen als völlig äquivalent heraus: willkürlich kann einem jeden der in Rede stehenden Körper Ruhe oder ein beliebiger Grad von Geschwindigkeit zuerteilt werden; alle diese Hypothesen werden den Phänomenen in gleicher Weise gerecht [105]. Daher enthält die auf das rein Phoronomische reduzierte Bewegung eine Beimischung von Imaginärem [106].

Verbindet sich wie im Cartesianismus die phoronomische Auffassung der Bewegung mit der Gleichsetzung von Körperlichkeit und Ausdehnung, so wird die Bewegung, insofern sie eine Veränderung darstellen soll, vollends unverständlich. Bei dieser Auffassung kann Bewegung nur darin bestehen, daß völlig gleichartige Raumteile ihre Plätze oder Stellen austauschen, so daß ein späterer Zustand im Grunde gar nicht von einem früheren unterschieden werden kann. »Nam si materiae portio quaevis ab alia aequali et congrua non differt ... ac praeterea si unius momenti status a statu alterius momenti non nisi transpositione aequalium et congruarum et per omnia convenientium materiae portionum differt; manifestum est ob perpetuam substitutionem indistinguibilium consequi, ut diversorum momentorum status in mundo corporeo discriminari nullo modo possint.« [107] An diesem Argument ist zweierlei bemerkenswert. Zunächst enthält es einen weiteren Einwand gegen die Cartesianische Gleichsetzung von Körperlichkeit und Räumlichkeit. Bei dieser Gleichsetzung wären Körper von völlig gleicher Form, Größe und Bewegung überhaupt nicht mehr von einander zu unterscheiden [108]. Diese Konsequenz ist aber nur unter der Voraussetzung absurd, daß das Prinzip der »identitas indiscernibilium« auch im Bereich des Phänomenalen gilt, was allerdings, wie oben [109] erwähnt, von Leibniz behauptet wird. Ferner ergibt sich aus dem erwähnten Argument, daß die Bewegung so lange unverständlich bleibt, als man sich lediglich an die verschiedenen räumlichen Lagen hält, die der bewegte Körper zu verschiedenen Zeitpunkten einnimmt. Noch schärfer tritt das in der Wendung hervor, daß im Grunde genommen die Bewegung überhaupt nicht existiert, da alle ihre Teile nicht zugleich existieren [110].

---

[104] Disc. 18 (Le Roy S. 55); Spec. dyn. II (M. VI 247); Spec. inv. (P. VII 314).
[105] Syst. 18 (P. IV 486 f).
[106] An Arnauld, 30/IV 1687 (Le Roy S. 165); Couturat, O. F. S. 185.
[107] De ipsa natura 13 (P. IV 513), unter Berufung hierauf P. IV 399 f; an de Volder, 10/IX 1703 und o. D. die Wendung von der Substitution der »aequipollentia« bzw. »aequivalentia« (P. II 257 und 277).
[108] An de Volder, 20/VI 1703 (P. II 249); Couturat, O. F. S. 522.
[109] S. 240.
[110] Spec. Dyn. I: »... motus (perinde ac tempus) nunquam existit, si rem ad ἀκρίβειαν

Aus diesem Grunde muß die Bewegung als eine Wirkung oder ein Resultat gelten und auf die Kraft (»force«) zurückbezogen werden [111]. Der bewegte Körper nimmt nicht nur im jeweiligen Zeitpunkt einen ihm entsprechenden Platz ein, sondern er hat auch von sich aus eine Tendenz zur Ortsveränderung, so daß der folgende Zustand sich aus dem gegenwärtigen ergibt [112]. Was der Bewegung Realität verleiht und an ihr real ist, »est la force ou la puissance, c'est à dire, ce qu'il y a dans l'état présent, qui porte avec soi un changement pour l'avenir« [113].

Wie sich vorhin in Bezug auf den Raum die Frage nach dem stellte, was diese Ordnungsform anfüllt, so erhebt sich im Hinblick auf die Bewegung die Frage nach dem, was ihren einzelnen Phasen Zusammenhalt verleiht und sie zur Einheit eines Prozesses verbindet. Wir haben den Bereich des Phänomenalen gegenüber dem des Substantiellen durch Vereinzelung gekennzeichnet [114]. Es zeigt sich jetzt, daß Vereinzelung nicht radikal als völlige Zerstückelung und Fragmentierung zu verstehen ist. Im Bereich des Phänomenalen besteht nicht jener für das Substantielle charakteristische Zusammenhang, aufgrund dessen jedes Accidens die Substanz in ihrer Gesamtheit darstellt und in diesem Sinne sogar ist. An dessen Stelle tritt hier ein nur teilweiser, s. z. s. streckenhafter Zusammenhang, der Strecke für Strecke hergestellt werden muß. Später [115] werden wir auf die Rolle zu sprechen kommen, die in dieser Beziehung der »vis derivativa« zufällt. Für den Augenblick kommt es darauf an, daß es für das Verständnis der Bewegung erforderlich ist, außer den einzelnen Raumlagen des bewegten Körpers auch das in Betracht zu ziehen, was seinen Übergang von Raumlage zu Raumlage ermöglicht. Mit anderen Worten: die Phoronomie drängt von sich aus zur Dynamik.

c. Inertie

Noch von einer anderen Seite her tritt die Unzulänglichkeit der rein phoronomischen Deutung der Bewegung zu Tage. Wenn die Körper sich völlig in ihren geometrischen Eigenschaften erschöpfen, zu denen auch die Beweglichkeit zu rechnen ist, weil diese bei der phoronomischen Auffassung der Bewegung nichts anderes besagt als die Fähigkeit zur Ortsveränderung, so folgt, daß ein noch so kleiner mit beliebiger Geschwindigkeit sich bewegender Körper, der auf einen noch so großen ruhenden stößt, diesem seine ganze Geschwindigkeit überträgt, ohne daß

---

revoces, quia nunquam totus existit, quando partes coexistentes non habet« (*M.* VI 235); *De causa gravitatis*: »... motus in respectu quodam consistit, quin et cum rigide loquendo nunquam existat, non magis quam tempus, aliaque tota, quorum partes simul esse non possunt, ...« (*M.* VI 202); *an Schulenburg*, 17/V 1698 (*M.* VII 242); das gleiche Argument speziell in Bezug auf die Zeit *an Clarke* V 49 (*P.* VII 402).

[111] *An Pelisson*, Sept./Okt. 1691 (Robinet, *Malebranche et Leibniz* S. 281); *an Jaquelot*, 22/III 1703 (*P.* III 457).

[112] *De ipsa natura* 13 (*P.* IV 513).

[113] *Éclaircissement* (*P.* IV 523).

[114] Dieses Kap. § 2.

[115] S. 238 ff.

seine eigene Geschwindigkeit eine Verminderung erleidet. Diese Konsequenz ist in den Prinzipien der phoronomischen Theorie der Bewegung in Leibnizens Jugendzeit [116] angelegt, und er hat in späteren Schriften, in denen er auf diese seine Jugendarbeit Bezug nimmt, gerade die besagte Konsequenz herausgestellt [117]. Der phoronomischen Auffassung der Bewegung liegt die Voraussetzung zugrunde, daß der Körper hinsichtlich der Bewegung, genauer gesagt, hinsichtlich der Änderung seines Bewegungszustandes indifferent ist, woraus übrigens auch noch die Instantaneität der Bewegungsübertragung folgen würde [118]. Da jedoch die Körper der Bewegung Widerstand leisten, muß ihnen etwas beigelegt werden, das »ex simplici natura corporis et motus ... si in ea nihil aliud quam spatii impletionem et mutationem intellegimus, duci not potest« [119]. Zur Materie gehört nicht nur Beweglichkeit als »capacité ou receptivité du mouvement«, sondern auch »résistence« als eine Art von »puissance passive«, die sowohl Undurchdringlichkeit wie Inertie befaßt [120]. Inertie ist nicht dasselbe wie Indifferenz gegenüber der Bewegung besagt nur »statum retinere donec sit quod mutet«; hier aber handelt es sich darum, »rem ... vim habere et velut inclinationem ad statum retinendum atque adeo resistere mutanti«. Erfahrung und »ratio ordinis« zwingen anzuerkennen, »materiam ita a Deo creatam ut ei insit quaedam repugnantia ad motum, et, ut uno verbo enuntiem, resistentia, qua corpus per se motui obsistat, atque ita quiescens quidem motui omni, motum vero motui majori, in eandem licet plagam, ita renitatur ut vim impellentis infringat«. In der Inertie und der Undurchdringlichkeit liegt das Wesen der Materie oder »principii passivi« [121].

Mit der natürlichen Inertie des Körpers, in der sich übrigens die ursprüngliche Beschränktheit der Kreatur wie in einem Bilde darstellt [122], ist die Antwort gegeben auf die vorhin [123] aufgeworfene Frage nach dem, was in den Raum als Ordnungsform des Gleichzeitigen eintritt. Die Ausgedehntheit des Körpers besagt die Ausbreitung und Ausgebreitetheit der Inertie oder »resistentia« durch kontinuierliche Wiederholung oder Diffusion. »L'étendue ... n'est rien sans la force, puisqu'elle n'est autre chose que la diffusion ou répétion continuelle simultanée de la substance corporelle ... elle est l'extension ou la continuation de

---

116 *Theoria motus abstracti*: Corpus quod movetur, sine diminutione motus sui imprimit alteri id, quod alterum recipere potest salvo motu priore ...« (P. IV 232).

117 *Disc.* 21 (*Le Roy* S. 59); *Spec. dyn.* I (M. VI 240 f); vor allem, weil ausführlicher P. IV 464 ff und VII 280 ff.

118 *An de Volder*, o. D. (P. II 194 f). Descartes hatte in der Tat die Instantaneität der Bewegungsübertragung behauptet; vgl. Gueroult, *Dynamique et métaphysique leibniziennes* S. 44 und 75 f.

119 P. VII 281.

120 *Nouv. Ess.* II, XXI § 1 (P. V 155 f).

121 *An de Volder*, 24/III (3/IV) 1699 (P. II 170 f). Eine Welt, in der eine rein phoronomische Physik wie die der *Theoria motus abstracti* gelten würde, ist zwar möglich, würde aber ein völliges Chaos darstellen. Vgl. noch *De ipsa natura* 11 (P. IV 510 f) und P. IV 395.

122 *Théod.* I 30 (P. VI 119).   123 S. 371.

ce qui est antérieur à elle. Et cet antérieur ne saurait être que la force de résister et d'agir, qui fait l'essence de la substance corporelle.«[124] Hinsichtlich der Inertie unterscheiden sich die Körper nicht voneinander, und daher ist sie der Größe der Körper proportional[125]. Der Cartesianische Geometrismus der Materie und die rein phoronomische Auffassung der Bewegung sind durch den Nachweis überwunden, daß die Ausdehnung allein für die Charakterisierung der materiellen Körper unzureichend ist[126]. Genauer besehen, zeigt Leibniz, daß nicht nur zur Ausdehnung der Körper noch etwas anderes hinzutreten muß, sondern daß, darüber hinausgehend, die Ausdehnung selbst auf die Inertie, als an sich unausgedehnt, zurückzuführen ist, durch deren kontinuierliche Wiederholung sie erzeugt wird[127]. Allerdings bedarf die Überwindung des Geometrismus und die Konstitution der Dynamik noch einer Ergänzung durch die Lehre von der »vis viva« oder der »vis agendi«. »Horum essentialium [nämlich Antitypie »cum vi quadam indefinita agendi«] diffusio seu iteratio extensionem corporum facit.«[128] Was auf diese Weise erzeugt wird, ist die Ausgedehntheit, nicht aber der Raum. »Massa ejusque diffusio resultat ex monadibus, sed non spatium … Si aliae essent in natura rerum subdivisiones corporum organicorum in corpora organica, aliae essent monades, alia massa, etsi idem foret spatium quod impleretur. Nempe spatium est continuum quoddam, sed ideale, massa est discretum, nempe multitudo actualis, seu ens per aggregat ionem, sed ex unitatibus infinitis.«[129] Raum und Ausdehnung sind also voneinander zu unterscheiden. Während die Ausdehnung den phänomenalen Körpern zukommt, stellt der Raum als Ordnungsform ein abstraktes ideales Gebilde dar.

---

[124] *An Lelong* (Robinet, *Malebranche et Leibniz* S. 421); *an des Bosses,* 21/VII 1707: »… extensio [est] positionis repetitio simultanea continua, ut lineam fluxu puncti fieri dicimus, quoniam in hoc puncti vestigio diverse positiones con junguntur« (*P. II* 339); *Spec. Dyn.* (*M. VI* 235); *P. IV* 393 ff; *Entretien de Philarète et d'Ariste* (*P. VI* 584 f). Siehe auch die S. 371, Anm. 95 zitierten Texte und die ausführliche Darstellung von Dillmann, *Eine neue Darstellung der Leibnizischen Monadenlehre* Erste Abteilung Abschnitt III und S. 289 ff.

[125] Siehe die oben, Anm. 124 zitierten Texte und Robinet, *Malebranche et Leibniz* S. 340, wo es allerdings heißt: »L'inertie dans nos corps sensibles est proportionelle à la pesanteur«.

[126] *An Brunett,* o. D.: »… la matière en elle-même, outre l'étendue, enveloppe une puissance passive primitive«, aus der zwei Eigenschaften resultieren, die hier als »resistentia et restitantia vel inertia« bezeichnet sind (*P. III* 260).

[127] Interessanterweise hat Philonenko, »La loi de continuité et le principe des indiscernables«, *Revue de Métaphysique et de Morale* LXXII (1967) S. 267 ff, die in Rede stehende Leibnizische Lehre als Erzeugung der extensiven Größe (Ausgedehntheit) durch die kontinuierliche Operation eines generativen Prinzips auf der Ebene der Imagination interpretiert. Damit hängt zusammen die von ihm in Anschluß an Cassirer betonte Auffassung der Kontinuität als Operation im Gegensatz zu ihrer Definition durch unendliche Teilbarkeit.

[128] *An Wolff,* 9/VII 1711 (*Briefwechsel zwischen Leibniz und Christian Wolff* S. 140).

[129] *An des Bosses,* 31/VII 1709 (*P. II* 379).

d. Die Frage nach dem wahren Kraftmaß

Es könnte den Anschein haben, daß Leibnizens Polemik gegen Descartes und die Cartesianer in Sachen des wahren Kraftmaßes ein müssiger Streit ist, weil lediglich eine Angelegenheit der Terminologie betreffend. Dem ist aber nicht so. Beide Parteien gehen davon aus und bleiben sich darin einig, daß die als Kraft zu bezeichnende Größe eine Invariante darstellt. ».. il est bien raisonnable que la même force se conserve toujours dans l'univers.«[130] Für den Ansatz einer universellen Invariante für das gesamte Universum beruft Descartes sich darauf, daß Gott »non solum ... in se ipso sit immutabilis, sed etiam ... modo quam maxime constanti et immutabili operetur«[131]. Hinsichtlich der »constantia Dei summa« ist Leibniz mit Descartes einig: »nec quicquam ab eo nisi secundum praescriptae dudum seriei leges mutetur ...« In unmittelbarem Anschluß wirft Leibniz die Frage auf, »quidnam conservare in serie decreverit; utrumne quantitatem motus, an aliud quiddam ab ea diversum, qualis est quantitas virium ...«[132]. Mit anderen Worten, was zwischen Leibniz und Descartes zur Debatte steht, ist die Spezifizierung der als universale Invariante angesetzten Kraft[133]. Im Vorbeigehen sei erwähnt, daß sowohl Descartes wie Leibniz unter Kraft etwas anderes verstehen als Newton und die nachkommende Physik, in der bekanntlich Kraft als das Produkt von Masse und Beschleunigung definiert wird, also eine Größe von der Dimension MLT^{-2}

Wie bekannt, hat Descartes das Prinzip der Erhaltung der Bewegungsmenge aufgestellt: ».. motus ... certam ... et determinatam habet quantitatem, quam facile intelligimus eandem semper in tota rerum universitate esse posse, quamvis in singulis ejus partibus mutetur.«[134] Unter Bewegungsmenge versteht er das Produkt der »Größe« des Körpers und seiner Geschwindigkeit[135]. Dieses Pro-

---

[130] Disc. 17 (Le Roy S. 53).

[131] Descartes, Principia philosophiae II 36 (A. T. VIII 61).

[132] Animad. II 36 (P. IV 370).

[133] De legibus naturae et vera aestimatione virium motricium: »Primaria de virium aestimatione quaestio est, quas scilicet semper easdem natura conservat« (M. VI 204).

[134] Descartes, Principia philosophiae II 36 (A. T. VIII 61).

[135] In dem soeben erwähnten Text unterscheidet Descartes die in Rede stehenden Teile der Materie als »major« und »minor«; in Briefen an Mersenne werden sie nach ihrer »grandeur« (25/XII 1639; A. T. II 627) oder »grosseur« (28/X 1640; A. T. III 210) charakterisiert; ähnlich im Brief vom 17/XI (A. T. III 450 f). Bemerkenswert ist die Wendung im Schreiben vom 23/II 1643, daß ein Körper »plus de matière« enthält, »soit a cause qu'il est plus solide, soit à cause qu'il est plus solide, (A. T. III 636) und die in dem vermutlich an den Marquis of Newcastle gerichteten Brief vom März oder April 1648 getroffene Unterscheidung einer Art von »inertie naturelle«, die »dépend de la quantité de la matière« eines Körpers von einer anderen Art, »qui dépend de l'étendue de ses superficies« (A. T. V 136). Da Descartes den Begriff der Maße im Sinne Newtons nicht kennt, da er ferner Körperlichkeit mit Ausdehnung gleichsetzt, liegt es trotz der soeben angeführten Wendungen nahe, die Bewegungsmenge als das Produkt aus Volumen und Geschwindigkeit zu deuten,

dukt erhält für Descartes den Sinn des Kraftmaßes auf Grund des Prinzips, auf dem alle Maschinen beruhen: dieselbe Kraft ist erforderlich, um ein Gewicht von 100 Pfund auf die Höhe von 2 Fuß zu heben, wie um ein Gewicht von 200 Pfund um einen Fuß zu heben [136]. Die Kraft wird also als das Produkt aus Gewicht (w) und Höhe (h) dargestellt. Bei den statischen Maschinen, wie z. B. dem Hebel, werden alle Höhenunterschiede in gleicher Zeit zurückgelegt, woraus folgt, daß die Höhen den Geschwindigkeiten proportional sind. Wird die Kraft durch den Ausdruck wh gemessen, so kann sie wegen der Proportionalität von h und v auch durch den Ausdruck wv dargestellt werden.

Leibniz ist mit Descartes darin einig, daß die gleiche Kraft (»vis«) erforderlich ist, um den Körper A von einem Pfund um 4 Fuß zu heben wie um den Körper B von 4 Pfund um einen Fuß. Da er sich aber nicht an statische Maschinen hält, sondern Phänomene wie den freien Fall und die Pendelbewegung heranzieht, beruft sich Leibniz auf das Gesetz von Galilei, nach dem, wenn die Körper aus den fraglichen Höhen herabfallen, diese Höhen sich verhalten wie die Quadrate der Geschwindigkeiten. Berechnet man demgemäß die Endgeschwindigkeiten der beiden Körper, so folgt, daß die Bewegungsmenge von A sich zu der von B verhält wie 2 : 4. Wird die Kraft durch die Bewegungsmenge gemessen, so ergibt sich unter gewissen Umständen ein Verlust, unter anderen ein Gewinn an Kraft, und der letztere Fall führt auf das »perpetuum mobile« [137]. Daran, daß die gleiche Kraft erforderlich ist, um die Körper A und B auf die genannten Höhen zu heben, während die bei ihrem Fall resultierenden Bewegungsmengen verschieden sind, zeigt sich, daß die Kraft, sofern sie eine Invariante soll sein können, nicht durch die Bewegungsmenge gemessen werden darf.

Zur Bestimmung des Kraftmaßes muß man auf die ursprüngliche Definition zurückgehen, nämlich die Leistung, die erforderlich ist, um ein gegebenes Gewicht auf eine bestimmte Höhe zu heben. Allgemein: »la force se connaît par l'action.«[138] In desem Sinne kann die Kraft als Ursache, ihre Leistung als Wir-

wobei Descartes die letztere noch als skalare Größe behandelt; siehe R. C. Taliaferro, *The concept of matter in Descartes and Leibniz* S. 8 (*Notre Dame Mathematical Lectures* 9) und R. J. Blackwell, »Descartes' laws of motion«, *Isis* LVII (1966) S. 225. Erwähnt sei noch, daß Malebranche die Bewegungsmenge als Produkt von Geschwindigkeit und Masse eines Körpers definiert (*Des lois de la communication des mouvements, Ouevres* XVII 59), die Masse aber als Volumen bestimmt, z. B. als Einheit der Masse eine Kugel von einem Zoll Durchmesser wählt (a.a.O. S. 65).

136 *Descartes an Huyghens*, 5/X 1637 (*A. T.* I 435 f); *Tractatus de mechanica* S. 13 (zitiert von Cassirer, *Erkenntnisproblem* I 465).

137 Diese in *Brevis demonstratio erroris memorabilis Cartesii* (*M.* VI 117 ff) zum ersten Male durchgeführte Überlegung hat Leibniz in gleicher oder ähnlicher Form wiederholt dargelegt, z. B. *Disc.* 17 (*Le Roy* S. 53 f); *an Arnauld,* 4(14)/VII 1686 (*Le Roy* S. 124); in Bezug auf den Stoß *an Arnauld,* 28/IX (8/XII) 1686 (*Le Roy* S. 147 ff); *an Bayle,* o. D. (*P.* III 45 f). In seiner kommentierenden Ausgabe des *Discours de métaphysique* hat Le Roy (S. 232 f) die einschlägigen Leibnizschen Texte zusammengestellt.

138 *An de l'Hôpital,* 15/I 1696 (*M.* II 305 ff).

kung gelten, so daß »la force doit être estimée par la quantité de l'effet qu'elle peut produire, par exemple par la hauteur à laquelle un corps pesant d'une certaine grandeur et espèce peut être élevé, ce qui est bien différent de la vitesse qu'on lui peut donner«[139]. Genau genommen, handelt es sich um die Wirkung, die Leibniz als »effet violent« bezeichnet, wobei sich die Kraft (hier »force absolue«, »force vive«, »force vive absolue« genannt) völlig in ihrer Leistung aufzehrt, wie wenn z. B. ein bewegter Körper einem anderen eine bestimmte Geschwindigkeit erteilt, oder ein Gewicht, etwa sein eigenes, um eine gewisse Höhe hebt und dgl., im Gegensatz zum »effet formel«, bei dem sich die Kraft nicht verbraucht, wie z. B. bei der gleichförmigen Bewegung eines Körpers auf der Horizontalen[140]. Dementprechend wird die Kraft gemessen »par l'effet qu'elle peut produire en se consommant«[141].

Sofern es sich um einen »effet violent« handelt, liegt der Messung der Kraft das Prinzip der »Äquivalenz« oder »Äquipollenz« von »causa plena« und »effectus integer« zugrunde. Gemäß diesem Prinzip, auf das wir später[142] zurückkommen, muß die Messung der Kraft sich darauf stützen, daß eine von einer bestimmten Ursache hervorgebrachte Wirkung ihrerseits Ursache werden kann und eine neue Wirkung erzeugt, die die ursprüngliche Ursache wieder herstellt[143]. Diese Sachlage liegt beim Pendel vor. Indem es von einer bestimmten Höhe herabschwingt, erhält es beim Durchgang durch seine tiefste Lage eine Geschwindigkeit, vermöge derer es wieder auf die gleiche Höhe heraufschwingt[144]. Für die Kraft gilt, daß ihre Bestimmung »doit être faite par la cause ou l'effet, c'est à dire par la hauteur où il [scl. le corps] peut monter en vertu de cette vitesse ou par la hauteur dont

---

[139] *Disc.* 17 (Le Roy S. 54); siehe auch die in den beiden vorangehenden Anmerkungen genannten Texte.

[140] *Essai de dynamique sur les lois du mouvement* (*M.* VI 218 ff). Die fragliche Unterscheidung findet sich schon in *Brevis demonstratio erroris memorabilis Cartesii*, scholium: »*Effectum* autem hoc loco intelligo ... cujus productione impetus diminuitur, qualis effectus est ascensio vel elevatio alicujus gravis, tensio elastri, concitatio corporis in motum vel moti retardatio aliaeque hujusmodi operationes. At corporis semel in motu positi major minorve progressus in plano horizontali non est talis effectus, quo potentiam absolutam aestimo; manet enim eadem potentia durante progressu ...« (*M.* VI 122). Auf den »effet formel«, die »actio motus« und die damit zusammenhängenden Probleme brauchen wir hier nicht einzugehen; sie sind von Gueroult, *Dynamique et métaphysique leibniziennes* Kap. V eingehend behandelt worden.

[141] *An de l'Hôpital*, o. D. (*M.* II 247); *an denselben*, o. D.: »... deux forces sont égales lorsque par leur consomption le même effet se peut produire, par exemple un même poids élevé à une même hauteur ou le même ressort bandé au même degré, etc.« (*M.* II 223).

[142] Dieses Kap. § 5 c.

[143] *An des Billettes*, 11 (21)/X 1697: »... la cause et l'effet entier sont toujours équivalentes, en sorte que l'effet, s'il y était tourné tout entier, pourrait toujours reproduire sa cause précisément, et ni plus ni moins ...« (*P.* VII 455).

[144] Über eine ähnliche Überlegung bei Galilei siehe Koyré, *Études galiléennes* III 91 f.

il devrait descendre pour acquérir cette vitesse«[145]. Aus der gemäß dem Gesetz von Galilei geltenden Proportionalität zwischen der Höhe und dem Quadrat der Geschwindigkeit ergibt sich die Größe mv^2 als adäquater Ausdruck der Kraft. Die so gemessene Kraft bezeichnet Leibniz auch als »vis motrix« und setzt sie der »vis derivativa« gleich, die, wie immer auf verschiedene Körper verteilt, in ihrer Gesamtsumme konstant bleibt[146]. In einem Brief *an de l'Hôpital* hat Leibniz dem Cartesianischen Erhaltungsgesetz das seine am Beispiel zweier zusammenstossender Körper A und B entgegengesetzt. Vor dem Zusammenstoß habe A die Geschwindigkeit c, nach dem Zusammenstoß (c); für B gelte entsprechend v und (v). Descartes' Erhaltungsgesetz besagt dann: $Ac + Bv = A(c) + B(v)$. Leibniz dagegen betrachtet die Höhen, zu denen A und B vor und nach ihrem Zusammenstoß aufgrund ihrer Geschwindigkeiten aufsteigen können. Indem er sie für A mit h und (h), für B mit t und (+) bezeichnet, setzt er an: $Ah + Bt = A(h) + B(t)$[147]. Aus diesem Ansatz folgt die Invarianz des Ausdrucks mv^2, d. h. die Erhaltung der Summe der derivativen Kräfte[148]. Im Gegensatz zur Bewegung selbst, die — wie wir sahen[149] — relativ ist und sogar etwas Imaginäres enthält, ist die Kraft »quelque chose de réel et d'absolu, et c'est pour cela que la nature garde la quantité de la force et non pas la quantité du mouvement«[150]. Der Übergang von der Phroronomie zur Dynamik ist damit abgeschlossen. Die Bewegung verliert ihre Eigenständigkeit; sie wird auf die Kraft zurückbezogen und gilt als deren Ausdruck und Manifestation. Die Kraft aber ist mit den Mitteln der Phoronomie nicht faßbar.

---

[145] *An Arnauld*, 28/XI (8/XII) 1686 (*Le Roy* S. 149); *Brevis demonstratio erroris memorabilis Cartesii*, Beilage: »Assumo autem hoc unum, corpus grave, quod ex aliqua altitudine descendit, exacte vel praecise habere potentiam rursus ad eandem altitudinem assurgendi . . .« (*M*. VI 121).

[146] *P*. IV 398.

[147] *M*. II 246 f; vgl. auch *an Bayle*, 27/XII 1698 (*P*. III 56 f).

[148] Dieses Erhaltungsgesetz ist in Bezug auf Stoßphänomene bereits 1669 von Huyghens formuliert worden; *Extrait d'une lettre de M. Huyghens à l'Auteur du Journal* (scl. des Savants) und *De motu corporum ex percussione*, Propositio XI (*Oeuvres complètes de Christiaan Huyghens* XVI 180 und 73). Hierzu sowie über die Beziehungen zwischen Huyghens und Leibniz und die sie trennenden Differenzen siehe Gueroult, *Dynamique et métaphysique leibniziennes* S. 82 ff, der übrigens darauf aufmerksam macht (S. 86), daß der Ausdruck $1/2mv^2$ erst 1829 von Coriolis eingeführt wurde.

[149] S. 372 f.

[150] *An Arnauld*, 14/I 1688 (*Le Roy* S. 196); ebenso im *Entwurf dieses Briefes* (Le Roy S. 316).

§ 4　Bestimmung der Materie

a. Materia prima und materia vestita

Als Konsequenz des Übergangs zur Dynamik kann die Materie weder ausschließlich noch auch primär als »res extensa« gelten [151]. Soweit der materielle Körper etwas Substantielles und daher Reales enthält, kann dieses nicht in seiner Ausdehnung liegen, sondern vielmehr in der »force d'agir et de résister« [152]. Genauer gesagt, es liegt in dem »passivum ... quo corpus resistit penetrationi« einerseits und andererseits in der »vis activa« oder ἐντελέχεια [153]. In allen Körpern gibt es eine »vis«, die aber nicht in einer bloßen facultas besteht, sondern in einem »conatus«, einem »nisus« oder einer aktiven Tendenz [154]. »Hic nisus passim sensibus occurrit, et meo judicio ubique in materia ratione intelligitur, etiam ubi sensui non patet«. Es ist diese »vis«, die »intimam corporum naturam« ausmacht, »quando agere est character substantiarum ...« [155]. Von dem »principium activum« heißt es: »esse substantiale et constitutivum ipsius extensi seu materiae, id est rei, quae non extensionem tantum et antitypiam sed et actionem resistentiamque habet; ... vis primitiva nec extensio nec modus ejus esse potest. Nec in extensionem agit, sed in extenso, ...« [156] Mit dem Übergang zur Dynamik wird das Wesen des materiellen Körpers, so weit er überhaupt etwas anderes darstellt als ein blosses Phänomen von der Art des Regenbogens, in die »actio« und »resistentia« verlegt. Damit tritt der Bereich des Phänomenalen in eine Beziehung zu dem des Substantiellen. Aufgrund der dynamischen Auffassung der Materie

---

[151] *Disc.* 18 (*Le Roy* S. 55); *P.* IV 465 ff; *an de Volder*, 24/III (3/IV) 1699 (*P.* II 170).

[152] *An Basnage de Beauval*, 3(12)/I 1696 (*P.* IV 499); *an Arnauld*, 4(14)VII 1686 (*Le Roy* S. 123). Da es nicht angeht — schreibt Leibniz in einem nicht abgesandten *Brief an de Volder* vom 23/VI 1699 — »... ut magnum corpus a parvo impune impellatur ...«, folgt »esse in corpore aliquid δυναμικόν, vi cujus observentur leges potentiae atque adeo aliquid praeter extensionem et ἀντιτυπίαν, ex quibus duobus solis nihil tale probari potest« (*P.* II 184); *De ipsa natura* 11: »... debere in corporea substantia reperiri *entelechiam primam,* tandem πρῶτον δεκτικόν activitatis, vim scilicet motricem primitivam, quae praeter extensionem (seu id quod est mere geometricum) et praeter molem (seu id quod est mere materiale) superaddita, semper quidem agit, sed tamen varie ex corporum concursibus per conatus impetusve modificatur« (*P.* IV 511).

[153] *P.* IV 393.

[154] *P.* VII 326: »Arcus tensi non modica potentia est: at non agit, inquies. Imo vero agit, inquam, etiam ante displosionem, conatur enim: omnis autem conatus actio«; *De primae philosophiae emendatione et de notione substantiae:* »... nec ipsam substantiam corpoream (non magis quam spiritualem) ab agendo cessare unquam; quod illi non satis percepisse videntur, qui essentiam ejus in sola extensione, vel etiam impenetrabilitate collocaverunt, et corpus omnimode quiescens concipere sibi sunt visi« (*P.* IV 470). Siehe S. 182 das Entsprechende in Bezug auf die Substanz.

[155] *Spec. dyn.* I (*M.* VI 235).

[156] *An de Volder*, 23/VI 1699 (*P.* II 184).

kann das Phänomenale — wie oben [157] dargelegt — als Erscheinung des Substantiellen unter der Bedingung der Vereinzelung gelten.

Zwei Begriffe von Materie werden von Leibniz unterschieden. Der eine Begriff geht auf die homogene durch die Inertie konstituierte Materie, deren Ausdehnung au der Wiederholung oder Diffusion des homogenen Elements der Inertie resultiert [158]. Diese Materie — »materia prima« — beruht auf einer Abstraktion und stellt daher etwas Unvollständiges dar [159]. Der »materia nuda« oder »prima« steht gegenüber die »materia vestita« oder »secunda«, der allein ein »principium activum« oder eine »vis activa« zuzusprechen ist [160]. Von dieser »materia secunda« aber gilt es »non est substantia, sed substantiae«[161]. Das ergibt sich aus der oben [162] dargelegten unendlichen Teilbarkeit oder vielmehr aktuellen Geteiltheit der Körper. Sie alle stellen Aggregate dar, deren Einheit auf der »cogitatio« oder, wie man auch sagen kann, auf der »imaginatio« beruht. Nun ist die durch den Ausdruck mv^2 bezeichnete »vis viva«, »vis motrix« oder »vis derivativa« auf die physischen Körper als Aggregate bezogen. Folglich teilt sich, wie Gueroult gezeigt hat, der »vis derivativa« etwas von dem imaginären Charakter der Aggregate mit [163], was mit der bereits vorhin [164] erwähnten Zugehörigkeit der »vis derivativa« zum Bereich des Phänomenalen im Einklang steht.

b. Intelligibilität der Materie

Als das Wesen des Körperlichen oder Materiellen gilt für Leibniz nicht die Ausdehnung, sondern einerseits das passive Prinzip des Widerstands gegen die

[157] S. 363.

[158] S. 374 f.

[159] *An de Volder,* o. D. (*P.* II 277); *an Joh. Bernoulli,* o. D.: »Materia ipsa per se, seu moles, quam materiam primam vocare possis, ... est ... aliquid incompletum« (*M.* III 537).

[160] *An Rud. Chr. Wagner,* 4/VI 1710 (*P.* VII 529) und *an Bierling,* 12/VIII 1711 (*P.* VII 501). In beiden Briefen wird die »materia prima« auch kurzweg als »materia«, die »materia secunda« als »corpus« bezeichnet. Bemerkenswert ist, daß in beiden Briefen die »materia prima« durch die »antitypia« als Widerstand gegen Eindringen charakterisiert wird; die Inertie ist nicht erwähnt. Dagegen heißt es in *Spec. dyn.* I: »Et quidem vis primitiva patiendi seu resistendi id ipsum constituit, quod materia prima ... appellabatur, qua scilicet fit, ut corpus a corpore non penetretur, sed eidem obstaculum faciat, et simul ignavia quadam ... id est ad motum repugnatione sit praeditum, neque adeo nisi fracta nonnihil vi agentis impelli se patiatur« (*M.* VI 236 f); entsprechend *an des Bosses,* 17/III 1706: »materiam primam ... id est potentiam primitivam passivam seu principium resistentiae, quod non in extensione, sed extensionis exigentia consistit ...« (*P.* II 306).

[161] *An Joh Bernoulli,* o. D. (*M.* III 537).

[162] Kap. IV § 1 b.

[163] Gueroult, *Dynamique et métaphysique leibniziennes* S. 194 ff; *an des Bosses,* 17/III 1706: »... ex pluribus monadibus resultare materiam secundam, cum viribus derivatis, actionibus, passionibus, quae non sunt nisi entia per aggregationem, adeoque semimentalia ...« (*P.* II 306).

[164] S. 360 f.

Bewegung, andererseits das aktive Prinzip des Handelns und Wirkens.».... l'idée de la matière demande quelque autre chose que l'étendue, et ... c'est plutôt l'idée de la force qui fait celle de la substance corporelle, et qui la rend capable d'agir et de résister.«[165] Folglich ist das Wesen des materiellen Körpers nicht der sinnlichen Anschauung oder der Imagination zugänglich. Das gilt schon für die Inertie, wie Leibniz sie faßt, aufgrund welcher ein ruhender Körper, auf den ein bewegter Körper stößt, seinem eigenen Bewegtwerden Widerstand leistet und, wenn er doch in Bewegung versetzt wird, die Bewegung des ihn stoßenden Körpers vermindert. Ein derartiges Prinzip ist nicht in gleicher Weise sinnlich-anschaulich zu fassen wie die geometrischen Bestimmungen des Körpers oder seine Geschwindigkeit [166]. Erst recht gilt das für die »vis viva«. Bestimmt sich die Messung der »vis viva« eines Pendels im Augenblick seines Durchgangs durch seine tiefste Lage im Hinblick auf die Höhe, zu der es aufgrund seiner jetzigen Geschwindigkeit heraufschwingen wird, so ist damit seine Kraft oder »vis viva« als Fähigkeit verstanden, diesen bevorstehenden Effekt herbeizuführen. Diese Fähigkeit zu einer zukünftigen Wirkung entzieht sich aber der imaginären Vorstellung [167]. »... essentia corporis ... in sola vi agendi resistendique collocanda est, quam non imaginatione, sed intellectu percipimus.«[168] Wird, wie im Cartesianismus, das Materielle auf das Ausgedehnte reduziert, so ergibt sich ein Begriff von körperlicher Substanz, der unvollständig (»imperfecta«), sogar falsch, jedenfalls roh (»crassa«) ist, weil er aus der Imagination allein herstammt [169]. Zur Erfassung des Wesens der materiellen Körper reicht die Imagination nicht aus, sondern es bedarf des Intellekts.

Hier kündet sich der Zusammenhang zwischen dem Substantiellen und dem Phänomenalen an, wie dieses aufgrund des Übergangs zur Dynamik gefaßt ist. Oben [170] wurde betont, daß die Substanz nach Leibniz ein intelligibles Gebilde darstellt, das nur dem begrifflichen Denken, nicht aber der sinnlichen Wahrnehmung oder der Imagination zugänglich ist. Vorhin [171] haben wir das Phänomenale als das Substantielle selbst unter den Bedingungen der Accidentalität und Imagination bestimmt. Aufgrund seiner Abkünftigkeit vom Substantiellen durch Vereinzelung muß das Phänomenale, obwohl es unter den Bedingungen der Imagination steht, doch in einem gewissen Maße an der Intelligibilität des Substantiellen Anteil haben. Außer dem, was sich aus der Ausdehnung und deren Variation und Modifikation ergibt, »adjiciendas atque agnoscendas esse in corporibus notiones sive formas quasdam ut ita dicam *immateriales* sive ab extensione

---

165 *An Bossuet,* 18/IV 1692 (*Oeuvres de Leibniz,* hrsg. von Foucher de Careil, I 346); *Bodemann, L. H.* S. 68 f: »Substantia corporea seu materia predita vim habet agendi et resistendi«.

166 Cassirer, *Leibniz' System* S. 515 f.   167 Moreau, *L'Univers leibnizien* S. 140.

168 *Spec. inv.* (*P.* VII 314 f).

169 *Spec. inv.* I (*M.* VI 236).

170 Kap. IV § 1 d.

171 S. 363 f.

independentes, quas appellare possis potentias, ... quae potentiae non in motu, imo nec in conatu seu motus initio, sed in causa sive ratione intrinseca motus ea qua opus est lege continuandi consistunt« [172]. Die phoronomische Betrachtung der Bewegung hält sich an die Bewegungsbahnen und -kurven, in denen aber Leibniz »vestigia motuum« sieht [173]. Mit anderen Worten, weit davon entfernt, die Bewegung mit der geometrischen Bewegungskurve gleichzusetzen, muß vielmehr die letztere auf die Kraft zurückbezogen werden, deren Spur sie darstellt [174]. Hierin, wie in der Notwendigkeit, immaterielle Faktoren zur Erklärung der Materie heranzuziehen, bekundet sich die Anwesenheit des Substantiellen im Phänomenalen oder, anders gewendet, die, wenn auch beschränkte Teilhabe des Phänomenalen am Substantiellen, besonders an dessen intelligiblem Charakter.

Die Unzulänglichkeit der Imagination für die Erfassung des Wesens der Körperlichkeit ist für Leibniz gleichbedeutend mit der Unzulänglichkeit der Mathematik, besonders der Geometrie in der gleichen Hinsicht. Es muß betont werden, daß Leibniz in diesem Zusammenhang unter Mathematik die überkommene Arithmetik und Geometrie versteht, also die traditionelle Mathematik vor der Ausbildung der Infinitesimalrechnung [175]. Die so verstandene Mathematik ist der Imagination überantwortet. »... mathesi subesse videtur quicquid imaginationi subest, quatenus distincte concipitur ...«[176] Die Mathematik wird von Leibniz geradezu als die Logik der Imagination bezeichnet, so daß, was immer sich der Imagination entzieht, nicht in den Bereich der Mathematik fällt. »Mathesis universalis tradere debet methodum aliquid exacte determinandi per ea quae sub imaginationem cadunt, sive ut ita dicam logicam imaginationis. Itaque hinc excluduntur metaphysica circa res pure intelligibiles, ut cogitationem, actionem.«[177] Weil die Gesetze der Bewegung Begriffe wie Inertie und Kraft erfordern, und diese Begriffe nicht der Imagination entstammen, die lediglich Größe, Gestalt und deren Modifikationen hergibt, lassen sich die Bewegungsgesetze nicht »par des principes purement géométriques, ou de la seule imagination« erklären [178].

---

[172] P. VII 283; von uns unterstrichen.

[173] *Consilium de Encyclopaedia nova conscribenda methodo inventoria (Couturat, O. F. S. 38)* und *Couturat, O. F. S. 525.*

[174] Belaval, *Leibniz Critique de Descartes* S. 494.

[175] Cassirer, *Leibniz' System* S. 297 f.

[176] *De ortu, progressu et natura Algebrae (M. VII 205); Lettre touchant ce qui est indépendant des sens et de la matière*: die »idées claires et distinctes qui sont sujettes à l'imagination, sont les objets des sciences mathématiques, savoir de l'arithmétique et de la géométrie ...« (*P. VI 501*)

[177] *Couturat, O. F. S. 348.*

[178] *Tentamen anagogicum (P. VII 271); Lettre touchant ce qui est indépendant des sens et de la matière*: »... les lois de la force dépendent de quelques raisons merveilleuses de la métaphysique ou des notions intelligibles, sans pouvoir être expliquées par les seules notions matérielles ou de la mathématique, ou qui soient de la jurisdiction de l'imagination« (*P. VI 507*); vgl. auch *Phoranomus* (hrs. von C. I. Gerhardt) *Archiv für Geschichte der Philosophie* I (1888) S. 579 f.

An der Konstitution der Materie sind also Elemente beteiligt, die, weil sie der Imagination nicht zugänglich sind, als supra-geometrisch bezeichnet werden können. Leibniz hat diesen Ausdruck nahegelegt, indem er den »notions de la pure géométrie« wie »grandeur, et le changement de grandeur et de la situation« eine »notion supérieure« gegenüberstellt »qui est celle de la force par laquelle les corps peuvent agir et résister« [179]. Gueroult bezieht den Ausdruck supra-geometrisches Element auf die »vis viva«. Gegenüber einer Auffassung wie z. B. der von Hannequin [180], nach der die Kraft nichts anderes bedeutet als den lediglich mathematische Größen enthaltenden Ausdruck mv^2, macht Gueroult mit Recht geltend, daß es etwas anderes ist, eine gegebene Wirklichkeit — die gegenwärtige Fähigkeit zu einer zukünftigen Wirkung — auf einen mathematischen Ausdruck zu bringen als einen rein mathematischen Begriff zu konstruieren [181]. Auf dem Standpunkt der Phoronomie lassen sich Geschwindigkeiten durch Addition und Subtraktion miteinander kombinieren. Um aber die Geschwindigkeit ins Quadrat zu erheben, bedarf es anderer Motive als bloß solcher Überlegungen, die sich ausschließlich auf Begriffe von Größe, Zeit und Geschwindigkeit stützen. Jedenfalls legt die Cartesianische Raumanschauung die Quadrierung der Geschwindigkeit in keiner Weise nahe. Wie wir gesehen haben [182], ergibt sich der Ausdruck mv^2 als Maß der Kraft auf Grund des Prinzips der »parfaite équation entre la cause pleine et l'effet entier«. Dieses Prinzip entstammt nicht dem geometrischen Denken; es ist überhaupt kein mathematisches Prinzip. Leibniz bezeichnet es als ein Axiom »tout à fait métaphysique«, das zu den nützlichsten gehört, derer man sich in der Physik bedienen kann: ». . . il donne moyen de réduire les forces à un calcul de géométrie.«[183] Die Formel mv^2 stellt somit einen mathematischen Ausdruck für einen Begriff dar, der als solcher nicht mathematischer Natur ist, und auf den — wie Gueroult bemerkt — das sich selbst überlassene mathematische Denken von sich aus gar nicht gekommen wäre. Die Wendung supra-geometrisches Element scheint uns darum glücklich gewählt, weil sie beides zum Ausdruck bringt; ein seinem Ursprung nach nicht mathematischer Begriff findet in einem mathematischen Ansatz seine Formulierung. Wegen des mathematischen Charakters der Formel mv^2 ergeben sich — wie Gueroult ebenfalls an der genannten Stelle ausführt — alle Konsequenzen aus ihr mit Notwendigkeit. Der Ansatz der Formel selbst aber ist kontingent, weil sie einen an sich nicht mathematischen Begriff faßt. Folglich gelten alle Konsequenzen aus ihr mit nur hypothetischer Notwendigkeit, d. h. einer Notwendigkeit, deren Sinn durch die Kontingenz des zu Grunde liegenden Ansatzes bestimmt ist. Oben [184] haben wir die Leibni-

---

[179] *An Pelisson,* Sept./Okt. 1691 (Robinet, *Malebranche et Leibniz* S. 281).
[180] Hannequin, *La première philosophie de Leibniz, a.a.O.* II 212.
[181] Gueroult, *Dynamique et métaphysique leibniziennes* S. 26 f und 46 ff.
[182] S. 379.
[183] *An Bayle,* o. D. (P. III 46).
[184] Kap. II § 5 b.

zische Lehre von der Notwendigkeit unter der Bedingung der Kontingenz in Bezug auf das Universum der Substanzen dargelegt. Diese Lehre gilt auch für den Bereich des Phänomenalen.

c. Zwei Begriffe von Metaphysik

Leibniz stellt der Mathematik die Metaphysik gegenüber, wobei die letztere in einem Sinne verstanden ist, der sich gerade aus dieser Gegenüberstellung ergibt. »Mathesis est scientia rerum imaginabilium. ... Metaphysica est scientia rerum intellectualium.«[185] Während die Mathematik die Begriffe von Größe, Figur, Lage und deren Veränderungen liefert, Begriffe also, die sich in der Imagination darstellen lassen, kommt die Metaphysik für die intellektuellen Begriffe auf, wie z. B. Existenz, Dauer, Wirken, Erleiden und weitere dieser Art[186]. So gefaßt, beziehen sich metaphysische Begriffe nicht ohne weiteres und jedenfalls nicht ausschließlich auf den Bereich der Substanzen; erst recht sind sie nicht von vornherein auf die spezifisch Leibnizische Lehre von den Monaden orientiert. Als metaphysisch gelten solche Begriffe, derer die Wissenschaft vom Phänomenalen neben den mathematischen und geometrischen bedarf. Auf diese Begriffe stützen sich die oben[187] erwähnten obersten Ordnungsprinzipien, die zur Begründung des Mechanismus und zur Aufstellung der Gesetze der Bewegung unerläßlich sind[188]. Im Zusammenhang der obersten Ordnungsprinzipien hat auch der Begriff der Kraft seinen Platz: »... in corpore praeter magnitudinem et impenetrabilitatem poni (debeat) aliquid, unde virium consideratio oriatur, cujus leges metaphysicas extensionis legibus addendo nascantur eae ipsae regulae motus, quas systematicas appellarem [so statt ›appelleram‹].«[189] Nach v. Aster[190] hat der metaphysische Begriff der Kraft eine teleologische Bedeutung, insofern als das auf ihn gegründete Gesetz der Erhaltung der Kraft die Ökonomie und Ordnung des Universums verbürgt, das ein Chaos bilden würde, wenn es lediglich von den rein geometrischen Bewegungsgesetzen der *Theoria motus abstracti* beherrscht wäre[191]. Auch das Prinzip der Äquivalenz von Ursache und Wirkung, auf das sich die Gesetze der Bewegung gründen, wird von Leibniz als ein in dem hier in Rede stehenden Sinne

---

185 *Couturat, O. F.* S. 556.
186 *Leibniz-Handschriften* XXXVII, III 1—10; Deutsche Übersetzung von W. von Engelhardt, *Gottfried Wilhelm Leibniz, Schöpferische Vernunft* S. 328; Englische Übersetzung von L. E. Loemker, *Gottfried Wilhelm Leibniz, Philosophical Papers and Letters* S. 447. Für den Zusammenhang zwischen Metaphysik und »notions intelligibles« siehe auch die S. 384, Anm. 178 zitierten Texte.
187 Dieses Kap. § 1 b.
188 *Erster Entwurf des Syst. nouv.:* »... les principes mêmes de la mécanique et les lois du mouvement naissent ... de quelque chose de supérieur, qui dépend plutôt de la métaphysique que de la géométrie, et que l'imagination ne saurait atteindre, quoique l'esprit le conçoive fort bien« (*P.* IV 472).
189 *Spec. dyn.* I (*M.* VI 241).
190 v. Aster, *Geschichte der neueren Erkenntnistheorie* S. 259 f.
191 Siehe die S. 375, Anm. 121 angeführten Belege.

metaphysisches Prinzip bezeichnet [192]. Es entspricht seinem intellektuellen Charakter, daß dieses Prinzip nicht von Erfahrungen, z. B. der des Stoßes hergeleitet ist, sondern zu jenen Grundsätzen gehört, »qui rendent raison de ces expériences mêmes; et qui sont capables de déterminer les cas dont on n'a pas encore ni expériences ni règles ...«[193].

Der Gegensatz zur Mathematik und Imagination besagt somit nicht einen Gegensatz zum Phänomenalen. Zwei Begriffe von Metaphysik müssen unterschieden werden: einerseits das Phänomenal-Metaphysische, das alles umfaßt, was außer der Geometrie zum Aufbau der Wissenschaft vom Phänomenalen erforderlich ist, das supra-geometrische Element der Materie; andererseits das s. z. s. Substantial-Metaphysische, das auf die spezifisch Leibnizische Substanzenlehre bezogen ist. Ohne diese Terminologie zu benutzen, hat Cassirer die hierdurch ausgedrückte Unterscheidung im Auge, wenn er die »vis derivativa« lediglich unter dem Gesichtspunkt ihrer logischen Funktion für den Aufbau der Dynamik betrachtet, sie von der »vis primitiva« völlig abtrennt und von dem Prinzip der Äquivalenz von Ursache und Wirkung, d. h. der Erhaltung der Arbeit oder der »Einheit der Naturkräfte« sagt, daß an ihm die »Metaphysik im gewöhnlichen Sinne« völlig unbeteiligt ist [194]. Man kann sich für diese Auffassung auf Leibnizische Äußerungen berufen wie die behutsame Formulierung »in corpore praeter geometrica et mathematica esse rei dynamicae et *ut sic dicam* metaphysicae fontes« [195]. Vor allem ist an Leibnizens ausdrückliche Erklärung zu erinnern, nach der die derivativen Kräfte dem Bereich des Phänomenalen angehören, sowie ganz allgemein an seine oben [196] dargelegte Behauptung der Autonomie der mechanischen Naturerklärung. Unter Verwendung der hier vorgeschlagenen Terminologie kann man sagen: das Phänomenal-Metaphysische ist für die mechanische Erklärung der Natur unentbehrlich und muß der Wissenschaft vom Phänomenalen zur Grundlage dienen [197]. Dagegen darf vom Substantial-Metaphysischen für die Erklärung konkreter Naturphänomene kein Gebrauch gemacht werden. Die Autonomie der mechanischen Naturerklärung besteht also nur gegenüber der Substantial-Metaphysik, der das Eingreifen in den Gang der Wissenschaft vom Phänomenalen untersagt ist.

---

[192] *Gerland* S. 111.
[193] *An de l'Hôpital*, 15/I 1696 (M. II 308).
[194] Cassirer, *Leibniz' System* S. 297 ff, 308 ff und 516.
[195] *An de Volder*, 23/VI 1699 (P. II 186; von uns hervorgehoben)
[196] Dieses Kap. § 1 a.
[197] *Spec. dyn.* I: »... praeter pure mathematica et imaginationi subjecta, collegi quaedam metaphysica solaque mente perceptibilia esse admittenda, et massae materiali principium quoddam superius, et ut sic dicam formale addendum, quandoquidem omnes veritates rerum corporearum ex solis axiomatibus logisticis et geometricis, nempe de magno et parvo, toto et parte, figura et situ, colligi non possint, sed alia de causa et effectu, actioneque et passione accedere debeant, quibus ordinis rerum rationes sal ventur« (M. VI 241).

Zugleich betonen wir, daß die in Rede stehende Autonomie insofern in einem mehr technischen Sinne zu verstehen ist, als zwar die positive Wissenschaft, vor allem die Dynamik, für das Detail ihrer Arbeit die Substantial-Metaphysik nicht heranziehen darf (z. B. um Lücken der Erklärung auszufüllen), daß aber andererseits die Wissenschaft vom Phänomenalen als Ganze in ihrer Autonomie auf der Substantial-Metaphysik als dem Grunde ihrer Möglichkeit beruht. Wir werden sogleich [198] zu zeigen haben, welche Rolle die »vis derivativa« bei ihrer Zugehörigkeit zum Bereich des Phänomenalen in dieser Hinsicht spielt. Die Unterscheidung des Phänomenal-Metaphysischen vom Substantial-Metaphysischen wird damit in einem gewissen Maße relativiert, so daß sie jedenfalls keine radikale Trennung bedeutet. In der Tat drückt sich Leibniz nicht immer so behutsam aus wie in dem vorhin zitierten Text. Zuweilen läßt er den Zusammenhang zwischen dem für das Körperliche konstitutiven supra-geometrischen Element und der Metaphysik der Substanzen mehr oder weniger durchblicken [199]; zuweilen behauptet er ihn ganz ausdrücklich. So schreibt er von den »legum motus rationes seu principia mechanismi«, daß sie »non ex solis mathematicis atque imaginationi subjectis, sed ex fonte metaphysico, scilicet ab aequalitate causae et effectus, deduci debent aliisque hujusmodi legibus quae sunt entelechiis essentiales«; daher »physica per geometriam arithmeticae, per dynamicen metaphysicae subordinatur« [200]. Wohl am weitesten hinsichtlich der Ausdrücklichkeit geht folgende Formulierung: »ipsa principia mechanica, legesque adeo naturae generales ex alterioribus principiis nasci nec per solam quantitatis ac rerum geometricarum considerationem posse explicari, quin potius aliquid metaphysicum illis inesse, independens a notionibus quas praebet imaginatio, referendumque ad substantiam extensionis expertem.« [201]

Das Bestehen eines Zusammenhangs zwischen dem Phänomenal-Metaphysischen und dem Substantial-Metaphysischen steht in Einklang mit der oben [202] entwickelten Auffassung des Phänomenalen als des Substantiellen selbst unter der Bedingung der Vereinzelung, Unvollständigkeit und, in diesem Sinne, Abstraktion. Wegen der Begrenztheit des menschlichen Intellekts ist die positive Wissenschaft auf den Bereich des Phänomenalen beschränkt und kann den Zusammenhang zwischen den Phänomenen nur in schrittweisem Fortgang von vereinzelten Phänomen zu vereinzelten Phänomen konstruieren. In der Autonomie der positiven Wis-

---

198 S. 394 f.
199 *Disc.* 18: »... les principes généraux de la nature corporelle et de la mécanique même sont plutôt métaphysiques que géométriques, et appartiennent plutôt à quelques formes ou natures indivisibles comme causes des apparences qu'à la masse corporelle ou étendue« (*Le Roy* S. 55).
200 P. IV 398.
201 *Animad.* II 64 (P. IV 391); ähnlich *an de Volder,* 24/III (3/IV) 1699: »... nec potentiae vel vis aliam notionem quaerendam quam ut sit attributum ex quo sequitur mutatio, cujus subjectum ipsa est substantia« (P. II 170).
202 Dieses Kap. § 2.

senschaft bekundet sich die Begrenztheit des menschlichen Intellekts. Andererseits ist die schrittweise und stückweise Herstellung eines Zusammenhangs zwischen vereinzelten Phänomenen nur auf dem Boden eines allumfassenden Zusammenhangs möglich, wie er in den Substanzen *concentrate, vitaliter, monadice* vorliegt. Daher beruht die autonome positive Wissenschaft vom Phänomenalen dem Grunde ihrer Möglichkeit nach auf der Metaphysik der Substanzen. Im Gegensatz zu Cassirer bestehen wir auf der Abhängigkeit der Phänomenal-Metaphysik von der Substantial-Metaphysik insofern, als die Begriffe der ersteren aus denen der letzteren durch Abwandlung unter der Bedingung der Vereinzelung hervorgehen [203]. Schon die sprachliche Wendung »vis *derivativa*« bringt diese Abkünftigkeit zum Ausdruck. Die Metaphysik ist für Leibniz »scientia rerum intellectualium« [204]. Auch unter der Bedingung der Vereinzelung behalten die »res intellectuales« diesen ihren Charakter. So rechtfertigt sich die Verwendung des Terminus »Metaphysik« in zwei zwar verschiedenen, aber miteinander zusammenhängenden Bedeutungen.

Vorhin führten wir aus, daß der Raum, als bloße Ordnungsform betrachtet, Inhalte erfordert, die in diese Form eintreten, oder daß die Ausdehnung etwas voraussetzt, das sich ausbreitet und ausdehnt; wir wiesen in dieser Hinsicht auf die Inertie hin, auf deren kontinuierlicher Wiederholung und Diffusion die Ausdehnung der Körper resultierte [205]. Ergänzend ist hinzuzufügen, daß diese Funktion, durch Diffusion die Ausdehnung der Körper hervorgehen zu lassen, nicht nur der »vis resistendi«, sondern auch der »vis agendi« zufällt [206]. Mit »vis resistendi« und »vis agendi« ist je ein supra-geometrisches Element bezeichnet, d. h. ein solches, das seiner Eigennatur nach weder ausgedehnt ist noch Räumlichkeit besitzt, das aber, indem es in der angegebenen Weise die Ausdehnung konstituiert, eine gewissermaßen indirekte Beziehung zu Räumlichem gewinnt. Ähnliches haben wir früher [207] hinsichtlich der Substanz gesehen, die keine Ausdehnung hat, keine Stelle im Raum einnimmt, zu anderen Substanzen nicht in räumlichen Relationen steht, aber doch aufgrund der Zuordnung zu Organischem einen abgeleiteten und vermittelten Bezug auf Räumlichkeit, eine räumliche Lokalisation in einem uneigentlichen und übertragenen Sinne erhält, *per corresponsionem, nicht per operationem*. Es zeigt sich von einer weiteren Seite, daß die für die Dynamik in Betracht kommenden Begriffe zwischen dem Phänomenalen und dem Substantiellen vermitteln, oder — um es anders auszudrücken — daß an den durch diese Begriffe bezeichneten Bestimmungen der Materie sich das Substantielle innerhalb des Phänomenalen bekundet.

[203] Siehe Kap. V § 7 c über Analogie im Sinne der Proportionalität verschiedener Stufen.
[204] S. 386.
[205] S. 370 ff und 375 ff.
[206] *Spec. dyn.* II (*M.* VI 247); *an Basnage de Beauval*, 3 (13)/I 1696 (P. IV 499).
[207] Kap. IV § 2 c.

§ 5 »Vis derivativa«

a. Die »vis derivativa« als Modifikation der »vis primitiva«

Um den Zusammenhang zwischen dem Phäomenalen und dem Substantiellen in systematischer Weise zu erschließen und darzulegen, gehen wir von der »vis derivativa« in ihrer Beziehung zur »vis primitiva« aus.

Leibniz definiert die »vis derivativa« als »ipse status praesens dum tendit ad sequentem seu sequentem prae-involvit, uti omne praesens gravidum est futuro« [208]. Um es am Beispiel des Pendels zu illustrieren: die »vis derivativa« bezeichnet seinen Zustand beim Durchgang durch die tiefste Lage, nicht aber insofern, als das Pendel zu einem bestimmten Zeitpunkt sich in dieser Lage befindet, sondern insofern, als es kraft der Geschwindigkeit, die es beim Durchgang durch die tiefste Lage besitzt, in der Lage ist, zu einer bestimmten Höhe aufzusteigen, genauer gesagt, insofern, als es im Begriff ist, zu dieser Höhe aufzusteigen [209]. Aus der Definition der »vis derivativa« folgt, daß der jeweils gegenwärtige Zustand eines Körpers auf den bevorstehenden zukünftigen hin orientiert ist und durch diese Orientiertheit wesentlich bestimmt wird, daß eine Gegenwart nur in Bezug auf eine gewisse Zukunft, nur als Gegenwart dieser Zukunft, diese bestimmte Gegenwart sein kann, die sie ist; das Entsprechende gilt für die unmittelbare Vergangenheit. Der gegenwärtige Zustand eines Körpers ist durch seine unmittelbare Vergangenheit und Zukunft qualifiziert und besteht als dieser gegenwärtige nur in solcher Qualifiziertheit. Aus dieser Qualifizierung bestimmt sich der Sinn, in dem es vom gegenwärtigen Zustand heißen kann, daß er die unmittelbar vergangenen und zukünftigen in sich enthält oder in sich involviert.

In unmittelbarem Anschluß an die erwähnte Definition der »vis derivativa« schreibt Leibniz die »vis primitiva« dem »ipsum permanens, quatenus involvit casus omnes« zu, so daß die »vis primitiva« gleichsam die »lex seriei« darstellt, die »vis derivativa« hingegen gleichsam die »determinatio quae terminum aliquem in serie designat«. Die »vis primitiva« stellt sich als die Substanz selbst heraus, und zwar unter dem oben [210] entwickelten Gesichtspunkt des sich selbst entfaltenden erzeugenden Prinzips ihrer Accidentien, wobei jede Substanz in ihrer Selbstrealisierung wesentlich bezogen und ausgerichtet ist auf alle anderen sich ebenfalls selbst realisierenden Substanzen [211]. Mit der »vis derivativa« ist ein Glied der

---

[208] *An de Volder*, 21/I 1704 (*P.* II 262). Siehe in diesem Zusammenhang Gueroult, *Dynamique et métaphysique leibniziennes* S. 41 f über den Leibnizischen Begriff des Impetus.

[209] Aufgrund dieser Überlegung ergibt sich (S. 379 ff) der Ausdruck mv^2 als Maß der »vis viva«.

[210] Kap. VI § 5 a und b.

[211] *An de Volder*, o. D.: »... vires primitivas manifestum esse censeo nil aliud esse posse quam tendentias internas substantiarum simplicium quibus certa suae naturae lege de perceptione in perceptionem transeunt, atque inter se simul conspirant ...« (*P.* II 275); *an Burnett*, o. D.: »... la force primitive ... ne se perd jamais et

Reihe bezeichnet, d. h. ein Accidens der Substanz, das diese in ihrer Selbst-realisierung erzeugt und in dem sie sich darstellt. Dies jedoch unter den Be-dingungen der Phänomenalität, nämlich Vereinzelung, Unvollständigkeit und in-sofern Abstraktheit, als das in Rede stehende Accidens nicht mehr durch die Ge-samtheit der Accidentien der betr. Substanz qualifiziert ist, sondern bloß noch durch einen Teilbestand: die unmittelbar vorangehenden und nachfolgenden Acci-dentien. Zu betonen ist, daß die Bedingung der Vereinzelung, unter der der Be-reich des Phänomenalen steht, nur eine Beschränkung oder Verengung des Ge-samtzusammenhangs zwischen den Accidentien oder Zuständen nach sich zieht, nicht aber dessen Aufhebung. Einen Gegenwartszustand im strengsten Sinne völ-liger Abgeschlossenheit und s. z. s. Selbstgenügsamkeit erkennt Leibniz über-haupt nicht an. Die Ausgerichtetheit auf eine ganz bestimmte Zukunft, und ent-sprechend die Beziehung auf eine bestimmte Vergangenheit (z. B. die Höhe, aus der das Pendel herabgeschwungen ist, um seine gegenwärtige Geschwindigkeit zu erlangen) tritt als wesentlich konstitutive Komponente in die Bestimmung eines jeden Gegenwartszustandes ein.

Mit der Charakterisierung der »vis primitiva« als das Gesetz der Reihe, der »vis derivativa« als deren Glied, steht es in Einklang, daß die »vires derivativae« als »modificationes et resultationes primitivarum« bezeichnet werden [212]. In den verschiedenen »vires derivativae« als den aufeinander folgenden jeweiligen Ge-genwartszuständen besondert sich die identische, sich stets gleich bleibende »vis primitiva«, ähnlich wie die verschiedenen geometrischen Figuren Modifikationen der »étendue« darstellen [213]. Dillmann [214] betont die Identität der von ihm mit der Substanz gleichgesetzten »vis primitiva« im Sinne ihrer Unveränderlichkeit. Wird diese Kraft als Tätigkeit gefaßt, so darf sie nicht als eine veränderliche und sich verändernde Tätigkeit verstanden werden, sondern »nur als *ein* unteilbarer, unveränderlicher und zeitloser Akt«. Angemessener erscheint es daher, die »vis primitiva« als das »unveränderliche Prinzip der Veränderung zu charakterisieren derart, daß in ihm alle Veränderungen und Bewegungen (die gegenwärtigen so-wohl wie die vergangenen und zukünftigen)« präformiert sind, oder welches als Einheit und Konzentrat das enthält, was in »der Bewegung entfaltet und ausein-andergewickelt ist« [215]. Auf der Identität und Unveränderlichkeit des als Prinzip

persévère toujours dans un ordre exact de ses modifications internes qui représentent celles de dehors« (*P.* III 260 f).

[212] *An de Volder,* 20/VI 1703 (*P.* II 251); *Spec. dyn.* I (*M.* VI 236); *De ipsa natura* 11 (*P.* IV 511); *an Lady Masham,* 30/VI 1704 (*P.* III 356); siehe auch die Wendung im Brief *an de Volder,* 30/VI 1704 von der »vis« als »principium actionis et passionis«, »quod ... per vires derivatas seu quod in actione momentaneum est, modificatur ...« (*P.* II 269); ferner *an Wolff,* 18/XI 1708 und o. D. (*Briefwechsel zwischen Leibniz und Christian Wolff* S. 103 und 130).

[213] *Theod.* III 396 (*P.* VI 352); *an Jaquelot,* 22/III 1703 (*P.* III 457).

[214] Dillmann, *Eine neue Darstellung der Leibnizischen Monadenlehre* S. 94 ff.

[215] *An Bossuet,* 29/III 1693: »... le sujet de l'étendue ... contient quelque chose dont la répétition même est ce qui fait l'étendue ... Ce sujet contient les principes de

der Veränderungen gefaßten »vis primitiva« beruht die Identität der Substanz [216].
Von der »vis primitiva« unterscheidet Dillmann die »vis derivativa« als die in
der Tat ständig wechselnde Tendenz eines Körpers, von einem Gegenwarts- und
Bewegungszustand zum nächsten überzugehen. Folglich geht es nicht — wie v.
Aster es versucht — die »vis primitiva« im Sinne des Gesetzes von der Erhaltung
der Kraft, d. h. der Summe der »vires derivativae«, als die Kraft des gesamten
geschlossenen Systems zu deuten und die »vires derivativae« als den jeweiligen
und jeweilig wechsenden auf den einzelnen Körper entfallenden Anteil an der
»vis primitiva« [217]. Die »vis derivativa« wird von Leibniz bestimmt als »tendentia ... ad motum aliquem determinatum, quo proinde vis primitiva seu actionis
principium modificatur«. Von der »vis derivativa« gilt »non quidem eandem in
eodem corpore conservari, sed tamen, utcunque in pluribus distribuatur, eandem
in summa manere et differre a motu ipso, cujus quantitas non conservatur« [218].
Vor allem muß die Bezogenheit der »vis derivativa« auf den phänomenalen Bereich, die der »vis primitiva« hingegen auf den Bereich des Substantiellen und
Monadischen im Auge behalten werden.

Trotz des prinzipiellen Unterschiedes der »vis primitiva« und der »vis derivativa« besteht zwischen beiden ein Zusammenhang, der sich gerade in der Auffassung der »vis derivativa« als Modifikation der »vis primitiva« bekundet oder
darin, daß — wie wir es ausdrückten — die identisch sich gleich bleibende »vis
primitiva« sich in die wechselnden »vires derivativae« besondert. Diese Besonderung besagt, daß sich die »vis primitiva«, indem sie die »vires derivativae« aus
sich hervorgehen läßt, in ihnen niederschlägt und verkörpert. Folglich finden die
obigen [219] Ausführungen über das Verhältnis der Substanz zu ihren Accidentien
hier Anwendung, allerdings unter Berücksichtigung dessen, daß die Accidentien,
wie sie gegenwärtig unter dem Titel der »vires derivativae« in Betracht kommen,
unter der Bedingung der phänomenalen Vereinzelung stehen. Das ist uns soeben
am Beispiel des Zusammenhangs entgegengetreten, der sich auf die einem gegebenen Gegenwartszustand unmittelbar vorangehenden und nachfolgenden Zustände verengt. Ein solcher Teilzusammenhang setzt aber einen vollständigen Zusammenhang voraus, aus dem er durch Abstraktion hervorgeht; letzten Endes
den allumfassenden Gesamtzusammenhang zwischen sämtlichen Accidentien, wie
er in der »vis primitiva« vorliegt. Das führt auf die Abhängigkeit der »vis deri-

---

tout ce qu'on lui peut attribuer, et le principe des opérations, ce que j'appelle la
force primitive« (*Oeuvres de Leibniz,* hrsg. von Foucher de Careil, I 435 f; so gelesen, folgend Cassirer, *Leibniz' System* S. 410, statt: »forme primitive«).

[216] Kap. VI § 5 c. Über das von Dillmann der »vis primitiva« und damit der Substanz
beigelegte Streben, das er in Analogie zum menschlichen Begehren faßt, siehe oben
S. 309 f.

[217] v. Aster, *Geschichte der neueren Erkenntnistheorie* S. 256; siehe dagegen Cassirer,
Leibniz' System S. 299 ff.

[218] P. IV 396.

[219] Kap. VI § 6 c.

vativa« von der »vis primitiva« und damit zunächst auf die Notwendigkeit, eine »vis primitiva« anzusetzen. Besonders in seiner Korrespondenz mit de Volder hat Leibniz gegenüber dessen vom Cartesianismus genährten Bedenken diese Notwendigkeit geltend gemacht. Leibnizens Argument lautet: daraus, daß die »vires derivativae« »activae sunt et tamen modificationes sunt«, folgt, »esse aliqua activa primitiva quorum sunt modificationes« [220]. Das zu Grunde liegende primitive Prinzip muß ein aktives Prinzip sein, weil sonst die Modifikation, die ihrer Natur nach eine Beschränkung darstellt, einen höheren Grad von Realität, Vollkommenheit und Positivität besitzen würde als das, dessen beschränkende Modifikation sie ist [221]. »Considerandum ... est vim derivativam atque actionem quiddam esse modale, cum mutationem recipiat. Omnis autem modus constituitur per quandam modificationem alicujus persistentis sive magis absoluti. Et quemadmodum figura est quaedam limitatio seu modificatio vis passivae seu massae extensae, ita vis derivativa actioque motrix quaedam modificatio est non utique rei mere passivae (alioqui modificatio seu limes plus realitatis involveret, quam ipsum illud quod limitatur), sed activi cujusdam, id est entelechiae primitivae.«[222] Daraus ergibt sich eine weitere Bestätigung für den oben [223] zum Ausdruck gebrachten Vorbehalt, unter dem die Autarkie des Phänomenalen und die Autonomie der Wissenschaft vom Phänomenalen zu verstehen ist.

Indem die »vis derivativa« dem phänomenalen Bereich zugeordnet bleibt, andererseits aber die Substanz samt der »vis primitiva«, deren Modifikation sie ist, voraussetzt, und zwar als deren Modifikation, bestimmt sich das Verhältnis des Phänomenalen zum Substantiellen und präzisiert sich die Rolle der »vis derivativa« für dieses Verhältnis. Aufgrund ihrer zentralen Bedeutung für die Dynamik als Wissenschaft vom Phänomenalen stellt die »vis derivativa« gleichsam die Eingangspforte zur wahren Metaphysik dar. »... in ipsis primis mechanicae legibus praeter geometriam et numeros, inest aliquid metaphysicum, circa causam, effectum, potentiam et resistentiam, mutationem et tempus, similitudinem et determinationem, per quae transitus datur a rebus mathematicis ad substantias reales.«[225] Die »vis derivativa« vermittelt zwischen dem Phänomenalen und dem Substantiellen in einem zweifachen Sinne: auf der einen Seite ermöglicht sie den Übertritt in das Gebiet des Substantiellen; auf der anderen Seite vertritt sie das

---

[220] *An de Volder*, 21/I 1704; 24/III (3/IV) 1699; und (nicht abgeschickt) 23/VI 1699 (P. II 262; 171; 184).
[221] *An de Volder*, 10/XI 1703 und 30/VI 1704 (P. II 257 und 270); *an Bayle*, o. D. (P. III 67).
[222] P. IV 397
[223] S. 387 ff.
[224] *An de Volder*, o. D. (P. II 195).
[225] *Elementa rationis* (Couturat, O. F. S. 341 f); *Animad.* II 64: »... inest materiae vis ipsa seu agendi potentia quae transitum facit a mathematicis ad naturam, a materialibus ad immaterialia« (P. IV 391). So emendiert von Cassirer, *G. W. Leibniz, Handschriften* I 326, während Gerhardt »a Metaphysica ad naturam« liest.

Substantielle im Bereich des Phänomenalen, indem sie s. z. s. die Stelle bezeichnet, an der das Substantielle sich im Phänomenalen geltend macht. Durch die »vis derivativa« wird die Kluft zwischen dem Substantiellen und dem Phänomenalen überbrückt [226].

In seinen eingehenden Untersuchungen über das Verhältnis der Leibnizischen Dynamik zu seiner Metaphysik ist Gueroult [227] dem Begriff der »vis derivativa« unter dem doppelten Aspekt ihrer Beziehung sowohl zum Substantiellen wie zum Phänomenalen nachgegangen. Dieser Begriff stellt sich als ein »concept mixte« und die Wissenschaft der Dynamik als eine »science mixte« heraus. Indem wir uns an die Darstellung von Gueroult anschließen, heben wir, unserer Interessenrichtung entsprechend, vor allem den Bezug der »vis derivativa« zur »vis primitiva«, d. h. zur Substanz hervor. Wenn die »vis derivativa« überhaupt zum Bereich des Phänomenalen gehört, so eigentlich nur deshalb, weil sie ein Accidens bezeichnet; der Anteil des Imaginären ist hier auf ein Minimum herabgesetzt [228]. Als Accidens der Substanz hat die »vis derivativa« den gleichen Realitätsgrad wie die Substanz selbst. Wenn das Accidens der Substanz gegenüber als abstrakt bezeichnet wird, so nicht wegen seines geringen Grades an Realität, sondern nur im Hinblick auf seine Abhängigkeit, insofern als es nicht für sich allein bestehen kann. Wird aber das Accidens, d. h. die »vis derivativa«, von dem Bezug auf die »vis primitiva« abgetrennt, verselbständigt und für sich genommen (was nur auf dem Wege der Abstraktion möglich ist), so verfällt es damit der Imagination. Gerade dies geschieht in der Wissenschaft der Dynamik, die sich aus diesem Grunde als eine »science mixte« erweist. An einer gewissen Höhenstelle, die mit der »vis derivativa« bezeichnet ist, grenzt das Phänomenale an das Substantielle oder berührt es. Anders ausgedrückt, als Manifestation der »vis primitiva« innerhalb des Phänomenalen macht die »vis derivativa« die Realität der Substanz im Phänomenalen transparent [229]. In der Transparenz des Substantiellen im Phänomenalen finden die obigen Ausführungen über den Sinn der Abhängigkeit des Phänomenalen vom Substantiellen ihre Bestätigung, ihren Abschluß und ihre Vollendung. Diese Abhängigkeit besteht nicht in gelegentlichen Eingriffen des Substantiellen, sondern besagt vielmehr die Fundiertheit des phänomenalen Bereichs als ganzem auf dem des Substantiellen [230]. Auf diese Weise löst sich die scheinbare Paradoxie der Autonomie der Wissenschaft vom Phänomenalen bei gleich-

---

[226] Martin, *Leibniz* S. 206 f; Janke, *Leibniz* Kap. III 3 und 4.

[227] Gueroult, *Dynamique et métaphysique leibniziennes* Kap. VII.

[228] Wir erinnern daran, daß, nach Guerolt, Phänomenalität für Leibniz Accidentalität und Beimischung von Imaginärem bedeutet (siehe S. 363 f).

[229] Gueroult, *a.a.O.* S. 200: »La force dérivative apparaît ... comme la seule manifestation phénoménale dans laquelle s'exprime immédiatement la réalité au sens métaphysique du terme, c'est-à-dire un *état* de la substance«; siehe S. 105 ff die Darstellung der Differenz, die in dieser Hinsicht zwischen Leibniz und Huyghens besteht.

[230] Dieses Kap. § 1 c und Gueroult, *a.a.O.* S. 202.

zeitig fehlender Eigenständigkeit. In einem gewissen begrenzten Sinne kann die Natur mit Hilfe der phänomenalen Begriffe allein verstanden werden; für ein restloses oder wenigstens vollständigeres Verständnis ist aber der Rückgang auf die substantiellen Begriffe erforderlich. Von Wichtigkeit ist, daß der für das erstere Verständnis zentrale Begriff der »vis derivativa« den substantial-metaphysischen Begriff der »vis primitiva« voraussetzt, von dem er eine Modifikation im Sinne der Limitation, d. h. eine Abwandlung darstellt.

b. Theoretische Leistung der »vis derivativa«

Dank des Begriffs der »vis derivativa« oder, was dasselbe besagt, der »vis viva«, wird der oben [231] erwähnte Relativismus der als bloße Ortsveränderung verstandenen Bewegung überwunden, weil es möglich wird, einem der Körper, die ihre Lagebeziehung zueinander verändern, die wirkliche Bewegung zuzuschreiben. Nach Gueroult [232] besagt diese Begründung der Realität der Bewegung zugleich die Individualisierung der bewegten Körper. Mit anderen Worten, das Prinzip der »identitas indiscernibilium« gilt auch innerhalb des phänomenalen Bereichs [233]. Im Grunde genommen gilt das nicht nur für den Körper als ganzen, sondern auch für jeden seiner Zustände, da gemäß der vorhin [234] dargelegten allgemeinen Definition der »vis derivativa« jeder Zustand durch den ihm unmittelbar vorangehenden sowie den auf ihn unmittelbar folgenden qualifiziert und damit völlig individuiert ist. Weiterhin enthält der Begriff der »vis viva« nach Gueroult [235] »une vision partielle de l'autodétermination qui est une synthèse de la détermination par soi ... et de la détermination par un autre ...«. Das erstere im Hinblick auf die jedem bewegten Körper eigene Tendenz, seine Bewegung in geradliniger Richtung mit gleichbleibender Geschwindigkeit fortzusetzen [236]. Das letztere insofern als, wie später [237] ausgeführt werden wird, die Richtungsänderung der Bewegung, d. h. die Abweichung von der Bewegung in tangentialer Richtung, in der Wissenschaft vom Phänomenalen durch die direkte Einwirkung der umgebenden Körper erklärt werden muß.

Wohl die wichtigste Funktion der »vis derivativa« besteht darin, im Bereich des Phänomenalen Zusammenhänge zu stiften. Was die Substanz angeht, ist der Zusammenhang zwischen ihren Accidentien ein innerer Zusammenhang im dargelegten Sinne der Bestimmung und Qualifikation eines jeden Accidens oder Zustandes durch die Gesamtheit der anderen, sowohl früheren wie späteren [238].

---

[231] Dieses Kap. § 3 b.
[232] Gueroult, *a. a. O.* S. 157 f.
[233] Siehe dafür die auf S. 239 angeführten Belege.
[234] S. 390.
[235] Gueroult, *a.a.O.* S. 205 ff.
[236] Insofern als sich in dieser Tendenz die innere Spontaneität bekundet, kann der »effet formel« dem »effet violent« gleichgestellt werden; siehe Gueroult, *a.a.O.* S. 150 ff.
[237] Dieses Kap. § 6 d.
[238] Siehe oben S. 19 ff und Kap. VI § 6 c.

Der Übergang vom Substantiellen zum Phänomenalen bedeutet den von der Totalität zur Vereinzelung, vom »concentrate« zum »extensive«. Folglich ist — wie vorhin [239] bemerkt — der gegebene Zustand eines Körpers, besonders sein Bewegungsgrund, nicht durch die Gesamtheit seiner früheren und späteren Zustände qualifiziert, sondern nur durch die unmittelbar vorangehenden und die unmittelbar nachfolgenden; jedenfalls kommt für die Wissenschaft vom Phänomenalen nur dieser verengte Zusammenhang in Betracht. In dieser Verengung aber besteht ein Zusammenhang zwischen den Zuständen eines Körpers, und das liegt an der »vis derivativa«, von der es heißt: »... esse ... quod in actione momentaneum est, sed cum relatione ad statum sequentem.«[240] Vermöge der »vis derivativa« ist die Isoliertheit momentaner Zustände aufgehoben, so weit, daß kein solcher Zustand aus sich allein begriffen werden kann. »... non tantum corpus praesenti sui motus momento inest in loco sibi commensurato, sed etiam conatum habet seu nisum mutandi locum, ita ut status sequens ex praesenti, per se, naturae vi consequatur ...«[241] Cassirer [242] hat betont, daß durch die »vis derivativa« die Gegenwart mit der Zukunft in der Weise verbunden wird, daß die Zukunft in der Gegenwart angelegt ist und aus ihr herauswächst; die Gegenwart ist nicht mehr als momentaner Augenblick anzusehen, sondern als Phase eines Prozesses, die durch den Prozeß selbst ihre Bestimmtheit erhält. In ähnlichem Sinne spricht Gueroult von der »force« als einem »trait d'union« zwischen verschiedenen Zuständen [243], und Martin [244] macht darauf aufmerksam, daß Leibniz im Gegensatz zum Cartesianischen Geometrismus der Zeit eine wesentliche Rolle für die Bestimmung des Körpers zuschreibt.

Dank des Zusammenhangs zwischen aufeinander folgenden Zuständen eines Körpers derart, daß der vorangehende von sich aus die Tendenz hat, in den nachfolgenden überzugehen, also in einem gewissen Sinne in dem ersteren vorangelegt ist, wird die Fragmentierung der Zeit, wie sie Descartes vertritt, überwunden. Nach Descartes hängen die verschiedenen Teile der Zeit in keiner Weise voneinander ab und existieren niemals zusammen. Daraus ergibt sich für ihn: »... ex hoc quod jam simus, non sequitur nos in tempore proxime sequenti etiam futuros, nisi aliqua causa, nempe eadem illa quae nos primum produxit, continuo veluti reproducat, hoc est, conservet.«[245] Leibnizens Antwort lautet: »Ex eo quod jam sumus, sequitur, nos mox adhuc futuros esse, nisi existat ratio mutationis«,

---

[239] S. 391 f.

[240] *An de Volder,* 30/VI 1704 (P. II 270).

[241] *De ipsa natura* 13 (P. IV 513).

[242] Cassirer, *Leibniz' System* S. 286 ff und 349 f und *Erkenntnisproblem* II 162 f.

[243] Gueroult, *Dynamique et métaphysique leibniziennes* S. 146; vgl. S. 157: »Dans cet instant, nous saisissons non seulement la direction et la vitesse du corps, mais encore la condition de la continuation de son mouvement et de son passage, selon une règle, à un autre moment«.

[244] Martin, *Leibniz* S. 73.

[245] Descartes, *Principia philosophiae* I 21 (A. T. VIII 13); *Meditationes de prima philosophia* III und *Quintae responsiones* (A. T. VII 48 f und 369 f).

denn im Hinblick auf die Zusammenhang stiftende Funktion der »vis derivativa«, ist gerade die Cartesianische Voraussetzung »quasi scilicet una pars durationis hujus ab alia esset penitus independens« nicht zuzugeben [246]. Aufgrund ihrer in Rede stehenden Funktion stellt die »vis derivativa« das dar, was an der Bewegung real ist [247]: »Nihil ... in ipso [scl. motu] reale est, quam momentaneum illud quod in vi ad mutationem nitente constitui debet. Huc igitur redit quicquid est in natura corporea praeter geometriae abjectum seu extensionem.«[248]

c. Prinzip der Äquivalenz von »causa plena« und »effectus integer«

Von der Zusammenhang stiftenden Funktion der »vis derivativa« aus ermöglicht sich eine tiefere Interpretation des Leibnizischen Prinzips der Äquivalenz oder Äquipollenz von »causa plena« und »effectus integer«, ein Prinzip, das — wie erwähnt [249] — der Messung der Kraft zugrunde liegt. Zunächst muß betont werden, daß — wie Leibniz in einem *Brief an Bayle* ausdrücklich bemerkt — es sich um eine »parfaite équation« und nicht bloß um Proportionalität handelt [250]. Die Kraft eines bewegten Körpers wird dem Effekt gleichgesetzt, der aus dem gegenwärtigen Bewegungszustand resultiert oder resultieren kann. Vom Standpunkt des gegenwärtigen Zustands liegt der Effekt in der Zukunft. So ergibt sich das Problem und seine Lösung, die beide im gleichen *Brief an Bayle* formuliert werden: »... la force ou puissance est quelque chose de réel dès à présent, et l'effet futur ne l'est pas. D'où il s'ensuit, qu'il faudra admettre dans les corps quelque chose de différent de la grandeur et da la vitesse, à moins qu'on veuille refuser aux corps toute la puissance d'agir.«[251] Dieses Andere, das dem Körper zuzuschreiben ist, kann nur die sich von selbst aktualisierende Tendenz sein, den bevorstehenden Effekt hervorzubringen, der also in irgendeiner Weise im gegenwärtigen Zustand enthalten, präformiert und involviert — präinvolviert — sein muß. Moreau [252] charakterisiert die »force« als »puissance d'un effet futur; équivalente à cet effet, elle est cet effet enveloppé, contenu virtuellement dans le corps

---

[246] *Animad.* I 21 (*P.* IV 360); Randglossen 89 und 90 zum *Brief von Eckhard an Leibniz*, Mai 1677 (*P.* I 260 f); *an Malebranche* (*P.* I 338, nicht abgeschickt); *an Bourguet*, 22/III 1714 (*P.* III 566); *Théod.* III 383 f unter Berufung auf das Problem des Kontinuums: Zeitmomente und Punkte sind »modalités du continu, c'est à dire ... des extrémités des parties qu'on y peut assigner, et non pas ... des parties constitutives« (*P.* VI 342 f). Zur Differenz zwischen Descartes und Leibniz in dieser Frage siehe Belaval, *Leibniz Critique de Descartes* S. 421 ff.

[247] Mahnke, *Leibnizens Synthese* S. 129.

[248] *Spec. dyn.* I (*M.* VI 235). Zum Wesen des Körpers gehört außer der Materie, die sich »resistentiae ... diffusione« konstituiert, noch etwas weiteres, dessen Natur »non in alio posse consistere quam ἐν τῷ δυναμικῷ, seu principio mutationis et perseverantiae insito« (*P.* IV 394).

[249] S. 379 ff.

[250] *P.* III 45 f.

[251] *P.* III 48 f.

[252] Moreau, *L'Univers leibnizien* S. 140.

en mouvement ... Elle est, pour ainsi dire, l'effet préformé ...«. Nur eine andere Ausdrucksweise ist es, wenn wir von Bestimmung und Qualifikation eines Gegenwartszustandes durch einen bevorstehenden Zustand sprechen. Wird der zukünftig gewesene Zustand gegenwärtig, so hat nicht einfach ein Zustand einen anderen abgelöst, vielmehr ist der nunmehrige Zustand aus dem vorangehenden herausgewachsen. Solches Hervorgehen und Herauswachsen bedeutet die Aktualisierung einer Virtualität, die in dem vorangehenden Zustand enthalten war, und zwar als ein diesen letzteren Zustand wesentlich bestimmendes Moment. Die Messung der Kraft durch den bevorstehenden Effekt bedeutet nicht die Charakterisierung eines Zustandes durch einen anderen auf ihn folgenden, sondern seine Charakterisierung durch eine ihm eigene, ihm immanente und als solche ihn qualifizierende Komponente.

Geht man davon aus, daß aufgrund der »vis derivativa« zwischen den verschiedenen Zuständen eines bewegten Körpers ein innerer Zusammenhang in dem hier gemeinten Sinne besteht, so läßt sich die Äquivalenz von ganzer Wirkung und voller Ursache durch Ableitung gewinnen. Daß die Glieder eines solchen Zusammenhangs aufeinander orientiert sind, sich gegenseitig bestimmen und qualifizieren, besagt, daß jedes Einzelglied der Zusammenhang als ganzer ist, allerdings in bestimmter einseitiger Zentrierung [253]. In diesem Sinne haben wir die Leibnizische Lehre von der Substanz als Repräsentation oder Ausdruck des gesamten Universums gedeutet und haben diese Interpretation auch auf das Verhältnis, in dem die Accidentien einer Substanz zueinander stehen, angewendet [254]. Die wesentliche Struktur des inneren Zusammenhangs wird aber nicht davon berührt, ob es sich, wie im Falle der Substanz, um eine Totalität handelt, oder ob der Zusammenhang sich, wie im Phänomenalen, beschränkt und verengt. Mit anderen Worten: wenn die aufeinander folgenden Bewegungszustände sich gegenseitig enthalten, indem sie einander bestimmen und qualifizieren, so heißt das, daß sie alle verschieden zentrierte Darstellungen desselben sind. In dem effektiven Übergang von Zustand zu Zustand wechselt also nur die Zentrierung der Darstellungsweise. Das Prinzip der Äquivalenz von »causa plena« und »effectus integer« bringt zum Ausdruck, daß es ein Identisches ist, welches sich in wechselnden Zentrierungen darstellt [255]. Besonders deutlich wird das an dem oben [256] erwähnten Fall des Pendels, wo der gegenwärtige Zustand eine seiner Ursache gleiche Wirkung hervorbringt.

Auch der umgekehrte Weg ist gangbar. Von dem Äquivalenzprinzip ausgehend, kann man fragen, welche Voraussetzungen ihm seinem Sinne entsprechend zugrunde liegen müssen. Von der Äquivalenz der auseinander hervorgehenden Zu-

---

253 S. 20.
254 S. 237 ff und 329 ff.
255 In diesem Sinne deuten wir die Stelle in *De causa gravitatis*: »... eandem esse potentiam causae plenae, et effectus integri, vel status praecedentis et ex eo nati sequentis ...« (*M*. VI 199).
256 S. 379 ff.

stände wird man auf das Problem des zwischen ihnen bestehenden Zusammenhangs geführt, der gerade wegen des Äquivalenzprinzips ein solcher der gegenseitigen Qualifikation sein muß. Der Übergang vom Phänomenalen zum Substantiellen ergibt sich durch die Aufhebung der Bedingung der Vereinzelung oder, was dasselbe besagt, durch die Verallgemeinerung von einem partiellen auf einen totalen Zusammenhang. Auf jeden Fall liefert das Äquivalenzprinzip eine Substantiierung der hier vertretenen Auffassung von der durchgehenden gegenseitigen Qualifizierung aller Accidentien einer Substanz, eine Interpretation, die zwar in dieser Formulierung sich in den Leibnizischen Texten nicht findet, die aber durch den Gesamtzusammenhang seiner Lehren nahegelegt und, man ist versucht zu sagen, geradezu erzwungen wird.

§ 6 Entsprechung des Phänomenalen und Substantiellen

a. Allgemeiner Sinn dieser Entsprechung

Für das Verhältnis des Phänomenalen zum Substantiellen ist die Beziehung zwischen »vis derivativa« und »vis primitiva« symptomatisch. So wie die »vis derivativa« eine begrenzte Besonderung der »vis primitiva« darstellt [257], so stellt sich der gesamte Bereich des Phänomenalen als eine Modifikation des Bereichs des Substantiellen heraus, nämlich als das Substantielle selbst, jedoch unter der Bedingung der Vereinzelung, d. h. einerseits verengt und andererseits zerstreut, »extensive« im Gegensatz zu »concentrate« [258]. Folglich müssen die allgemeinen Gesetz- und fundamentalen Strukturzusammenhänge, die für die Substanzen gelten, sich im Phänomenalen wiederfinden. Sie können sich aber nur in abgewandelter Form wiederfinden, in Abwandlung unter den spezifischen Bedingungen der Phänomenalität, »secundum exigentiam« dieser [259].

Zwischen dem Bereich des Substantiellen und dem des Phänomenalen besteht das, was wir oben [260] als Stufenproportionalität bezeichnet haben. Während wir bei jenen früheren Darlegungen lediglich die Analogie zwischen Substanzen verschiedener Stufen im Auge hatten, erweitert sich nunmehr diese Beziehung zu einer Analogie zwischen dem Bereich des Substantiellen im ganzen und dem des Phänomenalen, zwischen der intelligiblen und der sensiblen Welt [261]. Diese Analogie

---

[257] S. 390 f.

[258] S. 364.

[259] *An des Bosses,* 8/II 1711: »... entelechia agit in materia secundum ipsius exigentiam, ita ut status materiae novus sit consequens status prioris, secundum leges naturae; leges autem naturae per entelechias effectum suum consequuntur. Sed et ipsius entelechiae status praesens consequitur ex statu ejus priore« (P. II 419).

[260] Kap. V § 7 c.

[261] Zur »analogie des choses sensibles et insensibles« im Zusammenhang mit der Sprache, besonders in Bezug auf die Präpositionen, siehe *Nouv. Ess.* III, I § 5 (P. V 256 f); vgl. Couturat, *La logique de Leibniz* S. 72.

besteht hier wie in dem früher in Betracht gezogenen Fall darin, daß auf verschiedenen Gebieten die gleiche Struktur sich in einer den Grundbedingungen
des jeweiligen Gebietes entsprechenden Form verwirklicht, wobei die niedere
Form jeweils eine Abwandlungsgestalt der höheren, letzten Endes der höchsten,
darstellt und von ihr aus zu begreifen ist [262]. Im Sinne dieser Analogie, aber auch
nur in diesem Sinne, kann die phänomenale Welt als ein Bild oder Symbol der
intelligiblen Welt der Monaden gelten [263]. Auf keinen Fall darf das aber — wie
Cassirer [264] betont — dahin ausgelegt werden, als ob die Welt der Körper eine
Abbildung der Welt der transzendenten Monaden in dem Sinne darstellte, daß
die phänomenale Welt und die Welt der Substanzen sich zunächst als völlig verschiedene und getrennte Wirklichkeiten oder zum mindesten unverbundene Bereiche gegenüber stehen, von denen dann der eine den anderen abbildet, wobei es
unverständlich bleibt, wie es zu dieser Abbildungsbeziehung kommt und worauf
sie beruht. Indem wir betonen, daß es sich um ein und dasselbe Universum
handelt, interpretieren wir den Unterschied zwischen dem Substantiellen und dem
Phänomenalen dahin, daß der unendliche göttliche Geist, der oberhalb des Universums steht, dieses s. z. s. als Geometral sieht, während es der endlichen zu
dem Universum gehörigen Monade in perspektivischer Zentrierung erscheint; wozu ferner noch die aus der Bedingung der Phänomenalität folgende Verengung
und Zerstreuung hinzutritt [265]. Unsere Auffassung macht die in Rede stehende
Analogie verständlich. Beziehungen innerhalb des Phänomenalen können als
»Bilder« oder »Symbole« von Beziehungen innerhalb des Substantiellen gelten,
insofern als sie Abwandlungen der letzteren unter den Bedingungen der Vereinzelung darstellen.

Somit stellt sich die Aufgabe, der Entsprechung von Phänomenalem und Substantiellem im Einzelnen nachzugehen.

Für die Substanz ist Aktivität wesentlich und konstitutiv, so weit, daß Substantialität und Aktivität für Leibniz als reziproke Begriffe gelten, wobei unter
Aktivität nicht eine bloße Möglichkeit und Fähigkeit zum Handeln, nicht eine
»potentia nuda« zu verstehen ist, sondern die »vis activa«, wie Leibniz die Aktivität der Substanz nennt, ist entweder aktuelles Handeln, oder sie ist zum mindesten auf dem Sprung, in ein solches überzugehen [266]. Was die Aktivität für die
Substanz, das ist die Bewegung für den Körper: »... il y a une image de l'action
dans le mouvement, comme il y a une image de la substance dans la masse ...«[267]

---

[262] Vgl. hierzu Bréhier, *Histoire de la philosophie* II 247 ff.
[263] Couturat, *La logique de Leibniz* S. 269; Cassirer, *Freiheit und Form* S. 78; v. Aster,
Geschichte der neueren Erkenntnistheorie S. 331; Belaval, *Leibniz Critique de Descartes* S. 456.
[264] Cassirer, *Leibniz' System* S. 414.
[265] S. 366.
[266] S. 182 ff.
[267] *Nouv. Ess.* II, XXI § 72 (*P.* V 196); vgl. Dillmann, *Eine neue Darstellung der Leibnizischen Monadenlehre* S. 158 f.

Gemäß dieser Analogie kann es so wenig einen Körper ohne Bewegung geben wie eine Substanz ohne Aktivität [268]. Auch unabhängig von der Analogie zur Substanz gilt für Leibniz: »nulla est unquam quies vera in corporibus.«[269] Es gibt keinen im strengen Sinne unbewegten Körper, der sich von sich aus in Bewegung setzen könnte, oder der die Bewegung »ab aliqua qualitate, qualis est gravitas« empfinge; vielmehr liegt es so, daß »omne corpus vim motricem, imo motum intrinsecum actualem semper habere insitum inde ab origine rerum« [270]. Damit erscheint die Bewegung als für den Körper im selben Sinne und in derselben Weise wesentlich-konstitutiv wie die Aktivität für die Substanz. Gemäß der Bestimmung der Substanz als sich selbst verwirklichendes erzeugendes Prinzip ihrer Accidentien und Zustände oder, was damit zusammenhängt, als systematischer Gesamtverband dieser [271], spezifiziert sich ihre Aktivität als Erzeugung eines neuen Accidens oder als effektiver Übergang zu einem neuen Zustand. Selbstverständlich nicht zu irgend einem beliebigen, sondern zu gerade dem, der durch die Substanz als erzeugendem Gesetz ihrer Accidentien bzw. in dem zur Substanz gehörigen »vollständigen Begriff« (im Sinne des systematischen Gesamtverbands ihrer Prädikate) als auf den jeweils gegenwärtigen Zustand zu folgend vorgezeichnet ist. Entsprechend bedeutet die auf der »vis derivativa« beruhende Bewegung gemäß der Definition der »vis derivativa« [272] die Aktualisierung der Tendenz auf den folgenden Zustand, den der gegenwärtige prä-involviert.

b. Elastische Kraft als phänomenales Gegenstück zur Aktivität der Substanz
In der Aktivität der Substanz bekundet sich ihre Spontaneität, die für alle ihre Accidentien und deren Veränderung aufkommt. Zu dieser wesentlichen Bestimmung der Substanz, daß ihr nichts von außen her zustößt, sondern daß alle ihre Zustände und Zustandsänderungen aus ihr selbst, aus ihrem eigenen Grunde stammen, gibt es ein phänomenales Gegenstück, nämlich die allgemeine Elastizität der Körper.

Oben [273] wurde erwähnt, daß nach Leibniz alle Körper bis ins Unendliche geteilt sind; nicht nur idealiter unendlich teilbar, sondern aktuell geteilt. Aus der unendlichen Geteiltheit der Körper ergibt sich ihre Elastizität, d. h. gewisse, sogleich näher zu spezifizierende Vorgänge im Innern eines Körpers, der sich sinnfällig als Einheit darbietet. Andererseits setzt die Elastizität die unendliche Geteiltheit voraus und ist nur unter dieser Bedingung möglich. Die unendliche Ge-

---

[268] *Éclaircissement du nouveau système*: »... il n'y a point de corps sans mouvement, ni de substance sans effort« (*P. IV* 495); ebenso *Nouv. Ess.* Préface (*P. V* 46).
[269] *Spec. dyn.* II (*M. VI* 252); *P. IV* 397: »Revera ... omne corpus habet motum intestinum, neque unquam ad quietem reduci [so gelesen statt »deduci«, wie Gerhardt] potest«.
[270] *P. IV* 393.
[271] Kap. VI § 5 a und b, § 6 c.
[272] Siehe S. 390.
[273] S. 160 f.

heiltheit der Körper stellt somit die sowohl notwendige wie auch zureichende Bedingung ihrer Elastizität dar. Die Notwendigkeit, den Körpern allgemein Elastizität zuzuschreiben, ergibt sich daraus, daß nur unter dieser Voraussetzung die von Leibniz aufgestellten Naturgesetze, das der Kontinuität und der Erhaltung der Kraft, Geltung haben können [274]. Das zeigt sich am Beispiel des Stoßes. Beim Zusammenstoß wird die Kraft nicht zerstört oder aufgehoben, sondern ins Elastrum übertragen oder von den kleinen Teilen des Körpers aufgenommen [275]. Das ist aber mit dem Atomismus, der Annahme eines »elementum primum« unverträglich und führt im Gegenteil auf die »mundi in mundis«, somit auf unendliche Geteiltheit [276]. Die Aufnahme der Kraft seitens der Teile, aus denen der Körper zusammengesetzt ist, hat eine Veränderung des Bewegungszustandes der Teile zur Folge, was seinerseits nur möglich ist, wenn die Teile bereits sich in einer gewissen Bewegung befanden [277]. Allen Körpern muß die »vis elastica« als »insita« zugeschrieben werden; ganz allgemein gilt: »omni ... corpori motum intestinum inesse ...«[278]

Leibniz hat von dem Zusammenprall zweier Körper von gleicher Masse und Geschwindigkeit eine genaue Darstellung gegeben, die den Zusammenhang zwischen Elastizität, dem Prinzip der Erhaltung der Kraft und dem der Kontinuität klar in Erscheinung treten läßt [279]. In der ersten Phase des Zusammenpralls vermindert sich die Geschwindigkeit der beiden Körper allmählich. Wären sie von atomarer Struktur, d. h. »summa dura adeoque inflexibilia«, so müßte die Veränderung ihres Bewegungszustandes sprunghaft und momentan erfolgen, indem entweder »motus ... directus in ipso momento concursus fit retrogradus«, oder aber die Körper gleich bei ihrem Zusammenstoß zur Ruhe kommen, was ebenfalls einen Sprung der Geschwindigkeit von der gegebenen Größe auf Null bedeuten würde, und wobei ferner angenommen werden muß, daß die Körper »vim amittere«. Jedoch werden infolge ihrer Elastizität die Körper in dieser ersten Phase allmählich komprimiert »instar duarum pilarum inflatarum«, so daß sich eine kontinuierlich wachsende Spannung (»pressio«) entwickelt. Das allmähliche Anwachsen der Spannung geht Hand in Hand mit der ebenso allmählichen Verminderung der Geschwindigkeit der Körper, »vi ipsa conatus in corporum elastra translata ...«. Erreicht die Spannung ihr Maximum, so kommen die Körper zur

---

[274] Robinet, *Malebranche et Leibniz* S. 339 f.

[275] Siehe Dillmann, *Eine neue Darstellung der Leibnizischen Monadenlehre* S. 357 ff.

[276] *An de Volder*, o. D. (P. II 161 f); an Bayle, 27/XII 1698 (P. III 57); siehe auch die Darstellung von Gueroult, *Dynamique et métaphysique leibniziennes* S. 31 f und 98 ff.

[277] *Nouv. Ess.* II, XXI § 4: »... les corps ne recevraient point le mouvement dans le choc, suivant les lois qu'on y remarque, s'ils n'avaient déjà du mouvement en eux« (P. V 157).

[278] P. IV 399; an Wolff, o. D. (*Briefwechsel zwischen Leibniz und Christian Wolff* S. 131).

[279] Für das Folgende siehe *Spec. dyn.* II (M. VI 248); vgl. auch *Dynamica de potentia et legibus naturae corporeae* II, sectio III prop. 4 ff (M. VI 490 ff).

Ruhe; anders ausgedrückt, die Spannung wächst, bis die Geschwindigkeiten den Wert O erreichen, womit die erste Phase abgeschlossen ist. Die zweite Phase beginnt »restituente sese corporum elastro«, es entwickelt sich eine Bewegung in rückläufiger Richtung, indem die Geschwindigkeiten von O an wiederum kontinuierlich anwachsen, bis endlich die Körper sich mit der gleichen Geschwindigkeit voneinander entfernen, mit der sie sich vor dem Zusammenprall aufeinander zu bewegt hatten.

Mit dieser Analyse ist die Behauptung bewiesen: »... repercussionem sive reflexionem non nisi a vi elastica, id est intestini motus renisu proficisci.«[280] In ihrer Konsequenz entwickelt, besagt diese Behauptung, daß, wenn in der zweiten Phase die Körper einander abzustoßen beginnen, es nicht so ist, daß ein Körper den anderen stößt, sondern vielmehr, daß jeder der beiden Körper dank der ihm eigenen »vis elastica« sich selbst von dem anderen abstößt[281]. Die adäquate Erklärung der Vorgänge beim Stoß führt auf die selbstgenügsame Spontaneität der Körper[282]. Im Anschluß an die soeben referierte Analyse des Zusammenpralls hat Leibniz diese Konsequenz entwickelt. Beide Körper sind an dem Vorgang in beiden Phasen in gleicher Weise beteiligt. Was die erste Phase angeht, »... dum concurrunt A et B, resistentia corporum conjuncta cum elastro facit ut ob percussionem comprimantur, et aequalis est compressio in utroque ...«. In Bezug auf die zweite, im gegenwärtigen Zusammenhang besonders interessierende Phase gilt: »cum eadem sit percussio, ... sequitur effectum percussionis inter ambo aequaliter distribui, adeoque ambo in concursu aequaliter agere, adeoque dimidium effectus ab unius actione, alterum dimidium ab alterius actione oriri; et cum dimidium quoque effectus seu passionis in uno sit dimidium in altero, sufficit, ut passionem quae in uno est, etiam ab actione quae in ipso est derivemus, nec ullo unius in alterum influxu indigeamus, etsi ab unius [so gelesen statt: »uno«] actioni alterius mutationem in se ipso producentis occasio praebeatur.« Wie zwei aufgeblasene Bälle sich bei ihrem Zusammenprall voneinander abstoßen, indem »vi utrinque aequali unumquodque se ab altero repellet, adeoque non vi alterius sed vi propria ab eo recedet«, so gilt ganz allgemein: »... repercussio ac dissultus ab elastro in ipso, id est a motu materiae fluidae aethereae permeantis, adeoque a vi interna seu intus existente oriatur.«[283] Bemerkenswert ist nicht nur, daß den materiellen Körpern Spontaneität beigelegt wird, sondern auch, daß diese Spontaneität als immanent oder intransitiv gefaßt ist, entsprechend wie wir es früher[284] hinsichtlich der Tätigkeit der Substanz gesehen haben.

In dem *Brief an de Volder* vom 20/VI 1703 formuliert Leibniz seine These, daß es keine gegenseitige Einwirkung der Substanzen oder Monaden aufeinander

[280] *Spec. dyn.* I (*M.* VI 240).
[281] *De ipsa natura* 14 (*P.* IV 515).
[282] *An Burnett, o. D.* »... chaque substance corporelle n'agit que par sa propre force et n'en reçoit jamais d'ailleurs« (*P.* III 260).
[283] *Spec. dyn.* II (*M.* VI 251).
[284] S. 182 ff.

geben kann. Dagegen: »in apparentiis aggregatorum, quae utique non nisi phaenomena sunt ... concursus atque impulsus quis neget?« Immerhin »interim verum
comperio in phaenomenis quoque et viribus derivatis ut massae massis non tam
dent novam vim, quam determinent jam inexistentem, ita ut corpus potius se
propria vi ab alio repellat quam ab eo propellatur« [285]. Unter Bezugnahme auf diesen Text stellt Hannequin die spontane Unabhängigkeit der Körper voneinander
beim Zusammenstoß in Parallele zu der später entwickelten Lehre von der absoluten Selbständigkeit und Eigenständigkeit jeder Monade in ihrer Abgeschlossenheit gegenüber den anderen Monaden [286]. Der zitierte Text steht keineswegs
allein [287]. Die Elastizität stellt in der Tat das phänomenale Gegenstück zur Aktivität und Spontaneität der Substanz dar [288] oder, wie Gueroult es formuliert, das
Gegenstück zur »expression de la spontanéité première, de la force active primitive« [289]. Alle Bewegung der Materie beruht letzten Endes auf der »vis in creatione impressa, quae in unoquoque corpore inest ...«. Aus diesem Grunde »semper ... aliquam ex ea actionem nasci; adeoque nec ipsam substantiam corpoream
(non magis quam spiritualem) ab agendo cessare unquam«. Damit sind wir wieder
auf die vorhin dargelegte Entsprechung und Analogie zwischen der Aktivität der
Substanz und der Bewegtheit der Materie geführt. Wiederum im Sinne dieser Entsprechung gilt ferner: »... substantiam creatam ab alia substantia creata non
ipsam vim agendi, sed prae-existentis jam nisus sui, sive virtutis agendi, limites
tantummodo ac determinationem accipere ...«[290] Um diese Entsprechung in
ihrer vollen Bedeutsamkeit zu würdigen, muß daran erinnert werden, daß — wie
früher [291] ausgeführt — Leibniz für alle Naturvorgänge eine rein mechanistische
Erklärung aufgrund unmittelbarer Berührung verlangt, d. h. ihre Zurückführung
auf Vorgänge von Druck und Stoß. In der Tat hat Leibniz auch in seiner späteren Periode, als die Monadenlehre bereits konzipiert war, für die positiv-wissen-
schaftliche Erklärung sowohl der Elastizität und der mit ihr zusammenhängenden
Vorgänge als auch der Gravitationsphänomene — wie Hannequin hervorhebt [292]
— den Äther und dessen mechanische Wirkungen in Anspruch genommen.

285 *P. II* 251.
286 Hannequin, *La première philosophie de Leibniz, a.a.O.* II 61 f und 121 f. Wie Hannequin nachweist, hat Leibniz die Theorie der Elastizität aller Körper bereits in seiner Frühzeit, also vor der Konzeption der Monadenlehre, vertreten und an ihr in
   allen Phasen seiner Entwicklung festgehalten. Der Parallelismus zwischen der auf
   der Elastizität beruhenden Spontaneität der Körper und der Spontaneität der Monaden ist also nachträglich erreicht. Nach Hannequin finden sich in den Werken der
   Frühzeit, besonders in der *Theoria motus abstracti*, keine einzige der fundamentalen
   Thesen der späteren Monadenlehre.
287 Siehe z. B. *Couturat, O. F.* S. 521 und *an Foucher,* o. D. (*P. I* 391).
288 *Spec. dyn.* (*P. VII* 312 f.)
289 Gueroult, *Dynamique et métaphysique leibniziennes* S. 163 f.
290 *De primae philosophiae emendatione, et de notione substantiae* (*P. IV* 470).
291 S. 364 ff.
292 Siehe die oben, Anm. 287 zitierten Stellen.

In manchen der angeführten Texte wird betont, daß obzwar beim Zusammenstoß keiner der beteiligten Körper im eigentlichen Sinne auf den anderen wirkt und ihm eine »vis nova« zuführt, doch aber der eine Körper die Spontaneität des anderen limitiert, determiniert und modifiziert, daß er eine Gelegenheit für die Entfaltung der Spontaneität des anderen bietet oder ein Requisit für diese Entfaltung darstellt[293]. Hierin sehen wir ein phänomenales Analogon zum Prinzip der *universellen Harmonie*. Vor allem ist die Symmetrie des Vorgangs zu beachten. Jeder der beiden beteiligten Körper handelt spontan, und die Spontaneität des einen ist eine Gelegenheit oder ein Requisit für die des anderen. Das kann aber nur besagen, daß alles, was an dem einen Körper aufgrund seiner Spontaneität geschieht, ohne jeden »influxus« auf das ausgerichtet und abgestimmt ist, was in dem anderen Körper aufgrund von dessen Spontaneität vor sich geht[294]. Die Zustände der beiden Körper entsprechen einander in einer Weise, die unter Abwandlung dem analog ist, was sich früher[295] hinsichtlich der Substanzen herausgestellt hat. Die Abwandlung besteht darin, daß der jeweilige Zustand einer bestimmten Substanz zu den Zuständen *sämtlicher* Substanzen in einem Verhältnis der Entsprechung steht, und zwar nicht nur zu den jeweilig gegenwärtigen Zuständen, sondern ebenso zu allen vergangenen und künftigen, während die Betrachtung innerhalb des Phänomenalen sich nicht nur auf einen Einzelvorgang beschränkt, sondern auch in weiterer Verengung nur auf die zwei beteiligten Körper, allgemeiner gesagt, nur auf die unmittelbar beteiligten Körper, Rücksicht nimmt. Wiederum erfolgt die Abwandlung unter der Bedingung der Vereinzelung.

c. Universelle Harmonie und durchgehende Wechselwirkung aller Körper aufeinander
Wohl das wichtigste und prägnanteste phänomenale Gegenstück zu monadischen Fundamentalstrukturen und Grundgesetzen bildet die Lehre von der durchgehenden Wechselwirkung aller Körper aufeinander. Da es keinen leeren Raum gibt und die Materie durchwegs aktuell ins Unendliche geteilt und daher überall elastisch ist, pflanzt sich jeder Vorgang, der an irgend einem, wenn auch noch so geringfügigen Körper eintritt, fort und erreicht jeden anderen Körper, wobei die Intensität dieser Ausbreitung mit zunehmender Distanz abnimmt[296]. Beispiele

---

[293] Siehe auch noch *Spec. inv.* (P. VII 313); P. IV 397; *an des Bosses,* 19/VIII 1715 (P. II 506).
[294] *Spec. inv*: »Vera ... ratio unionis inter animam et corpus, et causa cur unum corpus sese accommodet ad statum alterius corporis non alia est, quam quod diversae substantiae ejusdem systematis mundani ab initio ita creatae sunt, ut ex propriae naturae legibus conspirent inter se« (P. VII 314 Anm.). Man kann also nicht mit v. Aster, *Geschichte der neueren Erkenntnistheorie* S. 256, Leibniz die Ansicht zuschreiben, daß jeder Körper von sich aus die »positive Tendenz« besitzt, auf die Körper in seiner Umgebung und deren Bewegungszustände verändernd einzuwirken.
[295] Kap. V § 4 c.
[296] Rivaud, »Textes inédits de Leibniz«, *Revue de Métaphysique et de Morale* XXII

sind die allmähliche Ausbreitung einer in der Mitte eines gefüllten Flüssigkeits-
behälters hervorgerufenen Bewegung, die Ausbreitung des Lichts, der Magnetismus [297]. Die im Sinne dieser Ausbreitung zu verstehende gegenseitige Einwirkung
aller Körper aufeinander haben wir oben als räumliche Versinnbildlichung der
Substanz als Repräsentation des gesamten Universums in Anspruch genommen [298].
Sie versinnbildlicht die perspektivische, d. h. einseitig-parteiliche Repräsentation
des Universums seitens jeder Substanz als zu diesem Universum gehörig und an
ihm beteiligt. Die Abnahme der Intensität der Ausbreitung mit zunehmender
Distanz ist das räumliche Sinnbild des größeren oder geringeren Ausmasses des
Betroffenseins einer Substanz durch Vorgänge in einer anderen Substanz, was sich
in den wechselnden Graden von Distinktheit und Konfusion der betr. Repräsentation ausdrückt. Läßt sich die Ausbreitung jeder Bewegung als Sinnbild der Auffassung der Monade als Repräsentation des gesamten Universums verstehen, so
heißt das, daß die erstere das phänomenale Gegenstück zur letzteren bildet.

Die Auffassung der Monade als Repräsentation des Universums beruht — wie
früher [299] dargelegt — auf dem Prinzip der universellen Harmonie als Grundgesetz der Verfassung des Systems der Substanzen. Gemäß diesem Prinzip sind die
Substanzen aufgrund ihrer Eigenstruktur und Eigengesetzlichkeit so aufeinander
eingestellt und abgestimmt, daß der jeweilige Zustand irgend einer Substanz in
einem Verhältnis proportionaler Entsprechung zu den Zuständen aller anderen
Substanzen steht, oder, wie man es auch ausdrücken kann, daß in dem Zustand
irgend einer Substanz die Zustände aller anderen vertreten (repräsentiert) sind.
Phänomenal entspricht dieser Ausgerichtetheit jeder Substanz auf jede andere,
daß bei der allmählichen Ausbreitung der Bewegung jeder Körper von jeder Bewegung erreicht wird, die von irgend einem anderen Körper ihren Ausgang
nimmt. Die durchgehende Wechselwirkung aller Körper, wie Leibniz sie versteht,
d. h. unter Wahrung der Spontaneität eines jeden aufgrund seiner Elastizität, erscheint als »image sensible de l'harmonie idéale des monades« [300]. »Image« besagt
hier wie immer analogische Abwandlung unter der Bedingung der Vereinzelung.
In der Tat geht die allmähliche Ausbreitung der Bewegung so vor sich, daß diese

(1914) S. 116; an Bossuet, 1/IV 1692 (Oeuvres des Leibniz, hrsg. von Foucher de
Careil, I 346); an die Churfürstin Sophie, 4/XI 1696 (P. VII 544); Spec. inv. (P. VII
315 und 317 f); Rorarius (P. IV 557). Die aktuelle unendliche Geteiltheit ist — wie
Leibniz an Coste am 4/VII 1706 schreibt (P. III 383) — die unentbehrliche Voraussetzung für die Ausbreitung jedes Vorgangs an einem Körper auf alle anderen.

[297] Couturat, O. F. S. 521; Entwurf eines Briefes an Arnauld, 23/III 1690 (Le Roy
S. 202); an die Churfürstin Sophie, 6/II 1706 (P. VII 567).

[298] Kap. V § 3 b. In der Tat bringt Leibniz des öfteren die in Rede stehende Wechselwirkung in Zusammenhang mit dem »vollständigen Begriff« der individuellen Substanz als »Spiegel« oder Repräsentation des Universums; außer schon oben zitierten
Texten siehe noch De libertate (Foucher de Careil, N. L. O. S. 180); an die Churfürstin Sophie, 4/XI 1696 (P. VII 542); Spec. inv. (P. VII 316 f).

[299] Kap. IV § 4 d.

[300] Gueroult, Dynamique et métaphysique leibniziennes S. 188, siehe auch S. 203 ff.

sich in Etappen von Körper zu Körper fortpflanzt, »de voisin à voisin à l'infini, mais diminué à la proportion« [301]. Was in der Substanz als intelligiblem Gebilde aufgrund ihres vollständigen Begriffs oder Eigengesetzes in begrifflicher Einheit s. z. s. auf einen Schlag vorliegt, muß im Gebiet des Phänomenalen als sich Schritt für Schritt herstellend verstanden werden. Die analogische Abwandlung führt vom »concentrate« der zusammengezogenen Befaßtheit in einem einheitlichen begrifflichen Prinzip zum »extensive« der schrittweisen Entfaltung in eine sich auseinanderlegende Mannigfaltigkeit.

Im Grunde genommen bringt das Prinzip der universellen Harmonie die systematische Einheit des Universums in dem früher auseinandergesetzten Sinne zum Ausdruck, nämlich als einen inneren Zusammenhang von Substanzen, deren Bezogenheit und Ausgerichtetheit aufeinander in der Eigenstruktur einer jeden eingezeichnet ist [302]. Das ist zunächst in völlig formaler Allgemeinheit, vorgängig vor aller Spezifikation, zu verstehen. Diese formale Allgemeinheit muß darum betont werden, weil nicht nur das wirkliche, sondern auch jedes mögliche Universum systematische Einheit besitzt. Folglich gilt das Prinzip der universellen Harmonie in jedem möglichen Universum. Bemerkenswert ist, daß Leibniz die allgemeine Wechselwirkung, die wir als das phänomenale Gegenstück zum Prinzip der universellen Harmonie deuten, für alle möglichen Welten behauptet [303]. Die systematische Einheit als solche und in formaler Allgemeinheit verstanden, spezifiziert sich für die verschiedenen möglichen Welten je nach dem Fundamentalbegriff, der einer jeden zugrunde liegt.

Nun wissen wir zwar, daß solche Fundamentalbegriffe bestehen, kennen aber keinen einzigen von ihnen, nicht einmal den der wirklichen Welt entsprechenden. Hingegen kennen wir ein für die phänomenale Welt geltendes oberstes Gesetz, das den systematischen Zusammenhang dieser Welt begründet und verbürgt, nämlich das Gesetz von der Erhaltung der Summe der derivativen Kräfte [304]. In die-

---

[301] *An Arnauld,* 9/X 1687 (*Le Roy* S. 181); *Couturat, O. F.* S. 15; *Monad.* 61 (*P. VI* 617).

[302] Siehe S. 19 ff. und besonders Kap. V § 2 e.

[303] *Théod.* I 9: »... tout est *lié* dans chacun des mondes possibles; l'univers, quel qu'il puisse être, est tout d'une pièce, comme un océan; le moindre mouvement y étend son effet à quelque distance que ce soit, quoique cet effet devienne moins sensible à proportion de la distance: ...« (*P. VI* 107).

[304] *Brevis demonstratio erroris memorabilis Cartesii:* »... rationi consentaneum ... eandem motricis potentiae summam in natura conservari, et neque imminui, quoniam videmus nullam vim ab uno corpore amitti, quin in aliud transferatur, neque augeri, quia vel ideo motus perpetuus mechanicus nuspiam succedit, quod nulla machina ac proinde ne integer quidem mundus suam vim intendere potest sine novo externo impulsu; ...« (*M. VI* 117); *Spec. dyn.* I: »... nova vis non prodeat sine detrimento prioris, ...« (*M. VI* 241); entsprechend *an Clarke* V 94 (*P. VII* 413); siehe auch den S. 391 f. zitierten Text aus *P. IV* 396. Wie oben dargelegt, wird Leibniz aufgrund des Prinzips der Äquivalenz von »causa plena« und »effectus integer« auf den Ausdruck mv² als das adäquate Kraftmaß geführt. Unter der Voraussetzung des Bestehens einer universalen Invariante ergibt sich das Erhaltungsgesetz aus dem Äqui-

sem Erhaltungsgesetz kann man folglich das phänomenale Gegenstück zum Fundamentalbegriff des zur Existenz zugelassenen Universums sehen. Dem widerstreitet es nicht, daß Leibniz das Erhaltungsgesetz in Beziehung setzt zum Prinzip der *prästabilierten* Harmonie, »qui est une suite nécessaire de la conservation de la force et de la direction tout ensemble«[305]. Es liegt an der polemischen Absicht der angeführten Texte, daß in ihnen von der »prästabilierten Harmonie«, d. h. von der universellen Harmonie in einem auf das Leib-Seel-Problem spezialisierten Sinne die Rede ist[306]. Bezieht man das Erhaltungsgesetz auf die universelle Harmonie, so besteht die Entsprechung zwischen der letzteren als einem formal-allgemeinen Prinzip und dessen phänomenaler Spezifikation unter Umgehung der substantial-monadologischen Spezifikation. Worauf es ankommt, ist die Analogie der Funktion der beiden Prinzipien. So wie die systematische Einheit des Universums der Substanzen durch deren gegenseitige Ausgerichtetheit und Abgestimmtheit aufeinander begründet wird, so beruht die Ökonomie und der Zusammenhalt der phänomenalen Welt auf dem durchgehenden Ausgleich und der durchgehenden Kompensation aller Bewegungsvorgänge gemäß dem Erhaltungsgesetz, wobei die Elastizität und die natürliche Inertie der Körper ihre Rolle spielen[307]. Das Erhaltungsgesetz stellt sich — wie Gueroult[308] es formuliert — als »expression de cette loi de coordination supérieure des substances elles-mêmes, qu'est l'harmonie préétablie« heraus. Die Autonomie der rein mechanischen Erklärung aller Naturvorgänge ist damit begründet, eine Erklärung, die aber auf Begriffen und Prinzipien beruht, welche selbst nicht im Mechanischen oder Geometrischen ihren Ursprung haben. Nach Gueroult[309] besteht zwischen Leibnizens Physik und seiner Metaphysik ein so enger Zusammenhang, daß man nicht nur, Leibnizens eigener Formulierung folgend, sagen kann, er wäre ohne seine Physik nicht zur Lehre von der universellen Harmonie gelangt, sondern daß er auch umgekehrt ohne diese Lehre nicht zu seiner Physik gekommen wäre, während

---

valenzprinzip, insofern als jeder jeweilige Zustand des Universums als Ursache des folgenden Zustands gelten kann (*Dynamica de potentia et legibus naturae corporeae* Pars II sectio V propositio 7 und 8; *M.* VI 440 f). Das steht im Einklang mit dem oben (S. 398 f) unternommenen Versuch, aus dem Äquivalenzprinzip den Zusammenhang zwischen aufeinander folgenden und auseinander hervorgehenden Zuständen als einen solchen der gegenseitigen Qualifikation dieser Zustände abzuleiten.

[305] *An Remond,* 10/I 1714 (*P.* III 607); *Théod.* I 61 (*P.* VI 136). Zur »conservation de la direction« vgl. *an Arnauld,* 30/IV 1687 (*Le Roy* S. 162); *an de l'Hôpital,* 15/I 1696 (*M.* II 309); siehe auch Gueroult, *Dynamique et métaphysique leibniziennes* S. 50 ff.

[306] Über die Spezialisierung der »universellen Harmonie« zur »prästabilierten Harmonie« siehe Kap. V § 4 e.

[307] Gueroult, *Dynamique et métaphysique leibnizieennes* S. 162, vgl. auch S. 171 und Rivaud, »Textes inédits de Leibniz, *Revue de Métaphysique et de Morale* XXII (1914) S. 117.

[308] Gueroult, *Dynamique et métaphysique leibniziennes* S. 212.

[309] Id. *a.a.O.* S. 182.

Cassirer [310] jeden Anteil der Leibnizischen Metaphysik an dem Gesetz der Erhaltung der Kraft bestreitet.

d. Die krummlinige Bewegung

Einen besonderen Fall der auf analogischer Abwandlung beruhenden Entsprechung zwischen Monadischem und Phänomenalem bildet Leibnizens Betrachtung der krummlinigen Bewegung.

In einer gegen Bayle gerichteten Schrift [311] spricht Leibniz von einem Körper, sogar einem Punkt, der, wenn er allein in der Welt wäre, sich in einer geraden Linie bewegen würde. Da er aber nicht allein ist, bewegt er sich nicht geradlinig, sondern »dans une ligne d'une nature déterminée, que ce point a prise une fois pour toutes, et que rien ne lui fera jamais quitter«. Seine krummlinige Bewegung ist von jeher in dem Gesetz seiner Entelechie angelegt und von diesem Gesetz her vorgeschrieben, einem Gesetz, das auf Grund der universellen Harmonie auf die Gesetze der Entelechien aller anderen Körper ausgerichtet und durch diese Ausgerichtetheit wesentlich bestimmt ist. Diese Entelechie »exprime la courbe préétablie même, les corps environnants ne pouvant point avoir d'influence sur cette âme ou entelechie …«[312].

Die im Phänomenalen sich haltende und darin verbleibende positive Wissenschaft darf sich aber nicht auf die Entelechie, deren Gesetz und Spontaneität, noch auf die universelle Harmonie berufen. Folglich muß sie die krummlinige Bewegung, d. h. die in jedem Moment erfolgende Abweichung von der tangentialen Richtung auf die Einwirkung der umgebenden Körper, auf den von ihnen kommenden Druck und Stoß zurückführen. »… in massa singulas partes ut incompletas spectamus, suumque quoddam conferentes, consursu (so gelesen statt »consursu«) autem omnium cuncta compleri; corpusque ideo quodlibet per se intelligitur tendere in recta tangente, etsi impressionibus aliorum continuatis motus in ipsa curva consequatur.«[313] Ganz allgemein ist jede krummlinige Bewegung als aus geradlinigen resultierend zu begreifen [314].

[310] Cassirer, *Leibniz' System* S. 308 ff.
[311] *Rorarius* (P. IV 557 f).
[312] Im Hinblick auf die organizistische Interpretation der Substanz (Kap. IV § 6 b) kann der in Rede stehende Text als eine weitere Bestätigung der früher (S. 262 ff) vorgetragenen Behauptung in Anspruch genommen werden, daß für Leibniz der Bereich der Substanzen, Monaden und Entelechien sich weiter erstreckt als der des im landläufigen Sinne als lebendig Geltenden.
[313] *An de Volder*, 20/VI 1703 (P. II 252); *an Wolff*, 9/VII 1711: »… dum mechanica ex circumstantiis externis determinantur, eo ipso in fonte ipso entelechia primitiva harmonice modificatur per se …« (*Briefwechsel zwischen Leibniz und Christian Wolff* S. 139).
[314] *Spec. dyn.* II: »… omnem motum curvilineum ex nisibus rectilineis inter se compositis oriri …« (M. VI 252 f). Im Vordergrund steht die Erklärung der Kohäsion (»firmitas«) der Körper sowie der Attraktion. Besonderes Interesse verdient die Begründung, mit der Leibniz die Newtonsche Lehre von der Absolutheit der Rotations-

Beim Übergang vom monadischen zum phänomenalen Bereich tritt die Spontaneität des Körpers nur noch an seiner Tendenz zu Tage, seine Bewegung in tangentialer Richtung fortzusetzen [315]. Sie kommt aber nicht mehr für die jeweilige Richtungsänderung auf. An Stelle der der Monade immanenten Spontaneität tritt die Einwirkung der umgebenden Körper; die Einheit der monadischen Spontaneität bricht sich in die Mannigfaltigkeit der äußeren Einwirkungen. In der zitierten Stelle aus *Rorarius* hat Leibniz mehrfach die phänomenale mit der monadologischen Betrachtungsweise kontrastiert: »... le moindre petit corps reçoit quelque impression à part du moindre changement de tous les autres, quelque éloignés et petits qu' ils soient, et doit être ainsi un miroir exact de l'univers ...« Andererseits aber »rien n'y arrive, pas même par le choc des corps environnants, qui ne suive de ce qui est déjà interne ...«. Vom Standpunkt der Mechanik accomodiert sich beim Zusammenstoß ein Körper an die anderen; monadologisch betrachtet hingegen »c'est de tout temps que l'un s'est déjà accommodé à tout autre, et se porte à ce que l'autre exigera de lui«. Am eindrucksvollsten vielleicht ist die Stelle, an der Leibniz von der krummlinigen Bewegung schreibt: »elle est due, en vertu des lois de mécanique, au concours de tous les corps«, um unmittelbar unter offensichtlichem Wechsel der Betrachtungsweise fortzufahren: »aussi est ce par ce concours même, qu'elle est préétablie« [316]. Dem, was in der physikalischen Betrachtung aus der wechselseitigen Einwirkung der Körper aufeinander resultiert, ist durch die Eigennatur der Entelechie oder Substanz bereits Rechnung getragen [317].

Durch die Einwirkungen sämtlicher Körper aufeinander wird zwischen ihren jeweiligen Bewegungen ein Zusammenhang gestiftet, der, monadologisch gesehen, durch die universelle Harmonie als Prinzip der inneren Struktur der Substanz verbürgt ist, weil die Bewegungskurve jedes Körpers rein aus dem Gesetz seiner Entelechie folgt, das sich spontan realisiert, und von sich aus auf die Entelechiegesetze hin orientiert ist, aus denen die Bewegungen und Bewegungskurven der anderen Körper entspringen. Wie im Bereich des Phänomenalen die wirklichen Bewegungskurven konstruiert werden müssen, so muß der Zusammenhang zwischen diesen Kurven und den bewegten Körpern hergestellt werden, und zwar lediglich mit den Mitteln der Mechanik, d. h. unter ausschließlicher Berufung auf unmittelbare Einwirkung durch Druck und Stoß. Während die universelle Harmonie sich von vornherein auf ein Ganzes bezieht, auf das Gesamt-

bewegung abweist: »Sed quoniam circulatio quoque non nisi ex rectilineorum motuum compositione nascitur, sequitur si salva est aequipollentia hypothesium in motibus rectilines suppositis utcunque, etiam in curvilineis salvam fore«.

[315] Gueroult, *Dynamique et métaphysique leibniziennes* S. 203 ff.

[316] *Rorarius* (P. IV 557 und 558).

[317] *An de Volder*, 20/VI 1703. In unmittelbarem Anschluß an den vorhin (S. 409) zitierten Text fährt Leibniz fort: »Sed in ipsa substantia quae per se completa est cunctaque involvit, ipsius lineae curvae constructio continetur exprimiturque, quia et futurum omne in praesenti substantiae statu praedeterminatur« (P. II 252).

system der Substanzen und damit auch auf das konkrete Ganze einer jeden individuellen Substanz, ergibt sich aus der gegenseitigen Einwirkung ebenfalls ein Ganzes, jedoch von den Teilen her und aus diesen resultierend. Mit den Mitteln der abstrakten Mechanik wird ein äußerer Ausdruck dessen geschaffen, was in der Substanz und ihrem Gesetz auf ein intelligibles oder begriffliches Prinzip zusammengezogen und in diesem Sinne »concentrate« in ihm beschlossen ist. Gueroult [318] bezeichnet die gegenseitige Einwirkung durch äußeren Stoß als ein Symbol und gleichsam Surrogat (»succédané«) der totalen Prädetermination oder universellen Harmonie. Der Ausdruck »succédané« formuliert in glücklichster Weise, daß die aufgrund des Gesetzes der Monade als einheitliches Ganzes vorgezeichnete krummlinige Bewegung diskursiv, im Fortschritt von Zusammenstoß zu Zusammenstoß, stückweise, nach und nach konstruiert werden muß.

§ 7 Phänomenale Realität

Gemäß der hier vorgetragenen Interpretation der Leibnizischen Lehre stellt das Phänomenale die verengte Abwandlung des Substantiellen unter der Bedingung der Vereinzelung und Imagination dar. Zur Substantiierung dieser Interpretation haben wir uns auf die »vis derivativa« als Modifikation, Limitation und Besonderung der »vis primitiva« sowie auf Entsprechungen zwischen dem Monadischen und Phänomenalen berufen, wobei die Behandlung der krummlinigen Bewegung die Rolle einer besonders prägnanten Illustration spielt. Schließlich muß unsere Auffassung sich noch am Problem der Realität der phänomenalen Körperwelt bewähren. Wiederum wird sich uns als Resultat die Angewiesenheit des Phänomenalen auf den Bereich des Substantiellen ergeben. Die Autonomie der Physik als positiver Wissenschaft beruht auf der Konsistenz der phänomenalen Welt, die ihrerseits dadurch verbürgt ist, daß sie am Universum der Substanzen Halt und Stütze hat.

a. Phänomenalistischer Immanentismus

In manchen Texten vertritt Leibniz einen ausgesprochenen phänomenalistischen Immanentismus [319]. Ob ein Phänomen real ist, hängt zum Teil von seinen eigenen Eigenschaften ab [320], zum Teil von den es begleitenden, ihm voraufgehenden und nachfolgenden Phänomenen. In letzterer Hinsicht kommt es darauf an, ob das in Betracht gezogene Phänomen »consuetudinem servat aliorum phaenomenorum, quae crebro nobis occurrerunt, ita ut partes phaenomeni eum situm, ordinem, eventum habeant, quem similia phaenomena habuerunt«. Die Wirklichkeit eines gegebenen Phänomens hängt an seinem Zusammenstimmen oder seiner Kon-

---

[318] Gueroult, *Dynamique et métaphysique leibniziennes* S. 180 f.
[319] Vgl. die Darstellung von Janke, *Leibniz* S. 110 ff.
[320] Siehe hierzu S. 427.

gruenz mit anderen Phänomenen (»phaenomena consentientia«). Eine derartige
Kongruenz liegt vor und muß vorliegen, »si ... eandem consuetudinem servent,
item si ex praecedentibus ratio hujus reddi possit, aut congruant omnia hypothesi
eidem tanquam rationi communi« [321]. Unter der Bedingung der Kongruenz und
des Zusammenstimmens ihrer Phänomene bedeutet die Existenz der Körperwelt ihr
Wahrgenommen-werden und Wahrgenommen-werden-können [322]. Obwohl gelegentlich von der Übereinstimmung der Phänomene nur einer einzelnen Person
die Rede ist [323], handelt es sich vorwiegend und in erster Linie um intersubjektiven Einklang. »Validissimum ... indicium est consensus cum tota serie vitae,
maxime si idem suis quoque phaenomenis congruere alii plurimi affirment ...« [324].

Starken Nachdruck legt Leibniz auf die Möglichkeit, aus der Verbindung der
Phänomene das Eintreten künftiger Ereignisse vorauszusagen: »... potissimum
realitatis phaenomenorum indicium quod vel solum sufficit, est successus prae-
dicendi phaenomena futura ex praeteritis et praesentibus, sive illa praedictio in
ratione aut hypothesi hactenus succedente, sive in consuetudine hactenus observata fundetur.«[325] Sind die Phänomene in der Weise miteinander verbunden,
daß auf Grund der zwischen ihnen bestehenden Ordnung »nous pouvons faire des
observations utiles pour régler notre conduite qui sont justifiées par le succès
des phénomènes futurs, et qu'ainsi nous pouvons souvent juger de l'avenir par
le passé sans nous tromper, cela suffirait pour dire que ces phénomènes sont
véritables sans nous mettre en peine s'ils sont hors de nous et si d'autres s'en
aperçoivent aussi ...«[326] Selbst wenn unser ganzes Leben ein blosser Traum

---

[321] *De modo distinguendi phaenomena realia ab imaginariis* (P. VII 320 f); *an Foucher*:
»Il est vrai que d'autant plus que nous voyons de la liaison dans ce qui nous arrive,
d'autant plus sommes nous confirmés dans l'opinion que nous avons de la réalité de
nos apparences; et il est vrai aussi que d'autant que nous examinons nos apparences
de plus près, d'autant les trouvons-nous mieux suivies, comme les microscopes et
autres moyens de faire des expériences font voir« (P. I 373; dieser undatierte Brief
ist nach Gerhardt S. 369 Anm. wahrscheinlich 1676 noch in Paris geschrieben).

[322] *Jagodinsky* S. 14: »Esse nihil aliud esse quam percipi posse ...«; *Grua* S. 268: »Sine
sentientibus nihil existeret.«

[323] *Disc.* 14 (Le Roy S. 50).

[324] *De modo distinguendi phaenomena realia ab imaginariis* (P. VII 320); *an de Volder*,
30/VI 1704: »... realitas [scl. phaenomenorum] sita est in percipientium secum
ipsis (pro diversis temporibus) et cum caeteris percipientibus harmonia« (P. II
270); *Nouv. Ess.* IV, II §14: »... le vrai *Criterion* en matiere des objets des sens,
est la liaison des phénomènes, c'est à dire la connexion de ce qui se passe en
différents lieux et temps, et dans l'expérience de différents hommes, qui sont eux-
mêmes les uns aux autres des phénomènes très importants sur cet article« (P. V
355).

[325] *De modo distinguendi phaenomena realia ab imaginariis* (P. VII 320); *an Conring*,
o. D.: »Si qua ... hypothesis non tantum experimentis praesentibus satisfaciat, sed
et prophetiam quandam non fallentem praebeat de futuris, ei valde fidendum est«
(P. I 174); *an Foucher*, 1676: »... il y a une liaison dans nos apparences qui nous
donne le moyen de prédire avec succès des apparences futures ...« (P. I 372).

[326] *Disc.* 14 (Le Roy S. 50).

und die sichtbare Welt nichts anderes als ein »phantasma« wäre, »... hoc sive somnium sive phantasma ego satis reale dicerem, si ratione bene utentes nunquam ab eo deciperemur ...«[327].

b. Rationalität des Phänomenalen

Voraussagen künftiger Ereignisse sind schon auf Grund bloßer Beobachtung regelmäßiger Abläufe möglich. Das haben wir oben[328] am Beispiel der in bloßen Konsekutionen lebenden Tiere gesehen, sowie an dem der Menschen, soweit sie sich als bloße Empiriker verhalten; wir wiesen ferner darauf hin, daß eine empiristische Theorie der Erkenntnis für nichts anderes und weiteres aufkommen kann als für die Erwartung der Gleichförmigkeit des Naturverlaufs im Einklang mit bisher beobachteten regelmäßigen Abläufen. Möglichkeiten von Voraussagen erweitern sich, und diese Voraussagen nehmen einen neuen Sinn an, wenn die Phänomene unter der Leitung der »vérités éternelles«, vor allem der der Mathematik, miteiander verbunden werden[329]. Was vordem eine bloß zeitliche Abfolge von Ereignissen darstellte, verdichtet und konsolidiert sich zu einem gesetzlichen Zusammenhang, auf Grund dessen weitreichende Voraussagen möglich werden. In der Gesetzlichkeit dieses Zusammenhangs besteht die Objektivität und Rationalität der Phänomene, mit anderen Worten, der Sinn ihres Seins und ihrer Wahrheit. »... la vérité des choses sensibles se justifie par leur liaison, qui dépend des vérités intellectuelles, fondées en raison, et des observations constantes dans les choses sensibles mêmes, lors même que les raisons ne paraissent pas. Et comme ces raisons et observations nous donnent moyen de juger de l'avenir par rapport à notre intérêt et que le succès répond à notre jugement raisonnable, on ne saurait demander ni avoir même une plus grande certitude sur ces objets.«[330] Daraus ergibt sich das entscheidende Kriterium für den Unterschied zwischen einer Traumwelt und einer realen Welt. »... il ne serait point impossible qu'une créature eût des songes longs et réglés, et ressemblants à notre vie, de sorte que tout ce qu'elle croirait apercevoir par les sens, ne seraient que de pures apparences. Il faut donc quelque chose au delà des sens, qui distingue le vrai de l'apparent. Mais la vérité des sciences démonstratives est exempte [so gelesen statt »exemple«] de ces doutes, et doit servir même à juger de la vérité des choses

---

[327] De modo distinguendi phaenomena realia ab imaginariis (P. VII 320).

[328] Kap. III § 2 b.

[329] Es ist bemerkenswert, daß Leibniz in De modo distinguendi phaenomena realia ab imaginariis sich nicht auf die notwendigen Vernunftwahrheiten beruft.

[330] Nouv. Ess. IV, XI § 10 (P. V 426); IV, II § 14: »... la liaison des phénomènes, qui garantit les vérités de fait à l'égard des choses sensibles hors de nous, se vérifie par le moyen des vérités de raison; comme les apparences de l'optique s'éclaircissent par la géométrie« (P. V 355); IV, IV § 4: »... le fondement de la vérité des choses contingentes et singulières est dans le succès, qui fait que les phénomènes des sens sont [so gelesen statt »ont«] liés justement comme les vérités intelligibles le demandent« (P. V 373).

sensibles.«[331] Wahrheit und Wirklichkeit des Phänomenalen besagt nichts anderes als dessen innere Konsistenz, die ihrerseits darin besteht, daß die in regelmäßiger Abfolge gegebenen Phänomene einen unter notwendigen Vernunftwahrheiten stehenden gesetzlichen Zusammenhang bilden.

Wie oben [332] dargelegt, sind die Ideen, auf denen die Vernunftwahrheiten beruhen, nur durch die Apperzeption, d. h. das reflexive Selbstbewußtsein zugänglich und erschließbar. Vom Standpunkt der menschlichen Erkenntnis gesehen, geht die fortschreitende Objektivierung und Rationalisierung der phänomenalen Welt Hand in Hand mit der Entwicklung des [reflektiven Selbstbewußtseins [333]. Da — wie erwähnt [334] — die Fähigkeit zum reflektiven Selbstbewußtsein eine Auszeichnung des menschlichen Geistes bildet, ist unter allen Kreaturen dem Menschen allein die Erkenntnis der phänomenalen Welt als gesetzlich geregelter Zusammenhang vorbehalten.

Diese Erkenntnis der Außenwelt und ihrer Wirklichkeit ist aber nicht demonstrativer Art, sie beruht nicht auf dem Satz vom Widerspruch. Leibniz bezeichnet sie als *maxima probabilitas* oder *certitudo moralis* [335], deren Prinzip gerade das Zusammenstimmen mannigfaltiger Phänomene bildet, oder die sich durch ein solches Zusammenstimmen definiert [336]. Eine Gewißheit anderer Art ist in Bezug auf das Phänomenale nicht möglich, und das Suchen nach ihr wäre vergeblich. »Nihil autem aliud de 'rebus sensibilibus aut scire possumus aut desiderare debemus, quam ut tam inter se quam cum indubitatis rationibus consentiant, atque adeo ut ex praeteritis praevideri aliquatenus futura possint. Alia in illis veritas aut realitas frustra expetitur, quam quae hoc praestat . . .«[337] Vor allem gibt es hier nichts von metaphysischer Nowendigkeit: »... in talibus quae non sunt metaphysicae necessitatis, pro veritate habendus est nobis consensus phaenome-

---

[331] *An die Königin Sophie Charlotte von Preußen,* 1702 (P. VI 502); *Théod.* Anhang III 5: »... il faut considérer si nos perceptions sont bien liées entre elles et avec d'autres que nous avons eues, en sorte que les règles des mathématiques et autres vérités de raison y aient lieu: en ce cas, on doit les tenir pour réelles, et ... c'est l'unique moyen de les distinguer des imaginations, des songes, et des visions. Ainsi la vérités des choses hors de nous ne saurait être reconnue que par la liaison des phénomènes« (P. VI 404).

[332] Kap. III § 3 a.

[333] Brunschvicg, *Le progrès de la conscience dans la philosophie occidentale* I 240 f; Cassirer, *Freiheit und Form* S. 73 ff.

[334] S. 123 ff.

[335] *De modo distinguendi phaenomena realia ab imaginariis* (P. VII 320 f); *Nouv. Ess.* IV, VI § 13 (P. V 386 f).

[336] *Introductio ad Encyclopaediam arcanam*: »Omne quod multis indiciis confirmatur, quae vix concurrere possunt nisi in vero, est moraliter certum« (*Couturat, O. F.* S. 515).

[337] *Animad.* I 4 (P. IV 356); entsprechend *an Foucher,* 1676 (P. I 373) und *an de Volder,* 19/I 1706: »Neque aliam in phaenomenis habemus aut optare debemus notam realitatis, quam quod inter se pariter et veritatibus aeternis respondent« (P. II 283).

norum inter se, ...; certe nec somnium a vigilia nisi hoc phaenomenorum con-
sensu distinguimus [so gelesen statt: ›destinguimus‹] ... Huc facit magna vis
autoritatis et testimonii publici, cum plures ad fallendum conspirare credibile non
est ...«[338] Was oben [339] hinsichtlich des in einem doppelten Sinne zu verstehenden Begriffs der Kontingenz ausgeführt wurde, gilt für den phänomenalen Bereich sowohl wie für den des Substantiellen, insofern als der erstere eine Verengung des letzteren unter den Bedingungen der Accidentalität und Imagination
bildet. An Stelle der de facto bestehenden phänomenalen Welt hätte auch eine
andere mit anderen Gesetzen bestehen können, eine Welt, in der z. B. das Gestz
von der konstanten Erhaltung der Summe der derivativen Kräfte keine Geltung
hätte, sondern durch ein anderes Gesetz ersetzt wäre. In gewissem Sinne tritt
hier die existentiale Bedeutung von Kontingenz in den Vordergrund, denn die
auf Vorgänge in der phänomenalen Welt bezüglichen Aussagen müssen nicht nur
den Vernunftwahrheiten gemäß sein, sondern sich auch an faktisch gegebenen Erfahrungen bewähren [340].

Weil die Wahrheit und Wirklichkeit des Phänomenalen als dessen immanenter
gesetzlicher Zusammenhang bestimmt wird, ist es für die Frage nach der Wirklichkeit eines Phänomens niemals erforderlich, ja nicht einmal erlaubt, über den
phänomenalen Bereich hinauszugehen. Nichts anderes ist in Betracht zu ziehen
als die Beziehung eines in Rede stehenden Einzelphänomens zu anderen Phänomenen, seine Stellung innerhalb des Gesamtzusammenhangs der Phänomene. Dem
entspricht die Autonomie der Wissenschaft vom Phänomenalen, in der sämtliche
Vorgänge innerhalb der phänomenalen Welt rein und ausschließlich mechanistisch
erklärt werden [341]. Man kann auch von einer Autonomie des phänomenalen Bereichs selber sprechen, die darauf beruht, daß die diesem Bereich spezifische Wirk-

---

338 *De synthesi et analysi universali* (P. VII 296); *an des Bosses,* 29/V 1716: »Si corpora
   mera essent phaenomena, non ideo fallerentur sensus. Neque enim sensus pro-
   nuntiant aliquid de rebus metaphysicis. Sensuum veracitas in eo consistit, ut phaenomena consentant inter se, neque decipiamur eventibus, si rationes experimentis
   inaedificatas probe sequamur« (P. II 516).
339 Kap. II § 5 b und c.
340 *Théod.* Anhang III 5: »Les vérités de fait ne peuvent être vérifiées que par leur
   confrontation avec les vérités de raison, et par leur réduction aux perceptions immédiates qui sont en nous ...« (P. VI 404).
341 In dieser Beziehung und besonders im Hinblick auf den Nachdruck, den Leibniz auf
   die Möglichkeit von Voraussagen legt, sind seine wissenschaftslogischen Bemerkungen
   zur Hypothesenbildung im *Brief an Conring,* 17/III 1678 von Interesse: »... hypo-
   thesin tanto fieri probabiliorem quanto intellectu simplicior, virtute autem ac potestate amplior est, id est quo plura phaenomena et quo paucioribus assumtis solvi
   possunt. Et contingere potest ut hypothesis aliqua haberi possit pro physice certa,
   quando scilicet omnibus omnino phaenomenis occurrentibus satisfacit ... Maxima
   autem (post veritatem) laus est hypotheseos, si ejus ope institui possint praedictiones,
   etiam de phaenomenis seu experimentis nondum tentatis; tunc enim in praxi hypothesis ejusmodi pro veritate adhiberi potest« (P. I 195 f).

lichkeit oder Existenz eben in der Kohärenz und Konsistenz der Verbindungen zwischen Phänomenen besteht.

An der Bedeutung der Vernunftwahrheiten für die Verfestigung des Zusammenhangs zwischen den Phänomenen tritt zu Tage, daß Autonomie nicht Autarkie besagt, insofern als die Prinzipien, auf denen die Autonomie des phänomenalen Bereiches beruht, nicht aus diesem Bereich selber stammen. Das Gleiche wurde vorhin [342] hinsichtlich der mechanischen Naturwissenschaft festgestellt, die, obwohl sie autonom ist und allein zur Erklärung aller Naturvorgänge dienen darf, gleichfalls auf höhere Prinzipien, die architektonischen oder systematischen Gesetze für ihre Autonomie, angewiesen ist. Zu den hier in Betracht kommenden Vernunftwahrheiten zählen die mathematischen Wahrheiten einschließlich derer, die zur Infinitesimalrechnung gehören. Das letztere ist darum hervorzuheben, weil Leibniz die Infinitesimalien als Fiktionen (»imaginaria«) bezeichnet [343]. ».. . les infinis et infiniment petits sont tellement fondés que tout se fait dans la géométrie, et même dans la nature, comme si c'étaient des parfaites réalités, . . . la continuité est une chose idéale . . . il n'y a jamais rien dans la nature, qui ait des parties parfaitement uniformes, mais en récompense le réel ne laisse pas de se gouverner parfaitement par l'idéal et l'abstrait, et il se trouve que les règles du fini réussissent dans l'infini, comme s'il y avait des atomes . . ., quoiqu'il n'y en ait point la matière étant actuellement sousdivisée sans fin; et que vice versa les règles de l'infini réussissent dans le fini, comme s'il y avait des infiniment petits métaphysiques, quoiqu'on n'en ait besoin; et que la division de la matière ne parvienne jamais à des [so gelesen statt: ›les‹] parcelles infiniment petites: c'est parce que tout se gouverne par raison, et qu'autrement il n'y aurait point de science ni règle . . .«[344] Ihrer Bezogenheit auf das Intelligible und Ideale, geradezu ihrer Teilhabe an ihm, verdankt die phänomenale Welt ihre Konsistenz und die ihr spezifische Realität [345]. Von den intelligiblen oder Vernunftwahrheiten wurde gezeigt, daß sie nicht nur ihrer Notwendigkeit wegen in allen möglichen Welten Geltung haben müssen, sondern darüber hinaus Bedingungen darstellen, denen jede Welt, um überhaupt eine solche sein zu können, genügen muß [346]. Weil und insofern die phänomenale Welt kein Chaos bildet, sondern gesetzlich geordnet ist und Konsistenz besitzt, müssen in ihr die idealen Wahrheiten, z. B. die der Mathematik gelten: ». . . quoique les méditations mathématiques soient

---

[342] Dieses Kap. § 1 b.

[343] *An Joh. Bernoulli,* 7/VI 1698 (*M.* III 499; die Stelle ist S. 287, Anm. 38 zitiert.)

[344] *An Varignon,* 2/II 1702 (*M.* IV 93 f); *an de Volder,* 19/I 1706: ». . . continua quantitas est aliquid ideale, quod ad possibilia et actualia, qua possibilia, pertinet. Continuum nempe involvit partes indeterminatas, cum tamen in actualibus nihil sit indefinitum, quippe in quibus quaecunque divisio fieri potest, facta est . . . scientia continuorum hoc est possibilium continet aeternas veritates, quae ab actualibus phaenomenis nunquam violantur . . .« (*P.* II 282).

[345] Cassirer, *Erkenntnisproblem* II 174 ff.

[346] S. 94 und 96 f.

idéales, cela ne diminue rien de leur utilité, parce que les choses actuelles ne sauraient s'écarter de leurs règles; et on peut dire en effet, que c'est en cela que consiste la réalité des phénomènes, qui les distingue des songes.«[347] Andererseits besagt der Beitrag der ewigen und notwendigen Wahrheiten zur Objektivität, Rationalität und Realität der Phänomene und der phänomenalen Welt als ganzer, daß jene Wahrheiten in dieser Welt niedergeschlagen und verkörpert sind. Wieder stoßen wir auf den Panlogismus: er gilt auch für den Bereich des Phänomenalen, da die Realität der phänomenalen Welt darauf beruht und darin besteht, daß Logik in ihr realisiert ist.

c. Fundiertheit des Phänomenalen im Substantiellen

Es stellt sich die Frage, ob dem Sein und der Wirklichkeit der phänomenalen Welt durch den phänomenalistischen Immanentismus völlig Genüge getan ist, selbst wenn die Bedeutung und Leistung der Vernunftwahrheiten für die Objektivität des phänomenalen Bereiches in Anschlag gestellt wird. Nach Leibniz kommt Sein und Wirklichkeit im eigentlichen Sinne den Substanzen, und ihnen allein, zu, während die Körper als Aggregate für das ihnen spezifische phänomenale Sein auf das Sein der Substanzen angewiesen sind [348]. Phänomenales Sein als Sein in einem uneigentlichen Sinne ist also von substantiellen Sein abhängig und abkünftig. Um den Sinn dieser Deriviertheit wird es sich jetzt handeln.

Leibiz braucht nicht nur die Wendung »phénomènes bien liés«, sondern er bezeichnet auch die »choses matérielles« als »phénomènes, mais bien fondés et bien liés« [349]. Mit »bien fondé« scheint also nicht genau das Gleiche gemeint zu sein wie mit »bien lié«. Dillmann findet zwischen »bien fondé« und »bien lié« keinen Unterschied [350]. Folglich gilt ihm der phänomenalistische Immanentismus als das letzte Wort in der Frage der Realität der Körperwelt. Nach seiner Darstellung ist der Körper für Leibniz etwas rein Subjektives und Imaginäres, ein blosses Scheingebilde; die Körperwelt ist durchaus mit einem Traum vergleichbar, allerdings mit dem Unterschied, daß die gewöhnlichen Träume zusammenhanglos sind, während es sich hier um einen geordneten und geregelten Traum handelt [351]. Zur Substantiierung seiner Interpretation beruft Dillmann sich auf die Leibnizische

---

[347] *Rorarius* (P. IV 569); *Remarques sur les objections de M. Foucher*: »... ce sont des rapports qui renferment des vérités éternelles, sur lesquelles se règlent les phénomènes de la nature« (P. IV 491 f).

[348] Kap. IV § 3.

[349] *An Remond,* 10/I 1714 (P. III 606); *Antibarbarus physicus*: »... corpora non nisi ... bene fundata phaenomena esse« (P. VII 344); im *Brief an de Volder,* 20/VII 1703 werden die »apparentia aggregatorum« als »phaenomena ... (fundata tamen ac regulata)« bezeichnet (P. II 251); bemerkenswert ist im *Brief an de Volder,* o. D. die in der abgeschickten Fassung nicht enthaltene Bestimmung des »phaenomenon [reale seu bene fundatum ...]« als eines solchen, »... quod expectationem ratione procedentis non fallit« (P. II 276).

[350] Dillmann, *Eine neue Darstellung der Leibnizischen Monadenlehre* S. 261 ff.

[351] Id., *a.a.O.* S. 76 ff, 248 ff, 255 ff.

Lehre, nach der alle unsere Vorstellungen und Repräsentationen, also auch die der Körper aus unserer eigenen Natur, d. h. unserer Seele entspringen [352]. Bemerkt sei noch, daß Dillmann die Vernunftwahrheiten und deren Beitrag zur Objektivität des Phänomenalen überhaupt nicht erwähnt.

Wenn wir dennoch zwischen »bien lié« und »bien fondé« eine Unterscheidung treffen, so deshalb, weil Leibniz in einigen Texten, in denen er die Wahrheit und Wirklichkeit der Körperwelt in dem »consensus phaenomenorum inter se« bestehen läßt und auf diesen »consensus« den Unterschied von Traum und wachem Leben gründet, bezüglich eben dieses »consensus« bemerkt, daß er »temere non fiet, sed causam habebit« [353]. Somit stellt sich die Frage nach der Natur dieser »causa« oder dem Sinn der Fundiertheit des Phänomenalen.

Wie zunächst negativ betont sei, besagt diese Fundiertheit nicht, daß die Körperwelt eine außerphänomenale Wirklichkeit besitzt, dabei aber doch nicht in sich selbst besteht, sondern in irgendeiner Weise von den unausgedehnten Monaden abgeleitet und in diesem Sinne von ihnen abhängig ist [354]. Couturats [355] Interpretation, nach der das »principe de raison« (der Satz vom zureichenden Grunde) es erlaubt, aus dem »accord des phénomènes«, d. h. der Ordnung und Varietät unserer Perzeptionen, auf die Existenz einer Außenwelt zu schließen, deren Objekte unseren Phänomen analog, wenn schon nicht ähnlich, sind, bedarf einer Korrektur. Aus dem »principe de raison« folgt zwar, daß der »accord des phénomènes« einen Grund oder eine »cause constante« hat. »Mais de tout cela il ne s'ensuit pas à la rigeur qu'il y a de la matière ou des corps, mais seulement qu'il y a quelque chose qui nous présente des apparences bien suivies.« [356] Nach Cassirer ist die Substanz nicht als eine transzendente Ursache der Phänomene, nicht als ein besonderes »Ding« oder »Objekt« »hinter« ihnen zu verstehen [357]. Indem Belaval die Lehren von Descartes und Leibniz miteinander konfrontiert, macht er darauf aufmerksam, daß die Konvergenz der Phänomene für Leibniz einen wesentlich logischen Sinn hat, während sie bei Descartes auf der vom Geiste unabhängigen und ihm gegenüber heterogenen Materie begründet ist und sich dem Geist s. z. s. aufdrängt [358]. Die Fundiertheit der Phänomene muß also einen anderen Sinn haben als den, daß die phänomenale Welt in einer Entsprechungsbeziehung zu einer Körperwelt außerphänomenaler Wirklichkeit steht und sich auf diese stützt.

---

[352] Id., *a.a.O.* S. 65 ff.

[353] *De synthesi et analysi universali* (P. VII 296); *an Foucher,* 1676: ». . . cette liaison doit avoir une cause constante« (P. I 372) und unter Bezugnahme auf seine Auseinandersetzung mit Foucher *Nouv. Ess.* IV, II § 14 (P. V 355).

[354] Auf dieser Linie bewegt sich die Interpretation von Heimsoeth, *Methode der Erkenntnis bei Descartes und Leibniz, a.a.O.* S. 317 ff.

[355] Couturat, *La logique de Leibniz* S. 259.

[356] *An Foucher,* 1676 (P. I 372 f).

[357] Cassirer, *Leibniz' System* S. 392.

[358] Belaval, *Leibniz Critique de Descartes* S. 74 f, vgl. auch S. 78.

Knüpfen wir an die Bestimmung der Substanz im Lichte der Theorie von der generativen Definition an. Danach läßt die Substanz als »natura naturans«, d. h. als sich selbst verwirklichendes erzeugendes Prinzip alle ihre Accidentien in geordneter Abfolge aus sich hervorgehen [359]. Zu diesen Accidentien gehören auch die Phänomene, jedenfalls auf den höheren Stufen der hierarchischen Ordnung und gewiß im Falle der menschlichen Geister, die im gegenwärtigen Zusammenhang allein in Betracht zu ziehen sind. Auch in solchen Texten, in denen er den phänomenalistischen Immanentismus begründet, spielt Leibniz auf diese Bestimmung der Substanz an und macht von ihr Gebrauch. »... tous nos phénomènes, c'est à dire tout ce qui nous peut jamais arriver, ne sont que des suites de notre être; et ... ces phénomènes gardent un certain ordre conforme à notre nature, ou pour ainsi dire au monde qui est en nous ...«[360] Als erzeugendes Prinzip ihrer Phänomene kann die Substanz als deren Ursache gelten, und zwar als deren *einzige* Ursache. Wenn man sie in diesem Sinne versteht, kann man die Interpretation von Rivaud gelten lassen, nach der die »phaenomena bene fundata« eine zu Grunde liegende Realität (»réalité sous-jacente«) zur Erscheinung bringen (»rendent sensible«) [361].

Weil die Accidentien aus der Substanz resultieren und hervorgehen, ist in ihnen der Prozeß dieses Hervorgehens und ihr Bezug auf das sie erzeugende Prinzip eingezeichnet. Auf Grund dieser ihrer gemeinsamen Herkunft besteht — wie oben [362] dargelegt — ein innerer Zusammenhang zwischen allen Accidentien einer Substanz, die sich durchgehend wechselseitig qualifizieren. Unter der restringierenden Bedingung der Vereinzelung hat sich vorhin [363] das Entsprechende hinsichtlich des Phänomenalen am Beispiel der Pendelbewegung herausgestellt: weil der Bewegungszustand des Pendels bei seinem Durchgang durch die tiefste Lage sich durch die Möglichkeit charakterisiert, zu einer bestimmten Höhe heraufzuschwingen, läßt sich vom Pendel sagen, daß es im Durchgang durch seine Tiefenlage virtuell bereits auf der Höhe ist, zu der heraufzuschwingen es sich im Begriff befindet [364].

---

[359] Kap. VI § 5 b.

[360] *Disc.* 14 (*Le Roy* S. 50); vgl. auch *Nouv. Ess.* IV, IV § 4: »... les idées sont originairement dans notre esprit et ... même nos pensées nous viennent de notre propre fonds, sans que les autres créatures puissent avoir une influence immédiate sur l'âme« (*P.* V 373); im Zusammenhange dieses Textes ist ebenfalls der phänomenalistische Immanentismus formuliert (siehe S. 413, Anm. 330).

[361] Rivaud, *Histoire de la philosophie* III 471. S. 472 resümiert Rivaud die gesamte Lehre Leibnizens dahin: »... l'ordre métaphysique des points de vue, tel est le réel caché, dont tout le reste est symbole ou expression, c'est-à-dire phénomène«.

[362] Kap. VI § 6 c.

[363] S. 390 ff.

[364] Siehe dieses Kap. § 5 b und c über die Zusammenhang stiftende Funktion der »vis derivativa« und über den Sinn des Prinzips der Äquivalenz von »causa« und »effectus«.

Hier kommt die Substanz als erzeugendes Prinzip der Phänomene hauptsächlich in Hinsicht auf ihre Gesetzlichkeit in Betracht, d. h. in Hinsicht auf die Erzeugung der Phänomene in geordneter und geregelter Abfolge. Träume entspringen ebenfalls aus der Seele, und Leibniz spricht gelegentlich davon, daß auch von ihnen und ihrer Verbindungslosigkeit mit den anderen Phänomenen sich eine Erklärung muß geben lassen können [365]. Wenn die miteinander zusammenstimmenden Phänomene den Träumen gegenüber einen Vorrang erhalten, da sie um ihres Zusammenstimmens willen als »wahre Phänomene« in Anspruch genommen werden, so dehalb, weil sich in ihrem »consensus« die Gesetzlichkeit der Substanz, aus der sie entspringen, bekundet, wohingegen in Träumen wie auch in Phantasiegebilden, die ebenfalls aus dem Grunde der Seele stammen, eben wegen ihrer Unverbundenheit sowohl untereinander als auch mit anderen Phänomenen sich die Gesetzlichkeit der Seelensubstanz nicht widerspiegelt [366]. Anders ausgedrückt: *die Kongruenz der Phänomene, die durchgängige Kohärenz und Konsistenz ihres Zusammenhangs bildet das phänomenale Gegenstück zur Gesetzlichkeit der Substanz,* d. h. zur Substanz als gesetzlichem Zusammenhang ihrer Phänomene. Es liegt nahe, den Unterschied von »bien lié« und »bien fondé« dahin zu deuten, daß man die Fundiertheit zunächst auf die »liaison« der Phänomene und dann auf diese selbst bezieht. Wiederum ergibt sich das analoge phänomenale Gegenstück durch Abwandlung unter den Bedingungen der Vereinzelung, insofern als die Substanz als Gesetz ihrer Accidentien und Phänomene diese alle in der Weise eines begrifflichen Prinzips s. z. s. auf einen Schlag (»concentrate«) in sich befaßt, während der »consensus« der Phänomene untereinander Schritt für Schritt festgestellt werden muß.

d. Die universelle Harmonie als Vermittlung zwischen der Lehre von der Fundiertheit der phänomenalen Welt und dem phänomenalistischen Immanentismus
In der universellen Harmonie sehen wir ein die strukturelle Verfassung der Substanzen wesentlich bestimmendes Prinzip, auf Grund dessen alle Substanzen, von denen jede alle ihre Accidentien gemäß ihrem Gesetz in völliger Autarkie aus sich hervorgehen läßt, ihrer Eigennatur nach so aufeinander eingestellt und ausgerichtet sind, daß ihre jeweiligen Zustände und Accidentien im Verhältnis der Zuordnung und Entsprechung zueinander stehen [367]. Als Konsequenz oder Spezialfall des Prinzips der universellen Harmonie hat sich der intersubjektive Einklang herausgestellt [368]. Auf diesen Spezialfall, jedoch als solcher und als Konsequenz gesehen, kommt es jetzt an. Wenn die intersubjektive Übereinstimmung die phänomenale Welt und die ihr spezifische Realität fundiert, so daß man mit v. Aster [369] das Universum als gesetzlichen Zusammenhang von Wahrnehmungsket-

[365] *Nouv. Ess.* IV, XI § 10 (*P. V* 426).
[366] Martin, *Leibniz* Teil II Kap. X § 35.
[367] Kap. V § 4 c und d; Kap. VI § 5 e.   [368] Kap. V § 5 a.
[369] v. Aster, *Geschichte der neueren Erkenntnistheorie* S. 265.

ten charakterisieren kann, so deshalb, weil auf der einen Seite die Gesetzmäßigkeit jeder einzelnen Wahrnehmungskette in dem Gesetz der diese Kette erzeugenden Substanz begründet ist, und weil auf der anderen Seite zwischen den Wahrnehmungsketten kraft des Prinzips der universellen Harmonie unter den diese Ketten erzeugenden Substanzen ein Verhältnis der Entsprechung oder Korrespondenz besteht. »Verum est, consentire debere, quae fiunt in anima, cum iis quae extra animam geruntur; sed ad hoc sufficit, ut quae geruntur in una anima respondeant tum inter se, tum iis quae geruntur in quavis alia anima; nec opus est poni aliquid extra omnes animas vel monades; et in hac hypothesi, cum dicimus Socratem sedere, nihil aliud significatur, quam nobis aliisque, ad quos pertinet, haec apparere, quibus Socratem sessumque intelligimus« [370]. Der intersubjektive Einklang bildet das Gegenstück zur universellen Harmonie unter den Bedingungen der Phänomenalität; er stellt sich von Fall zu Fall her, während die universelle Harmonie ein der Struktur der Substanz inhärentes Moment bezeichnet, auf Grund dessen jede Substanz zu der wird, die sie ist.

Realität im eigentlichen Sinne kommt nur den Substanzen als den erzeugenden Prinzipien der Phänomene zu: »... ce qu'il y a de réel dans l'étendue et dans le mouvement, ne consiste que dans le fondement de l'ordre et de la suite réglée des phénomènes et perceptions.« [371] Die Körper dagegen, die »choses sensibles hors de nous«, die aus den Monaden oder einfachen Substanzen resultieren, haben keine andere Wirklichkeit, und man kann für sie nach keiner höheren Wirklichkeit (»plus grande réalité«) suchen als der von »phénomènes réglés«; ihre Wirklichkeit »est marquée par leur liaison qui les distingue des songes« [372]. Insoweit, aber auch nur insoweit, als die materiellen Körper in den Substanzen ihren Grund oder ihr Prinzip haben, kommt ihnen Wirklichkeit zu [373]. Auch das Umgekehrte gilt: insofern als die Körper und ihre Bewegungen in den aufeinander orientierten und miteinander harmonisierenden Substanzen ihr Prinzip haben, gilt ihre phänomenale Realität als gesichert [374]. Mit den Substanzen und den aus ihnen entspringenden Phänomenen ist der Umkreis des Wirklichen erschöpft:

[370] An des Bosses, 16/VI 1712 (P. II 451 f); ibid.: »Explicationem phaenomenorum omnium per solas monadum perceptiones inter se conspirantes, seposita substantia corporea, utilem censeo ad fundamentalem rerum inspectionem« (P. II 450).

[371] Éclaircissement (P. IV 523); Nouv. Ess. II, XII § 3: »... la réalité de toutes choses, excepté les substances simples, ne consiste que dans le fondement des perceptions des phénomènes des substances simples« (P. V 132).

[372] Éclaircissement (P. IV 523) und Entretien de Philarète et d'Ariste (P. VI 590).

[373] An de Volder, o. D. (nicht in abgesandter Fassung): »Dici ... potest hactenus realem esse materiam quatenus in substantiis simplicibus ratio est ejus quod in phaenomenis observatur passivi« (P. II 276).

[374] An Bourguet, 22/III 1714 (nicht abgeschickt): »Leur [scl. choses matérielles et leur mouvements] réalité n'est que dans le consentement des apparences des monades. Si les songes d'une même personne étaient exactement suivis et si les songes de toutes les âmes s'accordaient, on n'aurait point de soin d'autre chose pour en faire corps et matière« (P. III 567 Anm.).

»Nullius alterius rei, ... comprobari existentia argumentis potest quam percipientium et perceptionum (si causam communem demas) eorumque quae in his
admittere oportet, quae sunt in percipiente quidem transitus de perceptione in
perceptionem, eodem manente subjecto, in perceptionibus autem harmonia percipientium.«[375] Damit ist die Wirklichkeit der Körperwelt nicht aufgehoben,
sondern aufgeklärt. »Ego vero non tollo corpus, sed ad id quod est revoco,
massam enim corpoream quae aliquid praeter substantias simplices habere creditur, non substantiam esse ostendo, sed phaenomenon resultans ex substantiis
simplicibus quae solae unitatem et absolutam realitatem habent.«[376] Der Nachweis der Bezogenheit und »Relativität« der phänomenalen Welt auf das Substantielle und Monadische besagt für Leibniz die Herausstellung des Sinnes von
phänomenalem Sein. Die früheren [377] provisorischen Ausführungen zur Angewiesenheit der phänomenalen Welt auf die Substanzen erfahren ihre Präzisierung,
weil sich der Sinn voll aufklärt, in welchem die Substanzen, die weder Elemente oder Bestandteile, noch im üblichen Sinne transzendente Ursachen der
Phänomene sind, als deren Fundamente, Voraussetzungen und Requisiten zu gelten haben.

Zwischen dem phänomenalistischen Immanentismus und der Lehre von der
Fundiertheit der Körperwelt in den Monaden und Substanzen besteht demnach
nicht jener tiefe Widerspruch, den Pape [378] hier hat sehen wollen. Der Anschein
eines unversöhnlichen Widerstreits entsteht, wenn man die in Frage kommenden
Lehren Leibnizens nebeneinander stellt und gewissermaßen gegeneinander ausspielt. Er löst sich auf, wenn man die auf die phänomenale Welt bezüglichen
Theorien so in einen Zusammenhang mit der Lehre von der Substanz setzt, daß
man den Weg von der Theorie der Substanz zu der von der phänomenalen Welt
suchen kann. Noch ein weiterer Schritt ist erforderlich. Nicht von den einzelnen
Substanzen darf man ausgehen, sondern von dem intermonadischen System als
ganzem: jede einzelne Substanz, die eine einseitig-parteiliche Erscheinungsweise
des Universums darstellt, muß auf das Geometral des Universums bezogen werden, aus dem sich jene Erscheinungsweise durch Abwandlung ergibt [379]. So stellt
sich ein vermittelter Übergang von dem Geometral zur phänomenalen Welt der

---

[375] *Entwurf des Briefes an de Volder*, 19/I 1706 (*P.* II 281 Anm.); *an de Volder* o. D.:
»Cum ... omnia ex phaenomenis deduci debeant, quo quaeso indicio probes aliquid reale in ipsis ultra ipsa aut aliquid substantiale praeter substantias quibus
apparentiae in ipsis ex se nascuntur conformes aeternis regulis metaphysicae matheseosque?« (*P.* II 275).

[376] *An de Volder*, o. D. (*P.* II 275); *Entwurf des Briefes an de Volder*, 19/I 1706
»... substantias materiales non tolle sed conservari, modo ἐν τῷ δυναμικῷ quod se
per phaenomena exserit, seu vi activa passiva percipientium, non extra quaerantur ...« (*P.* II 282 Anm.).

[377] Kap. IV § 3 und 4.

[378] Pape, *Leibniz* S. 124 ff.

[379] Kap. V § 3 a und § 4 b.

Körper her. Belaval [380] hat das dahin formuliert, daß die Harmonie zwischen den Phänomenen auf der »entr'expression« der Monaden beruht, die wiederum ihren Grund hat in dem »modèle intelligible de ce monde, conçu par Dieu avant la création« [381].

Mit dem hier behandelten Problem steht der angebliche Gegensatz zwischen dem Gesichtspunkt der Monade und dem der Monadologie in Zusammenhang. Vom Gesichtspunkt der Einzelmonade, dem »idealistischen« Gesichtspunkt beruht nach Gueroult [382] der Zusammenhang unter den Phänomenen auf den »règles de convenance«, d. h. den systematischen und architektonischen Prinzipien, die ihrerseits »Requisite« des Subjekts, nämlich Bedingungen der Möglichkeit der Erkenntnis darstellen. Dagegen stützt sich, vom »realistischen« Gesichtspunkt der Monadologie her gesehen, der organisierte Zusammenhang der Phänomene auf die Gesamtheit der Substanzen, eine Gesamtheit, die unabhängig von der Einzelsubstanz und ohne Rücksicht auf deren Erkenntnismöglichkeiten als existierend angesetzt ist. Gueroult versucht diesen Gegensatz unter Berufung auf die prästabilierte Harmonie als »loi de coordination supérieure des substances elles-mêmes« zu schlichten, ohne daß ihm das in völlig befriedigender Weise gelingt, weil auch er den Weg von der Monade zur Monadologie, dem System der Monaden einschlägt. Demgegenüber haben wir in Vorschlag gebracht, von dem System der Substanzen in ihrer Abkünftigkeit vom Geometral auszugehen und von da aus den Übergang zur Einzelsubstanz und dann weiter zur phänomenalen Welt zu suchen. Bei diesem Vorgehen wird das Prinzip der universellen Harmonie zur Grundlage gewählt und kann seine volle Wirksamkeit entfalten: zunächst als ein Grundgesetz der Verfassung des Systems der Substanzen, dann als bestimmendes Prinzip der Struktur der Einzelsubstanz und schließlich hinsichtlich der phänomenalen Abwandlungen, darunter die intersubjektive Entsprechung der Phänomene. Wir nehmen es als eine weitere Bewährung unserer Methode und als eine weitere Bestätigung unserer Hypothese in Anspruch, daß sie auch in der Frage des Verhältnisses des phänomenalistischen Immanentismus und der Lehre von der Fundiertheit des Phänomenalen eine einheitliche Interpretation ermöglicht.

Weit entfernt, einander auszuschließen oder miteinander unverträglich zu sein, erweisen sich die beiden Lehren so miteinander verbunden, daß unter den Voraussetzungen des Leibnizianismus der phänomenalistische Immanentismus sich als eine Konsequenz der Fundiertheit des Phänomenalen erweist. In der Tat, entstammen die Phänomene den jeweiligen Substanzen, so muß in den Phänomenen

---

380 Belaval, *Leibniz Critique de Descartes* S. 112.

381 Siehe *Entwurf eines Briefes an Remond*, Juli 1714: »... tous ces corps et tout ce qu'on leur attribue, ne sont point des substances, mais seulement des phénomènes bien fondés, ou le fondement des apparences, qui sont différents en différents observateurs, mais qui ont du rapport et viennent d'un même fondement, comme les apparences différentes d'un même ville vue de plusieurs côtés« (P. III 622).

382 Gueroult, *Dynamique et métaphysique leibniziennes* S. 210 ff.

die Strukturgesetzlichkeit ihrer Quelle in einer den Bedingungen der Phänomenalität gemäßen Weise zum Ausdruck kommen, und ihre Realität kann nur in dem bestehen, was sie aus ihrer Quelle schöpfen. Letzten Endes reduziert sich der vorgebliche Widerspruch auf eine bloße Differenz zweier Standpunkte, von denen jeder in seiner Weise Berechtigung hat. Auf dem Standpunkt der positiven Wissenschaft kommt ausschließlich ihre Autonomie und die des phänomenalen Bereiches in Betracht, und hier kann es bei dem phänomenalistischen Immanentismus sein Bewenden haben. Die Frage nach der Fundiertheit der Phänomene stellt sich erst, wenn man über die positive Wissenschaft hinausgeht und nach den Prinzipien und Voraussetzungen fragt, die sie allererst möglich machen, somit nach den Grundlagen der phänomenalen Welt selbst.

§ 8　Sinneserfahrung und technisches Können

a. Analyse der Sinnesempfindungen

In den vorstehenden Ausführungen kamen die Phänomene hinsichtlich der zwischen ihnen bestehenden Beziehungen, genauer hinsichtlich der Regelmäßigkeiten ihres Auftretens in Betracht, nicht aber in Hinsicht auf ihren Gehalt. Eben dieser Gehalt wird nunmehr zur Sprache kommen. Dabei wird es sich nicht um die geometrischen Bestimmungen der Phänomene handeln, nicht um solche Bestimmungen, die in der mechanischen Naturerklärung eine Rolle spielen, sondern um Qualitäten im spezifischen Sinne, wie z.B. chromatische, thermale und andere.

Ebenso wie nach früheren [383] Darlegungen Begriffe sich in Teilbegriffe, diese ihrerseits weiter in Komponenten zerlegen lassen, bis man auf letztere nicht mehr auflösbare Elemente stößt, sind auch Sinnesempfindungen im Prinzip der Analyse zugänglich. Die Empfindung »grün« z.B. erweist sich bei Zuhilfenahme des Mikroskops als aus »blau« und »gelb« zusammengesetzt [384]. Ganz allgemein vergleicht Leibniz die Sinnesempfindungen, die »idées sensitives« oder — wie zu nennen er sie vorzieht — die »phantômes sensitifs«, mit dem Eindruck, der bei hinreichend rascher Rotation eines Zahnrads entsteht. Zähne und Zwischenräume folgen zu schnell aufeinander, als daß sie einzeln wahrgenommen und voneinander unterschieden werden könnten, und so entsteht der Eindruck eines stationären Transparents (»transparent continuel imaginaire«) [385]. Bei allen Sinnesempfindungen ist die Zahl der in sie eintretenden Ingredientien so groß und die Intensität der letzteren so schwach, daß sie sich nicht voneinander ab-

---

[383] Kap. II § 1 d.
[384] *Théod.* III 356 (P. VI 326 f).
[385] *Nouv. Ess.* IV, VI § 7 (P. V 383 ff); im *Schreiben an die Churfürstin Sophie,* 31/X 1705 zieht Leibniz das Beispiel des schnell rotierenden Zahnrads heran, um das Entstehen des Eindrucks zu erklären, daß ein materieller Körper Einheit besitzt, die aber in Wahrheit nur »idealer« Natur ist (P. VII 564).

setzen, sondern in einen konfusen Gesamteindruck verschmelzen, zu dessen Zerlegung besondere technische Hilfsmittel wie z. B. das Mikroskop erforderlich sind. Die Ingredientien, aus denen die Sinnesempfindungen bestehen, haben eine bestimmte Beziehung zu den Vorgängen in den Körperorganen, anläßlich deren Reizung sich diese Empfindungen einstellen. Leibniz wendet sich gegen die Meinung, daß es zwischen den organischen Vorgängen und den gleichzeitig auftretenden Empfindungen keinerlei inhaltlich-sachliche Entsprechung oder Ähnlichkeit gibt, so daß ihr gleichzeitiges Eintreten in dem Sinne völlig willkürlich ist, daß anläßlich gewisser organischer Vorgänge ganz beliebige andere Empfindungen an Stelle der wirklich gegebenen auftreten könnten. Diese Auffassung ist von Descartes [386] und Locke [387] vertreten worden. Sie verstößt aber gegen das fundamentale Prinzip der Vernunft, daß nichts ohne Grund geschieht [388]. Zwischen den Bewegungen einer Nadel und dem Schmerz beim Stich besteht in der Tat keinerlei Ähnlichkeit; wohl aber könnte eine solche bestehen zwischen dem Schmerz und den Bewegungen im Körper, die das Eindringen der Nadel verursacht, weshalb denn auch der Schmerz nicht der Nadel zugeschrieben, sondern im Körper lokalisiert wird [389]. In ähnlicher Weise repräsentieren die Empfindungen von Wärme, Kälte, die Farbempfindung usw. die kleinen Bewegungen in den körperlichen Organen anläßlich dieser Empfindungen, ohne daß es wegen der großen Menge dieser Bewegungen und wegen ihrer Kleinheit zu einer distinkten Repräsentation im Sinne der Vorstellung kommen kann [390].

In den Bewegungen in den körperlichen Organen setzen sich die Bewegungen der äußeren auf die Organe einwirkenden Körper fort. Durch Vermittlung der organischen Vorgänge stellt sich eine Beziehung her zwischen den Bewegungen der äußeren Körper und den Empfindungen, die aus den in sie eingehenden

---

[386] Descartes, *La dioptrique* IV (A. T. VI 112 ff) und *Meditationes de prima philosophica* VI: »... neque ... ulla plane est affinitas ... inter ... vellicationem [scl. »ventriculi«] et cibi sumendi voluntatem, sive inter sensum rei dolorem inferentis, et cogitationem tristitiae ab isto sensu exortae« (A. T. VII 76). Dieser Auffassung liegt die Lehre von der völligen Heterogeneität zwischen »res extensa« und »res cogitans« zugrunde, deren Vereinigung im Menschen eine »unitas compositionis« und nicht »naturae« bildet (*Responsio ad sextas objectiones*, A. T. VII 423 f). Ihr entspricht die mechanistische Theorie der Sinnesreizung und Sinnesempfindung, die Descartes wiederholt dargestellt hat: *Regulae ad directionem ingenii* XII (A. T. IX 412 ff); *Principia philosophiae* IV 190 ff (A. T. VIII A 316 ff); *Les passions de l'âme* I 12 ff und 34 ff (A. T. XI 336 ff und 354 ff); am eingehendsten *L'homme* (A. T. XI 142 ff). Würde ein Engel einen menschlichen Körper bewohnen, so würde er nicht empfinden wie wir, sondern er würde den wahren »mechanischen« Sachverhalt wahrnehmen: »... tantum perciperet motus qui causarentur ab obiectis externis ...« (*an Regius*, Januar 1642, A. T. III 493).
[387] Locke, *Essay on human understanding* II, VIII §§ 4, 11 ff, 21 (*The Works of John Locke* I 118, 120 ff, 125).
[388] *Théod.* III 340 (P. VI 316); *an de Volder*, 10/XI 1703 (P. II 257).
[389] *Nouv. Ess.* II, VIII § 15 (P. V 119).
[390] *Théod.* III 356 (P. VI 326 f).

Ingredientien resultieren. Daher hat die Beziehung zwischen den Perzeptionen und ihren Objekten nichts von Willkürlichkeit [391]. Die große Anzahl und schwache Intensität der Ingredientien, die diese voneinander ununterscheidbar macht, entspricht der soeben erwähnten Menge und Kleinheit der Bewegungen in den körperlichen Organen und diese ihrerseits der großen Menge und schwachen Intensität (»petitesse«) der mechanischen Vorgänge, die auf unsere Sinne wirken [392]. Bei der durch die organischen Vorgänge vermittelten Beziehung zwischen Empfindungen und ihren »Ursachen«, d. h. den Bewegungen der äußeren Körper, handelt es sich um eine Art von »Ähnlichkeit«, allerdings nicht im Sinne der Abbildung, sondern um eine »ressemblance expressive«, um eine »manière ... de rapport d'ordre«, wie z. B. eine Ellipse, Parabel oder Hyperbel einem Kreis »ähnlich« sind, indem sie seine Projektion auf gewisse Ebenen darstellen [393]. Mit anderen Worten, die fragliche Beziehung ist eine Repräsentation oder Expression im oben [394] dargelegten Sinne, und zwar eine natürliche, d. h. in der Natur der Sache begründete, nicht aber »ex instituto« gesetzte [395]. Im Gegensatz zur Auffassung von Descartes [396] ist die in Rede stehende Beziehung nach Leibniz von prinzipiell anderer Art als die rein willkürliche zwischen Worten als bloß akustischen oder bloß optischen Gegebenheiten und ihren Bedeutungen. Immer besteht eine Entsprechungsbeziehung zwischen Ursache und Wirkung. Beim Feuer sind Bewegungen im Spiel, die einzeln und für sich genommen nicht wahrnehmbar sind, sich aber in ihrem Zusammenwirken in konfuser Weise bemerkbar machen, und denen die Empfindung von Licht entspricht, das wir dem Feuer zuschreiben [397]. Mit Recht legen wir im Sinne eines »rapport assez exact« die Wärme dem Badewasser bei, die Süße dem Honig, die weiße Farbe dem Silber. Allerdings ist dabei eine normale oder durchschnittliche Disposition der körperlichen Organe vorausgesetzt. Ist diese Disposition durch Krankheit oder aus anderen Gründen gestört, so müssen, auch wenn die äußeren Körper unverändert bleiben und in gleicher Weise auf die Sinnesorgane wirken, die entsprechenden Empfindungen verändert sein, und was normalerweise weiß aussieht, erscheint gelb [398]. Darin äußert sich die Vermitteltheit der Beziehung zwischen Empfindungen und Vorgängen in äußeren Körpern.

Aus dieser Sachlage ergibt sich eine Regel für die Methode der Physik [399]. Deren Geheimnis (»arcanum«) besteht darin, die konfusen Sinnesqualitäten wie Wärme, Kälte, Geschmäcke, Gerüche, Töne und Farben auf die distinkten Qualitäten, welche die ersteren begleiten, zurückzuführen oder zurückzubeziehen (»re-

---

[391] *Nouv. Ess.* Préface (P. V 49).
[392] *Nouv. Ess.* IV, VI § 7 (P. V 383 f).
[393] *Nouv. Ess.* II, VIII § 13 (P. V 118).
[394] Kap. I § 4 b und c.
[395] *Théod.* Anhang III 4 (P. VI 403 f).
[396] Descartes, *La dioptrique* IV (A. T. VI 112).
[397] *Nouv. Ess.* II, VIII § 15 (P. V 119).
[398] *Nouv. Ess.* II, VIII § 21 (P. V 119).

vocare«), nämlich auf die Zahl, Größe, Figur, Bewegung und Konsistenz (»consistentia«), von denen die beiden letztgenannten physikalische Bestimmungen im eigentlichsten Sinne darstellen. »Itaque si deprehendamus certas qualitates distinctas semper comitari quasdam confusas (exempli gratia omnem colorem oriri ex radio refracto, non vero ex reflexo), et, si ope distinctarum qualitatum definite totam corporum 〈quorundam〉 naturam explicare possimus, ita ut demonstrare queamus, ipsa talis esse magnitudinis figurae et motus; eo ipso jam necesse est etiam qualitates confusas ex tali structura resultare ...« Auf diese Weise »invenietur per circuitum, quid realis et distincti qualitatibus confusis insit, reliquum enim quod explicari nequit, ... id sciendum est pender enon a re sed nostrorum organorum dispositione 〈et minutissimis constitutionibus rerum〉«. An der Sinnesempfindung scheidet sich das, was in der Natur der äußeren Körper begründet ist und ihr »a parte rei« zukommt, von dem, was auf Rechnung der Körperorgane und deren Disposition zu setzen ist [400].

Sinnesempfindungen sind also keine Illusionen, sondern haben in der Natur der Dinge ihre Fundierung [401]. Auch die unwissenschaftliche oder vorwissenschaftliche alltägliche Erfahrung hat eine Berechtigung und ein gewisses Recht, wenngleich nur ein bedingtes und relatives. Die Phänomene selbst geben Indizien an die Hand, an denen im Gegensatz zu Traumbildern und Phantasiegebilden sich ihre Realität bekundet. Ein Phänomen gilt uns als real, »si sit vividum, si multiplex, si congruum. Vividum erit si qualitates ut lux, color, calor appareant satis intensae; multiplex erit si sunt variae, multisque tentaminibus ac novis observationibus instituendis aptae, exempli causa si experiamur in phaenomeno non tantum colores sed et sonos, odores, sapores, tactiles qualitates eaque tum in toto, tum in variis ejus partibus, quos rursus variis causis tractare possumus« [402]. Was das »congruum« angeht, kommen wir zurück auf den vorhin [403] behandelten einstimmigen Zusammenhang zwischen dem in Rede stehenden Phänomen und anderen Phänomenen und auf die Möglichkeit der Voraussage zukünftiger Ereignisse. Solche Voraussage mag auf einer rationalen Konstruktion und Hypothese oder auch auf der bloßen »consuetudo hactenus observata« beruhen. Damit wird auch dem oben [404] dargestellten rein empirischen, sich lediglich an den regelmäßigen Konsekutionen orientierenden Wissen seine Berechtigung zuerkannt, jenem Wissen der niedrigsten Stufe, auf das die Tiere beschränkt sind, und das die Menschen, soweit sie als reine Empiriker verfahren, ebenfalls nicht übersteigen.

---

399 Zum folgenden siehe *Couturat, O. F.* S. 190.
400 Siehe die gegen Malebranche gerichtete Bemerkung: »Non videtur per calorem intelligi id quod percipimus ... sed causam perceptionis a parte objecti in nos relatam, simul earum omnes eamdem aquam per varias perceptiones nostras calidam aut frigidam videri« (Robinet, *Malebranche et Leibniz* S. 163).
401 *Théod.* Disc. prél. 41 (P. VI 74).
402 *De modo distinguendi phaenomena realia ab imaginariis* (P. VII 319 f).
403 Dieses Kap. § 7 a.   404 Kap. III § 2 b.

b. Logizität der Praxis

Aus den gleichen Gründen stammt die Schätzung, die Leibniz für das Wissen, die Kenntnisse, Fertigkeiten und Fähigkeiten hat, die aus der bloßen Erfahrung im Sinne langer Praxis herrühren, vor allem der technischen Praxis der »gens de métier«, praktische Ärzte, Chemiker, Botaniker, Drogisten und Handwerker aller Art [405]. »Il n'y a point d'art mécanique si petit et si méprisable, qui ne puisse fournir quelques observations ou considérations remarquables, et toutes les professions ou vocations ont certaines adresses ingénieuses . . .«[406] Alle diese Kenntnisse und Fertigkeiten bloßer Praktiker sind es wert, gesichtet und gesammelt zu werden, um bei der Abfassung der Enzyklopädie gebührende Berücksichtigung zu finden.

Technisches Können, rein empirisches Wissen und die bloße Sinneserfahrung haben Berechtigung zunächst aufgrund ihrer pragmatischen Bedeutung. Für die praktische Orientierung und die Bewältigung praktischer Aufgaben ist die theoretische Erkenntnis im echten Sinne nicht unbedingt erforderlich [407]. Das Wissen, das sich an der »klaren«, die Unterscheidung der Gegenstände ermöglichenden Idee orientiert, reicht für die praktischen Zwecke und Bedürfnisse aus und wird in diesem Sinne von Cassirer [408] der eigentlichen theoretischen Erkenntnis gegenübergestellt, die auf Begründung abzielt und sich in Begründungszusammenhängen bewegt. Wegen der Beschränktheit und Lückenhaftigkeit unserer theoretischen Erkenntnis müssen wir uns oft mit dem bloß empirischen Wissen begnügen [409].

Immerhin handelt es sich bei diesem doch um ein Wissen, wenngleich um ein solches tiefster Stufe. Bezeichnenderweise schreibt Leibniz in einem Zusammenhang, in dem er von der Bedeutung der Theorie auch und gerade für die Praxis handelt und einer Theorie ohne Praxis einen unvergleichlichen Vorzug vor einer »pratique aveugle et sans théorie« gibt, daß ein Arbeiter, der weder Latein noch Euklid kennt, »quand il est habile homme et sait les raisons de ce qu'il fait, aura véritablement la théorie de son art et sera capable de trouver des expédients dans

---

[405] P. VII 159 und 161; *Discours touchant la méthode de la certitude et l'art d'inventer* (P. VII 178).

[406] *Discours touchant la méthode de la certitude et l'art d'inventer*: »Les chasseurs, les pêcheurs, les mariniers, les marchands, les voyageurs et même les jeux tant d'adresse que de hazard fournissent de quoi augmenter considérablement les sciences utiles« (P. VII 181).

[407] *Leibniz-Handschriften* XXXVII, III 1—10; Deutsche Übersetzung von W. v. Engelhardt, *Gottfried Wilhelm Leibniz, Schöpferische Vernunft* S. 324, Englische Übersetzung von L. E. Loemker, *Gottfried Wilhelm Leibniz, Philosophical Papers and Letters* S. 444. Ferner *Nouv. Ess.* II, XXIX § 13 (P. V 243).

[408] Cassirer, *Die Philosophie der Aufklärung* S. 458 ff.

[409] *Introductio ad Encyclopaediam arcanam*: »Quoniam vero nobis non est datum semper omnium rationes a priori reperire, hinc cogimur fidere sensibus et autoritatibus et maxime et perceptionibus intimis et perceptionibus variis inter se conspirantibus« (*Couturat, O. F. S.* 514).

toute sorte de rencontres« [410]. Durch jede Technik und Praxis scheint eine in ihr enthaltene, in ihr mehr oder weniger verborgene Theorie hindurch. Couturat ist dieser Sachlage gerecht geworden: zwar ist die Erfahrung bloß ein Stellvertreter oder ein Ersatz für die Vernunft [411]; sie kann aber diese Rolle nur auf Grund der ihr immanenten Logizität spielen [412]. In unmittelbarem Anschluß an einen soeben [413] zitierten Text fährt Leibniz fort: »Naturalis nobis data est propensio adhibendi fidem sensibus et pro iisdem habendi in quibus discrimen non reperimus. Et omnia apparentia credendi nisi sit ratio in contrarium, alioqui nihil unquam ageremus. In rebus facti illa satis vera sunt ⟨quae⟩ aeque certa sunt, ac meaemet ipsius cogitationes et perceptiones.«[414] Diese »natürliche Neigung« haben wir aber nicht von ungefähr; sie hat in den höheren Formen der Erkenntnis ihre Wurzel und ihre Begründung. Weil das rein empirische Wissen auf der tiefsten Stufe steht, ist seine Bedeutsamkeit vorwiegend, vielleicht sogar ausschließlich, pragmatischer Art. Indem es aber doch einen Platz in der Stufenordnung der Erkenntnisform hat, besitzt es eine, wie immer relative, Berechtigung, ist selbst in dem Wissen der tiefsten Stufe etwas von der Erkenntnis im echten Sinne erhalten, wenn auch auf das Äußerste abgeschwächt und verdünnt.

Diese Bedeutung und Berechtigung der bloßen Erfahrung und des rein technischen Könnens liefert eine weitere Bestätigung der hier vorgetragenen panlogistischen Interpretation der Leibnizischen Philosophie. Weil in dem Universum Logik niedergeschlagen und verkörpert ist, verdankt die noch so pragmatische Behandlung der Dinge ihren Erfolg der den Dingen immanenten Logizität.

---

[410] P. VII 171 ff.
[411] Couturat, La logique de Leibniz S. 260.
[412] Id., a.a.O. S. 256 f.
[413] S. 428, Anm. 409.
[414] Introductio ad Encyclopaediam arcanam (Couturat, O. F. S. 514).

KAPITEL VIII: LEIBNIZISCHE TRANSZENDENTAL-PHILOSOPHIE

Gemäß der panlogistischen Auffassung stellt das Universum eine Verkörperung von Logik dar, stehen die Gesetze der Natur und allgemein die Gesetze des Seins nicht nur im Einklang mit den Gesetzen der Logik, sondern sind als deren Verkörperungen geradezu mit ihnen identisch. Im Universum sind intelligible Prinzipien niedergeschlagen und realiseirt. Intelligible Prinzipien und das Prinzip der Intelligibilität selbst setzen einen Intellekt voraus, und zwar einen unendlichen Intellekt, dem das gesamte Gebiet des Logischen, die Gesamtheit von Möglichkeiten und der Beziehungen zwischen ihnen, z. B. die der Verträglichkeit und Unverträglichkeit in voller Entfaltung und im Modus voller Explizitheit gegenwärtig ist. Ein solcher Intellekt kann nur der Intellekt Gottes sein [1]. Für ihren Abschluß erfordert die hier vorgetragene Interpretation der Leibnizischen Philosophie als Panlogismus die Darlegung und Aufklärung des Bezugs des Universums auf den göttlichen Geist, den göttlichen Intellekt sowohl wie den göttlichen Willen. Ein solcher Bezug hat den Sinn von Verankerung. Mit anderen Worten, es handelt sich darum, das Universum als Korrelat des göttlichen Geistes herauszustellen. Dafür kann man auch sagen: es gilt, den Leibnizianismus als eine Transzendentalphilosophie besonderer Prägung zu deuten, deren Eigenart darin besteht, daß sie auf den unendlichen Geist Gottes als ihr Subjekt bezogen ist.

§ 1 Fundiertheit der reinen Möglichkeiten und Relationen

Um der soeben bezeichneten Aufgabe zu genügen, beginnen wir mit der Darlegung des ontologischen Status der reinen Möglichkeiten und Relationen. Unter reinen, im Unterschied zu existenzfähigen Möglichkeiten, verstehen wir die Gegenstände unvollständiger Begriffe [2], jener Begriffe, die in den rationalen und abstrakten Wissenschaften figurieren.

---

[1] Maine de Biran, *Exposition de la doctrine philosophique de Leibniz* (*Oeuvres* XI 441); Friedmann, *Leibniz et Spinoza* S. 25.

[2] Über den Unterschied vollständiger und unvollständiger Begriffe siehe Kap. VI § 2 a.

a. Der göttliche Intellekt als Grund der reinen Möglichkeiten und ewigen Wahr-heiten

Reine Möglichkeiten sind keine Erdichtungen, Erfindungen oder Chimären. Ein mögliches Gebilde der in Rede stehenden Art ist z. B. der Kreis, und durch die Methode der generativen Definition versichern wir uns seiner Möglichkeit bzw. — was dasselbe besagt — der Realität seines Begriffes[3]. Im Unterschied zu den Erzeugnissen willkürlicher Phantasie ist der Kreis mitsamt seinen Eigenschaf-ten »quelque chose d'existant et d'éternel«[4]. Seine Eigenschaften können wir dem Kreis nicht nach Belieben zumessen, sondern wir tun nichts anderes als sie zu entdecken, »reconnaître et malgré nous et d'une manière constante«. Das aber erfordert »quelque cause constante hors de nous«, an der es liegt, daß alle, die sich mit dem Kreis geometrisch befassen, zu denselben Ergebnissen kommen. Die faktische Übereinstimmung der Geometer verlangt eine tiefere Begründung. An und für sich könnte diese Übereinstimmung bloß an der gerade gegebenen Natur des menschlichen Geistes liegen. In diesem Falle könnte sie aber nicht dafür auf-kommen, daß die Resultate des menschlichen Denkens an den Phänomenen eine Bestätigung finden.

Weil mögliche Gebilde einen objektiven Bestand haben, lassen sich über sie gültige Aussagen in der Form ewiger oder notwendiger Wahrheiten machen, die — wie ihr Name anzeigt — unbeschränkte und bedingungslose Geltung haben[5]. Zu solchen möglichen Gebilden gehört der Raum als die Ordnungsform des Si-multanen, die Zeit als die des Successiven, das Kontinuum im mathematischen Sinne, die Zahlen. Raum und Zeit zusammen bilden »l'ordre des possibilités de tout un Univers«, und zwar nicht nur des wirklich bestehenden, sondern auch eines jeden, »qui pourrait être mis à la place, comme les nombres sont indiffé-rents à tout ce qui peut être res numerata«[6]. Wegen ihrer unbeschränkten Gel-tung finden die ewigen Wahrheiten Anwendung auch auf das wirklich bestehende Universum unter dem Aspekt der Phänomenalität. Die ewigen und notwendigen Wahrheiten stellen gewissermaßen Normen dar, denen die Phänomene zu genügen haben[7]. Oben[8] haben wir auf den Beitrag der ewigen Wahrheiten zur Verfesti-

---

[3] Zur Lehre von der generativen Definition siehe Kap. II § 2 d.

[4] Das Folgende stützt sich auf den *Brief an Foucher,* wahrscheinlich 1676 (P. I 370).

[5] *Für Henning Huthman,* Januar 1678: »Essentiae, veritates, seu realitates concep-tum objectivae non pendent vel ab existentia subjectorum, vel a cogitatione nostra, sed etsi nemo de illis cogitaret, nullaque existerent exempla, tamen in regione idearum seu veritatum ut ita dicam, id est a parte rei, verum maneret quod actu existant hae possibilitates, essentiaeve, et ex illis resultantes veritates aeternae« (*Ak.* II, I 391 f).

[6] *Rorarius* (P. IV 568) und *Nouv. Ess.* II, XIV § 26 (P. 140); über die Geltung der notwendigen oder ewigen Wahrheiten in allen möglichen Welten siehe S. 94 und 96 f.

[7] *Remarques sur les Objections de M. Foucher,* das *Syst.* betreffend (P. IV 491); *Rorarius* (P. IV 568); *Nouv. Ess.* IV, XI § 14: »... ces vérités nécessaires con-tiennent la raison déterminante et le principe régulatif des existences mêmes, et en un mot les lois de l'univers« (P. V 429).

[8] Kap. VII § 7 b.

gung des Zusammenhangs zwischen den Phänomenen und damit zur Begründung der spezifisch phänomenalen Realität hingewiesen, und wir nehmen diese Lehre als weitere Bestätigung unserer Interpretation des Leibnizschen Panlogismus: in den phänomenalen Bereich ragt eine intelligible Welt hinein und bekundet sich in ihm als in ihm niedergeschlagen und verkörpert.

Mit der Anerkennung des objektiven Bestandes der Möglichkeiten und der objektiven Geltung der auf diese Gebilde bezogenen Wahrheiten stellt sich die Frage nach dem Grunde dieser Objektivität und objektiven Geltung. Reine Möglichkeiten haben als solche eine ihnen spezifisch eignende Realität, die — wie v. Aster [9] bemerkt — nicht mit Existenz gleichgesetzt werden darf. Die Realität der reinen Möglichkeiten bedarf nach Leibniz einer Fundierung in aktueller Existenz: »... neque veritates possibilitatum et necessitatum (seu negatarum in opposito possibiliatatum) aliquid efficerent nisi possibilitates fundarentur in re actu existente.«[10] Die in Rede stehende aktuelle Existenz kann keine andere sein als die Gottes, genauer: des göttlichen Intellekts. Was die reinen Möglichkeiten über den Stand bloßer Phantasiegebilde und Fiktionen hinaushebt und ihnen Bestand, die ihnen spezifische Realität verleiht, ist ihr Sein im göttlichen Intellekt. Nicht nur beruht die Objektivität und Realität der reinen Möglichkeiten auf ihrem Sein im göttlichen Intellekt, sondern sie besteht auch ganz und gar darin. Die reinen Möglichkeiten sind für ihren Bestand wesentlich und notwendig auf den göttlichen Geist bezogen und hängen von ihm ab. »Si nulla esset substantia aeterna, nullae forent aeternae veritates ...« Gott wird als »radix possibilitatis« bezeichnet. »Ratio veritatum latet in rerum ideis quae ipsi divinae essentiae involvuntur.«[11] Zum gleichen Ergebnis gelangt man vom Problem der Geltung oder Realität der »propositions de raison«. Deren Wahrheit beruht auf den Beziehungen zwischen Ideen, auf der »liaison des idées«[12]. Ideen setzen einen Geist voraus, dessen Ideen sie sind, oder der sie denkt. Was aber, wenn kein Geist existierte? Wäre damit nicht den »vérités éternelles« jeder »fondement réel de ... certitude« entzogen? Diese Frage führt »au dernier fondement des vérités, savoir à cet esprit suprême et universel ... dont l'entendement, à vrai dire, est la région des vérités éternelles«. »... ces vérités nécessaires ... il faut bien qu'elles soient fondées dans l'existence d'une substance nécessaire.«[13] Folglich

---

[9] v. Aster, *Geschichte der neueren Erkenntnistheorie* S. 308.

[10] *P.* VII 289; *an Bourguet,* Dez. 1714: »... la réalité des possibles et des vérités éternelles doit être fondée dans quelque chose de réel et d'existant« (*P.* III 572).

[11] *Spec. inv.* (*P.* VII 311); *Grua* I 345: »... veritates de possibilibus radicatas esse in intellectu divino«; *an Hansch,* 25/VII 1707: »Mathematicae ... scientiae ... agunt de aeternis veritatibus, in divina mente radicatis ...« (*Erdmann* S. 445 b); *Théod.* II 184: »... l'entendement divin fait la réalité des vérités éternelles: ... s'il n'y avait point de Dieu, il n'y aurait point d'objet de la géométrie. Et sans Dieu, non seulement il n'y aurait rien d'existant, mais il n'y aurait rien de possible« (*P.* VI 226 f).

[12] *Nouv. Ess.* IV, XI 14 (*P.* V 429).

[13] Siehe auch *Théod.* II 189: »... ces vérités mêmes [scl. éternelles] ne sont pas sans

kann — wie Jalabert [14] gezeigt hat — die Geltung der ewigen Wahrheiten einen neuen Beweisgrund für die Existenz Gottes abgeben.

Daß ihr Sein im göttlichen Geiste die Realität der Möglichkeiten und ewigen Wahrheiten begründet und geradezu ausmacht, ist aber nicht so zu verstehen, als ob sie von Gott geschaffen oder hervorgebracht würden [15]. Es steht auch nicht bei Gott, sie zu verändern: »Les vérités éternelles, ... sont plus inviolables que le Styx.«[16] Die notwendigen oder ewigen Wahrheiten sind im göttlichen Geiste, genauer im göttlichen Intellekt fundiert, aber sie sind vom göttlichen Willen unabhängig [17], im Gegensatz zum Voluntarismus von Descartes, dem zufolge die notwendigen Wahrheiten durch ein willkürliches Dekret eingesetzt sind [18]. Nichts weniger besagt dies als die Anerkennung oder Wiederherstelung des »mundus intelligibilis«[19], der im göttlichen Intellekt seinen Sitz hat, und den Gott dort vorfindet. Daher ist es nicht unbedenklich, vom göttlichen Intellekt zu sagen — wie Burgelin [20] es tut — daß er »produit les possibles«.

Aufgrund der für Gott und Mensch gleichermaßen verbindlichen Logik, der »logique incréée«, besteht eine gewisse Verwandtschaft zwischen dem göttlichen und dem menschlichen Geist. Für beide gelten dieselben ewigen und notwendigen Wahrheiten [21]. Jedoch werden dieselben Wahrheiten nicht von beiden in gleicher Weise erkannt. Gott, »qui omnia simul cogitat«, hat die Idee des Kreises, d. h. er denkt »essentiam circuli totam simul«[22]. Es ist aber Gott allein vorbehalten, »ideas habere rerum compositarum«. Was uns Menschen angeht, »nulla est in nobis *idea* circuli ... Imago aliqua circuli est in nobis; est et definito circuli, et ideae sunt in nobis eorum, quae ad circulum cogitantum necessariae sunt. Cogitamus de circulo, demonstramus de circulo, cognoscimus circulum: essentiam ejus habemus cognitam, sed per partes.« Auch in Bezug auf Gebilde wie die

qu'il y ait un entendement qui en prenne connaissance; car elles ne subsisteraient point, s'il n'y avait un entendement divin, où elles se trouvent réalisées, pour ainsi dire« (*P.* VI 229); *Monad.* 43: »... l'entendement de Dieu est la région des vérités éternelles ou des idées dont elles dépendent ... sans lui il n'y aurait rien de réel dans les possibilités ...« (*P.* VI 614).

14 Jalabert, *Le Dieu de Leibniz* Chap. VII.

15 *Théod.* III 335: »... Dieu n'a point produit [scl. les idées] par un acte de sa volonté, non plus que les nombres et les figures, et non plus ... que toutes les essences possibles, qu'on doit tenir pour éternelles et nécessaires; car elles se trouvent dans la région idéale des possibles, c'est à dire dans l'entendement divin« (*P.* VI 313 f).

16 *Théod.* II 121 (*P.* VI 175).

17 *An Bourguet*, 11/V 1710: »Necessariae [scl. veritates], quales arithmeticae, geometricae, logicae fundantur in divino intellectu a voluntate independentes ...« (*P.* III 550); *Théod.* Anh. III 21 (*P.* VI 423).

18 Kap. I § 3 b.

19 Belaval, *Leibniz Critique de Descartes* S. 140 ff. Zur Erweiterung des »mundus intelligibilis« über das Gebiet der notwendigen Wahrheiten hinaus, siehe dieses Kap. § 2 a.

20 P. Burgelin, *Commentaire du Discours de Métaphysique de Leibniz* S. 303 und 309.

21 S. 28.

22 *Jagondinsky* S. 6.

mathematischen, hinsichtlich deren notwendige Wahrheiten gelten, besteht zwischen der göttlichen und der menschlichen Erkenntnis der gleiche Unterschied wie in Bezug auf das Gebiet des Kontingenten: der intuitiven Erfassung »tota simul« steht das diskursive schrittweise Fortschreiten gegenüber [23]. Zwar hat die menschliche Erkenntnis an der göttlichen ihren Halt, indem die letztere die erstere ermöglicht und die Zielgerichtetheit ihres schrittweisen Fortgehens verbürgt, aber die menschliche Erkenntnis ist nicht als Teilhabe an der göttlichen zu verstehen. In dieser Hinsicht besteht eine Differenz zwischen Leibniz und Malebranche. Malebranche [24] geht davon aus, daß »Dieu [a] en lui-même les idées de tous les êtres qu'il a créés«, und daß weiterhin »Dieu est très étroitement uni à nos âmes par sa présence, de sorte qu'on peut dire qu'il est le lieu des esprits, de même que les espaces sont en un sens le lieu des corps« und schließt, daß »l'esprit peut voir en Dieu les ouvrages de Dieu, supposé que Dieu veuille bien lui découvrir ce qu'il y a dans lui qui les représente«. Ferner folgt, daß es nicht »autant d'infinités de nombres infinis d'idées« gibt »qu'il y a d'esprits créés«. Nach Leibniz hingegen ist es undenkbar, »que je pense par les idées d'autrui« [25]. Selbst wenn zugegeben ist, daß wir alles in Gott sehen, »necesse tamen esse ut habeamus et ideas proprias, id est non quasi icunculas quasdam, sed affectiones sive modificationes mentis nostrae, respondentes ad id ipsum quod in Deo perciperemus ...«[26]. Zwischen den Ideen Gottes und den unseren besteht weder das Verhältnis der Identität noch der abbildhaften Ähnlichkeit, sondern vielmehr eine Entsprechung, eine »Proportionalität« oder, nach Belaval [27]: »... si nous n'avons pas les idées de Dieu, ... nous convenons avec lui dans les mêmes rapports.«

b. Ontologischer Status der Relationen und transzendental-philosophischer Ansatz
Für die Relationen gilt das Gleiche wie für die reinen Möglichkeiten. Relationen setzen gewisse Bestimmungen in den Bezugsgliedern voraus und stützen sich auf diese Bestimmungen, ohne sich aber in ihnen zu erschöpfen. Sie stellen vielmehr gegenüber diesen Bestimmungen noch etwas Anderes dar. So ist z. B. die Vaterschaft eine zu David gehörige Modifikation; die Sohnschaft Salomons ein Accidens des letzteren. Von beiden voneinander verschiedenen Modifikationen oder Accidentien hebt sich die zwischen David und Salomon bestehende und sie verbindende Relation ab; »sed relationem communem utrique esse rem mere mentalem, cujus fundamentum sint modificationes singulorum« [28]. Allgemein: »Ordines enim, seu relationes, quae duas monades jungunt, non sunt in alterutra monade,

---

[23] Kap. II § 6 d, ferner S. 24 ff. und 366 f.
[24] Malebranche, *Recherche de la vérité* Livre III Partie II chap. VI (*Oeuvres de Malebranche* I 437 f).
[25] *Disc.* 29 (*Le Roy* S. 66).
[26] *Med.* (P. IV 426); siehe auch *Entretien de Philarète et d'Ariste* (P. VI 592).
[27] Belaval, *Leibniz Critique de Descartes* S. 187.
[28] *An des Bosses,* 21/IV 1714 (P. II 486).

sed in utraque aeque simul, id est, revera in neutra, sed in sola mente ...«[29]
Auch Zahlen können als Relationen angesehen werden: »Les unités sont à part
et l'entendement les prend ensemble quelque dispersées qu'elles soient. Cependant quoique les relations soient de l'entendement, elles ne sont pas sans fondement et réalité.«[30]

Relationen werden als »res mentales« oder — wie man auch sagen kann —
als ideale Gebilde gefaßt, die wesentlich auf einen sie denkenden Geist bezogen
sind. Sie stellen sich geradezu als Resultate und Produkte geistiger Operationen
heraus[31]. Folglich erhebt sich die Frage nach dem, was die Relationen über den
Stand bloßer Erzeugnisse der Einbildung erhebt und ihre Realität oder Objektivität begründet. Wie im Falle der reinen Möglichkeiten beruft Leibniz sich wiederum auf den göttlichen Intellekt. »... Deus non tantum singulas monades et
cujuscunque monadis modificationes spectat, sed etiam earum relationes, et in
hoc consistit relationum ac veritatum realitas.«[32]

In der Auffassung der Relationen als im göttlichen Intellekt verankert und als
aus dieser Verankerung ihren Bestand und ihre Realität schöpfend erblickt Martin eine besondere Spielart von Transzendentalphilosophie[33]. Die Besonderheit
dieser Transzendentalphilosophie liegt darin, daß sie auf den Geist Gottes als
ihr Subjekt bezogen ist. In seinem Buch über Leibniz ist Martin auf die Charakterisierung der Leibnizischen Philosophie als Transzendentalphilosophie nicht mehr
zurückgekommen, jedenfalls nicht in expliziter Form. Immerhin betont er, daß
nach Leibniz sowohl das Prinzip des Widerspruchs wie auch sämtliche Vernunft-,
aber auch Tatsachenwahrheiten aus dem Denken Gottes entspringen[34], und er
widmet der Leibnizischen Lehre von der Begründetheit der Wahrheit im göttlichen Denken sowie den Einwänden, die gegen diese Lehre erhoben werden
können, eine eingehende Darstellung[35]. Von besonderem Interesse ist Martins
Bestimmung der Differenz zwischen Leibniz und Kant als Ersetzung der »theologischen Begründung der Wahrheit« durch eine »anthropozentrische«[36]. Im

---

[29] *An des Bosses,* 29/V 1716 (*P.* II 517).

[30] *Nouv. Ess.* II, XII § 3 (*P.* V 132).

[31] *Nouv. Ess.* II, XII § 3: »... les qualités ne sont que des modifications des substances et l'entendement y ajoute les relations« (*P.* V 132).

[32] *Studie zum Brief an des Bosses,* 5/II 1712 (*P.* II 438); *Nouv. Ess.* II, V § 1: »Les
relations et les ordres ont quelque chose de l'être de raison, quoiqu'ils aient leur
fondement dans les choses; car on peut dire que leur réalité, comme celle des
vérités éternelles et des possibilités vient de la suprême raison« (*P.* V 210).

[33] Martin, *Immanuel Kant* § 18 und Einleitung. Unter dem Titel »Das Sein von Einheit überhaupt« (Kap. IV) hat Martin die ganze in Rede stehende Problematik in
historischer Perspektive entwickelt.

[34] Id., *Leibniz* S. 97 f.

[35] Id., *ibid.* Teil II Kap. VII §§ 20 f.

[36] Id., *ibid.* S. 129; vgl. auch Mahnke, »Die Neubelebung der Leibnizischen Weltanschauung«, *Logos* IX 370 f und F. Brunner, *Études sur la signification historique
de la philosophie de Leibniz* (Paris 1951) S. 15.

folgenden § werden wir Martins Anregung wieder aufnehmen und sie in Bezug auf die Leibnizische Philosophie weiter durchführen, indem wir über das Gebiet der reinen Möglichkeiten und Relationen hinaus auch das des Kontingenten in Betracht ziehen. Zunächst kommt es darauf an, in der Beschränkung auf das Problem der Relationen die Interpretation der Leibnizischen Philosophie als Transzendentalphilosophie noch weiter zu substantiieren und über die Anregung Martins hinaus zu vertiefen.

Die zwischen 2 Strecken von ungleicher Länge L und M bestehende Proportion kann in dreifacher Weise gefaßt werden: 1.) L > M; 2.) M < L; 3.) »comme quelque chose d'abstrait des deux, c'est à dire comme la raison entre L et M, sans considérer lequel est l'antérieur ou le postérieur, le sujet ou l'objet« [37]. In dieser dritten Fassung ist der »rapport ... hors des sujets; mais ... n'étant ni substance ni accident, cela doit être une chose purement idéale, dont la considération ne laisse pas d'être utile«. In den beiden ersten Fassungen wird das Größeroder Kleinersein als Prädikat oder Accidens von L bzw. M ausgesagt, wie in dem vorhin [38] genannten Beispiel die Vaterschaft David, die Sohnschaft Salomon als Accidens beigelegt wurden. Die Aussage wird vom Standpunkt des einen oder des anderen Subjekts (Substanz) vollzogen, das in seine Prädikate oder Accidentien entfaltet wird. Dagegen wird in der dritten Fassung, die nach Cassirer [39] den Sinn der Proportion in reinster Form zum Ausdruck bringt, diese Proportion weder auf das eine noch das andere ihrer Glieder zentriert. Für diese Fassung ist ein Standpunkt außerhalb oder oberhalb der Beziehungsglieder erforderlich, ein Standpunkt, von dem aus es möglich wird, auf die Beziehungsglieder hinzublicken und sie zu übersehen, im Gegensatz zu den beiden ersten Fassungen der Explikation eines Subjekts oder einer Substanz, die vom Standpunkt des betr. Subjekts oder der betr. Substanz erfolgt. Erinnern wir noch an den soeben [40] zitierten Text, dem gemäß die »Realität« der Relationen darin besteht, daß Gott nicht nur die einzelnen Monaden und ihre Modifikationen sieht, sondern auch die Relationen zwischen ihnen. Aus diesen Texten folgt die Außerweltlichkeit Gottes, außerhalb oder oberhalb aller Monaden und Monadensysteme. Indem wir, Martin folgend, Texte wie den erwähnten als Ausdruck von Transzendentalphilosophie deuten, ziehen wir den allgemeineren und im gegenwärtigen Zusammenhang besonders wichtigen Schluß, daß eine *Transzendentalphilosophie einen Standpunkt außerhalb oder oberhalb des Sein erfordert, um dessen Begründung es sich in ihr handelt.* Anders ausgedrückt: *das Subjekt einer Transzendentalphilosophie darf nicht selbst einen Teilbestand des Seins bilden, darf nicht in das Sein in irgendeiner Weise einbezogen werden, für das die betr. Transzendentalphilosophie aufzukommen hat.* Es wird die Aufgabe der weiteren Ausführungen [41] sein, die

---

[37] *An Clarke* V 47 (P. VII 401).
[38] S. 434.
[39] Cassirer, *Leibniz' System* S. 255.
[40] S. 435.   [41] Dieses Kap. § 3.

Charakterisierung der Leibnizischen Philosophie als Transzendentalphilosophie auch und gerade unter diesem Gesichtspunkt durchzuführen.

c. Die Kritik von Russell und Cassirer

Nach Russell ist Leibniz durch das Bestehen auf der Subjekt-Prädikat-Logik zur »Idealisierung« der Relationen geführt worden. Auf die Mängel und Unzulänglichkeiten der Subjekt-Prädikat-Logik, die früher [42] dargelegt wurden, gehen wir hier nicht erneut ein, sondern betrachten nur die Konsequenzen, die nach Russell in der uns hier interessierenden Hinsicht aus ihr folgen [43]. Da eine Relation weder Substanz noch Accidens einer Substanz ist, muß sie, um überhaupt etwas zu sein, in einen Geist verlegt werden, in einen menschlichen oder in den göttlichen Geist. Relationen werden zu einer Schöpfung des Geistes (»the work of the mind«), geradezu zu einem Accidens oder Prädikat des sie denkenden Geistes. Die Idealisierung der Relationen bedeutet für Russell deren Psychologisierung bis zur extremen, offenkundig absurden Konsequenz, daß »in studying Euclid we are studying God's psychology« [44].

Die Psychologisierung erstreckt sich auch auf die Wahrheit von Aussagen über Relationen und schließlich auf Wahrheit überhaupt und in jedem Sinne. Aussagen werden wahr, erwerben Wahrheit dadurch, daß sie erkannt, d. h. für wahr gehalten oder geglaubt werden. Wird aber die Wahrheit auf Erkenntnis gegründet, und geradezu durch die Erkenntnis definiert, so verwischt sich, weil für das Für-Wahr-Halten, der »belief« als psychologischer Vorgang bei wahren wie bei falschen Aussagen in gleicher Weise im Spiel ist, der Unterschied zwischen Erkenntnis und Irrtum, zwischen begründetem und unbegründetem »belief«. Obwohl, wie gleich zu erwähnen sein wird [45], Russell in diesem Zusammenhang ein echtes Problem zur Sprache bringt, wird seine Kritik der Position von Leibniz nicht gerecht. Der göttliche Geist ist ein ins Unendliche gesteigerter Intellekt, s. z. s. der erreichte Limes eines vollkommenen Intellekts [46]. Das besagt den Ausschluß jeder Begrenztheit und Beschränkung, aller Unklarheit in jedem Sinne, allen Irrtums. Auf diesen als realisiert angesetzten Grenzbegriff eines vollkommenen Intellekts lassen sich die für den menschlichen Geist geltenden Bestimmungen, auf die Russell seine Kritik gründet, nicht übertragen.

---

[42] S. 48 ff und besonders Kap. II § 3 b.

[43] Russell, *A critical exposition of the philosophy of Leibniz* S. 13 ff und Kap. XV § 113.

[44] Id., *ibid.* S. 180.

[45] Dieser § d.

[46] Vgl. *Disc.* 1 über die Vollkommenheiten als »susceptibles du dernier degré« (*Le Roy* S. 37); *Théod.* Préface: »Les perfections de Dieu sont celles de nos âmes, mais il les possède sans bornes ...« (*P.* VI 27); *Monad.* 41: »... Dieu est absolument parfait, la *perfection* n'étant autre chose que la grandeur de la réalité positive prise précisément, en mettant à part les limites ou bornes dans les choses qui en ont. Et là, où il n'y a point de bornes, c'est à dire en Dieu, la perfection est absolument infinie« (*P.* VI 613).

Obgleich Cassirer in allem Wesentlichen Russells Darstellung und Kritik der Leibnizischen Philosophie abweist, geht er in dem hier in Rede stehenden Punkte mit ihm einig. Nach Cassirer [47] hat Leibniz die Relationen »verdinglicht«, wobei unter Verdinglichung die Begründung ihrer Geltung durch ihr »Dasein« im göttlichen Geiste zu verstehen ist. In einigen Texten behauptet Leibniz ausdrücklich, daß jede »Realität«, auch die der reinen Möglichkeiten und Relationen, in »quelque chose d'existant« fundiert sein muß; daher die »vérités necessaires« in der »existence d'une substance nécessaire« [48]. ».. il faut bien que s'il y a une réalité dans les essences ou possibilités, ou bien dans les vérités éternelles, cette réalité soit fondée en quelque chose d'existant et d'actuel, et par conséquent dans l'existence de l'être nécessaire, dans lequel l'essence renferme l'existence, ou dans lequel il suffit d'être possible pour être actuel.« [49] Jedoch ist das Sein des notwendigen Wesens oder der notwendigen Substanz, in der die ewigen Wahrheiten verwurzelt sind, von völlig anderer Art als dasjenige, dessen Begründung auf diesen Wahrheiten beruht, z. B. die phänomenale Welt [50]. Ein erstes Erfordernis für die Interpretation der Leibnizischen Philosophie als Transzendentalphilosophie ist damit erfüllt. Zu dieser Interpretation kommt man, wenn man Cassirers Darlegung weiterführt, der an der angeführten Stelle den Gegensatz der Cartesischen und der Leibnizischen Auffassung hervorhebend betont, daß für Leibniz die ewigen Wahrheiten nicht von Gott abhängen, daß sie nicht in willkürlicher Weise gesetzt sind, sondern im Gegenteil »selbst erst dem Gottesbegriff seinen Inhalt und seine Begrenzung« geben, so daß »der Begriff des höchsten Seins dem Inbegriff der universalen Wahrheiten untergeordnet« ist [51]. Ersetzt man »untergeordnet« durch »gleichgesetzt«, so erscheint der göttliche Geist als das subjektive Korrelat des »mundus intelligibilis«, als der realisierte Limes des vollkommenen Intellekts, der den »mundus intelligibilis« als ganzen und in voller Entfaltung seiner systematischen Gegliedertheit auf einen Schlag überschaut [52]. Im Sinne dieser Korrelation ist die Geltung der ewigen Wahrheiten mit ihrem Gedachtwerden durch den göttlichen Geist gleichbedeutend, womit die transzendentale Interpretation eine erste Substantiierung erhält.

Weniger überzeugend ist Cassirers Meinung, daß die transzendentale Begründung der ewigen Wahrheiten nur einen nachträglichen Zusatz darstellt, insofern als die in Rede stehenden Prinzipien ihre erste und eigentliche Begründung durch ihre Rolle und Bedeutung für den Aufbau der Wissenschaften erfahren, d. h. wissenschaftslogisch und vorgängig vor ihrer transzendenten Begründung [53]. Eines

---

[47] Cassirer, *Leibniz' System* S. 537.

[48] *Théod.* II 184 (P. VI 226) und *Nouv. Ess.* IV, XI § 14 (P. V 429).

[49] *Monad.* 44 (P. VI 614).

[50] Kap. VII § 7 b.

[51] Cassirer, *Freiheit und Form* S. 45.

[52] Über den intuitiven Charakter der göttlichen Erkenntnis und die göttliche »visio infallibilis« siehe Kap. II § 6 b.

[53] Cassirer, *Leibniz' System* S. 264 und 480 f.

der Hauptanliegen unserer Darlegungen in Kap. VII galt dem Nachweis, daß die positive Wissenschaft vom Phänomenalen bei ihrer internen Autonomie für die Begründung ihrer Möglichkeit auf die Substanzmetaphysik angewiesen ist. Die Interpretation der Leibnizischen Philosophie als Transzendentalphilosophie, deren Subjekt der göttliche Geist ist, besagt die Bezogenheit dieser Philosophie auf das als verwirklicht angesehene Ideal der vollendeten Erkenntnis, ein Ideal, von dem die menschliche Erkenntnis, wie sie in der positiven Wissenschaft vorliegt, da diese Erkenntnis niemals vollendet, sondern immer nur im Werden begriffen ist, einen Abglanz darstellt, genauer gesagt, eine beschränkte und begrenzte Ableitungsgestalt und in diesem Sinne ein Derivat.

d. Problem der Intentionalität

Als letzter Grund des Universums (des wirklichen, aber auch jedes möglichen) erweist sich der »mundus intelligibilis« (auf dessen erweiterte Form wir im folgenden § zu sprechen kommen), sowie der göttliche Intellekt als sein subjektives Korrelat im soeben dargelegten Sinne. Hier aber erhebt sich ein Problem, das Leibniz nicht in befriedigender Weise gelöst, im Grunde nicht einmal zur Debatte gestellt hat. In Bezug auf jeden Intellekt, auch den göttlichen, als das realisierte Ideal des vollendeten unendlichen Erkennens, muß unterschieden werden zwischen dem Gegenstand des Wissens und dem Wissen um den Gegenstand, zwischen der Wahrheit, die erkannt wird, und der Erkenntnis dieser Wahrheit. Von Leibniz ist, wie Russell bemerkt, diese Unterscheidung nicht in hinreichender Weise getroffen; es bleibt in der Schwebe, ob »God's understanding is a collection of truths, or the knowledge of this collection« [54]. Das erstere scheint Leibnizens Meinung zu sein, wenn er von den Ideen sagt, daß sie von aller Ewigkeit her in Gott sind [55], oder wenn er — wie in den vorhin [56] angeführten Texten — den göttlichen Geist als die Religion der Möglichkeiten, Ideen und Wahrheiten bezeichnet. In diesem Falle ergibt sich in der Tat die von Russell gezogene Konsequenz, das Gott, da sein Intellekt mit dem »mundus intelligibilis«, d. h. dem Totalinbegriff der reinen Möglichkeiten, Ideen und Wahrheiten gleichgesetzt wird, von dem »mundus intelligibilis« keine Erkenntnis haben kann [57]. Zuwei-

---

[54] Russell, *A critical exposition of the philosophy of Leibniz* Chap. XV § 112; siehe ebenso R. Zocher, *Leibniz' Erkenntnislehre* S. 23 und G. Bergmann, »Russell's examination of Leibniz examined«, *Philosophy of Science* XXIII (1956) S. 193. Hingegen unterscheidet Malebranche auch in Bezug auf Gott zwischen »nature apercevante« und »idée aperçue«; siehe Gueroult, *Malebranche* I 97.

[55] *Nouv. Ess.* III, IV § 17 (P. V 279).

[56] S. 432.

[57] Im *Brief an Hansch*, 25/VII 1707 heißt es: »... esse in divina mente mundum intelligibilem, quem ego quoque vocare soleo regionem idearum« (*Erdmann* S. 445 b). Wegen des »quem« scheint der »mundus intelligibilis« selbst als »regio idearum« zu gelten. Dagegen setzen die anderen vorher herangezogenen Texte die »mens divina« mit der »regio idearum« gleich, so auch z. B. *Spec. inv.*: »... ejus [scl. Dei] ... mens est ipsa regio idearum sive veritatum« (P. VII 311). Die von Russell aufgewiesene

len spricht Leibniz von den »vérités éternelles« und den »sciences nécessaires« als dem »objet de l'entendement divin«[58]. Die damit angebahnte Unterscheidung wird wieder verwischt, nach Russell sogar aufgehoben, weil das Objekt als »interne« charakterisiert wird. »Dieu sera l'Entendement; et la nécessité, c'est à dire la nature essentielle des choses, sera l'objet de l'entendement, en tant qu'il consiste dans les vérités éternelles. Mais cet objet est interne, et se trouve dans l'entendement divin«[59].

Die hierin zu Tage tretende und von Russell mit Recht bemängelte Zweideutigkeit und Unklarheit rührt letzten Endes daher, daß es Leibniz wie der gesamten neuzeitlichen Philosophie, an einer klar konzipierten und konsequent durchgeführten Theorie der *Intentionalität des Bewußtseins* oder des Geistes ermangelt, einer Theorie, deren zielbewußte Entwicklung erst von Husserl in Angriff genommen wurde[60].

Im Anschluß an die an sich widersprüchlich erscheinende Wendung vom »internen Objekt« kann man die Leibnizische Position vielleicht dahin interpretieren, daß der göttliche Intellekt als der seiner selbst bewußte »mundus intelligibilis« zu verstehen ist, so daß eine Gleichsetzung von Denken und Gedachtem möglich ist[61]. Diese Gleichsetzung gilt aber nur in Bezug auf den göttlichen Intellekt; was den menschlichen anlangt, ist zwischen »idées« einerseits und

---

Schwierigkeit besteht auch in Bezug auf die Wendung im *Brief an Hansch,* insofern als der »mundus intelligibilis« als »regio idearum« *im* göttlichen Geiste *ist,* wenn er auch nicht ausdrücklich mit ihm identifiziert wird.

[58] *An die Churfürstin Sophie,* 31/X 1705 (P. VII 564); P. IV 344.

[59] *Théod.* I 20 (P. VI 115); ebenso *Monad.* 46 (P. VI 614).

[60] Wie scharf Russell die für die Theorie der Intentionalität zentralen Probleme gesehen hat, zeigen die folgenden Sätze, die deshalb in extenso zitiert seien: »... if the truth be something existing in some mind, then that mind, and another who knows the truth, cannot be aware of the *same* truth. If we once admit that there is one and only one Law of Contradiction, which is the same whoever knows it, then the law itself is something distinct from all knowledge ...« (*a.a.O.* S. 181, vgl. auch Kap. XIV § 101). Die Lehre von der Intentionalität ist in fast allen Schriften Husserls behandelt. Eine gut brauchbare Gesamtübersicht findet sich bei Qu. Lauer. *Phénoménologie de Husserl* (Paris 1955). Das von Russell berührte Problem steht im Vordergrund unserer Artikel »On the intentionality of consciousness« *Philosophical Essays in Memory of Edmund Husserl,* hrsg. von M. Farber (Cambridge, Mass. U.S.A. 1940); ebenfalls *Studies in Phenomenology and Psychology* (Evanston, Illinois, U.S.A. 1966); »Husserl's theory of the intentionality of consciousness in historical perspective«, *Phenomenology and Existentialism,* hrsg. von E. N. Lee and M. Mandelbaum (Baltimore, Maryland, U.S.A. 1967); »Towards a theory of intentionality«, *Philosophy and Phenomenological Research* XXX, 1970, ebenfalls unter dem Titel »The Husserlian conception of intentionality of consciousness«, The Isenberg Memorial Lecture Series 1965—1966 (East Lansing, Michigan, U.S.A. 1969). Siehe auch J. N. Mohanty, *The Concept of Intentionality* (St. Louis, Missouri, U.S.A. 1972).

[61] Die Hinweise von Jalabert, *Le Dieu de Leibniz* S. 134 und 159 lassen sich in dieser Richtung entwickeln.

»notions« oder »conceptus« andererseits zu unterscheiden [62]. Die vorgeschlagene Interpretation weist eine gewisse Ähnlichkeit mit anderen Leibnizischen Lehren auf. An erster Stelle sei an den Begriff der Repräsentation in seiner erkenntnismäßigen Bedeutung erinnert [63]. Während die Repräsentation im ursprünglichen Sinne der ein-eindeutigen Zuordnung außer den Elementen von zwei Mannigfaltigkeiten noch das Bewußtsein des Mathematikers erfordert, der die Zuordnung zwischen den jeweiligen Elementen vornimmt und sie vornehmen kann, weil er s. z. s. außerhalb oder oberhalb der beiden Mannigfaltigkeiten steht, liegt es anders, wenn die Erkenntnis als Repräsentation verstanden wird. In diesem Falle sind die repräsentierenden Elemente selber ihrer repräsentativen Funktion, d. h. ihrer Zugeordnetheit zu den repräsentierten Elementen bewußt, die den ersteren auf keinem anderen Wege zugänglich sind. Ein weiteres analoges Beispiel liegt in Leibnizens Auffassung von der Selbstrealisierung eines Gesetzes von der Art des Gesetzes einer mathematischen Folge, d. h. eines begrifflichen Gebildes vor [64].

§ 2 Der erweiterte »mundus intelligibilis«

a. Existenzfähige Möglichkeiten und ihre Fundiertheit
In den bisherigen Darlegungen wurde der »mundus intelligibilis« nur insoweit in Betracht gezogen, als er die reinen Möglichkeiten befaßt, auf die sich die notwendigen und daher in allen nur erdenklichen Welten geltenden ewigen Wahrheiten gründen. Reine Möglichkeiten bezeichnen nicht existenzfähige Gegenstände. Ihre Geltung und die ihnen spezifische Realität besteht ausschließlich in ihrer inneren Widerspruchsfreiheit oder ihrer Denkbarkeit [65]. Reine Möglichkeiten umschreiben einen Rahmen, der einer Ausfüllung durch individuierende Bestimmungen fähig und bedürftig ist, innerhalb dessen sich aber alle existierenden oder auch nur existenzfähigen Gebilde und Gegenstände halten müssen, wie das am Unterschied zwischen dem mathematischen Begriff der Kugel und dem Begriff jener konkreten Kugel, die auf das Grab des Archimedes gesetzt wurde, hervortritt. Den reinen Möglichkeiten entsprechen unvollständige Begriffe, die als solche mit einer gewissen Vagheit und Unbestimmtheit behaftet sind, wie es an dem in dem oben [66] herangezogenen Text behandelten Beispiel vom »Adam vague« ersichtlich wird.

---

[62] *Disc.* 27 (*Le Roy* S. 65).

[63] S. 42 ff.

[64] Kap. VI § 5 b.

[65] *An Bourguet,* Dez. 1714: »J'appelle possible tout ce qui est parfaitement concevable, et qui a par conséquent une essence, une idée: sans considérer, si le reste des choses lui permet de devenir existant« (*P.* III 573 f).

[66] S. 282 f.

Im Unterschied zu »Adam vague« kann »möglicher Adam« einen voll konkreti-
sierten und individualisierten »ersten Menschen« bezeichnen, der allerdings nicht
notwendigerweise der »erste Mensch« der wirklichen Welt zu sein braucht, sondern einer anderen erdenkbaren Welt angehören kann, wie das oben [67] hinsichtlich der möglichen Varianten des Adam und besonders des Sextus Tarquinius
dargelegt wurde. Es ist also zwischen reinen oder abstrakten Möglichkeiten im
Sinne bloßer Denbarkeit und andererseits Möglichkeit im Sinne von Existenzfähigkeit zu unterscheiden, ein Unterschied, der das ontologische Äquivalent zu
dem zwischen unvollständigen und vollständigen Begriffen bildet [68]. Zugleich
zeigt sich, daß für Leibniz der Bereich des Möglichen im Sinne des Existenzfähigen umfassender ist als der des Wirklichen, insofern als der erstere den letzteren
als Teilbereich enthält [69]. In der Tat muß alles Wirkliche auch möglich sein und
kann auf seine Möglichkeit hin betrachtet werden, wobei »pour appeler quelque
chose possible, ce m'est assez qu'on en puisse former une notion quand elle ne
serait que dans l'entendement divin, qui est pour ainsi dire le pays des réalités
possibles« [70]. Für den Augenblick sehen wir davon ab, daß zur Existenzfähigkeit
einer Substanz wesentlich ihre Compossibilität mit anderen Substanzen gehört,
d. h. ihre Eingeordnetheit in ein Universum von Substanzen. Auf diese Bestimmung der Existenzfähigkeit, die in den früheren Darlegungen der systematischen
Einheit des Universums eine grundlegende Rolle spielte [71], und die überhaupt
für die hier vertretene Interpretation des Leibnizianismus maßgebend ist, kommen wir sogleich [72] noch zurück. Im gegenwärtigen Zusammenhang beschränken
wir uns auf Individuiertheit im Sinne durchgehender Bestimmtheit als Bedingung von Existenzfähigkeit, eine Bedingung, die in der Lehre vom vollständigen Begriff jeder individuellen Substanz ihren Ausdruck findet. Im Falle einer
wirklich existierenden Substanz stellt der ihr entsprechende vollständige Begriff
eine zur Existenz zugelassene, folglich existenzfähige Möglichkeit dar.

Nicht anders als die abstrakten bedürfen auch die existenzfähigen Möglichkeiten einer Grundlage für ihren Bestand oder ihre Realität rein als Möglichkeiten.
Sie haben diese Fundierung ebenfalls darin, daß sie im göttlichen Intellekt bestehen und von Gott gedacht werden, wie es ihnen als begrifflichen Gebilden gemäß ist [73]. Auf den Einwand, daß diese Möglichkeiten und Wesenheiten, d. h.
die Begriffe existenzfähiger individueller Substanzen, vorgängig vor deren aktueller Existenz oder abgesehen von dieser, Einbildungen oder Fiktionen sein könnten, antwortet Leibniz, »neque essentias istas, neque aeternas de ipsis veritates

---

[67] S. 217 ff.
[68] Über die individuelle Substanz als ontologisches Äquivalent ihres vollständigen Begriffes siehe Kap. VI § 2 b.
[69] Bekanntlich hat Kant, Kritik der reinen Vernunft A 230 ff = B 282 f gegen diese
Auffassung von Möglichkeit Einspruch erhoben.
[70] An Arnauld, 4 (14)/VII 1686 (Le Roy S. 120 f).
[71] Kap. V § 2.
[72] Dieser § b.   [73] Janke, Leibniz S. 219 ff.

quas vocant, esse fictitias, sed existere in quadam ut sic dicam regione idearum, nempe in ipso Deo, essentiae omnis existentiaeque caeterorum fonte«[74]. In der Auseinandersetzung mit Arnauld, der bloß mögliche Substanzen, die Gott niemals schaffen wird, für Chimären zu halten geneigt ist[75], legt Leibniz sich insofern eine gewisse Zurückhaltung auf, als er die Frage, ob es sich hierbei um Chimären handelt, außerhalb der Diskussion zu lassen bereit ist. Er gibt zu, »qu'il n'y a point d'autre réalité dans les purs possibles que celle qu'ils ont dans l'entendement divin ...«[76]. Für seinen Zweck reicht diese Art von »Realität« der »purs possibles« aus; auf dieser »Realität« aber muß er bestehen[77]. Ebenso wie es vorhin[78] hinsichtlich der abstrakten Möglichkeiten und Relationen ausgeführt wurde, sind auch die existenzfähigen Möglichkeiten notwendigerweise auf einen sie erfassenden Geist, den göttlichen Intellekt, bezogen, in dem als »pays des réalités possibles« alle, auch die existenzfähigen Möglichkeiten, beheimatet und verwurzelt sind. »Ipsa rerum *possibilitas, cum actu non existunt,* realitatem habet fundatam in divina existentia: nisi enim Deus existeret, nihil possibile foret, et possibilia ab aeterno sunt in ideis Divini Intellectus.«[79] An der parallelen Behandlung der abstrakten und der existenzfähigen Möglichkeiten zeigt sich die Berechtigung, sogar die Notwendigkeit, den »mundus intelligibilis« durch Einbeziehung der letzteren zu erweitern.

Der Parallelismus reicht noch weiter. So wenig wie die abstrakten hängen die existenzfähigen Möglichkeiten vom göttlichen Willen ab[80]. Gott schafft nicht den vollständigen Begriff irgendeiner individuellen Substanz, z. B. des Adam, sei es des »unsrigen«, sei es eines anderen, der einer anderen Welt zugehört[81]. Indem

---

[74] De rerum originatione radicali (P. VII 305). Mit den »veritates aeternae« sind in diesem Zusammenhang nicht unbedingt notwendige und daher in allen Welten geltende Wahrheiten gemeint, sondern solche, deren Notwendigkeit nur unter Bedingungen der Kontingenz oder »ex hypothesi« besteht (siehe Kap. II § 5 b). Die auf existenzfähige Substanzen bezogenen Wahrheiten können als »ewige« bezeichnet werden, weil — wie sogleich zur Sprache kommen wird — Gott die diesen Substanzen entsprechenden vollständigen Begriffe in seinem Verstande fertig vorfindet, folglich diese bloß als möglich verstandenen Substanzen, was ihre sachlichen und inhaltlichen Bestimmungen angeht, nicht erschafft.

[75] *Arnauld an Leibniz, 13/V 1686 (Le Roy S. 98).*

[76] *Remarques sur la lettre de M. Arnauld, (Le Roy S. 111).*

[77] *Théod.* Anhang III 20: »... Dieu ... se règle sur les idées des possibles qui sont ses objets, mais qui n'ont aucune réalité hors de lui avant leur création actuelle« (P. VI 422).

[78] S. 432 ff.

[79] *Causa Dei* 8 (P. VI 440); *De rerum originatione radicali:* »... oportet aeternas veritates existentiam habere in quodam subjecto absolute vel metaphysice necessario, id est in Deo, per quem haec, quae alioqui imaginaria forent ... realisentur« (P. VII 305). Über den Sinn, in dem der Ausdruck »aeternae veritates« zu verstehen ist, siehe oben, Anm. 74.

[80] *Théod.* III 335 (P. VI 313 f).

[81] Vgl. *an Fabri,* o. D.: »... neque ... essentiae sed res creantur« (P. IV 259).

Leibniz schreibt, »il n'y a pas lieu de douter que Dieu ne puisse former une telle notion«, nämlich eine »notion complète«, fügt er sogleich hinzu, dies bedeute, daß Gott »la trouve toute formée dans le pays des possibles, c'est à dire dans son entendement« [82]. Daher kann nicht gesagt werden, daß Gott den Judas als Verräter geschaffen oder zum Verräter bestimmt habe, weil er auf Grund seines vollständigen Begriffs Judas, rein als existenzfähige Möglichkeit genommen, schon immer, d. h. auch vorgängig vor seiner Tat und selbst seiner Schöpfung, ein Verräter war [83]. Gott kennt den vollständigen Begriff einer jeden individuellen Substanz, z. B. einer jeden »mens creata«, deren Existenzfähigkeit aber in keiner Weise ihre aktuelle Existenz involviert. »Dum ... eam considerat ut possibilem, perfecte scit omnia quae sint ipsius existentiam consecutura.« [84] Dieses göttliche (quanquam contingenter, infallibiliter tamen) connexa, jam nunc intelligit, hoc est perfecte scit omnia quae sint ipsius existentiam consecutura« [84]. Dieses göttliche Wissen bewegt sich im Bereich der Möglichkeiten und hält sich im Modus der Konditionalität: Gott weiß, was eine jede individuelle Substanz tut und was ihr zustoßen wird, vorausgesetzt, daß sie zur Existenz zugelassen wird. Ein solches Wissen trägt aber nichts zur inhaltlich-sachlichen Bestimmung der Substanz, ihrer Taten und der sie betreffenden Geschehnisse bei [85]. In dem ausdrücklichen Bestehen darauf, daß der göttliche Wille weder an der ausprägenden und qualifizierenden Bestimmung einer individuellen Substanz beteiligt ist, noch an den Konsequenzen, die sich aus deren vollständigem Begriff ergeben, manifestiert sich der Primat, den Leibniz im Gegensatz zum Voluntarismus von Descartes dem göttlichen Intellekt vor dem göttlichen Willen zuerkennt [86]. Weil die existenzfähigen Möglichkeiten bzw. die entsprechenden vollständigen Begriffe im gött-

---

[82] *Remarques sur la lettre de M. Arnauld* (Le Roy S. 109); *Théod.* I 20, I 47, II 149 (*P.* VI 114 f, 129, 198).

[83] *Couturat, O. F.* S. 24: »... tantumque abesse ut Deus Judam proditorem fieri debere, absolute decernat, ut potius ex notione Judae independenter a suo decreto actuali videat eum fore proditorem. Nec proinde decernit Deus Judam debere esse proditorem«; siehe auch *Théod.* III 275 und 416 (*P.* VI 280 und 364).

[84] *Couturat, O. F.* S. 23; *Spec. inv.*: »... in notione perfecta substantiae [so gelesen statt: »substantia«] individualis in puro possibilitatis statu a Deo consideratae, ante omne existendi decretum actuale, jam inest quicquid ei eventurum est, si existat, imo tota series rerum, cujus partem facit« (*P.* VII 311).

[85] *Théod.* I 37: »... la prescience en elle-même n'ajoute rien à la détermination de la vérité des futurs contingents, si non que cette détermination est connue: ce qui n'augmente point la dédermination, ou la futurition ... de ces événements ...« (*P.* VI 124); ferner I 38: »... la prescience en elle-même ne rend point la vérité plus déterminée: elle est prévue parce qu'elle est déterminée, parce qu'elle est vraie; mais elle n'est pas vraie, parce qu'elle est prévue: et en cela la connaissance du futur n'a rien qui ne soit aussi dans la connaissance du passé ou du présent« (*P.* VI 124); siehe auch III 363 (*P.* VI 330).

[86] Ortega y Gasset, *The Idea of principle in Leibniz and the evolution of Deductive Theory* S. 357. Über das gleiche Motiv bei Malebranche siehe Gueroult, *Malebranche* I Kap. V § 13.

lichen Intellekt bestehen und ihren Sitz haben, kann Gott sie weder schaffen noch verändern, denn er kann nicht der Urheber seines eigenen Intellektes sein [87]. Vom göttlichen Willen hängt lediglich die Zulassung zur Existenz einer durch ihren vollständigen Begriff völlig bestimmten individuellen Substanz ab; wir haben das bereits früher [88] erwähnt und werden unten [89] darauf noch einmal zurückkommen.

b. Möglichkeit im Sinne von Existenzfähigkeit und Compossibilität

Individuiertheit als völlige Bestimmtheit durch einen vollständigen Begriff ist nur eine Bedingung von Existenzfähigkeit. Die andere Bedingung bildet die Zugehörigkeit jeder individuellen Substanz zu einer ganz bestimmten Welt, d. h. einem System individueller Substanzen, dessen Einheit auf einem für diese Welt spezifischen Fundamentalbegriff beruht [90]. Auf Grund dieses Fundamentalbegriffs ist jede der in Rede stehenden Welt angehörige Substanz an ihrer Stelle innerhalb dieser Welt erfordert und ihrer Eigennatur nach völlig bestimmt. Da das für alle Substanzen einer bestimmten Welt gilt, besteht zwischen ihnen das Verhältnis der Compossibilität, die wir im Sinne dieses Sich-gegenseitig-erforderns interpretieren, s. z. s. als hypothetische Co-necessität, hypothetisch, weil unter einem Fundamentalbegriff bestehend. Nur ein anderer Ausdruck dafür ist, daß alle Substanzen desselben Universums ihrem Eigenwesen nach aufeinander ausgerichtet und orientiert sind und in dieser Ausgerichtetheit sich gegenseitig qualifizieren, d. h. jede Einzelsubstanz zu der machen, die sie ist.

Auf dem Boden dieser Interpretation ergaben sich uns Auslegungen wichtigster Leibnizischer Lehren von der Substanz, z. B. ihre Auffassung als Repräsentation des Universums im Sinne zentrierter, d. h. einseitig-parteilicher Darstellung oder als »monde en raccourci« [91], und die Deutung des Prinzips der universellen Harmonie als Grundgesetz der strukturalen Verfassung eines jeden intermonadischen Systems (d. h. einer jeden wirklichen oder möglichen Welt) wie auch jeder einem solchen System angehörigen Einzelsubstanz [92]. Aus der hier vertretenen Interpretation ziehen wir eine Konsequenz in Bezug auf die Ordnungs- und Organisationsform des erweiterten »mundus intelligibilis«. Die den individuellen Substanzen entsprechenden vollständigen Begriffe stehen nicht beziehungslos und unverbunden nebeneinander. So weit er die existenzfähigen Möglichkeiten befaßt,

---

[87] *Théod.* III 380 (*P.* VI 341); *an Wedderkopf*, Mai (?) 1671: »Essentiae ... rerum ... continent ... ipsam entium possibilitatem quam Deus non facit, sed existentiam: cum potius illae ipsae possibilitates seu ideae rerum coincidant cum ipso Deo« (*Ak.* II, I 117). Das wird von Erdmann, *Grundriß der Geschichte der Philosophie* II 148 f, Dillmann, *Eine neue Darstellung der Leibnizischen Monadenlehre* S. 464 f und Rivaud, *Histoire de la philosophie* III 447 f hervorgehoben.

[88] S. 212 ff.

[89] S. 457.

[90] Kap. V § 2 b ff.

[91] Kap. V § 3 a und c.

[92] Kap. V § 4 d und Kap. VI § 5 e.

stellt der »mundus intelligibilis« nicht eine Ansammlung vereinzelter und gegeneinander isolierter vollständiger Begriffe dar. Vielmehr sind die letzteren in systematischen Verbänden zusammengeschlossen und organisiert [93], von denen ein jeder unter einem Fundamentalbegriff steht. *Die Gesamtheit solcher Systeme von »Compossibilia« ist die Gesamtheit der möglichen Welten,* rein als mögliche genommen. Der erweiterte »mundus intelligibilis« als Objekt des göttlichen Intellekts umfaßt eine Unendlichkeit von möglichen Welten, von denen jede die ihr eigene systematische Einheit und Organisationsform besitzt [94]. Erwähnt sei noch, daß Leibniz zu einer Zeit vor der Konzeption der Lehre von der spezifischen Realität nicht existierender Möglichkeiten, d. h. solcher, die weder existiert haben, noch existieren noch auch je existieren werden [95], von den Wesenheiten (»essentiae«) behauptet, daß jede von ihnen nur in einem Verband von Wesenheiten bestehen kann [96]. Lovejoy und Jalabert haben den in Rede stehenden Sachverhalt hervorgehoben [97]. Ortega y Gasset meint, daß Leibniz bei hinreichend weit geführter Analyse auf den Systemcharakter einer jeden möglichen Welt gestoßen wäre und gesehen hätte, daß die Welt nicht ein Aggregat ihrer Teile bildet, sondern daß umgekehrt jeder ihrer Teile ein systematisches Ganzes erfordrt, in das er sich einfügt. Weil aber Leibniz den Begriff der Welt nach Ortega y Gasset nicht hinreichend weit analysiert hat, gibt er die Welt für ein Aggregat ihrer Teile aus [98]. Das letztere ist auch die Meinung Funkes, der in einer möglichen Welt lediglich eine Kombination möglicher, d. h. einfacher Substanzen sieht, ein Kollektiv oder Aggregat ohne Einheit im eigentlichen Sinne, auf der die Möglichkeit einfacher Substanzen beruht [99]. Er verweist in diesem Zusammenhang auf Leibnizens Lehre vom Aggregatcharakter der materiellen Körper [100]. Mit anderen Worten, Funke läßt nur die Alternative zwischen Einheit im Sinne substantieller Einheit und bloßem Aggregat gelten. Wir haben oben [101] betont, daß die Welt, als »omnitudo rerum« betrachtet, kein einheitliches Ganzes bildet, also keine substantielle Einheit besitzt. Wohl aber kommt der Welt als Gesamtheit der in ihr existierenden Substanzen systematische Einheit unter dem für sie spezifischen Fundamentalbegriff zu. Funkes Alternative erweist sich somit als unvollständig: neben substantieller Einheit und Aggregat gibt es noch die systematische Einheit.

---

[93] So auch Burgelin, *Commentaire du Discours de Métaphysique de Leibniz* S. 14.

[94] *Théod.* I 42 (P. VI 126). Leibniz versucht in diesem Zusammenhang, den Rückgriff auf die »scientia media« überflüssig zu machen; vgl. die Darstellung von Rolland, *Le déterminsme monadique* Kap. VII 3 G.

[95] Rivaud, »Textes inédits de Leibniz«, *Revue de Métaphysique et de Morale* XXII 117 f.

[96] Id., *ibid.* S. 112 f.

[97] Lovejoy, *The great chain of Being* S. 170; Jalabert, *Le Dieu de Leibniz* S. 116 f.

[98] Ortega y Gasset, *The Idea of Principle in Leibniz and the Evolution of Deductive Theory* S. 359 und 369.

[99] Funke, *Der Möglichkeitsbegriff in Leibnizens System* I 16.

[100] Siehe Kap. IV § 1 b.

[101] S. 162 f.

Mit dieser Alternative steht Funkes Interpretation von logischer Möglichkeit und Realmöglichkeit in einer gewissen Beziehung. Während logische Möglichkeit nichts anderes besagt als Denkbarkeit, d. h. innere Widerspruchsfreiheit, erfordert Realmöglichkeit noch ein »realisierendes Prinzip« [102]. Dieses Prinzip ist der göttliche Wille. Wie oben [103] ausgeführt, bezieht sich der göttliche Wille als realisierendes Prinzip, das die Zulassung zur Existenz bewirkt, in erster Linie nicht auf die einzelnen Substanzen, sondern vielmehr auf Welten, auf Gesamtheiten, besser gesagt auf systematische Verbände von Substanzen, und auf die einzelnen Substanzen nur indirekt und in abgeleiteter Weise, nämlich insofern, als sie einem System angehören. Um in Wirksamkeit treten zu können, setzt das realisierende Prinzip eine realmögliche oder — wie zu sagen wir vorziehen — eine existenzfähige Welt voraus, kann also nicht seinerseits deren Existenzfähigkeit begründen. Wir können daher Funke nicht beistimmen, daß Leibniz mit seiner Lehre vom »Fortbestehen« auch der nicht realisierten Möglichkeiten der »Eigengesetzlichkeit der Sphäre des Realmöglichen« nicht gerecht geworden sei [104]. Gerade mit seinem Begriff der Compossibilität scheint uns Leibniz dieser »Eigengesetzlichkeit« Genüge zu tun, wobei wir Compossibilität letzten Endes als Erfordert-sein durch den Fundamentalbegriff der in Rede stehenden Welt interpretieren [105]. Eben diesem Fundamentalbegriff verdankt die betr. Welt ihre Existenzfähigkeit. Neben die logische Möglichkeit tritt die Existenzfähigkeit und auf dem Boden der letzteren die auf dem göttlichen Willen beruhende aktuelle Existenz. Wenn in der aktuell existierenden Welt ein bestimmtes Ereignis eintritt, ist sein konträrer Gegensatz in dieser Welt wegen seiner Incompossibilität mit anderen in ihr stattfindenden Ereignissen, letztlich wegen seiner Unverträglichkeit mit ihrem Fundamentalbegriff ontologisch nicht mehr möglich. Das besagt aber nicht, daß der konträre Gegensatz den Charakter von Realmöglichkeit überhaupt verliert. Im Gegenteil: er bleibt realmöglich, nämlich in einer anderen Welt, durch deren Fundamentalbegriff er erfordert wird. Wäre diese andere Welt zur Existenz zugelassen, so würde der konträre Gegensatz des betr. Ereignisses mit der gleichen Unfehlbarkeit und in diesem, aber auch *nur* diesem Sinne Notwendigkeit [106] eintreten, mit der das Ereignis selbst in der aktuell existierenden Welt stattfindet. Möglichkeit, Unmöglichkeit und Notwendigkeit sind hier durchwegs hypothetisch zu verstehen, nämlich in Bezug auf die jeweiligen Fundamentalbegriffe.

Ähnliche, wenn auch nicht dieselben Bedenken, erheben sich gegenüber der Interpretation von Gueroult [107]. Gemäß dieser Interpretation setzt Leibniz im

---

102 Funke, *a.a.O.* S. 90 f.   103 Kap. V § 2 a.
104 Funke, *a.a.O.* II 19.   105 Kap. V § 2 c und d.
106 Siehe S. 100.
107 Gueroult, »Substance and the primitive simple notion in the philosophy of Leibniz«, *Philosophy and Phenomenological Research* VII (1946) und »La constitution de la substance chez Leibniz«, *Revue de Métaphysique et de Morale* LII (1947).

Inneren jeder Substanz einen Zentral- oder Konvergenzpunkt an, einen Kern von absoluter Einfachheit und auch begrifflicher Unauflösbarkeit. Wegen seiner Einfachheit entbehrt dieser Kern aller Prädikate; es lassen sich über ihn keinerlei Aussagen machen, denn das hieße, ihn in Prädikate auflösen. Einen solchen absolut einfachen Kern stellt eine »notio primitiva simplex« dar oder eine »essentia«, die dem Reich reiner Möglichkeiten angehört [108]. Die den verschiedenen Substanzen zugehörigen Essenzen sind zueinander völlig disparat. Da sie keine Prädikate besitzen, haben sie nichts miteinander gemeinsam. Wegen ihrer Disparatheit bestehen zwischen ihnen überhaupt keine Beziehungen, weder die der Einstimmigkeit noch die des Widerstreits, im Speziellen weder die Beziehung der Compossibilität noch die der Incompossibilität [109]. Im Gegensatz zu den Essenzen haben die Substanzen, deren Kernbestand jene Essenzen bilden, sehr wohl Prädikate; sie sind ja die Quellen ihrer Prädikate, die sie in gesetzlich geregelter Abfolge hervorgehen lassen. Als Repräsentation des Universums steht jede Einzelsubstanz in Beziehung zu allen anderen. Da schließlich alle Substanzen eines Universums in diesem zusammen existieren, müssen sie alle miteinander verträglich, d. h. compossibel sein.

Nach Gueroult erfolgt der Übergang von den reinen Essenzen zu den Substanzen, deren Kernbestände die ersteren sind, unter der Idee möglicher Existenz oder möglicher Schöpfung. Wohl gemerkt, es handelt sich nicht um aktuelle Existenz, sondern lediglich um deren Möglichkeit. Unter der Idee möglicher Schöpfung stellt sich die Aufgabe der Auswahl solcher Existenzen, die miteinander kombiniert werden können. Daher müssen bei der Schöpfung einer Substanz, z. B. »unseres« Adam, alle anderen Substanzen hinsichtlich ihrer Verträglichkeit sowohl mit dieser Substanz als auch untereinander in Betracht gezogen werden. Eine derartige aus Vergleichen resultierende Kombination setzt aber die Idee von, wenigstens möglicher, Existenz voraus. Nur auf dem Boden möglicher Existenz stellt sich die Frage nach Compossibilität oder Incompossibilität, nicht aber auf dem Boden der reinen Möglichkeiten, im Bereich der reinen Essenzen, und zwar eben wegen ihrer Disparatheit. So wie aktuelle Existenz den aktuellen göttlichen Willen erfordert, so impliziert die Idee möglicher Existenz die Möglichkeit des Ins-Spiel-tretens des göttlichen Willens. Durch diesen werden die Beziehungen der Compossibilität und Incompossibilität sowie ganz allgemein alle Beziehungen überhaupt gestiftet. Die reine Essenz, die ein absolut Einfaches ohne Prädikate darstellt, verwandelt sich in die Substanz als Einheit einer Unendlichkeit von Prädikaten oder als Einheit eines Gesetzes. Zwar bleibt die reine Essenz wegen ihrer absoluten Einfachheit für immer unerfaßbar, jedoch mani-

---

[108] Gueroult verwendet den Ausdruck »reine Möglichkeit« in einem anderen als dem hier gebrauchten Sinne, in dem reine Möglichkeit dasselbe besagt wie abstrakte Möglichkeit (dieses Kap. § 1 a). Für Gueroult steht reine Möglichkeit im Gegensatz zu Existenzfähigkeit; genauer gesagt: die Frage nach Existenzfähigkeit oder -unfähigkeit stellt sich für eine reine Möglichkeit überhaupt nicht.

[109] Siehe auch Gueroult, *Malebranche* II 199.

festiert sie sich eben in der Einheit der Prädikate jeder Substanz, in der Einheit ihres Gesetzes.

Die Explikation der Incompossibilität ist von Leibniz für ein fast unlösbares Problem erklärt worden. »Illud ... adhuc hominibus ignotum est, unde oriatur incompossibilitas diversorum, seu qui fieri possit ut diversae essentiae invicem pugnent, cum omnes termini pure positivi videantur esse compatibiles inter se.«[110] Es stellt sich die Frage, ob — wie Gueroult[111] es tut — die innersten Kerne der Substanzen mit den »termini pure positivi« gleichgesetzt werden dürfen, auf deren Verträglichkeit miteinander wegen ihrer absoluten Einfachheit und Disparatheit der Leibnizische Beweis für die Möglichkeit, nämlich die innere Widerspruchsfreiheit des Gottesbegriffes beruht[112]. Bereits früher[113] haben wir den Ansatz eines prädikatlosen Kernelements von absoluter Einfachheit im Inneren der Substanz als schwerwiegenden Bedenken ausgesetzt abgewiesen. Gueroult selbst betont, daß der göttliche Wille zwar Beziehungen und Verbindungen stiftet, daß aber deren Natur, wenn sie gestiftet sind, nicht vom Willen Gottes abhängt[114]. Folglich kann die Natur der Beziehungen und Verbindungen nur in den Essenzen als Kernelementen ihren Grund haben, woraus sich eine gewisse Differenziertheit der letzteren ergibt, die aber mit ihrer absoluten Einfachheit unverträglich ist. Ferner kommt nach Gueroult das absolut einfache Kernelement für die Einheit der Prädikate bzw. des Gesetzes der Substanz auf. Es handelt sich aber nicht nur um die *Einheit* des Gesetzes als solche, sondern auch um seine Variation von Substanz zu Substanz, und zwar so, daß alle diese Gesetze gemäß dem Prinzip der universellen Harmonie im Einklang miteinander stehen. Somit erhebt sich nicht nur wieder die Frage nach der Differenzierung des Kernelements, sondern darüber hinaus auch die nach der Ausrichtung und Abgestimmtheit dieser Differenzierungen aufeinander. Schließlich finden wir uns damit wieder vor das Problem gestellt, ob eine mögliche Welt, rein als mögliche, das s. z. s. nachträgliche Resultat der Kombination miteinander compossibler Substanzen darstellt. Zwar hat Gueroult diese Ansicht nicht ausdrücklich ausgesprochen, aber, da er das in Rede stehende Problem gar nicht aufwirft, kann man sich des Eindrucks nicht erwehren, daß diese Auffassung hinter seiner Interpretation steht. Einige Texte, auf die Gueroult[115] sich für seine Behauptung beruft, daß Compossibilität und Incompossibilität Beziehungen sind, die erst unter der Idee einer möglichen Schöpfung ihrerseits möglich werden, haben wir für unsere These von der syste-

---

110 *P.* VII 195. Couturat, *La logique de Leibniz* S. 219 Anm. 2 sucht die Unlösbarkeit dieses Problems darauf zurückzuführen, daß Leibniz die Negation nicht in Betracht gezogen hat; siehe auch Parkinson, *Logic and Reality in Leibniz's Metaphysics* S. 82 f.

111 Gueroult, »Substance and the primitive simple notion in the philosophy of Leibniz«, *a.a.O.* S. 298 bzw. »La constitution de la substance chez Leibniz«, *a.a.O.* S. 61.

112 S. 62.

113 S. 322 f.

114 Gueroult, *a.a.O.* S. 305.

115 Id., *ibid.* S. 302 ff.

matischen, auf einem zu Grunde liegenden Fundamentalbegriff beruhenden Einheit jedes Universums (des aktuellen sowie jedes bloß möglichen) in Anspruch genommen [116]. Dem gemäß haben wir den Versuch gemacht, die Prinzipien der Compossibilität und Incompossibilität von dem Fundamentalbegriff des jeweils in Rede stehenden Universums aus zu interpretieren [117]. Im Gegensatz zur These von der Nachträglichkeit einer Welt, auch einer möglichen Welt in Bezug auf die sie zusammensetzenden Substanzen vertreten wir die Auffassung, daß Möglichkeit im Sinne von Existenzfähigkeit (nicht in dem der Widerspruchsfreiheit) primär diese Welt in ihrer systematischen Einheit angeht und erst in abgeleiteter Weise sich auf die in dieser Welt miteinander zusammen existierenden Substanzen überträgt, deren Compossibilität in ihrer aller Erfordertheit durch den Fundamentalbegriff der betr. Welt besteht. Existenzfähigkeit besagt im Grunde nichts anderes als systematische Einheit unter einem Fundamentalbegriff.

§ 3   Der göttliche Intellekt als transzendentales Subjekt der möglichen Welten

Gemäß ihrem Sinn als intelligible Gebilde sind alle Möglichkeiten, die reinen wie die existenzfähigen, auf einen Geist oder ein Subjekt angewiesen, der sie denkt, und aus dessen Denken sie ihren Bestand schöpfen. Für Leibniz ist dieses Subjekt der göttliche Intellekt, dessen Gegenstand oder Inhalt der »mundus intelligibilis«, der engere sowohl wie der erweiterte, bildet. In diesem Sinne ist die Wendung vom göttlichen Intellekt als dem »pays des réalités possibles« [118] zu verstehen. Was immer möglich ist, besteht seiner spezifischen Realität nach als Möglichkeit im göttlichen Intellekt [119]. Auf der anderen Seite ist der göttliche Intellekt durch den »mundus intelligibilis« konstituiert und fällt geradezu mit ihm zusammen [120]. »Essentiae rerum sunt Deo coaeternae. Et Dei ipsa essentia complectitur omnes alias essentias, adeo ut Deus sine ipsis concipi non possit perfecte«, wohingegen »essentiae quodam modo sine Deo concipi possunt« [121]. Daraus folgt, daß — wie bereits erwähnt [122] — Gott den »mundus intelligibilis« weder schafft noch verändert, denn das würde auf die absurde Konsequenz führen, daß Gott seinen eigenen Intellekt schüfe oder veränderte.

Es ergibt sich eine *Korrelativität zwischen dem »mundus intelligibilis« und dem göttlichen Intellekt.* Einerseits hat der »mundus intelligibilis« seinen Bestand und

---

[116] S. 211 f., 213 f., 223 f.   [117] S. 218.

[118] *An Arnauld,* 4 (14)/VII 1686 (*Le Roy* S. 121).

[119] *Théod.* Anhang III 21: »En Dieu, il est manifeste que son entendement contient les idées de toutes les choses possibles, et c'est par là que tout est en lui éminemment« (*P.* VI 423).

[120] *An Wedderkopf,* Mai (?) 1671 (*Ak.* II, I 117; zitiert S. 445, Anm. 87).

[121] Foucher de Careil, *Réfutation inédite de Spinoza par Leibniz* S. 24.

[122] S. 441 ff.

seine Realität darin, daß er von Gott gedacht wird; auf der anderen Seite besteht das göttliche Denken im Denken und Erkennen des »mundus intelligibilis«. *In dieser Korrelavität sehen wir den Ausdruck der spezifisch Leibnizischen Nuance von Transzendentalphilosophie. Die Eigenart dieser Nuance liegt in dem Ansatz des göttlichen Intellekts als Subjekt in Bezug auf den »mundus intelligibilis«,* der in seiner erweiterten Form die Gesamtheit der möglichen Welten umfaßt.

Zur Auflösung der Russellschen Aporie haben wir vorhin [123] die Deutung des göttlichen Intellekts als des seiner selbst bewußten »mundus intelligibilis« vorgeschlagen, womit die erwähnte Korrelativität eine gewisse Sinnesveränderung erfährt. Gemäß dieser Deutung ist der göttliche Intellekt nicht einfach mit der Gesamtheit der möglichen Welten, s. z. s. ihrer Summe, gleichzusetzen. Es ist nicht so, als ob im göttlichen Intellekt die möglichen Welten, jede einzelne in ihrer systematischen Einheit und Geschlossenheit, gewissermaßen unverbunden nebeneinander bestünden. Vielmehr sieht Gott die möglichen Welten, nicht nur jede für sich, sondern auch und gerade in ihren gegenseitigen Beziehungen, in dem Zusammenhang, den sie miteinander bilden. Dieser Zusammenhang ist aber von prinzipiell anderer Art als der zwischen den Substanzen derselben Welt, die kraft des Prinzips der universellen Harmonie so aufeinander ausgerichtet sind, daß ihre jeweiligen Zustände einander entsprechen, und die sich daher gegenseitig repräsentieren oder einander ausdrücken [124]. Eine solche Beziehung der »entr' expression«, wie er sie nennt, kann nach Belaval [125] nur zwischen Substanzen bestehen, die auf Grund ihrer Compossibilität miteinander zur selben Welt gehören, nicht aber zwischen verschiedenen möglichen Welten, die einander ausschließen, noch auch zwischen Substanzen verschiedener Welten, die wegen ihrer Incompossibilität nicht in derselben Welt miteinander bestehen können. Nichtsdestoweniger können — wie Belaval weiter bemerkt — die möglichen Welten in einem sogar kontinuierlichen Zusammenhang miteinander stehen, einem Zusammenhang von der Art, den die oben [126] erwähnte Leibnizische Idee von den Varianten des Sextus Tarquinius nahelegt. Wir berufen uns hier auf Pichlers [127] Konzeption einer Logik als Bildungsgesetz aller Bildungsgesetze, als System aller möglichen Formen von Systematik, ein höchstes Gesamtsystem, innerhalb dessen jedes Einzelsystem auf Grund seiner Form eine ganz bestimmte Stelle einnimmt. Da die wirklich existierende Welt auch eine mögliche Welt ist, kommt ihr im Gesamtsystem der möglichen Welten ein eindeutig bestimmter Platz zu. Früher [128] wurde ausgeführt, daß jeder möglichen Welt ein ihr spezifischer, vom göttlichen

---

[123] Dieses Kap. § 1 d.
[124] Kap. V § 4 c.
[125] Belaval, *Leibniz Critique de Descartes* S. 382.
[126] S. 217 f.
[127] Pichler, »Zur Entwicklung des Rationalismus von Descartes bis Kant«, *Kant-Studien* XVIII (1913) S. 408 ff; siehe auch die Darstellung von Mahnke, *Leibnizens Synthese* S. 204 ff.
[128] Kap. V § 2 b.

Willen unabhängiger Fundamentalbegriff zu Grunde liegt. Diese Fundamentalbegriffe sind aber nicht ohne Beziehung zueinander, sondern sind einer höchsten allumfassenden Form von Systematik eingeordnet, deren Kenntnis allerdings Gott
allein vorbehalten ist. Wegen der Beschränktheit der menschlichen Erkenntnis auf das Abstrakte und Allgemeine [129] wissen wir zwar, daß es eine Vielheit
möglicher Welten gibt, und daß jede von ihnen innerhalb einer Systematik aller-
höchster Form den ihr zukommenden Platz einnimmt, aber jede Erkenntnis des
Einzelnen ist uns versagt.

Gemäß der hier vertretenen panlogistischen Interpretation stellt die wirkliche
Welt ebenso wie jede mögliche Welt eine Verkörperung von Logik dar. Diese
Auffassung läßt eine Erweiterung zu. *So wie jede einzelne mögliche Welt einen
Teilbestand des erweiterten »mundus intelligibilis« bildet,* d. h. der Gesamtheit
der möglichen Welten, *so stellt sich die in jeder möglichen Welt verkörperte oder
niedergeschlagene Logik als eine Variante oder Abwandlung einer höchsten allumfassenden Logik heraus,* nämlich der im Sinne Pichlers aufgefaßten Logik als
System der möglichen Formen von Systematik. *Der Panlogismus erreicht seinen
Höhepunkt mit der Auffassung, daß im erweiterten »mundus intelligibilis« eine
Logik höchster Stufe realisiert ist,* wobei Realisiertheit im gleichen Sinne zu verstehen ist, in dem Leibniz von der spezifischen Realität des Möglichen als solchen
spricht. Auf Grund der vorhin erwähnten Korrelativität von »mundus intelligibilis« und göttlichem Intellekt erweist sich die im »mundus intelligibilis« inkarnierte Logik als die des göttlichen Denkens.

Kontrastieren wir diese Konzeption noch einmal mit der Lehre Spinozas [130].
Wir haben die von Spinoza mit Gott identifizierte einzige Substanz als Prinzip
der universellen Intelligibilität gedeutet, das sich in einer Unendlichkeit von Attributen verwirklicht. Gemäß der panlogistischen Interpretation der Leibnizischen
Lehre kann man sagen, daß auch nach ihm jede mögliche Welt die Verwirklichung
eines intelligiblen Prinzips, nämlich des ihr zu Grunde liegenden Fundamentalbegriffs darstellt. Da er im Gegensatz zu Spinoza eine Vielheit möglicher Welten
anerkennt, sind die hier in Rede stehenden Prinzipien der Intelligibilität untergeordneten Ranges, insofern als sie aus dem höchsten Prinzip der Intelligibilität
fließen, das den erweiterten »mundus intelligibilis« als ganzen beherrscht. Einerseits schreibt Leibniz auf Grund des von ihm entwickelten Substanzbegriffes jeder
einzelnen Substanz das zu, was Spinoza dem Universum als ganzem vorbehält,
wobei der Zusammenhang zwischen der Einzelsubstanz und dem Universum, dem
sie angehört, darauf beruht, daß die erstere aus dem letzteren durch Abwandlung
hervorgeht, daß sie einen »monde en raccouri«, eine »pars totalis« bildet [131].
Andererseits erweisen sich die Fundamentalbegriffe der verschiedenen möglichen
Welten ihrerseits ebenfalls als Abwandlungen, nämlich des höchsten Prinzips der

---

129 Kap. III § 5 b.
130 Kap. VI § 7 b.
131 Kap. V § 3 c und § 4 b.

Intelligibilität, das im »mundus intelligibilis« selbst verwirklicht ist. Während jeder der Fundamentalbegriffe der möglichen Welten als einer unter vielen kontingent ist [132], kommt der systematischen Gesamtheit der Fundamentalbegriffe, d. h. dem »mundus intelligibilis« als ganzem bzw. der im Sinne Pichlers verstandenen höchsten Logik als System aller möglichen Systemformen die Notwendigkeit zu, die das göttliche Denken auszeichnet.

Von hier aus eröffnet sich die Möglichkeit einer transzendentalphilosophischen Deutung der Extramundanität oder — wie Leibniz zu sagen vorzieht — der Supramundanität Gottes. In manchen Texten macht Leibniz die Supramundanität Gottes gegen Lehren geltend, in denen Gott als »âme du monde« bestimmt wird, oder die eine solche Auffassung nahe legen könnten [133]. Im Hinblick auf die wirklich existierende Welt ergibt sich die Supramundanität Gottes daraus, daß diese Welt ihren letzten Grund nicht in sich selber haben kann. »Rationes … mundi latent in aliquo extramundano, differente a catena statuum seu serie rerum, quarum aggregatum mundum constituit.«[134] In dem supramundanen Gott liegen die letzten Gründe der Realität nicht nur dessen, was wirklich existiert, sondern auch alles dessen, was möglich ist. »… habemus ultimam rationem realitatis tam essentiarum quam existentiarum in uno, quod utique mundo ipso majus, superius anteriusque esse necesse est, cum per ipsum non tantum existentia, quae mundus complectitur, sed et possibilia habeant realitatem.«[135] Folglich gilt die Supramundanität Gottes nicht nur in Bezug auf das wirkliche Universum, von dem vorwiegend in den untersuchten Leibnizischen Texten die Rede ist, sondern darüber hinaus und ganz allgemein in Bezug auf *jede* mögliche Welt. Die Auffassung des göttlichen Intellekts als subjektives Korrelat des »mundus intelligibilis« besagt, daß Gott die Gesamtheit der möglichen Welten in dem Zusammenhang, den sie bilden, und in den Beziehungen, die zwischen ihnen bestehen, überschaut, und zwar vom »Standpunkt« — wenn dieser Ausdruck verstattet ist — des »mundus intelligibilis« selbst, vom absoluten »Standpunkt« außerhalb oder oberhalb jeder einzelnen möglichen Welt als einem Teilbestand des »mundus intelligibilis« im erweiterten Sinne. Damit ist dem früher [136] erwähnten Erfordernis der Transzendentalphilosophie sowohl wie der Bedeutung, die Martin den Relationen in dieser Hinsicht beilegt, Genüge getan, eine Bedeutung, die hier ihre äußerste

---

[132] S. 97 ff.

[133] *Théod.* II 217 (P. VI 248); *an Conti,* 6/XII 1715 (*Briefwechsel* S. 265); *an Clarke* II und IV 34 (P. VII 358 f und 376). Die Wendung »… disant qu'il [scl. Dieu] est au-dessus du monde, ce n'est pas nier qu'il est dans le monde« (*an Clarke* III 15; P. VII 366) versteht sich wohl aus der Situation der Polemik.

[134] *De rerum originatione radicali* (P. VII 303); *an die Königin Sophie Charlotte von Preußen:* »… il faut que la raison ou cause déterminante universelle qui fait que les choses sont, et ont été plutôt ainsi qu' autrement, soit hors de la matière. Et même l'existence de la matière en dépend, puisqu'on ne trouve point dans sa notion, qu'elle porte la raison de son existence avec soi« (P. VI 507).

[135] *De rerum originatione radicali* (P. VII 305).

[136] S. 435 ff.

Verallgemeinerung erfährt. Auf die Supramundanität Gottes sind wir bereits in einem früheren Zusammenhang gestoßen, als wir darlegten, daß Gott das wirklich existierende Universum als Geometral sieht, während es sich den ihm zugehörigen endlichen Monaden und Substanzen in einseitig-parteilicher Zentrierung auf die jeweilige darbietet [137]. Jedoch handelte es sich dort — wenn man so sagen darf — um die zweite Stufe der göttlichen Erkenntnis und um Supramundanität in einem abgeleiteten Sinne, — abgeleitet nämlich von der jetzt in Rede stehenden auf alle möglichen Welten bezogenen Supramundanität.

§ 4 Probleme der Schöpfung

a. Schöpfung als Zulassung zur Existenz

Während im Falle abstrakter Begriffe Möglichkeit nach Leibniz nichts anderes besagt als Widerspruchslosigkeit, kommt bei den vollständigen Begriffen individueller Substanzen außer der Widerspruchsfreiheit noch die Compossibilität in Betracht, d. h. die Verträglichkeit einer gewissen individuellen Substanz mit anderen solchen Substanzen oder — was auf dasselbe herauskommt — ihr Hereinpassen in ein System individueller Substanzen, in eine ganz bestimmte Welt. Damit ist die Existenzfähigkeit individueller Substanzen als eine ihnen eigene Bestimmtheit definiert. In dem vollständigen Begriff einer individuellen Substanz, rein seiner Möglichkeit nach genommen, ist die mögliche Existenz dieser Substanz beschlossen oder — in Leibnizischer Ausdrucksweise — sind freie göttliche Dekrete, ebenfalls als mögliche, beschlossen, auf Grund deren sie zur Existenz kommen kann [138].

Ähnlich wie in Hinsicht auf die der Substanz wesentliche Fähigkeit zum Handeln [139] ist die Möglichkeit der Existenz nicht als eine s. z. s. »nuda possibilitas« zu verstehen. Vielmehr besagt Möglichkeit der Existenz Anspruch auf Existenz, Tendenz zur Existenz, Streben nach Existenz. »... agnoscere debemus eo ipso, quod aliquid potius existit quam nihil, aliquam in rebus possibilibus seu in ipsa possibilitate vel essentia esse exigentiam existentiae, vel ... praetensionem ad existendum et, ... essentiam per se tendere ad existentiam.«[140] Diese Tendenz

---

137 Kap. V § 3 a und § 4 b.

138 *An Arnauld*, 4 (14)/VII 1686: »... les notions des substances individuelles, ... doivent ... envelopper dans leur notion, prise comme possible, les décrets libres de Dieu, pris aussi comme possibles, parce que ces décrets libres sont les principales sources des existences ou faits ...« (*Le Roy* S. 115).

139 Vgl. S. 182 f.

140 *De rerum originatione radicali* (P. VII 303); *Notationes generales*: »... omnis essentia seu realitas exigit existentiam, quemadmodum omnis conatus exigit motum vel effectum, scilicet nisi quid obstet« (*Grua* S. 324); siehe auch die Wendungen »omne possibile (habet) conatum ad existentiam« und »dici potest omne possibile existiturire« (P. VII 289) sowie in *Gen. Inqu* 73 die Gleichsetzung von »ipsa essen-

zur Existenz kommt *allen* Essenzen zu; ohne sie würde überhaupt nichts existieren können [141]. Der Anspruch auf Existenz stuft sich entsprechend dem Grade der Vollkommenheit der existenzfähigen Möglichkeiten ab [142]. »... omnia possibilia, seu essentiam vel realitatem possibilem exprimentia, pari jure ad existentiam tendere pro quantitate essentiae seu realitatis, vel pro gradu perfectionis quem involvunt; est enim perfectio nihil aliud quam essentiae quantitas.«[143] Im Hinblick auf den göttlichen Willen zur Schöpfung erhebt sich unter den Möglichkeiten ein Wettstreit (»combat«) um Zulassung zur Existenz, ein Wettstreit idealer Natur, der nichts anderes ist und sein kann als ein »conflict de raisons dans l'entendement le plus parfait« [144]. Der Wettstreit wird dadurch entschieden, daß eine der möglichen Welten ausgesondert und ihr die Auszeichnung der Zulassung zur Existenz verliehen wird. Voraussetzung dafür ist, daß die auszuzeichnende Welt vor allen anderen möglichen Welten einen Vorzug besitzt, aufgrund dessen sie zur Existenz zugelassen wird, während alle anderen Welten im Stand bloßer Möglichkeiten verbleiben. In diesem Zusammenhang spricht Leibniz von einer »mathesis quaedam divina« oder einem »mechanismus metaphysicus« [145]. Alle möglichen Welten müssen zueinander in Beziehung gesetzt und miteinander verglichen werden, um diejenige zu ermitteln, deren Anspruch auf Existenz der stärkste ist. »La sagesse de Dieu, non contente d'embrasser tous les possibles, les pénètre, les compare, les pèse les uns contre les autres, pour en estimer les dégrés de perfection ou d'imperfection, ... elle va même au delà des combinaisons finies, elle en fait un infinité d'infinies, c'est à dire une infinité de suites possibles de l'univers, dont chacune contient une infinité de créatures; ... le résultat de toutes ces comparaisons et réflexions est le choix du meilleur d'entre tous ces systèmes possibles ...«[146] Wiederum zeigt sich die Bedeutung der Relationen für eine Transzendentalphilosophie, d. h. eine Rückbeziehung der Welt auf einen supramundanen Geist oberhalb aller Möglichkeiten, der sie alle konzipiert und

---

tia« und »existentia possibilis« (*Couturat, O. F.* S. 376); ebenso *Elementa verae pietatis sive de amore Dei super omnia*: »... est enim essentia idem quod existendi possibilitas« (*Grua* S. 16).

[141] »Nisi in ipsa essentiae natura esset quaedam ad existendum inclinatio, nihil existeret; nam dicere quasdam essentias hanc inclinationem habere, quasdam non habere, est dicere aliquid sine ratione, cum generaliter videatur existentia referri ad omnem essentiam eodem modo« (*P.* VII 194 f).

[142] *Princ.* 10 und *Monad.* 54 (*P.* VI 603 und 616).

[143] *De rerum originatione radicali* (*P.* VII 303); abweichend von Gerhardt lesen wir mit Erdmann (S. 147 b) »ad existentiam (statt »ad essentiam«) tendere«; *P.* VII 194: »... possibile exigere sua natura existentiam, et quidem pro ratione possibilitatis seu pro essentiae gradu«; *Notationes generales*: »... unaquaeque res ad existentiam aspirat pro modulo suae perfectionis« (*Grua* S. 324).

[144] *Théod.* II 201 (*P.* VI 236).

[145] *De rerum originatione radicali* (*P.* VII 304).

[146] *Théod.* II 225 (*P.* VI 252).

kennt, die in Frage kommenden Relationen denkt und aufgrund der Kenntnis dieser Relationen eine unter den möglichen Welten zur Existenz zuläßt.

Aufgrund des soeben zitierten Textes aus der *Théodicée* kann der Eindruck entstehen, daß die einzelnen existenzfähigen Möglichkeiten doch erst *nachträglich* zu Systemen zusammengeschlossen werden. Nachträglich bedeutet: unter dem göttlichen Willen zur Schöpfung überhaupt, der von der aktuellen Schöpfung zu unterscheiden ist. Dieser Eindruck wird durch die folgende im gleichen Zusammenhang auftretende Äußerung verstärkt: »... la sagesse divine distribue tous les possibles qu'elle avait déjà envisagés à part, en autant de systèmes universels, qu'elle compare encore entre eux ...«[147] Demgegenüber haben wir geltend gemacht, daß die existenzfähigen Möglichkeiten von sich aus und von vornherein, ohne Bezug auf den göttlichen Willen überhaupt zu Systemen organisiert sind[148]. Der Widerspruch löst sich auf, wenn der göttliche Wille zur Schöpfung überhaupt nicht, wie Gueroult es tut[149], auf die Systematisierung bezogen wird, nicht auf *Existenzfähigkeit* im Sinne der Zugehörigkeit zu einem organisierten System, sondern auf die *Tendenz zur Existenz*. Während es in der Tat kaum einzusehen ist, wie durch den göttlichen Willen zur Schöpfung überhaupt Relationen wie die der Compossibilität und Incompossibilität zwischen Möglichkeiten gestiftet werden können, die nicht in deren reinem Eigenwesen begründet sind, ist der Zusammenhang zwischen dem göttlichen Willen zur Schöpfung überhaupt und dem Anspruch auf Existenz völlig durchsichtig, weil dieser Anspruch eine Folge, geradezu ein Korrelat jenes Willens darstellt[150]. Mit anderen Worten, der Wille Gottes zur Schöpfung überhaupt macht den Wettstreit um Zulassung zur Existenz und die Entscheidung dieses Wettstreits möglich[151]. »... omne possibile non tantum involvit possibilitatem, sed et conatum actu existendi, non quasi ea quae non sunt conatum habeant, sed quia ita postulant ideae essentiarum in Deo actu existentes, postquam Deus libere decrevit eligere quod est perfectissimum.«[152]

---

[147] *Théod.* II 225 (P. VI 252).

[148] Dieses Kap. § 2 b.

[149] Siehe S. 448 ff.

[150] Jalaberts Interpretation in *Le Dieu de Leibniz* ist in dieser Hinsicht nicht völlig eindeutig. Zuweilen (S. 155 und 189) bezieht er den Existenzanspruch der Möglichkeiten auf den göttlichen Willen zum Guten (»volonté du bien«), d. h. den Willen zur Schöpfung überhaupt. Dagegen stellt er es an anderen Stellen (S. 116 und 121) so dar, daß der Existenzanspruch der Möglichkeiten, d. h. ihr Anspruch auf Überführung aus dem Stand bloß logischer in den existenzfähiger, Existenz beanspruchender Möglichkeiten davon abhängt, daß sie von Gott gedacht werden. Die letztere Deutung ist aber mit der vorhin (dieses Kap. § 1 a) auseinandergesetzten Lehre von Leibniz unverträglich, nach der die reinen Möglichkeiten ihre spezifische »Realität« als Möglichkeiten ihrem Bestehen im göttlichen Intellekt verdanken.

[151] *Théod.* II 201: »... aussitôt que Dieu a décerné de créer quelque chose, il y a un combat entre tous les possibles, tous prétendants à l'existence; et ... ceux qui joints ensemble produisent le plus de réalité, le plus de perfection, le plus d'intelligibilité emportent« (P. VI 236).

[152] *Notationes generales* (Grua S. 324).

Die Tendenz zur Existenz und das aktive Streben nach ihr kommt in erster Linie den möglichen Welten als solchen zu. So stellt es, wenngleich nicht völlig eindeutig, Rivaud [153] dar, der, wie seine Zitate nahelegen, sich auf den soeben angeführten Text aus *Notationes generales* zu stützen scheint. Auch Funke, der — wie oben [154] bemerkt — der systematischen Einheit der möglichen Welten nicht gerecht wird, betont, daß die Entscheidung hinsichtlich der Zulassung zur Existenz auf mögliche Welten als solche und als ganze bezogen ist [155]. Erwähnt sei noch, daß die hier vorgetragene Interpretation der von Belaval [156] sehr nahe kommt. Im übrigen haben auch die einzelnen existenzfähigen Möglichkeiten, d. h. die im göttlichen Intellekt existierenden vollständigen Begriffe individueller Substanzen einen Anspruch auf Existenz, allerdings einen indirekten, insofern als der primäre den möglichen Welten als solchen zukommende Existenzanspruch sich auf sie als Glieder dieser Welten überträgt, und sie in so abgeleiteter Form an diesem Existenzanspruch teilhaben. Auch der Wettstreit um Zulassung zur Existenz findet primär zwischen möglichen Welten, d. h. zu Systemen zusammengeschlossenen einzelnen Möglichkeiten statt und erst sekundär zwischen den letzteren. Janke [157] betont zwar, daß »Existieren immer Dasein im System einer Welt« bedeutet. Indem er aber die einzelnen Möglichkeiten einander hindern und sich gegenseitig die Existenz bestreiten läßt, entsteht der Eindruck, daß er den Zusammenschluß einzelner Möglichkeiten zu Systemen möglicher Welten doch als nachträglich deutet.

Bei der Schöpfung tritt der göttliche Wille in doppelter Weise ins Spiel. Zunächst als Wille zur Schöpfung überhaupt, der den Wettstreit der möglichen Welten um aktuelle Existenz in Gang bringt. Bei diesem Wettstreit stellt sich heraus, daß eine, aber auch nur *eine* unter den möglichen Welten auf Grund ihrer inneren Gestaltung einen Vorzug vor den anderen besitzt. Dieser Vorzug muß nicht nur erkannt, sondern auch ratifiziert werden. Seine Ratifikation erfolgt durch den zweiten Akt des göttlichen Willens: das Schöpfungsdekret im eigentlichen Sinne. *Die Schöpfung der wirklichen Welt besagt nach Leibniz, daß diese durch einen inneren Vorzug ausgezeichnete Welt aus dem Stande der Möglichkeit in den der Aktualität übergeführt, d. h. zur Existenz zugelassen wird.* In diesem Sinne interpretieren wir die Wendung von Gott, dem »Ens necessarium« als »Existentificans« [158]. Da das Schöpfungsdekret auf die ausgezeichnete Welt als ganze bezogen ist, gibt es nur ein *einziges* Dekret der Zulassung zur Existenz: »... à proprement parler, il n'y a qu'un seul décret pour l'univers tout entier, par lequel il est résolu de l'admettre de la possibilité à l'existence.«[159] Somit ist der Anschluß

[153] Rivaud, *Histoire de la philosophie* III 448 f.
[154] S. 446 ff.
[155] Funke, *Der Möglichkeitsbegriff in Leibnizens System* S. 144 und 151.
[156] Belaval, *Leibniz Critique de Descartes* S. 382.
[157] Janke, *Leibniz* S. 226 f.   [158] *P.* VII 289.
[159] *An Clarke* V 66 (*P.* VII 407); ebenso *Théod.* I 84 (*P.* VI 147 f) und *an Jaquelot*, 4/IX 1704 (*P.* VI 559 f).

an die obigen [160] Darstellungen des Verhältnisses des allgemeinen göttlichen Dekrets zu den partikularen Dekreten gewonnen. Jede Einzelsubstanz kann als aufgrund eines partikularen Dekrets zur Existenz zugelassen gelten, das allerdings in dem allgemeinen Dekret beschlossen ist und eine seiner Konsequenzen darstllt. Anders ausgedrückt, jede Einzelsubstanz ist dadurch zur Existenz zugelassen, daß die Welt, der sie angehört, es ist; als Mitglied der zur Wirklichkeit erhobenen Welt kommt sie selbst zur Existenz. Das steht im Einklang mit dem vorhin abgeleiteten Charakter ihres Existenzanspruchs.

Durch die Zulassung zur Existenz erfährt die so ausgezeichnete Welt keine Änderung ihres sachlichen Bestandes. Genau so wie sie als möglich besteht, wird sie zur Existenz zugelassen. ».... puisque le décret de Dieu consiste uniquement dans la résolution qu'il prend, après avoir comparé tous les mondes possibles, de choisir celui qui est le meilleur, et de l'admettre à l'existence par le mot tout-puissant de *Fiat,* avec tout ce que ce monde contient; il est visible que ce décret ne change rien dans la constitution des choses, et qu'il les laisse telles qu'elles étaient dans l'état de pure possibilité, c'est à dire qu'il ne change rien, ni dans leur essence ou nature, ni même dans leurs accidents, représentés déjà parfaitement dans l'idée de ce monde possible.«[161] Diese von verschiedenen Autoren [162] herausgestellte Leibnizische Auffassung der Schöpfung als Überführung einer ganz bestimmten Welt aus dem Stande der Möglichkeit in den der Aktualität liefert eine weitere Bekräftigung der hier vertretenen These, daß die existenzfähigen Möglichkeiten von sich aus, ohne Bezug auf den Willen zur Schöpfung überhaupt, in Systeme zusammengeschlossen sind.

b. Sinn der Ausgezeichnetheit der wirklichen Welt als beste aller möglichen Welten

Es stellt sich die Frage nach der Ausgezeichnetheit, um deren willen die wirkliche Welt den Vorzug der Zulassung zur Existenz erfährt. Da Gott nichts ohne Grund tut, fällt seine Wahl auf diejenige Welt, die sich als die beste und vollkommenste aller möglichen Welten erweist [163]. Vollkommenheit gibt das Prinzip der Existenz ab.

---

[160] Kap. V § 2 a.

[161] *Théod.* I 52 (P. VI 131); vgl. auch II 149 (P. VI 198); *an Clarke* V 6 (P. VII 390) und einige auf S. 443 f. genannte Texte.

[162] Erdmann, *Grundriß der Geschichte der Philosophie* II 149; Dillmann, *Eine neue Darstellung der Leibnizischen Monadenlehre* S. 418 und 446 (allerdings unter Vertretung der Deutung, daß Gott die einzelnen Begriffe existenzfähiger Substanzen auf ihr Zusammenpassen hin ausgewählt und in diesem Sinne nachträglich in Systeme ordnet); Jasinowski, *Die analytische Urteilslehre Leibnizens in ihrem Verhältnis zu seiner Metaphysik* S. 58 ff; Rolland, *Le déterminisme monadique* S. 137; Funke, *Der Möglichkeitsbegriff in Leibnizens System* S. 102 und 137; Martin, *Leibniz* S. 125; Janke, *Leibniz* S. 222 f.

[163] *Grua* S. 288; *Monad.* 53 ff (P. VI 615 f).

Unter Vollkommenheit versteht Leibniz einen Grad von Realität. »Perfectio est gradus realitatis.«[164] Folglich: »Perfectius est quod plus habeat realitatis vel entitatis positivae.«[165] Dementsprechend erhält unter den unendlich vielen möglichen Kombinationen und Reihen diejenige den Vorzug, »per quam plurimum essentiae seu possibilitatis perducitur ad existendum«[166]. Vollkommenheit hat also einen rein quantitativen Sinn: diejenige Kombination möglicher Elemente stellt sich als zu bevorzugend heraus, welche die größte Zahl von Elementen enthält[167]. Genauer gesehen, handelt es sich um ein Maximum-Minimum Problem der Art, »ut nempe maximus praestetur effectus, minimo ut sic dicam sumtu«[168]. Als ein illustrierendes Beispiel führt Leibniz die Aufgabe eines Architekten an, auf gegebenem Terrain das best mögliche Gebäude zu errichten, wobei sich die Güte des Gebäudes durch seine »commoditas« sowie durch die Anzahl und Eleganz seiner Räume bestimmt. Weitere Beispiele liefern jene Spiele, bei denen sämtliche Felder eines Brettes gemäß gewissen Regeln zu besetzen sind, was nur bei einer ganz bestimmten Art des Vorgehens mühelos gelingt. Handelt es sich schließlich darum, ein Dreieck zu konstruieren, so wird, wenn keine nähere Spezifikation gegeben ist, ein gleichseitiges Dreieck entstehen, dessen Ausgezeichnetheit darin besteht, bei gegebenenem Umfang den größten Flächeninhalt aufzuweisen[169].

Als selbstverständlich ist bei den Maxima-Minima Überlegungen die Kompatibilität all dessen vorausgesetzt, was der wirklichen Welt angehört, und zwar Kompatibilität nicht nur zu einer gewissen Zeit, sondern ganz allgemein und schlechthin, da in jeder Gegenwart die Zukunft involviert ist. Unter dieser Voraussetzung folgt »ex conflictu omnum possibilium existentiam exigentium ... ut existat ea rerum series, per quam plurimum existit, seu series omnium possibilium maxima«[170]. Daher kann Existenz geradezu als maximale Kompatibilität definiert werden: »... definiri posset existens, quod cum pluribus compatibile est quam quodlibet aliud incompatibile cum ipso.«[171] Es gilt das allgemeine Prinzip, »quicquid existere potest, et aliis compatibile est, id existere«, weil die Inkompatibilität die einzige Existenzbeschränkung darstellt. »Itaque nulla alia

---

[164] *Elementa verae pietatis sive de amore Dei super omnia (Grua* S. 11) *De affectibus* (*Grua* S. 527); *Couturat, O. F.* S. 474; *Monad.* 41 (P. VI 613).

[165] *Grua* S. 3251 *Elementa verae pietatis sive de amore Dei super omnia (Grua* S. 13 und 17).

[166] *De rerum originatione radicali* (P. VII 303).

[167] *Dialogue entre Theophile et Polidore (Grua* S. 285 f).

[168] *De rerum originatione radicali* (P. VII 303 f).

[169] *De affectibus (Grua* S. 529); *Tentamen anagogicum* (P. VII 278); *Spec. inv.* (P. VII 310 Anm.).

[170] P. VII 289 f; ebenso P. VII 194: »... Omne possibile exigit existere, et proinde existeret nisi aliud impediret, quod etiam existere exigit et priori incompatibile est, unde sequitur, semper eam existere rerum combinationem, qua existunt quam plurima ...«.

[171] *Gen. Inqu.* (*Couturat, O. F.* S. 360).

ratio determinandi, quam ut existant potiora, quae plurimum involvant realitatis« [172]. Ist ein jedes Universum überhaupt nichts anderes als »la collection
d'une certaine façon de compossibles«, so stellt sich das wirkliche Universum
heraus als »la collection de tous les possibles existants, c'est à dire de ceux qui
forment le plus riche composé« [173].

In einem Text wird Existenz durch Harmonie definiert und mit dieser gleichgesetzt: »Existere nihil aliud esse quam harmonicum esse.«[174] Folglich ist die
zur Existenz zugelassene Welt die harmonischste unter allen möglichen Welten [175].
Jedoch ist auch die Harmonie in diesem Zusammenhang quantitativ gedeutet: die
»harmonia rerum« besteht darin, daß »quantum plurimum essentiae potest
existat« [176]. Die Vollkommenheit der wirklichen Welt, die sie zur besten aller
möglichen Welten macht, scheint in einem rein quantitativen Sinne gemeint zu
sein [177]. Auch die Interpretation von Couturat [178] bewegt sich auf der gleichen
Linie. Da es sich sowohl um ein Maximum wie um ein Minimum handeln kann,
nimmt Couturat ein allgemeines, aber ebenfalls quantitatives Prinzip in Anspruch,
nämlich das der maximalen Bestimmtheit (»le plus déterminé«).

Nach Belaval [179] wird die ausschließliche Betonung des quantitativen Vorzugs,
auch in der Fassung von Couturat, den Leibnizischen Intentionen nicht völlig gerecht. Leibniz stellt der »ancienne méthode de maximis et minimis quantitatibus«
die von ihm in die Geometrie eingeführte und über die alte hinausgehende Methode »de formis optimis, c'est à dire maximum aut minimum praestantibus«
gegenüber [180]. Das gleichseitige Dreieck hat nicht nur die Auszeichnung, daß es bei
gegebenem Umfang unter allen möglichen Dreiecken dasjenige ist, das den größten
Flächeninhalt besitzt, sondern es ist auch noch, und vor allem, in folgender Hinsicht ausgezeichnet: Während bei gegebenem Umfang ein Dreieck kleineren Flächeninhalts auf mehrfache Weise konstruiert werden kann, ist die Konstruktion
des Dreieckecks größtmöglichen Flächeninhalts nur auf eine einzige Weise möglich: nur das gleichseitige Dreieck genügt dieser Bedingung. Die Konstruktion
eines Maximum stellt sich als optimale Konstruktion heraus, wobei das Optimum
im Sinne völliger Bestimmtheit, Eindeutigkeit und *Einzigkeit* zu verstehen ist [181].
»... electus est ille modus creandi mundum, qui plus realitatis sive perfectionis
involvit, et Deus agit instar summi geometrae, qui optimas problematum con-

[172] *Couturat, O. F.* S. 530.
[173] *An Bourguet*, Dez. 1714 (P. III 573).
[174] *Jagodinsky* S. 32.
[175] *An Wedderkopf*, Mai (?) 1671: »Deus ... vult quae optima item harmonicota id
    intelligit eaque velut seligit ex numero omnium possibilium infinito« (*Ak.* II, I 117).
[176] *Jagodinsky* S. 28.
[177] Lovejoy, *The great chain of Being* S. 179 f; Martin, *Leibniz* S. 34, 141, 208; Janke,
    Leibniz S. 228 f.
[178] Couturat, *La logique de Leibniz* S. 231 f.
[179] Belaval, *Leibniz Critique de Descartes* S. 394 ff.
[180] *Tentamen anagogicum* (P. VII 272)
[181] Belaval, *Leibniz Critique de Descartes* S. 404 ff.

structiones praefert ... determinata praeferuntur indeterminatis, in quibus ratio
electionis nulla intelligi potest« [182]. Bei seinen Bemühungen, Existenz zu definieren, geht Leibniz über die Formulierung »existens esse ens quod cum plurimis compatibile est, seu ens maxime possibile ...« hinaus und gelangt schließlich
zu der folgenden: »existit, quod menti alicui ... placet, ... nec menti potent-
issimae (absolute) displicet. Placet autem menti potius id fieri quod habet rationem, quam quod non habet rationem, ita si plura sint A, B, C, D, et unum
ex ipsis sit eligendum, et sint B, C, D per omnia similia, at solum A ab aliis
sese aliqua re distinguat, menti cuilibet ⟨hoc intelligenti⟩ placebit A.«[183] Damit
ist der Anschluß an die obigen [184] Ausführungen gewonnen, in denen sich das
Prinzip der Einzigkeit, des »Maximum« nicht so sehr im quantitativen Sinne als
in dem der völligen Bestimmtheit und Eindeutigkeit als eines jener formalen und
architektonischen Ordnungsprinzipien herausstellt, die der Wissenschaft vom
Phänomenalen, d. h. der mechanischen Erklärung der Phänomene zu Grunde liegen. Die zur Existenz zugelassene Welt enthält nicht nur ein Maximum von
Realität und Vollkommenheit, d. h. ein Maximum von miteinander Kompatiblem,
sondern sie hat zugleich, eben *weil* sie ein solches Maximum enthält, die weitere
Auszeichnung, die *einzige* Welt zu sein, die dieses Maximum aufweist. Wäre dem
nicht so, gäbe es eine Mehrheit möglicher Welten von gleicher maximaler Vollkommenheit, so läge für den göttlichen Willen kein Motiv vor, eine unter diesen
möglichen Welten vor irgendeiner anderen vorzuziehen [185]. Da nichts ohne Grund
geschieht und der göttliche Wille nicht blind, sondern unter der Leitung des
göttlichen Intellekts seine Wahl trifft, gibt Gott, wenn er überhaupt eine Welt
zur Existenz zuläßt, derjenigen den Vorzug, die aufgrund ihrer inneren Organisation und Architektonik einzigartige Ausgezeichnetheit besitzt.

Die Wendung von der »besten aller möglichen Welten« scheint von Leibniz in
einem logisch-mathematischen, wenngleich nicht ausschließlich quantitativen Sinne
gemeint zu sein, nicht aber in einem ethischen Sinne, jedenfalls nicht primär. Bereits Erdmann hat sich dahingehend geäußert [186], und Couturat ist in dieser
Richtung noch weiter gegangen. Nach Couturat hat die Vollkommenheit der
wirklich existierenden Welt für Leibniz ursprünglich einen rein intellektuellen,
rationalen, logisch-mathematischen, nicht aber moralischen oder theologischen
Sinn; erst nachträglich und zusätzlich erhält das rein logische »principe de raison«
einen metaphysischen und theologischen Charakter [187]. Dann fragt sich, wie eine

[182] *Spec. inv.* (P. VII 310 Anm.).
[183] *Gen. Inqu.* 73 (*Couturat, O. F.* S. 376).
[184] S. 358 f.
[185] *Théod.* I 8 (P. VI 107).
[186] Erdmann, *Grundriß der Geschichte der Philosophie* II 149.
[187] Couturat, *La logique de Leibniz* S. 221, 231, 237. Parkinson, *Logic and reality in
Leibniz' metaphysics* S. 114 f wendet gegen Couturat ein, daß er den moralischen
Charakter der »besten aller möglichen Welten« und überhaupt Leibnizens Begriff
vom »Reich der Gnade« vernachlässigt und mit Stillschweigen übergangen hat.

solche Sinneserweiterung möglich ist und verständlich gemacht werden kann. Tritt der Charakter der moralischen Vollkommenheit nachträglich und äußerlich zu dem der logischen Vollkommenheit hinzu, — äußerlich insofern, als an und für sich und ursprünglich zwischen beiden Charakteren keine innere und sachliche Verbindung besteht? Eine solche Verbindung besteht aber insofern, als für Leibniz *das logisch Vollkommene ipso facto zugleich das moralisch Vollkommene ist* und umgekehrt, oder — wie Jalabert [188] es ausdrückt — es handelt sich um zwei komplementäre Seiten der gleichen Wirklichkeit. Eine von der wirklichen verschiedene Welt enthielte weder einen Widerspruch noch eine logische Absurdität, wohl aber eine Unvollkommenheit oder moralische Absurdität [189]. Bezeichnenderweise wird unmittelbar anschließend die »perfectio« als »principium existentiae« im Sinne des logisch-mathematischen Optimum bzw. Maximum bestimmt, nämlich als »essentiae gradus (per quem plurima sunt compossibilia)«. Den Abschluß der Schrift bildet eine Darlegung der moralischen Vollkommenheit der Welt, die folgendermaßen eröffnet wird: »... sequi ... non tantum quod mundus sit perfectissimus moraliter ...«[190] Wir sehen in diesem Text nicht eine Nebeneinanderstellung zweier verschiedener Bestimmungen, sondern einen doppelten Ausdruck des gleichen Sachverhalts [191]. In die gleiche Richtung weist die Selbstverständlichkeit, mit der Leibniz ohne weiteres logisch-mathematische und moralische Bestimmungen zusammen aufzählt [192]. Das auf dem Boden der Interpretation von Couturat erwachsene Problem der Sinneserweiterung und -übertragung stellt sich für die hier vorgetragene Deutung überhaupt nicht, nach der das logisch Voll-

---

[188] Jalabert, *La théorie leibnizienne de la substance* S. 86 ff und *Le Dieu de Leibniz* S. 166 und 213 ff.

[189] *De rerum originatione radicali* (P. VII 304).

[190] *De rerum originatione radicali* (P. VII 306).

[191] *Grua* S. 492: »... il ne faut point opposer bonté à sagesse. Au contraire la sagesse doit montrer le moyen de produire le plus de bonté qu'il est possible«; *Discours sur la démonstration de l'existence de Dieu par Descartes*: »... le même Dieu qui est la somme de tous les biens est aussi le principe de toutes les connaissances« (*Foucher de Careil*, N. L. O. S. 25); ebenso *an die Herzogin Sophie*: daher ist die von der wahren Logik nicht verschiedene wahre Metaphysik zugleich auch die natürliche Theologie; ferner *Monad.* 87: »... harmonie entre le règne physique de la nature et le règne moral de la grâce, c'est à dire entre Dieu, considéré comme architecte de la machine de l'univers, et Dieu considéré comme monarque de la Cité divine des esprits« (P. VI 622).

[192] *Princ.* 10: »... Dieu, ... en produisant l'univers ... a choisi le meilleur plan possible, où il y ait la plus grande variété, avec le plus grand ordre: ... le plus d'effet produit par les voies les plus simples; le plus de puissance, le plus de connaissance, le plus de bonheur et de bonté dans les créatures, que l'univers en pouvait admettre« (P. VI 603); *Théod.* Anhang III 22: »Dieu a résolu de créer un monde, mais sa bonté l'a dû porter en même temps à le choisir tel qu'il y ait le plus d'ordre, de régularité, de vertu, de bonheur, qui soit possible« (P. VI 426).

kommene von vornherein mit dem moralisch Vollkommenen zusammenfällt, so
daß es einer Übertragung gar nicht bedarf [193]. Zur Erläuterung dieser logisch-
moralischen Äquivalenz mag der Zusammenhang zwischen dem quantitativen
Maximum und der soeben dargelegten optimalen Bestimmtheit dienen. So wie das
Maximum sich als eindeutig bestimmt und einzigartig herausstellt und auf der
anderen Seite die Bedingung völliger Eindeutigkeit und Einzigkeit auf ein Extremum — hier ein Maximum — führt, so erweist sich das logisch Vollkommene
auch als moralisch vollkommen und umgekehrt. Aus diesem Grunde muß — wie
Belaval [194] geltend macht — die Wendung von der »besten aller möglichen Welten« absolut und nicht relativ verstanden werden, also nicht mit Jalabert und
Ortega y Gasset [195] im Sinne der am wenigsten unvollkommenen unter den möglichen Welten. Wie schon bei einer früheren [196] Gelegenheit kann man hier wieder
von einem Einklang, besser vielleicht von einer Konvergenz verschiedener Be-
trachtungsrichtungen sprechen, — einer Konvergenz, in welcher der Leibnizische
Panlogismus einen weiteren Ausdruck findet.

c. Grenze der Rationalität

Auf Grund seiner Allwissenheit kennt Gott diejenige Welt, der unter allen möglichen Welten die Ausgezeichnetheit als beste zukommt, und er durchschaut völlig
den Zusammenhang aller möglichen Welten, innerhalb dessen sich eine Welt als
die vollkommenste erweist. Da sein Wille immer auf das Beste gerichtet ist, gibt
Gott der in Rede stehenden Welt den Vorzug vor allen anderen möglichen Welten. Mit anderen Worten: *wenn* Gott überhaupt eine Welt schafft, d. h. zur
Existenz zuläßt, so die, welche auf Grund ihrer Ausgezeichnetheit den Vorzug verdient und erhält. Begreift man gemäß dem soeben erwähnten Prinzip der logisch-
moralischen Äquivalenz unter dem Rationalen sowohl das Logische wie das Moralische, so ist bislang der Bereich des Rationalen noch nicht verlassen.

Die Grenze dieses Bereiches wird erreicht und sogar überschritten, sobald das
Wenn durch ein *Daß* ersetzt wird, d. h. durch das Fiat der Schöpfung. An und
für sich hätte Gott sich jeder Schöpfung überhaupt enthalten können. »Potuisset
Deus aut non aut aliter creare, sed non erat facturus.«[197] Der Wille zur Schöpfung, d. h. zur Schöpfung überhaupt, zur Schöpfung irgendeiner Welt, aber nicht
einer bestimmten Welt an Stelle einer anderen ebenfalls möglichen Welt, ist in

---

[193] Auf der gleichen Linie bewegen sich die Ausführungen von v. Aster, *Geschichte der
neueren Erkenntnistheorie* S. 316 ff über den durchgehenden Leibnizschen Rationalismus und Intellektualismus auch in Sachen der Moral und Ästhetik.

[194] Belaval, *Leibniz Critique de Descartes* S. 412.

[195] Jalabert, *Le Dieu de Leibniz* S. 210; Ortega y Gasset, *The Idea of Principle in Leibniz and the Evolution of the Deductire Theory* S. 363 f.

[196] S. 204.

[197] *Réfutation inédite de Spinoza par Leibniz* (hrsg. von Foucher de Careil) S. 48; *Théod.*
Anhang I: »... il faut avouer ... qu'il était possible ... de ne point créer de monde,
puisque sa création a dépendu de la volonté libre de Dieu ...« (P. VI 376 f).

dem besonderen Sinne frei, daß er nicht auf einem logischen oder rationalen Grunde beruht. Jedoch ist er nicht unmotiviert, da Leibniz einen völlig unmotivierten Willen, eine Freiheit der Indifferenz nicht anerkennt [198]. Sein Motiv ist aber nicht logischer oder rationaler Natur, sondern: ». . . Dieu formant le dessein de créer le monde, s'est proposé uniquement de manifester et de communiquer ses perfections de la manière la plus efficace et la plus digne de sa grandeur, de sa sagesse et de sa bonté.«[199] Dieses Motiv ist für Gott nicht wesentlich: »L'amour que Dieu se porte, lui est essentiel, mais l'amour de sa gloire, ou la volonté de la procurer, ne l'est nullement: l'amour qu'il a pour lui-même ne l'a point nécessité aux actions au dehors, elles ont été libres . . .«[200] Darin tritt die Paradoxie eines zwar grundlosen, aber doch motivierten Willens zu Tage [201]. Die Grundlosigkeit des *Fiat der Schöpfung* entspricht der *Grundlosigkeit des Faktums der Existenz* der aktuellen Welt als ganzer und alles dessen, was sie enthält. In dieser Grundlosigkeit wurzelt der oben [202] herausgestellte spezifisch auf aktuelle Existenz bezogene Sinn von Kontingenz als Existentialkontingenz im Unterschied zu dem anderen Begriff von Kontingenz, der mit der Lehre von der Vielheit möglicher Welten zusammenhängt.

Es kommt darauf an, den Locus des alogischen Moments, des *einzigen* solchen Moments im Ganzen der Leibnizischen Philosophie, genau zu präzisieren. Zu diesem Zweck erinnern wir an die vorhin [203] erwähnte doppelte Rolle oder Funktion des göttlichen Willens. Auf der einen Seite steht der Wille zur Schöpfung überhaupt, auf Grund dessen die möglichen Welten ihren Anspruch auf

---

[198] Gegen Malebranche bemerkt Leibniz: »Pour moi je crois que Dieu n'est jamais indifférent à rien« (Robinet, *Malebranche et Leibniz* S. 203. Zur Stellung von Malebranche in dieser Frage siehe Gueroult, *Malebranche* II Kap. III besonders § 10 und 12.

[199] *Théod.* I 78 (P. VI 144); II 228: ». . . c'est la bonté qui porte Dieu à créer, afin de se communiquer; et cette même bonté jointe à la sagesse le porte à créer le meilleur . . .« (P. VI 253); Anhang III 7 (P. VI 407). Über den Sinn (ursprünglich neuplatonischer Herkunft), den Güte und Liebe, verstanden als schöpferischer Drang und nicht als Fürsorglichkeit, unter dem Einfluß des Dionysius Areopagita im mittelalterlichen Denken haben, siehe Lovejoy, *The great chain of Being* S. 67 ff. Diese Auffassung wirkt bei Malebranche und in gewissem Maße auch bei Leibniz nach.

[200] *Théod.* II 233 (P. VI 256); II 230: »Il n'est point vrai, que Dieu aime sa gloire nécessairement, si l'on entend par là qu'il est porté nécessairement à se procurer sa gloire par les créatures« (P. VI 255). Zur »gloire de Dieu« als Motiv der Schöpfung siehe Jalabert, *Le Dieu de Leibniz* S. 172 ff, der auch die in dieser Frage zwischen Leibniz und Malebranche bestehenden Übereinstimmungen sowie Differenzen hervorhebt.

[201] *Théod.* Anhang III 21: ». . . Dieu n'a besoin de rien; . . . sa bonté, et non pas son besoin, l'a porté à produire les créatures. Il y avait donc en lui une raison antérieure à la résolution; . . . Dieu agit pour une fin, . . . son but est de communiquer sa bonté. Il ne lui était donc pas absolument indifférent de créer, ou de ne point créer, et néanmoins la création est un acte libre« (P. VI 424).

[202] Kap. II § 5 c.

[203] S. 456 ff.

Existenz erheben und in den Wettstreit um Zulassung zur Existenz eintreten. Auf der anderen Seite besteht die Funktion des göttlichen Willens darin, die Ausgezeichnetheit, die eine der möglichen Welten auf Grund ihrer Eigennatur vor allen anderen besitzt, anzuerkennen, s. z. s. zu ratifizieren und ihrem Existenzanspruch stattzugeben. Nur auf den göttlichen Willen in seiner ersten Funktion bezieht sich die Grundlosigkeit im logisch-rationalen Sinne. Ist der Beschluß zur Schöpfung überhaupt gefaßt, so kann Gott bei seiner Vollkommenheit nur derjenigen Welt den Vorzug geben, die sich als dieses Vorzugs würdig erweist.

Nach Ortega y Gasset ist die wirklich existierende Welt ein »factum brutum«; ihre Existenz und Bevorzugung vor irgendeiner anderen ebenfalls möglichen Welt kann weder begründet noch gerechtfertigt werden und ist irrational [204]. Jedoch ist diese Irrationalität für Leibniz nur scheinbar und liegt an der Begrenztheit der menschlichen Erkenntnis. In Wahrheit sind die Gründe für die Bevorzugung der wirklichen Welt — die übrigens unabhängig von ihrer Zulassung zur Existenz, d. h. ihrem Eigenbestande nach, beste aller ist [205] — so zahlreich und verschlungen, daß sie der menschliche Geist nicht durchschauen und entwirren kann, während der Geist Gottes sie in Klarheit übersieht. Nach Ortega y Gasset ergibt sich somit die Paradoxie, daß die einbare Irrationalität der Welt aus ihrer rationalen Überbestimmtheit resultiert. Texte, die — wie der oben angeführte [206] — von den unendlichen Vergleichen unendlicher Systeme handeln, sprechen für die Deutung von Ortega y Gasset, nach der die Gründe für die Auswahl der zur Existenz zugelassenen Welt vor den anderen möglichen Welten für uns Menschen nicht übersehbar sind, daß aber von Gott aus diese Auswahl durchaus rational ist. Was aber Ortega y Gasset nicht beachtet, ist das irrationale Moment des *göttlichen Willens zur Schöpfung überhaupt*. Das erscheint umso merkwürdiger, als er selbst davon spricht, daß überhaupt keine Welt existieren könnte.

Unsere Auffassung steht der von Belaval [207] sehr nahe. Man kann aber nicht, wie Friedmann es tut, den »metaphysischen Mechanismus«, kraft dessen eine der möglichen Welten sich gegenüber den anderen durchsetzt, als eine physische oder

---

[204] Ortega y Gasset, *The Idea of Principle in Leibniz and the Evolution of Deductive Theory* S. 358.

[205] Id., *a.a.O.* S. 362.

[206] S. 455.

[207] Belaval, *Leibniz* S. 142: »Il y aurait contradiction à ce que l'Être parfait ne choisît pas le plus parfait réalisable, mais aucune contradiction à ce qu'il ne le réalisât point«. Wie der Zusammenhang zeigt, versteht Belaval »contradiction« nicht als logischen Widerspruch, sondern im Sinne der Unverträglichkeit mit der moralischen Vollkommenheit des »Être parfait«. Noch expliziter ist Belaval in *Leibniz Critique de Descartes* S. 398: »... il n'y a qu'une liaison synthétique, donc contingente, entre le jugement du meilleur et la création du meilleur; la contingence de la création ne relève plus de la nécessité logique, mais de l'obligation morale ...«. Nach unserer Deutung, die mit der von Belaval nicht im Gegensatz steht, betrifft die »obligation morale« lediglich die Auswahl der als beste unter allen möglichen erkannten Welt, nicht aber den Willen zu einer Auswahl überhaupt.

physikalische Notwendigkeit (»nécessité physique«) ansetzen, die sich Gott auf-
zwingt (»s'impose«) [208]. Zwar beruft sich Leibniz zur Erläuterung des »metaphysischen Mechanismus« auf Beispiele aus der physikalischen Mechanik [209], jedoch sind diese Vergleiche lediglich als Illustrationen gemeint. Ferner geht es
nicht an, die Schlüssigkeit rationaler Überlegungen, ob logischer oder moralischer,
mit äußerem physischem Zwang auf die gleiche Stufe zu stellen oder auch nur zu
vergleichen [210]. Schließlich bietet die Interpretation von Friedmann keinen Raum
für die besondere und eigenartige Freiheit (Motiviertheit bei Grundlosigkeit) des
göttlichen Willens zur Schöpfung überhaupt.

In letzterer Hinsicht scheint unserer Deutung ein Leibnizischer Text zu wider-
sprechen [211]. ».. . Deum, qua libertate potest nihil plane creare, posse etiam minus
creare, sed rationem quae facit ut aliquid creet, facere etiam ut optimum in ea
quam decrevit rerum mensura producat . . .« Wie aus dem Zusammenhang dieses
polemischen, gegen Bayle gerichteten Textes hervorgeht, handelt es sich um die
Motiviertheit des göttlichen Willens, der aber darum keiner Notwendigkeit
unterliegt. Der zitierten Stelle gehen einige Wendungeen voraus, die sich durchaus
der hier vertretenen Deutung einfügen. »Il est vrai que cette proposition: ›Dieu
veut l'ouvrage le plus digne de lui‹ est nécessaire. Mais il n'est pas vrai qu'il le
veuille nécessairement«. Noch prägnanter: sagt man »Deus necessario vult
melius«, so bezieht sich »necessario« auf die Copula, »sed non ad contenta in
copula. Deus est necessario is qui vult optimum. Sed non is qui necessario vult
optimum. Vult enim libere.« Mit einem Worte, Gott ist absolut frei, die Existenz
einer Welt zu wollen oder nicht zu wollen. Will er sie, so kann er nur die der
besten unter allen möglichen Welten wollen.

Eine weitere Bekräftigung der hier vertretenen Deutung liefert Leibnizens Erklärung des Satzes »Deus vult eligere perfectissimum« als »principium primum
circa existentias« [212]. Dieser Satz ist »omnium propositionum facti prima, seu
origo omnis existentiae contingentis« oder »origo transitus a possibilitate ad
existentiam creaturarum«. Der in Rede stehende Satz ist unbeweisbar und wird
mit identischen Sätzen von der Form »A est A« gleichgestellt. Seine Unbeweis-
barkeit besagt das Gleiche wie die Freiheit Gottes. Wiederum wirft Leibniz die
Frage auf, ob das Gegenteil dieses Satzes, nämlich daß Gott nicht das »per-

---

[208] Friedmann, *Leibniz et Spinoza* S. 141 f; siehe auch S. 218 die Wendung: »Dieu ...
subit une sorte de *fatum melioris*« und »Antérieurement à Dieu, Leibniz pose le
›meilleur‹ qui contraint Dieu«. Der Ausdruck »antérieurement« ist besonders an-
stössig, denn — wie vorher (dieses Kap. §§ 1 a und 2 a) dargelegt — bilden alle
Möglichkeiten, die reinen und abstrakten wie die existenzfähigen, den Inhalt des
göttlichen Intellekts und sind auf diesen für ihren Bestand rein als Möglichkeiten
durchaus angewiesen.

[209] *Notationes generales* (Grua S. 324); *De rerum originatione radicali* (P. VII 304).

[210] Siehe hierzu Dillmann, *Eine neue Darstellung der Leibnizischen Monadenlehre*
S. 489 ff.

[211] Das Folgende bezieht sich auf *Grua* S. 493 f.

[212] *Grua* S. 301 f.

fectissimum« erwählt, einen Widerspruch enthält. »Dico non implicare contradictionem, nisi posita jam Dei voluntate. Deus enim vult velle eligere perfectissimum, et vult voluntatem volendi, et ita in infinitum, quia infinitae istae reflexio-
nes cadunt in Deum, non vero cadunt in creaturam«. Grua weist darauf hin, daß
dieser Text der einzige ist, in dem Leibniz einen derartigen unendlichen Prozeß
bei Gott zuläßt, den er in anderen Texten ausdrücklich bestreitet [213]. Für den
gegenwärtigen Zusammenhang kommt es auf die Unendlichkeit dieses Prozesses
gar nicht an. Wir können uns an das halten, was Leibniz hier als »totum arcanum« bezeichnet. »... Deus non tantum decrevit facere perfectissimum, sed et
decrevit decernere.« Der Satz »Deus vult perfectissimum« kann als das Prinzip
aller auf die aktuelle Welt bezogenen kontingenten Sätze gelten, weil diese Sätze
durch die Zulassung dieser Welt zur Existenz zu Tatsachenwahrheiten werden
und den Sinn der Existentialkontingenz erwerben. Hinter der Auswahl der aktuellen Welt und diese Auswahl ermöglichend steht der Wille, überhaupt eine Welt
zur Existenz zuzulassen.

§ 5 Existenz als Prädikat

Um eine Welt zur Existenz zu bringen, bedarf es nicht nur des »entendement
qui ... a les idés« und des »acte de la volonté qui choisit«, sondern auch der
»puissance ... qui ... rend la volonté efficace« [214]. Ohne die göttliche Macht bliebe
das Fiat der Schöpfung ein leeres Wort. Folglich muß der Verwirklichung des
göttlichen Willens und des Schöpfungsdekrets eine bestimmte Beschaffenheit oder
Charakteristik der Welt entsprechen, die kraft dieses Dekrets zur Existenz zugelassen ist. Mit anderen Worten, die Ausübung der göttlichen Macht muß eine
Wirkung hinterlassen, und zwar in Form einer der wirklichen Welt eignenden
Charakteristik, an der sich die Ausübung der Macht bekundet, und in der sie
s. z. s. ihren Niederschlag findet. Anderenfalls ergäbe sich die absurde Konsequenz, daß trotz der göttlichen Allmacht das Schöpfungsdekret wirkungslos bliebe.
Diese Überlegung ist eine analogisierende Übertragung des Arguments, das Leibniz gegen den Occasionalismus von Malebranche und für den Ansatz der Substanz als *natura naturans* ihrer Accidentien geltend macht [215]. Für das Recht dieser Übertragung stützen wir uns auf eine ausdrückliche Erklärung von Leibniz:
»... cum ... consentaneum sit, quemadmodum verbum *fiat* aliquid post se reliquit, nempe rem ipsam persistentem; ita verbum *benedictionis* non minus *miri-
ficum* aliquam post se in rebus reliquisse producendi actus suos operandique
foecunditatem nisumve, ex quo operatio, si nihil obstet, consequatur.«[216] Die

---

[213] *Grua* S. 289: »... Deum non posse velle voluntarie, alioqui daretur voluntas volendi
in infinitum«. Siehe auch die Anm. 89 gegebenen Verweise auf weitere Texte.
[214] *Théod.* I 7; siehe auch II 116, 149 und *Monad.* 55 (P. VI 106 f, 167, 198 f, 616).
[215] Siehe S. 339 ff.
[216] *De ipsa natura* 8 (P. IV 508).

Charakteristik, in der die Ausübung der göttlichen Macht ihren bleibenden und dauernden Ausdruck findet, ist das Faktum der Existenz selbst [217]. Indem Gott die bevorzugte und darum ausgewählte Welt zur Existenz zuläßt, wird ihr die Existenz als Beschaffenheit aufgeprägt. Burgelins [218] Formulierung ist durchaus korrekt: der göttliche Wille fügt der möglichen Welt keinen Charakter hinzu außer dem der Existenz; aber eben dieser Charakter wird ihr aufgeprägt. Im Einklang mit dem, was vorhin [219] hinsichtlich des Anspruchs auf Existenz und des Wettstreits um Zulassung zu ihr ausgeführt wurde (und aus denselben Gründen), kommt Existenz zunächst der betr. Welt als ganzer zu und dann in abgeleiteter Weise allen Wesen, die dieser Welt angehören.

Logisch gesehen, besagt die Auffassung von Existenz als Charakteristik oder Beschaffenheit des Existierenden, daß Existenz als ein Prädikat zu gelten hat, das wie alle Prädikate im vollständigen Begriff des jeweilig Existierenden enthalten ist. ».. . cum dicitur ›Adam peccans existit‹, necesse est ut sit aliquid in [Adamo peccante] hac notione possibili, Adamus peccans, propter quod existere dicatur.«[220] Unmittelbar vorher steht eine Formulierung des bekannten Leibnizischen Prinzips, daß in jedem wahren Satz »esse connexionem praedicati et subjecti« [221]. Ebenso explizit und eindeutig ist die folgende Äußerung: »... lorsqu'on dit, qu'une chose existe, ou qu'elle a une existence réelle, cette existence même est le prédicat, c'est à dire, elle a une notion liée avec l'idée dont il s'agit, et il y a connexion entre ces deux notions.«[222] Es mag auffallend und sogar befremdend erscheinen, daß diese Bestimmung von Existenz als Prädikat im Zusammenhang einer Erörterung von Relationen auftritt.

Der Eindruck der Befremdlichkeit löst sich im Lichte weiterer Analysen des Existenzbegriffes auf. Auf die Frage nach der Bedeutung dieses Begriffs liegt als erste die Antwort nahe, daß mit Existenz »aliquid superadditum possibilitati sive essentiae« gemeint ist: »... existens est ens seu possibile, et aliquid praeterea.«[223] Bei der Präzisierung dessen, was zur Möglichkeit hinzukommt, muß die Absurdität vermieden werden, daß die mögliche Existenz des Zukünftigen »sit idem quod actualitas praescindens ab actualitate«. Als Lösung schlägt Leibniz die folgende Definition vor: »... existens esse ens quod cum plurimis compatibile est, seu ens maxime possibile, itaque omnia coexistentia aeque possibilia sunt.« Werden alle Umstände in Betracht gezogen, »non video quid aliud in existente concipiatur, quam aliquid entis gradus, quoniam variis entibus applicari

---

217 In dem S. 467 zitierten Text aus *Théod.* I 7 heißt es unmittelbar anschließend: »La puissance va à l'être . . .« (P. VI 107).
218 Burgelin, *Commentaire du Discours de Métaphysique de Leibniz* S. 14.
219 S. 456.
220 *Grua* S. 304.
221 Von Interesse ist, daß Leibniz den Satz »Illud certum est, quod existit non accipere novam formam existendo« unterdrückt hat; ebenso *ibid.* S. 303.
222 *Nouv. Ess.* IV, I § 7 (P. V 339 f).
223 *Gen. Inqu.* 73 (*Couturat, O. F.* S. 375 f).

potest«. Diese Bestimmung von Existenz als maximaler Möglichkeit befindet sich nicht im Widerstreit mit einer früheren Äußerung von Leibniz gegenüber A. Eckhard [224]: ».. existentiam esse perfectionem, seu augere realitatem, id est cum concipitur A *existens,* plus realitatis concipi, quam cum concipitur A *possibile.*« Unmittelbar vorangehend definiert Lebniz »perfectionem esse gradum seu quantitatem realitatis seu essentiae, ut *intensio* gradus qualitatis, et vis gradus actionis . . .«. Existenz ist demnach der höchste Grad der für Kreaturen erreichbaren Vollkommenheit und in diesem Sinne das Maximum der als Existenzfähigkeit zu verstehenden Möglichkeit [225]. Dem steht ein Text gegenüber, in dem Leibniz ausdrücklich die Gleichsetzung von Existenz mit »perfectio seu gradus realitatis« ablehnt [226]. Wieder geht er davon aus, »nos aliquid amplius concipere cum cogitamus rem existere, quam cum cogitamus esse possibile«. Folglich bleiben zwei Alternativen: entweder »existentiam esse gradum quendam realitatis« oder aber »esse aliquam relationem ad gradus realitatis«. Die erste Alternative scheidet aus, weil »de quolibet realitatis gradu intelligi potest tum possibilitas tum existentia«. Fest steht, daß »id quod est perfectius omnibus inter se incompatibilibus existit et contra quod existit est caeteris perfectius. Itaque verum quidem est id quod existit perfectius esse non existente, sed verum non est, ipsam existentiam esse perfectionem, cum sit tantum quaedam perfectionum inter se comparatio.« Damit ist Existenz als eine Relation gekennzeichnet, die wie alle Relationen eine »res mentalis« ist und ihren Bestand in einem Geiste hat, sei es einem menschlichen oder dem göttlichen [227]. In der Tat wirft Leibniz zu Anfang des in Rede stehenden Textes die Frage auf, »an existentia sit ex eorum numero quae concipi possunt seu ex partibus essentiae: an vero sit tantum quidem [so gelesen statt: »guidam«] conceptus imaginarius, qualis est caloris et frigoris, qui non est nisi perceptionis nostrae denominatio, non rerum naturae«. Im Gegensatz zu den anderen vorhin angeführten Texten lautet das Ergebnis hier, daß Existenz nicht eine Eigenschaft des Existierenden bezeichnet und folglich nicht als Prädikat eines Subjektes gelten kann [228].

Die im Vorstehenden erwähnten Texte stellen bedeutungsanalytische Untersuchungen des Begriffes der Existenz dar, in denen auf das Fiat der Schöpfung, d. h. den Willen und die Macht Gottes kein Bezug genommen ist. Zu ihrer vollen Würdigung müssen diese Texte mit dem metaphysischen Mechanismus der Zulassung zur Existenz in Zusammenhang gesetzt werden. Wie vorhin [229] ausgeführt, haben alle existenzfähigen Möglichkeiten, d. h. alle möglichen Welten, eine Tendenz zur Existenz und einen Anspruch auf sie, — einen Anspruch, der sich ge-

---

[224] *An Eckhard,* Sommer 1677 *(Ak.* II, I 363).
[225] Vgl. Jalabert, *Le Dieu de Leibniz* S. 85 ff und 128 f.
[226] *Bodemann L.-H.* S. 119 f.
[227] Dieses Kap. § 1 b.
[228] Siehe Janke, *Leibniz* S. 224 und 229 f.
[229] S. 453.

mäß ihrer Vollkommenheit abstuft. Bei dem sich ergebenden Wettstreit um Zulassung zur Existenz trägt diejenige mögliche Welt den Sieg davon, deren Existenzanspruch sich als der gewichtigste erweist. Unter diesen Umständen kann Existenz als ein Grad von Realität oder Vollkommenheit bestimmt werden, als der für Kreaturen höchste erreichbare Grad oder sogar schlechtweg als eine Vollkommenheit [230]. Andererseits ist es ebenfalls möglich, Existenz als eine Relation aufzufassen, nämlich als die Beziehung zwischen der Vollkommenheit der aktuellen Welt und denen der anderen möglichen Welten oder schließlich sie mit dem Existenzanspruch gleichzusetzen unter der Begründung: »Si existentia esset aliud quidam quam essentiae exigentia, sequeretur ipsam habere quandam essentiam seu aliquid novum superaddere rebus, de quo rursus quaeri posset, an haec essentia existat, et cur ista potius quam alia.«[231] Mit anderen Worten, selbst wenn man die Bedeutungsanalyse im Lichte des die Auswahl der zur Existenz zuzulassenden möglichen Welt betreffenden metaphysischen Mechanismus interpretiert, scheint die Bedeutungsanalyse keine Beantwortung der Frage zu ermöglichen, ob für Leibniz Existenz als Prädikat zu gelten hat oder nicht.

Im Zuge einer Bedeutungsanalyse von Begriffen, und zwar vollständigen Begriffen im Leibnizischen Sinne, entscheidet Parkinson sich für die letztere Alternative. Nach ihm enthält der vollständige Begriff einer individuellen Substanz, z. B. Alexander des Großen, aus dem alle Prädikate folgen, die von ihm wahrheitsgemäß ausgesagt werden können, nicht seine Existenz als eines dieser Prädikate, sondern nur den Begriff seiner Zugehörigkeit zur besten aller möglichen Welten oder den seiner Existenzwürdigkeit [232]. Aus dem bloßen Begriff einer individuellen Substanz kann ihre Existenz nicht gefolgert werden. Gefolgert oder geschlossen werden kann nach Parkinson lediglich: wenn Gott existiert, und wenn die beste mögliche Welt nur unter der Voraussetzung existiert, daß die in Rede stehende Substanz existiert, dann wird Gott diese Substanz schaffen und erhalten [233]. Existenz bezeichnet demnach keine Eigenschaft des Existierenden und kann nicht als Prädikat gelten. In ähnlicher Weise argumentiert Funke, daß Existenz kein »genereller Eigenschaftsbegriff« sein kann, weil sich die Überführung des Möglichen in den Stand der Wirklichkeit nicht analytisch demonstrieren läßt [234].

---

[230] *Couturat, O. F.* S. 9: »Et quemadmodum existentia a nobis concipitur tanquam res nihil habens cum essentia commune, quod tamen fieri nequit, quia oportet plus inesse in conceptu existentis quam non existentis, seu existentiam esse perfectionem; cum revera nihil aliud sit explicabile in existentia, quam perfectissimam seriem rerum ingredit . . .«. Den letzten Satz nehmen wir als eine Bestätigung dafür in Anspruch, daß Existenz primär der vollkommensten Reihe als ganzer, d. h. der besten möglichen Welt als solcher zukommt, und erst in abgeleiteter Weise den Gliedern dieser Reihe.

[231] *P.* VII 195 Anm.

[232] Parkinson, *Logic and reality in Leibniz's metaphysics* S. 106 ff und 127.

[233] Id., *a.a.O.* S. 152.

[234] Funke, *Der Möglichkeitsbegriff in Leibnizens System* S. 60 f und 65.

Gegen Parkinsons Argumentation ist nicht nur geltend zu machen, daß für Leibniz Gott notwendigerweise existiert, und daß die aktuell existierende Welt auf Grund ihres Fundamentalbegriffs alle ihr angehörigen Substanzen an deren jeweiliger Stelle erfordert [235], sondern auch, daß Gott die aktuelle Existenz einer Welt will und daher der besten möglichen Welt durch das Dekret der Schöpfung den Vorzug der Zulassung zur Existenz verleiht, und vor allem, daß die göttliche Macht, durch die der im Schöpfungsdekret sich ausdrückende göttliche Wille zur Ausführung gelangt, sich — wie vorhin [236] erwähnt — in der Form einer Wirkung oder eines Niederschlags an dem bekunden muß, auf das der göttliche Wille sich richtet. Dieser Niederschlag kann nur die Existenz selbst sein, die als eigenschaftliche Bestimmung des Existierenden verstanden werden muß. Wenn was immer eine Substanz betrifft in ihrem vollständigen Begriff als eine von dessen Komponenten, d. h. als Prädikat, enthalten ist, so gilt das auch für die Zulassung der in Rede stehenden Substanz zur Existenz. Wie oben [237] dargelegt, unterscheidet Parkinson zwischen der Substanz bzw. dem Subjekt und dem Begriff der Substanz oder des Subjekts, eine Unterscheidung, die ohne Zweifel sachlich berechtigt ist, aber die Grundintention von Leibniz, seinen Panlogismus und das Prinzip der logisch-ontologischen Äquivalenz verfehlt.

Unter Berufung auf die göttlichen Dekrete interpretiert Jalabert Leibniz dahin, daß ihm aktuelle Existenz als Prädikat gilt [238]. Jalabert macht ferner geltend, daß Leibniz kontingente Existenz durch die Zugehörigkeit des Existierenden zur besten aller möglichen Welten definiert, und daß diese Zugehörigkeit einen der Natur kontingenter Dinge inhärenten Charakter bildet [239]. Das letztere ergibt sich aus der soeben wieder erwähnten Erfordertheit jeder Substanz durch den Fundamentalbegriff der Welt, der die betr. Substanz angehört. Die Interpretation von Existenz als Prädikat wird auch von anderen Autoren vertreten [240]. Selbst Russell, der ursprünglich Leibniz dahin gedeutet hatte, daß Existenz insofern ein einzigartiges Prädikat darstellt, als es das einzige ist, das nicht im Begriff des existierenden Subjekts enthalten ist und konsequenterweise überhaupt nicht als Prädikat gelten sollte [241], hat später unter dem Einfluß von Couturat die Deutung, daß Leibniz Existentialsätze als synthetisch betrachtet, aufgegeben [242]. Während auf dem Boden der Leibnizischen Lehre Existenz sich als eine eigenschaftliche Be-

---

[235] Kap. V § 2 d.

[236] S. 467 f.

[237] Kap. I § 1 a.

[238] Jalabert, *La théorie leibnizienne de la substance* S. 83: »... en tant qu'elle exprime Dieu, et notamment ses décrets ... la notion individuelle d'une substance contient virtuellement l'existence actuelle comme prédicat«.

[239] Id., *Le Dieu de Leibniz* S. 91.

[240] Martin, *Leibniz* S. 51 f und besonders Belaval, »L'idée d'harmonie chez Leibniz«, *Studium Generale* XIX (1966) S. 565.

[241] Russell, *A critical exposition of the philosophy of Leibniz* S. 9 und 27.

[242] Id., »Recent work on the philosophy of Leibniz«, *Mind* N. S. XII (1903) S. 185 Anm. 2.

stimmung oder als Prädikat im Sinne der Leibnizischen Subjekt-Prädikat-Logik erweist, ist es hingegen — wie oben [243] ausgeführt — nicht möglich, die gegenseitige Verträglichkeit der Prädikate oder Komponenten eines zu analysierenden Begriffs als eine weitere Komponente oder ein weiteres Prädikat dieses Begriffes aufzufassen, ungeachtet dessen, daß die Verträglichkeit der Komponenten auf deren innerer Beschaffenheit beruht, wie ganz allgemein jede Relation auf den inneren Bestimmungen der Relationsglieder. Diese Differenz zwischen Verträglichkeit und Existenz hat ihren Grund darin, daß es sich bei der ersteren um die Realität von Begriffen, d. h. die Möglichkeit der den Begriffen entsprechenden Gegenstände handelt, nicht aber um die aktuelle Existenz von Gegenständen.

In der Anerkennung der Existenz als Prädikat bekundet sich die spezifisch Leibnizische Version der Transzendentalphilosophie. Die aktuell existierende Welt erweist sich als Korrelat des göttlichen Geistes, insofern als sie Züge an sich trägt, die den Operationen des göttlichen Geistes, dem Intellekt und Willen (der auch die Macht einschließt) entsprechen. Ihren prägnantesten Ausdruck und Höhepunkt erreicht die Transzendentalphilosophie von Leibniz in der ihm eigentümlichen Auffassung von der »creatio continuata«.

§ 6 Die Lehre von der »creatio continuata«

a. Die Autarkie des Universums bei gleichzeitiger Abhängigkeit von Gott
Im Sinne von Leibniz muß die »creatio continuata« so gefaßt werden, daß die Autarkie des Universums gewahrt und respektiert wird. Die Abhängigkeit des Universums von Gott, die in der Lehre von der »creatio continuata« zum Ausdruck kommt, darf nicht besagen, daß Gott in irgendeiner Weise, z. B. durch nachträgliche Korrekturen, in das innerweltliche Geschehen eingreift. In einem gewissen formalen Sinn muß die Auffassung der »creatio continuata« der oben [244] dargelegt Autonomie der mechanischen Naturerklärung bei fehlender Eigenständigkeit entsprechen. Die Erklärung der Natur muß mit den Mitteln der Mechanik geleistet werden und darf sich keiner anderen Mittel bedienen; andererseits beruht die mechanische Naturerklärung in dieser ihrer Geschlossenheit als ganze auf Prinzipien, die außerhalb, d. i. oberhalb ihrer liegen.

Auf der Autarkie des Universums, auch und gerade des physisch-materiellen, besteht Leibniz in seiner Kontroverse mit Clarke, dem zufolge Gott nur dem Namen nach ein Herrscher (»Governor«) wäre, wenn er seine Macht und Herrschaft über das Universum nicht ständig und ununterbrochen ausüben würde [245]. Gewiß ist es im göttlichen Plan vorgesehen, daß das Sonnensystem einmal in Unordnung und Verwirrung geraten und dann vielleicht ausgebessert (»amended«)

---

[243] S. 76 ff.
[244] Kap. VII § 1 c.
[245] *Clarke an Leibniz* II 6 ff (P. VII 361 f).

und in eine neue Form gebracht werden muß. Zu dieser Erneuerung bedarf es des effektiven Eingreifens Gottes, dessen Weisheit darin besteht, auf einen Schlag (»at once«) zu planen, was er durch Betätigung seiner Macht und Herrschaft ständig zu aktueller Verwirklichung bringt. Dem gegenüber macht Leibniz geltend, daß man Gott nicht mit einem Uhrmacher vergleichen darf, der von Zeit zu Zeit sein Werk säubern und wieder in Stand setzen muß [246]. Es ist darum nicht nötig, Störungen und Unordnungen nachträglich zu beseitigen, weil das Universum von vornherein so eingerichtet ist, daß sie gar nicht erst auftreten [247]. Gerade an der Vollkommenheit des Werkes, die darin besteht, daß es keiner nachträglichen Verbesserungen und Instandsetzungen bedarf, zeigt sich die Vollkommenheit des Schöpfers, dessen unendliche Weisheit die Notwendigkeit nachträglicher Eingriffe von vornherein ausgeschlossen hat.

Das gleiche Argument richtet Leibniz gegen den Occasionalismus. Auch hier »on fait Dieu ressembler à un homme qui vit du jour au lendemain, ou à un ouvrier qui est toujours occupé à raccommoder son ouvrage« [248]. Im besonderen ergibt sich von der Autarkie des physischen Universums aus ein Einwand gegen die occasionalistische Behandlung des Leib-Seele-Problems. Jaquelot will den einzigen Unterschied zwischen der occasionalistischen und der Leibnizischen Theorie darin sehen, daß nach der letzteren alle Ideen von vornherein sich in der Seele befinden, während »dans le système des causes occasionnelles les idées ne sont produites qu'à mesure que les traces corporelles en font naître l'occasion« [249]. In seiner Antwort besteht Leibniz darauf, daß »tout ce qui se fait ordinairement dans l'univers ... arrive comme une suite de la nature des choses, de sorte que l'une de ces substances s'accommode à l'autre par sa propre nature ... le monde corporel est fait si artistement qu'en vertu de ses propres lois, le corps répond à ce que l'âme demande; et qu'il en est de même à l'égard de l'âme, qui est naturellement représentative du corps«, dergestalt, daß die Gesetze der körperlichen Welt niemals durchbrochen oder verletzt werden, weder von Gott noch von der Seele [250]. Auf dem Boden des als autark begriffenen physischen Universums ist für das Leib-Seele-Problem keine andere Lösung möglich als die der ein für alle Mal (»une fois pour toutes«) und von vornherein (»ab initio«) gestifteten prästablierten Harmonie, die »hypothesis concomitantiae« [251]. Die speziell auf das Leib-Seele-Problem bezogene prästablierte Harmonie hat sich uns früher [252] als ein Sonderfall der universellen Harmonie als eines Grundgesetzes der Verfassung des Systems der Monaden und Substanzen herausgestellt.

[246] *An Clarke* I (P. VII 352).
[247] *An Clarke* II und III 14 (P. VII 358 und 366).
[248] *Addition* (P. IV 586).
[249] *Jaquelot an Leibniz,* 10/III 1704 (P. III 467).
[250] *An Jaquelot,* o. D. (P. III 467 f) und *an Remond,* 26/VIII 1714 (P. III 625).
[251] *Spec. inv.* (P. VII 313) und *an die Königin Sophie Charlotte,* 8/V 1704 (P. III 347).
[252] Kap. V § 4 e.

Wenn Leibniz im Gegensatz zum Occasionalismus die Autarkie der physischen Welt und ganz allgemein des gesamten Universums hat vertreten können, so ist ihm das nach einigen Autoren durch die Einführung der »causes secondes« ermöglicht worden, d. h. durch die Einführung der Substanzen, die durch ihre spontane Tätigkeit ihr Gesetz erfüllen und realisieren [253]. Oben [254] hat sich die Notwendigkeit der Zulassung der »causes secondes« als spontan-aktiver Substanzen daraus ergeben, daß sonst die göttlichen Dekrete ohne Wirksamkeit bleiben würden. Fungieren aber die Substanzen in dem Sinne als Instrumente des göttlichen Willens, daß sie spontan und von sich aus die göttlichen Dekrete zur Ausführung bringen, so ist für weitere göttliche Eingriffe kein Raum mehr. *Mit dem Ansatz von Substanzen im Leibnizischen Sinne ist die Autarkie des Universums gewährleistet und verbürgt.*

Trotz dieser seiner Autarkie bleibt das Universum, bleiben alle Kreaturen ständig von Gott abhängig. Sie hängen von einer ständigen Operation oder Aktion Gottes ab. Schon die göttliche Allwissenheit besagt nicht nur bloße Allgegenwärtigkeit, sondern eine gewisse »Operation«, die darin besteht, daß Gott »conserve les choses par une action qui produit continuellement ce qu'il y a de bonté et de perfection en elles« [255]. Eben diese Operation wird von Leibniz als »creatio continuata« bezeichnet [256]. »*Actualia* dependent a Deo tum in existendo tum in agendo ... Et quidem in *existendo,* dum omnes res a Deo libere sunt creatae, atque etiam a Deo conservantur; neque male docetur, conservationem divinam esse continuatam creationem ...«[257] Einzig und allein Gott als »substantia infinita« wirkt auf die endlichen Substanzen ein, und diese Einwirkung oder Handlung »consistit in producendo eas [scl. ›substantias finitas‹] continue seu constituendo« [258].

Bezeichnend ist die Gleichsetzung von »creatio continuata« mit »conservatio«[259]. Durch diese Gleichsetzung klärt sich der Sinn der »creatio continuata« bei

[253] Gueroult, *Dynamique et métaphysique leibniziennes* S. 178 f und Le Roy, a.a.O. S. 301. v. Aster, *Geschichte der neueren Erkenntnistheorie* S. 260 verweist hierfür auf das Gesetz von der Erhaltung der Kraft.
[254] S. 339 ff.
[255] *An Clarke* II und V 86 (*P.* VII 357 und 410 f).
[256] *An Clarke* V 85: »... la dépendance que la continuation de leur [scl. substances] existence a de lui [scl. Dieu], ... qu'on peut dire envelopper une production continuelle, ...« (*P.* VII 410); an Conti, 6/XII 1715: »Dieu agit continuellement sur les créatures par la continuation de leur natures, et cette conservation est une production continuelle de ce qui est perfection en elles« (*Briefwechsel* S. 265).
[257] *Causa Dei* 9 (*P.* VI 440); *Théod.* I 31 (*P.* VI 121); an Bourguet, 22/III 1714 (*P.* III 566). Zur »création continuelle«, in der sich die wesentliche Abhängigkeit der Kreaturen bekundet, siehe die in Hannover aufbewahrte Abschrift des *Briefes an Arnauld,* 14/I 1688 (*Le Roy* S. 316) und *an Jaquelot,* o. D. (*P.* VI 572).
[258] *An de Volder,* 21/I 1704 (*P.* II 264).
[259] *Addition*: »... Dieu agit à tous moments sur les créatures en les conservant: ...« (*P.* IV 587).

Leibniz völlig auf. Was Gott durch seine ständige Handlung erhält, sind die spontan aktiven Substanzen selbst, genauer gesagt, die Substanzen *in* ihrer spontanen Aktivität, in der und durch die sie jede, dem ihr eigenen Gesetz gemäß, ihre jeweiligen Accidentien erzeugen. »... Dieu produit continuellement tout ce qui est réel dans les créatures ... en le faisant il produit aussi continuellement ou conserve en nous cette énergie ou activité qui ... fait la nature de la substance, et la source de ses modifications.«[260] Zwar handeln die Substanzen selbst spontan und aus eigenen Kräften, aber eben diese Kräfte empfangen sie von Gott [261]. Nach der Darstellung von Fischer [262] liegt zwar der Grund ihrer Handlungen, nicht aber ihrer Existenz in den Monaden selbst, und Gueroult [263] präzisiert die Leibnizische Lehre im Gegensatz zu der von Malebranche dahin, daß Gott nicht selber die Dinge tut, sondern vielmehr sie durch die den Kreaturen eigenen Kräfte geschehen läßt. Indem Gott das Universum sich selbst überläßt und nicht in das Weltgeschehen eingreift, ist die Autarkie des Universums gesichert. Jedoch hängt es in seiner autarken Existenz von Gott ab und wird durch die ständige göttliche Handlung erhalten.

Für Leibniz hat die Gleichsetzung von »creatio continuata« und »conservatio« nicht den gleichen Sinn wie für Descartes. Nach Descartes besagt das ständige Eingreifen Gottes, ohne das die Kreaturen ins Nichts zurücksinken würden, nicht nur, daß diese im Dasein erhalten, sondern vielmehr auch, daß sie von Augenblick zu Augenblick ins Dasein zurückgerufen, d. h. im wörtlichen Sinne neu geschaffen werden [264]. Diese Lehre folgt aus der oben [265] erwähnten Fragmentierung oder Atomisierung der Zeit. Durch seine Dynamik, besonders den Begriff der

---

[260] *Addition* (P. IV 588).

[261] *Réfutation inédite de Spinoza par Leibniz* (hrsg. von Foucher de Careil) S. 36: »... rerum potentia a Deo producta est ... res operantur ipsae, etsi vires agendi acceperint«; *an de l'Hospital*, 12(22)/VII 1695: »... toute substance ... se produit à elle-même par ordre tout ce qui lui arrivera intérieurement à jamais, Dieu s'étant proposé de n'y concourir que conformément ... à la nature primitive de la chose dont les suites ne sont que des développements de l'avenir« (*M.* II 295). Über die keimhafte Form seiner Auffassung der »creatio perpetua« in Leibnizens Frühzeit siehe Hannequin, *La première philosophie de Leibniz, Études d'Histoire des Sciences et d'Histoire de la Philosophie* II 44.

[262] Fischer, *Geschichte der neueren Philosophie* III 556.

[263] Gueroult, *Malebranche* II 257.

[264] Descartes, *Meditationes de prima philosophia* III: »Perspicuum enim est attendenti ad temporis naturam, eadem plane vi et actione opus esse ad rem quamlibet singulis momentis quibus durat conservandam, qua opus esset ad eandem de novo creandam, si nondum existeret ...« (*A. T.* VII 49). Auf die Bemerkung von Gassendi (*Objectiones quintae*); »Verum est in te aliqua vis, qua possis existimare te quoque paulo post futuram ... quod vim habeas, non quae te de novo producat, sed quae, ut perseveres, praestare sufficiat, nisi corrumpens causa superveniat« (*A. T.* VII 301 f). antwortet Descartes (*Quintae Responsiones*), das hieße der Kreatur die Vollkommenheit des Schöpfers beilegen, »quod nempe independenter ab alio in esse perseveret ...«. (*A. T.* VII 370).

[265] S. 395 ff.

»vis derivativa«, hat Leibniz — wie oben im gleichen Zusammenhang auseinandergesetzt wurde — die Cartesianische Fragmentierung der Zeit überwunden, so daß es keines göttlichen Handelns und Eingreifens bedarf, um die gegeneinander isolierten Zeitatome aneinander zu schweißen [266]. Allerdings in einem Text scheint Leibniz sich der Auffassung von Descartes beträchtlich zu nähern: »... la durée des choses, ou la multitude des états momentanés est l'amas d'une infinité d'éclats de la Divinité, dont chacun à chaque instant est une création ou reproduction de toutes choses, n'y ayant point de passage continuel, à proprement parler, d'un état à l'autre prochain.«[267] Es ist zugegeben, daß dieser Text kaum in den Zusammenhang des Leibnizischen Gedankensystems eingeordnet werden kann. Ihm steht ein anderer gegenüber, in dem Leibniz die Frage aufwirft: »Cum enim omnia perpetua Dei productione et, ... continua creatione fiant, quidni potuisset ille corpus ... transcreare de loco in locum distantem, hiatu relicto vel in tempore vel in loco ...«[268] Offenkundig ist hier die Anspielung auf die oben [269] erwähnte Bewegungslehre von Malebranche. Mit dieser Bewegungslehre steht die Cartesianische Deutung der »creatio continua« im Einklang, eine Deutung, die mit der von Malebranche in einem gewissen Sinn übereinstimmt [270]. Im angeführten Text fährt Leibniz fort: »Hoc non fieri docet experientia, sed idem comprobat ratio ordinis quae efficit *ut quanto res discutiuntur magis, tanto magis intellectui satisfiat,* quod in saltibus non fit, ubi tandem analysis nos ut sic dicam ad ἄϱϱητα ducit«. Das Prinzip der Kontinuität der Naturvorgänge ist in der Tat mit der von Descartes und Malebranche vertretenen Auffassung der »creatio continua« unverträglich [271].

Hinsichtlich der »creatio continua« besteht die fundamentale Differenz einerseits zwischen Leibniz und andererseits Descartes und Malebranche darin, daß nach Leibniz das Universum autark ist, während die beiden anderen Denker eben diese Autarkie bestreiten [272]. Rein formal gesehen, weisen die Auffassungen der »creatio continua« bei Descartes und Leibniz eine gewisse Verwandtschaft auf. Im Unterschied zu Malebranche, auf den wir sogleich eingehen,

---

[266] Gueroult, *Dynamique et métaphysique leibniziennes* S. 146.

[267] *An die Churfürstin Sophie,* 31/X 1705 (P. VII 564).

[268] *An de Volder,* 24/III (3/IV) 1699 (P. II 168).

[269] S. 335 ff.

[270] Vgl. Malebranche, *Entretiens sur la métaphysique* VII, VII f *Oeuvres* XII 156 ff). Auf die Differenz, die in dieser Frage zwischen Descartes und Malebranche besteht, kommen wir sogleich (S. 477 f) zu sprechen.

[271] Der Zusammenhang zwischen der Auffassung der Bewegung und der Deutung der »creatio continua« ist in *De ipsa natura* 13 formuliert: »... quemadmodum prima illa et universalis causa omnia conservans non tollit, sed facit potius rei existere incipientis subsistentiam naturalem, seu in existendo perseverationem semel concessam; ita eadem non tollet, sed potius confirmabit rei in motum concitatae efficaciam naturalem, seu in agendo perseverationem semel impressam« (P. IV 514).

[272] Siehe hierzu die eingehende Darstellung von Belaval, *Leibniz Critique de Descartes* S. 437 ff.

ist für Descartes wie für Leibniz die göttliche Handlung der »creatio« dieselbe wie die der »conservatio«, nur daß diese Handlung verschieden spezifiziert wird. Für Descartes besagt die »creatio continua« — wie soeben bemerkt — die von Augenblick zu Augenblick wiederholte Neuschöpfung; der Sinn, den Leibniz ihr gibt, wird weiter unten [273] zur Sprache kommen. Gegenwärtig kommt es darauf an, daß nach Leibniz »creatio« wie »conservatio« derselben Handlung Gottes entspringen: »... la créature dépend continuellement de l'opération divine, et ... elle n'en dépend pas moins depuis qu'elle a commencé, que dans le commencement ... rien n'empêche que cette action conservative ne soit appellée production, et même création, si l'on veut. Car la dépendance étant aussi grande dans la suite que dans le commencement, la dénomination extrinsèque, d'être nouvelle ou non, n'en change point la nature.«[274] Da sich »creatio« und »conservatio« nur durch eine »extrinseca connotatio« voneinander unterscheiden, kann die »creatio« als »conservatio inchoata« gelten und umgekehrt die »conservatio« als »creatio continuata« [275]. »Deus est conservator omnium rerum. Hoc est non tantum res cum existere incipiunt a Deo producuntur, sed etiam non continuarent existere, nisi continua quaedam Dei actio ad ipsas terminaretur, qua cessante ipsae quoque cessarent. Ita ut revera creatio nihil aliud sit quam hujus actionis initium.«[276]

Malebranche hingegen macht einen Unterschied zwischen der Schöpfung im eigentlichen Sinne, d. h. dem ersten Beginn der Welt, und dem späteren Weltgeschehen, und darin liegt seine Differenz sowohl zu Descartes als auch zu Leibniz. Nachdem die Welt geschaffen ist, greift Gott zwar ständig in ihr Geschehen ein, indem er als »cause générale« alle Ereignisse bewirkt, jedoch tut er es gemäß seiner »volonté générale«, d. h. gemäß den allgemeinen Gesetzen, die sich entsprechend den Umständen (»causes occasionelles«) spezifizieren. Im Moment der Schöpfung jedoch kann Gott nicht nach allgemeinen Gesetzen handeln, da diese noch nicht bestehen. Sie müssen erst erlassen und instituiert werden; die Materie und ihre Bewegung muß in ihrer Anfangskonstellation geschaffen werden; schließlich müssen die ersten Organismen ins Dasein gesetzt werden, aus denen alle späteren Organismen auf Grund mechanischer Gesetze entstehen. Alles dies geschieht in der ersten Schöpfung und erfordert »volontés particulières« [277]. Wegen der Verschiedenartigkeit der Handlung Gottes bei der ersten,

---

[273] S. 478 f.

[274] *Théod.* III 385 (P. VI 343 f); *an Bourguet,* o. D.: »Par la création continuée que j'admets dans la conservation, je n'entends que la continuation de la première dépendance, et en effet les créatures dépendent toujours également de Dieu« (P. III 558).

[275] *Animadversiones ad Weigelium (Foucher de Careil,* N. L. O. S. 150).

[276] *Grua* S. 307.

[277] Siehe die S. 210, Anm. 24 angeführten Verweise. Auch für Malebranche, *Traité de la Nature et de la Grâce* I, XIII gilt, daß »... Dieu découvrant dans les trésors infinis de sa sagesse une infinité de mondes possibles, comme des suites nécessaires des lois des mouvements qu'il pouvait établir, s'est déterminé à créer celui qui aurait pu se produire et se conserver par les lois les plus simples, ou qui devrait être le plus parfait, par rapport à la simplicité des voies nécessaires à sa production, ou

der eigentlichen Schöpfung und in der »creatio continua«, besser »continuata« spricht Malebranche [278] von der letzteren als der »Ruhe des siebenten Tages«.

b. Transzendentalphilosophischer Sinn der Leibnizischen Auffassung von der »creatio continuata«

Knüpfen wir an die obigen Ausführungen an, in denen dargelegt wurde, daß auf Grund des »mechanismus metaphysicus« oder der »mathesis divina« eine der möglichen Welten samt den ihr angehörigen Substanzen zur Existenz zugelassen wird [279]. Ausdrücklich sei noch einmal betont, daß dabei weder die in Rede stehende Welt als ganze noch die ihr angehörigen individuellen Substanzen irgendeinen Eingriff in ihren sachlich-inhaltlichen Bestand erleiden. So und genau so werden sie zur Existenz zugelassen, wie sie durch den im erweiterten »mundus intelligibilis« vorfindlichen und von Gott vorgefundenen Fundamentalbegriff bzw. die vollständigen Begriffe der individuellen Substanzen bestimmt sind [280]. (Nebenbei bemerkt, folgt hieraus bereits die Autarkie des Universums.) *Da zwischen der ersten »creatio« und der »creatio continuata« für Leibniz kein wesentlicher Unterschied besteht, kann die Schöpfung, d. h. Zulassung zur Existenz, die auf der »mathesis divina« beruht und aus dieser s. z. s. das Fazit zieht, nicht ein einmaliges Ereignis, einen einmal stattgefundenen und damit für immer abgeschlossenen Vorgang bezeichnen. Vielmehr muß ein ständiger, sich immer wieder erneuernder ewiger Prozeß gemeint sein.* Von Ewigkeit zu Ewigkeit wird die göttliche Rechnung angestellt und ihr Resultat, das eine unter den möglichen Welten als die beste erweist, durch deren Zulassung zur Existenz ratifiziert. Diese Deutung, die sich im Gegensatz zu der von Funke [281] befindet, legt die Vermutung nahe, daß Leibnizens Wendung von der »ersten Schöpfung« nicht wörtlich genommen werden darf, — eine Vermutung, die sich sogleich bestätigen wird. Vielleicht dient diese Wendung lediglich der Bequemlichkeit der Darstellung und Diskussion. Unbegreiflich ist übrigens, wie Tymieniecka [282] dazu kommt, Leib-

---

à sa conservation« (*Oeuvres* V 28); *Méditations Chrétiennes* VII, XV: »Dieu ... ne forme ... ses desseins que sur la comparaison qu'il fait de tous les ouvrages possibles avec toutes les voies possibles d'exécuter chacun d'eux ... il ne manque pas de choisir le dessein qui a un plus grand rapport de fécondité, de beauté et de sagesse avec les voies capables de l'exécuter« (*Oeuvres* X 74 f); *Entretiens sur la métaphysique et sur la religion* IX, X und X, XVII (*Oeuvres* XII 213 ff und 247 ff. Nach Gueroult, *Malebranche* II Chap. VI §§ 45 ff sind, was die Bestimmung der besten möglichen Welt und ihre Auswahl angeht, die Differenzen zwischen Malebranche und Leibniz weit bedeutsamer als die scheinbaren aber nur oberflächlichen Übereinstimmungen.

[278] Malebranche, *Recherche de la vérité*, Éclaircissement XVII 39 (*Oeuvres* III 340); *Entretiens sur la métaphysique et sur la religion* XI, II und XI, X (*Oeuvres* XII 254 und 267).

[279] Dieses Kap. § 4 a.

[280] S. 443 f und 457 f.

[281] Funke, *Der Möglichkeitsbegriff in Leibnizens System* S. 150.

[282] A. T. Tymieniecka, *Leibniz' cosmological synthesis* S. 150 f.

nizens Lehre von der »creatio continuata« als eine »safe concession« an seine cartesianischen Gegner zu bezeichnen. Mit weit größerem Recht könnte man die Redeweise von der »ersten Schöpfung« als eine Konzession (und nicht nur an die Cartesianer) interpretieren.

Die vorstehende Darstellung ist aber noch nicht ganz zulänglich, weil sie den Prozeß des göttlichen Denkens als einen zeitlichen, wenngleich ewigen, beschreibt. Zwischen den Überlegungen und Operationen des göttlichen Verstandes und Willens besteht keine zeitliche Ordnung und keine zeitliche Beziehungen; sie sind alle miteinander simultan [283]. Diese Simultaneität wird von Couturat als Unzeitlichkeit gedeutet [284]. Nach Jalabert [285] besagt die Ewigkeit Gottes nicht unbeschränkte zeitliche Dauer ohne Anfang und Ende, sondern vielmehr ständige, absolut einfache, unmittelbare und unveränderliche Gegenwart; besser gesagt: Ewigkeit im eigentlichen Sinne bedeutet Außerzeitlichkeit und Überzeitlichkeit. In diesem Sinne von Ewigkeit ist die »creatio continuata« als überzeitlicher Prozeß zu verstehen [286]. Wird das Unzeitliche im Medium der Zeit ausgedrückt, wird es s. z. s. als im Medium der Zeit gebrochen dargestellt, so ergibt sich ein anderer Begriff von Ewigkeit, nämlich Ewigkeit im Sinne von Allzeitlichkeit, unbegrenzter zeitlicher Dauer ohne Anfang und Ende [287]. Dann erscheint die »creatio continuata« der Substanzen, durch die Gott sie in der Existenz erhält, als ein »renouvellement continuel« [288]. In vielleicht noch prägnanterer Fassung: ».... Deum eligere ex infinitis possibilibus« besagt dasselbe wie »eum ab aeterno eligisse« [289]. Als zeitlich verstanden, wiederholt sich die Schöpfung der Welt unaufhörlich von Augenblick zu Augenblick [290]. Vielleicht erklärt es sich daraus, daß Leibniz auf die Frage nach einem zeitlichen Anfang der Welt ausweichend, jedenfalls nicht eindeutig antwortet, so daß die Möglichkeit der zeitlichen Unendlichkeit der Welt offen gehalten bleibt [291]. Gelegentlich ventiliert Leibniz die Idee, daß es vor der unseren eine andere Welt gegeben habe, die vernichtet worden ist, und daß nach Vernichtung unserer Welt wieder eine andere existieren könne [292].

---

[283] Théod. I 84; II 192, 225; III 389 (P. VI 147, 230, 252, 346).

[284] *Couturat, La logique de Leibniz* S. 222; ebenso *Janke, Leibniz* S. 208.

[285] *Jalabert, La théorie leibnizienne de la substance* S. 113 ff und *Le Dieu de Leibniz* S. 145 f.

[286] Id., *La théorie leibnizienne de la substance* S. 170 ff. *Parkinson, Logic and reality in Leibniz' metaphysics* S. 78 f betont ebenfalls, daß Ewigkeit für Leibniz etwas anderes bedeutet als endlose Dauer oder Dauer in irgendeinem Sinne.

[287] Vgl. *Belaval, Leibniz Critique de Descartes* S. 419 und *Jalabert, Le Dieu de Leibniz* Chap. XII D.

[288] *An Foucher*, 5 (15)/VII 1695 (P. I 423).

[289] *An Joh. Bernoulli*, 21/II 1699 (M. III 574).

[290] *Burgelin, Commentaire du Discours de Metaphysique de Leibniz* S. 187 und 265.

[291] *An Clarke* IV 15; V 74 f (P. VII 373 f; 408 f); *an des Bosses*, 25/V 1716 (P. II 515); vor allem *an Bourguet*, 5/VIII 1715 (P. III 581 ff). Nach *Martin, Leibniz* S. 25 f hat Leibniz die unendliche Dauer der Welt vertreten.

[292] *Grua* S. 270.

Es muß daran erinnert werden, daß Leibniz bekanntlich eine absolute Zeit im Sinne von Newton nicht anerkennt, sondern vielmehr die Zeit als Ordnung des Successiven bestimmt. Folglich erübrigt sich jede Frage nach dem, was vor der Schöpfung war, d. h. bevor Dinge existierten und Ereignisse stattfanden, weil diese Frage ihren Sinn verliert [293].

Wir deuten die Leibnizische *Lehre von der »creatio continuata« als eine besondere Art von Transzendentalphilosophie, die auf Gott als ihr Subjekt bezogen ist. Die wirkliche Welt mit allen ihren Substanzen, deren Zuständen und Accidentien, ist das Produkt oder Korrelat des göttlichen Geistes,* genauer gesagt: der göttlichen Rechnung, die in der Zulassung zur Existenz ihren Abschluß und die Ratifikation ihres Resultats findet [294]. Die erschaffenen Substanzen hängen von Gott ab, »qui les conserve et même qui les produit continuellement par une manière d'émanation, comme nous produisons nos pensées« [295]. Gerade der Ausdruck »émanation« und der Vergleich mit der Erzeugung unserer Gedanken lassen die wesentlich unaufhebbare Bezogenheit der Welt auf den göttlichen Geist auf das Deutlichste in Erscheinung treten.

Daher können wir der geistreichen Formulierung von Koyré nicht beipflichten, der in dem Leibnizischen Gott den biblischen Gott des siebenten Tages sieht [296]. Im Gegensatz zum Gott Newtons ist der Leibnizische Gott allerdings kein Werkmeister, der die Welt macht, in sie eingreift, sie verändert, wieder in Stand setzt und dgl. mehr. Er ist aber auch nicht ein bloßer Zuschauer, der von seinem Werke »ruht«, indem er auf dieses als vollendet hinsieht, — vollendet auch und gerade in dem Sinne, daß sich das erschaffene Werk von dem Akte der Schöpfung völlig abgelöst hat. Gerade diese völlige Abgelöstheit wird von Leibniz nicht zugestanden. Der Leibnizische Gott ist gewiß außerhalb oder oberhalb der Welt; er steht jenseits aller Möglichkeiten und Wirklichkeiten, wie es seiner Rolle als Subjekt einer Transzendentalphilosophie entspricht [297]. Gerade wegen dieser seiner Rolle ist der Gott Leibnizens kein bloßer Zuschauer, denn alle Möglichkeiten, die abstrakten sowohl wie die existenzfähigen, die in ihrer Gesamtheit dem erweiterten »mundus intelligibilis« angehören, bilden Korrelate des göttlichen Denkens, das seinerseits das Denken der Möglichkeiten und aller zwischen ihnen bestehender Relationen ist. Wie vorhin [298] erwähnt, beruht die Allwissenheit

---

[293] *Jagodinsky* S. 28: »... nec ullum tempus assignabile esse in quo non fuerit aliquid«; *an Clarke* III 6 (*P.* VII 364).

[294] Eine Anregung zu dieser Deutung verdanken wir Rivaud, *Histoire de la philosophie* III 449: »La création traduit une opération éternelle de la Pensée divine«.

[295] *Disc.* 14 und 32 (*Le Roy* S. 49 und 70); siehe auch in *Monad.* 47 die Wendung »fulgurations continuelles de la divinité de moment à moment« (*P.* VI 614); *De rerum originatione radicali*: »... ab hoc fonte res existentes continue promanare ac produci productasque esse ...« (*P.* VII 305).

[296] A. Koyré. *From the closed world to the infinite universe* (Baltimore 1957) S. 240 f.

[297] Siehe S. 436 f und 453.

[298] S. 474 f.

Gottes nicht nur auf seiner Allgegenwart, sondern auch und vor allem auf den
Operationen seines Geistes [299]. Im Falle der wirklichen Welt tritt noch die Zulassung zur Existenz ins Spiel, die die Ausübung der göttlichen Macht einschließt.
Obwohl die Welt Autarkie besitzt, d. h. in ihrem Verlauf sich selbst überlassen
bleibt, ist sie als ganze, sowohl ihrer Möglichkeit wie ihrer Wirklichkeit nach auf
den göttlichen Geist bezogen, in ihm verwurzelt, von ihm getragen und in diesem
Sinne für ihr Sein ständig von ihm abhängig [300].

Der Interpretation von Koyré ist die von Friedmann diametral entgegengesetzt. Nach Friedmann besteht zwischen Leibniz und Spinoza eine »parenté secrè-
te«, derer Leibniz sich bewußt war, die er aber nicht hat wahr haben wollen [301].
Ungeachtet seiner gegenteiligen Versicherungen vertritt auch Leibniz nach Friedmann einen Immanentismus: die Monaden sind in Gott, und Gott ist in den Monaden. Gemäß der hier vorgeschlagenen panlogistischen Auffassung des Leibnizianismus ist sowohl im System der Monaden wie in jeder Einzelmonade eine
Logik niedergeschlagen und verkörpert, die in der Tat wegen ihrer Verbindlichkeit
auch für Gott (»logique incréée«) als etwas Göttliches gelten kann. Wie früher [302] ausgeführt, ist nach Leibniz im Gegensatz zu Spinoza nicht das Prinzip
der Intelligibilität selbst und als solches in der wirklichen Welt inkarniert, sondern ein intelligibles Prinzip niederen Ranges, das aus dem Prinzip der Intelligibilität als solcher als Konsequenz folgt oder eine Abwandlung des letzteren darstellt. Daher ist es nicht korrekt zu sagen, daß Gott, d. h. der göttliche Geist, in
den Monaden ist. Was die Behauptung angeht, daß die Monaden in Gott sind, ist
sie in dem Sinne zu verstehen, der durch die Korrelationsbeziehung zwischen dem
göttlichen Geist und der Welt, damit auch den der Welt angehörigen Monaden
bestimmt wird. Nur in diesem Sinne kann bei Leibniz von einem »Immanentismus« die Rede sein.

In der Bezogenheit der wirklichen Welt auf den göttlichen Geist und seine
Operationen herrscht eine ganz bestimmte Ordnung sachlich-logischer, nicht zeitlicher Art. »La production, ou action, par laquelle Dieu produit, est antérieure

---

[299] *An Clarke* IV 30: »... Dieu connaît les choses, parce qu'il les produit continuellement« (*P.* VII 375) und V 87: »[Les choses] sont, et lui [scl. Dieu] sont connues,
parce qu'il les entend et veut, et parce que ce qu'il veut, est autant que ce qui existe«
(*P.* VII 411). In diesem Zusammenhang heißt es, daß Gott den Dingen ihre Naturen
ein für alle Mal gegeben hat und in Bezug auf diese Naturen nichts anderes tut als sie
zu erhalten (»entretenir«) »suivant les lois de chacune à part«. Im *Brief an Lelong*,
5/II 1712 benutzt Leibniz die Wendung, daß Gott bei der Auswirkung der Kraft
interveniert, wobei Kraft nichts anderes besagt als »un état duquel suit un autre état,
si rien ne l'empêche ... par une production continuelle des perfections« (Robinet,
Malebranche et Leibniz S. 421). Gegen Koyrés Interpretation spricht besonders *an
Clarke* V 88 (*P.* VII 411 f).
[300] Siehe die Auslegung der »creatio continuata« bei Dillmann, *Eine neue Darstellung
der Leibnizischen Monadenlehre* S. 468 ff).
[301] Friedmann, *Leibniz et Spinoza* S. 212 ff.
[302] S. 452 f.

de nature à l'existence de la créature qui est produite, la créature prise en elle-même, avec sa nature et ses propriétés nécessaires, est antérieure à ses affections accidentelles et a ses actions; et cependant toutes ces choses se trouvent dans le même moment« [303]. Unmittelbar und direkt betrifft die »creatio continuata« die Substanzen selbst und nicht so sehr deren Accidentien und Modifikationen. Das steht im Einklang mit der Auffassung der Substanz als generativem Prinzip ihrer Accidentien, genauer mit ihrem Ansatz als aus und in eigener Spontaneität sich selbst verwirklichendem Gesetz der Erzeugung ihrer Accidentien in geregelter Abfolge [304]. Zwei Konsequenzen folgen. Erstens ist die Erhaltung der Substanz durch die »creatio continuata« von prinzipiell anderer Art als die Erzeugung der Accidentien seitens der Substanz [305]. Während durch die »creatio continuata« die Substanzen *unverändert* in ihrem Dasein und Fungieren erhalten, weil ständig darin bestätigt werden, besteht ihre spontane Tätigkeit darin, eine Mannigfaltigkeit *wechselnder* Accidentien in gesetzlicher Regelung hervorgehen zu lassen. Ferner ist für den Bestand der Welt die Erhaltung der Substanzen als Prinzipien der Erzeugung ihrer Accidentien völlig hinreichend, da die effektive Erzeugung der Accidentien, der effektive Ablauf des Weltgeschehens der spontanen Aktivität der Substanzen anheim fällt [306]. Andererseits aber erhält die »creatio continuata« durch den Ansatz der Substanz als Erzeugungsprinzip ihrer Accidentien einen, allerdings indirekten und abgeleiteten Bezug auf das Hervorgehen der letzteren. In der Tat, wenn die Substanz am Dasein erhalten wird, so gilt das auch und vor allem für ihre »forces«, d. h. »une source de modifications, qui est dans la créature, ou bien un état, par lequel on peut juger qu'il y aura changement de modifications . . .«[307]. Es gilt für die wesentlich zur Substanz gehörende, weil sie konstituierende und definierende »tendance réglée, de laquelle les phénomènes naissent par ordre«, jene Tendenz, welche die Substanz »a reçue d'abord et qui lui est conservée par l'auteur des choses, de qui toutes les réalités ou perfections émanent toujours par une manière de création continuelle« [308]. Damit stellt sich die Frage nach der göttlichen Beteiligung nicht nur an der Erhaltung der Substanzen als Prinzipien der Erzeugung, sondern auch an den Resultaten dieser Erzeugung, den erzeugten Accidentien und Modifikationen, z. B. den menschlichen Handlungen, die hier aber lediglich als paradigmatisches Beispiel solcher

---

[303] *Théod.* III 388 (*P.* VI 346) und 390: »Lorsque Dieu produit la chose, . . . il produit son essence avant ses accidents, sa nature avant ses opérations, suivant la priorité de leur nature, et *in signo anteriore rationis*« (*P.* VI 346).

[304] Kap. VI § 5 b.

[305] *Théod.* III 395: »Dieu produit des substances de rien, et les substances produisent des accidents par les changements de leur limites« (*P.* VI 351).

[306] Vgl. Gueroult, *Dynamique et métaphysique leibniziennes* S. 147 und Belaval, *Leibniz Critique de Descartes* S. 439 ff.

[307] *Rorarius* (*P.* IV 568) und *Addition* (*P.* IV 588).

[308] *An Bayle,* o. D. (*P.* III 58).

Accidentien und Modifikationen genannt sind, und nicht um ihrer selbst willen im Hinblick auf die ihnen eigene moralische und religiöse Bedeutsamkeit.

Diese Frage betrifft den göttlichen »concours ordinaire«, — »ordinaire« deshalb, weil das Problem der Wunder ausgeschlossen bleiben soll. Jalabert[309] setzt eine doppelte Kausalität der Accidentien an, die ihre Ursache sowohl in der Spontaneität der Substanz wie in dem »concours ordinaire« Gottes haben. Beide Kausalitäten sind nach ihm nicht nur miteinander verträglich, sondern ergänzen und erfordern einander, insofern als die Substanz (die außerdem noch im Sinne der Lehre von der creatio continuata von Gott abhängt) spontan Tendenzen auf bestimmte Zustände entwickelt, während der »concours ordinaire« diese Tendenzen zur Auswirkung bringt. In Jalaberts Interpretation wird die *Effektivität* der Spontaneität der Substanzen über Gebühr beeinträchtigt. Sowohl Leibnizische Texte als auch die innnere Logik der Lehre von der »creatio continuata« sprechen gegen den Ansatz einer doppelten Kausalität und legen eine einheitlichere Auffassung nahe. Ausdrücklich definiert Leibniz den »concours ordinaire« als »conservation de la substance même, conformément à son état précédent et aux changements qu'il porte«[310]. Im Gegensatz zur Interpretation von Jalabert, nach welcher der »concours ordinaire« zur »creatio continuata« hinzutritt, fallen nach den angeführten Texten beide miteinander zusammen. Allerhöchstens könnte man den »concours ordinaire« als eine unmittelbare Konsequenz der »creatio continuata« deuten oder genauer als eine Bezeichnung der Ausweitung der »creatio continuata« von den Substanzen, auf die sie primär bezogen ist, auf die von den Substanzen jeweilig erzeugten Accidentien[311]. Indem die Substanzen als spontan tätige Erzeugungsprinzipien ihrer Accidentien zur Existenz zugelassen werden und ihre Zulassung ständig bestätigt wird, überträgt sich dieses ipso facto auf die Produkte der spontanen Erzeugung, auf die spontan erzeugten Accidentien und Modifikationen, ohne daß es eines zusätzlichen speziell auf diese Accidentien bezogenen göttlichen Aktes bedarf[312]. »Dieu produit la créature conformément à l'exigence des instants précédants, ... et la créature opère conformément à cette nature, qu'il lui rend en la créant toujours.«[313] Weil der »concours ordinaire« in

---

[309] Jalabert, *La théorie leibnizienne de la substance* S. 174 ff und 234 ff; *Le Dieu de Leibniz* S. 149, 217 f und besonders Kap. XII E.

[310] *An Arnauld*, 30/IV 1687 (Le Roy S. 160); *an Lelong*, 5/II 1712: »Il faut ... dire que Dieu donne la force, et qu'il ne la supplée point, afin de conserver les substances hors de lui«. (Robinet, *Malebranche et Leibniz* S. 421).

[311] Gelegentlich formuliert Jalabert die Sachlage in dem hier vertretenen Sinne: »Dieu ... produit par un acte unique et intemporel les forces substantielles, qui vont produire naturellement la série infinie de leurs appétitions, et par contre-coup la série infinie des phénomènes du mouvement« (*Le Dieu de Leibniz* S. 99 f).

[312] Burgelin, *Commentaire de Discours de Métaphysique de Leibniz* S. 187 und 263 f.

[313] *Théod.* III 388 (P. VI 346); *an Jaquelot*, 9/II 1704: »... la nature de chaque substance consiste dans la force active, c'est à dire dans ce qui la fait produire des changements suivant ses lois. Il est cependant vrai que Dieu concourt à tout par

der soeben angegebenen Weise mit der »creatio continuata« zusammenhängt, kann er als »concursus ... immediatus« bezeichnet werden: »... quoniam effectus non ideo tantum a Deo dependet, quia causa ejus a Deo orta est, sed etiam quia Deus non minus neque remotius in ipso effectu producendo concurrit, quam in producenda ipsius causa.«[314] Von der hier vorgeschlagenen Deutung aus wird auch die Notwendigkeit des »concours ordinaire« ersichtlich. »Ego agnosco concursum Dei ita necessarium esse, ut posita quantacunque virtute creaturae, non esset secutura actio, si Deus subtraheret concursum ...«[315] Der Entzug des »concursus« besagte nach dem hier Dargelegten den Entzug der Zulassung zur Existenz. Damit würde die betr. Substanz nicht länger der wirklichen Welt angehören oder, richtiger, die Welt, der die in Rede stehende Substanz angehört, wäre nicht mehr die wirkliche Welt. Auch in diesem Falle bliebe die Substanz als reine existenzfähige Möglichkeit bestehen, d. h. als mögliches Erzeugungsprinzip der in ihrem vollständigen Begriff enthaltenen Accidentien. Weil aber diese Möglichkeit nicht mehr aktualisiert wäre, käme es nicht mehr zu ihrer aktuellen Entfaltung in ihre Accidentien.

In den früheren Ausführungen hatte sich der Bereich des Phänomenalen als eine Abwandlung des monadisch-substantiellen Bereichts unter Bedingungen der Vereinzelung und Verengung herausgestellt [316]. Erweist sich die Substanz als ein Korrelat des göttlichen Geistes, in diesem verwurzelt und von ihm getragen, so überträgt sich das auf den phänomenalen Bereich bis hinab zu den untersten Stufen der Phänomenalität. Unsere Deutung der Leibnizischen Philosophie als Transzendentalphilosophie, die auf den göttlichen Geist als ihr Subjekt bezogen ist, erhält eine Bestätigung durch die Lehre von der »creatio continuata«, in der die spezifisch Leibnizische Form von Transzendentalphilosophie am Prägnantesten und Klarsten zum Ausdruck kommt. In dieser Transzendentalphilosophie erreicht der Panlogismus seinen Abschluß und seine Erfüllung. Unter Panlogismus verstehen wir die Lehre, nach der das Universum auf allen seinen Stufen und entsprechend der Artung dieser Stufen eine Logik in sich verkörpert. Abschluß und Erfüllung findet der Panlogismus in der Leibnizischen Transzendentalphilosophie, denn es zeigt sich, daß durch die Operationen des göttlichen Geistes die im Universum verkörperte Logik ständig in ihm niedergeschlagen, eingezeichnet und erhalten bleibt.

la conservation continuelle des êtres« (*P*. III 464); siehe auch die S. 474 f. angeführten Texte.

314 *Causa Dei* 11 (*P*. VI 440); vgl. auch *Théod.* I 27 (*P*. VI 119).

315 *An des Bosses*, 2/II 1706 (*P*. II 295); *Théod.* III 391: »... la créature ne concourt point avec Dieu pour se conserver« (*P*. VI 347).

316 Kap. VII § 2.

SCHLUSS

In der Leibnizischen Philosophie findet Bréhier [1] das neo-platonische Denkschema wieder, dem gemäß dieselbe Realität sich auf verschiedenen Ebenen darstellt, jedoch unter Vereinzelung und Zerstreuung beim Abstieg von den höheren zu den niedern Stufen. Einerseits besagt dieser Abstieg eine zunehmende Entfremdung und Entfernung von der »Realität« in ihrer eigentlichen und genuinen Gestalt. Auf der anderen Seite erhält eine jeweilige Stufe Geltung und Rechtfertigung gerade dank ihrer Abkünftigkeit von der höheren und auf dem Wege der Vermittlungen, von der höchsten Stufe. Wenn auch Recht und Geltung einer niederen Stufe abgeleitet und erborgt sind, weil diese Stufe ihr Recht und ihre Geltung nicht von sich aus besitzt, sondern von der übergeordneten Stufe bezieht, so hat sie doch ihr relatives Recht und ihre relative Geltung. Das früher [2] dargelegte Prinzip der Proportionalität der Stufen läßt sich hier anwenden. Wirklichkeit und Sein haben nicht auf allen Stufen den gleichen Sinn, sondern jeweils einen der betreffenden Stufe entsprechenden, und zwar so, daß zwischen den Bedeutungen von Sein und Wirklichkeit auf den verschiedenen Stufen durchgehende Analogie im Sinne der Proportionalität besteht. Ferner ist der hierarchischen Ordnung im soeben erwähnten Sinne, vermöge derer jede Stufe für ihr Sein und ihre Wirklichkeit auf die ihr übergeordnete Stufe angewiesen ist, Rechnung zu tragen.

Sehen wir rückblickend, wie das neo-platonische Schema in der als Panlogismus interpretierten Leibnizischen Philosophie durchgeführt ist. Die oberste Stufe bildet der erweiterte »mundus intelligibilis«, d. h. das Gesamtsystem der möglichen Welten, das im göttlichen Intellekt seinen Sitz hat oder den Inhalt dieses Intellekts bildet [3]. In dem erweiterten »mundus intelligibilis« ist die Logik in ihrer höchsten und allgemeinsten Gestalt, als — um mit Pichler zu reden — universelles System aller möglichen Formen von Systematik [4] verwirklicht, wobei der Sinn von Verwirklichung sich dahin bestimmt, daß hier durchweg von Systemen existenzfähiger Möglichkeiten, aber eben doch *Möglichkeiten,* die Rede ist. Eine erste Verengung oder Besonderung ergibt sich durch die Auswahl und Zulassung zur Existenz *einer* möglichen Welt unter allen. Aus dem Gesamtsystem aller möglichen Formen von Systematik wird eine ganz bestimmte Systematik ausge-

---

[1] Bréhier, *Histoire de la philosophie* II 248 f.
[2] Kap. V § 7 c.
[3] Kap. VIII § 2 a.
[4] S. 451.

sondert, eben jene, die als die spezifische Logik des zur Existenz zugelassenen
Universums in diesem niedergeschlagen und verkörpert und in dessen Fundamentalbegriff beschlossen ist. Auf diesem Fundamentalbegriff beruht die systematische
Einheit des wirklich existierenden Universums, aber auch die jedes bloß möglichen, jedoch nicht zur Existenz zugelassenen. Alle möglichen Welten haben
systematische Einheit; ihnen allen liegen ihnen je spezifische Fundamentalbegriffe
zu Grunde [5]. Der nächste Schritt führt von dem wirklich existierenden Universum als ganzem, d. h. von dem Gesamtsystem der Substanzen, dem intermonadischen System auf die Einzelsubstanz oder Einzelmonade, die Leibniz als »univers en raccourci«, »univers concentré« oder »pars totalis« bezeichnet [6], was wir
als einseitig-parteiliche Darstellung oder Erscheinung des Gesamtsystems den
Substanzen vom »Standpunkt« einer Substanz interpretiert haben [7]. In der Zentrierung eines Gesamtsystems auf eines seiner Glieder tritt die Verengung zu
Tage, die bei dem hier in Rede stehenden Übergang im Spiel ist. Ferner ist daran
zu erinnern, daß die Substanz einerseits als erzeugendes Prinzip ihrer Accidentien
bestimmt ist, und zwar als ein sich selbst aktualisierendes und verwirklichendes
generatives Prinzip [8], andererseits als das System der Accidentien, zwischen denen
ein innerer Zusammenhang besteht, was besagt, daß sie einander qualifizieren und
in diesem Sinne ineinander »enthalten« sind [9]. Folglich stellt sich in jedem Accidens einer Substanz diese selbst als ganze dar, jedoch in Verengung und Zentrierung auf das fragliche Accidens oder, um es anders auszudrücken, zentriert
auf eine bestimmte Phase in der Geschichte ihrer Selbstaktualisierung und vom
»Standpunkt« dieser Phase. Oben [10] haben wir darauf aufmerksam gemacht, daß
die zwischen einem Accidens einer Substanz und dieser selbst als dem System
ihrer Accidentien bestehende Beziehung analog ist der zwischen einer Einzelsubstanz und dem als intermonadisches Gesamtsystem verstandenen Universum.

Aus diesem kurzen Rückblick auf den hierarchischen Stufenaufbau (hier wäre es
vielleicht richtiger zu sagen: Stufenabbau) ergibt sich eine weitere Rechtfertigung
der hier vorgeschlagenen Methode. Indem wir vom intermonadischen System ausgehend den Weg zur Einzelsubstanz zu finden suchten, haben wir eigentlich und
im Grunde nichts anderes getan, als uns diesem Stufenbau anzupassen und ihm
zu folgen.

Um eine Verengung anderen Sinnes handelt es sich bei dem Übertritt vom
monadischen Bereich zu dem des Phänomenalen, den wir, Gueroult verdankten
Anregungen entwickelnd, als den monadischen Bereich selbst, aber unter der
doppelten Bedingung der Imagination und Accidentalität, d. h. Vereinzelung

---

[5] Kap. V § 2 b und Kap. VIII § 2 b.
[6] Kap. V § 3 c.
[7] Kap. V § 3 a.
[8] Kap. VI § 5 a und b.
[9] Kap. VI § 6 b und c.
[10] Kap. VI § 6 d.

charakterisiert haben [11]. Zwei eingehend besprochene Beispiele scheinen besonders geeignet, den Sinn der hier in Rede stehenden Verengung herauszustellen. Das eine Beispiel betrifft die »vis primitiva« in ihrem Verhältnis zur »vis derivativa«, die Leibniz als Modifikation der ersteren ansieht [12]. Während die »vis primitiva« sich auf die Substanz unter dem Aspekt ihrer spontanen Aktivität bezieht und das sich selbst realisierende Gesetz der Erzeugung *aller* ihrer Accidentien und Zustände bezeichnet, charakterisiert die »vis derivativa« den jeweils gegenwärtigen Zustand eines Körpers nicht im Hinblick auf die *Gesamtheit seiner vergangenen und zukünftigen Zustände,* sondern im Hinblick lediglich *auf den soeben vergangenen* und vor allem *den unmittelbar bevorstehenden Zustand* [13]. Hier besteht die Verengung darin, daß an die Stelle eines Gesamtzusammenhangs ein Teilzusammenhang tritt oder — wie man auch sagen kann — daß der erstere sich auf den letzteren zusammenzieht und verkürzt. Das andere Beispiel ist die gegenseitige Wirkung aller Körper aufeinander als phänomenales Gegenstück zum Prinzip der universellen Harmonie und der Bestimmung der Substanz als Repräsentation des gesamten Universums, d. h. sämtlicher anderer Substanzen [14]. In jeder Substanz ist die Entsprechung zwischen ihrem jeweiligen Zustand und den Zuständen aller anderer Substanzen sowie deren Veränderungen auf einen Schlag hergestellt und gegeben, wie es der Substanz als intelligiblem Gebilde gemäß ist. Im Bereich des Phänomenalen berührt ebenfalls die in irgendeinem Körper erfolgende Veränderung jeden anderen Körper, jedoch vermittels des Prozesses einer allmählichen Ausbreitung oder Fortpflanzung der fraglichen Veränderung von Körper zu Körper, so daß im Laufe der Zeit jeder noch so weit entfernte Körper erreicht wird. Gerade dieses Beispiel ist besonders geeignet, den Unterschied zwischen dem Monadischen und Phänomenalen sowie die beim Übergang vom ersteren zum letzteren eintretende Verengung zu illustrieren: was in den Monaden konzentriert enthalten ist, findet sich in den Phänomenen auseinandergelegt (»extensive«) und in Vereinzelung [15]. Schließlich sei noch an das rein empirische Wissen und die technische Praxis als die tiefste Stufe der Erkenntnis im Bereich des Phänomenalen erinnert [16]. Auch das pragmatisch bestimmte, weil lediglich praktischen Zwecken und Interessen dienende, bloß empirische Wissen und technische Können orientieren sich an der den Tatsachen der Erfahrung immanenten Logik und sind von dieser geleitet. Ihrem inhaltlichen Bestande nach ist diese Logik dieselbe, um die es sich auch auf der höheren Stufe der Erkenntnis des Phänomenalen handelt, und die im Universum als ganzem, im Gesamtsystem der Substanzen und Monaden realisiert und inkarniert ist. Auf der Stufe des

11 Kap. VII § 2.
12 Kap. VII § 5 a.
13 Siehe die S. 390 zitierte Stelle aus dem *Brief an de Volder,* 21/I 1704 (P. II 262).
14 Kap. VII § 6 c.
15 *An Wolff,* 9/VII 1711 (*Briefwechsel zwischen Leibniz und Christian Wolff,* hrsg. von C. J. Gerhardt, S. 139; zitiert auf S. 363).
16 Kap. VII § 8 b.

bloß empirischen Wissens und technischen Könnens ist die Logik aber extrem verdunkelt. In den Tatsachen der Erfahrung niedergeschlagen und verkörpert bleibt die Logik diesen Tatsachen verhaftet. Sie kommt nicht zu auswickelnder Entfaltung und ausdrücklicher Explikation oder — wie man vielleicht sagen darf — nicht zum Bewußtsein ihrer selbst. Auf allen Stufen möglicher Erkenntnis — von der göttlichen Erkenntnis des »mundus intelligibilis« bis herab zum rein empirischen Wissen der bloßen Sinneserfahrung und dem der technischen Praxis eigenen Wissen — tritt die verkörperte Logik in einer der jeweiligen Stufe entsprechenden Abwandlungsgestalt in Erscheinung, — eine Abwandlung, die beim Abstieg von »oben« nach »unten« zunehmende Verdunklung besagt. Die einer tieferen Stufe spezifisch entsprechende Abwandlungsgestalt bildet gewissermaßen einen Abglanz der Logik in ihrer echten, vollen und vollständigen Form in der sie aber Gott allein kennt.

Wie oben [17] auseinandergesetzt, ist die menschliche Erkenntnis auf das Abstrakte und Allgemeine beschränkt, während selbstverständlich die göttliche Erkenntnis von solcher Beschränktheit frei ist. Gott kennt die Fundamentalbegriffe aller möglichen Welten, darunter den Fundamentalbegriff der zur Existenz zugelassenen Welt, folglich die in dem letzteren beschlossenen und aus ihm folgenden vollständigen Begriffe sämtlicher individuellen Substanzen usw., während wir Menschen von all dem nur ein allgemeines und abstraktes Wissen haben, ein Wissen im Sinne des »scire« im Unterschied zu »comprehendere« [18]. Die menschliche Erkenntnis ist eine Verendlichung der göttlichen Erkenntnis [19]. Abkünftigkeit durch Verendlichung besagt das Bestehen von Affinität und einer gewissen Homogeneität oder Kommensurabilität zwischen göttlicher und menschlicher Erkenntnis auf dem Boden der für Gott und Mensch gleichermaßen verbindlichen »logique incréée« [20]. Mit anderen Worten, durch ihre Abkünftigkeit von der göttlichen Erkenntnis wird die menschliche Erkenntnis legitimiert. Leibniz hat seinen allgemeinen Erkenntnisbegriff an der vollkommenen göttlichen Erkenntnis orientiert [21]. Das besagt nicht nur, daß die menschliche Erkenntnis mit Defizientien behaftet ist, sondern auch, daß sie an der göttlichen Erkenntnis Halt und Stütze findet, wie das z. B. am Problem des Beweises kontingenter Wahrheiten hervortritt [22]. Von besonderer Wichtigkeit in diesem Zusammenhang ist das Prinzip der Vorentschiedenheit aller Wahrheiten, auch der kontingenten auf zukünftige Ereignisse bezogenen [23]. Zusammenfassend läßt sich sagen: die Leibnizische Philosophie ist durchweg auf allen Linien in der Richtung von »oben« nach »unten« orientiert.

[17] Kap. III § 5 b.
[18] *Animad.* I 26 (P. IV 360).
[19] S. 147 f.
[20] S. 27 ff.
[21] Kap. I § 3 a.
[22] S. 116.
[23] Kap. I § 3 c.

Gerade dadurch erweist sich der Leibnizische Panlogismus als — wenn man so
sagen darf — antipodische Gegenposition zu den das zeitgenössische philosophische Denken beherrschenden Tendenzen, für die es bezeichnend ist, die Richtung
von »unten« nach »oben« einzuschlagen. Dabei kommt nicht nur die »Language
Analysis«, die sich an die Alltagssprache hält, in Betracht, sondern auch die verschiedenen Spielarten von Existenzialphilosophie mit der Betonung der Endlichkeit und Körperlichkeit des Menschen [24]. Zu einer Auseinandersetzung mit diesen philosophischen Strömungen ist hier nicht der Ort. Vielmehr haben wir das
im Auge, was man das philosophische Testament von Edmund Husserl nennen
könnte. In drei Werken, die in den letzten 10 Jahren seines Lebens entstanden
sind, hat Husserl das Programm einer phänomenologischen Aufklärung sowohl
der formalen Wissenschaften (Logik und Mathematik) als auch der neuzeitlichen
Physik, der Physik Galileischen Stils im Ausgang von der »Lebenswelt« entwickelt und entscheidende Schritte zur Durchführung dieses Programms unternommen [25]. Die Vertrautheit mit der Lebenswelt und das dem Verhalten in ihr
eigentümliche Verstehen entsprechen der bloßen rein empirischen Sinneserfahrung
und dem für das praktisch-technische Können charakteristischen Wissen bei Leibniz. Auch die Lebenswelt Husserls besitzt eine ihr spezifisch eigene Logizität.
Während die Logizität der tiefsten Stufe phänomenaler Erkenntnis für Leibniz
einen letzten und schwächsten Abglanz des Logischen in seiner vollen Form darstellt, sieht Husserl umgekehrt in der Logizität der Lebenswelt die Keimzelle,
aus der die im weiteren Sinne zu verstehende Logik in ihrer voll entwicklten
Form erwächst. Trotz ihrer Logizität ist die Lebenswelt, die Welt der gewöhnlichen vor-wissenschaftlichen und vor-logischen Erfahrung, nicht als bereits im
eigentlichen Sinne logisiert anzusetzen. Ihre Logisierung, oder prägnanter: Logifizierung (was an den Sinn von »facere« erinnern soll) ist vielmehr das Resultat
und die Leistung spezifischer Akte, in denen sich das wissenschaftliche Denken
bewegt, — Akte, die sich an die Logizität der Lebenswelt anschließen, von dieser
Logizität ihren Ausgang nehmen und in diesem Sinne durch sie fundiert sind.
Für die philosophische Aufklärung stellt sich die Aufgabe, der Genesis der Logik
nachzugehen, wobei Genesis als Sinnesgenesis zu verstehen ist. Bezeichnender-

---

[24] In existentialistischer Orientierung bezeichnet Merleau-Ponty es in seiner *Phénoménologie de la perception* S. 69 als eine Aufgabe, »à chercher une philosophie qui
nous fasse comprendre le jaillissement de la raison dans un monde qu'elle n'a pas
fait et préparer l'infrastructure vitale sans laquelle raison et liberté se vident et se
décomposent«.

[25] Die drei Werke, um die es sich handelt sind: die 1929, also noch zu Lebzeiten
Husserls erschienene *Formale und transzendentale Logik*; *Erfahrung und Urteil*
ausgearbeitet und posthum herausgegeben von L. Landgrebe, Prag 1939 (wieder ge-
druckt Hamburg 1948); *Die Krisis der europäischen Wissenschaften und die transzendentale Phänomenologie* (posthum herausgegeben von W. Biemel in *Husserliana*
VI 1954; die für den gegenwärtigen Zusammenhang besonders in Betracht kommende
Galilei-Analyse (§ 9) ist noch zu Lebzeiten Husserls in *Philosophia* I, 1936, erschienen).

weise hat *Erfahrung und Urteil* den Untertitel »Untersuchungen zur Genealogie der Logik«. Im Unterschied zum Leibnizischen Panlogismus ist die Problematik Husserls von »unten« nach »oben« orientiert. Während Leibniz die Logisiertheit des Universums, d. h. die Auffassung des Universums als Verkörperung von Logik, als diese in sich tragend, zur Voraussetzung machte, indem er sie sich als Ausgangsboden vorgab, erscheint in der Perspektive der phänomenologischen Philosophie Husserls diese Logisiertheit als Ziel auf sie gerichteter Leistungen, um es genauer zu sagen: als Konvergenzziel asymptotischer Annäherungen.

NAMENREGISTER

Alquié 30
Anselm von Canterbury 62
Archimedes 283
Aristoteles 84, 106, 293, 353
Arnauld 24, 61, 125, 159, 178, 194, 208, 209, 212, 261, 262, 302, 306, 443
v. Aster 17, 71, 224, 246, 247, 287, 386, 392, 420, 432
Averroës 166

Baruzi 314
Bayle 260, 397, 409
Belaval 24, 27, 30, 66, 68, 85, 93, 97, 100, 102, 124, 157, 208, 226, 251, 254, 269, 312, 323, 359, 418, 423, 434, 451
Bernoulli, J. 190
Bergson 22, 23, 154
Bierlin 192
Maine de Biran 186
Bodemann 332
des Bosses 173, 331
Bréhier 213, 334, 485
Broad 287
Brunschvicg 1, 13, 24, 66, 168, 169, 170, 205, 227, 245, 250, 251, 252, 345
Burgelin 124, 468

Calvin 213
Cassirer 3, 13, 14, 15, 65, 66, 67, 68, 69, 74, 79, 82, 85, 96, 142, 148, 154, 170, 179, 180, 193, 194, 204, 253, 255, 256, 263, 279, 301, 303, 305, 311, 313, 314, 320, 327, 328, 366, 387, 389, 396, 400, 409, 418, 428, 437 ff
Cavalieri 167
Clarke 370, 472
Comte 342
Conring 51
Couturat 1, 2, 3, 4, 11, 12, 13, 14, 16, 24, 48, 52, 56, 57, 74, 89, 90, 91, 92, 93, 96, 110, 124, 183, 220, 280, 289, 290, 291, 292, 293, 295, 296, 297, 418, 429, 460, 461, 462, 471, 479

Nicolaus von Cusa 21, 22

Demokrit 345
Descartes 8, 9, 27, 29, 30, 41, 46, 58, 59, 60, 61, 62, 68, 102, 112, 117, 122, 124, 125, 133, 134, 135, 137, 157, 208, 210, 252, 331, 337, 344, 345, 349, 350 ff, 356, 359, 369, 372, 373, 376, 377, 378, 380, 385, 396, 418, 425, 426, 433, 444, 475, 476, 478
Dillmann 1, 2, 179, 234, 235, 250, 274, 304, 309, 372, 391, 392, 417, 418

Eckhard 469
Epikur 266
Erdmann 461
Euklid 64, 70, 428

Fischer 36, 475
de la Forge 335
Foucher de Careil 157
Friedmann 346, 347, 465, 466, 481
Funke 228, 446, 447, 457, 478

Galilei 17, 18, 30, 378, 380, 489
Gueroult 2, 266, 301, 323, 330, 342, 361, 362, 363, 369, 382, 385, 394, 395, 396, 404, 408, 411, 423, 447 ff, 456, 475, 486
Grua 467

Halévy 293
Hannequin 69, 362, 385, 414
Hartshorne 264, 320
Heimsoeth 195
Herz 129, 130
de l'Hôpital 380
Hume 128, 129, 130, 342
Husserl 9, 23, 24, 60, 133, 134, 241, 244, 440, 489, 490

Jalabert 24, 312, 322, 433, 446, 462, 463, 471, 479, 483
Jahnke 41, 457

Jaquelot 473
Jasinowski 289

Kabitz 15, 67, 69, 70, 289
Kant 67, 129, 130, 133, 134, 168, 188, 189, 190, 193, 222, 363, 435
Kauppi 287
Koehler 43, 170, 227, 228, 252
Koyré 17, 480, 481

Leeuwenhoeck 198, 263
Leibniz 1—490
Le Roy 147, 243, 246, 266
Locke 136, 298, 299, 425
Loemker 61, 262
Lovejoy 97, 101, 227, 310, 311, 446

Martin 4, 56, 79, 138, 196, 286, 287, 290, 320, 396, 435, 436, 453
Malebranche 9, 28, 61, 102, 154, 155, 209, 210, 211, 335, 336, 337, 339, 341, 342, 343, 349, 350 !, 356, 434, 467, 476, 478
Mahnke 22, 86, 170, 193, 194, 195, 245, 247, 266, 319, 329
Meinong 19
Merleau-Ponty 22, 23

Newton 355, 356, 377, 480

Ortega y Gasset 446, 463, 465

Pape 64, 71, 78, 116, 181, 222, 256, 422

Parkinson 10, 11, 16, 32, 33, 48, 49, 60, 79, 89, 90, 110, 289, 294, 295, 310, 324, 470, 471
Philonenko 105, 285
Pichler 90, 99, 215, 223, 303, 451, 452, 453, 485
Plato 201, 293
Plotin 21
Pythagoras 293

Rivaud 56, 87, 457
Rodier 21
Rolland 224, 307
Russel 1, 48, 66, 76, 82, 91, 95, 96, 97, 99, 106, 154, 168, 169, 170, 216, 253, 296 ff, 298, 300, 302, 314, 323, 324, 330, 332, 437 ff, 440, 451, 471

Schuller 75
Sophie Charlotte von Preussen 120, 243
Spinoza 9, 62, 69, 75, 101, 219, 252, 285, 335, 336, 343, 345, 346, 348, 349, 350 ff, 452, 481
Stein 346, 347
Swammerdam 198

Tymieniecka 478

de Volder 12, 168, 302, 331, 362, 393, 403

Windelband 35
Zocher 24, 42, 90, 113

SACHREGISTER

Accidens 83, 107, 110, 163, 189, 282, 287 ff, 301 ff, 308, 311, 313 ff, 317 ff, 321 ff, 325 ff, 329 ff, 346, 363 ff, 390 ff, 398, 419, 434, 482 ff

Aggregat 159 ff, 175 ff, 265, 305, 324, 382, 417, 446

Aktivität 182 ff, 191 ff, 274 ff, 282, 311, 320, 251, 400

Apperzeption 122 ff, 129 ff

Astronomie 373

Ausdehnung 161 f, 172, 174 ff, 335, 369 ff, 381 ff

Begriff, geometrischer 287
—, idealer 287
—, mathematischer 282
—, unvollständiger 282 ff, 430
—, vollständiger 105, 288, 295, 306, 319 ff, 324 f, 328, 330, 401, 442 ff, 470
Bewegung 372 ff, 374 ff, 383 ff, 395, 397 ff, 400 ff, 409 ff

causa finalis 358 ff

Compossibilität 83, 114, 216, 221 ff, 246, 251, 259, 334 f, 442, 445 ff, 451, 454, 456

Definition, generative 13, 46 ff, 68 ff, 74 ff, 79, 82 ff, 293, 302 ff, 307 f, 311, 313, 319 ff, 328, 349, 419, 431
—, kausale 64 ff, 71 ff
Dynamik 1 f, 361, 374, 376, 380 ff, 389, 393

Entelechie 119, 197, 236, 263 ff, 270 ff, 308, 341, 384, 409

Erkenntnis 23 ff, 41 f, 55, 87, 114 ff, 127 ff, 259, 366 ff, 414, 428 ff, 439
—, göttliche 25 ff, 31, 109, 143
—, intuitive 25, 77 ff
—, menschliche 26 f, 34, 107, 109, 144 ff

—, monadologische 121 ff, 139 ff, 257 ff, 279

Existenz 71, 74 ff, 96, 99, 460, 463, 476 ff, 478 ff
Zulassung zur Existenz 26, 101 ff, 150, 212, 214 ff, 219 ff, 250, 341, 348, 454 ff, 460, 463 ff, 478 ff

Expression 34 ff

Fundamentalbegriff 83 ff, 97 ff, 108 ff, 112 ff, 116, 150 ff, 213 ff, 216 ff, 223 ff, 247, 251, 281 ff, 307, 334, 341, 349, 351, 362, 407 ff, 446 f, 450 ff, 471

Fundamentalgesetz 333

Gegenwart 326 f, 390 ff, 396, 459

Geist 70, 118 ff, 167, 266, 437
—, göttlicher 433, 435
—, menschlicher 260, 270, 277 ff, 318

Geometral (géométral) 238, 240 ff, 246 ff, 256 ff, 273, 285, 315, 400, 422 f, 454

Geometrie 17, 70, 101, 360, 363, 369

Gott 5, 28 ff, 30 ff, 44, 62, 71, 96 ff, 110 f, 117, 132, 140 ff, 149, 170, 208 ff, 221, 236, 242 ff, 285 ff, 312, 335 ff, 343 ff, 356, 372, 430 ff, 439, 442 ff, 453, 465 ff, 472 ff, 478

Gottesbeweis, ontologischer 62

Harmonie, prästabilierte 253, 423
—, universelle 4, 7, 45, 105, 122 ff, 139 ff, 198, 205 ff, 242 ff, 247 ff, 253 ff, 255 ff, 276 ff, 289 ff, 315, 343, 367, 405 ff, 420 ff, 449 ff, 473

Ich 120, 297 ff, 366

Idee 58 f, 269
—, eingeborene 130 ff

identitas indiscernibilium 94 ff, 239, 290, 296, 316, 373

Imagination 364, 383, 387, 411

Incompossibilität 449 ff, 456

Inertie 374 ff, 383

Infinitesimalrechnung 13, 68, 115 f, 325 f,
349, 384
Intellekt, göttlicher 24, 450 ff, 461 ff
Intentionalität 439 ff

Kalkül 55
Kombinatorik 55 ff, 78 f
Kontingenz 5, 93 ff, 102 ff, 109 ff, 149,
152, 215, 285, 349, 324, 385 f, 415, 434,
436, 464
Körper 11, 129, 160 ff, 167, 174, 184, 193,
201 ff, 228, 262, 335 f, 355, 362, 368 ff,
389, 392, 396 ff, 400 ff, 405 ff, 417, 421

Lebenswelt 489
Leib 11, 22, 231, 253 ff
Logik (s. auch Subjekt-Prädikat-Logik)
3 f, 10, 12, 15 f, 18, 31, 67, 85 f
Logizität 101 ff, 143

Materie 381 ff, 404 ff
Mathematik 30, 71 ff, 143, 149, 304, 307,
313, 325, 353, 384, 416
Mechanik 1, 357 ff, 368, 404, 408 f, 472
Metaphysik 1 f, 6, 10 f, 153, 357 f, 360,
386 ff, 393, 408
Möglichkeit 430 ff, 434 ff, 441, 445 ff, 456
Monade 4 ff, 11, 15, 22, 40 ff, 82, 121,
137 ff, 144 ff, 150 ff, 158, 163, 167 ff,
182 ff, 201 ff, 223, 226 ff, 231 ff, 235 ff,
240 ff, 250, 255 ff, 261 ff, 270 ff, 277 ff,
306, 309 ff, 315 ff, 329, 347, 404 ff,
422 ff, 436, 481
Einzelmonade 205, 238, 291
Monadologie (Monadenlehre) 2, 121 ff,
169, 289 ff, 423

Natur 342, 353, 387, 395, 472
natura naturanda 309, 317
natura naturans 309 f, 313, 317, 322, 325,
431, 445, 419, 467
natura naturata 309, 317 ff, 322, 325, 345
Naturgesetz 101, 342 f, 357
Naturwissenschaft 353 ff, 361 ff
Nominaldefinition 62 ff, 65 ff
Nominalismus 46 ff, 57 ff
Notwendigkeit 93 ff, 105, 149, 210, 220,
226, 349, 385 f, 416

Occasionalismus 335 ff, 356
Ontologie 10
Organismus 192 ff, 196 ff

Panlogismus 1, 3, 7, 10, 12 f, 17 f, 24 f,
46, 85, 92, 175, 185, 219 ff, 271, 281,
287 ff, 307, 309, 314, 335 ff, 342 ff, 352 f,
430, 432, 452, 463, 471, 484, 489
Panmathematismus 2, 17 f
Panorganizismus 313, 354
Panpsychismus 120, 190 ff, 195
Pantheismus 348 ff
Perzeption 40 f, 122 ff, 129 ff, 158 f, 165,
187, 191 ff, 231 ff, 261, 268, 270 ff,
273 ff, 309, 324, 370, 426
petites perceptions 132 ff, 145 ff
Phänomen 17, 174 ff, 181 ff, 237, 255,
359, 411, 420, 427, 432
Phänomenales 181, 352 ff, 358 ff, 363 ff,
372 ff, 381 ff, 391 ff, 395 ff, 399 ff,
405 ff, 411 ff, 417 ff
Phänomenologie 23, 241
Physik 356, 359 ff, 368 f, 372, 408, 426
Prädikat 11, 74, 106, 116, 283, 297 ff,
301 f, 350
Praxis 428 ff

Raum 70, 168 ff, 172 ff, 205, 231 ff, 369 ff,
372 ff, 389, 405 ff, 431
Realdefinition 61 ff, 64 ff, 74 ff, 79, 82
Reflexion 123 ff, 130 ff, 140 ff, 157, 166,
206 f, 260, 269, 278
Relation 430, 434 ff, 437 ff, 468 f
Repräsentation 4, 34 ff, 122 ff, 145, 152,
158, 164, 191 ff, 205 ff, 226 ff, 231 ff,
240 ff, 243 ff, 248 f, 250 ff, 267 f, 274 ff,
290 ff, 306, 398, 406, 418, 426, 441, 445,
448

Seele 119, 253 ff, 261 ff, 306, 308, 314,
336 ff, 420
Sein 15, 131, 174 ff, 185, 259, 270, 313,
351, 413, 417 ff
Selbstbewußtsein 84, 123 ff, 130 ff, 138,
152 ff, 206, 278, 309, 414
Sinnesempfindung 424 ff
Spontaneität 182 ff, 274 ff, 351, 401, 410,
483
Subjekt 16 f, 74 ff, 106, 116, 300 f, 330,
450
Subjekt-Prädikat-Logik 74 ff, 82 ff, 91, 287,
293, 296 ff, 307, 314, 319 ff, 437, 472
Substanz 4 ff, 11 ff, 40, 44, 83, 104, 110,
119 ff, 130 ff, 148, 158 ff, 171, 174 ff,
181 ff, 191 ff, 196 ff, 223 ff, 252, 268 ff,
270 ff, 296 ff, 301 ff, 306 ff, 310 ff,

315 ff, 317 ff, 321 ff, 325 ff, 329 ff, 340 ff, 346 ff, 355, 359 ff, 364 ff, 374, 383, 390 ff, 398 ff, 417 ff, 442, 444 f, 449, 475, 482
—, individuelle 283, 287 ff, 294
Einzelsubstanz 237, 381 ff, 307
Substantialität 126, 156 ff, 186, 196, 261, 265, 299

Transzendentalphilosophie 4 f, 15, 45, 67, 84, 435 f, 451, 455, 478 ff

Universum 3 f, 14 f, 18, 24, 83 ff, 92, 97, 110, 138, 145 ff, 158, 163, 175, 212 ff, 219 ff, 223 ff, 257 ff, 267 ff, 281 ff, 319, 342, 351, 357, 366, 386, 406, 430, 460, 472 ff
unum per se 305, 370
Urteil 47 ff
Urteilslehre, analytische 47 ff, 53 ff

Vergangenheit 323 ff, 327, 390 ff
vis activa 182 ff, 237, 320, 351, 382, 400
vis agendi 376
vis derivativa 185, 359 ff, 363, 382, 387 ff, 390 ff, 395 ff, 400, 411, 476
vis elastica 402 f
vis motrix 380, 382
vis nova 405
vis primitiva 314, 359 ff, 387, 390 ff, 399, 411
vis viva 356, 376, 383, 385, 395

Wahrheit 32 f, 46 ff, 50 f, 80, 87 ff, 93 ff, 104 ff, 115, 153, 413, 417 ff

—, ewige 27 ff, 46, 93 ff, 131 ff, 136 ff, 210, 417, 431 ff, 441
—, kontingente 104 ff, 109 ff, 112 ff, 145
—, notwendige 111 ff, 153, 269
Tatsachenwahrheit 93 ff
Vernunftwahrheit 93 ff, 416
Wahrnehmung 421 ff
Welt 12, 102, 108, 113, 162, 207, 216 ff, 223 ff, 230 f, 310, 445, 461, 463 ff, 482
—, intelligible (*mundus intelligibilis*) 363, 399, 432 f, 438 ff, 441 f, 450 ff, 480
—, mögliche 94 ff, 104 ff, 149, 214, 219 ff, 249, 451, 455
—, phänomenale 207, 400, 418
—, sinnliche (*mundus sensibilis*) 363 ff, 399
—, wirkliche 216 ff, 407, 458 ff
Werden 306, 310 ff, 317, 319, 322, 349
Wesen 73, 103, 223
Wirklichkeit 13, 174 ff, 415 f, 421 ff
Wissenschaft 84, 92 f, 368 f, 387, 415, 430, 436 f, 465
—, positive 137, 353, 367, 388, 409 ff, 424
— vom Phänomenalen 393 ff

Zeichen 37 ff, 47
Zeit 301 ff, 310 ff, 315, 363, 396, 431, 459, 475 ff, 479 ff
Zukunft 323 f, 327 f, 390 ff, 396 ff, 459
Zulassung zur Existenz 26, 101 ff, 150, 212, 214 ff, 219 ff, 250, 341, 348, 454 ff, 460, 463 ff, 478
Zusammenhang 18 ff, 35, 45
—, intermonadischer 205, 240 ff, 260, 291